The
Complete Works
of
Yu Wujin

俞 吾 金 全 集

第7卷

# 马克思主义哲学
# 研究文集

（下）

俞吾金 著

北京师范大学出版集团
BEIJING NORMAL UNIVERSITY PUBLISHING GROUP
北京师范大学出版社

# 俞吾金教授简介

俞吾金教授是我国著名哲学家，1948年6月21日出生于浙江萧山，2014年10月31日因病去世。生前任复旦大学文科资深教授、哲学学院教授，兼任复旦大学学术委员会副主任暨人文学术委员会主任、复旦大学学位委员会副主席暨人文社科学部主席、复旦大学国外马克思主义与国外思潮研究中心（985国家级基地）主任、复旦大学当代国外马克思主义研究中心（教育部重点研究基地）主任、复旦大学现代哲学研究所所长；担任教育部社会科学委员会委员、教育部哲学教学指导委员会副主任、国务院哲学学科评议组成员、全国外国哲学史学会常务理事、全国现代外国哲学学会副理事长等职；曾任德国法兰克福大学和美国哈佛大学访问教授、美国Fulbright高级讲座教授。俞吾金教授是全国哲学界首位长江学者特聘教授、全国优秀教师和国家级教学名师。俞吾金教授是我国八十年代以来在哲学领域最具影响力的学者之一，生前和身后出版了包括《意识形态论》《从康德到马克思》《重新理解马克思》《问题域的转换》《实践与自由》《被遮蔽的马克思》等在内的30部著作（包括合著），发表了400余篇学术论文，在哲学基础理论、马克思主义哲学、外国哲学、国外马克思主义、当代中国哲学文化和美学等诸多领域都有精深研究，取得了令人瞩目的成就，为深入推进当代中国哲学研究做出了杰出和重要的贡献。

# 《俞吾金全集》主编

汪行福　吴　猛

## 《俞吾金全集》编委会（按姓名拼音排序）

| | | | | |
|---|---|---|---|---|
| 柴　杰 | 陈利权 | 陈立旭 | 方　珏 | 葛欢欢 |
| 郝　鹏 | 胡云峰 | 江雪莲 | 蒋小杰 | 孔　慧 |
| 李革新 | 李　欣 | 李昕桐 | 李　元 | 梁卫霞 |
| 林　晖 | 刘　芳 | 刘　珂 | 鲁绍臣 | 马迎辉 |
| 潘非欧 | 阮　凯 | 史凯峰 | 汪俊昌 | 汪行福 |
| 汪秀丽 | 王凤才 | 文学平 | 吴　猛 | 奚颖瑞 |
| 徐英瑾 | 杨　威 | 郁建兴 | 岳泽民 | 曾德华 |
| 张　娜 | 张双利 | 张雪魁 | 张艳芬 | 张云凯 |
| 赵明哲 | 赵青云 | 钟　锦 | | |

# 序　言

　　俞吾金教授是我国哲学界的著名学者，是我们这一代学人中的出类拔萃者。对我来说，他既是同学和同事，又是朋友和兄长。我们是恢复高考后首届考入复旦大学哲学系的，我们住同一个宿舍。在所有的同学中，俞吾金是一个好学深思的榜样，或者毋宁说，他在班上总是处在学与思的"先锋"位置上。他要求自己每天读150页的书，睡前一定要完成。一开始他还专注于向往已久的文学，一来是"文艺青年"的夙愿，一来是因为终于有机会沉浸到先前只是在梦中才能邂逅的书海中去了。每当他从图书馆背着书包最后回到宿舍时，大抵便是熄灯的前后，于是那摸黑夜谈的时光就几乎被文学占领了。先是莎士比亚和歌德，后来大多是巴尔扎克和狄更斯，最后便是托尔斯泰和陀斯妥耶夫斯基了。好在一屋子的室友都保留着不少的文学情怀，这情怀有了一个共鸣之地，以至于我们后来每天都很期待去分享这美好的时刻了。

　　但是不久以后，俞吾金便开始从文学转到哲学。我们的班主任老师，很欣赏俞吾金的才华，便找他谈了一次话，希望他在哲学上一展才华。不出所料，这个转向很快到来了。我们似乎突然发现他的言谈口吻开始颇有些智者派的风格了——这一步转得很合适也很顺畅，正如黑格尔所说，智者们就是教人熟悉思维，以代替"诗篇的知识"。还是在本科三年级，俞吾金就在《国内哲学动态》上发表了他的哲学论文《"蜡块说"小考》，这在班里乃至于系里都引起了不小的震动。不久以后，他便在同学中得了个"苏老师"（苏格拉底）的雅号。看来并非偶然，他在后来的研究中曾对智者派（特别是普罗泰戈拉）专门下过功夫，而且他的哲学作品中也长久地保持着敏锐的辩才与文学的冲动；同样并非偶然，后来复旦大学将"狮城舌战"（在新加坡举行的首届国际华语大专辩论赛）的总教练和领队的重任托付给他，结果是整个团队所向披靡并夺得了冠军奖杯。

本科毕业后我们一起考上了研究生，1984 年底又一起留校任教，成了同事。过了两年，又一起考上了在职博士生，师从胡曲园先生，于是成为同学兼同事，后来又坐同一架飞机去哈佛访学。总之，自 1978 年进入复旦大学哲学系以来，我们是过从甚密的，这不仅是因为相处日久，更多的是由于志趣相投。这种相投并不是说在哲学上或文学上的意见完全一致，而是意味着时常有着共同的问题域，并能使有差别的观点在其中形成积极的和有意义的探索性对话。总的说来，他在学术思想上始终是一个生气勃勃地冲在前面的追问者和探索者；他又是一个犀利而有幽默感的人，所以同他的对话常能紧张而又愉悦地进行。

作为哲学学者，俞吾金主要在三个方面展开他长达 30 多年的研究工作，而他的学术贡献也集中地体现在这三个方面，即当代国外马克思主义、马克思哲学、西方哲学史。对他来说，这三个方面并不是彼此分离的三个领域，毋宁说倒是本质相关地联系起来的一个整体，并且共同服务于思想理论上的持续探索和不断深化。在我们刚进复旦时，还不知"西方马克思主义"为何物；而当我们攻读博士学位时，卢卡奇的《历史与阶级意识》已经是我们必须面对并有待消化的关键文本了。如果说，这部开端性的文本及其理论后承在很大程度上构成了与"梅林—普列汉诺夫正统"的对立，那么，系统地研究和探讨国外马克思主义的立场、观点和方法，就成为哲学研究(特别是马克思主义哲学研究)的一项重大任务了。俞吾金在这方面是走在前列的，他不仅系统地研究了卢卡奇、科尔施、葛兰西等人的重要哲学文献，而且很快又进入到法兰克福学派、存在主义的马克思主义、弗洛伊德主义的马克思主义、结构主义的马克思主义，等等。不久，哲学系组建了以俞吾金为首的当代国外马克思主义教研室，他和陈学明教授又共同主编了在国内哲学界影响深远的教材和文献系列，并有大量的论文、论著和译著问世，从而使复旦大学在这方面成为国内研究的重镇并处于领先地位。2000 年，教育部在复旦建立国内唯一的"当代国外马克思主义研究中心"(人文社会科学重点研究基地)，俞吾金自此一直担任该基地的主任，直到 2014 年去世。他组织并领导了内容广泛的理论引进、不断深入的学术研究，以及愈益扩大和加深的国内外交流。如果说，40 年前人们对当代国外马克思主义还几乎一无所知，而今天中国的学术界已经能够非常切近地追踪到其前沿了，那么，这固然取决于学术界同仁的共同努力，但俞吾金却当之无愧地属于其中的居功至伟者之一。

当俞吾金负责组建当代国外马克思主义学科时，他曾很热情地邀请我加入团队，我也非常愿意进入到这个当时颇受震撼而又所知不多的新领域。但我所在的马克思主义哲学史教研室却执意不让我离开。于是他便对我说：这样也好，"副本"和"原本"都需要研究，你我各在一处，时常可以探讨，岂不相得益彰？看来他对于"原本"——马克思哲学本身——是情有独钟的。他完全不能满足于仅仅对当代国外马克思主义的各种文本、观点和内容的引进介绍，而是试图在哲学理论的根基上去深入地理解它们，并对之开展出卓有成效的批判性发挥和对话。为了使这样的发挥和对话成为可能，他需要在马克思哲学基础理论的研究方面获得持续不断的推进与深化。因此，俞吾金对当代国外马克思主义的探索总是伴随着他对马克思哲学本身的研究，前者在广度上的拓展与后者在深度上的推进是步调一致、相辅相成的。

在马克思哲学基础理论的研究领域，俞吾金的研究成果突出地体现在以下几个方面。第一，他明确主张马克思哲学的本质特征必须从其本体论的基础上去加以深入的把握。以往的理解方案往往是从近代认识论的角度提出问题，而真正的关键恰恰在于从本体论的层面去理解、阐述和重建马克思哲学的理论体系。我是很赞同他的这一基本观点的。因为马克思对近代哲学立足点的批判，乃是对"意识"之存在特性的批判，因而是一种真正的本体论批判："意识在任何时候都只能是被意识到了的存在，而人们的存在就是他们的现实生活过程。"这非常确切地意味着马克思哲学立足于"存在"——人们的现实生活过程——的基础之上，而把意识、认识等等理解为这一存在过程在观念形态上的表现。

因此，第二，就这样一种本体论立场来说，马克思哲学乃是一种"广义的历史唯物主义"。俞吾金认为，在这样的意义上，马克思哲学的本体论基础应当被把握为"实践—社会关系本体论"。它不仅批判地超越了以往的本体论（包括旧唯物主义的本体论）立场，而且恰恰构成马克思全部学说的决定性根基。因此，只有将马克思哲学理解为广义的历史唯物主义，才能真正把握马克思哲学变革的实质。

第三，马克思"实践"概念的意义不可能局限在认识论的范围内得到充分的把握，毋宁说，它在广义的历史唯物主义中首先是作为本体论原则来起作用的。在俞吾金看来，将实践理解为马克思认识论的基础与核心，相对于近代西方认识论无疑是一大进步；但如果将实践概念限制在认识论层面，就会忽视其根本而首要的本体论意义。对于马克思来说，至为关键的是，只有在实践的本体论层面上，人们的现实生活才会作为决定性的存在进入到哲学的把握中，从而，人们的劳动和交往，乃至于人们的全部社会生活和整个历史性行程，才会从根本上进入到哲学理论的视域中。

因此，第四，如果说广义的历史唯物主义构成马克思哲学的实质，那么这一哲学同时就意味着"意识形态批判"。因为在一般意识形态把思想、意识、观念等等看作是决定性原则的地方，唯物史观恰恰相反，要求将思想、意识、观念等等的本质性导回到人们的现实生活过程之中。

在此意义上，俞吾金把意识形态批判称为"元批判"，并因而将立足于实践的历史唯物主义叫做"实践诠释学"。所谓"元批判"，就是对规约人们的思考方式和范围的意识形态本身进行前提批判，而作为"实践诠释学"的历史唯物主义，则是在"元批判"的导向下去除意识形态之蔽，从而揭示真正的现实生活过程。我认为，上述这些重要观点不仅在当时是先进的和极具启发性的，而且直到今天，对于马克思哲学之实质的理解来说，依然是关乎根本的和意义深远的。

俞吾金的博士论文以《意识形态论》为题，我则提交了《历史唯物主义的主体概念》和他一起参加答辩。答辩主席是华东师范大学的冯契先生。冯先生不仅高度肯定了俞吾金对马克思意识形态批判理论的出色研究，而且用"长袖善舞"一词来评价这篇论文的特点。学术上要做到长袖善舞，是非常不易的：不仅要求涉猎广泛，而且要能握其枢机。俞吾金之所以能够臻此境地，是得益于他对哲学史的潜心研究；而在哲学史方面的长期探索，不仅极大地支持并深化了他的马克思哲学研究，而且使他成为著名的西方哲学史研究专家。

就与马哲相关的西哲研究而言，他专注于德国古典哲学，特别是康德、黑格尔哲学的研究。他很明确地主张：对马克思哲学的深入理解，一刻也离不开对德国观念论传统的积极把握；要完整地说明马克思的哲学革命及其重大意义，不仅要先行领会康德的"哥白尼式革命"，而且要深入把握由此而来并在黑格尔那里得到充分发展的历史性辩证法。他认为，作为康德哲学核心问题的因果性与自由的关系问题，在"按照自然律的因果性"和"由自由而来的因果性"的分析中，得到了积极的推进。黑格尔关于自由的理论可被视为对康德自由因果性概念的一种回应：为了使自由和自由因果性概念获得现实性，黑格尔试图引入辩证法以使自由因果性和自然因果性统一起来。在俞吾金看来，这里的关键在于"历史因果性"维度的引入——历史因果性是必然性的一个方面，也是必然性与自由相统一的关节点。因此，正是通过对黑格尔的精神现象学、法哲学和历史哲学等思想内容的批判性借鉴，马克思将目光转向人类社会发展中的历史因果性；但马克思又否定了黑格尔仅仅停留于单纯精神层面谈论自然因果性和历史因果性的哲学立场，要求将这两种因果性结合进现实的历史运动中，尤其是使之进入到对市民社会的解剖中。这个例子可以表明，对马克思哲学之不断深化的理解，需要在多大程度上深入到哲学史的领域之中。正如列宁曾经说过的那样：不读黑格尔的《逻辑学》，便无法真正理解马克思的《资本论》。

就西方哲学的整体研究而言，俞吾金的探讨可谓"细大不捐"，涉猎之广在当代中国学者中是罕见的。他不仅研究过古希腊哲学（特别是柏拉图和亚里士多德哲学），而且专题研究过智者派哲学、斯宾诺莎哲学和叔本华哲学等。除开非常集中地钻研德国古典哲学之外，他还更为宏观地考察了西方哲学在当代实现的"范式转换"。他将这一转换概括为"从传统知识论到实践生存论"的发展，并将其理解为西方哲学发展中的一条根本线索。为此他对海德格尔的哲学下了很大的功夫，不仅精详地考察了海德格尔的"存在论差异"和"世界"概念，而且深入地探讨了海德格尔的现代性批判及其意义。如果说，马克思的哲学变革乃是西方哲学范式转换中划时代的里程碑，那么，海德格尔的基础存在论便为说明这一转换提供了重要的思想材料。在这里，西方哲学史的研究再度与马克思哲学的研究贯通起来：俞吾金不仅以哲学的当代转向为基本视野考察整个西方哲学史，并在这一思想转向的框架中理解马克思的哲学变革，而且站在这一变革的立场上重新审视西方哲学，特别是德国古典哲学和当代西方哲学。就此而言，俞吾金在马哲和西哲的研究上可以说是齐头并进的，并且因此在这两个学术圈子中同时享有极高的声誉和地位。这样的一种研究方式固然可以看作是他本人的学术取向，但这种取向无疑深深地浸染着并且也成就着复旦大学哲学学术的独特氛围。在这样的氛围中，当代国外马克思主义的研究要立足于对马克思哲学本身的深入理解之上，而对马克思哲学理解的深化又有必要进入到哲学史研究的广大区域之中。

今年 10 月 31 日，是俞吾金离开我们 10 周年的纪念日。十年前我曾撰写的一则挽联是："哲人其萎乎，梁木倾颓；桃李方盛也，枝叶滋荣。"我们既痛惜一位学术大家的离去，更瞩望新一代学术星丛的冉冉升起。十年之后，《俞吾金全集》由北京师范大学出版社出版了——这是哲学学术界的一件大事，许多同仁和朋友付出了积极的努力和辛勤的劳动，我们对此怀着深深的感激之情。这样的感激之情不仅是因为这部全集的告竣，而且因为它还记录了我们这一代学者共同经历的学术探索道路。一代人有一代人的使命，俞吾金勤勉而又卓越地完成了他的使命：他将自己从事哲学的探索方式和研究风格贡献给了复旦哲学的学术共同体，使之成为这个共同体悠长传统的组成部分；他更将自己取得的学术成果作为思想、观点和理论播洒到广阔的研究领域，并因而成为进一步推进我国哲学学术的重要支点和不可能匆匆越过的必要环节。如果我们的读者不仅能够从中掌握理论观点和方法，而且能够在哲学与时代的关联中学到思想探索的勇气和路径，那么，这部全集的意义就更其深远了。

吴晓明

2024 年 6 月

# 主编的话

## 一

2014年7月16日，俞吾金教授结束了一个学期的繁忙教学工作，暂时放下手头的著述，携夫人赴加拿大温哥华参加在弗雷泽大学举办的"法兰克福学派对资本主义的批判"的国际学术讨论会，并计划会议结束后自费在加拿大作短期旅游，放松心情。但在会议期间俞吾金教授突感不适，虽然他带病作完大会报告，但不幸的是，到医院检查后被告知脑部患了恶性肿瘤。于是，他不得不匆忙地结束行程，回国接受治疗。接下来三个月，虽然复旦大学华山医院组织了最强医疗团队精心救治，但病魔无情，回天无力。2014年10月31日，在那个风雨交加的夜晚，俞吾金教授永远地离开了我们。

俞吾金教授的去世是复旦大学的巨大损失，也是中国哲学界的巨大损失。十年过去了，俞吾金教授从未被淡忘，他的著作和文章仍然被广泛阅读，他的谦谦君子之风、与人为善之举被亲朋好友广为谈论。但是，在今天这个急剧变化和危机重重的世界中，我们还是能够感到他的去世留下的思想空场。有时，面对社会的种种不合理现象和纷纭复杂的现实时，我们还是不禁会想：如果俞老师在世，他会做如何感想，又会做出什么样的批判和分析！

俞吾金教授的生命是短暂的，也是精彩的。与期颐天年的名家硕儒相比，他的学术生涯只有三十多年。但是，在这短短的三十多年中，他通过自己的勤奋和努力取得了耀眼的成就。

1983年6月，俞吾金与复旦大学哲学系的六个硕士、博士生同学一起参加在广西桂林举行的"现代科学技术和认识论"全国学术讨论会，他们在会上所做的"关于认识论的几点意见"（后简称"十条提纲"）的报告，勇敢地对苏联哲学教科书体系做了反思和批判，为乍暖还寒的思想解放和新莺初啼的马克思主义哲学新的探索做出了贡献。1993年，俞吾金教授作为教练和领队，带领复旦大学辩论队参加在新加坡举办的首届国际大专辩论赛并一举夺冠，在华人世界第一次展现了新时代中国大学生的风采。辩论赛的电视转播和他与王沪宁主编的《狮城舌战》《狮城舌战启示录》大大地推动了全国高校的辩论热，也让万千学子对复旦大学翘首以盼。1997年，俞吾金教授又受复旦大学校长之托，带领复旦大学学生参加在瑞士圣加仑举办的第27届国际经济管理研讨会，在该次会议中，复旦大学的学生也有优异的表现。会后，俞吾金又主编了《跨越边界》一书，嘉惠以后参加的学子。

俞吾金教授1995年开始担任复旦大学哲学系主任，当时是国内最年轻的哲学系主任，其间，复旦大学哲学系大胆地进行教学和课程体系改革，取得了重要的成果，荣获第五届全国高等学校优秀教学成果一等奖，由他领衔的"西方哲学史"课程被评为全国精品课程。在复旦大学，俞吾金教授是最受欢迎的老师之一，他的课一座难求。他多次被评为最受欢迎的老师和研究生导师。由于教书育人的杰出贡献，2009年他被评为上海市教学名师和全国优秀教师，2011年被评为全国教学名师。

俞吾金教授一生最为突出的贡献无疑是其学术研究成果及其影响。他在研究生毕业后不久就出版的《思考与超越——哲学对话录》已显示了卓越的才华。在该书中，他旁征博引，运用文学故事或名言警句，以对话体的形式生动活泼地阐发思想。该书妙趣横生，清新脱俗，甫一面世就广受欢迎，成为沪上第一理论畅销书，并在当年的全国图书评比中获"金钥匙奖"。俞吾金教授的博士论文《意识形态论》一脱当时国内博士论文的谨小慎微的匠气，气度恢宏，新见迭出，展现了长袖善舞、擅长宏大主题的才华。论文出版后，先后获得上海市哲学社会科学优秀成果一等奖和国家教委首届人文社会科学优秀成果一等奖，成为青年学子做博士论文的楷模。

俞吾金教授天生具有领军才能，在他的领导下，复旦大学当代国外马克思主义研究中心 2000 年被评为教育部人文社会科学重点研究基地，他本人也长期担任基地主任，主编《当代国外马克思主义评论》《国外马克思主义研究报告》《国外马克思主义与国外思潮译丛》等，为马克思主义的国际交流建立了重要的平台。他长期担任复旦大学哲学学院的外国哲学学科学术带头人，参与主编《西方哲学通史》和《杜威全集》等重大项目，为复旦大学成为外国哲学研究重镇做出了突出贡献。

俞吾金教授的学术研究不囿一隅，他把西方哲学和马克思哲学结合起来，提出了许多重要的概念和命题，如"马克思是我们同时代人""马克思哲学是广义的历史唯物主义""马克思哲学的认识论是意识形态批判""从康德到马克思""西方哲学史的三次转向""实践诠释学""被遮蔽的马克思""问题域的转换"等，出版了一系列有影响的著作和文集。由于俞吾金教授在学术上的杰出贡献和影响力，他获得各种奖励和荣誉称号，他是全国哲学界首位"长江学者奖励计划"特聘教授，在钱伟长主编的"20 世纪中国知名科学家"哲学卷中，他是改革开放以来培养的哲学家中的唯一入选者。俞吾金教授在学界还留下许多传奇，其中之一是，虽然他去世已经十年了，但至今仍保持着《中国社会科学》发文最多的记录。

显然，俞吾金教授是改革开放后新一代学人中最有才华、成果最为丰硕、影响最大的学者之一。他之所以取得令人瞩目的成就，不仅得益于他的卓越才华和几十年如一日的勤奋努力，更重要的是缘于他的独立思考的批判精神和"为天地立心、为生民立命"的济世情怀。塞涅卡说："我们不应该像羊一样跟随我们前面的羊群——不是去我们应该去的地方，而是去它去的地方。"俞吾金教授就是本着这样的精神从事学术的。在他的第一本著作即《思考与超越》的开篇中，他就把帕斯卡的名言作为题记："人显然是为了思想而生的；这就是他全部的尊严和他全部的优异；并且他全部的义务就是要像他所应该的那样去思想。"俞吾金教授的学术思考无愧于此。俞吾金教授以高度的社会责任感从事学术研究。复旦大学的一位教授在哀悼他去世的博文中曾写道："曾有几次较深之谈话，感到他是一位勤奋的读书人，温和的学者，善于思考社会与人生，关注现在，更虑及未来。记得15年前曾听他说，在大变动的社会，理论要为长远建立秩序，有些论著要立即发表，有些则可以暂存书箧，留给未来。"这段话很好地刻画了俞吾金教授的人文和道德情怀。

正是出于这一强烈担当的济世情怀，俞吾金教授出版和发表了许多有时代穿透力的针砭时弊的文章，对改革开放以来的思想解放和文化启蒙起到了推动作用，为新时期中国哲学的发展做出了重要贡献。但是，也正因为如此，他的生命中也留下了很多遗憾。去世前两年，俞吾金教授在"耳顺之年话人生"一文中说："从我踏进哲学殿堂至今，30多个年头已经过去了。虽然我尽自己的努力做了一些力所能及的事情，但人生匆匆，转眼已过耳顺之年，还有许多筹划中的事情没有完成。比如对康德提出的许多哲学问题的系统研究，对贝克莱、叔本华在外国哲学史上的地位的重新反思，对中国哲学的中道精神的重新阐释和对新启蒙的张扬，对马克思哲学体系的重构等。此外，我还有一系列的教案有待整理和出版。"想不到这些未完成的计划两年后尽成了永远的遗憾！

# 二

俞吾金教授去世后，学界同行在不同场合都表达了希望我们编辑和出版他的全集的殷切希望。其实，俞吾金教授去世后，应出版社之邀，我们再版了他的一些著作和出版了他的一些遗著。2016 年北京师范大学出版社出版了他的《哲学遐思录》《哲学随感录》《哲学随想录》三部随笔集，2017 年北京师范大学出版社出版了《从康德到马克思——千年之交的哲学沉思》新版，2018 年商务印书馆出版了他的遗作《新十批判书》未完成稿。但相对俞吾金教授发表和未发表的文献，这些只是挂一漏万，远不能满足人们的期望。我们之所以在俞吾金教授去世十年才出版他的全集，主要有两个方面的原因。一是俞吾金教授从没有完全离开我们，学界仍然像他健在时一样阅读他的文章和著作，吸收和借鉴他的观点，思考他提出的问题，因而无须赶着出版他的全集让他重新回到我们中间；二是想找个有纪念意义的时间出版他的全集。俞吾金教授去世后，我们一直在为出版他的全集做准备。我们一边收集资料，一边考虑体例框架。时间到了 2020 年，是时候正式开启这项工作了。我们于 2020 年 10 月成立了《俞吾金全集》编委会，组织了由他的学生组成的编辑和校对团队。经过数年努力，现已完成了《俞吾金全集》二十卷的编纂，即将在俞吾金教授逝世十周年之际出版。

俞吾金教授一生辛勤耕耘，留下 650 余万字的中文作品和十余万字的外文作品。《俞吾金全集》将俞吾金教授的全部作品分为三个部分：(1)生前出版的著作；(2)生前发表的中文文章；(3)外文文章和遗作。

俞吾金教授生前和身后出版的著作(包含合著)共三十部，大部分为文集。《俞吾金全集》保留了这些著作中体系较为完整的 7 本，包括《思考与超越——哲学对话录》《问题域外的问题——现代西方哲学方法论探要》《生存的困惑——西方哲学文化精神探要》《意识形态论》《毛泽东智慧》《邓小平：在历史的天平上》《问题域的转换——对马克思和黑格尔关系的当代解读》。其余著作则基于材料的属性全部还原为单篇文章，收入《俞吾金全集》的《马克思主义哲学研究文集（上、下）》《外国哲学研究文集（上、下）》以及《国外马克思主义研究文集（上、下）》等各卷中。这样的处理方式难免会留下许多遗憾，特别是俞吾金教授的一些被视为当代学术名著的文集（如《重新理解马克思》《从康德到马克思》《被遮蔽的马克思》《实践诠释学》《实践与自由》等）未能按原书形式收入到《俞吾金全集》之中。为了解决全集编纂上的逻辑自洽性以及避免不同卷次的文献交叠问题（这些交叠往往是由于原作根据的不同主题选择和组织材料而导致的），我们不得不忍痛割爱，将这些著作打散处理。

俞吾金教授生前发表了各类学术文章 400 余篇，我们根据主题将这些文章分别收入《马克思主义哲学研究文集（上、下）》《国外马克思主义哲学研究文集》《外国哲学研究文集（上、下）》《马克思主义中国化研究文集》《中国思想与文化研究》《哲学观与哲学教育论集》《散论集》（包括《读书治学》《社会时评》和《生活哲思》三卷）。在这些卷次的编纂过程中，我们除了使用知网、俞吾金教授生前结集出版的作品和在他的电脑中保存的材料外，还利用了图书馆和网络等渠道，查找那些散见于他人著作中的序言、论文集、刊物、报纸以及网页中的文章，尽量做到应收尽收。对于收集到的文献，如果内容基本重合，收入最早发表的文本；如主要内容和表达形式略有差异，则收入内容和形式上最完备者。在文集和散论集中，对发表的论文和文章，我们则按照时间顺序进行编排，以便更好地了解俞吾金教授的思想发展和心路历程。

除了已发表的中文著作和论文之外，俞吾金教授还留下了多篇已发表或未发表的外文文章，以及一系列未发表的讲课稿（有完整的目录，已完成的部分很成熟，完全是为未来出版准备的，可惜没有写完）。我们将这些外文论文收集在《外文文集》卷中，把未发表的讲稿收集在《遗作集》卷中。

# 三

《俞吾金全集》的编纂和出版受到了多方面的支持。俞吾金教授去世后不久，北京师范大学出版社就表达了想出版《俞吾金全集》的愿望，饶涛副总编辑专门来上海洽谈此事，承诺以最优惠的条件和最强的编辑团队完成这一工作，这一慷慨之举和拳拳之心让人感佩。为了高质量地完成全集的出版，出版社与我们多次沟通，付出了很多努力。对北京师范大学出版社饶涛副总编辑、祁传华主任和诸分卷的责编为《俞吾金全集》的辛勤付出，我们深表谢意。《俞吾金全集》的顺利出版，我们也要感谢俞吾金教授的学生赵青云，他多年前曾捐赠了一笔经费，用于支持俞吾金教授所在机构的学术活动。经同意，俞吾金教授去世后，这笔经费被转用于全集的材料收集和日常办公支出。《俞吾金全集》的出版也受到复旦大学和哲学学院的支持。俞吾金教授的同学和同事吴晓明教授一直关心全集的出版，并为全集写了充满感情和睿智的序言。复旦大学哲学学院原院长孙向晨也为全集的出版提供了支持。在此我们表示深深的感谢。

《俞吾金全集》的具体编辑工作是由俞吾金教授的许多学生承担的。编辑团队的成员都是在不同时期受教于俞吾金教授的学者，他们分散于全国各地高校，其中许多已是所在单位的教学和科研骨干，有自己的繁重任务要完成。但他们都自告奋勇地参与这项工作，把它视为自己的责任和荣誉，不计得失，任劳任怨，为这项工作的顺利完成付出自己的心血。

作为《俞吾金全集》的主编，我们深感责任重大，因而始终抱着敬畏之心和感恩之情来做这项工作。但限于水平和能力，《俞吾金全集》一定有许多不完善之处，在此敬请学界同仁批评指正。

汪行福　吴　猛
2024 年 6 月

# 目　录

# 2004年

# 从科学技术的双重功能看
# 历史唯物主义叙述方式的改变[①]

　　在传统的历史唯物主义的叙述体系中，科学技术的功能主要是在生产力的范围内得到阐释的，随着当代科学技术的发展和"科学技术是第一生产力"的新观念的流行，科学技术的生产力功能已经得到了普遍的认可。然而，当代西方学者在肯定科学技术的生产力功能的同时，不但深入地分析了这一功能所蕴含的负面因素，同时也揭示出科学技术的另一个重要的功能，即意识形态功能。科学技术的双重功能的形成，对传统的历史唯物主义的叙述体系提出了严峻的挑战。在这里，我们尝试从改变传统的历史唯物主义的叙述方式的角度出发，对科学技术的当代发展及其双重功能所蕴含的挑战作出积极的回应。

　　① 原载《中国社会科学》2004 年第 1 期，第 132—143 页；《中国社会科学文摘》2004 年第 1 期转载。收录于《思想的薪火：复旦大学哲学系建系 50 周年纪念文集》，东方出版中心 2006 年版；俞吾金：《重新理解马克思——对马克思哲学的基础理论和当代意义的反思》，北京师范大学出版社 2005 年版，第 172—186 页；《实践与自由》，武汉大学出版社 2010 年版，第 209—231 页。——编者注

# 一、传统的历史唯物主义叙述体系的三个理论前设

当我们检讨传统的历史唯物主义的叙述体系，尤其是与科学技术相关的叙述命题时，我们发现，在这一叙述体系中，存在着三个从未引起人们深入反思的理论前设。

第一个理论前设是：地球上的资源是无限的，人类改造自然的生产活动也是可以无限制地进行下去的。在某种意义上可以说，这一理论前设是"非生态学的"（non-ecological），即它没有考虑到人类在无限发展的生产过程中可能面临的总体性的生态危机。

在写于1859年的《〈政治经济学批判〉序言》中，马克思曾对历史唯物主义的基本理论作出了经典性的叙述。在这一经典性的叙述中，马克思以十分简洁的语言论述了生产力和生产关系、社会存在和意识、经济基础和上层建筑、社会变革和意识形态等关系问题，但并没有涉及在当代生态学的研究中才被充分课题化的那些重要问题，如生产、增长和发展的极限问题，地球资源和人口负载的有限性问题，生存环境的污染问题等。在马克思关于历史唯物主义的叙述体系中，没有出现这些问题是很自然的，也是完全可以理解的，因为当时资本主义的发展还处于自由竞争的阶段，人类可能面临的生态危机几乎还完全处在被掩蔽的状态下。

在撰写于1883年的《在马克思墓前的讲话》中，恩格斯在叙述马克思的历史唯物主义的基本理论时，生态学问题仍然没有被课题化。恩格斯这样写道："正像达尔文发现有机界的发展规律一样，马克思发现了人类历史的发展规律，即历来为繁芜丛杂的意识形态所掩盖着的一个简单事实：人们首先必须吃、喝、住、穿，然后才能从事政治、科学、艺术、宗教等等；所以，直接的物质的生活资料的生产，从而一个民族或一个时代的一定的经济发展阶段，便构成基础，人们的国家设施、法的

观点、艺术以至宗教观念，就是从这个基础上发展起来的，因而，也必须由这个基础来解释，而不是像过去那样做得相反。"①显然，恩格斯的这篇讲话依然蕴含着这样的理论前设，即地球上可供开发和利用的资源是无限的，人类所从事的物质生活资料的生产活动也是能够无限地向前发展的。②事实上，在19世纪80年代，虽然资本主义正从自由竞争阶段向垄断阶段发展，但生态危机还未上升为一个威胁到人类生存的、总体性的、根本性的问题。显而易见，在恩格斯关于历史唯物主义理论的叙述方式中，"吃、喝、住、穿"这些人类的基本生存活动还没有受到环境污染所引发的种种严重后果的干扰和影响。当然，我们并不能苛求恩格斯，似乎他应该无条件地、超前地意识到将来的生态危机问题。

所有这些生态方面的问题，在晚年恩格斯生活的时代，并没有上升为重大的、触目的问题。事实上，即使是在20世纪，甚至20世纪后半叶编写出来的关于历史唯物主义的大部分教科书，也没有对可供开发的地球资源的有限性和人类生产增长、发展的有限性作出认真的探索。要言之，以往的历史唯物主义的叙述体系始终缺乏一个必要的生态学的背景，这正是这一叙述体系必须在当代得以改革的重要理由之一。

第二个理论前设是：科学技术从属于生产力的范围，正如生产力始终起着进步的、革命的作用一样，科学技术也始终是一种进步的、革命的力量。

---

① 《马克思恩格斯选集》第3卷，人民出版社1995年版，第776页。
② 应该指出，恩格斯在一定程度上已经意识到生态问题。他写道："我们不要过分陶醉于我们对自然界的胜利。对于每一次这样的胜利，自然界都报复了我们。……美索不达米亚、希腊、小亚细亚及其他各地的居民，为了想得到耕地，把森林都砍完了，但是他们梦想不到，这些地方今天竟因此成为荒芜不毛之地，因为他们使这些地方失去了森林，也失去了积聚和贮存水分的中心。"（恩格斯：《自然辩证法》，人民出版社1971年版，第158页。）在同一著作中，恩格斯还提到阿尔卑斯山的意大利人对松林的砍伐、马铃薯在欧洲的传播所引发的问题等，然后指出："我们对自然界的整个统治，是在于我们比其他一切动物强，能够认识和正确运用自然规律。"（同上，第159页。）从这些论述可以看出，虽然恩格斯已经意识到人类在统治自然的过程中可能陷入的麻烦，但一方面，他对人"统治"自然这一点并没有提出异议；另一方面，对生态问题的忧虑，在恩格斯的全部理论叙述，包括他对历史唯物主义基本理论的叙述中始终处于边缘化的状态。

在《资本论》第 1 卷（1867 年）中，马克思曾经指出："劳动生产力是由多种情况规定的，其中包括：工人的平均的熟练程度、科学的发展水平和它在工艺上应用的程度，生产过程的社会结合，生产资料的规模和效能，以及自然条件。"①在这段重要的论述中，马克思把科学技术的功能置于生产力发挥作用的范围之内。在他看来，科学技术，尤其是技术上的重要的发明物，甚至还是区分不同社会形态的生产力发展水平的重要标志。正是在这个意义上，他在《哲学的贫困》(1847)中写道："手推磨产生的是封建主的社会，蒸汽磨产生的是工业资本家的社会。"②

然而，作为西方人文主义传统的伟大继承者，马克思也意识到了科学技术在资本主义生产中必然会形成的负面的作用。他在研究中发现，在资本主义大工业生产中，机器已经成为生产剩余价值的手段，而工人则成了机器的附庸："变得空虚了的单个机器工人的局部技巧，在科学面前，在巨大的自然力面前，在社会的群众性劳动面前，作为微不足道的附属品而消失了；科学、巨大的自然力、社会的群众性劳动都体现在机器体系中，并同机器体系一道构成'主人'的权力。"③在这里，马克思已经暗示我们，在资本主义生产方式中，科学技术完全有可能蜕变为一种支配和压抑劳动者的统治形式。马克思还指出："机器劳动极度地损害了神经系统，同时它又压抑肌肉的多方面运动，侵吞身体和精神上的一切自由活动。甚至减轻劳动也成了折磨人的手段，因为机器不是使工人摆脱劳动，而是使工人的劳动毫无内容。"④事实上，晚年马克思对资本主义社会的异化现象和物化现象的批判也始终包含着这一重要的维度，即对蕴含在现代科学技术中的各种负面因素的高度警惕。

马克思逝世以后，恩格斯进一步阐发了马克思的科学技术观，认为

---

① K. Marx, F. Engels: *Werke* (*Band* 23)，Berlin: Dietz Verlag, 1973, s. 54. 参见马克思:《资本论》第 1 卷，人民出版社 1975 年版，第 53 页。
② 《马克思恩格斯选集》第 1 卷，人民出版社 1995 年版，第 142 页。
③ 马克思:《资本论》第 1 卷，人民出版社 1975 年版，第 464 页。
④ 同上书，第 463 页。

马克思"把科学首先看成是历史的有力的杠杆，看成是最高意义上的革命力量"①。他还指出："在马克思看来，科学是一种在历史上起推动作用的、革命性的力量。任何一门理论科学中的每一个新发现，即使它的实际应用甚至还无法预见，都使马克思感到由衷喜悦，但是当有了立即会对工业、对一般历史发展产生革命影响的发现的时候，他的喜悦就完全不同了。"②显然，在恩格斯看来，马克思不但热切地关注着科学技术的发展，而且更为深入地关心着科学技术在工业生产中的具体的应用。然而，与此同时，我们也发现，恩格斯主要是从正面价值的角度去理解、转述马克思关于科学技术及其应用的理论的，特别是恩格斯关于科学是"最高意义的革命力量"的说法充分体现出这一点，即他并没有充分注意到马克思就科学技术的负面价值的存在所发出的重要的预警。

在这种阐释方式和叙述方式的影响下，关于作为生产力的组成部分的科学技术具有进步的、革命作用的见解，在以后的马克思主义的哲学教科书和马克思的历史唯物主义理论的研究专著中几乎成了一种定见。于是，以考茨基为代表的第二国际的领袖们通过对科学技术的革命作用的过度诠释，形成了一种所谓"科学的马克思主义"(the scientific Marxism)的学说。按照这种学说，科学技术本身似乎成了改造资本主义社会的最重要的革命力量，而无产阶级的革命意识和革命作用反倒变得无足轻重，甚至是可有可无的了。正如本·阿格尔所指出的："科学的马克思主义的自我批评的独特特征是，不介入政治争论：因为科学的马克思主义者认为革命会自然发生，具有像万有引力定律一样的必然性。考茨基的困境在于，他的科学的马克思主义限制了他，使他对认为周围正在酝酿着的革命力量无所作为。"③在考茨基看来，既然科学技术作为一种革命的力量会推动历史的前进，何必还要去组织工人阶级进行革命斗争

---

① 《马克思恩格斯全集》第 19 卷，人民出版社 1965 年版，第 372 页。
② 同上书，第 375 页。
③ ［加］本·阿格尔：《西方马克思主义概论》，慎之等译，中国人民大学出版社 1991 年版，第 123 页。

呢？这种所谓"科学的马克思主义"把马克思的充满活力的历史唯物主义理论曲解为一种单纯的"科学技术决定论"或"科学技术革命论"，从而完全阉割了马克思哲学的革命精神。

这种曲解在当代思想界仍然拥有广大的市场。比如，美国学者威廉姆·肖就把马克思的历史理论称作"技术决定论"（technological determinism）①。又如，在我国读者中广有影响的、由肖前等人主编的《历史唯物主义原理》也对科学技术的进步的、革命的作用进行了片面的发挥："科学是人类自觉活动的指路明灯和强大力量，它照亮了征服自然和改造社会的进程，推动着历史的前进。科学的价值随社会的发展而与日俱增，社会越进步，脑力劳动和科学知识的重要性就越突出，科学的职能和影响就越大。科学的发展和应用已成为巨大的社会事业，是当代技术发展、经济发展和社会发展的不可或缺的环节，全部社会生活都要在科学的指引下进行改造。"②通过这样的权威性的诠释方式，作为生产力的科学技术的绝对进步的、革命的作用就成了传统的历史唯物主义叙述体系中的一个基本的理论前设。事实上，这一前设在当代哲学对科学主义和技术主义的深入反思中早已陷入了困境。

第三个理论前设是：作为观念形态或理论形态的科学技术并不属于意识形态的范围之内，或者换一种说法，科学技术并不具有意识形态的功能。

如果按照我们前面引证过的、马克思在《资本论》第 1 卷中关于"科学、巨大的自然力、社会的群众性劳动都体现在机器体系中，并同机器体系一道构成'主人'的权力"的论述，科学技术似乎包含着某种意识形态的潜能，这种潜能极有可能在一定的条件下转化为现实。然而，马克思这方面的论述并没有引起他的后继者们的充分重视，他们习惯于在对社会意识这个总体性概念的理解和叙述中把社会意识形态与科学技术抽

---

① William H. Shaw: *Marx's Theory of History*, California: Stanford University press, 1978, p. 166.

② 肖前等：《历史唯物主义原理》，人民出版社 1983 年版，第 309 页。

象地分离开来，并尖锐地对立起来。

比如，通行的教科书认为："自然科学虽然是社会意识的一种形式，而且是十分重要的形式……但它却不能作为某一社会形态的标志，不具备作为社会经济形态和政治制度之反映的社会意识形态的本质特征。……因此，自然科学不属于社会意识形态的范畴。"①按照这一见解，只有艺术、道德、政治法律思想、宗教、哲学和其他社会科学的观念才属于社会意识形态的范畴，而自然科学和技术则作为一种正确的、具有进步和革命意义的因素居于社会意识形态之外，并与社会意识形态相对立。

在这样的阐释方式和叙述方式中，科学技术和意识形态完全处于对立的、绝缘的状态中，它不但成了绝对的进步性和革命性的标志，也成了绝对的合理性和合法性的标志。从此以后，自然科学和工程技术意义上的"科学性"或"合理性"就成了评判一切观念的或理论形态的存在物的最高法庭。假如运用康德的理论术语来表达，这种情形就是：理论理性成了最高的权威，而实践理性则完全被放逐了。不用说，人们在评论任何人文社会科学理论时，上面提到的那种所谓的"科学性"或"合理性"也就成了至高无上的赞词。与这种对科学技术的历史作用的片面叙述相对峙的是，蕴含在科学技术中的科学主义、实证主义或客观主义的思维方式也在传统的历史唯物主义的叙述体系中迅速地蔓延开来。

## 二、传统的历史唯物主义的叙述体系面临的挑战

在当代西方哲学，尤其是西方生态学和未来学的发展中，我们前面提到的传统的历史唯物主义的叙述体系，包括它的三个理论前设都面临着严峻的挑战。众所周知，这些挑战主要是沿着以下三条不同的路径展

---

① 肖前等：《历史唯物主义原理》，人民出版社 1983 年版，第 260 页。

示出来的。

其一，胡塞尔、海德格尔对现代科学技术的所谓绝对进步的、革命的历史作用的质疑。

作为现象学的创立者，胡塞尔具有深厚的数学和自然科学方面的学养，他十分自觉地把自然科学的基础作为自己反思和批判的重点。在《欧洲科学的危机与超越论的现象学》(1936)一书中，他不无忧虑地指出："19世纪的下半叶，现代人的整个世界观都受到实证科学的规定，并使自己受到实证科学所造就的'繁荣'的迷惑。这种独特性表明，对于那些真正的人来说，极为重要的问题被轻描淡写地抹去了。只看重事实的科学造成了只看重事实的人。……我们常听说，在我们生活的危难中，实证科学对我们什么也没有说。它从原则上排除了这样一个问题，即整个人类的存在有无意义的问题，而对于我们这个不幸的时代来说，解答这个与人的命运的转变休戚相关的问题已经迫在眉睫。"①在胡塞尔看来，欧洲自然科学的繁荣同时也是它陷入危机的一个标志，因为它的普遍的表现方式是只关注事实，不关注人类的命运和生活的意义。

那么，这种局面又是如何造成的呢？胡塞尔认为，从伽利略用数学的方式构想世界以来，人们的全部思考已经习惯于以这样的理念世界作为自己的基础和出发点，并逐渐遗忘了前科学的、直接感知的、与生存活动息息相关的生活世界："早在伽利略那里，一个以数学的方式构成的理念的世界已经取代了这个唯一现实的、通过知觉现实地被给予的、被经验到并可能被经验到的世界——我们的日常生活世界，这是值得重视的最重要的世界。"②在胡塞尔看来，伽利略既是发现的天才，又是掩盖的天才。他发现的是数学化的理念世界，他掩盖的则是真实的生活世界。只有当人们穿破自然科学的中立化的、客观化的和理念化的外衣，

① E. Husserl, *Die Krisis der Europäischen Wissenschaften und die Transzendentale Phänomenologie*, Hamburg: Felix Meiner Verlag, 1982, S. 4, 52.

② E. Husserl, *Die Krisis der europaeischen Wissenschaften und die transzendentale Phaenomenologie*, Hamburg: Felix Meiner Verlag, 1982, S. 4, 52.

深入地探索被掩蔽的生活世界的真理时，人类存在的意义才会向他们敞开。正是通过对欧洲自然科学危机的深刻反思，胡塞尔对自然科学在历史上的所谓绝对进步的和革命的作用提出了严峻的挑战。

如果说，胡塞尔的反思主要集中在自然科学的价值基础上的话，那么，海德格尔的省思则主要体现在对现代技术的批判上。在《技术之追问》(1950)一书中，海德格尔区分了两种技术：一种是传统的"手工技术"(handwork technology)，另一种是"现代技术"(modern technology)。① 他暗示我们，与传统的手工技术相比较，现代技术是某种完全不同的、全新的东西。如果人们继续把现代技术当作"某种中性的东西"(something neutral)，那就表明他们对它的本质完全茫然无知。②

那么，现代技术的本质究竟是什么呢？海德格尔认为，尽管现代技术同传统的手工技术一样，也包含着人对自然的解蔽和改造，但其性质已经发生根本性的变化，"现代技术的本质在我们称之为座架(Enframing)的东西中显现出来"③。什么是座架呢？按照海德格尔的看法，座架包含两方面的含义：一方面是人对自然的支配和强制，另一方面是一部分人对另一部分人的支配和强制。实际上，这和马克思关于科学技术构成"'主人'的权力"或资本主义社会中存在着异化和物化现象的说法是十分接近的。海德格尔指出："哪里被座架所支配，那里就存在着最高意义上的危险。"④他甚至认为，现代技术已经把人连根拔起，人类生存已经面临深渊只还有一个上帝可以救渡人类。海德格尔对现代技术的批判是对当代生活世界和精神世界发出的重要的预警，对他同时代和以后时代的思想家产生了极其重大的影响。

总之，按照胡塞尔和海德格尔的看法，现代科学和技术不但不应该

---

① M. Heidegger, *Question Concerning Technology*, New York：Happer Clophon Books，1977，p. 5.

② Ibid.，p. 4.

③ Ibid.，p. 23.

④ Ibid.，p. 28.

以惯常的乐观主义的方式，片面地被理解并阐释为所谓绝对革命的和进步的力量，而应该被理解并阐释为蕴含着巨大的负面价值和潜在力量的存在物。事实上，只有牢牢地把握现代科学和技术的发展中出现的这一根本性的价值转折，才有可能充分地认识到改革历史唯物主义的叙述方式的必要性和紧迫性。

其二，马尔库塞和哈贝马斯对现代科学技术的意识形态功能的揭示。

韦伯认为，资本主义社会的合理化是同科学技术的进步的制度化不可分割地联系在一起的。① 马尔库塞进一步发挥了韦伯的思想，强调技术的进步和技术所蕴含的合理性不但体现在资本主义社会的经济活动和社会活动中，而且已经扩展到资本主义社会的整个统治制度中。正是在这个意义上，他指出："技术的合理性已经成为政治的合理性。"②在揭示现代技术所造成的严重的异化现象和物化现象时，马尔库塞不但沿着海德格尔的思路，指出技术中性的观念已经无法再维持下去，而且提出了"技术拜物教"（technological fetishism）③的新概念，用以说明现代技术本身所蕴含的异化因素和物化因素。尤为重要的是，马尔库塞已经敏锐地意识到下面这种现象："也许技术理性的概念本身就是意识形态。"④马尔库塞对韦伯思想的阐释，也对哈贝马斯产生了重大的影响。哈贝马斯这样写道："正如我认为的那样，马尔库塞的基本观点——技术和科学今天也具有统治的合法性功能——为分析已经改变了的局面提供了钥匙。"⑤然而，哈贝马斯并没有停留在马尔库塞的结论上，他对科学技术的双重功能作出了更为明确的、系统的表述。

---

① Sehen J. Habermas, *Technik und Wissenschaft als "Ideologie"*, Frankfurt A. M.: Suhrkamp Verlag, 1970, S. 48.

② H. Marcuse, *One-Dimensional Man*, Boston: Beacon Press, 1966, p. xvii.

③ Ibid., p. 235.

④ J. Habermas, *Technik und Wissenschaft als "Ideologie"*, Frankfurt A. M.: Suhrkamp Verlag, 1970, S. 49-50.

⑤ Ibid., S. 74.

在哈贝马斯看来，自 19 世纪末以来，技术和科学的性质已经发生了重大的变化：一方面，"技术和科学成了第一生产力"(ersten Produktivkraft)①，也就是说，作为实践形态的技术和科学已经成了生产力中最重要的因素；另一方面，技术和科学本身也成了意识形态，也就是说，作为观念或理论形态的技术和科学成了意识形态的基本的，甚至是核心的组成部分。在《作为"意识形态"的技术与科学》一书(1968)中，哈贝马斯着重分析了现代科学技术的意识形态功能及其对历史唯物主义学说提出的严峻的挑战。他指出："一方面，技术统治的意识与一切以往的意识形态相比，'更少意识形态的特征'；因为它并没有那种不透明的、迷惑人的力量，而这种力量掩盖着人们的利益。另一方面，当今的那种占支配地位的、使科学成为偶像的，因而变得更加透明的背景意识形态(Hintergrundideologie)，比起老式的意识形态来说，显得更难以抗拒和更为宽泛，因为它不仅通过掩蔽实际问题的方式，为既定阶级的局部统治利益做辩护，压制另一个阶级的局部的解放的需求，而且遏制其寻求解放的种族利益。"②在哈贝马斯看来，这种新的意识形态的核心是取消技术与实践之间的差别，即取消工具理性和实践理性之间的差别。而既然意识形态学说是马克思的历史唯物主义理论的重要内容之一，这就需要对历史唯物主义乃至其叙述形式作出新的解释。在这个意义上，哈贝马斯提出了"重建历史唯物主义"的口号。

如果说，"意识形态"这一概念在它的创始人——法国哲学家特拉西那里主要指涉与中世纪以来的神秘思想相对立的"科学的观念"的话，那么，当代西方社会的意识形态，经过技术与科学所蕴含的合理性的过滤，仿佛也回复到它的创始人那里，即把这种合理性理解为自己的最切近的本质了。这种现象是十分有趣的，即从近代以来，人们一直试图以科学技术和理性对抗迷信和信仰，结果却突然发现，科学技术和理性本

① J. Habermas, *Technik und Wissenschaft als "Ideologie"*, Frankfurt A. M.: Suhrkamp Verlag, 1970, S. 79.

② Ibid., S. 88-89.

身也成了迷信，而蕴含在科学技术中的合理性则成了当代人的普遍的信仰。显而易见，只有深刻地认识当代意识形态在内容和实质方面的这一重大的变化，才会自觉地致力于历史唯物主义的叙述方式的改革。

其三，西方生态学家和未来学家对现代科学技术的发展所引发的生存危机的反思。

从 20 世纪 70 年代起，罗马俱乐部就连续出版了 12 份报告，就生产和科学技术高度发展的背景下出现的人类生存总危机的问题，作出了深入的、批判性的探索。在第一份报告——《增长的极限》(1972)中，作者丹尼森和麦多斯发前人之所未发，大胆地提出了资源、生产、增长和发展的极限问题，从根本上动摇了传统的、非生态学的观点。按照这种传统的观点，不但自然界的资源是无限的，人类对自然界的开发和利用是无限的，而且人类生产的发展和增长也是无限的。无数事实表明，这种对无限性的显性的或隐性的崇拜，乃是人类处于一定发展阶段上的幼稚性的确证。

在罗马俱乐部的第二份报告——《人类处在转折点》(1974)中，作者米萨诺维克和帕斯托尔进一步指出："人类必须正视现实，大量的危机已经构成世界发展中遇到的一种'危机综合征'，应该把这些危机作为一个整体采取互相协调的多种措施加以解决。这场全球性危机程度之深、克服之难，对迄今为止指引人类社会进步的若干基本观念提出了挑战。这些基本观念在过去为人类进步铺平了道路，但也最终导致了目前的这种状况。目前，人类正处在转折点上，必须做出抉择，是沿着老路继续走下去，还是开辟一条新的道路。如果人类要探索新的发展道路，那么必须对若干旧的观念进行重新评价。"①他们所指的旧观念，不光包括增长、发展、进步及环境与资源可以无限地被剥夺或取用的观念，而且也包含对科学技术的历史作用的重新认识问题："生活在地球上的人类，

---

① 米哈依罗·米萨诺维克、爱德华·帕斯托尔：《人类处在转折点》，刘长毅等译，中国和平出版社 1987 年版，第 9 页。

第一次感到限制的必要性，必须限制经济和技术的发展，或者至少改变其发展道路。"①他们认为，人类和自然界的关系不应该是控制和被控制的关系，应该是和谐的共生关系，而要建立这种新颖的共生关系，就必须对现代科学技术的本质和历史作用重新加以反思。

与当代西方的生态学家一样，当代西方的未来学家也积极地探索了当代世界面临的生存危机，并对当代技术的负面作用发出了预警。众所周知，著名的未来学家阿尔温·托夫勒曾经发出了"我们不允许技术在社会里横冲直撞"②的警告，并强调："对于任何新技术，我们都要更加认真地看一看它给大自然带来的潜在的副作用。无论我们提议使用一种新的能源，一种新的材料，或一种新的化工产品，我们都必须确定它将怎样改变我们赖以生存的微妙的生态平衡。而且我们必须预测它们对遥远的未来和远方可能产生的间接影响。"③另一位未来学家约翰·奈斯比特在《大趋势：改变我们生活的十个新方向》(1982)中指出："我们必须学会把技术的物质奇迹和人性的精神需要平衡起来。"④所有这些论述都已经超出了传统的哲学教科书中所弥漫的那种盲目乐观主义的思想倾向。

毫无疑问，当代生态学家和未来学家们提出的"极限"概念是发人深省的。我们必须深刻地认识到，人类的欲望和需要是无限的，但能够满足这种欲望和需要的资源和环境则永远是有限的。事实上，无论从哪个角度看，历史唯物主义的当代叙述体系都不应该对当代人类面对的生存危机保持沉默的态度。

---

① 米哈依罗·米萨诺维克、爱德华·帕斯托尔：《人类处在转折点》，刘长毅等译，中国和平出版社 1987 年版，第 128 页。

② [美]阿尔温·托夫勒：《未来的震荡》，任小明译，四川人民出版社 1985 年版，第 487 页。

③ 同上书，第 486 页。

④ [美]约翰·奈斯比特：《大趋势：改变我们生活的十个新方向》，梅艳译，中国社会科学出版社 1984 年版，第 39 页。

# 三、确立历史唯物主义的当代叙述方式

当代西方学者的新思考，特别是他们对科学技术的双重功能的揭示，对传统的历史唯物主义的叙述体系提出了严峻的挑战。显然，对这些挑战采取视而不见的态度，并不是马克思主义者应有的态度。正确的态度应该是：从当今时代的高度出发，认真地回应这些挑战，从而确立起历史唯物主义的当代叙述方式。

在作出这一回应前，我们有必要先对以下三种错误的观点进行批评和清理。

第一种观点认为，在马克思的思想中，缺乏回应现代科学技术问题的思想资源。比如，阿尔温·托夫勒认为："不能借助马克思主义去了解高技术世界的现实。今天，用马克思主义来诊断高技术社会的内部结构，就象在有了电子显微镜的时代，还是只用放大镜。"①显而易见，托夫勒的这一观点是缺乏根据的。正如我们在前面已经指出过的那样，马克思对现代科学技术的统治作用的预言，对异化、物化和拜物教的批判等，都为当代人以批判的方式重新认识现代技术的历史作用提供了重要的思想资源。

第二种观点认为，马克思的思想，尤其是历史唯物主义理论，尽管包含着某些合理的因素，但必须对它们进行根本性的重建。比如，哈贝马斯认为："复兴马克思主义是没有必要的，我们所谓的重建（Rekonstruktion）就是把一种理论拆开，并以新的方式再把它组合起来，以便更好地达到它自己已经确立的目标。"②其实，在某种意义上可以说，哈

---

① ［美］阿尔温·托夫勒：《预测与前提：托夫勒未来对话录》，粟旺等译，国际文化出版公司 1984 年版，第 200 页。

② J. Habermas, *Rekonstruktion des Historischen Materialismus*, Frankfurt A. M.: Suhrkamp Verlag, 1982, S. 9.

贝马斯对历史唯物主义的重建是以曲解历史唯物主义的本真精神为前提的，他试图以交往理性，即实践理性的维度去补充马克思的历史唯物主义理论，然而，他忽视了下面这一点，即马克思作为西方人文主义传统的伟大的批判者和继承者，他创立的历史唯物主义恰恰体现出实践理性发展的新的高度。对于这一点，海德格尔显然比哈贝马斯看得更为清楚。在《关于人道主义的通信》（1947）一文中，海德格尔这样写道："不管人们以何种立场来看待共产主义学说及其基础，从存在的历史的观点看来，一种对有世界历史意义的东西的基本体验已经在共产主义中确定不移地说出来了。"①他甚至认为，马克思通过对异化问题的深入反思，其历史观远远优于现象学家胡塞尔和存在主义者萨特，"所以现象学和存在主义都没有达到可以和马克思主义进行创造性的对话的这一维度上"②。由此可见，需要加以改变的不是历史唯物主义的基本理论，而是它的叙述方式。换言之，历史唯物主义理论应该获得与当今时代条件相匹配的、新的叙述方式。

第三种观点与上面两种观点正好相反，它完全无视现代科学技术的双重功能及其对历史唯物主义的叙述体系提出的严重挑战，依然完全拘泥于从马克思文本本身出发来叙述其历史唯物主义的理论。③ 诚然，我们必须重视马克思本人对历史唯物主义理论的理解方式和叙述方式，然而，我们也应该清醒地意识到，随着人类实践生活和理论生活的发展，随着新时代的来临，当时的马克思由于受历史条件的限制而不可能看到的一些现象，如航空、电脑、基因工程、核武器等，不但已经产生，并

---

① M. Heidegger, *Ueber Den Humanismus*, Frankfurt A. M.: Vittorio Kloster-mann, 1975, S. 27-28.

② Ibid., S. 27.

③ 比如，张奎良教授的《马克思的哲学思想及其当代意义》（黑龙江教育出版社 2001 年版）虽然新见迭出，但他并没有从现代科技的双重功能及生态危机的视角出发，重新透视马克思的历史唯物主义的叙述体系；辛敬良教授的《唯物史观与现时代》（海天出版社 1996 年版）虽然注意到了现代科学技术发展所引发的生态问题，但在他关于历史唯物主义的整个叙述体系中，这个问题仍然只具有边缘性的意义。

且快速地发展起来。显然，对现代科学技术所引发的这些现象采取"鸵鸟政策"并不是明智的。当然，我们也应该看到，尽管时代条件已经发生了重大的变化，但马克思在一百多年前创立的历史唯物主义的基本理论却并没有过时。因此，需要坚持的是历史唯物主义的基本理论，需要作出相应的改革和调整的则是它的叙述方式。要言之，历史唯物主义必须具有与当今时代相匹配的叙述方式。没有这样的新的叙述方式，历史唯物主义就难以在当今的现实生活和理论生活中获得重要的地位并有效地发挥自己的作用。

总之，对现代科学技术的双重功能及由此而引发的一系列问题所提出的挑战，既不能采取"鸵鸟政策"加以回避，或只在边缘性的意义上涉及它，也不能低估历史唯物主义基本理论的强大的生命力和发展潜力，从而像哈贝马斯那样，轻率地提出"重建历史唯物主义"的错误口号，因为在某种意义上，当今时代的发展并没有超越马克思的历史唯物主义学说所揭示的基本真理。事实上，在当今的时代条件下，我们仍然需要坚持马克思的历史唯物主义的基本立场和基本真理。在这个基础上，我们所能做的，只是对它的叙述方式进行必要的改变和调整。我们的具体观点如下。

首先，历史唯物主义的整个当代叙述方式必须认可并指涉生态学的语境。

正如我们在前面已经指出过的那样，在传统的历史唯物主义的叙述体系中，生态学的语境完全是缺席的，盲目乐观主义的情绪支配着人们对历史唯物主义学说的理解、解释和叙述。而在当今时代，关于历史唯物主义理论的任何叙述都必须把由现代科学技术的发展所引发的生态危机的语境作为一个基本的理论前设安顿下来。也就是说，在叙述历史唯物主义的基本理论——生产力和生产关系、经济建设和上层建筑的关系之前，必须先行地叙述这些关系可能得以展开的生态学的语境。

只要人的欲望还没有自觉地受到约束，人的需要的无限性与外部世界资源的有限性之间就必定会发生激烈的冲突，这一冲突又必定会导致生态危机的爆发。这就深刻地启示我们，为了生存下去，当代人必须在自己所有的思考和活动中先行地植入生态学的语境，在叙述历史唯物主义的理论体系时也不能例外。实际上，在今天，只有从生态学的语境出发来叙述历史唯物主义的理论体系，这种叙述方式才是现实的，而不是抽象的，才是与时俱进的，而不是抱残守缺的。何以见得呢？因为当代人的生活既然无法回避生态环境方面出现的一系列紧迫的问题；既然在生态学的语境中，生产、增长、发展和资源的开发都是有限度的，那么，撇开这些限度，盲目地谈论生产力和生产关系、经济基础和上层建筑关系的存在和发展显然是毫无意义的。

其次，历史唯物主义的当代叙述方式必须对"社会存在决定社会意识"的基本命题作出新的叙述。

众所周知，在传统的历史唯物主义的叙述体系中，社会存在与社会意识是被割裂开来并被抽象地对立起来的。事实上，"社会存在决定社会意识"这一基本命题常常被偷换成"物质决定意识"的命题。然而，"社会存在"与"物质"是两个完全不同的概念。假如说，"物质"与"意识"概念是可以被相互割裂开来，并对立起来的话，那么，"社会存在"与"社会意识"的概念却是无法割裂开来，并对立起来的。因为社会意识并不是社会存在之外的东西，它本身就是社会存在的一个组成部分，它和社会存在的关系并不是外在的对立的关系，而是内在的、部分与整体的关系。

现代科学技术的双重功能表明：一方面，现代科学技术的实践形态属于生产力，属于社会存在的范围；另一方面，现代科学技术的观念的或理论的形态又属于意识形态，属于社会意识的范围。显而易见，当代科学技术的双重功能解构了社会存在与社会意识之间的抽象的对立。凡是熟悉马克思的历史唯物主义理论的人都知道，社会存在作为物质生活资料的生产方式包含着生产者，而所有的生产者在从事生产活动的时候都是受其意识和目的支配的。也正是在这个意义上，卢卡奇把生产劳动乃至人的一切实践活动都理解为目的性和因果性的统一，并指出：

"社会存在与意识的形而上学的对立，与马克思的本体论完全是相冲突的，在马克思的本体论中，每一种社会存在都与意识的行为（即与选择的确定）不可分割地联系在一起。"①所以，必然被引申出来的结论是：在社会存在的基础部分中就蕴含着社会意识，社会意识并不外在于社会存在，相反，它本身就是社会存在的一个组成部分。社会意识不仅通过作为社会存在物的生产者的目的和意识渗透进社会存在的根基中，而且也通过科学技术的实践形态，即通过科学技术在生产劳动中的应用渗透进社会存在的根基中。

这样一来，传统的历史唯物主义理论关于社会存在与社会意识关系的叙述方式就必须被超越了。"社会存在决定社会意识"的基本命题应该以下面的方式重新被叙述出来，即"蕴含着社会意识的社会存在决定以社会存在作为自己的指涉对象的社会意识"。换言之，社会存在与社会意识的关系不是外在的、对立的关系，而是内在的、相互渗透的关系，是全体与部分的关系，而沟通这一全体和部分之间关系的一个重要的媒介则是现代科学技术。②

再次，历史唯物主义的当代叙述方式必须对生产力，包括作为"第一生产力"的现代科学技术的本质和历史作用作出合理的叙述。

如前所述，在传统的历史唯物主义的叙述体系中，"生产力是人征服自然的力量"③，而科学技术作为一种无条件的进步的、革命的力量，是从属于生产力的范围的，尤其是现代科学技术在生产力中的地位变得越来越重要，正如哈贝马斯所指出的，现代科学技术已经成为"第一生产力"。明眼人一看就知道，在传统的历史唯物主义的叙述体系中，科学技术的进步性、革命性与生产力的进步性、革命性之间存在着某种相

---

① G. Lukacs, *Zur Ontologie des gesellschaftlichen Seins*, 1. *Halbband*, Darmstadt und Neuwied：Hermann Luchterhand Verlag, 1984, S. 675.

② 为什么这里说的是"一个重要的媒介"，因为社会心理、社会性格等因素也从不同的侧面起着重要的媒介作用。

③ 肖前等：《历史唯物主义原理》，人民出版社 1983 年版，第 87 页。

互促进、相互强化的关系。一方面，人们用"生产力永远是进步的、革命的因素"的命题来印证科学技术的进步性和革命性；另一方面，人们也用"科学技术永远是进步的、革命的因素"的命题来印证生产力的进步性和革命性。显然，摆在我们面前的是一种循环论证。

然而，人们显然忽视了下面这个重要的事实，即当他们通过现代科学技术的媒介去征服自然时，完全有可能导致严重的生态危机的爆发，而这一危机的爆发本身就对现代科学技术的所谓绝对的进步性和革命性提出了疑问。事实上，在一些思想敏锐的当代学者的反思中，现代科学技术所蕴含的负面因素正在被主题化，这些学者特别担忧的一个趋势是：现代科学技术正在成为一种人类越来越难以加以有效控制的、统治性的力量。① 现代科学技术的这种本质性的变化启示我们，决不能再把生产力定义为"征服自然的力量"了，也不能再把自然界理解为人类可以无限地加以开发和索取的对象了。必须在当代生态学的语境中重新理解并确定生产力的本质，即把它理解为人在生产活动中与自然界和谐地相处的一种能力；而生态环境的脆弱性也直接地限定了人类生产力发挥作用的范围和限度。

与此同时，我们也必须在生态学的语境中重新阐释作为"第一生产力"的现代科学技术的本质和历史作用。事实上，前面的论述已经表明，现代科学技术不仅有可能失去人们曾经轻率地赋予它的绝对的革命性和

---

① 作为当代中国人，在探讨现代科学技术可能蕴含的负面价值的时候，必须清醒地意识到自己的历史境遇，从而使自己的探讨结论不至于处于无根基的状态中。也就是说，一方面，我们要看到潜伏在现代科学技术中的某些危险的因素；另一方面，我们也必须看到，作为发展中国家，学习和发展现代科学技术仍然是我们面临的长期的历史任务。事实上，谁都不会否认，只要科学技术上不去，中国的综合国力也会上不去，中华民族就有可能失去自立于当今世界民族之林的生存能力。所以，在当代中国社会，如何有效地学习和努力地推进现代科学技术的发展，依然是一个紧迫的主题。当然，认同这一点，并不等于我们可以对蕴含在现代科学技术中的某些负面的因素失去警惕性。平心而论，我们之所以孜孜不倦地、认真地了解西方学术思潮，尤其是他们关于现代科学技术方面的批判性的见解，一个重要的目的就是为了使我们自己在追求现代化和发展现代科学技术的历史进程中尽可能地少走弯路。

进步性，它甚至不再是价值上中性的存在物了。那种把科学技术与绝对的革命性和进步性简单地等同起来的见解，不过是启蒙时代留下的遗迹而已。尽管现代技术给人们的生活带来了许多便利，也使人们身上固有的潜能得到了前所未有的发挥，但它也造成了普遍的物化和异化，也使人与自然界之间的关系、人与人之间的关系达到了前所未有的紧张状态。一言以蔽之，在现代科学技术的本质中蕴含着一种支配、统治人和自然界的盲目的力量，这使我们必须中止对现代科学技术的历史作用的肤浅的谈论，而把问题的核心转移到对其历史作用的界限的关切上。

总之，在历史唯物主义的当代叙述方式中，再也不能以无条件的、抽象的方式来谈论生产力以及作为"第一生产力"的现代科学技术的所谓绝对的进步性和革命性了，而应该结合人类的总体生存环境所面临的危机，对现代生产力和科学技术的本质及历史作用的限度作出具体的分析。

最后，历史唯物主义的当代叙述方式必须对意识形态的性质、结构和基本特征作出新的阐释。

在传统的历史唯物主义的叙述体系中，作为观念的或理论形态的科学技术与意识形态处于分离的、对立的状态中。然而，通过马尔库塞和哈贝马斯的努力，科学技术的另一个重要的功能——意识形态功能被揭示出来了。这样一来，作为观念的或理论形态的科学技术与意识形态的外在的、抽象的对立消失了，科学技术本身也成了意识形态的一个组成部分，甚至成了它的核心的部分。在这样的情况下，执着于传统的意识形态概念显然是行不通的。也就是说，我们必须以新的方式叙述意识形态的性质、结构、特征和功能。

一是意识形态的性质发生了变化。人们再也不能像过去那样简单地断言意识形态是遮蔽真实情况的"虚假的意识"了。虽然政治法律思想、哲学、宗教、道德、艺术等意识形式在一定的程度上仍然保留着这样的倾向，但科学技术作为意识形态却不再是"虚假的意识"，而是反映自然规律的正确的认识。这就表明，即使是正确的认识或观念，当它被确立为绝对的权威，当它成为一种统治形式，或当它超出自己原本适用的范围被使用时，也完全可能被意识形态化，成为一种统治人的力量。在这里，意识形态的性质已经悄悄地发生了变化，重要的不再在于它是真实的，还是虚假的；而是在于它是统治人、支配人的观念性的力量，还是解放人、促进人的自由和全面发展的精神性的力量。答案是不言自明的，即现代意识形态的实质在于它是一种统治人的观念的力量。①

二是意识形态的结构也发生了相应的变化。假如说，政治法律思想、哲学、宗教、道德、艺术等构成意识形态整体结构中的显性层面，并在这一层面上发挥作用的话，那么，科学技术作为"背景意识形态"则构成意识形态整体结构中的隐性层面，并以潜移默化的方式在这一层面上发挥自己的作用。如果说，在传统意识形态的结构中，居于显性层面上的宗教神秘主义思想（如君权神授的观念）始终起着主导性的作用，那么，在当代意识形态的结构中，居于隐性层面上的科学技术的观念（如合理性的观念）则起着根本性的作用。然而，正如我们在前面已经指出过的那样，在当代精神生活中，这种科学技术意义上的合理性本身也已经不知不觉地被神秘化和信仰化了。

三是意识形态的特征也发生了相应的变化。如果说，政治法律思

---

① 在拙著《意识形态论》（上海人民出版社 1993 年版）中，我已经指出，在马克思和恩格斯那里，意识形态表现为一个否定性的概念，尤其在马克思和恩格斯合著的《德意志意识形态》一书中，意识形态一般被理解为一种掩蔽现实生活的精神存在物。然而，在列宁那里，意识形态逐步成为一个中性的概念，它指涉的只是相应的精神的领域，如人们既可以谈论"资产阶级的意识形态"，也可以谈论"工人阶级的意识形态"。列宁的思想对中国理论界产生了深远的影响，所以，在当代中国理论界的语境中，意识形态也常常是以中性的方式出现的，如我们既可以使用"资本主义的意识形态"的概念，也可以使用"社会主义的意识形态"的概念。在这个意义上可以说，巩固和发展社会主义的意识形态，仍然是我们理论工作者面临的重大的历史使命之一。然而，当我们这样做的时候，也必须对意识形态理论在当代社会中发生的新的变化保持足够的敏感性。事实上，也只有批判地汲取当代意识形态理论中蕴含的合理因素，才能更好地建设社会主义的意识形态。在这里，我们还要强调的是，不管我们是在否定性的意义上，还是在中性的意义上使用意识形态的概念，有一点却是共同的，即在具有不同的价值取向的当代社会中，意识形态总是一种占统治地位的、支配性的或主导性的精神力量。

想、哲学、宗教、道德、艺术等意识形式，常常以公开的方式为统治阶级的根本利益辩护，那么，科学技术作为意识形式，通常表现为对认识上的客观性和价值上的中立性的认可与追求。与此同时，它影响人们思想的方式也发生了微妙的变化，即它总是以潜移默化的、润物细无声的方式发挥作用的。当然，这种正被日益意识形态化的现代科学技术所强调的客观性和中立性，只不过是当代精神生活中的表面现象而已，实际上，它们已经成为当代意识形态家维护统治阶级根本利益的最有效的思想支柱。

四是意识形态的功能也发生了相应的变化。尽管传统的意识形态也渗透进日常生活中，但这种渗透作用无论如何是有限的，即人们常常可以通过对非主流意识形态的、批判性的观念的认同，或通过对与传统意识形态相分离并对立的科学技术观念的认同，在相当程度上摆脱传统的意识形态对自己思想的束缚。然而，在当代意识形态中，由于科学技术的实践形态所造成的人化自然和科学技术的观念的或理论的形态所造成的意识形态的合理化已经无孔不入地渗透进整个日常生活中，以至于当代意识形态的功能显得越来越强大，越来越难以抗衡。事实上，没有一定的理论反思能力，人们就无法识别潜伏在当代意识形态的合理性外衣下的某些负面的价值倾向。

总之，当代意识形态在性质、结构、特征和功能方面的变化，都要求我们对它以及它在历史唯物主义理论中的地位和作用作出新的解释和叙述。

# 人道主义思想传统的继承者[①]

马克思主义与人道主义的关系问题是 20 世纪 80 年代初理论界讨论的热点问题。在某种意义上可以说，这个问题也是对"文化大革命"经验教训的一个总结。然而，在 20 多年后的今天，为什么我们要重提这个问题？这是因为在对马克思主义学说的研究中，马克思主义与人道主义的关系在理论上还远未得到澄清，而在现实生活中，马克思主义也常常被误解为"斗争哲学"的同名词。这些情况的出现，迫使我们重新探索马克思主义与人道主义的关系问题，并给出新的说明。我们认为，马克思主义与人道主义的关系问题之所以长期得不到澄清，主要是由于人们对以下三方面的关系缺乏正确的理解和把握而引起的。

## 一、理论形象的分裂

马克思的《1844 年经济学哲学手稿》（以下简称《手稿》）于 1932 年问世后，在西方思想界掀起

---

① 原载《解放日报》2004 年 3 月 22 日，题为《继承与超越：马克思主义与人道主义关系的再认识》;《新华文摘》2004 年第 13 期转载。收录于俞吾金:《重新理解马克思——对马克思哲学的基础理论和当代意义的反思》，北京师范大学出版社 2005 年版，第 259—268 页;《被遮蔽的马克思》，人民出版社 2012 年版，第 412—421 页。——编者注

了轩然大波，"两个马克思"（即青年时期的马克思和成熟时期的马克思）的学说也应运而生。朗兹胡特、马尔库塞和弗洛姆等西方学者把以《手稿》为代表的青年时期的马克思的思想理解为"人道主义的马克思主义"，而把以《资本论》为代表的、成熟时期的马克思的思想理解为"传统的马克思主义"，并把两者尖锐地对立起来，甚至提出了"回到青年马克思去"的口号。与此相反，阿尔都塞等西方学者则对青年马克思《手稿》中的主题——人道主义与异化进行了激烈的抨击，认为青年马克思并没有摆脱费尔巴哈的人本主义思想的影响，因而青年马克思的思想依然停留在资产阶级意识形态的范围内。而成熟时期的马克思则创立了历史唯物主义的伟大理论，这一理论作为"科学"与青年马克思的"意识形态"判然有别。按照阿尔都塞的看法，在青年时期的马克思与成熟时期的马克思之间存在着一个"认识论的断裂"。

乍看起来，朗兹胡特等人的见解与阿尔都塞等人的见解截然对立，其实，细细地考量，就会发现，它们的共同理论前提是把一个马克思分裂为"两个马克思"，并使之尖锐地对立起来，而在进行这种分裂活动时，他们又确立了下面两个简单的等式：一是青年时期的马克思的思想＝人道主义的马克思主义，二是成熟时期的马克思的思想＝非人道主义的，甚至是反人道主义的（阿尔都塞语）马克思主义。这两个简单的等式的影响是如此深远，以至人们竟然忽略了对以下两个问题的追问：一是在青年时期的马克思的著作中，是否已经蕴含着超越传统的人道主义，尤其是费尔巴哈的人本主义的某些思想酵素？二是在成熟时期的马克思的著作中，是否仍然保留着马克思对西方伟大的人道主义传统的认同和传承？事实上，只有对这两个问题作出正确的解答，从而中止对马克思思想的分裂行为，才能正确地解答马克思主义与人道主义的关系问题。

先来看第一个问题。我们发现，青年马克思的学说是极为丰富的，蕴含着远比传统人道主义学说丰富的思想酵素。其一，青年马克思具有强烈的政治参与意识，他痛恨普鲁士专制政府，向往自由和民主。青年马克思撰写的第一篇论文《评普鲁士最近的书报检查令》就是政治论文，作为公共知识分子，他一开始就保持着对政治的敏感性及参与政治事务的巨大热情。在 1843 年 5 月致卢格的信中，马克思写道：

> 既然我们已经沦落到政治动物世界的水平，那么更进一步的反动也就不可能了。至于要前进，那么只有丢下这个世界的基础，过渡到民主的人类世界。①

马克思这里说的"丢下这个世界的基础，过渡到民主的人类世界"，实际上是他内心早就在酝酿的革命意识的明确表达。其二，青年马克思在担任《莱茵报》编辑工作的时期（1842—1843 年），接触到人民群众的各种物质利益问题，比如莱茵省议会关于林木盗窃的法令竟把穷人到林中捡枯枝也视为盗窃行为，引起了青年马克思极大的愤慨，他不怕权威，挺身而出，撰文捍卫人民群众的物质利益。其三，青年马克思在恩格斯的《政治经济学批判大纲》的影响下，也在上面提到的人民群众的物质利益问题的推动下，潜心研究国民经济学，他在《手稿》中提出的"异化劳动"的问题，虽然其母题仍然涉及黑格尔，尤其是费尔巴哈著作中大量出现的"异化"这个词，但他的思想已经远远地超出了费尔巴哈所关注的"宗教异化"的视域。所有这些都表明，仅仅从青年马克思所使用的术语上来判断他的思想实质是不够的，诚然，马克思在《手稿》中把共产主义表述为"以扬弃私有财产作为自己的中介的人道主义"②，但实际上，在青年马克思的著述中，我们上面提到的那些新的思想酵素正在迅速地成长，它们包含着传统的人道主义这件狭窄的外套所无法容纳的革命性的内涵。

再来看第二个问题。马克思在《提纲》《形态》等著作中初步确立起历史唯物主义的新理论以后，是否完全抛弃了他从传统的人道主义那里所

① 《马克思恩格斯全集》第 1 卷，人民出版社 1956 年版，第 412 页。
② 《马克思恩格斯全集》第 42 卷，人民出版社 1979 年版，第 174 页。

继承的一切？这个问题的另一种提法是：马克思主义与人道主义是否水火不相容？我们的回答是否定的。事实上，成熟时期的马克思始终体现出人道主义的伟大情怀。在《哲学的贫困》一书中，马克思强烈地谴责了雇佣劳动对人的蔑视：

> 时间就是一切，人不算什么；人至多不过是时间的体现。①

在《资本论》中，他愤怒地控诉了资本对工人剩余劳动的狼一般的贪求：

> 它侵占人体成长、发育和维持健康所需要的时间。它掠夺工人呼吸新鲜空气和接触阳光所需要的时间。它克扣吃饭时间，尽量把吃饭时间并入生产过程。因此对待工人就像对待单纯的生产资料那样，给他饭吃，就如同给锅炉加煤、给机器上油一样。②

在晚年人类学笔记中，马克思在谴责殖民主义者的入侵造成农村公社的解体时，无限感慨地写道：

> 一切人反对一切人的战争开始了。③

所有这些都表明了，即使在成熟时期的马克思的著作中，也充满了对受压迫者的人文关怀。完全可以说，马克思批判地继承了传统人道主义的核心思想，即尊重个人的人格、权利、自由，尊重个性的解放等等。

肯定这些，并不等于说，马克思与传统的人道主义者处于相同的思

---

① 《马克思恩格斯全集》第4卷，人民出版社1958年版，第97页。
② 马克思：《资本论》第1卷，人民出版社1975年版，第295页。
③ 《马克思恩格斯全集》第45卷，人民出版社1985年版，第304页。

想水平上。事实上，马克思通过对传统的人道主义学说的批判性反思，在以下四个方面远远地超越了它：第一，传统人道主义的出发点是抽象的人，而马克思主义的出发点则是"从事实际活动的人"①。第二，传统人道主义认为人的本质就是"人自身"，而马克思主义则强调，人的本质在其现实性上是一切社会关系的总和，在有阶级冲突存在的社会中，人们"不是作为个人而是作为阶级的成员处于这种社会关系中的"②。第三，传统人道主义把历史理解为伟大人物及其思想的演化史，而马克思主义则把历史理解为普通个人的生活史。马克思写道：

> 这些个人使自己和动物区别开来的第一个历史行动并不是在于他们有思想，而是在于他们开始生产自己所必需的生活资料。③

第四，传统人道主义建议资本家节制生产热情，规劝工人安分守己，不要走向对抗④，而马克思主义则强调：

> ……实际上和对实践的唯物主义者，即共产主义者说来，全部问题都在于使现存世界革命化，实际地反对和改变事物的现状。⑤

由此可见，马克思主义与传统人道主义之间的本质差异是不可抹杀的。如果换一个角度看问题，我们也可以说，马克思在他所创立的历史唯物主义的基础上而扬弃了传统人道主义，从而把人道主义提升到一个崭新的高度上。我们不妨称这种与历史唯物主义相融洽的新的人道主义为"革命的人道主义"或"马克思主义的人道主义"。

---

① 《马克思恩格斯全集》第 3 卷，人民出版社 1960 年版，第 30 页。
② 同上书，第 84 页。
③ 同上书，第 23 页注 1。
④ 在《哲学的贫困》一书中，马克思对资产阶级所谓的"人道学派"和"博爱学派"进行了透彻的批判。参见《马克思恩格斯全集》第 4 卷，人民出版社 1958 年版，第 156—157 页。
⑤ 《马克思恩格斯全集》第 3 卷，人民出版社 1960 年版，第 48 页。

综观马克思的一生，我们发现，所谓"两个马克思"的对立在马克思的身上根本就不存在，马克思始终是西方人道主义传统的伟大继承者和超越者。充分地理解这一点，人们就不会再把成熟时期的马克思的思想与人道主义尖锐地对立起来，甚至像阿尔都塞那样，把成熟时期的马克思曲解为一个反人道主义者。诚然，我们并不否认，马克思批判过资产阶级人道主义的观点，但这并不表明他拒斥人道主义，恰恰相反，他是为了把人道主义提升到一个新的水平上。总之，马克思主义批判地继承了传统人道主义的精神遗产，并把它改造、提升到一个崭新的水平上。

# 二、目的与手段的倒置

马克思主义社会革命的目的是什么？手段又是什么？这两者之间的关系究竟如何？这些在马克思主义的追随者那里似乎是轻而易举就能回答的问题。然而，正是这些基础性的问题，长期以来一直没有得到正确的理解和妥善的处理，从而出现了手段和目的关系的倒置，即一方面，人们盲目地把目的降低为手段；另一方面，人们又无原则地把手段提升为目的。正是这种倒置加深了马克思主义与人道主义之间的裂痕，导致了萨特所批评的"人学的空地"在当今马克思主义学说中的形成。所以，在今天，我们再也不能回避对这些看起来简单，实际上意义深远的问题的解答了。

首先，我们来探讨马克思主义社会革命的目的。人所共知，马克思主义社会革命的目的是实现共产主义，然而，共产主义的本质特征是什么呢？关于这一点，人们就很少再深思下去了。在《共产党宣言》中，马克思和恩格斯指出：

> 代替那存在着阶级和阶级对立的资产阶级旧社会的，将是这样

一个联合体，在那里，每个人的自由发展是一切人的自由发展的条件。①

马克思和恩格斯在这里谈到了"每个人的自由发展"和"一切人的自由发展"，他们把个人和一切人的自由以及在这样的自由的基础上组成的"联合体"理解为未来共产主义社会的基本特征。在《1857—1858年经济学手稿》中，马克思提出了著名的"三大社会形态"理论：第一形态是人与人之间的自然的依赖关系；第二形态是人对物的依赖关系；第三形态则是共产主义社会：

建立在个人全面发展和他们共同的社会生产能力成为他们的社会财富这一基础上的自由个性，是第三阶段。②

马克思在这里说的"个人全面发展"和"自由个性"表明，他始终把个人的自由、解放和全面发展理解为共产主义事业的本质。换言之，个人在马克思主义的学说中始终占据着核心的位置。这一点，甚至连海德格尔也看到了，他在《关于人道主义的通信》中这样写道：

不管人们以何种立场来看待共产主义学说及其基础，从存在的历史的观点看来，对有世界历史意义的东西的基本体验已经在共产主义中确定不移地说出来了。③

其次，我们来探讨马克思主义社会革命所运用的手段。在1852年

---

① 《马克思恩格斯选集》第1卷，人民出版社1995年版，第294页。
② 《马克思恩格斯全集》第46卷（上册），人民出版社1979年版，第104页。
③ ［德］海德格尔：《关于人道主义的通信》，法兰克福出版社1975年德文版，第27—28页。（M. Heidegger, *Ueber Den Humanismus*, Frankfurt A. M.: Suhrkamp Verlag, 1975, S. 27-28.——编者注）

马克思致约·魏德迈的信中，马克思强调，发现现代社会的阶级存在和阶级斗争并不是自己的功劳：

> 我所加上的新内容就是证明了下列几点：（1）阶级的存在仅仅同生产发展的一定历史阶段相联系；（2）阶级斗争必然导致无产阶级专政；（3）这个专政不过是达到消灭一切阶级进入无阶级社会的过渡……①

显然，马克思这里所说的"无阶级社会"就是共产主义社会，也就是说，阶级斗争和无产阶级专政乃是马克思主义在社会革命的进程中所运用的基本手段。在马克思看来，阶级并不是永远存在的，它们只存在于人类历史发展的一定阶段上，而无产阶级专政也只具有"过渡"的性质。也正是在这个意义上，马克思谈到阶级的消灭和国家的消亡问题。实际上，在马克思的思想中，已经暗含着这么一种意向，要用谨慎的、历史的态度来运用阶级斗争和无产阶级专政的手段，千万不能把它们无原则地加以夸大或强化。当然，在当时的历史背景下，列宁缔造的第一个社会主义国家还未诞生，国际共产主义运动也不可能提供相应的经验教训供马克思以更深入、更具体的方式来论述这一问题。

最后，我们来探讨目的与手段之间的关系，看看这一关系是如何逐步颠倒过来的。我们发现，这一逐步颠倒的过程主要是由以下三方面的原因促成的：其一，现实斗争和社会革命的长期性、严酷性和曲折性，使人们越来越关注马克思的阶级斗争和无产阶级专政的理论，并不断地把这一理论加以强化，使之获得越来越显著的地位。其二，作为目的，共产主义对为之而奋斗的人们来说，还显得十分遥远，因而这一蕴含着个人的自由、解放和全面发展主题的理想状态反而在现实斗争的进程中被边缘化了。其三，在对马克思主义学说与资产阶级意识形态关系的解

---

① 《马克思恩格斯选集》第4卷，人民出版社1995年版，第547页。

释中出现了极端化的现象，即一方面，资产阶级意识形态被推向极端，它倡导的利己主义和尔虞我诈的方面似乎都消失不见了，它仿佛成了多愁善感的同名词，只要哪里在谈论生命、友谊、休闲、恋情和博爱，那里起作用的就是资产阶级的意识形态；另一方面，马克思主义学说也被推向极端，即它对个人的自由、解放和全面发展的关注被抹去了，它成了大公无私、忘我工作和无情斗争的同名词，只要哪里在谈论与人奋斗，其乐无穷，哪里起作用的就是马克思主义学说。要言之，马克思主义被妖魔化为绝对与人文关怀，甚至与人的七情六欲无涉的"斗争哲学"和"无情哲学"。

由于这些原因的作用，目的和手段的倒置也就渐渐地完成了，结果就出现了这样的局面，即阶级斗争和无产阶级专政的加强成了至高无上的目的，甚至是终极的目的，而真正的目的——阶级的消灭、国家的消亡、共产主义的实现和个人的自由、解放与全面发展反倒被降为一种单纯的手段，仿佛平时组织人们谈谈共产主义的远大理想，谈谈个人的自由、解放和全面发展之类的话题，只是为了唤醒他们的阶级意识，提高他们阶级斗争的自觉性似的。当然，我们并不否认，在复杂的国际国内政治形势的背景下，阶级斗争还会在一定的领域内存在并持续相当长的时期，在这个历史时期中，无产阶级专政的存在仍然是必要的，但我们必须时时刻刻意识到，阶级斗争和无产阶级专政充其量只是手段，唯有共产主义和共产主义所蕴含的核心内容——个人的自由、解放和全面发展才是我们追求的最高目的。

上面的论述启示我们，只有完整地、准确地、全面地理解马克思主义，尤其是马克思主义的人道主义内涵，才会在现实生活中正确地处理好目的和手段之间的关系，在任何情况下都不把这两者之间的关系颠倒过来。

# 三、革命时期和建设时期

也许人们从未深思过下述问题，即在革命时期和建设时期，由于历史条件的不同，人们对马克思主义的人道主义内涵的理解是否也会出现差异。其实，答案是不言而喻的。

众所周知，在新民主主义革命时期，敌我矛盾是主导性的矛盾，"以阶级斗争为纲"则是主导性的政治口号。在当时的人们对马克思主义的接受中，占主导地位的始终是马克思主义的阶级斗争的学说，而马克思主义的人道主义的学说则处于边缘化的状态。具体地说，人们对马克思主义的人道主义内涵的理解主要体现在下述方面：革命队伍内部的团结、友谊、爱情和亲情；军民之间的鱼水情；对犯错误同志的帮助；救死扶伤；不虐待俘虏等。诚然，这样的理解方式已经体现出观念上的巨大的变化，但它毕竟还带着种种历史因素的限制：其一，由于主要运用集体的智慧和力量来推翻三座大山，因而在肯定集体原则至上的情况下，个人的权利不可能得到充分的肯定和维护。其二，由于强调思想观念上的一致性和军事上的铁的纪律，因而不同个人的多元的意见也不可能得到充分的表达和鼓励。其三，由于革命斗争的严酷性，在当时的历史条件下，人们只能凭借可以到手的少量马克思主义经典作家的作品来理解马克思主义的人道主义，而不可能全面地把握它的丰富的内涵。当然，所有这些情形都是可以理解的，一方面，当时的人们的主要视线依然集中在革命斗争中，另一方面，当时革命的主力军——贫苦农民甚至对西方知识分子在启蒙时期就已提出来的人权、自由、民主、平等、博爱等新观念还缺乏了解，更不要说对马克思主义的人道主义学说的了解了。事实上，在整个新民主主义时期的理论探索中，马克思主义的人道主义始终是一个不起眼的话题。

正如物体运动具有惯性一样，人们思想的发展也是具有惯性的。在中华人民共和国成立之初，由于当时国内外阶级敌人千方百计地试图摧垮共和国，在当时的历史条件下，继续开展阶级斗争，使共和国不被扼杀在摇篮里的做法，完全是可以理解的。然而，从1956年起，在国内阶级敌人基本上得到肃清，疾风暴雨式的阶级斗争已经结束之后，仍然对阶级斗争的形势作出扩大化的估计，并继续坚持"以阶级斗争为纲"的政治口号，这就严重地违背了社会主义建设时期的客观规律。也正是从20世纪50年代后期到70年代后期"文化大革命"结束时的20多年时间里，马克思主义的人道主义学说遭到了全面的忽视，甚至践踏。在"文化大革命"结束后，在20世纪80年代初，马克思主义与人道主义的关系问题之所以能上升为一个热门的话题，充分表明，这个话题以前一直处于边缘的状态。

历史和实践一再启示我们，在社会主义建设时期，一旦人民内部矛盾成了主导性的矛盾，"以经济建设为中心"成了主导性的政治口号，就必须严格限制关于阶级斗争的提法，而把马克思主义的人道主义的学说提到主导性的地位上。这里有一个从"革命哲学"向"建设哲学"转化的问题。如果说，在革命时期，马克思主义的阶级斗争学说是主导性理念的话，那么，在建设时期，马克思主义的人道主义学说则理应上升为主导性的理念。当然，马克思主义的这两种学说不应该被割裂开来并对立起来。正如我们在前面已经指出过的那样，马克思的阶级斗争学说归根到底是为实现共产主义的伟大理想服务的，而共产主义的伟大理想又奠基于马克思主义的人道主义学说。由此可见，马克思主义的人道主义学说应该体现在整个革命和建设的过程中，尤其是在建设的时期中，它的主导作用应该得到充分的阐述和展现。

总之，再也不能让下面这样的错误观念继续存在下去了，仿佛一谈人性、个人、人文关怀和人道主义，就是在替资产阶级意识形态做宣传；而一谈斗争、冲突、决裂，就是在讨论马克思主义。长期以来，人们似乎都认可这种错误的观点，这难道不是当今的马克思主义者在自毁长城吗？如果这种错误见解被普遍接受的话，当今的马克思主义者不是把自己彻底地孤立起来了吗？谁愿意接受一种已经被魔化的、完全拒斥任何人文关怀的学说呢？难怪马克思在批评19世纪70年代末法国的所谓"马克思主义者"时，特别喜欢借用海涅的这句名言："我只知道我自己不是马克思主义者。"①实际上，如果当今的马克思主义者希望真正继承马克思的事业，那么，他们就应该有勇气公开宣布，我们马克思主义者也谈人性、个人、人文主义和人道主义，而我们是在马克思所创立的历史唯物主义的基础上谈论这些问题的。在我们看来，当今的马克思主义者不但应该理直气壮地谈论并深入地探讨这些问题，而且也应该努力地把马克思主义的人道主义的整个学说贯彻到现实生活中去。

综上所述，我们应该使马克思主义摆脱那些长期以来附加在它身上的种种错误观念，不但应该把马克思主义与人道主义的关系作为一个重大的理论课题深入地讨论下去，不但应该认识到马克思主义与人道主义不是水火不相容的，而且应该理直气壮地把马克思主义的人道主义作为社会主义建设时期的主导性理论，从而真正为实现以个人的自由、解放和全面发展为核心内容的共产主义的伟大理想而奋斗。

---

① 《马克思恩格斯选集》第4卷，人民出版社1995年版，第691页。

# 物、价值、时间和自由[①]
## ——马克思哲学体系核心概念探析

　　基于对马克思哲学所具有的实践维度、经济研究的维度、本体论维度这三个基本特征的先行把握，笔者初步找到了重建马克思哲学体系的新路径。限于题旨和篇幅，本文主要论述重建马克思哲学体系必定会涉及的四个核心概念——物、价值、时间和自由，以及它们之间的内在联系。

## 一、从抽象物质到具体的物

　　传统哲学教科书所叙述的物质观是马克思早就批评过的"抽象物质"观。

　　在《1844 年经济学哲学手稿》中，马克思这样写道："工业是自然界同人之间，因而也是自然科学同人之间的现实的历史关系。因此，如果把工业看成人的本质力量的公开的展示，那么，自然界的人的本质，或者人的自然的本质，也就可以理解了；因此，自然科学将失去它的抽象物

　　① 原载《哲学研究》2004 年第 11 期，第 3—10 页；《中国社会科学文摘》2005 年第 2 期。收录于俞吾金：《传统重估与思想移位》，黑龙江大学出版社 2007 年版，第 418—431 页；《实践与自由》，武汉大学出版社 2010 年版，第 292—307 页。——编者注

质的（abstrakt materille）或者不如说是唯心主义的方向，并且将成为人的科学的基础，正像它现在已经——尽管以异化的形式——成了真正人的生活的基础一样。"①在这里，值得注意的是，马克思提出了"工业"这一极为重要的概念，并把它理解为使自然科学的研究得以摆脱"抽象物质的"错误的研究方向的不可或缺的媒介。在马克思看来，传统的自然科学通常是以脱离对工业的考察的方式来研究自然界的，所以他们描绘的自然界不过是与人的活动相分离的抽象的自然界或抽象的物质世界。事实上，现实的自然界是经过工业媒介的自然界，现实的物质是经过人的生产劳动媒介的物质，即生产劳动中不可或缺的各种要素，而工业并不是别的东西，它正是一本打开了的关于人的本质力量的书本，正是人的实践活动，特别是人的生产劳动的具体表现。

在《资本论》中，马克思进一步指出："那种排除历史过程的、抽象的自然科学的唯物主义（des abstrak naturwissenschaftlichen Materialismus）的缺点，每当它的代表越出自己的专业范围时，就在他们的抽象的和唯心主义的观念中立刻显露出来。"②这就表明，马克思的物质观与以往一切哲学家（不管是唯物主义者，还是唯心主义者）的根本差异在于：马克思从不脱离人的活动抽象地谈论物质，即从不像传统的哲学教科书那样，高谈世界的物质性。马克思总是从人所从事的最基本的实践活动——生产劳动出发，历史地探讨物质的具体表现形态——具体的物（在资本主义经济方式中表现为商品），并对资本主义经济关系所造成的普遍的"物化"（Verdinglichung）现象或"商品拜物教"（Fetischismus）现象进行批判性的考察。

应该看到，当代西方的一些学者非常敏锐地注意到并揭示出马克思物质观的实践意向和革命意向。在卢卡奇看来，马克思物质观的要旨并不是坐在课堂里大谈"世界统一于物质"这类同样可以在旧唯物主义者那

---

① 《马克思恩格斯全集》第 42 卷，人民出版社 1979 年版，第 128 页。
② 马克思：《资本论》第 1 卷，人民出版社 1975 年版，第 410 页边注。

里找到的空洞的教条，而是通过对物化现象和物化意识的披露，唤醒无产阶级的阶级意识，从而促使其以实践的方式改造资本主义社会。葛兰西在谈到马克思哲学时指出："显然，对于实践哲学来说，物质不应当从它在自然科学中获得的意义上去理解……也不应当从各种唯物主义形而上学中发现的任何意义上去理解。虽然人们可以考察构成物质本身的各种物理的(化学的、机械的等)属性，但只是在它们成为生产的'经济要素'的范围之内。所以，不应当就物质自身来考察物质，而必须把它作为社会地、历史地组织起来的东西加以考察，而自然科学也应当相应地被看作是一个历史范畴，一种人类关系。"①海德格尔在谈到如何与马克思的唯物主义对话时，也有一段极为重要的论述："为了进行这样的对话，摆脱关于这种唯物主义的天真的观念和对它采取的简单拒斥的态度是十分必要的。这种唯物主义的本质不在于一切只是物质(Stoff)的主张中，而是在于一种形而上学的规定中，按照这种规定，一切存在者都显现为劳动的材料(Material)。"②施密特在他的代表作《马克思的自然概念》一书中也表达了同样的思想："说物质是存在的最高的原则是不可能的，这不仅因为从事劳动的主体通过自身中介了自然材料，而且在生产中，人们关涉到的并不是物质'本身'，而是具体的、从量和质上规定了的物质的存在形式。"③

所有这些见解都表明，马克思与旧唯物主义者之间的根本差别在于，他不是从静观的知识论立场出发谈论抽象的物质，而是从动态的实践论出发谈论作为生产要素的物质的具体样态，即具体的物。事实上，马克思决不像旧唯物主义者或后来的哲学教科书的编写者那样，热衷于追溯一个先于人而存在的物质世界。在马克思看来，追溯这样一个与人

① A. Gramsci，*Selections from The Prison Notebooks*，New York：International Publishers，1971，pp. 465-466.

② M. Heidegger，*Ueber Den Humanismus*，Frankfurt A. M.：Suhrkamp Verlag，1975，S. 27.

③ A. Schmidt，*The Concept of Nature in Marx*，trans. Ben Fowkes，London：NLB，1971，p. 34.

相分离的物质世界对于人来说是毫无意义的。所以马克思指出："只有物（die Sache）按人的方式同人发生关系时，我才能在实践上（praktisch）按人的方式同物发生关系。"①总之，物不是人静观的对象，而是人的实践活动尤其是生产劳动的要素。

那么，在马克思那里，具体的物究竟是指什么呢？由于马克思考察的出发点不是一般的人类社会，而是资本主义这种特殊的社会形态，所以，他认为，在资本主义经济关系中，具体的物表现为巨大的商品堆积。他写道："商品（Die Ware）首先是一个外界的对象，一个靠自己的属性来满足人的某种需要的物（ein Ding）。"②当商品作为物被大量地生产出来的时候，"物化"现象或"拜物教"现象也随之而蔓延开来。马克思通过自己的研究，深刻地揭示出这些现象的本质："例如，用木头做桌子，木头的形状就改变了。可是桌子还是木头，还是一个普通的可以感觉的物。但是桌子一旦作为商品出现，就变成一个可感觉而又超感觉的物（ein sinnlich uebersinnliches Ding）了。它不仅用它的脚站在地上，而且在对其他一切商品的关系上用头倒立着，从它的木脑袋里生出比它自动跳舞还奇怪得多的狂想。"③

由此可见，马克思物质观的实践意向和革命意向正在于批判资本主义社会中到处蔓延的"物化"现象或"拜物教"现象，从而从物与物的关系中揭示出人与人之间的真实关系。而传统的哲学教科书满足于抽象地谈论"世界统一于物质"这类旧唯物主义者早已提出的命题，必定会耽搁对马克思物质观的这种根本性意向的把握。更重要的是，马克思不是通过抽象物质，而是通过具体的物来引申出价值的概念的。

---

① 《马克思恩格斯全集》第 42 卷，人民出版社 1979 年版，第 124 页注二。
② 马克思：《资本论》第 1 卷，人民出版社 1975 年版，第 47 页。
③ 马克思：《资本论》第 1 卷，人民出版社 1995 年版，第 87—88 页。

# 二、从使用价值到交换价值

如前所述，在资本主义经济关系中，具体的物表现为巨大的商品堆积。那么，马克思又如何对商品这个资本主义社会的细胞进行经济哲学上的考察的呢？他认为，物作为商品具有以下两个基本属性：一方面，"物的有用性使物成为使用价值（Gebrauchswert）"①。也就是说，物作为商品总要满足人们的某种需要，而其使用价值正是在人们消费或使用它的过程中得以实现的。人们通常说的"财富"（Reichtums）实际上也就是作为商品的物的堆积。在这个意义上，马克思认为，一方面，不论财富的社会形式如何，使用价值总是构成财富的物质内容；另一方面，"交换价值（Tauschwert）首先表现为一种使用价值同另一种使用价值相交换的量的关系或比例，这个比例随着时间和地点的不同而不断改变"②。物作为商品之所以具有交换价值，是因为商品本身就是为了交换而生产的物品。在马克思看来，使用价值和交换价值之间存在着以下两个根本性的区别：第一，使用价值是商品的自然属性或自然存在，而交换价值则是商品的社会属性或社会存在；第二，作为使用价值，不同的商品之间具有质的差别，而作为交换价值，不同的商品之间只具有量的差别。认识到这两点区别具有极为重要的意义。

必须指出，在哲学界长期以来存在着对马克思价值理论的忽视或误解。就"忽视"而言，只要我们看一看正统的阐释者们所编写的马克思主义哲学的教科书，比如艾思奇主编的《辩证唯物主义历史唯物主义》，就会发现，其中没有任何一个章节是讨论马克思的价值理论的。正如我们在前面已经指出过的那样，只要人们还没有把马克思的哲学理解为一种

---

① 马克思：《资本论》第 1 卷，人民出版社 1995 年版，第 48 页。
② 同上书，第 49 页。

经济哲学理论，他们就不可能关注并谈论马克思的价值理论。就"误解"而言，则集中体现在人们对晚年马克思撰写的《评阿·瓦格纳的"政治经济学教科书"》一文中提出的价值观的误解上。众所周知，瓦格纳的一个根本性错误就是把马克思所说的"使用价值"误解为"价值"。马克思在叙述瓦格纳的这一错误见解时概括道："'价值'这个普遍的概念是从人们对待满足他们需要的外界物的关系中产生的……"①显然，这句话是马克思对瓦格纳的错误观点的概括，可是，人们却错误地把它理解为马克思本人的价值观。② 事实上，只要认真阅读这篇论文，就会发现，马克思十分尖锐地批评了瓦格纳的价值理论，指责他热衷于谈论一般价值理论，并总是在"价值"这个词上卖弄聪明，"这就使他同样有可能像德国教授们那样传统地把'使用价值'和'价值'混淆在一起，因为它们两者都有'价值'这一共同的词。"③

在马克思看来，"使用价值不起其对立物'价值'的作用，除了'价值'一词在'使用价值'这一名称里出现以外，价值同使用价值毫无共同之点"④。在这里，马克思以十分明确的口吻告诉我们，不能因为在"使用价值"这个名称中包含着"价值"这个词，就断言"使用价值"就是"价值"。"使用价值"和马克思通常简称为"价值"的"交换价值"之间存在着根本性的差异。

其实，当瓦格纳试图从人们的需要与外界物之间的关系中去理解并谈论马克思的价值理论时，他就已经把这两个概念混淆了。马克思毫不留情地揭露了瓦格纳玩弄的语言游戏："他采取的办法是，把政治经济学中俗语叫做'使用价值'的东西，'按照德语的用法'改称为'价值'。而一经用这种办法找到'价值'一般后，又利用它从'价值一般'中得出'使用价值'。做到这一点，只要在'价值'这个词的前面重新加上原先被省

---

① 《马克思恩格斯全集》第 19 卷，人民出版社 1963 年版，第 406 页。
② 李连科：《价值哲学引论》，商务印书馆 1999 年版，第 63 页。
③ 《马克思恩格斯全集》第 19 卷，人民出版社 1963 年版，第 400 页。
④ 同上书，第 413 页。

略的'使用'这个词就行了。"①为了彻底揭露瓦格纳的《政治经济学教科书》可能造成的思想混乱，马克思不厌其烦地指出："这个德国人的全部蠢话的唯一的明显根据是，价值（Wert）或值（Wuerde）这两个词最初用于有用物本身，这种有用物在它们成为商品以前早就存在，甚至作为'劳动产品'而存在。但是这同商品'价值'的科学定义毫无共同之点。"②

人们也许会问，为什么马克思要一而再，再而三地阐述"使用价值"与"价值"（即"交换价值"）之间的差别呢？这里的关键在于，"使用价值"只涉及作为商品的物的自然属性或自然存在，而交换价值或价值则涉及作为商品的物的社会属性和社会存在。这里关涉马克思哲学中价值论讨论的两个完全不同的路向。

对于传统的马克思主义哲学教科书来说，价值问题完全是一块飞地。20 世纪 80 年代初以来，人们开始探索马克思哲学中蕴含着的价值维度，然而，瓦格纳式的误解，即把"使用价值"与"价值"等同起来的倾向始终支配着人们的大脑。事实上，只要这种误解还没有被消除，人们关心的就始终只是作为物的自然属性的"使用价值"，从而必定导致对作为物的社会属性的"价值"的漠视。而在某种意义上，马克思经济哲学的全部秘密正隐藏其"价值"理论中。何以言之呢？

如果说，"使用价值"只涉及人与物的自然属性之间的关系，简言之，只涉及人与物的关系；那么，"价值"（即"交换价值"）则涉及人与物的社会属性之间的关系，简言之，即涉及人与人之间的关系。在经济领域里，正如马克思所指出的："诸交换价值（交换价值只有在至少存在两个交换价值的情况下才存在）代表一种它们共有的、'同它们的使用价值完全无关'｛在这里也就是指同它们的自然形式无关｝的东西，即'价值。'"③也就是说，在经济领域里，价值的具体表现形式是交换价值，它涉及的正是人与人之间的经济关系。如果超出经济领域的话，价值则

① 《马克思恩格斯全集》第 19 卷，人民出版社 1963 年版，第 406—407 页。
② 同上书，第 416 页。
③ 同上书，第 399 页。

涉及人权、生命、情感、信念、善、平等、民主、自由、公正等一系列体现人与人之间关系的重要观念。事实上，在马克思看来，价值问题的本质从来就不是在人与物的关系上，而是在人与人之间的关系上。

长期以来，由于我国哲学界囿于"使用价值"的范围，即从人的需要和有用物之间的自然关系的角度去理解马克思的价值理论，从而既导致了对经济领域里的"交换价值"研究的忽视，也导致了对经济领域之外的、涉及人与人之间关系的一系列价值形态的忽视。而对这两个方面的忽视，不但使人们难以窥见马克思价值理论的真面貌，也使他们失去了从马克思本人的思维进路出发去重建他的哲学体系的可能性。实际上，绕过价值问题，尤其是绕过经济领域中的"交换价值"问题，马克思的时间观就无法索解，而这正是我们在下面所要论述的问题。

# 三、从自然时间到社会时间

传统的马克思主义哲学教科书在论述时间问题时，都无例外地停留在"自然时间"（natural time）观上。所谓"自然时间"，也就是按照自然界里发生的物质运动的状况来理解并阐发时间问题。显然，这种与人的活动相分离的"自然时间"观始终是以抽象的物质或作为这种物质的总和的抽象的自然界作为载体的，所以它必定是超社会历史的。换言之，它既不可能历史地显示出不同社会形态中的时间概念内涵上的差异性，也不可能深刻地揭示出资本主义社会形态中时间学说的特定的社会历史内涵及它与价值、自由等重大理论问题之间的内在联系。这种时间观由于未能对旧唯物主义的时间观的理论前提作出彻底的批判和清理，即只注意从方法论出发去克服传统时间观的机械性，却未对传统时间观的抽象的载体（即与人的实践活动相分离的抽象的物质）进行根本性的改造，这就把马克思的富于创新意识的时间理论安放到旧唯物主义的基础上去了，从而掩蔽了马克思时间理论的划时代的意义。

马克思的时间观绝不是传统哲学和马克思主义哲学教科书所主张的"自然时间",而是"社会时间"(social time)。换言之,马克思的时间观不是以人对自然界的物质运动的静观作为出发点的,而是以人的生产实践活动作为出发点的。

马克思认为,不应该从抽象物质和"自然时间"观出发来叙述人的生产劳动,恰恰相反,应该从生产劳动出发来理解并叙述物质和时间问题。正是在生产劳动的过程中,传统哲学所论述的、与人无关的、抽象的物质立即转化为生产的基本要素(如厂房和生产设备、生产原料、生产工具、产品、生产过程的排泄物等),从而显现为属人的存在物。在资本主义的生产方式中,物质的普遍存在样态是商品,而商品正是通过劳动来创造的,所以马克思说:"劳动是活的、塑造形象的火;是物的易逝性,物的暂时性,这种易逝性和暂时性表现为这些物通过活的时间而被赋予形式。"①值得注意的是,马克思在这里提到了"活的时间",这种"活的时间"和作为"活的、塑造形象的火"的生产劳动是一致的,它赋予物以"形式"。从这段极为重要的论述中我们可以引申出以下三个结论。

第一,社会时间源于人们的生产劳动。正如古尔德所指出的:"对于马克思来说,劳动是时间的起源——既是人类时间意识的起源,又是对时间进行客观测量的起源。"②换言之,正是劳动创造了时间并把它引入世界之中。古尔德认为,马克思的时间观与康德的时间观有某种相近之处,即都是从人的活动出发的,但康德赖以出发的是人的意识活动,而马克思则是从人的生产劳动活动出发的。至于海德格尔,虽然从"此在本身"(Dasein itself)的生存活动出发去论述时间,但他"并没有把时间化的此在的活动理解为对象化的活动,理解为改变自然的社会活动"③。这正是他的时间学说与马克思的时间学说在根基处的差异之点。

---

① 《马克思恩格斯全集》第 46 卷(上册),人民出版社 1979 年版,第 331 页。
② C. C. Gould, *Marx's Social Ontology*, Boston: The MIT Press, 1978, p. 41.
③ Ibid., p. 62.

第二，社会时间与均匀流逝的自然时间不同，它在不同的历史阶段上存在着质的差别。古尔德注意到："马克思进一步表明，作为测量方式的时间的运用在历史上是不同的。因此，对于他来说，在不同的社会发展阶段，时间本身在质上是不同的。"①在前资本主义阶段，劳动不是按照时间来测量的，而是按照物品的使用价值的差异来测量的；只有在马克思提到的社会发展的第二阶段，即资本主义阶段，"时间作为劳动的测量工具的可能性才产生出来"②。而在社会发展的第三阶段，即马克思所描绘的共产主义社会中，不是别的东西，正是"自由时间或个体自由发展的时间成了对富有的一种测量"③。

第三，社会时间在经济领域里的本质表现形态是"社会必要劳动时间"（Gesellschaftlich notwendige Arbeitszeit）。众所周知，资本主义生产的目的是交换价值，而作为交换价值基础的商品的价值的量恰恰是通过社会必要劳动时间来度量的。那么，究竟什么是"社会必要劳动时间"呢？马克思回答道："社会必要劳动时间是在现有的社会正常的生产条件下，在社会平均的劳动熟练程度和劳动强度下制造某种使用价值所需要的劳动时间。"④在马克思看来，社会必要劳动时间是客观的，因为它并不是由哪个商品生产者凭自己的主观愿望或意志决定的，而是在一定的历史条件下展示出来的。这种时间好比一种特殊的以太，决定着一切"社会的物"（gesellschaftliche Dinge，即商品）在生活世界中的比重："只是社会必要劳动量，或生产使用价值的必要劳动时间，决定该使用价值的价值量。"⑤这也表明，马克思的"社会时间"观始终是与作为社会存在的商品的"交换价值"关联在一起的。事实上，无论是传统的马克思主义哲学教科书的撰写者对价值问题的拒斥也好，还是当今的价值论研究者

---

① C. C. Gould, *Marx's Social Ontology*, Boston: The MIT Press, 1978, p. 64.
② Ibid., p. 64.
③ Ibid., p. 68.
④ 马克思：《资本论》第 1 卷，人民出版社 1975 年版，第 52 页。
⑤ 同上书，第 52 页。

把价值误解为"使用价值"也好，都堵塞了准确地理解马克思哲学的道路。

从上面的论述可以看出，马克思从来不是超越一切历史条件，以形而上学的方式来谈论时间问题的，他始终把这一问题放在资本主义社会这一特定的社会历史条件下来考察。事实上，马克思的"社会时间"观的划时代变革在于，他提出了"社会必要劳动时间"的新概念，揭示了商品价值的秘密；并运用这一新概念，把工人的生产过程划分为"必要劳动时间"和"剩余劳动时间"，从而揭示出"剩余价值"的秘密。马克思的"社会时间"观的重要性还在于，下面将要论述的自由问题正是在这种特殊的时间地平线上展示出来的，而由于传统的马克思主义哲学教科书没有领悟到马克思时间观的真谛，因此，马克思的自由观以及他对自由与时间关系的论述也就逸出了它们的视域。

## 四、从认识论自由到本体论自由

在马克思哲学中，自由是一个极为重要的概念，也是一个长期以来遭到误解的概念。苏联哲学家罗森塔尔和尤金主编的《简明哲学辞典》曾对自由概念作了如下的论述："自由并不在于想象中的脱离自然规律，而在于认识这些规律，并能够把它们用到实践活动中去……自然界的必然性、规律性是第一性的，而人的意志和意识是第二性的。在人没有认识必然性以前，他是盲目地、不自觉地行动的。一旦人认识到必然性，他就能学会掌握它，利用它为社会谋福利。因此，只有在认识必然性的基础上才能有自由的活动。自由是被认识了的必然性。"[1]这是一段经典性的论述，几乎所有的马克思主义哲学教科书都是以这种方式来阐述自

---

① 罗森塔尔、尤金编：《简明哲学辞典》，中央编译局译，三联出版社1973年版，第171—172页。

由概念的。从这段论述中，可以引申出如下三个结论：第一，马克思的自由概念是从属于认识论的，在这里，自由的本体论含义完全没有引起叙述者的重视；第二，自由是与必然性，即自然界的规律联系在一起的；第三，自由不是在想象中摆脱自然必然性，而是对这种必然性的正确认识。

乍看起来，把自由概念放在认识论的范围内似乎是无可厚非的，因为人们对自然必然性的认识越是深入，他们的行为和认识的自由度也就越大。其实，这完全是一种似是而非的见解。如果真是这样，人们就不得不作出如下的推论，即最了解自然必然性的自然科学家是世界上最自由的人。假如这个推论能够成立，那么人类通过社会运动和社会革命来争取自己的自由和解放就成了无意义的举动，他们只要去学习自然科学，掌握自然科学的知识就行了。这样一来，对人类的生存说来有着如此重要意义的自由概念就蜕化为一个单纯的认识论概念，而在这样的概念的引导下，甚至连伦理学、法学也根本无法建立起来，因为伦理学的基础是人的自由意志，如果自由只不过是对必然性的认识，那么又有哪个人需要对自己的行为承担道德责任和法律责任呢？

人所共知，认识论涉及的是人与自然之间的关系，而本体论涉及的则是人与人之间的关系。康德曾经明确地告诉我们："自由即是理性在任何时候都不为感觉世界的原因所决定。"①实际上，萨特对这一点阐述得更为明确，他告诉我们："没有决定论——人是自由的，人就是自由（Man is freedom）。"②也就是说，人的自由与人对感觉世界的认识无涉，它只涉及本体论领域，涉及一个人的自由意志与他人的自由意志之间的关系。在康德看来，如果人们一定要在自然必然性的基础上来谈论自由，那么这种自由"也就是一个旋转的烤肉叉式的自由，一旦人们给它

---

① ［德］康德：《道德形而上学原理》，苗力田译，上海人民出版社 2012 年版，第 59 页。

② J-P. Sartre, *Existentialism and Humanism*, London：Eyre Methuen LTD，1978，p. 34.

上紧了发条,它就会自动地完成自己的运动"①。

马克思继承了康德的这一伟大思想,所以他的自由观首先需要从本体论的意义上得到澄清,即人们首先是作为具有自由意志的行动者生存在世界上,然后才根据其生存意向去认识什么的。马克思写道:"作为纯粹观念,平等和自由仅仅是交换价值的交换的一种理想化的表现;作为在法律的、政治的、社会的关系上发展了的东西,平等和自由不过是另一次方的这种基础而已。"②这段重要的论述表明,马克思是以经济哲学为切入点来揭示自由概念的本体论内涵的,而且从一开始,他就把自由概念与时间概念紧密地联系在一起,把时间理解为自由得以现实地展开的地平线。

马克思写道:"时间实际上是人的积极存在,它不仅是人的生命的尺度,而且是人的发展的空间。"③这就是说,从本体论上看,时间是人的自由得以实现的必要条件。不难设想,如果人们除了必要的睡眠时间外都在从事谋生的活动,那么他们是不可能拥有真正的自由的。事实上,人的自由或"人的积极存在"正是以人实际上可以自由支配的时间为基础的。马克思进而发挥道:"从整个社会来说,创造可以自由支配的时间,也就是创造产生科学、艺术等等的时间。"④在马克思看来,人类的科学、艺术和其他公共生活的发展都是在社会的自由时间中展开的,而"社会的自由时间是以通过强制劳动吸收工人的劳动为基础的,这样,工人就丧失了精神发展所必需的空间,因为时间就是这种空间"⑤。

那么,这样的时间条件又是如何形成起来的呢?马克思的回答是:"一般说来,雇佣劳动只有在生产力已经很发展,能够把相当数量的时

---

① I. Kant, *Kritik der praktischen Vernunft*, Frankfurt A. M. : Suhrkamp Verlag, 1989, S. 222.

② 《马克思恩格斯全集》第46卷(上册),人民出版社1979年版,第197页。

③ 《马克思恩格斯全集》第47卷,人民出版社1979年版,第532页。

④ 《马克思恩格斯全集》第46卷(上册),人民出版社1979年版,第381页。

⑤ 《马克思恩格斯全集》第47卷,人民出版社1979年版,第344页。

间游离出来的时候，才会出现；这种游离在这里已经是一种历史的产物。"①事实上，正是资本主义的生产方式"能够把相当数量的时间游离出来"，从而为一部分人占有另一部分人的时间，换言之，为一部分人剥夺另一部分人的自由创造了条件。正是在这个意义上，马克思说："现今财富的基础是盗窃他人的劳动时间。"②一方面，资本家通过工人的剩余劳动时间所创造的价值来积累自己的资本和财富；另一方面，他们又通过对工人的剩余劳动时间的盗窃来剥夺工人的自由。

马克思哲学作为革命的哲学，它首先要争取的正是工人的时间和自由。所以，马克思在《资本论》中写道："在这个必然王国的彼岸，作为目的本身的人类能力的发展，真正的自由王国，就开始了。但是，这个自由王国只有建立在必然王国的基础上，才能繁荣起来。工作日的缩短是根本条件。"③马克思这里说的"工作日的缩短"也就是工人劳动时间的缩短。在马克思看来，这正是工人走向自由的"根本条件"。因为"节约劳动时间等于增加自由时间，即增加使个人得到充分发展的时间……"④。由此可见，在马克思哲学中，自由与时间是不可分离地联系在一起的。

马尔库塞对马克思的时间和自由理论有深刻的体认。他把现代人的日常生活时间分为两个部分：一是"劳动时间"（Arbeitszeit），即现代人为了生活必需付出的时间；二是"自由时间"（Freizeit），即现代人在工作之余可以自由地支配的闲暇时间，然后写道："自由的第一个前提就是缩短劳动时间，使得纯粹的劳动时间量不再阻止人类的发展。"⑤这段话表明，马尔库塞不仅领悟了马克思在阐述其经济学理论时提出的时间学说的哲学意义，而且也理解了马克思的自由学说与时间学说之间的内在

---

① 《马克思恩格斯全集》第 46 卷（下册），人民出版社 1979 年版，第 147 页。
② 同上书，第 218 页。
③ 马克思：《资本论》第 3 卷，人民出版社 1975 年版，第 927 页。
④ 《马克思恩格斯全集》第 46 卷（下册），人民出版社 1979 年版，第 225 页。
⑤ H. Marcuse, *Triebstrukur und Gescllschaft*, Frankfurt A. M.：Suhrkamp Verlag，1970，S. 152.

联系。通过对现代资本主义社会中越来越扩大化的自动化现象的分析，马尔库塞认为，自动化有可能把作为现存文明基础的自由时间与劳动时间的关系颠倒过来，即有可能使劳动时间降到最低限度，而使自由时间成为主导性的时间，其结果将是对各种价值作彻底的重估。他这样写道："在摆脱了统治的要求之后，劳动时间和劳动能量在量上的减少将使人的生存发生质的变化：决定人的生存内容的，不是劳动时间，而是自由时间。"①实际上，马尔库塞在这里阐述的也正是马克思的思想。马克思讲到未来社会时说："那时，财富的尺度决不再是劳动时间，而是可以自由支配的时间。"②

尽管马尔库塞谴责了现代文明社会中充斥着的种种异化的现象（这种现象甚至体现在对人的自由时间的操纵之中），但他仍然认为，科学技术的发展和劳动时间的缩短为现代人获得更多的自由准备了客观的条件。从上面的论述可以看出，马克思自由观的真谛必须通过本体论的途径才能得以揭示。

综上所述，我们通过"物""价值""时间"和"自由"这四个核心概念，大致勾勒出重建马克思哲学体系的新的途径。当然，马克思哲学体系的重建是一项错综复杂的工作，还有许多理论问题有待于探索和解决。我们恳切地希望学界同人不吝赐教。

---

① H. Marcuse，*Triebstrukur und Gescllschaft*，Frankfurt A. M.：Suhrkamp Verlag，1970，S. 218.
② 《马克思恩格斯全集》第 46 卷（下册），人民出版社 1979 年版，第 222 页。

# 2005年

# 马克思对现代性的诊断及其启示①

众所周知，马克思所留下的思想遗产是极为丰富的。尽管后现代主义的领军人物之一——利奥塔把具有合法形式的马克思主义视为必须加以摈弃的"元叙事"，但他承认，"马克思主义也能发展成一种批判性的知识形式"②。事实上，许多当代的研究者都认为，马克思是对现代性现象进行批判性反思的真正的先驱者。比如，贝斯特和科尔纳在《后现代转向》一书中就指出："卡尔·马克思是第一位使现代与前现代形成概念并在现代性方面形成全面理论观点的主要的社会理论家。"③尽管马克思没有直接使用过"现代性"这个词，但他对以资本主义为特征的现代社会的深刻洞察，无不蕴含着对现代性的间接的诊断。

必须指出，马克思对现代性的诊断是从特殊的路径出发的，这一路径就是经济哲学的路径，它决定着马克思所使用的概念的特殊性。然而，正是这一特殊的路径，使马克思牢牢地抓住了现

---

① 原载《中国社会科学》2005年第1期，第4—10页。收录于俞吾金：《传统重估与思想移位》，黑龙江大学出版社2007年版，第357—366页；《实践与自由》，武汉大学出版社2010年版，第329—339页。——编者注

② [法]让-弗朗索瓦·利奥塔：《后现代状况：关于知识的报告》，岛子译，湖南美术出版社1996年版，第117页。

③ [美]斯蒂芬·贝斯特、[美]道格拉斯·科尔纳：《后现代转向》，陈刚等译，南京大学出版社2002年版，第100页。

代性问题的本质，并把它的全部内容清晰地展示在读者的眼前。马克思所描绘的现代性的图画是如此逼真，在今天的读者看来，它仍然具有经久不衰的魅力和发人深省的启示。

# 一、商品的神秘化：现代性诊断的起点

马克思对现代性的诊断是从现代社会日常生活中最普遍的存在物——商品（Ware）开始的。在《资本论》第 1 卷中，他开宗明义地指出："资本主义生产方式占统治地位的社会的财富，表现为'庞大的商品堆积'，单个的商品表现为这种财富的元素形式。因此，我们的研究就从分析商品开始。"①那么，什么是商品呢？在马克思看来，商品作为外界的对象，是一个靠自己的属性来满足人的需要的物。商品具有两个根本的属性：一是使用价值，即商品的可使用性，它是商品的自然存在；二是交换价值，即商品的可交换性，它是商品的社会存在。

马克思认为，乍看上去，商品似乎是简单而平凡的东西，但深入的分析表明，它是一种十分古怪的东西，充满着形而上学的奥妙和神学的怪诞："例如，用木头做桌子，木头的形状就改变了。可是桌子还是木头，还是一个普通的可以感觉的物。但是桌子一旦作为商品出现，就变成一个可感觉而又超感觉的物了。它不仅用它的脚站在地上，而且在对其他一切商品的关系上用头倒立着，从它的木脑袋里生出比它自动跳舞还奇怪得多的狂想。"②在马克思看来，商品的神秘化，商品拜物教的形成，并不源于其使用价值，而是源于这样一种错觉，即"商品形式在人们面前把人们本身劳动的社会性质反映成劳动产品本身的物的性质，反映成这些物的天然的社会属性，从而把生产者同总劳动的社会关系反映

---

① 马克思：《资本论》第 1 卷，人民出版社 1975 年版，第 47 页。
② 同上书，第 87—88 页。

成存在于生产者之外的物与物之间的社会关系"①。

由于这种普遍存在的错觉，商品拜物教构成了现代社会的日常意识，也构成了现代性的基本观念。在马克思看来，现代社会是以交换价值的生产为根本目的的，而货币作为特殊的商品，作为交换活动中的一般等价物，给现代生活带来了巨大的变化，从而其神秘性也就显得更为突出了："货币拜物教的谜就是商品拜物教的谜，只不过变得明显了，耀眼了。"②在马克思看来，货币拜物教乃是商品拜物教的完成形式，因为它用物的形式把私人劳动的社会属性及私人劳动者之间的社会关系严密地遮蔽起来了。

从经济哲学和实践哲学的视角来看，马克思的理论旨趣并不像传统的哲学教科书所理解的那样，满足于奢谈"世界统一于物质"这类迂阔的命题，而是力图通过对物质在现代社会中的具体样态——商品及商品拜物教（包括货币拜物教）现象的分析，揭示出现代社会中人与人之间的真实的社会关系。这种深刻的批判意识开启了现代性解读的根本性的、正确的路径。正如当代学者弗里斯比在《现代性的碎片》一书所指出的："马克思的商品分析直接影响到一种将社会现实碎片当作出发点的研究现代性的方法论取向。"③当然，必须指出，马克思最终关注的，并不是现代社会的"碎片"，而是其总体上的特征及其发展趋向。

我们知道，德国社会学家席美尔在《货币哲学》一书中继续了马克思对商品、货币现象的分析，从而进一步揭示出现代性和现代意识的经济渊源。之后，法国学者德博尔在其代表作《景观社会》一书中也传承了马克思反思现代性现象的思路。德博尔认为："景观就是指商品已经占领了社会生活的全部。"④稍稍不同的是，马克思主要是从现代人的物质生

---

① 马克思：《资本论》第1卷，人民出版社1975年版，第88—89页。

② 同上书，第111页。

③ ［英］戴维·弗里斯比：《现代性的碎片》，卢晖临等译，商务印书馆2003年版，第32页。

④ 参阅［美］斯蒂芬·贝斯特、［美］道格拉斯·科尔纳：《后现代转向》，陈刚等译，南京大学出版社2002年版，第102页。

活的角度出发去理解商品的普遍性，而德博尔则通过"景观"（situa-tion）这一新概念，强调了当代人生活的全部内容，包括消费、休闲、娱乐、媒体导向乃至心理体验在内，都被商品化了，这种无所不在的"景观"成了现代性的感性显现方式。

深受德博尔和其他景观主义者影响的当代法国哲学家鲍德里亚在《消费社会》一书中这样写道："今天，在我们的周围，存在着一种由不断增长的物、服务和物质财富所构成的惊人的消费和丰盛现象。它构成了人类自然环境中的一种根本变化。恰当地说，富裕的人们不再像过去那样受到人的包围，而是受到物的包围。"①如果说，鲍德里亚在这部著作中追随马克思的思路，注重对商品和商品拜物教的心理分析的话，那么，在他后来出版的著作《符号政治经济学批判》《生产之镜》中，他开始转向对马克思的批评。他认为，马克思的商品分析是以人的需要和生产为起点的。也就是说，马克思对现代性的诊断仍然围于"生产之镜"，而当代社会本质上是消费社会，商品已经蜕变为符号，商品交换也已经蜕变为"符号交换"（symbolic exchange），商品拜物教也已经被符号拜物教所取代了。尽管鲍德里亚试图借用符号学的术语来超越马克思，其实，马克思甚至连这种可能性也早已预见到了。众所周知，在论述特殊形式的商品——货币时，他曾经这样写道："在货币不断转手的过程中，单有货币的符号存在（symbolische Existenz）就够了。"②

从上面的论述可以看出，正是马克思关于商品和商品拜物教的分析，为当代人反思现代性提供了一个坚实的起点。

---

① ［法］让·鲍德里亚：《消费社会》，刘成富等译，南京大学出版社 2000 年版，第 1 页。
② 马克思：《资本论》第 1 卷，人民出版社 1975 年版，第 149 页。Marx-Engels, *Werke*, *Band* 23, Berlin：Dietz Verlag, 1973, S. 143. 文中的 symbolische Existenz 原译为"象征存在"，此处改译为"符号存在"。

## 二、资本的逻辑：现代性诊断的核心

如果说，商品分析是马克思现代性诊断的起点，那么，资本分析则是其现代性诊断的核心。在马克思看来，资本（Kapital）不是一个静态的、可供观察的对象，而是一种动态的运动，而资本运动的逻辑就是无限制地增殖自己、膨胀自己。不用说，资本运动的这一逻辑是奠基于资本家追求财富的无限的欲望之上的。正是在这个意义上，马克思经常把资本家称为"人格化的资本"①。扩而言之，整个资产阶级也可被视为资本的化身。资本运动的上述逻辑导致了如下的结果。

其一，资本的永不停息的运动方式使现代社会变得动荡不安："生产的不断变革，一切社会状况不停地动荡，永远的不安定和变动，这就是资产阶级时代不同于过去一切时代的地方。一切固定的僵化的关系以及与之相适应的素被尊崇的观念和见解都被消除了，一切新形成的关系等不到固定下来就陈旧了。一切等级的和固定的东西都烟消云散了，一切神圣的东西都被亵渎了。人们终于不得不用冷静的眼光来看他们的生活地位、他们的相互关系。"②在马克思的诊断中，资本之所以会造成动荡不安的现代社会，因为它必须在这样的条件下才能生存下去。事实上，如果它不对全部社会关系不断地进行革命，它就无法生存下去。在这里，马克思深刻地揭示出，变动不居构成现代性的基本症候之一。

其二，资本的无孔不入的运动方式破坏了一切封建的、宗法的、田园诗般的关系，"它使人和人之间除了赤裸裸的利害关系，除了冷酷无情的'现金交易'，就再也没有任何别的联系了"③。在马克思的诊断中，现代性的基本症候之一就是人际关系的简单化（雇佣和被雇佣的关系取

---

① 马克思：《资本论》第1卷，人民出版社1975年版，第343页。
② 《马克思恩格斯选集》第1卷，人民出版社1995年版，第275页。
③ 同上书，第274页。

代了传统社会的各种复杂的关系)和冷漠化("利害关系"和"现金交易"构成了日常生活)。

其三，资本的自发的运动方式必然导致世界市场，导致一切国家的生产和消费的世界化："不断扩大新产品销路的需要，驱使资产阶级奔走于全球各地。它必须到处落户，到处开发，到处建立联系。"①在马克思的诊断中，经济全球化乃是资本自发运动的必然的逻辑结果，也是现代性显现自己的基本症候之一。今天的现实已经表明，马克思的诊断具有无可否认的先见之明。

那么，资本究竟如何在运动中使自己不断增殖呢？马克思认为，资本的增殖归根到底是通过对活劳动的吸附来实现的："劳动是酵母，它被投入资本，使资本发酵。"②因此，只有通过对资本主义的生产过程的分析，才能真正揭开资本增殖的秘密。事实上，在资本主义生产方式中，作为整个生产活动的组织者的资本家，不但通过延长工作日的方式，从工人身上榨取绝对剩余价值，而且也通过提高生产率的方式，从工人身上榨取相对剩余价值。正是在这个意义上，马克思满怀激愤地写道："平等地剥削劳动力，是资本的首要人权。"③

然而，资本增殖的这一秘密却常常在流通的领域里，尤其是在生息资本这种特殊的资本存在方式上被遮蔽起来，正如马克思所说的："如果说资本起初在流通的表面上表现为资本拜物教，表现为创造价值的价值，那么，现在它又在生息资本的形式上，取得了它最异化最特别的形式。"④为什么在生息资本的形式上，资本拜物教表现得最为突出呢？因为生息资本给人们这样一种假象，似乎它自己就会生出利息来。在马克思看来，要破除资本拜物教，就必须清醒地认识到，资本不是物，而是一种社会生产关系。

---

①　《马克思恩格斯选集》第 1 卷，人民出版社 1995 年版，第 275 页。
②　《马克思恩格斯全集》第 46 卷(上册)，人民出版社 1979 年版，第 256 页。
③　马克思：《资本论》第 1 卷，人民出版社 1975 年版，第 324 页。
④　马克思：《资本论》第 3 卷，人民出版社 1975 年版，第 937 页。

马克思的上述见解蕴含着这样一个不言自明的结论，即资本构成现代社会的基础和动力，也构成各种现代性现象的核心和灵魂。在马克思之后，卢森堡的《资本积累论》、希法亭的《金融资本》等著作都继续了这方面的思考。在当代学者对现代性现象的分析中，资本的积累和发展趋势成了他们思考的聚集点。美国学者哈维在《资本的限度》《资本的都市化》这样的著作中，已经开始了对资本问题的思考。在哈维看来，既然马克思把资本无限的、过度的增殖和积累的趋势理解为资本主义的不治之症，那么，"唯一的问题是，怎样用不威胁到资本主义社会秩序的各种方式来表现、遏制、吸收或处理过度积累的趋势"①。显然，在哈维看来，马克思忽略了现代性在自我调适方面的潜能。按照他的看法，现代社会能够通过宏观调控、资本在时间和空间上的灵活转移等各种方式，遏制乃至消除资本自发运动产生的逻辑结果。英国学者梅扎罗斯在《超越资本》一书的"导言"中表示，他之所以把自己的著作命名为《超越资本》，主要是基于以下的考虑：第一，马克思《资本论》的主旨是超越资本主义，而他的著作的主旨则是"超越资本"，在含义上更为宽泛；第二，马克思生前未能完成《资本论》的写作，而他则希望自己能继续贯彻马克思批判资本主义的思路；第三，与马克思的时代相比，当今时代已经发生了重大的变化，因而他也希望自己的著作能"超越马克思的设计本身"②。不管梅扎罗斯的著作是否达到了自己的期望值，但有一点是肯定的，即他把资本视为解读现代社会和现代性的一把钥匙。

与哈维和梅扎罗斯主要从经济生活的角度出发去理解资本的倾向不同，法国学者布尔迪厄在研究现代社会和现代性时，对资本的含义作出了超经济学的解释。他认为，在现代社会中，资本具有以下三种基本形态："（1）经济资本，这种资本可以立即并且直接转换成金钱，它是以财

---

① ［美］戴维·哈维：《后现代的状况》，阎嘉译，商务印书馆 2003 年版，第228—229 页。

② 参见［英］梅扎罗斯：《超越资本：关于一种过渡理论》（上），郑一明等译，中国人民大学出版社 2003 年版，第10 页。

产权的形式被制度化的；（2）文化资本，这种资本在某些条件下能转换成经济资本，它是以教育资格的形式被制度化的；（3）社会资本，它是以社会义务（'联系'）组成的，这种资本在一定条件下也可以转换成经济资本，它是以某种高贵头衔的形式被制度化的。"①显然，"文化资本"与"社会资本"概念的提出，极大地丰富了资本的内涵，从而使当代学者在对现代性的诊断中获得了更大的、更灵活的诠释空间。

# 三、异化的扬弃：现代性诊断的出路

与同时代的思想家比较起来，马克思的深刻之处在于，他不仅从对象——商品、货币和资本的角度出发，对现代性作出诊断，而且也从造成这些对象的人的行动——生产劳动出发，对现代性作出更深层次的反思。在这样做的时候，马克思经常使用的一个概念是"异化"（Entfremdung）。这是马克思从黑格尔和费尔巴哈那里借用过来，而又赋予其崭新含义的重要概念。如果说，黑格尔和费尔巴哈只是从单纯精神活动，尤其是宗教观念的角度来谈论异化的话，那么，马克思考察现代性的特殊角度——经济哲学一开始就把他带到生产劳动在现代社会中的普遍表现形式——"异化劳动"（die entfremdete Arbeit）上。在马克思那里，异化概念具有如下的特征。

其一，异化借以实现自己的手段是实践的，"因此，通过异化劳动，人不仅生产出他同作为异己的、敌对的力量的生产对象和生产的行为关系，而且生产出其他人同他的生产和他的产品的关系，以及他同这些人的关系"②。马克思之所以强调异化的实践特征，是为了使人们认识到，异化并不是日常生活中的空幻的精神氛围，而是支配着日常生活的现实

---

① ［法］布尔迪厄：《文化资本与社会炼金术》，包亚明译，上海人民出版社 1997 年版，第 192 页。

② 《马克思恩格斯全集》第 42 卷，人民出版社 1979 年版，第 99 页。

的力量和关系。正是通过对异化劳动的深入分析，马克思揭示出蕴含在现代社会和现代性中的异化的四种基本的、现实的形式：一是劳动产品的异化，二是劳动过程的异化，三是人的本质的异化，四是人与人之间的关系的异化。

其二，异化的表现形式是普遍的。马克思写道："异化既表现为我的生活资料属于别人，我所希望的东西是我不能得到的、别人的所有物；也表现为每个事物本身都是不同于它本身的另一个东西，我的活动是另一个东西，而最后，——这也适用于资本家，——则表现为一种非人的力量统治一切。"①在这里，马克思不仅对异化的一般含义作出了解释，而且肯定，资本家也处于异化中。这就肯定了异化对全社会成员的那种普遍性。后来，他进一步明确地指出："有产阶级和无产阶级同是人的自我异化。"②差异在于，无产阶级在异化中感到自己的无力和非人的生存现实；而有产阶级则感到自己的强大和满足。其实，有产阶级的这种自我感觉在相当程度上是虚幻的，因为现代性以其非人的、神奇的力量支配着一切，当然也支配着有产阶级。

其三，异化在现代社会中通常与物化（Verdinglichung）结伴而行。马克思并不一般地反对物化，在他看来，任何生产劳动都是把人的精力物化在对象或产品中。他反对的只是以异化的方式表现出来的物化。这种物化"在于巨大的物的权力不归工人所有，而归人格化的生产条件即资本所有，这种物的权力把社会劳动本身当作自身的一个要素而置于同自己相对立的地位"③。

尽管马克思对蕴含在现代社会和现代性中的异化现象的普遍性和严重性作了充分的论述，但他坚持认为，异化现象是可以被扬弃的。在马克思看来，一方面，在分工的基础上逐步形成起来的异化劳动是私有财产的直接原因；另一方面，私有财产又是异化劳动得以延续和强化的基

① 《马克思恩格斯全集》第 42 卷，人民出版社 1979 年版，第 141 页。
② 《马克思恩格斯全集》第 2 卷，人民出版社 1957 年版，第 44 页。
③ 《马克思恩格斯全集》第 46 卷（下册），人民出版社 1980 年版，第 360 页。

础。正是在这个意义上，马克思指出："私有财产的积极的扬弃，作为对人的生命的占有，是一切异化的积极的扬弃，从而是人从宗教、家庭、国家等等向自己的人的即社会的存在的复归。"①我们知道，成熟时期的马克思仍然继续使用异化这一重要的概念，但其早期倡导的"扬弃异化"的哲学口号已被成熟时期的"剥夺剥夺者"的明确的政治革命的口号所取代。

由于马克思的异化理论无论是在宏观上，还是在微观上，都蕴含着现代性批判的巨大的潜能和诠释空间，所以它在后人那里得到了异乎寻常的重视。卢卡奇在《历史与阶级意识》中借用"物化"这一术语，对现代社会和现代性进行了批判性的考察。他指出："物化是生活在资本主义社会中的每一个人的必然的、直接的现实。"②尽管卢卡奇当时还没有把握物化与异化概念之间的正确关系，但他对物化这个词的使用表明他继承了马克思诊断现代社会和现代性的基本思路。

1932年，马克思的《巴黎手稿》问世后，异化概念几乎成了国际哲学界的常用词。法国哲学家列斐伏尔在《日常生活批判》一书中开始了批判现代社会的日常生活和现代性异化之旅。事实上，他对异化的含义作出了更为宽泛的解释："异化不仅被定义为人在外部物质世界或不确定的主体性中丧失他自己，它首先应该被定义为个体在客观化和主观化进程中的分裂，即两者统一的破坏。"③列斐伏尔被许多后现代思想家视为现代性批判的先驱。在20世纪六七十年代，南斯拉夫"实践派"的哲学家则开辟了异化研究的另一个重要的方向，即对东欧社会主义国家现代化进程中所蕴含的异化现象的反思。比如，柳鲍米尔·塔迪奇在《官僚机构——异化的组织》一文中开宗明义地指出："我们生活在一个为急剧膨

---

① 《马克思恩格斯全集》第42卷，人民出版社1979年版，第121页。
② G. Lukacs, *History and Class Consciousness*, Massachusetts：The MIT Press，1971，p. 197.
③ H. Lefebvre, *The Sociology of Marx*, New York：Vintage Books，1969，p. 10.

胀着的异化力量所统治的时代。"①在他看来，官僚机构及其运作方式正是异化存在的确证。

马克思的异化理论也成了后现代思想家解读现代性的一把钥匙。正如贝斯特和科尔纳所指出的："马克思关于主客体颠倒以及客体借以支配主体及主体性和个性衰微的论述被鲍德里亚和后现代理论利用了。"②晚期的鲍德里亚作为一个极端的后现代主义者，以为自己已经用符号理论超越了马克思关于异化和扬弃异化的理论。实际上，就像贝斯特和科尔纳所批评的："如果物化是使世界转变为一个客体的神秘幻象和没有任何社会关系的符号的话，那么这正是鲍德里亚的著作有助于完成的任务。"③也就是说，鲍德里亚的立场已经转变到他以前曾经批判过的错误的立场上去了。在这个意义上可以说，我们并没有走出马克思的现代性诊断的视野。

综上所述，马克思对以资本主义为特征的现代社会和现代性的诊断在今天仍然是一份弥足珍贵的思想遗产。戴维·弗里斯比说："马克思在资本主义中确认现代性体验的'起源'，他的分析表明，资本主义当事人对于这些'起源'本身并不清楚。"④马丁·阿尔布劳甚至把马克思创立的历史唯物主义理论也理解为"对现代性的一种高度现代的解说"⑤。所有这一切都表明，马克思关于现代性的诊断具有极为重要的当代意义，值得深入地加以研究。

①　[南]马尔科维奇等：《南斯拉夫"实践派"的历史和理论》，郑一明等译，重庆出版社 1994 年版，第 331 页。
②　[美]斯蒂芬·贝斯特、[美]道格拉斯·科尔纳：《后现代转向》，陈刚等译，南京大学出版社 2002 年版，第 71 页。
③　同上书，第 149 页。
④　[英]戴维·弗里斯比：《现代性的碎片》，卢晖临等译，商务印书馆 2003 年版，第 37 页。
⑤　[英]马丁·阿尔布劳：《全球时代：超越现代性之外的国家和社会》，高湘泽等译，商务印书馆 2001 年版，第 28 页。

# 马克思对康德哲学革命的扬弃<sup>①</sup>

在我国理论界，存在着一个非常有趣的现象，即有不少论著探索了康德在哲学史中所实现的"哥白尼式的革命"，也有不少论著研究了马克思所创立的历史唯物主义在哲学史上所引起的划时代的革命意义，然而，却鲜有这样的论著来探讨这两大哲学革命之间的内在联系。由于这方面探讨的缺位，不但使我们对康德哲学革命的历史意义难以获得一个充分的了解，而且也使我们对马克思哲学革命的思想来源缺乏完整的说明，从而进一步导致我们对整个哲学史（包括马克思主义哲学史在内）理解上的偏差。由此可见，深入反省这两大革命之间的内在联系，具有极为重要的理论意义。本文认为，马克思站在历史唯物主义的立场上，既继承了康德哲学革命的根本贡献，也超越了康德哲学革命所蕴含的种种局限性，从而把传统的哲学思维推进到一个崭新的高度上。

---

① 载《复旦学报》2005 年第 1 期，第 28—33 页。收录于俞吾金：《实践与自由》，武汉大学出版社 2010 年版，第 97—109 页；《传统重估与思想移位》，黑龙江大学出版社 2007 年版，第 314—325 页；《从康德到马克思——千年之交的哲学沉思》，北京师范大学出版社 2017 年版，第 150—165 页。——编者注

# 一、康德"哥白尼式的革命"的贡献和局限

在哲学史上，人们常常把康德所发起的哲学革命称为"哥白尼式的革命"，因为在《纯粹理性批判》的第二版序言中，康德本人引入了哥白尼在天文学中的革命来说明自己在哲学中所实行的变革。他这样写道："向来人们都认为，我们的一切知识都必须依照对象；但是在这个假定下，想要通过概念先天地构成有关这些对象的东西以扩展我们的知识的一切尝试，都失败了。因此我们不妨试试，当我们假定对象必须依照我们的知识时，我们在形而上学的任务中是否会有更好的进展。这一假定也许将更好地与所要求的可能性、即对对象的先天知识的可能性相一致，这种知识应当在对象被给予我们之前就对对象有所断定。这里的情况与哥白尼的最初的观点是同样的，哥白尼在假定全部星体围绕观测者旋转时，对天体运动的解释已经无法顺利地进行下去了，于是他试着让观测者自己旋转，反倒让星体停留在静止之中，看看这样是否有可能取得更好的成绩。现在，在形而上学中，当涉及到对象的直观时，我们也能够以类似的方式来试验一下。如果直观必须依照对象的性状，那么我就看不出，我们如何能先天地对对象有所认识；但如果对象（作为感官的客体）必须依照我们直观能力的性状，那么我倒是完全可以想象这种可能性。"①

凡稍稍熟悉天文学史的人都知道，在哥白尼之前，流行"地心说"。这种学说认为，太阳是围绕地球而旋转的，而日常生活中的感性的观察似乎也证实了这一点，因为在天气晴朗的时候，人们很容易观察到：早晨，太阳从东面升起；晚上，太阳又从西面落下去，仿佛太阳是围着地球在旋转的。然而，哥白尼发现，这种日常生活中的感性观察所引申出

① ［德］康德：《纯粹理性批判》，邓晓芒译，人民出版社 2017 年版，第 12 页。

来的结果恰恰是错误的，因为它使许多天文现象得不到合理的说明。为此，哥白尼提出了完全相反的、革命性的假设，即著名的"日心说"，肯定地球是围绕太阳而旋转的，从而使这些天文现象得到了合理的说明。就哥白尼革命的实质而言，意味着思维方式上的革命，即从认识的主体围绕认识的对象而旋转变成认识的对象围绕认识的主体而旋转。

当然，在这里，康德的意图并不是单纯地叙述哥白尼在天文学上的贡献，而是试图把这一贡献所蕴含的思维方式的革命贯彻到对哲学的研究之中。在传统的哲学研究中，人们通常以对象为轴心去解释知识，而康德的先验哲学则试图以认识主体为轴心去解释对象，即"我们关于物先天地认识到的只是我们自己放进它里面去的东西"①。说得更明确一些，"这个模仿自然科学家的方法就在于：在可以通过一次实验加以证实或反驳的东西里寻找纯粹理性的诸要素"②。

海涅对康德的这一"哥白尼式的革命"的实质和意义做了十分形象的说明："自从康德出现后，……康德把研究工作引回到人类的精神中去……因此他把他的哲学与哥白尼的方法相比较不是没有道理的。……从前理性像太阳一样围绕着现象世界旋转，并试图照耀它；但康德却让理性这个太阳静止下来，让现象世界围绕着理性旋转，并使现象世界每次进入这个太阳的范围之内，都受到照耀。"③在海涅看来，康德的"哥白尼式的革命"在哲学史上具有划时代的意义，因为一方面，它使传统哲学的思维方式一蹶不振；另一方面，它肯定了理性，尤其是纯粹理性在人类全部认识活动中的基础的、核心的作用。

然而，康德的哲学革命也留下了一系列问题，引起了康德同时代和以后的哲学家们的批判和反思。文德尔班在《哲学史教程》中这样写道："认识能力摇摆于主体的难以理解的 X 与客体的同样难以理解的 X 之间。感性在自身之后什么也没有，知性在自身之前什么也没有。……批

---

① ［德］康德：《纯粹理性批判》，邓晓芒译，人民出版社 2017 年版，第 12—13 页。
② 同上书，第 13 页。
③ ［德］海涅：《海涅全集第八集》，孙坤荣译，河北教育出版社 2003 年版，第 279 页。

判的理性之为理性纯为无事忙，即只为自身而忙碌。因此，批判主义如果不愿沦为虚无主义或绝对怀疑主义，则这位先验的唯心主义者必然有胆量主张'最激烈的'唯心主义；他必然宣称，只有现象存在。"①这段评语集中反映出康德哲学革命的局限性。

首先，文德尔班这里说的"主体的难以理解的 X"指的是"心"（Gemuet）。在《纯粹理性批判》第二版的一个注中，康德肯定"心"有三种能力，即感官、想象力和统觉，并指出："在这上面就建立起了：（1）通过感官对杂多的先天概观；（2）通过想象力对这种杂多的综合；最后（3）通过本源的统觉对这种综合的统一。"②按照这样的论述，在认知的范围内，"心"起着基础性的作用。没有"心"，也就不可能有感官、想象力和统觉这三种认知能力，而没有这三种认知能力，任何认知活动都是不可能的。在《判断力批判》的导言中，康德赋予"心"以更宽泛的含义。他强调，"心"有三方面的能力：一是认知机能，就是上面已经论述到的感官、想象力和统觉，涉及认识论；二是情感机能，即愉快或不愉快，关涉审美和艺术；三是欲求的机能，关涉意志和伦理学。众所周知，康德的三大批判就是对"心"的上述三大机能的考察。然而，"心"究竟是什么呢？为什么"心"会具有这三大机能呢？康德对此却没有作出任何论述。显然，在他看来，"心"乃是一个无法认识的"X"。

其次，文德尔班这里说的"客体的同样难以理解的 X"指的则是"自在之物"（Ding an sich）。人所共知，康德所创立的先验逻辑的一个巨大的贡献是在对象中区分出经验范围内的"现象"和超验的"自在之物"，知识只停留在经验和现象的范围内，"自在之物"则是不可知的。康德这样写道："当人们谈论一个与知识相应、因而也和知识有别的对象时，他们是什么意思呢？很容易看出，这种对象必须只被作为一般等于 X 的某物来思考，因为我们在我们的知识之外毕竟没有任何我们可以置于这个

---

① ［德］文德尔班：《哲学史教程》下卷，罗达仁译，商务印书馆 1993 年版，第 792 页。
② ［德］康德：《纯粹理性批判》，邓晓芒译，人民出版社 2017 年版，第 66 页。

知识的对面与之相应的东西。"①在康德看来，"自在之物"作为 X 是可以被思考的，但却是无法被认识的，我们能够认识的，只是"自在之物"向我们显现出来的现象而已。对于康德关于"自在之物"不可知的学说，黑格尔不无遗憾地评论道："这样康德哲学，对于思维懒惰，便供了可以躺着休息的靠垫之用，因为一切都已经证明了，完结了。"②

最后，文德尔班认为，康德把全部知识都限制在现象的范围内，强调"自在之物"只有在实践理性中才能起到积极的范导性的作用。这样一来，不仅割裂了人们的认识活动与实践活动之间的关系，而且也助长了一种浅薄的怀疑主义。正如黑格尔在《小逻辑》的第一版序言中分析当时哲学研究的现状时所说的："一种浅薄的作风，本身缺乏深思，却以自作聪明的怀疑主义和自谦理性不能认识物自体的批判主义的招牌出现，愈是空疏缺乏理念，他们的夸大虚骄的程度反而愈益增高。"③在黑格尔看来，由康德的哲学革命所引发的这种哲学研究的现状必须被超越，否则，哲学就只能停留在怀疑主义的阴影中。事实上，在康德之后的几乎所有的哲学家都试图超越康德，而在这些哲学家中，正是马克思，通过创立历史唯物主义理论，从根本上扬弃了康德的哲学革命的成果。


## 二、实践活动对"心"的直观的扬弃


无论是康德哲学的研究者，还是马克思哲学的研究者，都不经意地忽略了马克思在一段重要的论述中对他自己的哲学和康德的哲学之间的本质关系的阐述。这段论述见于马克思《关于费尔巴哈的提纲》第一条。它是这样表述出来的："从前的一切唯物主义（包括费尔巴哈的唯物主义）的主要缺点是：对对象、现实、感性，只是从客体的或者直观的形

---

① [德]康德：《纯粹理性批判》，邓晓芒译，人民出版社 2017 年版，第 90—91 页。
② [德]黑格尔：《逻辑学》上卷，杨一之译，商务印书馆 1996 年版，第 46 页。
③ [德]黑格尔：《小逻辑》，贺麟译，商务印书馆 1980 年版，第 2 页。

式去理解，而不是把它们当作感性的人的活动，当作实践去理解，不是从主体方面去理解。因此，和唯物主义相反，能动的方面却被唯心主义抽象地发展了，当然，唯心主义是不知道现实的、感性的活动本身的。"①在某种意义上可以说，这段话是阐明马克思哲学革命与康德哲学革命关系的总纲。在这段极为重要的论述中，蕴含着以下两层意思。

第一层意思是，尽管马克思在这里没有提到康德的名字，也没有对康德的哲学革命作出全面的论述，但他从根本上肯定了康德哲学革命的思路，因为从主体出发，而不是从对象出发看问题的思路正是康德哲学革命所取得的根本性成果。如前所述，康德的"哥白尼式的革命"就是要扭转他以前的哲学家从对象或直观出发去理解人的认识活动的传统思路，而主张把立足点转移到主体方面来，也就是说，要从主体带入认识活动中的先验要素出发去理解人的认识活动。我们知道，《纯粹理性批判》这部著作是由"先验要素论"和"先验方法论"构成的，而康德对"先验要素论"的论述则占据了这部著作的绝大部分篇幅。在"先验要素论"中，"先验感性论"阐明了时间、空间作为先天直观的纯粹形式在认识活动中的作用，而"先验逻辑"则阐明了知性范畴在认识活动中的作用及当人们在理性本性的驱使下运用知性范畴去认识超经验的"自在之物"时必然陷入的"先验幻象"。也正是在肯定康德哲学革命的根本思路的基础上，马克思指出，"和唯物主义相反，能动的方面却被唯心主义抽象地发展了"。第二层意思是，马克思也看到了康德哲学革命的局限性——虽然康德高扬了主体性和认识的能动的方面，但他忽略了感性实践活动在整个人类认识中的基础性的作用，因为他只停留在对"心"是一切认识活动的基础这一结论的强调上，但对这一结论却缺乏任何论证。在这个意义上可以说，康德的认识论本质上是静态的、直观的认识论，蕴含着主观主义和神秘主义的倾向。

从马克思的历史唯物主义的新观点看来，实践活动构成了人类的全

---

① 《马克思恩格斯选集》第1卷，人民出版社1995年版，第54页。

部社会生活和精神生活的基础，自然也就构成了人类的全部认识活动的基础。一言以蔽之，马克思以作为感性活动的"实践"（Praxis）扬弃了康德的"心"的静态的"直观"（Anschauung）。

首先，马克思认为，一切知识都来源于人们的实践活动。马克思写道："全部社会生活在本质上是实践的。凡是把理论引向神秘主义的神秘东西，都能在人的实践中以及对这个实践的理解中得到合理的说明。"①也就是说，迄今为止人类所具有的一切知识都是他们为了生存下去而在与环境打交道的实践过程中形成并发展起来的。承认这一点，也就永久性地解构了康德赋予知识的直观性的特征，也解构了其知识论的主观主义的和神秘主义的倾向。就连黑格尔也猛烈地批评了康德认识论中的这些错误倾向："在《纯粹理性批判》里，我们看到对诸阶段的描述：自我作为理性、表象，而事物便在外面；两者彼此外在，互相反对。这就是康德最后的观点。动物并不是老停留在这个观点上面，它通过实践达到两者的统一。"②事实上，黑格尔和马克思都认为，任何知识都是奠基于实践活动之上的，即使是乍看上去十分神秘的知识也可以通过对实践的解析而获得合理的说明。

其次，马克思主张，即使是康德在《纯粹理性批判》中强调的"纯粹数学何以可能？""纯粹自然科学何以可能？"这样的问题，在其提法上也是不合适的。在《德意志意识形态》中，马克思在批判费尔巴哈的直观主义认识论时，也批评了康德："甚至这个'纯粹的'自然科学也只是由于商业和工业，由于人们的感性活动才达到自己的目的和获得材料的。"③我们知道，恩格斯在《反杜林论》中强调，数学起源于人们丈量土地的实践活动，而列宁在《哲学笔记》中则揭示了逻辑范畴的起源："人的实践经过千百万次的重复，它在人的意识中以逻辑的格固定下来。这些格正是（而且也只是）由于千百万次的重复才有着先入之见的巩固性和公理的

---

① 《马克思恩格斯选集》第1卷，人民出版社1995年版，第56页。
② ［德］黑格尔：《哲学史讲演录》第4卷，贺麟等译，商务印书馆1978年版，第286页。
③ 《马克思恩格斯全集》第3卷，人民出版社1960年版，第49—50页。

性质。"①这就表明，康德号称"纯粹的"（rein）科学知识归根到底仍然根源于人类的实践活动。

最后，马克思启示我们，康德所说的"心"及其感性直观、想象和统觉的能力也是在人类长期以来的社会实践活动的历史中形成并发展起来的。马克思指出："不仅五官感觉，而且所谓精神感觉、实践感觉（意志、爱等等），一句话，人的感觉，感觉的人性，都只是由于它的对象的存在，由于人化的自然界，才产生出来的。五官感觉的形成是以往全部世界历史的产物。"②显然，马克思这里说的"人化的自然"也就是指以人的实践活动为媒介而得到改造的自然界，而康德所说的神秘的"心"所具有的感性直观、想象和统觉的能力也不是先天就有的，而是"以往全部世界历史的产物"。

由此可见，马克思通过实践概念的引入，扬弃了保留在康德哲学革命中的直观主义、主观主义和神秘主义的因素，破解了文德尔班所说的"主体的难以理解的 X"的秘密，把哲学思考提升到一个崭新的层面上。


# 三、"社会关系"对"自在之物"概念的扬弃

在康德的哲学革命中，起着极为重要的作用的另一个概念是"自在之物"，也就是文德尔班所说的"客体的同样难以理解的 X"。不用说，引入"自在之物"这个重要的概念，是对传统的独断论哲学的超越。独断论哲学认为，人们能够认识"自在之物"，而康德则告诉我们，我们只能认识"自在之物"向我们显现出来的现象，至于"自在之物"则是不可知的。在康德那里，"自在之物"概念起着三种不同的作用：第一，在思辨

---

① 列宁：《哲学笔记》，人民出版社 1956 年版，第 233 页。
② 《马克思恩格斯全集》第 42 卷，人民出版社 1979 年版，第 126 页。

理性中，它们是感性刺激的来源，没有这种来源，认识活动就会失去自己的对象；第二，在思辨理性中，它们也是知性认识中的"界限概念"（Granzbegriff），因为它们属于超验的领域，认识活动应该中止于它们之前。如果理性一定要运用知性范畴去认识它们，就会陷入种种先验幻象之中；第三，在实践理性中，它们则成了人类的道德行动的范导性的理念。

在康德之后，几乎所有的哲学家都起来批判康德的"自在之物"概念。其中黑格尔的批判是很有代表性的，他这样写道："物自体（这里所谓'物'也包含精神和上帝在内）表示一种抽象的对象。——从一个对象抽出它对意识的一切联系、一切感觉印象，以及一切特定的思想，就得到物自体的概念。很容易看出，这里所剩余的只是一个极端抽象，完全空虚的东西，只可以认作否定了表象、感觉、特定思维等等的彼岸世界。而且同样简单地可以看到，这剩余的渣滓或僵尸（caput mortuum），仍不过只是思维的产物，只是空虚的自我或不断地趋向纯粹抽象思维的产物。这个空虚自我把它自己本身的空虚的同一性当作对象，因而形成物自体的观念。……其实，再也没有比物自体更容易知道的东西。"①在黑格尔看来，"自在之物"实际上是不存在的，是理性抽象思维的创造物。显然，黑格尔主要是从思辨理性的范围内来批判这个概念的，然而，康德赋予这一概念的真正积极的意义不是在思辨理性的范围内，而是在实践理性的范围内。所以，真正解开康德"自在之物"概念秘密的是叔本华。他写道：Was ist das Ding an sich? -Der Wille：ist unsere Antwort gewesen（什么是自在之物？我们的回答是：意志就是自在之物）。②

与黑格尔不同，叔本华认为自己是直接继承康德哲学的。他认为，在康德那里，实践理性远比思辨理性重要，而康德所说的实践理性实际

---

① ［德］黑格尔：《小逻辑》，贺麟译，上海人民出版社 2009 年版，第 132 页。
② A. Schopenhauer, *Die Welt als Wille und Vorstellung*, Frankfurt A. M.：Suhrkamp Verlag, 1986, S. 182-183.

上也就是人的"意志"（Wille）。正是通过这样的解读，叔本华把对神秘的"自在之物"的解读重新引回到生活世界中，即归根到底，"自在之物"就是意志，尤其是人的生存意志。

在马克思看来，虽然叔本华式的解读推进了人们对"自在之物"的认识，并使之返回到人类生活本身，但这一解读仍然没有深入下去。马克思则从历史唯物主义的基本见解出发，深刻地揭示出康德的"自在之物"概念的真正的含义。在《资本论》第 1 卷中，马克思告诉我们，资本主义社会表现为巨大的商品堆积，而商品作为"物"（Ding）具有两方面的属性：一是作为自然属性的使用价值，二是作为社会属性的交换价值。在这里，有趣的是，劳动产品一旦获得商品的形式，就会自然而然地形成商品拜物教。那么，商品拜物教的秘密是什么呢？马克思写道："商品形式的奥秘不过在于：商品形式在人们面前把人们本身劳动的社会性质反映成劳动产品本身的物的性质，反映成这些物的天然的社会属性，从而把生产者同总劳动的社会关系反映成存在于生产者之外的物与物之间的社会关系。"①在这里，马克思实际上已经揭示出康德的"自在之物"概念的真正的秘密，即它是隐藏在商品之间的物与物之间关系背后的人与人之间的社会关系。

此外，马克思也通过生存、生活、需要、生产这些概念，完成了对"自在之物"这个概念的去神秘化。马克思指出："……一切人类生存的第一个前提也就是一切历史的第一个前提……是：人们为了能够'创造历史'，必须能够生活。但是为了生活，首先就需要衣、食、住以及其他东西。因此，第一个历史活动就是生产满足这些需要的资料，即生产物质生活本身。"②这就启示我们，不能脱离人类的实际生活，抽象地谈论意志的作用。实际上，人类的生存意志总是首先体现在满足自己生存需要的基本的生产劳动中。然而，生产劳动并不是人们随心所欲的活

①　马克思：《资本论》第 1 卷，人民出版社 1975 年版，第 88—89 页。
②　《马克思恩格斯全集》第 3 卷，人民出版社 1960 年版，第 31 页。

动，归根到底，它们总是在一定的社会生产关系中展开的。正是在这个意义上，马克思指出："为了进行生产，人们相互之间便发生一定的联系和关系；只有在这些社会联系和社会关系的范围内，才会有他们对自然界的影响，才会有生产。"①由此可见，人们是不可能让自己的生存意志随心所欲地发挥作用的。人类历史表明，这种作用首先总是沿着生产劳动来展开的，而生产劳动得以展开的必要条件就是社会生产关系。在马克思看来，康德的神秘的"自在之物"的真正的本质乃是这种看不见、摸不着的抽象的关系。正是这种关系决定着意志，尤其是人们的生存意志在生产劳动乃至整个社会生活中的具体的表现方式。马克思极其深刻地指出："黑人就是黑人。只有在一定的关系下，他才成为奴隶。纺纱机是纺棉花的机器。只有在一定的关系下，它才成为资本。脱离了这种关系，它也就不是资本了，就像黄金本身并不是货币，砂糖并不是砂糖的价格一样。"②从马克思的这一论述可以看出，正是社会生产关系规定着在它的范围内展开的生存意志的具体方式。马克思还进一步告诉我们："资本也是一种社会生产关系。这是资产阶级的生产关系，是资产阶级社会的生产关系。"③也就是说，只有把握住资本这一社会生产关系，才能准确地理解并解释资本主义社会的一切社会现象。

由上可知，一旦我们沿着叔本华和马克思的思路，返回到人类社会本身中去重新理解康德的"自在之物"概念时，这个概念的神秘性就消失了，它的真正的秘密被揭示出来了。

# 四、"否定性的辩证法"对"先验幻象"的扬弃

在《纯粹理性批判》中，康德深刻地揭露出理性的一种自然本性，即

---

① 《马克思恩格斯选集》第 1 卷，人民出版社 1995 年版，第 344 页。
② 同上书，第 344 页。
③ 同上书，第 345 页。

理性总是自然而然地运用知性范畴去追求超经验的物自体，这样，它就必定会陷入"先验幻象"（transzendentale Schein）之中。当人们去认识超验的、作为主观方面的统一体的"自在之物"——灵魂时，会陷入误谬推论；当人们去认识超验的、作为客观方面的统一体的"自在之物"——世界时，就会陷入二律背反；当人们去认识超验的、作为主客观统一体的"自在之物"——上帝时，就会陷入理想。康德强调，"先验幻象"不是经验性的幻象，而是理性把知性范畴运用到超验的对象——"自在之物"上时必然导致的结果。康德把"先验幻象"理解为他的先验辩证法的基本内容，由此可见，在他那里，辩证法只是一个消极性的概念。

黑格尔认为，康德认识到理性本性中蕴含着的这些矛盾，"这必须认为是近代哲学界一个最重要的和最深刻的一种进步。但康德的见解是如此的深远，而他的解答又是如此的琐碎；它只出于对世界事物的一种温情主义"①。在黑格尔看来，理性本性中的矛盾和辩证法并不是应当加以避免的污点，而是具有积极的意义的，"认识矛盾并且认识对象的这种矛盾特性就是哲学思考的本质"②。这就启示我们，在康德那里被割裂开来的"现象"与"自在之物"之间的对立，黑格尔通过对"现象"与"本质"的辩证关系的论述而被扬弃了。也就是说，黑格尔把"自在之物"的概念改写为"本质"的概念，人们完全可以通过"现象"而去认识"本质"，抽象的、不可知的"自在之物"根本上就是不存在的。

青年马克思对黑格尔的辩证法思想作出了高度的评价。他在《1844年经济学哲学手稿》中写道："黑格尔的《现象学》及其最后成果——作为推动原则和创造原则的否定性的辩证法（der Dialektik der Negativitaet）——的伟大之处首先在于，黑格尔把人的自我产生看作一个过程，把对象化看作失去对象，看作外化和这种外化的扬弃；因而，他抓住了劳动的本质，把对象性的人、现实的因而是真正的人理解为他自己的劳动的结

---

① ［德］黑格尔：《小逻辑》，贺麟译，上海人民出版社 2009 年版，第 137 页。
② 同上书，第 138 页。

果。"①尽管黑格尔唯一知道并承认的劳动是抽象的精神劳动，马克思还是认为，黑格尔的《精神现象学》对否定性的辩证法作出了深刻的叙述。在这里，我们已经可以看到马克思的卓越眼光，即不主张单独地谈论辩证法，而是主张以人类最基本的实践活动——生产劳动作为基础和载体来谈论辩证法。事实上，马克思已经意识到，脱离社会历史，尤其是人的实践活动来谈论辩证法，辩证法必定会流于诡辩。也正是在这一点上，马克思深入地批判了黑格尔的历史唯心主义辩证法，并在历史唯物主义理论的基础上重新阐述了辩证法思想。此外，马克思还认识到，辩证法的根本精神在于辩证的否定。后来，马克思在《资本论》第1卷第二版跋中写道："辩证法，在其合理形态上，引起资产阶级及其夸夸其谈的代言人的恼怒和恐怖，因为辩证法在对现存事物的肯定理解中同时包含对现存事物的否定的理解，即对现存事物的必然灭亡的理解；辩证法对每一种既成的形式都是从不断的运动中，因而也是从它的暂时性方面去理解；辩证法不崇拜任何东西，按其本质来说，它是批判的和革命的。"②这样一来，经过马克思对康德和黑格尔的辩证法思想的改造，辩证法由消极转化为积极，成为人们在历史唯物主义的基础上由现象而深入认识社会本质，特别是社会关系的重要方法和武器。

综上所述，马克思创立了历史唯物主义，从而在哲学史上完成了划时代的革命，而这一划时代的革命正蕴含着他对康德哲学革命的继承和超越。事实上，只有把这两次哲学革命联系起来进行思考，我们才可能对其中的任何一次哲学革命作出更深刻的理解。

---

① 《马克思恩格斯全集》第 42 卷，人民出版社 1979 年版，第 163 页。
② 马克思：《资本论》第 1 卷，人民出版社 1975 年版，第 24 页。

# 差异分析与理论重构[①]
## ——马克思哲学研究中的方法论问题

在当今哲学社会科学的研究中，马克思是一个绕不过去的话题。每年，国内外学术界都有大量论著问世，或直接地探讨这个话题，或间接地涉及这个话题。在汗牛充栋的研究文本前，我们常常思考的一个问题是：如何使我们的研究创出新意，换言之，如何发前人之所未发，言前人之所未言？

其实，这也是研究工作中最难做到的事情，尤其是在中国传统的思维方式中，创造性地研究马克思和马克思主义就变得更为困难。为什么这么说呢？因为在中国传统的思维方式中，占主导地位的始终是朴素的经验主义和心理主义方法，这种方法在对任何事物、问题的研究中总是求"大同"、求"大概"，缺乏对所研究的事物、问题之间的差异的深入考察和分析。究其原因，恐怕与中国传统文化中缺乏对数学和逻辑的浓厚而持

① 原载《中共浙江省委党校学报》2005 年第 1 期，第 10—16 页。收录于俞吾金：《重新理解马克思：对马克思哲学的基础理论和当代意义的反思》，北京师范大学出版社 2005 年版，第 450—462 页。——编者注

久的兴趣有关。① 在我们看来，要对马克思和马克思主义进行创造性的研究，就需要在思维方法上有一个转折，即通过差异分析来重构马克思的哲学理论。

# 一、运用差异分析法研究马克思哲学

什么是"差异分析"（analysis of difference）呢？它与"本质认同"（identity of essence）正好代表了思维中的两个不同的路向。比如，当人们说："克劳塞维茨是军事家，拿破仑也是军事家"时，他们运用的就是后一种思维方法，即把克劳塞维茨和拿破仑这两个不同的历史人物认同归结到"军事家"这个本质性的概念中去。这一思维方法的长处是使我们看到了两个不同历史人物之间的共同点，但其短处则是：我们既无法了解这两个历史人物在其整体人格上的差异究竟是什么，甚至也无法了解，同为军事家，他们对军事史的不同的贡献究竟是什么，换言之，他们在军事理论和军事活动中的差异究竟是什么。这就启示我们，"本质认同"这种惯常的思维方法并不能取代"差异分析"。尽管"本质认同"在人们的运思过程中是不可或缺的，然而，单纯的"本质认同"只能导致人们对不同认识对象之间的共同性的模糊认识。只有同时运用"差异分析"，深入探索克劳塞维茨和拿破仑在军事思想乃至全部人格上的差异，才能加深我们对每一个历史人物的认识。事实上，不同事物、不同问题的特性正体现在它们相互之间的差异中。晚年维特根斯坦之所以举起了

---

① 众所周知，近代西方哲学的肇始人笛卡儿是解析几何的奠基人，他把数学的严格性和明晰性带入到哲学中，从而提出了知识的"确定性"问题；而另一位肇始人培根则创立了归纳逻辑，从而为哲学和自然科学追求严格的知识提供了新工具。在这里，数学方法和逻辑方法的核心都是对研究对象之间存在的差异进行深入的分析，从而引申出确定无疑的答案。与此不同，在近、现代中国哲学的发展史上，最欠缺的正是这种以差异分析为核心的研究方法。所以，胡适发出了如下的感慨："近代中国哲学与科学的发展曾极大地受害于没有适当的逻辑方法。"参见胡适：《先秦名学史》，学林出版社 1983 年版，第 7 页。

"反本质主义"的旗帜；晚年萨特之所以倡导"双向往复"的研究方法，通过前进和逆溯的运思方式来再现研究对象的特异性和细节；柯亨之所以把分析哲学的方法引入对马克思历史理论的分析中，从而建立了"分析的马克思主义"，他们的共同意向无非是通过对研究对象之间存在的差异的分析和考察，把整个研究活动引向深入。

那么，究竟如何运用这种"差异分析"的方法来研究马克思和马克思主义呢？我们认为，必须抓住研究活动中必定会遭遇到的以下两种差异。

### (一)研究对象的差异

我们这里说的研究对象主要是指"马克思""马克思主义的创始人"和"马克思主义"。在通常的研究中，人们所看到的只是这三个对象之间的共同点，因而他们经常交替地、不经意地使用它们，而全然不顾它们之间存在的差异。其实，这正是关于马克思和马克思主义的大量研究成果深入不下去，而停留在低水平的重复上的原因。只要稍加分析，就会发现，这三个对象之间存在着重大的差异。

就"马克思主义"这一概念而言，它主要有两个含义：一是指马克思本人提出的理论体系，二是指马克思的同时代人和后继者结合各自的时代特征和地域特征对马克思思想所提出的解释体系。显然，这两个含义之间存在着巨大的差异，而对这一差异的存在，马克思生前已经觉察。恩格斯在 1890 年 8 月 27 日致保·拉法格的信中谈到当时德国的许多大学生涌入德国社会民主党内时，曾经这样写道：

> 所有这些先生们都在搞马克思主义，然而他们属于 10 年前你在法国就很熟悉的那一种马克思主义者，关于这种马克思主义者，马克思曾经说过："我只知道我自己不是马克思主义者"。马克思大概会把海涅对自己的模仿者说的话转送给这些先生们："我播下的

是龙种，而收获的却是跳蚤。①

马克思在这里强调的是他自己的思想和那些自称为马克思主义者的追随者的思想之间的根本差异。在英语中，人们可以用两个不同的词来表达这种差异，即用"Marx's"来表示"马克思的"；用"Marxist"来表示"马克思主义的"。在汉语中，为了保留上面提到的差异，我们可以只在第二个含义上使用"马克思主义"这个术语，即只用这个术语指称"马克思的同时代人和后继者结合各自的时代特征和地域特征对马克思思想所提出的解释体系"，而当我们谈到马克思本人的思想时，只使用"马克思思想""马克思理论体系"这样的提法。

然而，就"马克思主义"这个词的第二种含义来说，在不同的历史时期和不同的地域中，形成了对马克思思想的迥然各异的解释体系，所以"马克思主义"始终表现为复数，呈现为多元状态。比如，"苏联和东欧的马克思主义""西方马克思主义"和"当代中国的马克思主义"等。

就"马克思主义的创始人"这一概念而言，也有两个含义：一是广义上的创始人，即指马克思和恩格斯；二是狭义上的创始人，即马克思。关于这个问题，恩格斯在《路德维希·费尔巴哈和德国古典哲学的终结》一书中做过一个著名的说明：

我不能否认，我和马克思共同工作了40年，在这以前和这个期间，我在一定程度上独立地参加了这一理论的创立，特别是对这一理论的阐发。但是，绝大部分基本指导思想（特别是在经济和历史领域内），尤其是对这些指导思想的最后的明确的表述，都是属于马克思的。我所提供的，马克思没有我也能够做到，至多有几个专门的领域除外。至于马克思所做到的，我却做不到。马克思比我们大家都站得高些，看得远些，观察得多和快些，马克思是天才，

---

① 《马克思恩格斯选集》第4卷，人民出版社1995年版，第695页。

我们至多是能手。没有马克思，我们的理论远不会是现在这个样子。所以，这个理论用他的名字命名是理所当然的。①

按照恩格斯的说法，虽然他"在一定程度上独立地参加了这一理论的创立"，但主要是"对这一理论的阐发"。现在的问题是：恩格斯对马克思思想的阐发是否与马克思本人的思想之间存在着差异？在以往的研究中，这个问题本身就是一个禁区。人们总是不厌其烦地谈论着马克思与恩格斯的一致性，完全无视他们之间在思想上存在着的明显的差异。

所以，如果我们要严格地使用"马克思主义的创始人"这一术语的话，就只能用它来指称马克思。也就是说，我们必须清醒地意识到，马克思思想与恩格斯思想之间是存在着差异的，在某种意义上可以说，恩格斯对马克思思想的"阐发"是有偏差的，甚至在某些重要的观点上错误地解释了马克思思想的本真含义。

就"马克思"这一概念而言，情形也不像人们设想的那么简单。自从马克思的《1844年经济学哲学手稿》问世以来，它至少具有以下两个不同的含义：一是指青年时期的马克思，二是指成熟时期的马克思。众所周知，马克思原来是一个青年黑格尔主义者，后来在参与现实斗争和思想批判的过程中才形成了自己的独立的思想。这就深刻地启示我们，不能笼统地使用"马克思"这个术语，不然就有可能抹杀青年时期马克思的思想和成熟时期马克思的思想之间存在着的重大差异。

通过上面的差异分析，我们至少可以明白一个道理，即不能含糊地谈论自己研究的任何对象，而必须对这些研究对象的含义和范围作出明确的分析和限定。事实上，我们对不同研究对象之间存在的差异认识得越清晰，我们的整个研究活动也就越深入。

**（二）研究文本的差异**

我们这里所说的研究文本的差异主要有以下两层意思：一是指马克

---

① 《马克思恩格斯选集》第4卷，人民出版社1995年版，第242页注。

思德文版著作的不同的版本，二是指中文版马克思著作的不同的版本。长期以来，我国的马克思哲学的研究大多是在中文翻译本的基础上进行的。事实上，许多马克思哲学的研究者不懂德文，这对他们的研究活动产生了很大的限制。而马克思著作的某些翻译者虽然精通德文，但却不懂哲学，这就使他们的翻译中存在着这样的或那样的问题。尽管有些学者，如朱光潜先生对马克思的《关于费尔巴哈的提纲》重新进行了翻译，然而，对于浩如烟海的马克思著作来说，这无异于杯水车薪。何况，他的译文也是可以商榷的。

其实，我们在这里试图表明的是这样一种看法，即中国的马克思哲学的研究者如果看不到马克思著作的中文版和德文版之间存在着的差异，不下决心返回到对马克思的原始文本，即德文版的研究，要大幅度地提升这一研究的水平是不可能的。为了说明认识这方面的差异的重要性，我们不妨举两个例子：

其一，在《1844年经济学哲学手稿》中，当马克思提到黑格尔哲学中的"神秘的主体—客体"既外化又扬弃外化向自身回归的过程时，写道：

das reine，rastlose Kreisen in sich. ①

《马克思恩格斯全集》第42卷对这段话的翻译是：

这就是在自身内部的纯粹的、不停息的旋转。②

显然，中译者把 Kreisen 这个德文名词译为"旋转"，从上下文看来，是比较贴切的。然而，比《马克思恩格斯全集》第42卷晚出的、新版本的《马克思恩格斯全集》第3卷却把同一段话改译为：

---

① K. Marx, *Pariser Manuskripte*，West berlin：das Europaeische Buch，1987，S. 130.
② 《马克思恩格斯全集》第42卷，人民出版社1979年版，第176页。

这就是在自身内部的纯粹的、不停息的圆圈。①

什么叫"纯粹的、不停息的圆圈",单从字面上看就是败笔!② 诚然,Kreisen 这个德文名词既可译为"旋转",也可译为"圆圈",但从此处的上下文看,显然是译为"旋转"更为合适。由此可见,马克思著作的新译本并不一定优于旧译本。

其二,在马克思的文本中,扬弃(德文名词为 Aufheben,德文动词为 aufheben)是一个十分重要的概念。可是,在中文译本中,这个词有时候被译为"扬弃";有时候又被译为"消灭"。比如,在《1844 年经济学哲学手稿》中,无论是名词 Aufheben,还是动词 aufheben,均被译为"扬弃",然而,在对马克思的《黑格尔法哲学批判导言》中的一个十分重要的句子的翻译中,却出现了问题。马克思的原话是这样的:

Mit einem Worte:Ihr Könnt die philosophie nicht aufheben,ohne sie zu verwirklichen. ③

我们发现,《马克思恩格斯选集》第 1 卷和《马克思恩格斯全集》第 3 卷都把上面这段话译为:

一句话,你们不使哲学成为现实,就不能够消灭哲学。④

难以理解的是,在这里,德文动词 aufheben 竟被译为"消灭"! 按照

---

① 《马克思恩格斯全集》第 3 卷,人民出版社 2002 年版,第 333 页。

② 必须指出,新译本的这种不确切的译法是吴晓明教授最先发现的,我核对原文以后,觉得这种译法确实是有问题的。

③ K. Marx, F. Engels, *Werke*, *Band* 1, Berlin:Dietz Verlag, 1970, S. 384.

④ 参见《马克思恩格斯选集》第 1 卷,人民出版社 1995 年版,第 8 页;《马克思恩格斯全集》第 3 卷,人民出版社 2002 年版,第 206 页。

这种译法，如果哲学已经被消灭了，那又怎么使它成为现实呢？而无产阶级又怎么可能"把哲学当作自己的精神武器"①呢？即使马克思这句话中出现的第二个"哲学"概念指的是旧哲学，它也是不可能被消灭的，否则怎么还可能有哲学史呢？因此，只有把 aufheben 译为"扬弃"，才不至于曲解马克思本人的意思。

在对马克思原始文本的翻译中，不但有一个译文的准确性的问题，而且也存在着译名的统一的问题。由此可见，在对马克思著作的研究中，如果人们意识不到原始文本和翻译文本之间存在的差异性以及不同的翻译文本之间存在的差异性，深入地研究也是不可能的。

## 二、马克思哲学研究中的视角差异

在传统的研究活动中，人们最热衷于谈论的是"客观性"（objectivity）这个术语。当人们说某项研究成果具有"客观性"时，常常是对它的很高的赞扬。其实，很少有人深入地思索过"客观性"这个术语的含义，不然，他们也许会大失所望的。从语用学上看，"客观性"与"主观性"（subjectivity）是不可分割地联系在一起的。也就是说，我们越赞扬某项研究成果具有"客观性"，也就越暗示出一个"主观性"存在的背景。事实上，从来也没有超越任何"主观性"的"客观性"。而"主观性"背景的存在则揭示出一个不争的事实，即任何研究者在从事自己的研究活动之前，已经自觉地或不自觉地置身于某个视角之中。海德格尔曾以提问的方式表达了自己对这个问题的看法：

但是，竟有一种不片面的、而是全面的历史考察吗？难道每个时代都不是必须根据它自身的视界来看待和解释过去吗？每个时代

---

① 《马克思恩格斯选集》第 1 卷，人民出版社 1995 年版，第 15 页。

的给定视界愈是明确地起指导作用，它的历史学认识不就愈加"鲜活生动"么？①

在海德格尔看来，视角并不是人们可以采用或不采用的东西，视角乃是内在于每个作为人之在的存在者中的东西：

> 存在者之为存在者是透视性的。我们所谓的现实性是由它的透视特征决定的。②

也就是说，所谓"客观性"只能从主观方面的视角的基础上加以理解，决不存在着无视角或超视角的认识活动和研究活动。我们对马克思和马克思主义的研究同样如此。事实上，不管我们是否同意，在对马克思和马克思主义进行研究时，我们总是会自觉地或不自觉地受到以下三种研究视角中的某一种视角的影响。

**（一）恩格斯的研究视角**

在马克思逝世以后，人们对成熟时期的马克思思想，尤其是其哲学思想的了解，主要是通过恩格斯的《反杜林论》《路德维希·费尔巴哈和德国古典哲学的终结》《自然辩证法》《家庭、私有制和国家的起源》等著作为媒介来进行的。

恩格斯的研究视角的出发点是：先讨论自然，后讨论人类社会，这从《反杜林论》《路德维希·费尔巴哈和德国古典哲学的终结》两书的结构布局中就可以看出来。这一出发点假定了自然与人类社会的二元对立，从而也为从普列汉诺夫、列宁到斯大林的关于马克思哲学思想的解释路线奠定了基础，即马克思哲学就是辩证唯物主义，辩证唯物主义以自然作为研究对象，而把辩证唯物主义推广和应用到人类社会中，就产生了

---

① ［德］海德格尔：《尼采》下卷，孙周兴译，商务印书馆 2011 年版，第 798 页。
② 同上书，第 790 页。

历史唯物主义。尽管恩格斯把历史唯物主义看作马克思的两大发现之一，但由于历史唯物主义是奠基于辩证唯物主义之上的，这就大大地缩小了马克思哲学革命的伟大意义之所在，把他的哲学思想仅仅理解为在辩证唯物主义的基础上"推广"出来的一项应用性的成果。当然，恩格斯没有使用过"辩证唯物主义"这个术语，但他使用过另一个词"唯物主义辩证法"①。

实际上，正是这个词启发了普列汉诺夫、列宁和斯大林，他们才使用"辩证唯物主义"这个术语的。不用说，苏联和中国关于马克思哲学思想的教科书——辩证唯物主义和历史唯物主义——正是在恩格斯的研究视角的基础上形成并发展起来的。这一研究视角至今仍然左右着中国的理论界。国内关于马克思哲学研究的许多论著之所以大同小异，缺乏创意，因为它们在潜意识中始终没有突破恩格斯的视角。问题的症结就在这里。

**（二）卢卡奇的研究视角**

作为西方马克思主义的创始人，卢卡奇的《历史与阶级意识》堪称这一思潮的圣经。正是在这部重要的著作中，卢卡奇显示出他理解、解释马克思的不同的视角。

卢卡奇的研究视角的出发点是：自然并没有与人类社会相分离，相反，自然是一个社会范畴。在某种意义上可以说，卢卡奇颠倒了恩格斯的"从自然到人类社会"的解释路线，把它变成了"从人类社会到自然"的解释路线。这一颠倒的积极意义是试图把马克思哲学与以前的旧唯物主义哲学(包括费尔巴哈的唯物主义哲学)的根本差异凸显出来。也就是说，马克思哲学不是由费尔巴哈哲学的"基本内核"(唯物主义立场)＋黑格尔哲学的"合理内核"而形成起来的、以脱离社会的自然作为自己研究对象的"辩证唯物主义"，而是以人类社会作为自己研究对象的历史唯物主义。要言之，马克思哲学的基础部分是历史唯物主义，而不是辩证唯

---

① 《马克思恩格斯选集》第 4 卷，人民出版社 1995 年版，第 243 页。

物主义。

　　然而，必须指出，虽然卢卡奇颠倒了人类社会与自然之间的逻辑关系，但在他那里，自然和人类社会仍然处于僵硬的二元对立之中。正是这种理论上的不彻底性，使卢卡奇在晚年巨著《社会存在本体论》中又把所谓"一般本体论"或"自然本体论"理解为社会存在本体论的逻辑前提。这样一来，自然重又在逻辑上获得了先于人类社会的重要性。于是，卢卡奇又以某种方式退回到恩格斯的研究视角上去了。

### （三）马克思本人的研究视角

　　如果我们认真地解读马克思的文本，就会发现，马克思从未把人类社会与自然抽象地对立起来。在《1844 年经济学哲学手稿》中，他一再告诉我们，不应该离开人的社会活动去理解自然自身的运动，这样的自然只是一个抽象的符号，它相当于无，而真正现实的自然乃是经过人的活动媒介的、人化的自然：

　　　　在人类历史中即在人类社会的产生过程中形成的自然界是人的现实的自然界；因此，通过工业——尽管以异化的形式——形成的自然界，是真正的、人类学的自然界。①

　　按照马克思的观点，从"时间在先"的角度去看待问题，自然界先于人而存在，因而也先于人类社会而存在。然而，以"逻辑在先"的眼光去看待问题，就会发现，作为社会存在物，人是通过社会的媒介而与自然打交道的。在这个意义上，与社会的人相分离的自然并不存在。所以，马克思在批评费尔巴哈所崇拜的抽象的自然时，曾经指出：

　　　　先于人类历史而存在的那个自然界，不是费尔巴哈生活于其中的自然界；这是除去在澳洲新出现的珊瑚岛以外今天在任何地方都

---

　　① 《马克思恩格斯全集》第 42 卷，人民出版社 1979 年版，第 128 页。

不再存在的、因而对于费尔巴哈来说也是不存在的自然界。①

在马克思看来，既然我们对任何问题的讨论都是在意义主体——人类诞生之后才变得可能，甚至连"自然"这一概念也是人类悟性的一个创造物，所以，抽去人和人类社会这一基础而去谈论任何问题都是荒谬的。在这里，特别需要指出的是，马克思从来没有把人类社会与自然分离开来并对立起来。在他看来，

社会是人同自然界的完成了的本质的统一。②

也就是说，人化自然就是人类社会。从"逻辑在先"的角度看问题，既不存在着一个与人类社会相分离的自然，也不存在着一个与自然相分离的人类社会。两者是一而二、二而一的。当然，在这种统一中，社会历史特征始终扮演着基础性的角色。换言之，马克思要求我们在任何时候、任何地方都把人理解为社会存在物，把人所认识和研究的对象理解为打上社会历史印记的存在物。

所以，在马克思的哲学中，既不存在着自然与人类社会之间的二元分离和对立，也不存在着辩证唯物主义与历史唯物主义之间的二元分离和对立。马克思的哲学就是历史唯物主义，而历史唯物主义的研究对象则是人类社会，而在马克思的理解中，人类社会也就是人化自然。也就是说，成熟时期的马克思并没有提出历史唯物主义以外的任何哲学理论，如果一定要保留"辩证唯物主义"这个术语，那么，它只能是历史唯物主义的别名，而决不表明还存在着另一种与历史唯物主义不同的哲学理论。

从上面的论述可以看出，这三个不同的研究视角之间存在着明显的

---

① 《马克思恩格斯选集》第1卷，人民出版社1995年版，第77页。
② 《马克思恩格斯全集》第42卷，人民出版社1979年版，第122页。

差异。马克思的哲学思想将以不同的方式呈现在研究者们所拥有的不同的视角中。所以，研究者不能像在草地上扑蝶的小孩一样，不假思索地扑向自己的对象，而应当在从事任何研究活动以前，先反思自己可能带入研究活动中的特殊的视角。没有这样深入的反思，任何原创性的研究活动都是不可能的。

# 三、关于重建马克思哲学体系的思考

上面我们讨论的是如何把"差异分析"运用到对马克思哲学思想的研究中。下面，我们再来探讨，在新的历史条件下，如何对马克思的哲学思想进行"理论重构"（the theoretical reconstruction）。

第一，必须指出的是，"理论重构"真正的动机是恢复马克思的历史唯物主义的本真面目。所以，它与哈贝马斯的理论态度存在着根本性的差异，因为在他看来，历史唯物主义理论在总体上已经过时，但它的某些见解仍然是有意义的，所以，应该把它拆开来，以新的方式重新进行组合。显然，哈贝马斯的《重建历史唯物主义》一书表明，他对马克思的历史唯物主义理论的理解存在着根本性的失误，尤其是他关于马克思忽略了交往行动理论的评论是站不住脚的。我们这里说的"理论重构"也不同于国内某些研究者的做法。他们在口头上大喊"重估""重写""重建""重构"这样的口号，但由于他们从不以批判的态度反思自己已然接受并以之为出发点的研究视角，所以在相当的程度上他们仍然停留在恩格斯的研究视角的范围内。实际上，只要不改变这一传统的研究视角，他们在马克思哲学的探索中是不可能有原创性的发现的。我们这里说的"理论重构"是主张摆脱传统的恩格斯的研究视角和解释路线，自觉地返回到马克思的原始文本，站在当今时代的高度上，从马克思本人的研究视角出发来重新阐述马克思的哲学思想。所以，我们在本书中试图重构的不是所谓"马克思主义的哲学思想"，而是"马克思的哲学思想"。

第二，必须指出，"理论重构"注重的是本体论层面上的工作。为此，我们必须摆脱近代西方哲学注重认识论和方法论的传统，努力从本体论的层面上来理解马克思所发动的哲学革命。实际上，马克思的哲学革命及其伟大成果——历史唯物主义的创立，不仅是认识论、方法论上的革命，更是本体论上的革命。历史唯物主义也就是社会存在本体论，而社会存在的核心内容则是社会关系，社会关系的基础层面则是社会生产关系。在这个意义上也可以说，历史唯物主义就是社会生产关系本体论。正如马克思在《1857—1858 年经济学手稿》中所指出的：

> 在一切社会形式中都有一种一定的生产决定其他一切生产的地位和影响，因而它的关系也决定其他一切色彩，改变着它们的特点。这是一种特殊的以太，它决定着它里面显露出来的一切存在的比重。①

马克思在这里把社会生产关系理解为"一种特殊的以太"，并强调它"决定着它里面显露出来的一切存在的比重"，这到底是什么意思呢？我们还是引证马克思自己的话来回答吧。在《雇佣劳动与资本》一文中，马克思这样写道：

> 黑人就是黑人。只有在一定的关系下他才成为奴隶。纺纱机是纺棉花的机器。只有在一定的关系下，它才成为资本。脱离了这种关系，它也就不是资本了，就像黄金本身并不是货币，砂糖并不是砂糖的价格一样。②

马克思又指出：

---

① 《马克思恩格斯全集》第 46 卷（上册），人民出版社 1979 年版，第 44 页。参阅俞吾金：《马克思哲学是社会生产关系本体论》，《学术研究》2001 年第 10 期。
② 《马克思恩格斯选集》第 1 卷，人民出版社 1995 年版，第 344 页。

资本也是一种社会生产关系。①

正是从这样的新的思路出发，马克思强调，社会关系，尤其是社会生产关系的变革或革命，构成马克思的历史唯物主义理论的核心内容，而这一核心内容无疑地蕴含着马克思对哈贝马斯所说的交往行动的关切。由此可见，哈贝马斯对马克思的批评是苍白无力的。

总之，坚冰已经打破，航路已经开通，道路已经指明。马克思的历史唯物主义理论从本体论上为我们开辟出一条理解全部生活世界的新的、批判性的道路。我们必须站在这样的高度上重新认识马克思的哲学革命的实质。

第三，必须指出，"理论重构"的宗旨是超越传统的"辩证唯物主义＋历史唯物主义"的二元论模式，构建马克思哲学的一元论体系。我们通过研究发现，这一体系的主导性线索乃是"物—价值—时间—自由—革命"。也就是说，马克思通过对传统的抽象的物质观的批判，把自己的注意力集中到物质的具体样态——物上，而在商品经济占主导形式的社会形态中，物现身为形形色色的商品；而任何商品都具有两方面的属性：一是作为自然属性的使用价值，二是作为社会属性的交换价值。不用说，交换价值作为社会存在构成了商品的本质；而商品的价值则取决于社会必要劳动时间。也就是说，剩余价值和剩余劳动时间隐藏着商品世界的真正的秘密；而人的自由正是在时间的地平线上展开的，因此，社会主义把"缩短工作日"作为自己的第一个口号，也就显得顺理成章了；而社会革命就是从根本上改变社会生产关系，从而为人的自由和解放提供根本性的条件。上面我们只是勾勒了贯通于马克思哲学体系中的一条红线。这条红线表明，马克思哲学不是抽象的知识论，不是课堂上的高头讲章，而是一种具有强烈的革命倾向的实践理论；它也表

---

① 《马克思恩格斯选集》第 1 卷，人民出版社 1995 年版，第 345 页。

明，马克思哲学不是以自然和社会的分离为出发点的二元论，而是在建基于社会实践活动基础上的一元论。正是在这个意义上，我们也可以说，马克思的历史唯物主义就是实践唯物主义。

# "自然历史过程"与主体性的界限[①]

马克思关于社会经济形态的发展是一种自然历史过程的观点是其历史唯物主义学说中的一个根本性的、核心的观点。然而，长期以来，马克思哲学的解释史表明，研究者们或者把马克思所说的"自然历史过程"曲解为绝对的决定论，仿佛人们除了袖手旁观社会经济生活的演化外，再也无事可做了；或者完全忽视马克思的这一重要观点，似乎社会经济形态的发展完全可以以人们的主观意志为转移。第一种错误的解释主要出现在第二国际的理论家那里，按照他们的看法，革命阶级不需要作出任何努力，只要坐等经济规律发生作用，资本主义就会和平长入社会主义。第二种错误的解释主要出现在第三国际的理论家那里。由于俄国十月革命是在资本主义发展的落后地区获得成功的，于是，他们就产生了一种理论上的幻觉，似乎人们的主观意志可以脱离经济规

①　原载《吉林大学社会科学学报》2005 年第 4 期，第 57—62 页。收录于俞吾金：《被遮蔽的马克思》，人民出版社 2012 年版，第 339—350 页；《哲学随想录》，北京师范大学出版社 2016 年版，第 286—298 页。

律而发生作用。①

　　毋庸讳言，对马克思的"自然历史过程"理论的误解已经在理论生活和现实生活中造成了严重的后果。对于正处于社会转型过程中的中国人来说，重新反省并理解马克思的这一理论，具有巨大的理论意义和现实意义。

# 一、"自然历史过程"的含义

　　马克思的"自然历史过程"理论是在《资本论》的序言中提出来的。在《资本论》第1卷的第一版序言（1867）中，马克思这样写道："我的观点是：社会经济形态的发展是一种自然历史过程（einen naturgeschichtlichen Prozess）。"②如何理解马克思的这一重要的论述呢？

　　首先，我们要弄清楚，马克思这里说的"社会经济形态"究竟是什么意思。按照列宁在《什么是"人民之友"以及他们如何攻击社会民主党人？》（1894）中的说法，社会经济形态就是"一定生产关系总和"③。列宁还强调，马克思在这段话中所说的社会经济形态指的是"资本主义社会经济形态"④。从列宁的理解方式出发，我们发现，马克思所说的"社会经济形态"实际上也就是社会形态，因为在《雇佣劳动与资本》（1849）中，

---

　　① 这种唯意志主义的观点具有广泛的影响。比如，意大利学者葛兰西在1917年11月24日的《前进报》上发表了题为《反对〈资本论〉的革命》的文章。他在文章中这样写道："布尔什维克驳斥了卡尔·马克思，他们以明确的行动和成功的结果证实，历史唯物主义的法则并不像人们将认为或已经认为的那样是一成不变的。"参阅《青年葛兰西论历史、哲学和文化》，泰罗斯出版社，1975年英文版，第123页。（Antonio Gramsci, *History, Philosophy and Culture in the Young Gramsci*, edited by Pedro Cavalcanti and Paul Piccone, New York: Telos Press, 1975, p.123.——编者注）。然而，葛氏没有想到，70多年后，俄国又从社会主义的国家退回到资本主义的国家。这一现象表明，马克思所说的"自然历史过程"并不是人们的意志可以轻易地加以改变的。

　　② 马克思：《资本论》第1卷，人民出版社1975年版，第12页。

　　③ 列宁：《列宁选集》第1卷，人民出版社1995年版，第10页。

　　④ 同上书，第5页。

马克思已经指出："生产关系总和起来就构成所谓社会关系，构成所谓社会，并且是构成一个处于一定历史发展阶段上的社会，具有独特特征的社会。古典古代社会、封建社会和资产阶级社会都是这样的生产关系的总和，而其中每一个生产关系的总和同时又标志着人类历史发展中的一个特殊阶段。"①当然，《资本论》是一部政治经济学研究的专著，所以马克思似乎不愿意泛泛地谈论"社会形态"而更偏重从"社会经济形态"的角度出发来谈论社会，尤其是资本主义社会的运动规律。

其次，我们要弄清楚，马克思这里说的"自然历史过程"中的"自然……过程"的含义究竟是什么？其实，"自然……过程"这个表达式有两种主要的含义：一是指"自然而然"，即一种自发性的、盲目性的倾向；二是指"自然界"或以自然界的方式发生作用的规律。稍加分析就会发现，马克思在这里使用的"自然"概念兼具上述两种含义。同样是在《资本论》第1卷的第一版序言中，马克思也提到了社会自身运动的"自然规律"（dem Naturgesetz）和社会经济运动的"自然的发展阶段"（natur-gemaesse Entwicklungsphasen）②。事实上，"自然规律"这个术语并不是马克思首创的，马克思本人也坦然承认，这个术语来自恩格斯早期的著作《政治经济学批判大纲》（1844）。正是在这部早期著作中，恩格斯指出："我们应该怎样理解这个只有周期性的革命才能给它开辟道路的规律呢？这是一个以当事人的盲目活动为基础的自然规律。"③比如，当时的恩格斯也把市场经济中的供求规律称为"纯自然的规律"④。恩格斯的这一见解可以说是一以贯之的。晚年恩格斯在为马克思的《路易·波拿巴政变记》所撰写的第三版序言（1885）中提到马克思所发现的历史运动规律时，也以同样的口吻写道："这个规律对于历史，同能量转化定律

---

① 《马克思恩格斯选集》第1卷，人民出版社1995年版，第345页。
② 马克思：《资本论》第1卷，人民出版社1975年版，第11页。
③ 《马克思恩格斯全集》第1卷，人民出版社1956年版，第614页。参阅马克思：《资本论》第1卷，人民出版社1975年版，第92页注28。
④ 《马克思恩格斯全集》第1卷，人民出版社1956年版，第614页。

对于自然科学具有同样的意义"①。显然，恩格斯的上述见解对马克思产生了深刻的影响。

最后，我们要弄清楚，马克思这里说的"自然历史过程"究竟是什么意思？既然马克思像恩格斯一样，多次使用过"自然规律"的概念，为什么又要使用"自然历史过程"这一新概念呢？深入的考察表明，与"自然规律"这样的概念比较起来，"自然历史过程"是一个更为严格的表达。为什么这么说呢？因为从社会现象的实质和结果的角度进行考察，"自然规律"和"自然历史过程"应该是一样的，正是基于这样的原因，马克思也经常使用"自然规律"的概念。然而，从社会现象与自然现象在表现方式上的差异来看，"自然规律"的提法又不应该取代"自然历史过程"的提法，因为后一种提法肯定了社会现象与自然现象在表现方式上的差异。正如恩格斯所指出的："在自然界中（如果我们把人对自然界的反作用撇开不谈）全是没有意识的、盲目的动力，这些动力彼此发生作用，而一般规律就表现在这些动力的相互作用中。……相反，在社会历史领域内进行活动的，是具有意识的、经过思虑或凭激情行动的、追求某种目的的人；任何事情的发生都不是没有自觉的意图，没有预期的目的的。"②这段话清楚地表明，从表现方式上看，社会现象与自然现象之间存在着重大的差别。看不到这个差别，简单地把社会现象等同于自然现象，绝不是真正科学的态度。然而，恩格斯告诉我们，从实质和结果上看，社会现象与自然现象又具有某种同质性，它们在表现方式上的差别几乎可以略去不计。正是在这个意义上，恩格斯继续写道："不管这个差别对历史研究，尤其是对各个历史时代和各个事变的历史研究如何重要，它丝毫不能改变这样一个事实：历史进程是受内在的一般规律支配的。因为在这一领域内，尽管各个人都有自觉预期的目的，总的说来在表面上好像也是偶然性在支配着。人们所预期的东西很少如愿以偿，许

① 《马克思恩格斯选集》第 1 卷，人民出版社 1995 年版，第 583 页。
② 《马克思恩格斯选集》第 4 卷，人民出版社 1995 年版，第 247 页。

多预期的目的在大多数场合都互相干扰，彼此冲突，或者是这些目的本身一开始就是实现不了的，或者是缺乏实现的手段的。这样，无数的单个愿望和单个行动的冲突，在历史领域内造成了一种同没有意识的自然界中占统治地位的状况完全相似的状况。"①在恩格斯看来，尽管社会现象是由人的自觉的、有目的的活动构成的，但这些活动是相互冲突的，因而从实质和结果的角度看，社会现象就像自然现象一样是盲目的，但却是受隐蔽的内在规律的支配的。正因为社会现象与自然现象之间有着表现方式上的差异性和表现结果及实质上的相似性，所以，马克思把社会经济形态的发展称为"自然历史过程"是最恰当不过的了。

列宁充分肯定了马克思的"自然历史过程"理论的重大意义。他写道："……只有把社会关系归结于生产关系，把生产关系归结于生产力的水平，才能有可靠的根据把社会形态的发展看作自然历史过程。不言而喻，没有这种观点，也就不会有社会科学。（例如，主观主义者虽然承认历史现象的规律性，但不能把这些现象的演进看作自然历史过程，这是因为他们只限于指出人的社会思想和目的，而不善于把这些思想和目的归结于物质的社会关系）。"②在列宁看来，马克思的"自然历史过程"理论正是其历史唯物主义学说的核心观点，正是这一观点使社会历史的研究从神话上升为科学。然而，遗憾的是，长期以来，人们忽略了对马克思的这一基本理论的研究，以致无论是在理论研究上，还是在现实生活中，都不知不觉地陷入了唯意志主义的泥坑。

## 二、主体性的界限

马克思的"自然历史过程"理论极其严格地阐明了主体性作用的范

---

① 《马克思恩格斯选集》第 4 卷，人民出版社 1995 年版，第 247 页。
② 列宁：《列宁选集》第 1 卷，人民出版社 1995 年版，第 8—9 页。

围，换言之，规定了主体性的界限。

首先，马克思认为，作为主体的人不管主观上设想什么或幻想自己拥有多大的力量，实际上，他只是一定的社会关系的产物。马克思在《资本论》第1卷的第一版序中这样写道："……这里涉及到的人，只是经济范畴的人格化，是一定的阶级关系和利益的承担者。……不管个人在主观上怎样超脱各种关系，他在社会意义上总是这些关系的产物。同其他任何观点比较起来，我的观点是更不能要个人对这些关系负责的。"①在马克思看来，个人作为主体无例外地从属于一定的社会关系这一事实表明，主体性并不等于任意性，它永远只能在自己的界限内发生作用。乍看起来，达到这样的认识似乎是很容易的，然而，在错综复杂的历史事件面前，保持这种真知灼见绝不是一件轻而易举的事情。

1851年12月2日，路易·波拿巴在法国发动了政变。如何看待这场仿佛是突如其来的政变呢？维克多·雨果把它描绘成晴天霹雳，似乎这一切都是政变主体的暴力行为所造成的。他的目的也许是批评政变者，结果却不知不觉地把他塑造成一个伟大的历史人物。相反，蒲鲁东试图把政变描述成以往历史发展的结果，却陷入了那些所谓的客观历史编纂学家所犯的错误，即不知不觉地为政变主体做了辩护。马克思则指出："我则是证明，法国阶级斗争怎样造成了一种局势和条件，使得一个平庸而可笑的人物有可能扮演了英雄的角色。"②也就是说，马克思从其历史唯物主义的立场出发，努力根据当时的社会关系和阶级斗争的状况来叙述并评价路易·波拿巴，既不把他在历史事件中的主体作用加以夸大，使之神秘化，也不加以缩小，仿佛他从来就没有存在过似的。

在分析社会关系对主体的约束作用时，马克思特别提到了传统关系、传统观念对当代人的思想和行为的束缚："人们自己创造自己的历史，但是他们并不是随心所欲地创造，并不是在他们自己选定的条件下

① 马克思：《资本论》第1卷，人民出版社1975年版，第12页。
② 《马克思恩格斯选集》第1卷，人民出版社1995年版，第580页。

创造，而是在直接碰到的、既定的、从过去承继下来的条件下创造。一切已死的先辈们的传统，像梦魇一样纠缠着活人的头脑。当人们好象刚好在忙于改造自己和周围的事物并创造前所未闻的事物时，恰好在这种革命危机时代，他们战战兢兢地请出亡灵来为他们效劳，借用它们的名词、战斗口号和衣服，以便穿着这种久受崇敬的服装，用这种借来的语言，演出世界历史的新的一幕。"①比如，1789—1814 年的法国革命依次穿上了罗马共和国和罗马帝国的服装，1848 年的法国革命则时而模仿1789 年，时而模仿 1793—1795 年。总之，不管人们如何夸大自己的主体性，这种主体性实际上总是受一定的社会关系的束缚的。

其次，马克思认为，人类作为行动主体只能提出自己有可能解决的任务。在《〈政治经济学批判〉序言》(1859)中，马克思这样写道："无论哪一个社会形态，在它所能容纳的生产力全部发挥出来以前，是决不会灭亡的；而新的更高的生产关系，在它的物质存在条件在旧社会的胎胞里成熟以前，是决不会出现的。所以人类始终只提出自己能够解决的任务，因为只要仔细考察就可以发现，任务本身，只有在解决它的物质条件已经存在或者至少是在生成过程中的时候，才会产生。大体看来，亚细亚的、古代的、封建的和现代资产阶级的生产方式可以看作是经济的社会形态演进的几个时代。"②无疑，这段重要的论述既是对马克思的"自然历史过程"理论的详尽阐发，也是对主体性起作用的范围的明确界定。

也就是说，在以自然方式演进的社会经济形态面前，人类发挥其主体作用的范围也是极其有限的。比如，历史发展进程中出现的某个社会经济形态，哪怕从今天的眼光来看是极其野蛮、极其落后的，但在它所能容纳的生产力全部发挥出来之前，它是不会灭亡的。即使它被推翻了，它又会以某种方式实现复辟。同样地，那些由空想社会主义者和空

---

① 《马克思恩格斯选集》第 1 卷，人民出版社 1995 年版，第 585 页。
② 《马克思恩格斯选集》第 2 卷，人民出版社 1995 年版，第 33 页。

想共产主义者设想出来的未来社会经济形态不管如何美好、如何合理，只要其物质条件还没有成熟，也是不可能出现的。因此，人类只能提出自己有可能完成的任务。这里说的"有可能完成的"，也就是已具备相应的经济条件。事实上，没有这样的经济条件做基础，"任务"就只是空想或神话的代名词。

正是在这个意义上，马克思指出："在以交换价值为基础的资产阶级社会内部，产生出一些交往关系和生产关系，它们同时又是炸毁这个社会的地雷。（有大量对立的社会统一形式，这些形式的对立性质绝不是通过平静的形态变化就能炸毁的。另一方面，如果我们在现在这样的社会中没有发现隐蔽地存在着无阶级社会所必需的物质条件和与之相适应的交往关系，那么一切炸毁的尝试都是唐·吉诃德的荒唐行为。）"①在马克思看来，在新的生产关系和交往关系在旧社会的胎胞里形成以前，以这些未来的关系为借口的种种所谓"革命"的行为都只是唐·吉诃德式的荒唐行为。比如，人们常常因为亚洲社会发生的频繁的农民起义和政局动荡而断言其社会形态在不断地变化，而马克思却对这一社会历史现象作出了完全不同的解释。他写道："亚洲各国不断瓦解、不断重建和经常改朝换代，与此截然相反，亚洲的社会却没有变化。这种社会的基本经济要素的结构，不为政治领域中的风暴所触动。"②在马克思看来，只要社会经济形态没有实质性的变化，那么改朝换代就只具有修辞学上的意义。

最后，马克思认为，作为主体的社会③是无法跳过自身发展中的历史阶段的。在《资本论》第1卷的第一版序言中，马克思指出："一个社会即使探索到了本身运动的自然规律，——本书的最终目的就是揭示现代社会的经济运动规律，——它还是既不能跳过也不能用法令取消自然

---

① 《马克思恩格斯全集》第 46 卷（上），人民出版社 1979 年版，第 106 页。
② 马克思：《资本论》第 1 卷，人民出版社 1975 年版，第 397 页。
③ 要了解马克思关于"主体，即社会"的观点，请参见《马克思恩格斯全集》第 46 卷（上），人民出版社 1979 年版，第 39 页。

的发展阶段。但是它能缩短和减轻分娩的痛苦。"①马克思的这段论述经典性地阐明了作为"自然历史过程"的社会经济运动规律与社会的主体作用之间的关系。作为主体的社会至多只能通过个体主体、集体主体，甚至类主体的努力，缩短和减轻不同历史阶段更替中的"分娩的痛苦"，但却"既不能跳过也不能用法令取消自然的发展阶段"。

或许可以说，马克思在致俄国学者查苏利奇的信中提到的"跨过卡夫丁峡谷"的比喻清楚地诠释了马克思的上述观点。1881 年 2 月 16 日，查苏利奇写信给马克思，就俄国农村公社的命运问题征求马克思的意见。马克思非常慎重地对待这封来信，在 1881 年 3 月 8 日的简短复信之前，他曾写下了三个复信草稿。

在第一个草稿中，马克思指出，俄国是在全国范围内把农村公社保存到今天的欧洲唯一的国家。一方面，农村公社实行土地公有制，并在此基础上造成了各种稳定的社会关系；另一方面，在西方资本主义的影响下，农村公社中的房屋、小块耕地和产品正在私有化，极有可能导致俄国农村公社的瓦解。当然，西方资本主义的发展也处于危机之中，于是，在马克思看来，就产生了一种可能性，即"使俄国可以不通过资本主义制度的卡夫丁峡谷，而把资本主义制度的一切肯定的成就用到公社中来"②。在第一个草稿中，下面这段被删去的话更完整地表达出马克思当时的想法："如果说土地公有制是俄国'农村公社'的集体占有制的基础，那么，它的历史环境，即资本主义生产和它的同时存在，给它提供了大规模地进行共同劳动的现成的物质条件。因此，它能够不通过资本主义制度的卡夫丁峡谷，而享用资本主义制度的一切肯定成果。"③然而，马克思同时强调，"跨过卡夫丁峡谷"的前提是必须通过俄国革命来挽救俄国的农村公社。

在第二个草稿中，马克思不再使用"跨过卡夫丁峡谷"的比喻，而是

① 马克思：《资本论》第 1 卷，人民出版社 1975 年版，第 11 页。
② 《马克思恩格斯全集》第 19 卷，人民出版社 1963 年版，第 435—436 页。
③ 同上书，第 437 页注一。

更多地表现出对俄国农村公社可能瓦解的命运的担忧："公社受国家勒索的压制、商人的劫掠、地主的剥削和高利贷者从内部的破坏，那它怎么能够抵抗得住呢！"①

在第三个草稿中，马克思在详尽地分析俄国农村公社的特殊性的基础上，又强调了他在第一个草稿中提到的想法："因此，它可以不通过资本主义制度的卡夫丁峡谷，而吸取资本主义制度所取得的一切成果。"②

有趣的是，在 1881 年 3 月 8 日致查苏利奇的正式复信中，马克思的见解却非常谨慎，他不再提"跨过卡夫丁峡谷"的口号，而这样写道："由此可见，在《资本论》中所作的分析，既不包括赞成俄国农村公社有生命力的论据，也不包括反对农村公社有生命力的论据，但是，从我根据自己找到的原始材料所进行的专门研究中，我深信，这种农村公社是俄国社会新生的支点；可是要使它能够发挥这种作用，首先必须肃清从各方面向它袭来的破坏性影响，然后保证它具备自由发展所必需的正常条件。"③马克思的这封谨慎的复信表明，尽管他并不否认社会主体、个人主体和集体主体的能动性，但他始终坚守着"自然历史过程"的理论，并从这一理论出发深刻地洞见了主体性的界限。

# 三、深刻的启示

马克思的"自然历史过程"理论及这一理论所蕴含的对主体性界限的认定，无论是对理论研究来说，还是对现实生活来说，都提供了极其深刻的启示。

一方面，它启示我们，应该重新认识历史唯物主义的核心思想。诚

---

① 《马克思恩格斯全集》第 19 卷，人民出版社 1963 年版，第 446 页。
② 同上书，第 451 页。
③ 同上书，第 269 页。

然，历史唯物主义告诉我们，生产力是最富于革命性的因素，然而，任何生产力只能借助生产关系才能现实地展示出来。马克思指出："黑人就是黑人。只有在一定的关系下，他才成为奴隶。纺纱机是纺棉花的机器。只有在一定的关系下，它才成为资本。脱离了这种关系，它也就不是资本了，就像黄金本身并不是货币，砂糖并不是砂糖的价格一样。"①也就是说，在社会历史生活中，一切存在物的规定性都是在社会生产关系的基础上显示出来的。在这个意义上可以说，历史唯物主义的本质就是社会生产关系本体论。②而正如我们在前面已经指出过的那样，社会生产关系的总和也就是社会经济形态，而社会经济形态的发展则是一个"自然历史过程"。要言之，"自然历史过程"理论就是历史唯物主义的核心思想。历史和实践一再表明，无论是在理论研究中，还是在对现实生活的指导中，只有牢牢记住这一核心思想，才能对历史唯物主义学说作出准确的说明和合理的应用。

另一方面，它启示我们，应该重新厘定主体性起作用的范围和方式。由于传统的哲学教科书把主体性问题置于认识论范围，而把认识论又置于辩证唯物主义的框架中来讨论，这样一来，主体性问题就与历史唯物主义绝缘了，而马克思的本意却在于，主体性问题只有在历史唯物主义所研究的社会历史中才能真正地加以阐明。显然，马克思从来不否认主体在历史上的作用和意义，但却严格地规定了主体在历史活动中发挥作用的范围和方式。实际上，正是历史唯物主义的核心思想——"自然历史过程"理论为我们准确地诠释主体性问题提供了一把钥匙。

首先，马克思告诉我们，主体，不管是以个人、集体，还是类的形式出现，其本质含义都是由社会生产关系来规定的。正是在这个意义上，马克思说："人的本质不是单个人所固有的抽象物，在其现实性上，它是一切社会关系的总和。"③这就启示我们，主体的全部活动都是在它

① 《马克思恩格斯选集》第 1 卷，人民出版社 1995 年版，第 344 页。
② 参见俞吾金：《马克思哲学是社会生产关系本体论》，《学术研究》2001 年第 10 期。
③ 《马克思恩格斯选集》第 1 卷，人民出版社 1995 年版，第 56 页。

置身于其中的社会生产关系中展开的。马克思甚至在谈到作为主体的个人的权利时也写道："权利决不能超出社会的经济结构以及由经济结构制约的社会的文化发展。"①以往探讨马克思主体理论的论著几乎都是撇开社会生产关系来谈论主体的能动性的，自然不可能对主体起作用的范围和方式作出合理的叙述。

其次，主体必须在遵循社会经济运动规律的前提下发挥自己的作用。正如我们在前面已经指出过的那样，长期以来理论界流行的唯意志论就是以漠视经济运动规律为前提的。

最后，主体即使是诉诸社会革命的方式来解决自己所面临的社会冲突，主体发挥其作用的范围和方式也是有限的，即它既不能跳过也不能用法令取消社会历史阶段，而只能缩短和减轻社会转型过程中分娩的痛苦。在这方面，国际共产主义运动史为我们提供了极其惨痛的历史教训。早在 20 世纪 30 年代，斯大林就一厢情愿地宣布苏联进入了共产主义社会，后来，勃列日涅夫在确定苏联社会的性质时，又退到"发达社会主义国家"，而今天，苏联已经解体，俄罗斯已经退回到资本主义社会。所有这一切都表明，不以马克思的"自然历史过程"为前提的主体性只能是一种无根据的任意性。

---

① 《马克思恩格斯选集》第 3 卷，人民出版社 1995 年版，第 305 页。

# 马克思主义基础理论研究的两个维度[①]

最近在北京师范大学出版社出版的拙著《重新理解马克思——对马克思哲学的基础理论和当代意义的反思》由 38 篇论文构成，记录了我在十余年时间里探索马克思哲学基础理论的思路历程。回顾这段历程，我发现自己的研究工作实际上是沿着两个不同的维度展开的。一个维度我称之为"做加法"。也就是说，通过对马克思文本的深入研究，把前人和同时代人未发现的某些重要的见解阐发出来。比如，从传统的马克思主义哲学教科书中，我们获得了这样一种定见，即马克思主义有三个来源和三个组成部分。这三个来源是指英国古典经济学、德国古典哲学和法国空想社会主义。其实，这个观点是列宁于 1913 年在《启蒙》杂志上率先提出来的。由于列宁在逝世以前没有读过马克思的人类学笔记，所以他的观点有偏颇之处。众所周知，晚年马克思一度放下《资本论》的写作，阅读并写下了大量人类学笔记。如果说，英国古典经济学、德国古典哲学和法国空想社会主义的研究对象主要是欧洲社会，那么，马克思所阅读的那些人类学著作的考察对

①　原载《文汇读书周报》2005 年 9 月 23 日；《历史教学》2005 年第 11 期，第 70 页。收录于俞吾金：《哲学随想录》，北京师范大学出版社 2016 年版，第 149—150 页。

象主要是非欧社会，如俄国的农村公社、斯拉夫公社、印度的农村公社、中国式的亚细亚生产方式、美洲印第安人的生活方式等。正是基于这样的考虑，我提出了把人类学思想理解为马克思主义的"第四个来源和第四个组成部分"的新观点，肯定了以非欧社会作为研究对象的人类学思想在马克思主义基础理论中的不可或缺性。事实上，也只有充分肯定这"第四个来源和第四个组成部分"，才能表明马克思不是一个欧洲中心主义者，而是一个世界主义者，马克思的思想不光对欧洲社会有指导意义，而且对非欧社会，尤其是东方社会具有重要的指导意义。

　　另一个维度我称之为"做减法"。也就是说，通过自己的研究，去掉那些人们任意地附加在马克思思想上的错误成分。假如我们借用历史上的典故来说明这个维度，那就是用"奥卡姆剃刀"剃掉那些附加在哲学基本理论上的不必要的、虚妄的成分。比如，传统的马克思主义哲学教科书主张，马克思主义哲学就是"辩证唯物主义"。按照这样的理解方式，"历史唯物主义"只是把"辩证唯物主义"应用到历史领域的结果。这样一来，"历史唯物主义"就成了某种类似于实证科学的东西，而马克思划时代的哲学创造的伟大成果也就被大大地缩小了。其实，马克思本人从来没有使用过"辩证唯物主义"的概念，他只用过"实践唯物主义者"这样的概念。因此，把他的学说称为"实践唯物主义"才是有根据的，而实践唯物主义的实质也就是恩格斯视之为马克思的"两大发现"之一的"历史唯物主义"。在个意义上可以说，成熟时期的马克思哲学就是历史唯物主义，这个时期的马克思没有提出过历史唯物主义之外的任何其他的哲学学说。通过上述两个维度的研究，我对马克思哲学的实质和基础理论的理解进一步深化了，而《重新理解马克思》正是我在这一研究方式中留下的足迹。

# 马克思的社会主体论探要①

关于主体概念，马克思在他的论著和手稿中留下了大量的论述。长期以来，人们从"个体主体""集体主体""类主体"等角度出发，对马克思的主体概念进行了探讨。然而，遗憾的是，人们却忽略了马克思关于"主体，即社会"的这一重要理论，亦即忽略了马克思的社会主体论。由于这方面的忽略，不但马克思主体理论的本质含义无法彰显出来，而且这一理论的当代意义也显得晦暗不明了。本文试图通过对这个问题的阐述，进一步推进对马克思主体理论的研究。

## 一、马克思社会主体论的内容和实质

马克思是在《1857—1858 年经济学哲学手稿》中批判黑格尔把实在理解为自我综合、自我深化和自我运动的思维的结果时，提出自己的社会主体理论的。

---

① 原载《复旦学报（社会科学版）》2005 年第 5 期，第 2—6 页；《中国社会科学文摘》2006 年第 1 期转载。收录于俞吾金：《传统重估与思想移位》，黑龙江大学出版社 2007 年版，第 397—405 页；《被遮蔽的马克思》，人民出版社 2012 年版，第 315—324 页。

首先，马克思主张，真正实在的主体不是思维臆想出来的东西，而是社会。他指出："整体，当它在头脑中作为思想整体而出现时，是思维着的头脑的产物，这个头脑用它所专有的方式掌握世界，而这种方式是不同于对世界的艺术的、宗教的、实践精神的掌握的。实在主体仍然是在头脑之外保持着它的独立性；只要这个头脑还仅仅是思辨地、理论地活动着。因此，就是在理论方法上，主体，即社会(das Subjekt, die Gesellschaft)，也必须始终作为前提浮现在表象面前。"①正是在这段重要的论述中，马克思提出了"主体，即社会"的著名论断。在他看来，不应该像黑格尔那样，把头脑中思维活动的结果理解为主体，而应该把头脑之外的实在，即社会理解为主体。

　　其次，马克思主张，作为主体的社会乃是一个整体，不应该对它做片面的理解。马克思反对黑格尔主义者从生产或消费的片面的角度出发，"把社会当作一个单方面的主体(Die Gesellschaft als Ein einziges Subjekt betrachten)来考察，是对它作了不正确的考察，思辨式的考察。就一个主体来说，生产和消费表现为一个行为的两个要素"②。也就是说，应该从总体或整体的意义上去理解社会主体。有鉴于此，马克思在谈到再生产的过程时写道："社会既是这一巨大的总过程的主体，也是这一总过程的结果。"③总之，马克思的社会主体论同时也是社会整体论。

　　最后，马克思主张，社会在其历史的发展过程中可以划分为不同的形态，如亚细亚的、古代的、封建的和现代资产阶级社会，而他特别重视的是对现代资产阶级社会的研究。在他看来，与其他社会形态比较，

---

① 《马克思恩格斯全集》第 46 卷(上册)，人民出版社 1979 年版，第 39 页。Karl Marx, *Grundresse*, Berlin: Dietz Verlag, 1974, S. 22.

② 《马克思恩格斯全集》第 46 卷(上册)，人民出版社 1979 年版，第 31 页。原来的译本把句中的 Ein einziges Subjekt 译为"一个单独的主体"显然是不合适的，因为马克思既然肯定社会是独立的主体，当然它就是一个单独的主体。从上下文看，此处应把 Ein einziges Subjekt 译为"一个单方面的主体"，才符合马克思的本意。

③ 《马克思恩格斯全集》第 46 卷(下册)，人民出版社 1979 年版，第 230—231 页。

现代资产阶级社会更应该被理解为一个发展着的主体。他写道："在研究经济范畴的发展时，正如在研究任何历史科学、社会科学时一样，应当时刻把握住：无论在现实中或在头脑中，主体——这里是现代资产阶级社会（das Subjekt, hier die moderne buergerliche Gesellschaft）——都是既定的；因而范畴表现这个一定社会即这个主体的存在形式、存在规定，常常只是个别的侧面。"①按照马克思的观点，在我们的研究工作中，不仅应该把现代资产阶级社会理解为主体，而且应该进一步把它理解为"既定的"主体，即不是按照我们的思维想象出来的主体，而我们运用的范畴则只是对这一主体的某个侧面的规定。

在了解马克思上述论断的基础上，我们还要询问的是，在马克思的理论语境中，被视为"主体"的"社会"究竟是什么意思呢？在批判蒲鲁东的经济思想时，马克思这样写道："社会不是由个人构成，而是表示这些个人彼此发生那些联系和关系的总和。[蒲鲁东的说法]就像下面这样的说法一样：从社会的角度看，并不存在奴隶和公民；两者都是人。其实正相反，在社会之外他们才是人。成为奴隶或成为公民，这是社会的规定，是人和人或 A 和 B 的关系。A 作为人并不是奴隶。他在社会里并通过社会才成为奴隶。"②这就启示我们，在马克思那里，社会并不是个人的机械的集合体，而是个人之间的联系和关系的总和，是一个有机的整体。正是在这个整体中，个人的社会规定性才会显示出来。就其实质而言，所谓"社会"，也就是一切社会联系和关系的总和。要言之，社会实质上就是社会关系。

于是，我们又得进一步追问，社会关系的实质又是什么呢？马克思在《雇佣劳动与资本》中的一段话解开了这个谜语："各个人借以进行生产的社会关系，即社会生产关系，是随着物质生产资料、生产力的变化和发展而变化和改变的。生产关系总和起来就构成所谓社会关系，构成

---

① 《马克思恩格斯全集》第 46 卷（上册），人民出版社 1979 年版，第 44 页。
② 同上书，第 220 页。

所谓社会，并且是构成一个处于一定历史发展阶段上的社会，具有独特的特征的社会。"①这就启示我们，在分析现代资产阶级社会时，不仅要把它理解为既定的主体，而且要进一步把理解的触角延伸到作为社会关系基础部分的社会生产关系上。

那么，作为主体的现代资产阶级社会或这一社会的生产关系又是以何种方式进行活动的呢？马克思告诉我们："资本也是一种社会生产关系。就是资产阶级的生产关系，是资产阶级社会的生产关系。"②这就启示我们：如果马克思的社会主体论只是一般地肯定人类社会是一个自己运动、自己认识自己的独立的主体的话，那么，其现代资产阶级社会主体论则进一步表明，现代社会真正的、隐蔽着的主体乃是资本。所以，我们不妨把马克思的现代资产阶级社会主体论解读为资本主体论。事实上，马克思自己也告诉我们："资本作为主体，作为凌驾于这一运动各个阶段之上的、在运动中自行保存和自动增殖的那种价值，作为在循环中（在螺旋形式中不断扩大的圆圈中）发生的这些转化的主体，它是流动资本。所以流动资本最初并不是一种特殊的资本形式，相反，它就是处在它的一个进一步发展了的规定中的、作为上述运动的主体的资本本身，而上述运动就是资本本身表现为它自己的价值增殖过程。所以，从这方面来看，每个资本也是流动资本。"③众所周知，在其政治经济学研究的著作中，马克思曾经区分出"流动资本"和"不变资本"，但在这里，在阐述资本的主体作用时，马克思却淡化了这种区分。在他看来，不管资本表现为何种形式，它都是以主体的方式出现的。马克思甚至把资本家理解为"人格化的资本"，而追求自己的不断增值，正是资本的永恒不息的内驱力。

总之，马克思并不是泛泛地提出他的社会主体论，而是自始至终地把这一理论作为解读现代资产阶级社会的一把钥匙，而现代资产阶级社

---

① 《马克思恩格斯选集》第 1 卷，人民出版社 1995 年版，第 345 页。
② 同上书，第 345 页。
③ 《马克思恩格斯全集》第 46 卷（下册），人民出版社 1980 年版，第 123 页。

会主体论的实质就是资本主体论，而资本的实质则是一种特定的社会生产关系。

## 二、马克思社会主体论的形成过程和核心作用

从历史上看，马克思提出社会主体论是有一个过程的。实际上，这一理论是在批判黑格尔的绝对精神主体论或绝对理念主体论的过程中形成并发展起来的。

早在《黑格尔法哲学批判》（1843）中，马克思已经对黑格尔的主体论作出了如下的批判："理念变成了独立的主体，而家庭和市民社会对国家的现实关系变成了理念所具有的想像的内部活动。实际上，家庭和市民社会是国家的前提，它们才是真正的活动者；而思辨的思维却把这一切头足倒置。如果理念变为独立的主体，那末现实的主体（市民社会、家庭、'情势、任性等等'）在这里就会变成和它们自身不同的、非现实的、理念的客观要素。"①这段话表明，当时的马克思已经试图以颠倒的方式来解读黑格尔的理念主体论，即把黑格尔视为主体的理念解读为宾词，而把他视为宾词的家庭和市民社会解读为"现实的主体"（wirklichen Subjekt）。

在《1844年经济学哲学手稿》中，马克思深入地批判了黑格尔的绝对精神主体论："这个过程必须有一个承担者、主体；但主体首先必须是一个结果；因此，这个结果，即知道自己是绝对自我意识的主体，就是神，绝对精神，就是知道自己并且实现自己的观念。现实的人和现实的自然界不过成为这个隐蔽的、非现实的人和这个非现实的自然界的宾词、象征。因此，主词和宾词之间的关系被绝对地相互颠倒了：这就是

---

① 《马克思恩格斯全集》第1卷，人民出版社1956年版，第250—251页。K. Marx, F. Engels, *Werke*, *Band* 1, Berlin: Dietz Verlag, 1970, S. 206.

神秘的主体—客体，或笼罩在客体上的主体性，作为过程的绝对主体，作为使自己外化并且从这种外化返回到自身的、但同时又使外化回到自身的主体，以及作为这一过程的主体；这就是在自身内部的纯粹的、不停息的旋转。"①马克思坚决反对黑格尔把绝对精神理解为现实的主体，而把现实的人和现实的自然界作为宾词置于绝对精神内部的不停息的旋转中，而主张从历史唯物主义的立场出发，把作为现实的人和现实的自然界的统一体的现实的社会理解为真正的、实在的主体和全部思维活动的前提。

以后，在《神圣家族》(1844)中，马克思继续揭露黑格尔主体理论的神秘主义倾向，但在当时的情况下，为了与黑格尔主义者的思辨唯心主义立场划清界限，马克思对主体概念与社会概念关系的思考还是十分谨慎的。在《德意志意识形态》(1845—1846)中，马克思甚至指出，在对个人历史发展状况的解释中，一直存在着以施蒂纳为代表的错误观点："这种观点仍然可以被思辨地、唯心地、即幻想地解释为'类的自我产生'('作为主体的社会'die Gesellschaft als Subjekt)，把所有前后相继、彼此相联的个人设想为从事自我产生这种神秘活动的唯一的个人。"②从这段引文可以看出，当时的马克思还把"作为主体的社会"这样的提法理解为思辨哲学的提法而予以批判。乍看起来，马克思这里的提法似乎与他在《黑格尔法哲学批判》和《1844年经济学哲学手稿》中的提法存在着矛盾，但实际上这种矛盾是不存在的，因为在比较严格的用语中，马克思总是把社会称为"现实的主体"，而泛泛地使用"主体"概念很容易落入思辨哲学的窠臼之中。

直到马克思彻底地清算了黑格尔的思辨唯心主义观点，确立了自己的历史唯物主义的立场，才在《1857—1858年经济学手稿》中以完全确定的方式提出了自己的社会主体论。

---

① 《马克思恩格斯全集》第42卷，人民出版社1979年版，第176页。
② 《马克思恩格斯全集》第3卷，人民出版社1960年版，第42页。

现在我们再来考察一下马克思的社会主体论在其整个主体理论中的地位和作用。正如我们在前面已经提到过的那样，在马克思那里，主体概念主要有以下四种不同的含义：一是作为个体的主体，二是作为集体的主体，三是作为类的主体，四是作为社会的主体。在这四种不同类型的主体中，社会主体究竟起着什么样的作用呢？马克思认为，它起着基础和核心的作用。

先看社会主体与个体主体的关系。早在《1844 年经济学哲学手稿》中，马克思已经指出："个人是社会存在物。"①在《黑格尔法哲学批判导言》(1844)中，马克思又说："人就是人的世界，就是国家，社会。"②在《关于费尔巴哈的提纲》(1845)中，马克思说得更明确了："人的本质不是单个人所固有的抽象物，在其现实性上，它是一切社会关系的总和。"③所有这些论述都表明，离开了社会主体或社会生产关系，人们根本不可能对个体主体(包括其异化的过程和结果)及其本质获得真理性的认识。尤其是在现代资产阶级社会中，马克思告诉我们："个人只有作为交换价值的生产者才能存在，而这种情况已经包含着对个人的自然存在的完全否定，因而个人完全是由社会决定的。"④由此可见，在马克思的历史唯物主义学说中，社会主体始终是个体主体的基础。也就是说，撇开社会主体或社会生产关系，根本不可能对个人的现状、本质和特征作出合理的说明。

再看社会主体与类主体的关系。在一些早期著作中，马克思也把人称为"类存在物"。尽管他没有直接使用"类主体"的概念，但实际上蕴含着这样的意思。在他看来，人与动物不同，人是有意识的类存在物，而"人的类特性恰恰就是自由的自觉的活动"⑤。然而，在现代资产阶级社

---

① 《马克思恩格斯全集》第 42 卷，人民出版社 1979 年版，第 122 页。
② 《马克思恩格斯全集》第 1 卷，人民出版社 1956 年版，第 452 页。
③ 《马克思恩格斯选集》第 1 卷，人民出版社 1995 年版，第 56 页。
④ 《马克思恩格斯全集》第 46 卷(上册)，人民出版社 1979 年版，第 200 页。
⑤ 《马克思恩格斯全集》第 42 卷，人民出版社 1979 年版，第 96 页。

会中，异化劳动却使类同人相异化，使人的类生活蜕变为维持个人生活的手段。这种类本质的异化究竟意味着什么呢？马克思写道："总之，人同他的类本质相异化这一命题，说的是一个人同他人相异化，以及他们中的每个人都同人的本质相异化。"①而类本质异化的所有这些结果都是在社会发展的特定历史阶段中产生的，它们体现的都是社会的规定性。因此，唯有解开社会主体之谜，才能对类主体获得充分的理解。要言之，理解社会主体乃是理解类主体的前提。顺便提起，尽管在经济全球化时期类主体的概念又获得了新的含义，但无论如何，类主体的内涵是奠基于社会主体之上的。

最后看社会主体与集体主体的关系。就集体主体而言，有各种表现形式，如古代的氏族、部落、宗教团体，现代的阶级、党派、工会、文化学术组织等。所有这些，甚至包括阶级在内，都是社会，尤其是社会生产关系在一定历史阶段上发展的产物。正是在这个意义上，马克思说过："在一切社会形式中都有一种一定的生产决定其他一切生产的地位和影响，因而它的关系也决定其他一切关系的地位和影响。这是一种普照的光，它掩盖了一切其他的色彩，改变着它们的特点。这是一种特殊的以太，它决定着里面显露出来的一切存在的比重。"②如前所述，在马克思看来，社会本质上也就是社会生产关系，正是这种关系决定着不同历史时期一切可能的集体主体的表现形式、内在本质和实际作用。由此可见，在马克思的主体理论中，社会主体起着基础性的、核心的作用。只有借助于社会主体，主体的其他形式才可能产生并发挥其作用。

# 三、马克思社会主体论的当代意义

重新发现并探讨马克思的社会主体理论具有重要的当代意义。

---

① 《马克思恩格斯全集》第 42 卷，人民出版社 1979 年版，第 98 页。
② 《马克思恩格斯全集》第 46 卷(上册)，人民出版社 1979 年版，第 44 页。

其一，这一理论加深了我们对主体性问题的认识。马克思通过自己的研究告诉我们，社会并不是一个消极的背景或被动的语境，而是一个自发地运动着的主体，它以其社会生产关系，规定、推动、改变并创造着社会领域中的一切存在者。事实上，马克思暗示我们，撇开社会主体，人们就不可能对主体的任何其他的表现形式获得真理性的认识。换言之，社会主体理论乃是一切主体理论的基础。长期以来，我们的哲学教科书把探讨主体理论的认识论放在与社会历史无关的"辩证唯物主义"部分加以叙述，也就永远与马克思的社会主体论失之交臂了。这就启示我们，要把主体理论的研究推向深入，就必须重视并深入研究马克思社会主体论。

其二，这一理论加深了我们对现代资产阶级社会的认识。在马克思看来，现代资产阶级社会的本质就是这一社会形式所特有的生产关系，而这一生产关系的代表就是资本，"资本是资产阶级社会的支配一切的经济权力"①。资本的自然倾向就是不断地吸附活劳动而使自己增殖，而这种自然倾向又奠基于拥有资本的人的自然倾向，即获得更多的钱和财富，而钱和财富当然是一切感性享受的基础。实际上，马克思的现代资产阶级社会主体论，就其实质而言，也就是资本主体论。简言之，资本是创造现代社会生活的主动轮。当代法国社会学家布尔迪厄进一步把资本区分为以下三种形式——经济资本、社会资本和文化资本，从而丰富了马克思的资本理论。不用说，马克思的现代资产阶级社会主体论和资本主体论为研究当今时代的社会现象提供了极为重要的思想资源。

其三，这一理论加深了我们对马克思哲学的本质的认识。如前所述，按照马克思的看法，黑格尔的思辨唯心主义方法实际上也就是一种绝对理念主体论或绝对精神主体论："这种办法，用思辨的话来说，就是把实体了解为主体，了解为内部的过程，了解为绝对的人格。这种了解方式就是黑格尔方法的基本特征。"②问题是，把这种黑格尔式的绝对

---

① 《马克思恩格斯全集》第 46 卷(上册)，人民出版社 1979 年版，第 45 页。
② 《马克思恩格斯全集》第 2 卷，人民出版社 1957 年版，第 75 页。

理念主体论或绝对精神主体论颠倒过来究竟是什么？长期以来，我们的哲学教科书都误认为，颠倒过来的乃是自然主体或物质主体。虽然人们没有直接使用过"自然主体"或"物质主体"这样的术语，但他们强调的是自然或物质在其内在矛盾推动下的自身运动。在这样的理解方式中现身的正是这种"自然主体论"或"物质主体论"。在这个意义上可以说，"辩证唯物主义"实际上就是一种"自然主体论"或"物质主体论"。然而，与这种流行的、被普列汉诺夫和苏联的哲学教科书强化起来的误解方式不同，马克思的社会主体论显示出完全不同的思考路向。

在马克思看来，把黑格尔的绝对理念主体论或绝对精神主体论颠倒过来，不是什么自然主体论或物质主体论，而是社会主体论。马克思启示我们："在过去一切历史阶段上受生产力所制约、同时也制约生产力的交往形式，就是市民社会。……这个市民社会是全部历史的真正的发源地和舞台。"①事实上，马克思的社会主体论正是在他充分肯定市民社会作用的基础上提出来的。马克思也阐明了自己这种颠倒方式的理由："在土地所有制处于支配地位的一切社会形式中，自然联系还占优势。在资本处于支配地位的社会形式中，社会、历史所创造的因素占优势。"②也就是说，马克思颠倒黑格尔思想的结果是社会主体论，而不是自然主体论或物质主体论，是以社会为研究对象的历史唯物主义，而不是以自然或物质为研究对象的辩证唯物主义。社会主体论更使我们坚信这一点，即马克思哲学的本质是历史唯物主义，而不是辩证唯物主义。换言之，成熟时期的马克思的哲学就是历史唯物主义，这个时期的马克思没有提出过历史唯物主义以外的任何其他哲学学说。

综上所述，马克思的社会主体论为我们的理论研究提供了一个新的契机，这一理论的当代意义还有待于我们在今后的研究中继续加以揭示和提升。

---

① 《马克思恩格斯全集》第 3 卷，人民出版社 1960 年版，第 40—41 页。
② 《马克思恩格斯全集》第 46 卷(上册)，人民出版社 1979 年版，第 45 页。

# 货币哲学研究何以可能[①]

　　今天我主要谈两点：第一点是货币哲学这个概念是否具有合法性，第二点是我想讨论一下如何从哲学上来看待货币这种社会现象。

　　先讲货币哲学这个概念的合法性问题。我们今天开会讨论货币哲学实际上已经预设这个概念是合法的。然而我觉得有必要先对它的合法性问题进行反思，以使我们搞清楚能否在这个标题下深入地开展讨论。随便举个例子，文学界有一个概念叫"报告文学"，我觉得这个概念是不能成立的：因为报告是真实的，文学是虚构的。"报告文学"告诉我们是真实还是虚构的？同样，像"纪实文学"这样的概念我觉得也是不合法的。因为是"纪实的"在某种意义上来说就不是"文学的"，反过来说，"文学的"可能是纪实的，可能不仅仅是纪实的，至少它包含虚构的成分。所以我觉得有一个概念的合法性的问题。康德询问"先天综合判断何以可能"？其预设就是牛顿定律都是能够存在的，只是询问它何以可能。现在连货币哲学这个概念是否能够存在，我觉得仍然需要询问。

---

　　① 载张雄等主编：《中国经济哲学评论》，社会科学文献出版社 2005 年版，第 95—98 页。——编者注

对于"货币哲学",是不是因为西美尔写过一本著作《货币哲学》我们就认为它是一个合法概念呢？我觉得它不能提供这种保证。这有几个理由。理由之一是：他的著作既没有对哲学做一个严格的理解，也没有对货币做一个系统的表述，而是大量的随感而发的随笔性议论，在某种意义上像意识流一样，如同两个老朋友碰到一起就开始谈话，但这个composition是没有主题的。比如说，讲到房子、讲到市场经济、讲到男女朋友、讲到哪个人家庭变化诸如此类。它是一种意识的流动。我看不出在他的著作里包含一种严肃的哲学思考。甚至对什么是哲学这个理念都没有一个最基本的交代。名词一般有两种含义：一个基本含义，一个引申含义。比如说狐狸(fox)这个概念，它有两种含义：一个是指森林中的一种动物，另一个指狡猾的人。西美尔的"货币哲学"，究竟在哪个意义上使用"哲学"概念的？我认为他不是在第一个含义上，而是在第二个意义，即隐喻意义上，指的是漫谈式哲理，这绝对不是严格的哲学表述。另外他用了"货币哲学"这么大的字眼，在逻辑上如何安顿？我们前面已有"经济哲学"这个概念，当然"经济哲学"可以和"政治哲学""文化哲学"相并列，而和"文化哲学"并列在逻辑上已经放不平了。因为文化这个概念如何来解释是个困难问题。毛泽东在《新民主主义论》中区分政治、经济、文化这样的概念。但文化也存在广义和狭义之分，广义的文化可能涵盖自然之外的一切，狭义的文化可能指观念文化。所以这些概念我觉得都不清楚。至于"货币"，我们知道它是经济中的一个概念，那么，我们能不能随意在任何一名词后面放上哲学这个概念？那么这样在经济学范围内就有无数种不同的哲学。比如说，研究分配问题就说"分配哲学"，研究流通问题就说"流通哲学"，研究生产问题就说"生产哲学"。当然都可以使用，但这种使用都不是在严格哲学意义上的，仅仅是一种隐喻，或者把它理解为一种哲理，一种宽泛的不是严格意义的理论表述。因为把货币和哲学这么大的字眼联系起来，我觉得是不合法的。它在语言学上的一个不足就是"能指大于所指"。现在有很多"能指大于所指"的现象。我想我要精确地表述我们"能指"和"所指"所达到的词意。但是我们用的概念一般都太大。现在哲学界正在谈论哲学的终结，好多人写了无数的文章，我觉得这个说法就是虚假的。因为能够终结的是某一个哲学家的学说、某一种哲学理论、某一种哲学观念，哲学本身是不会终结的。不久前我看到一个博士生读海德格尔就相信海德格尔，读尼采就相信尼采，只看见他走进去，却走不出来。我的意思就是说，"能指"和"所指"二者应该完全配合起来。

第二个问题是从哲学上对货币这个现象进行分析。张雄讲货币既是天使又是魔鬼，我觉得有点冤屈货币。实际上德国哲学家费尔巴哈曾经说过：人半是天使半是野兽。我们说货币是万恶之源也好，说它有很多好处也好，实际上都是和它的创造者——人——联系在一起的，所以实际上是人半是天使半是野兽。因为实际上不管我们如何给人下定义：符号动物、意识形态动物、政治动物、社会动物……人总是动物。人就有野兽的一方面。人的真实形象，不是穿着名牌衣服的现代人的形象，而是一个斯芬克斯，是传说中的鱼美人，因为他们半是动物半是人，这可能才是人最为真实的形象。我们只是在碰到极端的现象，如灭绝人性的希特勒，才把他们从"人"中间赶到动物中去。实际上，动物性是人性中的普遍的东西。弗洛伊德通过"本我"概念已经做了很好的论述，我不说开去。对货币的分析，我们是怀着一种非常矛盾的心态：一方面批评拜金主义，特别反对崇拜黄金，另一方面赞扬一个人的时候，最高的赞扬是说他有着一颗金子般的心。这是在崇拜黄金还是在批评黄金？而且我们常常谈论的就是含金量，"这个地段的含金量最高"，"电视这个时段的含金量最高"，实际上在潜意识中，我们无限崇拜作为货币的代表和象征的金子。在意识层面上，我们好像在努力批评拜金主义，但是我觉得非常勉强。这就是一种人格上的分离。究竟我们恨什么、要什么不明晰。所以我们对金钱实际上怀着一种非常矛盾的态度。从否定的角度来说，莎士比亚在《雅典的泰门》里对金子有过深刻的论述，马克思在巴黎手稿里加以引用。意大利学者康柏内拉在《太阳城》中提出了一个匪夷所思的方案：既然人们那么喜欢黄金，在太阳城中就给罪犯戴上金戒指，他的手铐脚镣都是金子做成的。列宁也有这样的名言：在共产主义社会用金子造厕所。

如何全面地从哲学角度论述货币，我觉得有四个方面。

第一，货币造成了一种便利，使交易成本大幅度下降。当然货币本身直接导致生产与流通之间的分离，导致马克思所说的危机。而在思想文化上，随着货币本身的流行，会形成一种非常强的计算理性，因为市场经济把金钱的计算作为一种最高的计算。

第二，货币是第一个平等主义者，用货币取代了旧的特权。但从另外一个角度来说呢，货币又产生了新的特权，产生了有钱阶级和无钱阶级的分离，引起社会振荡。虽然对于以前的不平等来说，这种新的不平等可能是一个进步。

第三，货币一方面带来了世界性的交往，而货币的威力实际上体现了两个国家的实力的比较。美国驻莫斯科大使的房租，是用美元来结算的。在卢布贬值最厉害的时候，一美元相当于一万多卢布，所以美国人只要上交一美元就可以作为他的房租。当时据说苏联人提出抗议，美国人说我们的合同还没有过期。在这里，货币的威力反映了不同国家和民族的综合国力。货币一方面促成了世界性交往，另一方面也如马克思在《共产党宣言》里所说，这种交往蕴含着对金钱的崇拜，把一切温情脉脉的面纱都撕去了，把一切关系都淹没在利己主义的冰水之中。因此，从一方面来说货币助长了人与人之间的交往，从另外一个角度来说，货币助长了人与人之间的疏远。

第四，货币唤醒了人们的内在愿望——积累财富的愿望。当代人的欲望被金钱进一步唤醒，至于如何在合法性范围之内来实现我们的愿望，还有待于探讨。

# 历史唯物主义的命运①

马克思的划时代的哲学革命——历史唯物主义是在 19 世纪 40 年代中期形成并发展起来的。将近一个半世纪以来，这一崭新的哲学观在世界范围内产生了无与伦比的重大影响，但它的发展决不是一帆风顺的，而是充满了坎坷和曲折。对唯物史观的真精神以及它在马克思的整个哲学体系中的地位和作用的认识迄今为止仍然存在着种种错误的见解。

今天，社会主义事业在一些国家遭受了巨大的挫折。应该如何看待近几年来发生的一系列重大的历史事件？应该如何总结社会主义事业遭受挫折的经验教训？我们的回答是：必须回到马克思的历史唯物主义的真精神上去。也就是说，只有澄明历史唯物主义的基本立场，排除机械决定论，特别是历史唯心论的种种谬见的影响，才能促使社会主义事业沿着健康的轨道向前发展。所以，重温马克思的历史唯物主义的基本理论和历史命运，深刻认识我们面临着的紧迫的历史使命，具有特别重要的理论意义和现实意义。

---

① 载俞吾金：《重新理解马克思：对马克思哲学的基础理论和当代意义的反思》，北京师范大学出版社 2005 年版，第 147—159 页。——编者注

# 一、"总体决定""阶段决定"和"经济关系决定"

在《德意志意识形态》中，马克思对历史唯物主义的基本原理作了初步的表述，尽管马克思采用了"物质生产""交往关系"等新术语，但这些术语的内涵及其与旧术语之间的关系还不是十分清晰。在《政治经济学批判》序言中，马克思则完全运用自己的范畴体系对历史唯物主义作了经典性的论述。马克思说：

> 物质生活的生产方式制约着整个社会生活、政治生活和精神生活的过程。不是人们的意识决定人们的存在，相反，是人们的社会存在决定人们的意识。①

马克思的上述论断是历史唯物主义的核心思想，但正如恩格斯在1893年致弗·梅林的信中所说的那样，由于当时探讨的重点是从作为基础的经济事实中引申出政治观念、法权观念和其他意识形式，在一定程度上忽视了对观念之间的相互联系及观念对现实的反作用问题的论述，以致马克思学说的某些追随者把历史唯物主义理解为"经济唯物主义"或"经济决定论"。

比如，拉法格在《卡尔·马克思的经济唯物主义》(1883)一文中认为："人类社会的民事的和政治的制度、宗教、哲学体系和文学都是植根于经济环境里。它们在经济的土壤里获得自己盛衰的因素。历史哲学家应当在经济的环境里——也只有在这中间——找出社会进化和革命的基本原因。"②这里明显地具有把历史唯物主义简单化、机械化的倾向。

---

① 《马克思恩格斯选集》第2卷，人民出版社1995年版，第32页。
② ［法］拉法格：《唯心史观和唯物史观》，王子野译，生活·读书·新知三联书店1965年版，第39页。

正是针对这种不断增长着的错误倾向，恩格斯在 1890 年致约·布洛赫的信中对历史唯物主义的基本理论作出了新的表述。他这样写道："……根据唯物史观，历史过程中的决定性因素归根到底是现实生活的生产和再生产。无论马克思或我都从来没有肯定过比这更多的东西。如果有人在这里加以歪曲，说经济因素是唯一决定性的因素，那么他就是把这个命题变成毫无内容的、抽象的、荒诞无稽的空话。经济状况是基础，但是对历史斗争的进程发生影响并且在许多情况下主要是决定着这一斗争的形式的，还有上层建筑的各种因素。"①恩格斯还认为，历史是许多单个意志相互冲突的产物，"每个意志都对合力有所贡献，因而是包括在这个合力里面的"②。

恩格斯的上述论断表明，只有用辩证的眼光看待整个历史过程，才可把握马克思的唯物史观的基本精神。问题的关键在于，第二国际、第三国际，甚至迄今为止的许多理论家都认为恩格斯的上述论断就是对历史唯物主义理论的完整表述，这就使辨明这个问题成为正确理解历史唯物主义的关键。

我们认为，恩格斯的上述论断主要是针对那种把历史唯物主义变形为机械决定论的错误倾向而发的，而并不是对历史唯物主义的完整表述。应该说，恩格斯在这里论述的还只是观察、分析一般历史进程的两个层面：第一个层面是"总体决定"的层面，即所有相互作用、相互冲突着的因素共同决定历史事变和进程；第二个层面是"经济关系决定"的层面，即不管历史现象如何错综复杂，经济关系总是在归根到底的层面上发生作用。在这里，恩格斯并未涉及他和马克思对具体的历史事变的分析。

马克思分析具体历史事变的最经典的著作是《路易·波拿巴的雾月十八日》。恩格斯在 1885 年为马克思这部著作的第三版所写的序言中指

① 《马克思恩格斯选集》第 4 卷，人民出版社 1995 年版，第 695—696 页。
② 同上书，第 697 页。

出，马克思"他对活生生的时事有这种卓越的理解，他在事变刚刚发生时就对事变有这种透彻的洞察，的确是无与伦比"①。具体的历史事变总是瞬息万变的，在历史事变的不同发展阶段上，来自历史总体的不同要素会相继跃居主导地位，所以，光凭上面提到的、分析一般历史过程的两个层面，碰到活的具体的历史事件时，我们仍然会茫然失措，"否则把理论应用于任何历史时期，就会比解一个最简单的一次方程式更容易了"②。在对具体的历史事变的分析中，每一发展阶段的决定性因素的发现和把握，构成历史唯物主义的基本环节之一，也构成历史辩证法的活的灵魂。所以列宁说："辩证法要求从相互关系的具体的发展中来全面地估计这种关系，而不是东抽一点，西抽一点。"③毛泽东在《矛盾论》中关于主要矛盾和矛盾的主要方面的论述，乃是对历史唯物主义的这一基本环节的卓越论述和创造性的发展。由此看来，被完整地、正确地理解的马克思的历史唯物主义应是由以下三个层面组成的综合性理论。

第一个层面是"总体决定"。这一层面要求人们看到各种因素在历史事变和进程中的交互作用，从而具有一种高于局部和各个因素的总体性的、全局性的眼光；但是如果停留在这个层面上，说所有的因素都在历史事变和进程中发生作用，就等于什么也没有说，因为那些在历史事变和进程中起主导作用的因素尚未被抽绎出来。

第二个层面是"阶段决定"。也就是说，要从历史事变和进程的各个发展阶段中找出决定不同阶段的基本发展方向的主导性因素，即通过对历史事变和进程的具体分析，比较深入地把握各发展阶段的主要矛盾和主要问题。但光停留在这个层面上又容易被错综复杂的偶然性所迷惑，从而失去对历史事变和进程的最深刻的基础的领悟。

第三个层面是"经济关系决定"。在某些情况下，经济关系的因素也

① 《马克思恩格斯选集》第1卷，人民出版社1995年版，第582页。
② 《马克思恩格斯选集》第4卷，人民出版社1995年版，第696页。
③ 列宁：《列宁选集》第4卷，人民出版社1995年版，第415—416页。

会直接出现在第二个层面上，作为历史事变和进程中的某一阶段的主导性因素显现出来。在这种情况下，经济关系同时在第二、第三个层面上发挥作用。但在更多的情况下，经济关系则在第三个层面上发挥着间接的、归根到底的作用。

因此，只有辩证地把握这三个层面的关系，才谈得上完整地、准确地理解马克思的历史唯物主义，才谈得上把握马克思主义哲学的真精神。在分析活生生的历史事变时，如果只坚持第三个层面，那是机械的经济决定论的观点，如果不承认第三个层面，那是历史唯心论的观点；如果只坚持第二个层面，就有可能陷入偶因论的观点，如果完全撇开第二个层面，那至多只能成为一个公式主义者，活的历史完全在他的视野之外；如果只坚持第一个层面，那还仅仅停留在对历史的初步的、整体的知觉上，如果完全撇开第一个层面，就会陷入因素论的樊篱中。这充分表明，历史唯物主义同时也就是辩证唯物主义，只有把上述三个层面辩证地综合起来，才能真正通达历史唯物主义的境界。

# 二、列宁以后的三个发展路向

马克思和恩格斯相继去世后，在第二国际的理论家那里，历史唯物主义面临的最根本的危险是被曲解为机械的经济决定论。这种理论只从第三个层面上来观察和分析历史事变和进程，完全不顾其他因素，如政治斗争、观念意识，人的活动的作用等，使人成了客观经济法则的盲目崇拜者和消极的旁观者。

这一错误的理论曾受到了第二国际著名理论家拉布里奥拉、普列汉诺夫等人的批判。拉布里奥拉指出："问题不在于只是发现和确定社会基础，然后把人变成已经不是由天意，而是由经济范畴操纵的傀儡。……简单说来，要写的是历史，而不是历史的骨架子，要叙述历史事件的过程，而不要抽象化，要记叙和解释整个的历史，而不是把它仅仅分解为一些单个因素并分析这些因素。"①普列汉诺夫也批判了民粹派的经济唯物主义观点，主张"用社会生活的综合观点来代替因素论这一社会分析的成果"②。这表明，像拉布里奥拉、普列汉诺夫这样的理论家，力图综合第三层面和第一层面来理解历史唯物主义。他们既肯定了经济因素在归根到底的层面上的决定作用，又主张从总体决定的层面上来把握历史事变和进程。然而，遗憾的是，他们都停留在对历史进程和事变的抽象的分析上，忽略了对具体的历史事变的具体分析，即忽略了我们上面提到的第二个层面。所以，像普列汉诺夫、考茨基这样的理论家，一遇到第一次世界大战这样活生生的历史事变，立刻丧失了理论上的洞察力，堕落为机会主义者和沙文主义者。

与他们不同，列宁不仅把握着第一、第三个层面，而且也以卓越的政治家和哲学家的敏感牢牢地把握着第二个层面，即对具体的历史事变的本质和各发展阶段的主导性因素能迅速而准确地加以理解和掌握。列宁一再强调："马克思主义的精髓、马克思主义的活的灵魂：对具体情况作具体分析。"③所以，列宁不但没有在当时俄国的异常复杂的历史事件中迷失方向，反而不失时机地把帝国主义国家之间的不义战争转化为国内战争，领导布尔什维克和工人群众取得了十月革命的伟大胜利。实践表明，列宁是马克思的历史唯物主义理论的真正继承者。列宁逝世以后，历史唯物主义的发展又面临着新的路向和新的挑战。

第一个路向是以斯大林为代表的东方社会主义国家的理论家对历史唯物主义的研究。如前所述，斯大林把历史唯物主义理解为辩证唯物主义"推广"到社会历史领域的结果，而斯大林意指的辩证唯物主义又是以抽象的、与人和社会分离的自然或物质世界为对象的，正如我们在前面已经分析过的那样，从这样的见解出发，不但"推广"不出历史唯物主

---

① ［意］拉布里奥拉：《关于历史唯物主义》，杨启潾等译，人民出版社 1984 年版，第 136—137 页。

② 同上书，第 136—137 页。

③ 列宁：《列宁选集》第 4 卷，人民出版社 1995 年版，第 213 页。

义，反而不可避免地会陷入历史唯心主义的泥淖之中。

第二个路向是以卢卡奇、柯尔施、葛兰西及法兰克福学派为代表的西方马克思主义者对历史唯物主义的研究。卢卡奇、葛兰西和柯尔施作为西方马克思主义的早期代表，在总结中、西欧革命失败的经验教训时，主要批判了第二国际的庸俗马克思主义者仅仅拘泥于历史唯物主义的第三个层面的经济宿命论的错误观念，提倡历史唯物主义的第一个层面，即总体决定层面的重要性。卢卡奇说："总体性的范畴，整体对部分的无所不在的优先性，是马克思从黑格尔那里接受过来，而又卓越地把它转化为一个全新科学的基础的方法论的实质。"①尽管肯定历史唯物主义的第一层面是必要的，但在这样做的时候，"左"的政治倾向又导致了他们理论上的失误：一方面，他们把第一层面看作比第三层面更根本、更优先的层面；另一方面，在总体范畴的背后，他们主要强调的是"阶级意识"或"意识形态"的因素。这两方面合起来，必然导致以意识和意志的作用为基础的历史唯心主义。

卢卡奇等人的思想对法兰克福学派产生了重要的影响。到了哈贝马斯那里，竟以晚期资本主义社会的重要特征——国家干预经济和社会生活为主要的理由，宣称马克思的历史唯物主义的基本理论已经过时，主张"重建历史唯物主义"。哈贝马斯显然忽略了马克思下面这段重要的论述："在存在国家（在原始公社等之后）——即政治上组织起来的社会——的地方，国家决不是第一性的；它不过看来如此。"②也就是说，即使在晚期资本主义社会中，国家也不是第一性的，它对社会生活及经济生活的干预方式和干预程度归根到底仍然是由经济关系的实际状况和需要决定的。夸大国家权力的作用正是以意志和意识为中心的历史唯心主义泛滥的必然结果。

第三个路向是以卡尔·波普尔为代表的实证主义理论家对历史唯物

①　G. Lukacs, *History and Class Consciousness*, London：The Merlin Press，1971，p.27.

②　《马克思恩格斯全集》第45卷，人民出版社1985年版，第645页。

主义的研究。波普尔在《历史决定论的贫困》(1944—1945)、《开放社会及其敌人》(1945)、《猜想与反驳》(1963)等著作中对马克思的历史唯物主义提出了全面的批评和挑战。波普尔认为，马克思强调观念发生和发展的社会条件，特别是经济条件，这是对的，但他又认为："马克思的经济主义——他强调经济背景是任何一种发展的最终基础——是错误的，事实上是站不住脚的。我认为社会经验清楚地表明，在某些情况下观念的影响(也许得到宣传的支持)可能超过并取代经济力量。何况，即使说不了解经济背景就无法充分了解精神发展，那么，如果不了解例如科学或宗教观念的发展，至少也同样无法了解经济发展。"①波普尔试图以历史发展进程中各种因素都处于相互影响和相互作用中为理由，把经济因素和其他各种因素等量齐观，从而消除掉经济因素的基础性的、归根到底层面上的作用。②

波普尔显然忘记了马克思的历史唯物主义所揭示的一个简单的事实，即人们首先必须吃、喝、住、穿，然后才能从事政治、科学、艺术、宗教等活动。在马克思和恩格斯看来，历史进程中的各个因素之间的相互作用是不言而喻的，全部问题在于，这种相互作用并不是无条件的、任意的，而是"在归根到底不断为自己开辟道路的经济必然性基础上的互相作用"。抽掉历史唯物主义的第三个层面，把历史进程中的一切因素等量齐观，必然导致偶因论，导致对历史运动法则的否定。

从上面的论述可以看出，在俄国十月革命之前，历史唯物主义遭受的主要危险是被曲解为机械的经济决定论；在十月革命之后直到当代，历史唯物主义遭受的主要危险则是被曲解为历史唯心主义。历史唯物主义的命运启示我们，在当前，维护马克思的历史唯物主义的基本理论，批判历史唯心主义的种种错误观念，乃是理论工作者面临的重要任务之一。

---

① ［英］卡尔·波普尔：《猜想与反驳》，傅季重等译，上海译文出版社1986年版，第473页。

② 结构主义的马克思主义者阿尔都塞的"多元决定论"也具有同样的错误倾向。

# 三、历史唯物主义在中国的命运

历史唯物主义在中国的命运同样是坎坷曲折的。十月革命的一声炮响给中国送来了马克思列宁主义。当时李大钊、陈独秀等人都撰文讴歌历史唯物主义在俄国取得的伟大胜利。中国共产党成立之后，其早期领导人对历史唯物主义的理解还不深入，而斯大林哲学思想中的机械唯物论倾向也曾对一些领导人产生过影响，这是中国共产党早期革命活动屡经挫折的理论原因之一。在长征途中确立了毛泽东的领导地位，才使情况发生了根本性的变化。毛泽东不仅有丰富的革命实践斗争经验，而且也有极高的理论天赋。他撰写的一系列论著，尤其是《矛盾论》《新民主主义论》等，显示出他对马克思的历史唯物主义基本理论的卓越的理解和创造性的把握。

在《矛盾论》中，毛泽东批判了机械唯物论的观点，指出："诚然，生产力、实践、经济基础，一般地表现为主要的决定的作用，谁不承认这一点，谁就不是唯物论者。然而，生产关系、理论、上层建筑的这些方面，在一定条件之下，又转过来表现其为主要的决定的作用，这也是必须承认的。"[1]这就是说，决不能用一种固定的公式去套社会历史过程。这一过程是活生生的，瞬息万变的、是由诸多矛盾构成的复杂总体。在过程发展的每一阶段上，都会有某一历史因素、某一矛盾跃居到主导地位上，对其他因素、其他矛盾产生决定性的影响。所以，毛泽东反复强调："离开具体的分析，就不能认识任何矛盾的特性。我们必须时刻记住列宁的话：对于具体的事物作具体的分析。"[2]这些思想表明，毛泽东和列宁一样，完整地把握了马克思的历史唯物主义的真精神，即

---

[1] 《毛泽东选集》第1卷，人民出版社1991年版，第325页。
[2] 同上书，第317页。

正确地把握了历史唯物主义三个层面之间的活生生的辩证关系。在毛泽东那里，历史唯物主义同时就是辩证唯物主义，是对活生生的社会历史过程的深刻洞察和把握。中国革命的胜利表明，毛泽东是马克思和列宁的历史唯物主义理论的卓越继承者。

在对生产资料私有制的社会主义改造基本完成后，中国进入了全面建设社会主义的新时期。1956 年 9 月通过的"八大"政治报告明确指出：社会主义在我国已经基本上建立起来，国内的主要矛盾已经不再是无产阶级与资产阶级的矛盾，而是人民对于经济文化迅速发展的需要同当前经济文化不能满足人民需要的状况之间的矛盾。从这一新时期所面临的主要矛盾出发，政府的中心工作无疑是领导全国人民集中力量搞经济建设，实现国家工业化，满足人民日益增长的物质文化需要。不用说，"八大"制定的政治路线是正确的，它体现出中国共产党对马克思的历史唯物主义基本理论的深刻领悟。遗憾的是，这一政治路线在实践中并没有得到认真的贯彻。从 20 世纪 50 年代后期起，由于毛泽东对国际国内的阶级斗争状况作了扩大化的估计，政府的工作中心一直停留在上层建筑，特别是意识形态的领域里，历史唯心主义的观点肆意泛滥，完全支配了整个理论舞台。

谬论之一是"意识形态中心论"。"四人帮"批判所谓"唯生产力论"，鼓吹"宁要贫穷的社会主义，不要富裕的资本主义"，把观念看作全部历史活动的基础，并从观念的所谓正确与否出发去评判一切、裁决一切，完全背弃了列宁下面的重要论断："劳动生产率，归根到底是使新社会制度取得胜利的最重要最主要的东西。"[①]他们鼓吹所谓"斗私批修，在灵魂深处闹革命"，用"左"的言辞掩饰对历史唯物主义基本理论的无知；从根本上颠倒了经济基础和意识形态、现实和观念之间的关系。马克思早就告诫我们：

---

① 列宁：《列宁选集》第 4 卷，人民出版社 1995 年版，第 16 页。

意识的一切形式和产物不是可以用精神的批判来消灭的，也不是可以通过把它们消融在"自我意识"中或化为"幽灵"、"怪影"、"怪想"等等来消灭的，而只有实际地推翻这一切唯心主义谬论所由产生的现实的社会关系，才能把它们消灭；历史的动力以及宗教、哲学和任何其他理论的动力是革命，而不是批判。[1]

这就是说，仅仅停留在灵魂深处"闹革命"或单纯的精神批判上，既不可能消除旧的传统观念，也不可能形成正确的先进观念。只有大力发展生产力，再辅之以思想意识形态领域里的努力，才可能从根本上消灭旧观念。

谬论之二是"政治权力决定论"。"文化大革命"把政治权力看成决定一切的最重要的原因，似乎只要有了权，什么人间奇迹都可以创造出来。马克思在批判梅恩的历史唯心主义观点时曾经指出，梅恩的基本错误在于"把政治优势——不管它们的具体形式如何或者它的各种因素的总和如何——当作某种凌驾于社会之上的，以自身为基础的东西"[2]。这就是说，在全部社会生活中，政治权力不是第一性的、独立的因素。政治不过是经济的集中表现，政治权力归根到底是在生产方式和交往方式的现实基础上形成起来的。所以，"这些现实的关系决不是国家政权创造出来的，相反地，它们本身就是创造国家政权的力量"[3]。诚然，政治权力在历史进程中的重要作用不能否认，但是它的结构、力量和行使的方式与限度归根到底是受经济关系制约的。马克思说："归根到底，小农的政治影响表现为行政权力支配社会。"[4]马克思的这一论断深刻地揭示了"政治权力决定论"这一历史唯心主义见解的社会根源与经济根源。这充分表明，要巩固和发展社会主义社会的政治领导权，最根本的

---

① 《马克思恩格斯全集》第 3 卷，人民出版社 1960 年版，第 43 页。
② 《马克思恩格斯全集》第 45 卷，人民出版社 1985 年版，第 647 页。
③ 《马克思恩格斯全集》第 3 卷，人民出版社 1960 年版，第 377—378 页。
④ 《马克思恩格斯选集》第 1 卷，人民出版社 1995 年版，第 678 页。

还是要解决好经济建设的问题。撇开经济基础，抽象地谈论政治权力的重要性，甚至不顾客观规律，只凭权力意志办事，必定会在现实生活中碰壁。

谬论之三是"天才创造历史论"。根据这样的理论，伟大人物或天才的动机、性格、气质和才能对历史进程起着根本性的决定作用。

这当然不是什么新观点。帕斯卡尔在《思想录》里就提出过一个著名的见解：假如克拉利佩奥的鼻子生得短一点，全部世界历史将会重写。诚然，我们也认为，伟大人物在历史上的重要作用是不容忽视的，但那种把世界历史视为伟大人物手中玩物的见解显然是错误的。假如克拉利佩奥是个丑八怪，世界历史发展的根本方向也是不会改观的；假如哥伦布在摇篮里夭折，美洲大陆还是会被发现的。伟大人物的历史活动并不是随心所欲的，归根到底是在社会物质生活条件的基础上展开的。马克思在谈到天才的艺术家拉斐尔时说："和其他任何一个艺术家一样，拉斐尔也受到他以前的艺术所达到的技术成就、社会组织、当地的分工以及与当地有交往的世界各国的分工等条件的制约。像拉斐尔这样的个人是否能顺利地发展他的天才，这就完全取决于需要，而这种需要又取决于分工以及由分工产生的人们所受教育的条件。"①天才的艺术家是如此，伟大的政治家也是如此，"他们个人的权力的基础就是他们的生活条件"②。也就是说，伟大人物或天才在历史上发挥作用的方式和限度归根到底取决于他们置身其中的物质生活条件。

历史唯物主义既然把现实生活的生产和再生产看作全部历史的基础，因而也必然把现实生活的生产和再生产的个体——人民群众看作历史的真正的创造者。也正是在这个意义上，恩格斯指出：

　　如果要去探究那些隐藏在——自觉地或不自觉地，而且往往是

---

① 《马克思恩格斯全集》第 3 卷，人民出版社 1960 年版，第 459 页。
② 同上书，第 378 页。

不自觉地——历史人物的动机背后并且构成历史的真正的最后动力的动力，那么问题涉及的，与其说是个别人物、即使是非常杰出的人物的动机，不如说是使广大群众、使整个的民族，并且在每一民族中间又是使整个阶级行动起来的动机。[①]

显然，离开恩格斯在这里所指出的历史唯物主义的研究轨道，势必把历史看作伟人、天才和国家元首的活动场所，而人民群众只能在历史事变中充当消极的舞台台柱。这种"天才创造历史论"归根到底是小农经济心态的一种反映。

在 1978 年召开的党的十一届三中全会上，中国共产党从理论上清算了"文化大革命"中的种种历史唯心主义的谬见，作出了把工作中心转移到经济建设中去的重大战略决策。这表明在指导思想上我们又回到了历史唯物主义轨道上。

# 四、简短的结论

回顾历史唯物主义在其发展进程中的遭际和命运，我们深切地感受到：

第一，坚持马克思的历史唯物主义的基本理论乃是繁荣并发展社会主义事业的根本保证。历史一再昭示我们，当我们沿着历史唯物主义的理论轨道前进时，我们的事业就欣欣向荣，当我们偏离历史唯物主义的理论轨道时，我们的事业就会遭受挫折。如果说，1978 年开始的实践标准问题的大讨论是马克思的历史唯物主义在中国复兴的一个先兆，那么，在社会主义事业在某些国家遭受巨大挫折的今天，全面地理解并把握历史唯物主义的基本精神，认真地总结经验教训，看清前进的道路，

---

① 《马克思恩格斯选集》第 4 卷，人民出版社 1995 年版，第 249 页。

就具有特别重要和紧迫的意义。

第二，坚持以经济建设为中心，不断改善人民群众的物质文化生活，乃是历史唯物主义在社会主义历史时期的最根本的体现。在马克思看来，物质生产的领域乃是一个必然王国，不管人类社会发展到怎样的新阶段，"这个领域始终是一个必然王国。在这个必然王国的彼岸，作为目的本身的人类能力的发展，真正的自由王国，就开始了，但是，这个自由王国只有建立在必然王国的基础上，才能繁荣起来"①。这就是说，即使在未来的共产主义社会中，真正的自由也不是任性，而是在遵循经济运动的客观规律，巩固和发展这一必然王国的基础上达到的。所以，坚持以经济建设为中心，不是权宜之计，而是贯穿整个社会主义历史时期的根本任务。

第三，只有同时把历史唯物主义理解为辩证唯物主义，才能把握住"总体决定""阶段决定"和"经济关系决定"这三个层面之间的活生生的、辩证的关系。也就是说，历史辩证法并不是某种和历史唯物主义相分离的东西，而是历史唯物主义的生命和灵魂。坚持具体问题具体分析乃是马克思的全部学说的活力之所在。

---

① 马克思：《资本论》第 3 卷，人民出版社 1975 年版，第 927 页。

# 本体论的本质属性①

当我们沿着本体论的思路探讨马克思哲学时，常常会遭到来自各方面的质疑。这些质疑并不是空穴来风，是需要我们认真地加以对待的。

## 一、马克思是否使用过 "本体论"的概念

我们曾有两处提到马克思对本体论问题的论述：一处是在马克思的《博士论文》中，马克思在谈到康德对上帝存在的本体论证明的驳斥时，指出康德从区分真实的塔勒和想象的塔勒入手来驳斥这一证明是苍白无力的，"与此相反，康德所举的例子反而会加强本体论的证明，真实的银元与想象中的神灵具有同样的存在"②。而人的所有的想象都出于人的自我意识，正是在这个意义上，马克思发挥道："上帝存在的证明或者不外是对于本质的人的自我意识的存在的证明，自我

---

① 载俞吾金：《重新理解马克思：对马克思哲学的基础理论和当代意义的反思》，北京师范大学出版社 2005 年版，第 209—216 页。——编者注

② 马克思：《博士论文》，人民出版社 1961 年版，第 94 页。

意识的存在的逻辑说明。例如，本体论的证明。"①在马克思看来，既然上帝不过是人的自我意识的产物，那么，从逻辑上看，自我意识才是真正的本体论上的存在。这两段引文都表明，马克思至少关注过"上帝存在的本体论证明"这一哲学史上的著名的公案，并表明了自己的见解。

如果撇开马克思对本体论问题的直接讨论不管，那么，在《1844年经济学—哲学手稿》的"货币篇"中，马克思也有如下的提法：一是"对存在(自然界)的真正本体论的肯定"，二是"人的情欲的本体论的存在"②。这两段引文也充分表明，马克思并不像某些信口开河的研究者所说的那样，"从来没有使用过本体论的概念"。

那么，除了我们上面提到的这些地方以外，马克思在其他场合下还使用过"本体论"的概念吗？经过我们的研究，至少可以说，马克思还在下面两个场合中使用过这个概念。

第一个场合在马克思的《伊壁鸠鲁哲学·笔记一》中。马克思这样写道：

> 一般为了阐明伊壁鸠鲁哲学及其内在辩证法的思想进程，重要的是要注意到，尽管原则是某种想象的、对于具体世界是以存在形式表现出来的东西，但辩证法，即这些本体论的规定(dieser ontolo-gischen Bestimmungen 自身已失去本质性的绝对事物的一种形式)的内在实质，只能这样地显示出来：由于这些规定是直接的，一定会同具体世界发生不可避免的冲突；在它们和具体世界的特殊关系中揭示出来，它们只是具体世界的观念性的一种想象的、对于本身来说是外在的形式，并且不是作为前提，而只是作为具体东西的观念性存在着。因此，它们的规定是不真实的，是自我扬弃的。③

---

① 马克思：《博士论文》，人民出版社1961年版，第94—95页。
② 马克思：《1844年经济学—哲学手稿》，人民出版社1979年版，第103页。
③ 《马克思恩格斯全集》第40卷，人民出版社1982年版，第38—39页。

从上下文的关系可以看出，马克思在这里提到的"本体论的规定"是指"必然性""联系""差别""运动"这样一些属于辩证法探讨范围的概念。一方面，马克思指出，由于这些"本体论的规定"只是具体世界在观念上的一种想象的表述方式，因而它们既不是真实的，也不可能成为具体世界的前提；另一方面，马克思也肯定了伊壁鸠鲁哲学的重要性，正是通过对这些"本体论的规定"的辩证的表达，他提出了"原子偏斜说"，从而肯定了人的自由意志的作用。

第二个场合在马克思的《伊壁鸠哲学·笔记二》中。马克思在提到早期的希腊哲人时，指出：

> ……这些哲人因此一方面只在最片面、最一般的本体论规定（den einseitigsten allgemeinsten ontologischen Bestimmungen）中表现绝对的东西；而另一方面他们本身又是一种自我封闭的实体在现实中的显露。①

马克思在这里提到的早期希腊哲人主要是指泰勒士、阿那克西米尼、阿那克西曼德等人，而这里说的"最片面、最一般的本体论规定"指的正是这些哲人提出的"水""气""无限者"等。他们力图用这样的规定去阐明整个宇宙，在这样做的时候，他们也磨平了自己作为人的存在和其他物质实体之间的差异。马克思认为，从诡辩学派和苏格拉底起，潜在地也从阿那克萨哥拉起，情况才发生了变化，逐渐觉醒的主观精神才成了哲学的原则。

从上面两个例子可以看出，虽然青年马克思使用的是"本体论的规定"这样的概念，但这样的表述不正是以对哲学本体论的认可作为前提吗？诚然，从我们目前已经掌握的材料可以看出，成熟时期的马克思（包括晚年马克思）没有再使用过"本体论"的概念，并且马克思本人也没

---

① 《马克思恩格斯全集》第40卷，人民出版社1982年版，第66页。

有明确地说明为什么他后来不使用这个概念了。但是，马克思在《德意志意识形态》中写下的这段话或许可以为我们解除这方面的困惑提供一把钥匙。"对哲学家们说来，从思想世界降到现实世界是最困难的任务之一。语言是思想的直接现实，正像哲学家们把思维变成一种独立的力量那样，他们也一定要把语言变成某种独立的特殊的王国，这就是哲学语言的秘密，在哲学语言里，思想通过词的形式具有自己本身的内容，从思想世界降到现实世界的问题，变成了从语言降到生活中的问题。"①尽管马克思只有在青年时期使用过"本体论"的概念，但对马克思这方面的思想进行深入的探讨，从而弄清马克思思想发展的基本线索是有意义的。

## 二、后人能否研究马克思的本体论思想

在马克思本人未系统地、明确地表述自己的本体论见解的情况下，后人是否能对马克思这方面的思想进行研究和阐发呢？我们的回答是肯定的。当代美国哲学家蒯因曾经提出了著名的"本体论承诺"的思想。根据这一思想，任何一个理论体系总会作出某物（可以是物质性的事物、精神性的事物，也可以是这两种事物的结合物）存在的本体论承诺，即使某个研究者从根本上是不赞成乃至否定本体论这样的提法的，他也无法逃避乃至否定他自己自觉地或不自觉地作出的本体论承诺。

虽然"本体论承诺"的思想是蒯因最早明确地提出来的，但是这一思想的基本精神在马克思的《博士论文》中已见端倪。马克思这样写道："一定的国家对于异国的特定的神灵来说，就同理性的国家对于一般神灵来说一样，就是一个这个神灵停止其存在的地方。"②

在马克思看来，不管何种东西，不管这种东西是如何子虚乌有，只

---

① 《马克思恩格斯全集》第 3 卷，人民出版社 1960 年版，第 525 页。

① 《马克思恩格斯全集》第 3 卷，人民出版社 1960 年版，第 525 页。
② 马克思：《博士论文》，人民出版社 1961 年版，第 94 页。

要它被一些人接受并现实地影响着他们的思想和行为，那么，对于这些人来说，它的存在就在本体论意义上被验证了。用这样的思想反观马克思哲学本身，我们发现，虽然马克思很少使用本体论的概念，但他仍然作出了本体论上的承诺。

然而，在某些马克思哲学的研究者那里，流行着一种奇怪的逻辑，即只有马克思本人明确地表示他赞成什么观念，后人才能对这一观念进行研究。换言之，当我们研究马克思的思想时，只能无条件地根据马克思对自己思想的表述为准。显然，如果这个逻辑能成立的话，我们的研究工作真是太轻松了：只要把每个被研究者关于自己思想的宣言读一遍就行了。但即使这样，问题还会产生。比如，海德格尔和雅斯贝尔斯都不承认自己是存在主义者，但不少研究者还是把他们看作存在主义思潮的主要代表人物；又如，施密特和哈贝马斯都不承认自己是法兰克福学派的成员，但许多研究者仍然认定他们是法兰克福学派的重要成员。如果按照上述逻辑，这些研究者岂非都是在胡说八道吗？事实上，每一个具有健全理智的人都会明白，我们在研究某个人的思想时，虽然应当重视他本人对自己思想的表述，但更应重视他实际上说了什么和做了什么。在这个意义上，我们完全可以说，虽然成熟时期的马克思没有继续使用"本体论"的概念，但这并不等于后人不能从本体论的视角出发去叙述成熟时期的马克思的哲学思想。

当然，肯定研究者能够按照自己的方式来叙述马克思的哲学思想，并不等于说，研究者可以信口开河，把自己的主观的想法随意地加诸马克思。事实上，肯定马克思哲学中蕴含着一个本体论的维度，不光是因为青年马克思使用过这个概念，也不光是因为马克思在哲学上的任何陈述都会作出相应的"本体论的承诺"，更为重要的是，在成熟时期的马克思的哲学视野中，这种本体论的思考进路确确实实地存在着。也许正是基于对这种思考进路的共鸣，卢卡奇的《社会存在本体论》和古尔德的《马克思的社会本体论》才都会把成熟时期的马克思的本体论思想作为自己探讨的对象。

# 三、何谓马克思本体论的本质属性

当我们承认马克思具有本体论思想时，是否马克思提到过的所有概念都具有本体论上的优先性呢？我们的回答是否定的。反之，当我们闭口不谈马克思的本体论思想，甚至对它采取完全否认的态度时，是否我们自己实际上也可能撇开了一切本体论思想的立场呢？我们的回答同样是否定的。

人所共知，在传统的马克思主义哲学教科书中，"世界观"的概念取代了本体论的概念，人们还进一步把"世界观"表述为关于世界的学问。然而，认为更换一个名词就能改变问题的实质乃是一种天真的诡辩法。事实上，传统的马克思主义哲学教科书正是以物质本体论作为自己的基础的。当它们强调世界统一于物质时，不就已经置身于这样的本体论中了吗？所以，尽管传统教科书闭口不谈本体论，但决不表明它们已然摆脱了任何本体论。实际上，人们至多只能摆脱某种类型的本体论，但永远无法摆脱一切本体论，因为这种本体论的思维方式是内蕴于他们的全部思考活动之中的。他们与我们的全部差异只在于，他们是以不自觉的方式从本体论出发思考问题，而我们则是自觉地把任何问题都置于本体论的视野之中。

在前面的论述中，我们曾经提出，马克思的本体论经历了"自我意识本体论""情欲本体论""实践本体论""生产劳动本体论"和"社会存在本体论"这五个不同的发展阶段，并断言，成熟时期的马克思已经抛弃了前面两种本体论的形式，而保留了后面三种本体论的形式。基于这样的见解，我们又进而指出，在后面三种形式的本体论中，"社会存在本体论"是基本本体论，由于"社会存在"是看不见摸不着的，因而这种本体论是超验的，其宗旨是研究者在从事任何研究活动之前，必须以逻辑在先的方式，先行地澄清自己的历史性；而"实践本体论"和"生产劳动本体论"则是一般本体论，由于"实践"和"生产劳动"都是人们经验生活的组成部分，是看得见摸得着的，所以，这两种本体论都是经验的，其宗旨是在考察社会现象时，分离出社会现象中的基础经验层，并从这一基础经验层出发对其他经验层作出阐释。一般本体论是以基本本体论为基础的。

现在，我们面临的关键问题是：何谓马克思本体论的本质属性？我们认为，要认识这一点，就应该从马克思的基本本体论——社会存在本体论切入。事实上，马克思真正重视的正是隐蔽在一切实践活动背后的、超验的社会存在。比如，商品的交换价值、货币、资本、经济形式等。马克思在《资本论》第一版序言中曾经写道："分析经济形式，既不能用显微镜，也不能用化学试剂。二者都必须用抽象力来代替。"①事实上，只有当我们的探索触及社会存在概念时，才真正地进入马克思本体论的论域。

然而，值得注意的是，卢卡奇对社会存在本体论的论述也存在着诸多问题。其一，他强调自然存在本体论是社会存在本体论的基础，这就使社会存在失去了那种把自己的意义赋予全部存在物（包括自然存在物）的统一性和普遍性，相反，这种统一性落到了自然存在的身上，而自然存在本体论实质上也就是抽象的物质本体论。这就在某种程度上又退回到旧唯物主义的立场上去了。其二，他把超验的社会存在误解为经验性的实践活动，因此其社会存在本体论不过是一种隐蔽的实践本体论。其三，社会存在概念同样具有丰富的内涵，容易作出各种不同的阐释，从而导致马克思本体论的模糊性。所以，在对马克思本体论的研究中，我们既要从社会存在本体论入手，又不能停留在这种本体论的表述方式上，必须深入下去，以最确定、最明晰的方式把马克思本体论的本质属性表达出来。

于是，我们不得不继续追问这样一个问题，即在马克思使用的社会

---

① 马克思：《资本论》第 1 卷，人民出版社 1975 年版，第 8 页。

存在概念中，其本质要素究竟是什么呢？我们不妨认真地解读马克思下面这些论述。在《关于费尔巴哈的提纲》一文中，马克思写道："人的本质不是单个人所固有的抽象物，在其现实性上，它是一切社会关系的总和。"①在马克思看来，只有全面地把握一个人的社会关系，才能准确地认识他的本质。在《雇佣劳动与资本》一文中，马克思进一步指出："人们在生产中不仅仅影响自然界，而且也相互影响。他们只有以一定的方式共同活动和相互交换其活动，才能进行生产。为了进行生产，人们相互之间便发生一定的联系和关系；只有在这些社会联系和社会关系的范围内，才会有他们对自然界的影响，才会有生产。"②而每个人借以进行生产的社会关系，也就是"社会生产关系"（die gesellschaftlichen Produktionsverhaeltnisse），而社会生产关系正是使人的最基本的实践活动——生产劳动得以展开的本体论前提。列宁非常清晰地阐明了在马克思那里社会生产关系的基础性作用，他指出，马克思"……从社会生活的各个领域中划分出经济领域，从一切社会关系中划分出生产关系，即决定其余一切关系的基本的原始的关系"③。

从上面的论述可以看出，马克思不但从"社会存在"的概念深入到作为"社会存在"本质的"社会关系"概念上，而且进一步从"社会关系"的概念上深入到作为"社会关系"的基础和核心的"社会生产关系"概念上。也正是在这个意义上，马克思指出："在一切社会形式中都有一种一定的生产决定其他一切生产的地位和影响，因而它的关系也决定其他一切关系的地位和影响。这是一种普照的光，它掩盖了一切其他色彩，改变着它的特点。这是一种特殊的以太，它决定着它里面显露出来的一切存在的比重。"④由此，我们认为，马克思的社会存在本体论，就其本质属性而言，乃是"社会生产关系本体论"。正是社会生产关系决定着社会关系

① 《马克思恩格斯选集》第1卷，人民出版社1995年版，第56页。
② 同上书，第344页。
③ 列宁：《列宁选集》第1卷，人民出版社1995年版，第6页。
④ 《马克思恩格斯全集》第46卷（上册），人民出版社1979年版，第44页。

中的其他部分，决定着一切存在者的比重，而马克思的划时代的哲学革命的实质也就是创立历史唯物主义，而历史唯物主义的基础和核心就是社会生产关系本体论。

# 2006年

# 马克思哲学的当代叙述方式<sup>①</sup>

在我看来，成熟时期的马克思的哲学就是他所创立的历史唯物主义，即成熟时期的马克思没有提出过历史唯物主义以外的任何其他哲学理论。在这个意义上，马克思哲学也就是历史唯物主义。作为身处 21 世纪初的中国人，将以何种方式来叙述历史唯物主义理论呢？

首先，必须阐明历史唯物主义的生态学前提。在马克思对历史唯物主义理论的叙述中，存在着三个不言而喻的理论预设：一是人类社会是可以无限地向前发展的；二是社会生产也是可以无限地向前发展的；三是社会生产的环境是不可能被毁坏的，可供利用的资源也是无穷无尽的。然而，马克思未注意到他的这些理论预设在当代社会中都成了问题。20 世纪六七十年代，罗马俱乐部的报告已经充分表明，人类的生态环境已经被破坏到什么样的程度，从而证明，无论是地球上的资源，还是社会生产，都存在着自己的界限。换言之，地球上的资源是不可能无限再生的，社会生产的规模也是不可能不断地加以扩大的。当代人的生活处境启示我们，今天我们叙述

① 原载《社会科学报》2006 年 2 月 23 日。收录于俞吾金：《哲学随想录》，北京师范大学出版社 2016 年版，第 127—129 页。——编者注

历史唯物主义理论时，再也不能简单地重复马克思当时的叙述方式了，而是必须澄明其生态学的背景，也就是说，应该在肯定资源、环境和生产的有限性的背景下来阐述历史唯物主义的基本理论，尤其是生产力和生产关系的学说。

其次，必须以经济哲学作为切入点来重构马克思的历史唯物主义体系。研究马克思思想，传统的三分法——哲学、政治经济学、科学社会主义——阻断了人们从经济哲学的角度反思历史唯物主义理论的可能性。其实，马克思哲学本质上是经济哲学，这正是它与传统的哲学思想的根本差别之一。只有打破这种传统的三分法，从经济哲学的视角出发，才能真正地建立起符合马克思本意的哲学体系。我们主张，应该通过"物（商品）—价值—时间—自由"这一组核心概念重构马克思哲学体系。这样一来，我们不仅超越了传统的"辩证唯物主义和历史唯物主义"的二元论叙述方式，而且恢复了马克思哲学体系的革命实践功能，在传统的马克思主义哲学教科书中被边缘化的概念，尤其是"价值""时间"和"自由"概念，在被重构的历史唯物主义理论中都将被置于中心的位置上。

最后，必须从当今中国社会的历史性出发来阐述历史唯物主义理论。20世纪70年代，当我们意识到应该追求现代化的时候，西方已经出现了后现代主义的思潮。在前现代、现代和后现代思潮并存的当代中国社会中，我们将如何进行价值定位？这确实是一个关乎历史性意识的重大问题。我们认为，当代中国人仍然无法超越追求现代性价值的历史任务，但他们又必须认真地汲取前现代和后现代思潮中的合理因素，从而对现代性价值系统和现代化的道路作出必要的修正。只有充分地明了当代中国人的历史性，才能避免以形式主义的方式去叙述历史唯物主义，而是处处从当代中国社会的具体国情和历史性出发，对历史唯物主义所蕴含的全部理论问题作出合理的说明。

# 论马克思对德国古典哲学遗产的解读<sup>①</sup>

　　按照目前流行的观点，德国古典哲学属于近代西方哲学的范围。如果说，在以往的研究中，人们倾向于肯定近代西方哲学，尤其是德国古典哲学的研究成果，而对当代西方哲学采取简单否定的态度；那么，近年来，一种相反的倾向已经出现，即不加分析地肯定当代西方哲学的研究成果，而对近代西方哲学，尤其是德国古典哲学采取简单否定的态度。

　　那么，究竟什么是德国古典哲学的遗产呢？我们认为，对这个问题的全新深入研究具有多方面的意义。首先，在以往的研究中，人们对德国古典哲学的遗产作了片面化、简单化的理解，而我们则试图表明，这一遗产具有极为丰富的理论内涵，它在整个西方哲学发展史上起着承上启下的作用。其次，我们并不同意对近代西方哲学和当代西方哲学之间的关系采取非此即彼的简单态度，力图通过对德国古典哲学遗产的重新解读和诠释，超越这种态度。再次，马克思哲学的解释者一直把德国古典哲学视为马克思哲学的主要理

　　① 原载《中国社会科学》2006年第2期，第11—22页。收录于俞吾金：《传统重估与思想移位》，黑龙江大学出版社2007年版，第287—313页；《从康德到马克思——千年之交的哲学沉思》，北京师范大学出版社2017年版，第1—38页。——编者注

论来源，这种理解方式本身就蕴含着下述可能性，即对德国古典哲学遗产的重新解读将会导致对马克思哲学的本真精神的重新领悟。

# 一、"德国古典哲学"范围的界定

在探讨"究竟什么是德国古典哲学的遗产"的问题之前，我们先得弄清楚，"德国古典哲学"的确切含义。据目前已经掌握的资料，大致可以说，恩格斯最先使用了"德国古典哲学"这一概念。[①] 如果说，恩格斯在《自然辩证法》(1873—1886)中还只是偶然提及这一概念[②]，那么，在《路德维希·费尔巴哈和德国古典哲学的终结》(1888)中则正式启用了这一概念。

但是，恩格斯所说的"德国古典哲学"的范围究竟是什么？列宁在《马克思主义的三个来源和三个组成部分》(1913)一文中叙述马克思哲学时曾经指出："他用德国古典哲学的成果，特别是用黑格尔体系(它又导致了费尔巴哈的唯物主义)的成果丰富了哲学。"[③]尽管列宁在这段话中没有列出属于"德国古典哲学"范围的全部哲学家，但他肯定，黑格尔和费尔巴哈是德国古典哲学的代表。显然，列宁的这一见解产生了深远的影响。不仅苏联和东欧的理论界持此观点[④]，中国理论界也接受了这一观点。冯契等主编的《外国哲学大辞典》认为，"德国古典哲学分为德国古典唯心主义与德国古典唯物主义。从康德到黑格尔的哲学发展形成德国古典唯心主义的过程，费尔巴哈的人本学唯物主义形成了德国古典唯

---

① 冯契等主编的《外国哲学大辞典》认为："该词首先由恩格斯使用。"参见该辞典，上海辞书出版社 2000 年版，第 922 页。

② 《马克思恩格斯选集》第 4 卷，人民出版社 1995 年版，第 286 页。

③ 列宁：《列宁选集》第 2 卷，人民出版社 1995 年版，第 310 页。

④ 比如，东德的理论家弗朗克·菲德勒等人也把康德、费希特、谢林、黑格尔和费尔巴哈列为"德国资产阶级古典哲学的最主要的代表"。参见[德]弗朗克·菲德勒等：《辩证唯物主义与历史唯物主义》，郑伊倩等译，求实出版社 1985 年版，第 14 页。

物主义的理论。"①

必须加以追问的是，这种见解是否符合恩格斯的本意？我们的回答是否定的。诚然，恩格斯没有直截了当地论述德国古典哲学的范围，但他实际上已经以自己的方式对这个问题作出了解答。在《自然辩证法》中，恩格斯在谈到辩证法的三大形态时指出："辩证法的第二个形态恰好离德国的自然研究家最近，这就是从康德到黑格尔的德国古典哲学。"②在《路德维希·费尔巴哈和德国古典哲学的终结》中谈到黑格尔哲学时，恩格斯也明确地指出："我们在这里只限于考察这种作为从康德以来的整个运动的完成的哲学。"③在他看来，德国古典哲学指从康德到黑格尔的哲学运动，而黑格尔则是这一运动的完成者。费尔巴哈并不包含在内。

人们也许会提出这样的疑问：既然恩格斯在《自然辩证法》中非常明确地叙述过自己对德国古典哲学范围的看法，为什么列宁仍然把费尔巴哈也放进去呢？因为《自然辩证法》作为手稿，于 1925 年才第一次全文刊登在《马克思恩格斯文库》上，列宁生前并没有读到这份手稿。当然，列宁读过恩格斯的《路德维希·费尔巴哈和德国古典哲学的终结》一书，由于该书并没有明确地阐明德国古典哲学的范围，加之恩格斯又用不少篇幅论述了费尔巴哈的哲学思想，这就很容易产生下面这样的误解，即把费尔巴哈理解为德国古典哲学中的一名成员。

---

① 参见冯契等主编：《外国哲学大辞典》，上海辞书出版社 2000 年版，第 922 页。这一见解可从《哲学小辞典(外国哲学史部分)》(上海人民出版社 1975 年版)得到印证。该辞典在第 22 页上这样解释"德国古典哲学"："18 世纪末至 19 世纪上半期的德国资产阶级哲学，从康德开始，中经费希特、谢林、黑格尔，到费尔巴哈告终。"

② 《马克思恩格斯选集》第 4 卷，人民出版社 1995 年版，第 287—288 页。

③ 同上书，第 216 页。这是恩格斯一贯的思想。在《大陆上社会改革运动的进程》(1844)中，虽然恩格斯没有使用"德国古典哲学"的概念，但在提到德国的哲学革命时说："这个革命是由康德开始的。他推翻了前世纪末欧洲各大学所采用的陈旧的莱布尼茨的形而上学体系。费希特和谢林开始了哲学的改造工作，黑格尔完成了新的体系。……德国哲学从康德到黑格尔的发展是联贯的，合乎逻辑的，必然的，——如果可以这样说的话，以致除了上面提到的体系而外，其他任何体系都是站不住脚的。"参阅《马克思恩格斯全集》第 1 卷，人民出版社 1956 年版，第 588—589 页。

至于中国理论界之所以迄今仍然处于这样的误解之中，或许还有书名翻译上的原因。恩格斯原著的书名是：*Ludwig Feuerbach und der Ausgang der klassischen deutschen Philosophie*。这里的关键是，Ausgang 这个德文名词的翻译。Ausgang 乃是动词 ausgehen 的过去分词的名词化，而 ausgehen 的最基本、最常用的解释是"外出"或"出门"。所以，Ausgang 的最基本的、最常用的解释也是"出口""出路"或"出门"。如果考虑到译文的信、达、雅，恩格斯的上述书名似应译为"路德维希·费尔巴哈和德国古典哲学的出路"。诚然，在不太常用的、边缘性的意义上，Ausgang 这个德文名词也有"终结""终局"的含义，因而单从字面上分析，把恩格斯的上述书名译为"路德维希·费尔巴哈和德国古典哲学的终结"也无不妥。

　　然而，当我们超出单纯字面的含义，从恩格斯当时写作的特定语境中来考量 Ausgang 的含义时，就会发现，上述书名中的 Ausgang 只能译为"出路"，而不能译为"终结"。因为"路德维希·费尔巴哈和德国古典哲学的终结"这样的译法极易产生如下的错觉，仿佛费尔巴哈成了"德国古典哲学"的终结者，而终结者自然是从属于"德国古典哲学"的范围之内的。假如我们打算撰写另一部著作——《黑格尔和德国古典哲学的终结》，这个书名倒是十分贴切的，因为黑格尔才真正是德国古典哲学的终结者和集大成者。

　　因此，我们应该把书名改译为"路德维希·费尔巴哈和德国古典哲学的出路"，因为费尔巴哈哲学只是德国古典哲学在黑格尔那里被终结后出现的一条新出路或一个新出口。只有当费尔巴哈还是一个青年黑格尔主义者的时候，他才可以勉强地被算进德国古典哲学的范围之内，因为他的思想根本上是从属于黑格尔的。事实上，当费尔巴哈起来批判黑格尔，形成自己独立的哲学见解的时候，他就已经置身于德国古典哲学的范围之外了。而人所共知，恩格斯在上述著作中是把费尔巴哈作为一个独立的哲学家，而不是作为一个青年黑格尔主义者来加以评论的。所以，无论如何，在恩格斯当时的语境中，作为独立思想家的费尔巴哈并不属于德国古典哲学的范围。这就启示我们，Ausgang 这个德文名词的翻译不仅涉及字面上的含义和翻译的技巧问题，而且也涉及对恩格斯思想的理解问题，因而具有实质性的意义。

综上所述，在恩格斯的语境中，德国古典哲学指的是康德、费希特、谢林和黑格尔的哲学，费尔巴哈的哲学不包含在里面。此外，为了恢复恩格斯的本意，*Ludwig Feuerbach und der Ausgang der klassischen deutschen Philosophie* 这一书名应该被改译为《路德维希·费尔巴哈和德国古典哲学的出路》（以下简称《出路》）。

既然费尔巴哈哲学不包含在德国古典哲学范畴中，那究竟如何准确评价费尔巴哈哲学在马克思恩格斯哲学思想形成发展中的历史作用呢？我们认为，在马克思和恩格斯哲学思想的发展史上，费尔巴哈起过一定的作用。这从马克思和恩格斯的早期著作，如《1844 年经济学哲学手稿》《神圣家族》《关于费尔巴哈的提纲》《德意志意识形态》等可以看出来。在《出路》的"1888 年单行本序言"中，恩格斯甚至肯定，费尔巴哈"在好些方面是黑格尔哲学和我们的观点之间的中间环节"，并强调，"我也感到我们还要还一笔信誉债，就是要完全承认，在我们的狂飙时期，费尔巴哈给我们的影响比黑格尔以后任何其他哲学家都大。"①

然而，要准确认识和把握马克思哲学与德国古典哲学的关系，以及费尔巴哈哲学对马克思哲学思想有何种程度的影响，我们应当认真解读马克思在《〈政治经济学批判〉序言》(1859)中，对自己思想发展主要过程的叙述：先学习哲学、历史和法律；1842—1843 年担任《莱茵报》编辑工作时，第一次遭遇到要对物质利益发表意见的难事；《莱茵报》被官方封闭后，马克思从社会舞台退回到书房里。"为了解决使我苦恼的疑问，我写的第一部著作是对黑格尔法哲学的批判性的分析，这部著作的导言曾发表在 1844 年巴黎出版的《德法年鉴》上。我的研究得出这样一个结果：法的关系正像国家的形式一样，既不能从它们本身来理解，也不能

---

① 《马克思恩格斯选集》第 4 卷，人民出版社 1995 年版，第 212 页。

从所谓人类精神的一般发展来理解，相反，它们根源于物质的生活关系，这种物质的生活关系的总和，黑格尔按照18世纪的英国人和法国人的先例，概括为'市民社会'，而对市民社会的解剖应该到政治经济学中去寻求。我在巴黎开始研究政治经济学，后来因基佐先生下令驱逐移居布鲁塞尔，在那里继续进行研究。我所得到的、并且一经得到就用于指导我的研究工作的总的结果，可以简要地表述如下"①（下面马克思就开始论述他所创立的历史唯物主义的基本理论——笔者注）

这段极为重要的叙述表明：第一，马克思在对自己创立历史唯物主义的思想历程的回忆中，没有提到费尔巴哈。也就是说，费尔巴哈的唯物主义并不是通向马克思的历史唯物主义的路径。其实，马克思下面这段重要的论述——"当费尔巴哈是一个唯物主义者的时候，历史在他的视野之外；当他去探讨历史的时候，他决不是一个唯物主义者。在他那里，唯物主义和历史是彼此完全脱离的。"②——最清楚不过地表明，费尔巴哈是不可能充当这样的路径的。在马克思看来，费尔巴哈的唯物主义不可能充当通向历史唯物主义的桥梁。第二，马克思从青年时期起就通过哲学、历史和法律的学习关注社会历史问题。所以，在他的思想发展历程中，并不存在他接受费尔巴哈的唯物主义影响后，从对自然的研究转向对社会历史的研究，或从唯物辩证法转向历史唯物主义的过程。恰恰相反，马克思一开始就是从社会历史的视野出发去理解自然问题的，他告诉我们："在人类历史中即在人类社会的产生过程中形成的自然界是人的现实的自然界；因此，通过工业——尽管以异化的形式——形成的自然界，是真正的、人类学的自然界。"③第三，马克思自己的解释路径是，通过对现实斗争所涉及的物质利益的思索和对法的关系的根源的追溯，他开始关注黑格尔在《法哲学原理》中论述的市民社会问题，并由此走上了政治经济学研究的道路，从而创立了历史唯物主义学说。

显然，在马克思自己的解释路径中，费尔巴哈唯物主义的作用并不是根本性的、决定性的。①

这就深刻地启示我们，用费尔巴哈式的唯物主义去改造和提升黑格尔式的辩证法是不可能的。一方面，抽象的、与人的社会历史活动相分离的唯物主义，决不会因为辩证法思想的融入而消解自己的抽象性；另一方面，辩证法也决不会因为把抽象的自然或物质作为自己的基础或载体而获得新的生命力。

## 二、马克思对德国古典哲学遗产的解读

尽管马克思没有使用过德国古典哲学这样的概念，也没有对这一哲学运动进行过系统的探讨，但在其论著中，无疑蕴含着对德国古典哲学遗产的独特的见解。这些见解主要表现在马克思对以下六个问题的关注上。

### (一)人

凡是认真地研究过德国古典哲学的人都会承认，人的问题始终是它关注的一个主题。康德在《道德形而上学原理》(1785)中指出："每个有理性的东西都须服从这样的规律，不论是谁在任何时候都不应把自己和他人仅仅当作工具，而应该永远看作自身就是目的。"②康德关于"人是目的"的伟大口号以前所未有的方式肯定了作为理性存在物的人的尊严，无论是在康德晚年的著作《实用人类学》中，还是在费希特的《人的使命》、谢林的《对人类自由的本质及与之相关联的对象的哲学探讨》和黑格尔的《法哲学原理》等著作中，都能听到这一伟大口号的悠远的回声。在后德国古典哲学时期，与其说费尔巴哈的主要哲学贡献在于他坚持了

① 参见俞吾金：《让马克思从费尔巴哈的阴影中走出来》，《南京社会科学》1996 年第 1 期；《重新理解马克思哲学和费尔巴哈哲学的关系》，《马克思主义与现实》1996 年第 1 期。

② ［德］康德：《道德形而上学原理》，苗力田译，上海人民出版社 1986 年版，第 86 页。

一种不彻底的唯物主义学说，不如说是他的哲学人类学思想。他主张，上帝乃是人的本质的异化，神学的本质就是人类学。所有这些人本主义的思想都对马克思产生了积极的影响。

在《神圣家族》(1844)中，马克思在评论黑格尔哲学时写道："在黑格尔的体系中有三个因素：斯宾诺莎的实体，费希特的自我意识以及前两个因素在黑格尔那里的必然的矛盾的统一，即绝对精神。第一个因素是形而上学地改了装的、脱离人的自然。第二个因素是形而上学地改了装的、脱离自然的精神。第三个因素是形而上学地改了装的以上两个因素的统一，即现实的人和现实的人类。"[①] 显然，在马克思看来，"现实的人和现实的人类"是德国古典哲学留下的基本的哲学遗产之一。由于当时的马克思在思想上还受到费尔巴哈一定的影响，所以他把自己对德国古典哲学遗产的解读归功于费尔巴哈所提供的启示："费尔巴哈把形而上学的绝对精神归结为'以自然为基础的现实的人'，从而完成了对宗教的批判。同时也巧妙地拟定了对黑格尔的思辨以及一切形而上学的批判的基本要点。"[②] 这充分表明，马克思更重视的是费尔巴哈在人类学，而不是唯物主义研究方面所留下的遗产。

在《关于费尔巴哈的提纲》中，马克思转而批判费尔巴哈的哲学思想，尤其是他关于人的思想："费尔巴哈没有看到，'宗教感情'本身是社会的产物，而他所分析的抽象的个人，是属于一定的社会形式的。"[③] 在《德意志意识形态》(1845—1846)中，马克思进一步批评道："费尔巴哈谈到的是'人自身'，而不是'现实的历史的人'。"[④] 尽管成熟时期的马克思批判了费尔巴哈的人类学思想，但他肯定，费尔巴哈解读德国古典哲学遗产的方向是正确的。正是基于这样的思考，马克思指出："我们

---

① 《马克思恩格斯全集》第 2 卷，人民出版社 1957 年版，第 177 页。
② 同上书，第 177 页。
③ 《马克思恩格斯选集》第 1 卷，人民出版社 1995 年版，第 56 页。
④ 《马克思恩格斯全集》第 3 卷，人民出版社 1960 年版，第 48 页。

的出发点是从事实际活动的人。"①而在马克思所憧憬的未来共产主义社会中,"每个人的自由发展是一切人的自由发展的条件"②,这里实际上涉及马克思后来提出的"个人全面发展"③的理论。在某种意义上,马克思哲学归根到底是一种解放全人类的学说。这就深刻地启示我们,马克思一直把人的问题理解为德国古典哲学基本的遗产之一。

## (二)市民社会

在德国古典哲学家的视野里,人既是自然存在物,更是社会存在物。正是这一共识引起了他们对社会问题的普遍兴趣,焦点则是市民社会。在德国古典哲学的肇始人康德那里,市民社会乃是他最重视的话题之一。在《世界公民观点之下的普遍历史观念》(1784)一文中,他就为人类提出了这样的使命:"大自然迫使人类去加以解决的最大问题,就是建立起一个普遍法治的市民社会。"④在康德看来,这正是人类在政治生活中追求的伟大理想。在黑格尔的《法哲学原理》(1821)中,市民社会是作为家庭和国家之间的中间环节而出现的,它的地位是如此之重要,以致黑格尔这样写道:"整个市民社会是中介的基地;在这一基地上,一切癖性、一切秉赋、一切有关出生和幸运的偶然性都自由地活跃着;又在这一基地上一切激情的巨浪,汹涌澎湃,它们仅仅受到向它们放射光芒的理性的节制。"⑤在黑格尔看来,市民社会正是市民实际生活的领地,它作为各种需要的整体,具有如下的特征:"在市民社会中,每个人都以自身为目的,其他一切在他看来都是虚无。但是,如果他不同别人发生关系,他就不能达到他的全部目的,因此,其他人便成为特殊的人达到目的的手段。"⑥与康德不同,黑格尔从英国古典经济学那里获得了观察社会问题的灵感,从而把康德关于"人是目的"的观点现实化了。

---

① 《马克思恩格斯全集》第 3 卷,人民出版社 1960 年版,第 30 页。
② 《马克思恩格斯选集》第 1 卷,人民出版社 1995 年版,第 294 页。
③ 《马克思恩格斯全集》第 46 卷(上),人民出版社 1979 年版,第 104 页。
④ [德]康德:《历史理性批判文集》,何兆武译,商务印书馆 1990 年版,第 8 页。
⑤ [德]黑格尔:《法哲学原理》,范扬、张企泰译,商务印书馆 1961 年版,第 197—198 页。
⑥ 同上书,第 197 页。

马克思高度重视德国古典哲学家，尤其是黑格尔关于市民社会的理论。在《黑格尔法哲学批判》(1843)中，马克思以很大的篇幅摘录并评论了黑格尔的市民社会理论，揭示了其唯心主义的特征。在《论犹太人问题》(1843)一文中，马克思指出："物质生活这种自私生活的一切前提正是作为市民社会的特性继续存在于国家范围以外，存在于市民社会。……在这个社会中，人作为私人进行活动，把别人看做工具，把自己也降为工具，成为外力随意摆布的玩物。"①这段论述仍体现出黑格尔观点的影响。在《关于费尔巴哈的提纲》中，马克思把市民社会作为"旧唯物主义的立脚点"，而把"人类社会或社会的人类"作为"新唯物主义的立脚点"。在《德意志意识形态》中，马克思进一步指出："在过去一切历史阶段上受生产力所制约、同时也制约生产力的交往形式，就是市民社会。……这个市民社会是全部历史的真正发源地和舞台。"②马克思开始以自己的语言来规定市民社会概念的内涵，并赋予它以极其重要的地位。

值得注意的是，当马克思在《德意志意识形态》中初步叙述自己的历史唯物主义理论时，市民社会无疑成了这一新历史观的核心概念："这种历史观就在于：从直接生活的物质生产出发来考察现实的生产过程，并把与该生产方式相联系的、它所产生的交往形式，即各个不同阶段上的市民社会，理解为整个历史的基础；然后必须在国家生活的范围内描述市民社会的活动，同时从市民社会出发来阐明各种不同的理论产物和意识形式，如宗教、哲学、道德等等，并在这个基础上追溯它们产生的过程。"③这也印证了我们上面叙述过的观点，即从费尔巴哈的直观唯物主义出发，是引申不出历史唯物主义结论的，正如马克思早已告诫我们的："直观的唯物主义，即不是把感性理解为实践活动的唯物主义至多也只能达到对单个人和市民社会的直观。"④从上面的论述可以发现，市

---

① 《马克思恩格斯全集》第 1 卷，人民出版社 1956 年版，第 428 页。
② 《马克思恩格斯全集》第 3 卷，人民出版社 1960 年版，第 40—41 页。
③ 同上书，第 42—43 页。
④ 《马克思恩格斯选集》第 1 卷，人民出版社 1995 年版，第 56—57 页。

民社会概念乃是德国古典哲学遗产的根本性的内容之一。

## (三)实践

深受希腊哲学,尤其是亚里士多德哲学影响的德国古典哲学家都十分重视实践问题。康德把理性区分为"思辨理性"和"实践理性"。在《判断力批判》(1790)中,他进一步提出了"两种实践"的概念:一种是"遵循自然概念的实践",即人们运用思辨理性认识自然、改造自然的活动;另一种是"遵循自由概念的实践",即人们在实践理性指导下的道德活动。在康德看来,实践理性优于思辨理性,"因为一切关切归根到底都是实践的,甚至思辨理性的关切也仅仅是有条件的,只有在实践的应用中才是完整的"[①]。在康德的批判哲学中,尽管"遵循自由概念的实践",即人们的道德活动拥有更高的位置,但一方面,空洞的义务使它具有形式主义和主观主义的特征;另一方面,它与人们认识自然、改造自然的实践活动又是相分离的。如果说,费希特也像康德一样,满足于谈论单纯义务的、形式主义的道德实践活动,那么,黑格尔则通过对英国古典经济学的深入研究,把自己的注意力转向基础性的实践活动,即劳动。在《伦理体系》(1802—1803)、《实在哲学》(1803—1806)、《精神现象学》(1807)等著作中,黑格尔对劳动的本质、劳动过程中出现的异化等现象作出了深刻的剖析。

马克思对康德哲学做了高度的评价,把它称为"法国革命的德国理论"[②]并强调,"18世纪末德国的状况反映在康德的'实践理性批判'中"[③]。但马克思不赞成康德把实践窄化为道德活动,窄化为关于"善良意志"的空洞的说教。事实上,由于康德只是从单纯道德行为的角度去理解法国资产阶级自由主义的实践活动,"因此当这种强有力的资产阶级自由主义的实践以恐怖统治和无耻的资产阶级钻营的形态出现的时

---

① [德]康德:《实践理性批判》,韩水法译,商务印书馆1999年版,第133页。
② 《马克思恩格斯全集》第1卷,人民出版社1956年版,第100页。
③ 《马克思恩格斯全集》第3卷,人民出版社1960年版,第211页。

候，德国小资产者就在这种资产阶级自由主义的实践面前畏缩倒退了"①。在马克思看来，尽管康德高扬了实践理性的重要性，但他对实践的理解仍然打着软弱的德国小资产阶级的烙印。

马克思也高度评价了黑格尔的《精神现象学》，认为"其最后成果——作为推动原则和创造原则的否定性的辩证法——的伟大之处首先在于，黑格尔把人的自我产生看作一个过程，把对象化看作失去对象，看作外化和这种外化的扬弃；因而，他抓住了劳动的本质，把对象性的人，现实的因而是真正的人理解为他自己的劳动的结果"②。在黑格尔的语境中，尽管"劳动"只是"抽象的精神劳动"的代名词，但他考察实践问题的独特视角对马克思产生了巨大的影响。马克思既不赞成康德把道德实践活动与人们认识、改造自然的实践活动割裂开来并对立起来，也不赞成黑格尔只是在"抽象的精神劳动"的层面上谈论劳动这一实践的基本形式。他写道："从前的一切唯物主义（包括费尔巴哈的唯物主义）的主要缺点是：对对象、现实、感性，只是从客体的或者直观的形式去理解，而不是把它们当作感性的人的活动，当作实践去理解，不是从主体方面去理解。"③也就是说，在观察、思考一切社会现象时，马克思都把"实践"与"直观"对立起来，把"感性的人的活动"与"抽象的思辨"对立起来。马克思不仅把实践理解为全部社会生活的本质，理解为检验任何理论是否具有真理性的标准，而且也把它理解为自己的哲学与一切传统的哲学之间的分水岭。马克思甚至把自己的哲学称为"实践唯物主义"。

我们发现，马克思主要是沿着以下两个方向来改造并提升实践概念的。一方面，他远比黑格尔深入地研究了英国古典经济学，揭示出实践的基本形式——生产劳动在人类生存活动和世界历史发展中的作用，提出了"异化劳动"的重要概念，分析了"异化劳动"引起的种种后果，主张通过共产主义革命，废除私有制，扬弃异化，达到人性的复归。另一方

---

① 《马克思恩格斯全集》第 3 卷，人民出版社 1960 年版，第 213—214 页。
② 《马克思恩格斯全集》第 42 卷，人民出版社 1979 年版，第 163 页。
③ 《马克思恩格斯选集》第 1 卷，人民出版社 1995 年版，第 54 页。

面，与康德、费希特不同，他并不满足于抽象的道德说教和纯粹义务论式的道德实践活动，而是在统一的实践概念中抉出了社会革命这一重要的维度，并主张："……实际上和对实践唯物主义者，即共产主义者说来，全部问题都在于使现存世界革命化，实际地反对和改变事物的现状。"①这就极大地丰富了德国古典哲学家关于实践概念的内涵，使之脱离了德国小资产阶级自由主义的狭隘眼界。②

所有这些论述都表明，在马克思的理论视野中，实践问题乃是德国古典哲学的最基本的遗产之一。当恩格斯把纯粹思想领域，即逻辑与辩证法理解为德国古典哲学的唯一遗产时，他没有考虑到，除了辩证法，逻辑范畴归根到底也是实践活动的产物。正是列宁深刻地揭示出"逻辑的范畴与人的实践"之间的始源性关系："对黑格尔说来，行动、实践是逻辑的'推理'，逻辑的格。这是对的！当然，这并不是说逻辑的格以人的实践作为它自己的异在(＝绝对唯心主义)，相反地，人的实践经过千百次的重复，它在人的意识中以逻辑的格固定下来。这些格正是(而且只是)由于千百万次的重复才有着先入之见的巩固性和公理的性质。"③

由此可见，用费尔巴哈的直观唯物主义去改造并提升黑格尔的辩证法是徒劳无功的，唯有引入实践唯物主义，这种改造和提升才真正变得可能。历史唯物主义的划时代的革命集中体现在对哲学基础的改造上，而不是通过把辩证法嫁接到直观的唯物主义基础上就可以完成的。

**(四)自在之物**

如果说，实践作为人的感性的活动，可以被人们直接地观察到、感受到，那么，"自在之物"在康德的语境中却是不可知的超验对象。解读

① 《马克思恩格斯全集》第 3 卷，人民出版社 1960 年版，第 48 页。
② 参阅俞吾金：《论马克思对西方哲学传统的扬弃：兼论马克思的实践、自由概念与康德的关系》，《中国社会科学》2001 年第 3 期；《如何理解马克思的实践概念——兼答杨学功先生》，《哲学研究》2002 年第 11 期。
③ 列宁：《哲学笔记》，人民出版社 1956 年版，第 233 页。

自在之物是康德以来的德国哲学家的共同课题，而他们的解读也构成了德国古典哲学的基本遗产之一。只有马克思才最终揭示出它的秘密。

在康德那里，自在之物的概念具有三种含义：第一，作为感性刺激的来源；第二，作为知性认识的界限；第三，作为实践理性，即人的意志的范导性原则。康德之后，费希特试图从以自我为基础的知识学出发，消除康德的自在之物的概念；谢林和黑格尔则分别以"绝对"和"绝对精神"的概念取代自在之物。对于谢林来说，"绝对"可以通过理智直观加以把握；对于黑格尔来说，"绝对精神"则唯有通过辩证思维才能加以把握。费希特、谢林和黑格尔的共同点是从传统的知识论视角出发去超越康德。他们的着眼点是思辨理性及自在之物的前两个含义。①

这种解读方式也对恩格斯产生了重大的影响。在《出路》中，恩格斯这样写道："既然我们自己能够制造出某一自然过程，按照它的条件把它生产出来，并使它为我们的目的服务，从而证明我们对这一过程的理解是正确的，那么康德的不可捉摸的'自在之物'就完结了。……'自在之物'就变成为我之物了。"②像费希特、谢林和黑格尔一样，恩格斯也忽视了康德的自在之物的第三个含义。其实，正如我们在前面已经指出过的那样，既然康德把实践理性置于思辨理性之上，那么，在他那里，自在之物的第三个含义就显得尤为重要了。

叔本华不属于恩格斯语境中的德国古典哲学家，但他却在理解康德的自在之物概念的本质含义上迈出了重要的一步。在他看来，康德的自在之物就是普遍的宇宙意志，在人的身上则体现为生存意志。③ 可见，叔本华对自在之物的解读超越了单纯知识论的视角，把问题的答案引回到人的生存活动中。但叔本华还没有真正地破解自在之物的秘密。康德

---

① 参见俞吾金：《马克思本体论研究中的一些基本概念》，《哲学动态》2001 年第 10 期。
② 《马克思恩格斯选集》第 4 卷，人民出版社 1995 年版，第 225—226 页。
③ 参见［德］文德尔班：《哲学史教程》下卷，罗达仁译，商务印书馆 1993 年版，第 811—812 页。

的自在之物是为实践理性或意志提供范导原则的，但它本身并不是意志，而是隐藏在意志背后的某种存在物，至于这种存在物是什么，康德认为是不可知的；虽然叔本华把意志理解为世界的本质，但他并没有从人们的现实生活出发来展示意志发生作用的基本方式，自在之物的意义仍然是蔽而不明的。

正是马克思，从经济哲学研究视角出发，彻底解开了康德的自在之物的秘密。与叔本华片面地强调意志自由不同，马克思认为："不管是康德或德国市民（康德是他们的利益的粉饰者），都没有觉察到资产阶级的这些理论思想是以物质利益和由物质生产关系所决定的意志为基础的。因此，康德把这种理论的表达与它所表达的利益割裂开来，并把法国资产阶级意志的有物质动机的规定变为'自由意志'、自在和自为的意志、人类意志的纯粹自我规定，从而就把这种意志变成纯粹思想上的概念规定和道德假设。"①在马克思看来，意志并非完全自由的，它起作用的基本方式是生产劳动，而生产劳动又是以"物质生产关系"为基础的。正是这种看不见摸不着的社会生产关系在康德的哲学语言中被神秘化了，成了神秘主义的、不可知的自在之物。

马克思指出，在现代社会，生产过程中的一切要素都是以商品的形式存在的。商品就是"物"在现代社会中的存在方式，也是一切生产劳动得以展开的条件。马克思认为，商品作为"物"既是自然的物（使用价值），也是社会的物（交换价值）。在现代社会中，人们作为交换价值的生产者而存在，自然而然会产生一种幻觉，把"物"的社会属性误解为它的自然属性："例如，用木头做桌子，木头的形状就改变了。可是桌子还是木头，还是一个普通的可以感觉的物。但是桌子一旦作为商品出现，就变成一个可感觉而又超感觉的物了。它不仅用它的脚站在地上，而且在对其他一切商品的关系上用头倒立着，从它的木脑袋里生出比它

---

① 《马克思恩格斯全集》第3卷，人民出版社1960年版，第213页。

自动跳舞还奇特得多的狂想。"①马克思把这种现象称为"商品的拜物教性质",认为,正是隐藏在生产劳动与之打交道的"物"背后的社会生产关系导致了现代社会普遍存在的"拜物教"现象。②

这样马克思就彻底地解开了自在之物的谜底,即康德以为超验的、神秘的、不可知的自在之物实际上正是隐藏在生产劳动与之打交道的、作为商品的"物"背后的社会生产关系。这种社会生产关系是看不见摸不着的,唯有通过对"商品拜物教"的批判,完成对作为商品的"物"的去超验化、去神秘化和去不可知化,它才会显现出来。此外,成为实践理性的范导原则的,也不是康德意义上的自在之物——上帝、自由和灵魂不朽,而是社会生产关系。正如马克思所说的:"在一切社会形式中都有一种一定的生产决定其他一切生产的地位和影响,因而它的关系也决定其他一切关系的地位和影响。这是一种普照的光,它掩盖了一切其他色彩,改变着它们的特点。这是一种特殊的以太,它决定着它里面显露出来的一切存在的比重。"③

由上可见,自在之物乃是德国古典哲学的基本遗产和核心谜语。显然,在单纯知识论的语境中,把自在之物溶解在为我之物中是容易的,但关键在于揭示自在之物在实践理性中的范导作用。正是马克思解答了这个谜语,从而实质性地改造并提升了德国古典哲学的研究成果。

### (五)历史意识

在解读自在之物的秘密时,我们已经指出,这一秘密是在现代社会(这一确定的历史时期)的生产关系中显露出来的。这实际上暗含着下面的见解,即历史意识也是德国古典哲学的基本遗产之一。马克思对它的

---

① 马克思:《资本论》第 1 卷,人民出版社 1975 年版,第 87—88 页。在《资本论》第 2 卷中,马克思以更明确的口吻指出:"这种拜物教把物在社会生产过程中获得的社会的经济的性质,变为一种自然的、由这些物的物质本性产生的性质。"参阅《资本论》第 2 卷,人民出版社 1975 年版,第 252 页。

② 参见俞吾金:《物、价值、时间和自由》,《哲学研究》2004 年第 11 期。

③ 《马克思恩格斯全集》第 46 卷(上册),人民出版社 1979 年版,第 44 页。

重视可在他的名言"我们仅仅知道一门唯一的科学，即历史科学"①中得到了充分的印证。何况，历史唯物主义是马克思的划时代的理论贡献之一。

在《世界公民观点之下的历史观念》一文中，康德指出："无论人们根据形而上学的观点，对于意志自由可以形成怎么样的一种概念，然而它那表现，即人类的行为，却正如任何别的自然事件一样，总是为普遍的自然律所决定的。历史学是从事于叙述这些表现的；不管它们的原因可能是多么地隐蔽，但历史学却能使人希望：当它考察人类意志自由的作用的整体时，它可以揭示出它们有一种合乎规律的进程，并且就以这种方式而把从个别主体上看来显得是杂乱无章的东西，在全体的物种上却能够认为是人类原始的秉赋之不断前进的、虽则是漫长的发展。"②这段重要的论述包含着康德的两个基本观点：一是人类历史的发展服从自然律；二是从总体上看，人类社会是沿着进步的方向发展。黑格尔进一步把人类历史理解为理性和情欲不断冲突的过程，并肯定"理性的机巧"主宰着历史，即"这种理性的活动一方面让事物按照它们自己的本性，彼此互相影响，互相削弱，而它自己并不直接干预其过程，但同时却正好实现了它自己的目的"③。显然，"理性的机巧"的观点肯定了历史运动的规律性，及其目的性。

使辩证法重新融入人类历史中去，成为历史唯物主义语境中的历史辩证法，是马克思对德国古典哲学，特别是黑格尔哲学所蕴含的历史意识的批判性继承和革命性转变。马克思的历史辩证法的主要观点如下。

第一，从现实历史的基础出发来解释观念。马克思写道："这种历史观和唯心主义历史观不同，它不是在每个时代中寻找某种范畴，而是始终站在现实历史的基础上，不是从观念出发来解释实践，而是从物质

---

① 《马克思恩格斯全集》第 3 卷，人民出版社 1960 年版，第 20 页注①。
② [德]康德：《历史理性批判文集》，何兆武译，商务印书馆 1990 年版，第 1 页。
③ [德]黑格尔：《小逻辑》，贺麟译，商务印书馆 1980 年版，第 394 页。

实践出发来解释观念的东西。"①在马克思看来，观念的一切形式和产物不是可以用精神的批判来消灭的，只有通过革命，推翻产生这些观念的现实的社会关系，才能消灭这些观念。显然，这里涉及的是历史辩证法对现实历史发展的动力机制的理解。

第二，社会经济形态的发展是一个自然历史过程。马克思指出："无论哪一个社会形态，在它所能容纳的全部生产力发挥出来以前，是决不会灭亡的；而新的更高的生产关系，在它的物质存在条件在旧社会的胎胞里成熟以前，是决不会出现的。所以人类始终只提出自己能够解决的任务，因为只要仔细考察就可以发现，任务本身，只有在解决它的物质条件已经存在或者至少是在生成过程中的时候，才会产生。"②这里涉及历史辩证法对现实历史发展规律的认可和对历史主体的能动性的限定。

第三，只有理解现在，才能正确地解释过去。马克思告诉我们："人体解剖对于猴体解剖是一把钥匙。反过来说，低等动物身上表露的高等动物的征兆，只有在高等动物本身已被认识之后才能理解。"③因此，资本主义的经济只有在当代资本主义社会开始自我批判时，才能理解封建的、古代的和东方的经济。当然，这种自觉地从现在的生活本质出发去理解过去的方法也是有限度的，即它必须承认不同历史时期的差别，决不能用现在去改铸过去。这里涉及历史辩证法中的核心观念，即历史性的观念。按照这种观念，一个不能正确地把握现在的生活本质的人，是不可能对过去作出合理的解释的。

第四，历史结构优先于历史次序。马克思指出："把经济范畴按它们在历史上起决定作用的先后次序来排列是不行的，错误的。它们的次序倒是由它们在现代资产阶级社会中的相互关系决定的，这种关系同表现出来的它们的自然次序或者符合历史发展的次序恰好相反。问题不在

---

① 《马克思恩格斯全集》第 3 卷，人民出版社 1960 年版，第 43 页。
② 《马克思恩格斯选集》第 2 卷，人民出版社 1995 年版，第 33 页。
③ 《马克思恩格斯全集》第 46 卷（上册），人民出版社 1979 年版，第 43 页。

于各种经济关系在不同社会形式的相继更替的序列中在历史上占有什么地位，更不在于它们在'观念上'（蒲鲁东）（在历史运动的一个模糊表象中）的次序。而在于它们在现代资产阶级社会内部的结构。"①这里涉及历史辩证法对现代社会结构的优先性的认可。历史辩证法不是对历史起点和历史过程的抽象崇拜，而是对现代社会结构的先行的、深入的考量和把握。

总之，不应把辩证法从社会历史中剥离出来作为德国古典哲学的遗产。其实，历史意识和历史辩证法才是德国古典哲学的基本遗产之一，而马克思用历史唯物主义理论改造了它。

**（六）自由**

正是基于上面提到的深刻的历史意识，德国古典哲学家几乎无例外地把自由理解为理性追求的最高目标，而马克思也把自由理解为德国古典哲学的基本遗产之一。

康德认为，思辨理性涉及自然规律或自然必然性，属于现象的范围；而实践理性则涉及自由，属于自在之物的范围。人既属于现象领域（在时空中），又属于自在之物的领域（超越经验和时空）："事实上，人的行为，在他属于时间之中的人的规定的时候，不但是作为现象的人的规定，而且是作为物自身的人的规定，那么自由便会是无法拯救的了。人就会是由至上匠师制做和上紧发条的一个木偶或一架沃康松式的自动机。"②在康德看来，当人面对自然必然性时，是不应该谈论自由的，因为"在现象里面，任何东西都不能由自由概念来解释，而在这里自然的机械作用必须始终构成向导"③。自由只能在自在之物的领域，即涉及社会关系和人的意志时才能谈论。显然，在康德这里，自然必然性与自由被分离开来并尖锐地对立起来了。

黑格尔认为："这种不包含必然性的自由，或者一种没有自由的单

---

① 《马克思恩格斯全集》第 46 卷（上册），人民出版社 1979 年版，第 45 页。

① 《马克思恩格斯全集》第 46 卷（上册），人民出版社 1979 年版，第 45 页。
② ［德］康德：《实践理性批判》，韩水法译，商务印书馆 1999 年版，第 110 页。
③ 同上书，第 30 页。

纯必然性，只是一些抽象而不真实的观点。自由本质上是具体的，它永远自己决定自己，因此同时又是必然的。"①自由和必然并不是对立的，自由是对必然的认识。正是在这个意义上，黑格尔强调，随着人类历史的发展，人们不仅加深了对历史必然性的认识，其自由意识也变得越来越强烈。

在黑格尔对康德的自由观的推进中，仍然存在着被疏忽的方面，即黑格尔在探讨自由与必然的关系时，并没有自觉地从"必然"概念中区分出"自然必然性"和"历史必然性"。他主要把自由理解为对历史必然性的认识。由于康德谈论的是自由与自然必然性的分离和对立，所以他的观点并没有得到认真的对待。正因为如此，恩格斯在《反杜林论》中这样写道："黑格尔第一个正确地叙述了自由和必然之间的关系。在他看来，自由是对必然的认识……自由不在于幻想中摆脱自然规律而独立，而在于认识这些规律，从而能够有计划地使自然规律为一定的目的服务。"②可见，恩格斯并没有正视康德自由观提出的极为尖锐的问题：如果在现象的范围内认识了自然必然性或自然规律，人就达到了自由，人岂不会蜕变成"上紧发条的一个木偶或一架沃康松式的自动机"？实际上只有当一个人的行为涉及生命、情感、信仰、责任、善恶、良知等问题时，才触及真正意义上的自由。

马克思对自由问题的关注一开始就立足于人类社会，立足于人与人的关系。众所周知，马克思的《博士论文》(1840—1841)通过对伊壁鸠鲁的原子偏斜说的肯定，张扬了自我意识和自由的伟大力量；在其第一篇政论文章《评普鲁士最近的书报检查令》(1842)中，马克思在批判普鲁士政府的"虚伪自由主义"的倾向时，曾经尖锐地指出："没有色彩就是这种自由唯一许可的色彩。"③成熟时期的马克思，在历史唯物主义的基础上，通过对生产劳动中必要劳动时间与剩余劳动时间之间的结构关系的

---

① ［德］黑格尔：《小逻辑》，贺麟译，商务印书馆1980年版，第105页。
② 《马克思恩格斯选集》第3卷，人民出版社1995年版，第455页。
③ 《马克思恩格斯全集》第1卷，人民出版社1956年版，第7页。

分析和现实生活中劳动时间与闲暇时间之间的结构关系的分析，肯定时间是自由得以展示的地平线，而缩短工作日则是人类获得普遍自由的根本条件。马克思的自由观进一步深化了德国古典哲学家，尤其是黑格尔关于自由问题的见解。

总之，在马克思的理论视野中，人、市民社会、实践、自在之物、历史意识和自由等要素构成了德国古典哲学的基本遗产。诚然，马克思也十分重视蕴含在德国古典哲学，尤其是黑格尔哲学中的辩证法思想，马克思总是把辩证法融进历史唯物主义的视角中，马克思谈论的是历史辩证法。所以，在叙述马克思对德国古典哲学遗产的理解时，我们并没有专门立出"辩证法"一项，而是把它置于上面提到的所有的要素，尤其是"历史意识"的平台上来展开。可见，正是马克思恢复了德国古典哲学遗产的丰富内涵。


# 三、重新理解德国古典哲学遗产的意义

马克思的解读方式启示我们，重新理解德国古典哲学遗产，具有极为重要的理论意义。

首先，它启示我们，必须恢复德国古典哲学遗产的丰富内涵。在传统的马克思主义哲学教科书体系中，德国古典哲学的遗产被简单化、贫乏化了，而片面重视当代西方哲学、轻视近代西方哲学的倾向，又进一步加剧了人们对德国古典哲学的忽视。事实上，从康德到黑格尔的德国古典哲学家，既是传统哲学史的集大成者，又对当代西方哲学的演化产生了巨大的影响。他们的承上启下的作用是无法抹杀的。只有认真地探索德国古典哲学，消化并吸纳其丰富的思想资源和哲学遗产，才能拓宽我们的理论视野，对当代西方哲学作出更深入、更合理的阐释。

其次，它启示我们，马克思与德国古典哲学的关系、费尔巴哈与德国古典哲学的关系、后德国古典哲学时期中马克思与费尔巴哈的关系等，仍然是有待深入探究的重要理论问题。在传统的马克思主义哲学教科书中，对这些关系问题存在着片面理解和误解，还有大量的正本清源的工作需要付诸实行，而目前的学科分类方法，即把马克思主义哲学史与近代西方哲学史分离开来进行研究的方法，无助于对上述问题的深入探讨，必须进行跨领域的研究。

最后，它启示我们，对马克思哲学本质的理解，在某种意义上取决于我们对德国古典哲学遗产的解读。马克思的解读方法提示我们，马克思关注的并不是纯粹思想的领域，而是社会现实问题，所以他把人、市民社会、实践、自在之物、历史意识和自由理解为德国古典哲学的基本遗产。马克思主要是通过对现实斗争的参与和对政治经济学的深入研究，从黑格尔的历史唯心主义直接转化为历史唯物主义的。费尔巴哈的唯物主义在马克思创立历史唯物主义的过程中没有起过根本性的、决定性的作用。真正对马克思青年时期的思想产生过比较深刻影响的是费尔巴哈的人本主义学说。这一学说作为德国古典哲学的出路之一，强调神学的本质是人类学，从而在一定程度上启发马克思从宗教批判转向对现实生活的批判。然而，马克思很快就从理论上与费尔巴哈分道扬镳了。历史唯物主义这一划时代的新哲学观的创立，使马克思的理论视野远远地超越了包括费尔巴哈在内的一切旧唯物主义者。

在这个意义上可以说，传统的马克思主义哲学教科书谈论的"合理内核"（黑格尔的辩证法）＋"基本内核"（费尔巴哈的唯物主义）＝唯物辩证法或辩证唯物主义（马克思哲学）的结论是不确切的，因为马克思从来没有返回到费尔巴哈的立场上去。事实上，马克思在《关于费尔巴哈的提纲》的第一条中就已阐明他的唯物主义与包括费尔巴哈在内的一切旧唯物主义之间的根本差别。马克思的历史唯物主义的创立乃是哲学基础理论研究中的一个划时代的、伟大的事件。在马克思的新哲学观中，唯物主义的基础不再是抽象的物质或自然界，而是人的社会实践活动；这一新哲学观所蕴含的认识论不再着眼于对对象、现实和感性的直观，而是着眼于对人的实践活动这一前提的考察。在我们看来，马克思哲学的本质就是历史唯物主义。也就是说，历史唯物主义不是只适用于历史领域的某种实证性的理论，而是一个完整的世界观，它完全可以涵盖对人类社会、自然界（或物质）和人的思维活动等一切现象的哲学解释。

　　总之，只有通过对德国古典哲学遗产的重新解读，充分揭示出这一遗产的丰富内涵，马克思哲学的本真精神才可望得到恢复。

# 马克思哲学研究中的三个问题①
## ——兼答段忠桥教授

拙著《重新理解马克思——对马克思哲学的基础理论和当代意义的反思》(北京师范大学出版社 2005 年 1 月出版,以下简称《重新理解马克思》)问世后,在学术界引起了一定的反响。其中赞扬者有之,批评者也有之。段忠桥教授撰写的《对俞吾金教授"重新理解马克思"的三点质疑》(以下简称(《质疑》)②可以说是批评者文章中较具代表性的一篇。因为他的《质疑》也涉及如何准确地理解马克思哲学研究中的若干基础性理论问题,所以笔者愿意就这些问题进一步阐明自己的见解,以回应段忠桥教授。

## 一、马克思哲学与恩格斯哲学的关系

在对马克思哲学与恩格斯哲学关系的理解

---

① 原载《学术月刊》2006 年第 4 期。收录于俞吾金:《传统重估与思想移位》,黑龙江大学出版社 2007 年版,第 377—396 页。——编者注

② 段忠桥:《对俞吾金教授"重新理解马克思"的三点质疑》,《学术月刊》2006 年第 4 期。

上，历来存在着两种不同的见解。一种是"等同论"，认为马克思与恩格斯的哲学思想是完全一致的，不存在任何差异。从苏联到目前中国大陆的哲学教科书基本上都坚持这一见解。另一种是"对立论"，认为恩格斯与马克思在哲学思想上是对立的。某些西方马克思主义者坚持这一见解。笔者不同意上述两种见解。笔者提出的第三种见解是"差异论"，认为马克思和恩格斯虽然都把自己的哲学理解为历史唯物主义，但在对历史唯物主义的内涵及一系列具体问题的理解上却存在着差异。①

青年恩格斯发表的《英国工人阶级状况》和《政治经济学批判大纲》曾对马克思产生过很大的影响。同样，恩格斯在与马克思接触并建立了诚挚的友谊后，也深受马克思的影响。有些著作，如《神圣家族》《德意志意识形态》《共产党宣言》等，是马克思和恩格斯合著的；也有的著作如《反杜林论》，在付印之前恩格斯曾把全部书稿念给马克思听过。马克思于 1883 年逝世后，恩格斯也主动承担起替马克思整理和出版遗稿的工作。所有这一切都表明，马克思与恩格斯的关系是十分密切的，他们对不少理论问题和现实问题的看法也是一致的。然而，这种大体上的一致性并不表明，他们的哲学思想之间不存在任何差异。

就马克思和恩格斯合写的著作来说，一方面，合写表明他们对某些问题存在着共同的看法；另一方面，合写之所以是必要的，是因为他们在知识结构上存在着差异，所以通过合写，可以起到取长补短的作用。此外，常识告诉我们，任何两个人合写一部著作，并不等于他们在这部著作中论述的所有问题上见解都是完全一致的。退一万步说，即使在已经合写的著作中两个人的见解是完全一致的，也不能证明在他们各自独立署名的著作中他们的思想不存在任何差异。事实上，常识启示我们，就是同一个人，其思想在发展中也会发生差异。比如，成熟时期马克思

---

① 参见俞吾金：《运用差异分析方法研究马克思的学说》，《哲学动态》2004 年第 12 期。实际上，国际上也有一些学者对马克思和恩格斯的关系持"差异说"。参见特瑞尔·卡弗、张亮：《"马克思和恩格斯"，还是"恩格斯对马克思"：在东京弗里德里希·恩格斯国际研讨班上的演讲》，《江海学刊》2006 年第 1 期。

思想就与青年时期马克思思想存在着差异。如果连这样的差异也不承认，那除非假定，马克思一生下来就是一个成熟的思想家。既然一个人的思想在发展中会出现差异，两个人就更不用说了。

至于《反杜林论》，据恩格斯本人说："在付印之前，我曾把全部原稿念给他听，而且经济学那一编的第十章(《〈批判史〉论述》)就是由马克思写的，只是由于外部的原因，我才不得不很遗憾地把它稍加缩短。在各种专业上互相帮助，这早就成了我们的习惯。"①段忠桥教授也引述了恩格斯的这段论述，并发挥道："马克思本人了解《反杜林论》的全部内容，而且没有提出不同意见，这从另一个方面证明这本书并不存在与马克思思想不一致的地方。"但段教授的这一结论未免显得武断。恩格斯只是指出，他把《反杜林论》的全部书稿念给马克思听过，并没有提到马克思对他的书稿是否有意见。恩格斯没有提到这一点，并不能以此推出马克思对他的书稿没有任何意见的结论。否则，恩格斯接下去为什么会说："在各种专业上互相帮助，这早就成了我们的习惯。"这里说的"互相帮助"表明，至少恩格斯把书稿念给马克思听的动机就是想听取不同的意见。如果马克思在所有问题上的见解都与他是一致的，为什么他还要把自己的书稿念给马克思听呢？其实，念书稿这个行为本身就表明，连恩格斯本人也默认，他的思想和马克思的思想之间是有差异的。如果完全一致，恩格斯岂不是念给自己听就可以了？每一个认真阅读拙著《重新理解马克思》的人都会发现，笔者曾从不同的角度论述过马克思和恩格斯在哲学思想上的差异。这里不妨把一些主要的差异点罗列出来。

**(一)在对哲学研究出发点的理解上马克思与恩格斯的差异**

在《关于费尔巴哈的提纲》(以下简称《提纲》)中，马克思开宗明义地写道："从前的一切唯物主义(包括费尔巴哈的唯物主义)的主要缺点是：对对象、现实、感性，只是从客体的或者直观的形式去理解，而不是把

---

① 《马克思恩格斯选集》第 3 卷，人民出版社 1995 年版，第 347 页。

它们当作感性的人的活动，当作实践去理解，不是从主体方面去理解。"①这段话明确地告诉我们，马克思哲学的出发点是实践。在《提纲》的另一处，马克思又写道："全部社会生活在本质上是实践的。凡是把理论引向神秘主义的神秘东西，都能在人的实践中以及对这个实践的理解中得到合理的解决。"②马克思还尖锐地批判了直观的唯物主义，认为这种不把感性理解为实践活动的唯物主义至多只能达到对单个人和市民社会的直观。

马克思逝世后，恩格斯于1888年出版了《路德维希·费尔巴哈和德国古典哲学的终结》(以下简称《终结》)一书，并把马克思的上述提纲作为"包含着新世界观的天才萌芽的第一个文件"附在书后。有趣的是，正是在这部著作中，恩格斯提出了哲学基本问题，即思维对存在、精神对自然界的关系问题，并指出："凡是断定精神对自然界说来是本原的，从而归根到底承认某种创世说的人……组成唯心主义阵营。凡是认为自然界是本原的，则属于唯物主义的各种学派。"③显然，恩格斯是主张从唯物主义立场出发，即从对自然界的直观出发去探索哲学问题的。然而，这种在本体论上撇开人的实践活动，从对自然界的直观出发的探讨方式，岂不是以某种方式退回到马克思在《提纲》中所批评的旧唯物主义立场上去了吗？

诚然，在谈到思维与存在是否具有同一性这一认识论问题时，恩格斯在《终结》中也说过："对这些以及其他一切哲学上的怪论的最令人信服的驳斥是实践，即实验和工业。"④熟悉恩格斯著作的人也会告诉我们，在《自然辩证法》一书(1873—1886)中，恩格斯也说过："人的思维的最本质的和最切近的基础，正是人所引起的自然界的变化，而不单是

---

① 《马克思恩格斯选集》第1卷，人民出版社1995年版，第54页。
② 同上书，第56页。
③ 《马克思恩格斯选集》第4卷，人民出版社1995年版，第224页。
④ 同上书，第225页。

自然界本身，人的智力是按人如何学会改变自然界而发展的。"①尽管恩格斯在这里没有使用"实践"概念，但他所说的"人所引起的自然界的变化"正是反映人的实践活动。深入的考察表明，尽管恩格斯有时也使用"实践"概念，但与马克思仍然存在着差异。

第一，马克思首先是从本体论，其次是从认识论和方法论上来使用实践概念的，而恩格斯则在本体论、方法论②上仍然沿用了传统的直观唯物主义的方法，只是在认识论上使用了实践概念。即使在认识论上，恩格斯也常常借贷传统唯物主义的直观眼光。比如，在《自然辩证法》中，恩格斯写道："唯物主义的自然观不过是对自然界本来面目的朴素的了解，不附加任何外来的成分，所以它在希腊哲学家中间从一开始就是不言而喻的东西。"③显而易见，这里说的"不附加任何外来的成分"也包括撇开人的社会实践，只就自然界的本来面目去认识自然界。因而，马克思把自己的哲学理解为实践唯物主义，而恩格斯则通常谈论一般意义上的唯物主义，并偶尔使用实践概念。有鉴于此，施密特指出："值得注意的是：在恩格斯那里，被社会中介过的自然概念和独断的、形而上学的自然概念确实毫无联系地并存着。"④

第二，在马克思的理解中，实践的核心含义是革命斗争。正是在这个意义上，马克思指出："实际上，而且对实践的唯物主义者即共产主义者来说，全部问题都在于使现存世界革命化，实际地反对并改变现存的事物。"⑤而恩格斯则强调"实践，即实验和工业"，把实践概念的主要内涵划定在实验和工业的范围内。

---

①　恩格斯：《自然辩证法》，人民出版社 1971 年版，第 209 页。

②　恩格斯倡导的是"自然辩证法"，而马克思所倡导的则是"人化自然辩证法"。参见拙文《论马克思的人化自然辩证法》，载《寻找新的价值坐标》，复旦大学出版社 1995 年版，第 301—311 页。

③　恩格斯：《自然辩证法》，人民出版社 1971 年版，第 177 页。

④　[德]施密特：《马克思的自然概念》，欧力同、吴仲昉译，商务印书馆 1988 年版，第 4 页注③。

⑤　《马克思恩格斯选集》第 1 卷，人民出版社 1995 年版，第 75 页。

## (二)在对哲学发展趋势的理解上马克思与恩格斯的差异

在《提纲》中,马克思强调:"关于思维——离开实践的思维——的现实性或非现实性的争论,是一个纯粹经院哲学的问题。"①显然,在马克思看来,当下和未来的哲学所要关心的核心问题是与人的实践活动息息相关的。马克思的上述论述实际上蕴含着他对哲学发展趋势的见解,即哲学的使命不是去考察"离开实践的思维",而是应该始终把实践作为自己考察的中心。在马克思看来,人、人的实践、人道主义、人的异化和异化的扬弃、人的自由和解放将日益成为未来哲学的主题。

恩格斯则认为,哲学发展的趋势并不是围绕人和人的实践活动来展开的,它会自然而然地导向纯粹的思维活动。在《自然辩证法》中,恩格斯指出:"自然科学家满足于旧形而上学的残渣,使哲学还得以苟延残喘。只有当自然科学和历史科学接受了辩证法的时候,一切哲学垃圾——除了关于思维的纯粹理论——才会成为多余的东西,在实证科学中消失掉。"②显然,按照恩格斯的看法,未来哲学的发展,除了实证科学以外,在哲学研究领域里留下来的只是"关于思维的纯粹理论"。那么,恩格斯在这里说的"关于思维的纯粹理论"又是指什么呢?我们不妨结合他在《终结》中留下的那段著名论述来加以理解。在《终结》的结尾处,当恩格斯谈到马克思的历史唯物主义观点时,这样写道:"这种历史观结束了历史领域内的哲学,正如辩证的自然观使一切自然哲学都成为不必要的和不可能的一样。现在无论在哪一个领域,都不再要从头脑中想出联系,而要从事实中发现联系了。这样,对于已经从自然界和历史中被驱逐出去的哲学来说,要是还留下什么的话,那就只留下一个纯粹思想的领域:关于思维过程本身的规律的学说,即逻辑和辩证法。"③也就是说,恩格斯前面说的"关于思维的纯粹理论"和这里说的"只留下一个纯粹思想的领域"一样,指的是"逻辑和辩证法"。在恩格斯看来,

---

① 《马克思恩格斯选集》第1卷,人民出版社1995年版,第55页。
② 恩格斯:《自然辩证法》,人民出版社1971年版,第187—188页。
③ 《马克思恩格斯选集》第4卷,人民出版社1995年版,第257页。

与人的实践相关的只是自然和历史领域，而从这两个领域中被驱逐出去的哲学之所以是"一个纯粹思想的领域"，因为它与人的感性的社会实践是无涉的。如果将来的哲学果然只留下"一个纯粹思想的领域"，那么，人道主义、异化、人的自由和解放等问题又放到什么地方去讨论呢？

在马克思看来，与实践无涉的思维只能陷于"纯粹经院哲学"式的无谓争论中，而对恩格斯来说，这样的思维完全是可以独立存在的。其实，按照马克思的观点，恩格斯所说的、作为"纯粹思想的领域"的逻辑与辩证法归根到底也与人的实践有着千丝万缕的联系。在《巴黎手稿》中，马克思指出："黑格尔的《现象学》及其最后成果——作为推动原则和创造原则的否定性的辩证法——的伟大之处首先在于，黑格尔把人的自我产生看作一个过程，把对象化看作失去对象，看作外化和这种外化的扬弃；因而，他抓住了劳动的本质，把对象性的人、现实的因而是真正的人理解为他自己的劳动的结果。"①这段论述表明，马克思在理解黑格尔的辩证法时，始终把人的劳动看作辩证法的载体。同样，列宁在《黑格尔〈逻辑学〉一书摘要》中也写下了这样的评语："逻辑的范畴和人的实践"，并指出："人的实践活动必须亿万次地使人的意识去重复各种不同的逻辑的格，以便使这些格能够获得公理的意义。"②由此可见，马克思和恩格斯在如何看待哲学未来发展的问题上存在着明显的差异。

### (三)在对自然的理解上马克思与恩格斯的差异

马克思始终把自然理解为一个社会范畴。他强调，人并不以直观的方式面对自然，而是通过社会实践的媒介与自然发生关系的。在《1844年经济学哲学手稿》中，马克思提出了"人化的自然"的概念，并指出："被抽象地孤立地理解的、被固定为与人分离的自然界，对人说来也是无。"③在《德意志意识形态》(1845—1846)中，马克思在批判费尔巴哈对自然采取的直观态度时指出："他没有看到，他周围的感性世界决不是

---

① 《马克思恩格斯全集》第 42 卷，人民出版社 1979 年版，第 163 页。
② 列宁：《哲学笔记》，人民出版社 1956 年版，第 203 页。
③ 《马克思恩格斯全集》第 42 卷，人民出版社 1979 年版，第 178 页。

某种开天辟地以来就直接存在的、始终如一的东西，而是工业和社会状况的产物，是历史的产物，是世世代代活动的结果。……大家知道，樱桃树和几乎所有的果树一样，只是在数世纪之前由于商业才移植到我们这个地区。由此可见，樱桃树只是由于一定的社会在一定时期的这种活动才为费尔巴哈的'感性确定性'所感知。"①在马克思看来，人们始终是通过实践的媒介去认识自然的，而我们与之打交道的真正的自然实际上是经过世世代代的实践活动改造过的自然，要言之，即人化的自然。晚年马克思在《评阿·瓦格纳的〈政治经济学教科书〉》一文（1879—1880）中指出："在一个学究教授看来，人对自然的关系首先并不是实践的即以活动为基础的关系，而是理论的关系……但是，人们决不是首先'处在这种对外界物的理论关系中'。正如任何动物一样，他们首先是要吃、喝等等，也就是说，并不'处在'某种关系中，而是积极地活动，通过活动来取得一定的外界物，从而满足自己的需要，因而他们是从生产开始的。"②所有这些论述都表明，马克思从来不谈论与社会实践相分离的自然。

与马克思有差别的是，恩格斯认为，我们所要考察的乃是自然自身的运动。尽管恩格斯正确地批判了以沃尔夫为代表的神学目的论对自然的干预，但他在谈到当时的哲学时说："它——从斯宾诺莎一直到伟大的法国唯物主义者——坚持从世界本身说明世界，而把细节方面的证明留给未来的自然科学。"③一方面，恩格斯主张从自然本身说明自然，显然，这对于拒斥神学目的论来说是有积极意义的。但另一方面，既然恩格斯主张从自然本身来说明自然，也就是说，他不仅排除了神学目的论对自然的影响，也排除了其他一切目的活动（包括人的目的活动）对自然的影响。在《终结》中，恩格斯明确地指出："在自然界中（如果我们把人对自然界的反作用撇开不谈）全是没有意识的、盲目的动力，这些动力

---

① 《马克思恩格斯选集》第1卷，人民出版社1995年版，第76页。
② 《马克思恩格斯全集》第19卷，人民出版社1963年版，第405页。
③ 恩格斯：《自然辩证法》，人民出版社1971年版，第11页。

彼此发生作用，而一般规律就表现在这些动力的相互作用中。在所发生的任何事情中，无论在外表上看得出的无数表面的偶然性中，或者在可以证实这些偶然性内部的规律性的最终结果中，都没有任何事情是作为预期的自觉的目的发生的。相反，在社会历史领域内进行活动的，是具有意识的、经过思虑或凭激情行动的、追求某种目的的人；任何事情的发生都不是没有自觉的意图，没有预期的目的的。"①这段话之所以特别值得注意，因为在阐述自然与社会的区别时，恩格斯认为，可以"把人对自然界的反作用撇开不谈"。也就是说，恩格斯要像斯宾诺莎一样，撇开人的社会实践对自然的影响，就自然本身对自然作出说明。其实，恩格斯的自然辩证法也就是要撇开人的实践活动的媒介，对自然本身的辩证运动作出说明。

在马克思看来，只有以人的实践活动为媒介的"人化的自然界"才是现实的自然界，而在恩格斯看来，我们可以"把人对自然界的反作用撇开不谈"。这不正体现了他们在自然观上的思想差异了吗？

### (四)在对自由的理解上马克思与恩格斯的差异

我们知道，马克思是从本体论视角，即人与人之间的生存关系出发去思索自由问题的。拙文《物、价值、时间和自由》(载于《哲学研究》2004 年第 11 期)对马克思在自由问题上的思路进行了探讨。与传统哲学的思路不同，马克思的思路乃是经济哲学的思路。马克思并没有停留在对抽象的物质概念的论述上，他从抽象的物质下降到具体的物，而物在资本主义经济中的存在方式则是商品；商品具有使用价值(自然属性)和交换价值(社会属性)，商品的价值是由社会必要劳动时间决定的。对于从事生产劳动的工人来说，他的劳动时间可以区分为两个部分：一是生产自己工资的必要劳动时间，二是为资本家生产剩余价值的剩余劳动时间；自由是在时间的地平线上展开的，因此，工人争取自由的第一个口号是"缩短工作日"。当然，工人要获得长久的、真正的自由，就要以革

---

① 《马克思恩格斯选集》第 4 卷，人民出版社 1995 年版，第 247 页。

命的方式推翻旧的社会关系，建立新社会。马克思的自由观体现出他对资本主义条件下人与人关系的深刻的探索。

与马克思不同，恩格斯是从认识论的视角，即人对自然的求知关系出发去思索自由问题的。在《反杜林论》(1876—1878)中，恩格斯对自己的自由观作了经典性的说明："自由不在于幻想中摆脱自然规律而独立，而在于认识这些规律，从而能够有计划地使自然规律为一定的目的服务。……因此，意志自由只是借助于对事物的认识来作出决定的能力。因此，人对一定问题的判断越是自由，这个判断所具有的内容的必然性就越大；而犹豫不决是以不知为基础的，它看来好像是在许多不同的和相互矛盾的可能的决定中任意进行选择，但恰好由此证明它的不自由，证明它被正好应该由它来支配的对象所支配。因此，自由就在于根据对自然界的必然性的认识来支配我们自己和外部自然。"①

这段论述表明，第一，恩格斯完全是从认识论、从人认识自然规律的角度去理解自由问题的。他没有考虑到，只有在涉及生命、信仰、情感、友谊、爱情、罪过、良知、人的意志与社会历史规律等本体论关系时才会遭遇到真正的自由问题。而康德早已指出，人对自然必然性的认识是与自由无涉的。假如人对自然的认识越深入，就越自由，那么世界上最自由的就是自然科学家了。第二，"犹豫不决"是否一定以对自然规律的"不知"为前提呢？假定有一位德国科学家，希特勒下令要他制造原子弹，他很犹豫。但这种"犹豫不决"并不表明他对核物理缺乏的知识，而是因为他的良知和生命发生了冲突。他在思考：要不要替希特勒制造大规模的杀人武器？事实上，这样的犹豫反而表明他触及了真正的自由。

从上面四点比较中，可以清楚地看到，马克思和恩格斯在对某些理论问题的理解上存在着差异。有趣的是，段教授对马克思和恩格斯哲学之间的上述差异采取了视而不见的态度，却在《终结》中的一个注上大做

---

① 《马克思恩格斯选集》第3卷，人民出版社1995年版，第455—456页。

文章。正是在这个注中，恩格斯指出："我不能否认，我和马克思共同工作40年，在这以前和这个期间，我在一定程度上独立地参加了这一理论的创立，特别是对这一理论的阐发。但是，绝大部分基本指导思想（特别是在经济和历史领域内），尤其是对这些指导思想的最后的明确的表述，都是属于马克思的。我所提供的，马克思没有我也能够做到，至多有几个专门的领域除外。至于马克思所做到的，我却做不到。马克思比我们大家都站得高些，看得远些，观察得多些和快些。马克思是天才，我们至多是能手。没有马克思，我们的理论远不会是现在这个样子。所以，这个理论用他的名字命名是理所当然的。"①拙著《重新理解马克思》在引证了这个注后写道："按照恩格斯的说法，虽然他'在一定程度上独立地参加了这一理论的创立'，但主要是'对这一理论的阐发'。现在的问题是，恩格斯对马克思思想的阐发是否与马克思本人的思想之间存在着差异？毋庸讳言，在以往的研究中，这个问题本身就是一个禁区。"②可是，段教授却指责笔者"认为恩格斯不是马克思主义哲学的创立者之一而只是马克思思想的阐发者"。我不明白，他是没有看清楚笔者上面写的那段话，还是故意要加以曲解。

段忠桥教授还批评道："恩格斯说的对'这一理论的阐发'指的是对'由马克思和他共同创立的历史唯物主义'的阐发。然而，俞吾金教授却把恩格斯讲的'对这一理论的阐发'说成是'对马克思思想的阐发'，这是偷换概念。"我真不明白，段忠桥教授是否读懂了恩格斯的这个注。恩格斯在这个注中提到马克思时写道："所以，这个理论用他的名字命名是理所当然的。"也就是说，连恩格斯都认为，马克思的名字完全可以代表"这个理论"。何来"偷换概念"？莫非段教授是在指责恩格斯"偷换概念"？反过来，按照段教授的看法，假如不能用"马克思思想"代表"这一理论"，那么他是否怀疑马克思本人理论的正确性呢？

---

① 《马克思恩格斯选集》第4卷，人民出版社1995年版，第242页注一。

② 俞吾金：《重新理解马克思——对马克思哲学的基础理论和当代意义的反思》，北京师范大学出版社2005年版，第453页。

更不可思议的是，段忠桥教授竟指责我"将恩格斯排除于马克思主义哲学之外"。我倒要请问段教授，既然你反复强调马克思和恩格斯一起创立了历史唯物主义，为什么不提"马克思恩格斯主义"，而只提"马克思主义"呢？按你的说法，"马克思主义"这个提法岂不是把恩格斯排除出去了吗？实际上，难道不正是恩格斯自己主张要用马克思的名字来命名历史唯物主义吗？段教授究竟是批评恩格斯把自己"排除于马克思主义哲学之外"呢，还是认为马克思的名字不足以命名历史唯物主义呢？

段教授还引证了马克思在《〈政治经济学批判〉序言》中的一段话："自从弗里德里希·恩格斯批判经济学范畴的天才大纲（在《德法年鉴》上）发表以后，我同他不断通信交换意见，他从另一条道路（参看他的《英国工人阶级状况》）得出同我一样的结果，当1845年春他也住在布鲁塞尔时，我们决定共同阐明我们的见解与德国哲学的意识形态的见解的对立，实际上是把我们从前的哲学信仰清算一下。……在我们当时从这方面或那方面向公众表达我们见解的各种著作中，我只提出恩格斯与我合著的《共产党宣言》和我自己发表的《关于自由贸易问题的演说》。我们见解中有决定意义的论点，在我的1847年出版的为反对蒲鲁东而写的著作《哲学的贫困》中第一次作了科学的、虽然只是论战性的概述。"①

在引证了这段话后，段教授再次强调是马克思和恩格斯共同创立了历史唯物主义。其实，前面的论述已经表明，我从来也没有否认过这一点。我只是指出："如果我们要严格地使用'马克思主义的创始人'这一术语的话，就只能用它来指称马克思。也就是说，我们必须清醒地意识到，马克思思想与恩格斯思想之间是存在着差异的。"②可是，段教授根本不愿意承认这种差异。他用马克思说的"我同他不断通信交换意见"来证明马克思和恩格斯思想的一致性。但他忘了，恰恰是这句话证明了马克思和恩格斯的思想是存在差异的，所以才需要"不断通信交换意见"。

---

① 《马克思恩格斯选集》第2卷，人民出版社1995年版，第33—34页。

② 俞吾金：《重新理解马克思——对马克思哲学的基础理论和当代意义的反思》，北京师范大学出版社2005年版，第453页。

如果完全是一致的，还有必要"交换意见"吗？就合写的著作而言，马克思只提到了《共产党宣言》，并指出："我们见解中有决定意义的论点，在我的 1847 年出版的为反对蒲鲁东而写的著作《哲学的贫困》中第一次作了科学的、虽然只是论战性的概述。"这就告诉我们，历史唯物主义中"有决定意义的论点"是由马克思率先表达出来的。也就是说，虽然马克思和恩格斯共同创立了历史唯物主义，但他们所起的作用大小是不同的。段教授的方式是只谈"共同创立"，不谈"共同创立"中的差异。其实，这种差异，恩格斯本人倒是看得非常清楚的，所以他在《反杜林论》中写道："这两个伟大的发现——唯物主义历史观和通过剩余价值揭开资本主义生产的秘密，都应当归功于马克思。"①段教授为什么不批评恩格斯在这段话中把自己从历史唯物主义的创始人中"排除"出去呢？

顺便指出，当我指出恩格斯的《反杜林论》一书的结构是先讨论自然，然后再讨论社会历史时，段教授马上强调，这是恩格斯与杜林进行论战的著作，不足为凭。但他显然已忘记了他自己也引证过的、我上面提到过的马克思的话："我们见解中有决定意义的论点，在我的 1847 年出版的为反对蒲鲁东而写的著作《哲学的贫困》中第一次作了科学的、虽然只是论战性的概述。"这段话启示我们，科学地、同时也是论战性地表达一种理论完全是可能的。段教授借口《反杜林论》是论战性著作而为其先自然、后社会历史的叙述结构辩护，显然是缺乏说服力的。

综上所述，虽然恩格斯在一定程度上独立地参加了历史唯物主义的创立，但他的哲学思想和马克思之间存在着差异，却是一个不争的事实。


## 二、青年时期马克思与成熟时期马克思的关系

马克思的《1844 年经济学哲学手稿》自 1932 年第一次以德文发表以

---

① 《马克思恩格斯选集》第 3 卷，人民出版社 1995 年版，第 366 页。

来，在西方世界掀起了轩然大波。"青年时期马克思"与"成熟时期马克思"的关系正是在这样的背景下提出来的。在对这一关系的探讨上，主要存在着两种代表性的观点。一种观点以马尔库塞、弗洛姆等人为代表，认为青年时期马克思的思想非常重要，特别是马克思对异化、人道主义等问题的关注似乎比他成熟时期谈论的阶级斗争、无产阶级专政等问题更有意义。在这一派的观点中，温和一点的学者把青年时期马克思的思想当作其成熟的思想来谈论，而激进一点的学者则把青年时期马克思的思想看作马克思一生中最伟大的思想。另一种观点以阿尔都塞等人为代表。阿尔都塞认为，青年时期马克思的思想主要受到费尔巴哈关于异化和人道主义问题框架的影响，因而它属于"意识形态"的范围，成熟时期马克思的思想则作为"科学"而与青年时期马克思的意识形态相对立。在青年时期马克思的思想和成熟时期马克思的思想之间存在着一种"断裂"，而"断裂"时期的主要著作则是《关于费尔巴哈的提纲》和《德意志意识形态》(1845—1846)。

　　显然，这两种观点的共同点是把青年时期马克思和成熟时期马克思抽象地割裂开来并对立起来。笔者主张的第三种观点是：青年时期马克思和成熟时期马克思的思想之间存在着实质性的、重大的差别。就主要之点而言，青年时期马克思的思想倾向是以自我意识为基点的历史唯心主义，而成熟时期马克思的思想则体现为以实践活动为基点的历史唯物主义。然而，在青年时期马克思和成熟时期马克思之间并不存在着阿尔都塞所说的"断裂"关系。平心而论，青年时期马克思由于直接参与现实斗争和深入研究国民经济学，他的一些重要想法已远远地超越了同时代人的见解，只是在表述这些想法时还不够完整或深入。但这些想法作为萌芽，会渐渐地融入成熟时期马克思的思想中。比如，青年马克思提出的"人化的自然"的观念，成熟时期马克思并没有放弃，而是以更深刻、更全面的方式阐述了这一观念。又如，青年马克思使用的"异化"概念，成熟时期马克思仍然继续加以使用。当然，在理解的视角上发生了相应的变化。① 这样的例子我还可以举出很多。拙著《重新理解马克思》反复强调，在探讨青年时期马克思和成熟时期马克思的关系上，既要看到两个时期的重大差异，又要看到其思想演化中的内在联系。两者不可偏废。

有趣的是，段忠桥教授对笔者提出了这样的责问，即"重新理解马克思应以《1844年经济学哲学手稿》为依据，还是以《〈政治经济学批判〉序言》为依据"？稍后，他又批评道："我认为，如果俞吾金教授坚持重新理解马克思是必要的，而且他重新理解的是成熟时期马克思的哲学思想——历史唯物主义，那他重新理解的文本依据就应该是马克思1845年以后的那些著作，如《关于费尔巴哈的提纲》《德意志意识形态》《共产党宣言》《关于自由贸易问题的演说》《哲学的贫困》《雇佣劳动与资本》《1857—1858年经济学手稿》，特别是《〈政治经济学批判〉序言》。"

这里姑且不说段忠桥教授没有提到成熟时期马克思的最重要著作《资本论》、马克思关于人类学和历史学的笔记、马克思阐述历史唯物主义的重要书信等，而且段教授在这两段话中竟提出了重新理解马克思的不同的"依据"。前一段话把《〈政治经济学批判〉序言》视作重新理解马克思的"依据"，后一段话则把成熟时期马克思的一系列著作作为重新理解马克思的"依据"。不用说，这两段话在逻辑上就是相互矛盾的。不仅如此，段教授第一段话的提问方式已蕴含着这样的理论预设，即青年时期马克思和成熟时期马克思的思想是截然对立的、非此即彼的。笔者认为，这样的理论预设完全是错误的。在《〈政治经济学批判〉序言》(1859)中，马克思对历史唯物主义作出了经典性的表述。然而，如果说，希腊神话中的雅典娜是从宙斯的脑子里突然蹦出来的话，那么，历史唯物主义却并不是从马克思的脑子里突然蹦出来的。马克思是在参与现实斗争的过程中，在深入研究国民经济学、解剖市民社会的过程中逐渐创立新

① 参见俞吾金：《从"道德评价优先"到"历史评价优先"——马克思异化理论发展中的视角转换》，《中国社会科学》2003年第2期。

的、划时代的哲学理论的。

事实上，正是在《〈政治经济学批判〉序言》这部成熟时期的著作中，马克思回忆了自己青年时代起开始的思想探索。他写道："我学的专业本来是法律，但我只是把它排在哲学和历史之次当作辅助学科来研究。1842—1843 年间，我作为《莱茵报》的编辑，第一次遇到要对所谓物质利益发表意见的难事。莱茵省议会关于林木盗窃和地产析分的讨论，当时的莱茵省总督冯·沙培尔先生就摩塞尔农民状况同《莱茵报》展开的官方论战，最后，关于自由贸易和保护关税的辩论，是促使我去研究经济问题的最初动因。"①随后，马克思又写道："为了解决使我苦恼的疑问，我写的第一部著作是对黑格尔法哲学的批判性分析，这部著作的导言曾发表在 1844 年巴黎出版的《德法年鉴》上。我的研究得出这样一个结果：法的关系正像国家的形式一样，既不能从它们本身来理解，也不能从所谓人类精神的一般发展来理解，相反，它们根源于物质的生活关系，这种物质的生活关系的总和，黑格尔按照 18 世纪的英国人和法国人的先例，概括为'市民社会'，而对市民社会的解剖应该到政治经济学中去寻求。我在巴黎开始研究政治经济学，后来因基佐先生下令驱逐移居布鲁塞尔，在那里继续进行研究。"②

由此可见，即使是马克思本人，在叙述他成熟时期的思想时，也联系到他自己的青年时期。但马克思之所以叙述到自己青年时期的思想历程，一方面是表明，他成熟时期创立的历史唯物主义是从青年时期起长期思考的结晶；另一方面是表明，他青年时期的思考也为他后来创立新理论打下了基础。上述两段回忆表明，马克思并不认为自己成熟时期和青年时期的思想是截然对立的。尽管它们有着重大的差别，但在思想发展过程中又具有连贯性。段教授把这两个时期截然分割开来并对立起来，并不符合马克思的本意。段教授还批评笔者在论述成熟时期马克思

---

① 《马克思恩格斯选集》第 2 卷，人民出版社 1995 年版，第 31 页。
② 同上书，第 32 页。

的思想时，常把青年马克思的《1844年经济学哲学手稿》作为"依据"。

首先，段教授批评笔者在叙述马克思的自然观时只引证了《1844年经济学哲学手稿》（以下简称《手稿》）中的三段话，而没有引证马克思成熟时期的著作。我不知道段教授是否认真地读过拙著《重新理解马克思》。事实上，在我引证《手稿》的同一页上，我也引证了马克思《资本论》中的这段话："那种排除历史过程的、抽象的自然科学的唯物主义的缺点，每当它的代表越出自己的专业范围时，就在它们的抽象的和唯心主义的观念中立刻显露出来。"①而在接下去的一页上，我也写下了这么一段话："在《德意志意识形态》中，马克思进一步批判了德国哲学家关于'纯粹的自然科学'的神话，指出自然科学也只是由于商业和工业的发展，由于人们的感性活动才获得材料并达到自己的目的的。事实上，如果撇开人类的社会生活和需求，自然科学的发展也就失去了自己的动力。"②请问段教授，难道《资本论》和《德意志意识形态》不是马克思成熟时期的著作吗？

其次，段教授又批评我在阐述马克思的辩证法理论时，只引证了《手稿》。可是，就是在同一自然段中，我又写道："马克思在谈到自己的合理形态的辩证法时指出：'辩证法在对现存事物的肯定的理解中同时包含对现存事物的否定的理解，即对现存事物的必然灭亡的理解。'"③众所周知，我在这段话中引证的马克思的论述也出于《资本论》。为什么段教授对此视而不见呢？

再次，段教授又批评道："在重新理解马克思的物质观时，俞教授还是以《1844年经济学哲学手稿》为主要的文本依据。"其实，笔者在论述马克思的物质观时，一开始就引证了马克思在《资本论》第1卷第二版跋中的一段话："观念的东西不外是移入人的头脑并在人的头脑中改造过

---

① 俞吾金：《重新理解马克思——对马克思哲学的基础理论和当代意义的反思》，北京师范大学出版社2005年版，第125页。
② 同上书，第126页。
③ 同上书，第143页。

的物质的东西。"①在笔者看来，马克思不愿意谈论抽象的物质，他这里说的"物质的东西"乃是指物质的具体样态，而这些具体样态正是人们在生产劳动过程中接触到的。所以笔者又引证了《资本论》中的另一段论述："劳动首先是人和自然的过程，是人以自身的活动来引起、调整和控制人和自然物质变换的过程。人自身作为一种自然力与自然物质相对立。为了在对自身生活有用的形式上占有自然物质，人就使他身上的自然力——臂和腿、头和手运动起来。"②还需指出的是，笔者在分析马克思物质观的实践意义时，也主要是围绕《资本论》和《1857—1858 年经济学手稿》中的相关论述展开的。有趣的是，段教授干脆对这些论述采取了"鸵鸟政策"。

最后，段教授又批评笔者在谈论马克思的研究视角时，只引证了《手稿》。其实，在同一自然段中，笔者还写道："所以，马克思在批评费尔巴哈所崇拜的抽象的自然时，曾经指出：'先于人类历史而存在的那个自然界，不是费尔巴哈生活于其中的自然界；这是除去在澳洲新出现的一些珊瑚岛以外今天在任何地方都不再存在的、因而对于费尔巴哈来说也是不存在的自然界。'"③明眼人一看就知道，这里引证的马克思的论述出于《德意志意识形态》。

综上所述，段教授关于"俞吾金教授重新理解马克思的主要文本依据是《1844 年经济学哲学手稿》"的批评是站不住脚的。实际上，拙著《重新理解马克思》引证了成熟时期马克思文本中的大量论述。另外，段教授不分青红皂白地拒斥青年马克思的一切论述的做法也是笔者无法苟同的。段教授也从不分析笔者引证过的青年马克思的相关论述是否合理，只是闭着眼睛加以排斥。事实上，假如青年马克思的思想不蕴含任何合理的因素，那么成熟时期马克思的思想岂不成了无本之木、无源之水。

---

① 俞吾金：《重新理解马克思——对马克思哲学的基础理论和当代意义的反思》，北京师范大学出版社 2005 年版，第 275 页。
② 同上书，第 276 页。
③ 同上书，第 457 页。

# 三、马克思哲学本质的唯一性与解读
## 这一本质的多种视角的关系

在拙著《重新理解马克思》中，笔者曾经明确地指出："马克思的哲学就是历史唯物主义……成熟时期的马克思并没有提出历史唯物主义以外的任何哲学理论。"①这是笔者对成熟时期马克思哲学本质的定论，也是笔者重新理解马克思的结果。段教授并没有注意笔者在重新理解马克思的过程中提出的上述根本性的见解，却热衷于在一些枝节问题上兜圈子。

首先，段教授不满意笔者在重新理解马克思的过程中引入了诠释学理论。他批评道："俞教授是把'科学性'作为他'重新理解马克思'的一个追求，而把诠释学的理论作为实现这一追求的依据。但为什么只有依据诠释学的理论才能使重新理解马克思具有科学性？对此，他没有给出让人信服的说明。"这样的批评同样令人费解。难道诠释学不是一种科学地理解和解释文本的理论吗？充分借鉴当代诠释学的成果，正是为了正确地理解马克思的文本。段教授指责我"没有给出让人信服的说明"，但拙著中的"重新理解马克思"和"差异分析与理论重构"这两部分不正是给出了说明吗？

其次，段教授不满意笔者在重新理解马克思时阐述的意义理论。他引证了拙著中的这样一段话："马克思的学说也就是马克思留下来的全部文本，然而，这些文本是沉默的，它们虽然存在着，却不会自动地向任何人诉说自己的意义。只有当马克思的文本被某一个研究者作为研究对象进行阅读和理解时，它的意义才可能被阐发出来。但这里说的'意

---

① 俞吾金：《重新理解马克思——对马克思哲学的基础理论和当代意义的反思》，北京师范大学出版社 2005 年版，第 457 页。

义'已不再是纯粹的马克思文本的'意义'了。事实上，这种'纯粹的意义'只存在于我们的想象和假定中，因为文本本身永远是沉默的，'沉默是金'便是任何文本本身的座右铭，所以，能说出来的永远只是理解者所理解的文本的意义。"①其实，这段话的意思是非常清楚的。从诠释学的角度看，马克思文本具有的意义是潜在的，只有当某个人阅读马克思文本并对它们进行解释时，这种意义的潜在性才会转化为现实性。然而，只要这个人谈论马克思文本的意义，他就会不知不觉地陷入"朴素的僭越"中。也就是说，他以为自己在谈论"马克思文本的意义"，实际上他永远只能谈论"他所理解的马克思文本的意义"。要言之，在他谈论的马克思文本的意义中，已经植入了作为理解者的他的先入之见。正是在这个意义上，笔者指出，与任何理解者相分离的马克思文本的纯粹意义是不存在的。换言之，这种纯粹的意义只存在于人们的想象和假定中。段教授批评道："俞吾金教授的相对主义的见解，集中体现在他这段话的结论上，即马克思文本本身的意义'只存在于我们的想象和假定中'。"这一批评表明，他根本没有理解我上面那段话的含义。笔者只是限于指出，在任何理解活动（包括对马克思的重新理解）中，都会有理解主体存在，而与一切理解主体相分离的文本的意义"只存在于我们的想象和假定中"。而段教授竟然把笔者的这句话曲解为理解者对文本的任何理解活动不过是任意的"想象和假定"！

最后，段教授批评道："俞教授的那一结论不仅与他对重新理解马克思的科学性追求相矛盾，而且必然会导致他在重新理解马克思时的相对主义。"段教授以为给笔者扣上一顶"相对主义"的帽子就万事大吉了。其实，恐怕他连"相对主义"的含义都没有弄明白。列宁在《唯物主义和经验批判主义》（1909）一书中就曾指出："辩证法，正如黑格尔早已说明的那样，包含着相对主义、否定、怀疑论的因素，可是它不归结为相对

---

① 俞吾金：《重新理解马克思——对马克思哲学的基础理论和当代意义的反思》，北京师范大学出版社 2005 年版，第 446 页。

主义。"①重新理解马克思的文本，就像重新理解任何其他文本一样，应该是一个辩证的、包含相对主义因素的过程。为什么十个人读《红楼梦》，对其内容的关注会互有差异呢？因为每个人带入阅读过程中的先入之见是不同的。实际上，这种相对主义的因素蕴含在任何辩证的理解过程中。如果没有这种合理的相对主义的因素，那么逻辑结果只能是：段教授向全世界宣布，只有他对马克思文本的理解是唯一正确的。但如果真出现这样的局面的话，还需要不同学术见解之间的自由争论吗？只要段教授出来宣布唯一的真理就可以了。实际上，理解的相对性和理解视角的多样性，正是为了确保理解活动本身不僵化为固定的教条。

段教授批评笔者的所谓"相对主义"，还暴露出他对笔者观点的根本性误读。在笔者看来，成熟时期马克思哲学的本质是历史唯物主义是确定无疑的，但对马克思的历史唯物主义却可以从不同的视角出发加以描绘和说明。比如，从本体论的视角看，马克思的历史唯物主义可以被理解为"二阶本体论"，即"实践—社会生产关系本体论"。实践本体论的层面是就经验现象而言的。也就是说，在马克思那里，实践是考察一切其他经验现象的基础和出发点；社会生产关系本体论的层面是就经验现象背后的、不可见的本质关系而言的。也就是说，马克思主张，社会生产关系是考察其他一切社会关系的基础和出发点。当然，本体论语境主要涉及从哲学基础理论去考察马克思的历史唯物主义。又如，从诠释学的视角看，马克思的历史唯物主义实际上是一种"实践诠释学"，因为它主张从实践出发去理解并解释所有的观念。当然，诠释学的语境主要涉及蕴含在马克思历史唯物主义学说中的理解和解释理论。再如，从人本主义的视角看，马克思的历史唯物主义属于人本主义哲学的伟大传统，因为马克思把个性的自由、无产阶级的解放和全人类的幸福作为自己奋斗的目标。当然，人本主义的语境主要涉及对马克思历史唯物主义的社会倾向和未来目标的探讨。

---

① 列宁：《列宁选集》第 2 卷，人民出版社 1995 年版，第 97 页。

从上面的论述可以看出，笔者对马克思哲学本质的唯一性的理解与解读这一本质时的多样性视角是辩证地统一在一起的。打个比方，假如段忠桥教授在不同的语境中使用过三个不同的笔名，那么我们恐怕没有必要指责他陷入了"相对主义"。同样，假如"中国人民大学哲学院教授"是"段忠桥"这个专名的本质性含义，那么恐怕也不会妨碍人们揭示出这一专名所拥有的其他特征，如"段忠桥是旅游专家""段忠桥是美食家""段忠桥是桥牌高手"等。段教授把笔者在不同语境和视角中写下的文字断章取义、掐头去尾地罗列在一起，来证明笔者陷入了"相对主义"，用心何其良苦！

# 四、余论

在结束本文前，笔者也想借此谈谈阅读段忠桥教授商榷文章的体会。

首先，段教授试图表明，他对恩格斯哲学思想有深入的了解。但下面这个细节表明，他并没有认真地阅读过恩格斯。比如，他写道："恩格斯写作《路德维希·费尔巴哈和德国古典哲学的终结》一书的目的也不是写一本马克思主义哲学教科书，而是为了说明他与马克思同德国古典哲学的两个代表人物——黑格尔和费尔巴哈的关系。"从这段话中可以看出，按照段教授的理解，恩格斯把黑格尔和费尔巴哈视为"德国古典哲学的两个代表人物"。可是，正是恩格斯，在其"《反杜林论》旧序。论辩证法"中谈到辩证法的第二个形态时写道："辩证法的第二个形态，恰好和德国自然科学家特别接近，这就是从康德到黑格尔的德国古典哲学。"[1]根据恩格斯的观点，费尔巴哈根本不属于德国古典哲学的范围。有趣的是，一向以信仰的态度对待恩格斯的段先生，竟在这里提出了与

---

① 恩格斯：《自然辩证法》，人民出版社 1971 年版，第 31 页。

恩格斯不同的见解。段教授不是很推崇英美的分析的马克思主义思潮吗？为什么他在这里对"德国古典哲学"这个概念却不作任何分析，拿来就用？

其次，在段教授的商榷策略中有两个基本的招式：一是避重就轻，顾左右而言他。比如，段教授对我论述马克思和恩格斯思想差异的主要论据，完全采取避而不谈的策略，而是在枝节问题上做文章。二是断章取义。段教授完全无视笔者书写的语境，把笔者在不同的时间、场合和视角中写下的文字片段黏合在一起，以便给笔者戴上"相对主义"的帽子。

最后，笔者发现，段教授对笔者立论的主要论据缺乏任何实质性的、真正有说服力的驳斥。他撰写商榷文章的真正兴趣，似乎并不在学术方面。历史和实践一再启示我们，引入非学术的，甚至意识形态的和政治的动机来开展学术讨论，这样的讨论是很难获得学术上的实质性的推进的。

# 马克思主体概念新论①

        主体概念是马克思整个哲学理论中的一个重要环节。马克思本人在表述这一概念时,其含义随语境而变化。在他那里,"主体"有时是作为"个人"的主体,有时是作为"集体(如阶级)"的主体,有时是作为"类"的主体,也有时是作为"社会"的主体。由于马克思在《关于费尔巴哈的提纲》中把感性活动的个人理解为主体,所以,绝大部分研究者是沿着这一方向去探索马克思的主体理论的。高清海先生提出的"类哲学"自然而然地蕴含着对青年马克思所说的"类主体"概念的肯定。尽管公共理性的发展和全人类的合作上升为一个重大的问题,但"类"毕竟是一个不合时宜的术语,正如马克思本人在批评费尔巴哈把人的本质理解为"类"时已经指出过的那样:"因此,本质只能被理解为'类',理解为一种内在的、无声的、把许多个人自然地联系起来的普遍性。"②卢卡奇试图在《历史与阶级意识》一书中沿着集体主体的方向来阐释马克思的主体概念,但正如他本人在该书的"再版前言"中所承认的:"将无产阶级看作真正人类历史的同一的主体—客体并不是

①　原载《江苏社会科学》2006 年第 5 期,第 1—5 页。——编者注
②　《马克思恩格斯选集》第 1 卷,人民出版社 1995 年版,第 56 页。

一种克服唯心主义体系的唯物主义实现，而是一种想比黑格尔更加黑格尔的尝试，是大胆地凌驾于一切现实之上，在客观上试图超越大师本身。"①与上述三种研究路向不同，我们曾经沿着"社会主体"的方向来阐释马克思的主体理论。②

在最近的反思中，我们发现，上述四种研究路向不但各有其片面性，而且也没有把马克思的主体概念理解为一个发展的过程。更成问题的是，这些见解也相应地忽视了马克思关于主体概念的一些潜在的、具有重要阐释前景的观点。本文的写作旨在重新理解马克思的主体概念，以弥补这些方面的缺憾。

# 一、马克思主体概念的四种样态

马克思的主体概念并不是一个凝固的点，而是一个发展过程。在这一发展过程中，出现了四种不同样态的主体概念。

第一个样态(1842 年以前)：主体作为"自我意识"。黑格尔于 1831 年逝世后，黑格尔学派就处于解体的状态。在这一解体的过程中，发生了施特劳斯的"实体"与布·鲍威尔的"自我意识"之争。其实，"实体"和"自我意识"都是黑格尔哲学中的不同的原则。比较起来，青年马克思更认同"自我意识"原则，这不仅因为马克思参加了以布·鲍威尔为首的青年黑格尔主义者的俱乐部，而且因为"自我意识"的原则以形而上学的方式蕴含着个人对理性和自由的追求。

在黑格尔的《精神现象学》中，精神的运动是由六个阶段——意识、自我意识、理性、精神、宗教、绝对知识构成的。假如说，在"意识"阶段，精神通过感觉和知觉形成对外部世界的表象，那么，在"自我意识"

---

① ［匈］卢卡奇：《历史与阶级意识》，杜章智等译，商务印书馆 1996 年版，第 18 页。
② 参见俞吾金：《马克思的社会主体论探要》，《复旦学报(社会科学版)》2005 年第 5 期。

阶段，精神开始回归自我，并发现，自我意识才是一切表象的源泉，才是感觉、知觉和思维的主体。黑格尔认为，从哲学史上看，伊壁鸠鲁派、斯多葛派和怀疑派体现的正是精神发展中的自我意识阶段："自我意识对于自身的纯粹关系，就是所有这几派哲学的原则。"①青年马克思之所以把自己的博士论文选题确定为《德谟克利特的自然哲学和伊壁鸠鲁的自然哲学的差别》，其目的就是弘扬伊壁鸠鲁哲学所蕴含的自我意识原则。正如马克思在《博士论文》中所说的，伊壁鸠鲁哲学的原理是"自我意识的绝对性和自由，尽管这个自我意识只是在个别性的形式上来理解的。"②在《博士论文》的附录中，当马克思谈到黑格尔驳斥康德对上帝存在的本体论证明的批判时，写道："当我们思索'存在'的时候，什么存在是直接的呢？自我意识。"③在马克思看来，自我意识乃是我们一切感觉和认识的主体。

后来，在费尔巴哈的唯物主义的影响下，通过对国民经济学的解读和对现实斗争的参与，马克思终于告别了这种黑格尔和布·鲍威尔式的"自我意识主体论"。在《1844年经济学哲学手稿》中，他这样写道："正像本质、对象表现为思想的本质一样，主体也始终是意识或自我意识，或者更正确些说，对象仅仅表现为抽象的意识，而人仅仅表现为自我意识。"④

第二个样态(1843年以来)：主体作为"市民社会"。在《黑格尔法哲学批判》(1843)一书中，马克思尖锐地批判了黑格尔的"理念主体论"，强调市民社会才是现实的主体："理念变成了独立的主体，而家庭和市民社会对国家的现实关系变成了理念所具有的想象的内部活动。实际上，家庭和市民社会是国家的前提，它们才是真正的活动者；而思辨的思维却把这一切头足倒置。如果理念变为独立的主体，那么现实的主体

_____

① ［德］黑格尔：《哲学史讲演录》第3卷，贺麟等译，商务印书馆1981年版，第4页。
② 《马克思恩格斯全集》第40卷，人民出版社1982年版，第241页。
③ 同上书，第285页。
④ 《马克思恩格斯全集》第42卷，人民出版社1979年版，第162页。

（市民社会、家庭、'情势、任性等等'）在这里就会变成和它们自身不同的、非现实的、理念的客观要素。"①在马克思看来，黑格尔从理念出发推演出国家的做法乃是一种真正的神秘主义，因为他把本来应该成为理念的主体的东西变成了理念的产物。他不是从对象中发展出自己的思想，而是按照自己思维的样式创造出对象，把对象变成自己的谓语。事实上，"假如黑格尔从作为国家基础的现实的主体出发，那么他就没有必要神秘地把国家变成主体"②。把市民社会作为主体的思想在马克思以后的著作中也出现过，我们在后面不定期会加以论述。

第三个样态（1844年以来）：主体作为"个人"。这个样态包含着以下两个发展阶段。

第一个阶段（1844年）：主体作为"现实的人"。马克思在写于1844年上半年的《詹姆斯·穆勒〈政治经济学原理〉一书摘要》中指出："因为这种社会联系的主体，即人，是自身异化的存在物。人们——不是抽象概念，而是作为现实的、活生生的、特殊的个人——就是这种存在物。"③需要追问的是："现实的人"是马克思本人的观念吗？我们的回答是否定的。在与恩格斯合著的、写于1844年9—11月的《神圣家族》中，马克思写道："只有费尔巴哈才是从黑格尔的观点出发而结束和批判了黑格尔的哲学。费尔巴哈把形而上学的绝对精神归结为'以自然为基础的现实的人'，从而完成了对宗教的批判。同时也巧妙地拟定了对黑格尔的思辨以及一切形而上学的批判的基本要点。"④由此可见，"现实的人"的概念主要来自费尔巴哈。但是，马克思对"人"的认识很快就超越了这个阶段。

第二个阶段（1845年以来）：主体作为"从事实际活动的人。"从1845年起，马克思在深入的研究中省悟到，费尔巴哈的"以自然为基础的现

① 《马克思恩格斯全集》第1卷，人民出版社1956年版，第250—251页。
② 同上书，第272页。
③ 《马克思恩格斯全集》第42卷，人民出版社1979年版，第25页。
④ 《马克思恩格斯全集》第2卷，人民出版社1957年版，第177页。

实的人"归根到底仍然是"抽象的人"。他指责费尔巴哈"从来没有看到真实存在着的、活动的人,而是停留在抽象的'人'上,并且仅仅限于在感情范围内承认'现实的、单独的、肉体的人',也就是说,除了爱与友情,而且是理想化了的爱与友情以外,他不知道'人与人之间'还有什么其他的'人的关系'。"①为了表示自己与费尔巴哈之间的理论差别,马克思提出了"从事实际活动的人"作为新的主体概念。他强调说:"我们不是从人们所说的、所设想的东西出发,也不是从只存在于口头上所说的、思考出来的、想象出来的、设想出来的人出发,去理解真正的人。我们的出发点是从事实际活动的人……"②。如果说,费尔巴哈的"个人"是以与人的社会活动相分离的自然作为基础的,那么,马克思的"个人"则是一个社会存在物,他从事的实际活动也就是物质生活资料的生产,而在生产中"主体是人,客体是自然"③。

第四个样态(1847年以来):主体作为"资本"。

在与恩格斯合著的、写于1847年12月到1848年1月的《共产党宣言》中,马克思充分地叙述了资本的历史作用,并指出:"在资产阶级社会里,资本具有独立性和个性,而活动着的个人却没有独立性和个性。"④尽管马克思在这里还没有把资本表述为"主体",但这里所做的比较,即原来应该成为主体的"人"失去了自己的独立性和个性,而原来应该作为客体的"物"(资本)却获得了独立性和个性。就差马克思没有使用"主体"这个词,而实际上资本作为主体已经呼之欲出了。在《1857—1858年经济学手稿》中,马克思明确地告诉我们:"资本作为主体,作为凌驾于这一运动各个阶段之上的、在运动中自行保存和自行增殖的那种价值,作为在循环中(在螺旋形式中即不断扩大的圆圈中)发生的这些转

① 《马克思恩格斯全集》第3卷,人民出版社1960年版,第50页。
② 同上书,第30页。
③ 《马克思恩格斯全集》第46卷(上册),北人民出版社1979年版,第22页。
④ 《马克思恩格斯选集》第1卷,人民出版社1995年版,第287页。

化的主体，它是流动资本。"①在马克思看来，资本乃是整个资本主义经济的主体，而在不同的状态，如生产、流通、消费、分配中则成为不同的主体。正是在这个意义上，他又指出："资本划了一个圆圈，作为圆圈的主体而扩大了，它就是这样划着不断扩大的圆圈，形成螺旋形。"②

综上所述，马克思的主体概念蕴含着四种不同的样态。其中"自我意识"的样态是马克思作为青年黑格尔主义者时所持有的，一旦马克思创立了历史唯物主义学说，这种样态的主体概念也就被抛弃了；而"个人"的样态则经历了从费尔巴哈式的"现实的人"向马克思自己提出的"从事实际活动的人"的转化，而马克思意义上的"个人"作为主体也一再出现在马克思以后的论著中；至于"市民社会"和"资本"这两个样态也出现在马克思的其他论著中，但后者出现的频率似乎更高一些。

## 二、马克思主体概念论析

从上面的论述可以看出，马克思的主体概念具有极为丰富的内涵，它随着马克思哲学思想的发展而逐渐展现。为了正确地理解并把握马克思的这一概念，我们认为，应该注意以下三点。

首先，马克思的主体概念并不是一个简单的概念，它具有多重的含义，而这些含义在不同的语境中又相互纠缠在一起。马克思本人几乎从来没有把主体概念理解为自己的研究对象，他只是使用这个概念，而他的论述又经常在主体的不同样态之间滑动，并且在做这样的滑动时，也没有对不同样态的主体概念之间的可融洽性作出必要的说明。所有这些因素自然增加了研究的难度，但也使这一研究更富有挑战性。

其次，马克思的主体概念，尤其是"市民社会主体论"和"资本主体

---

① 《马克思恩格斯全集》第 46 卷(下册)，人民出版社 1979 年版，第 123 页。
② 同上书，第 265 页。

论"，只有沿着他本人的经济哲学的思路才能被理解。所谓"经济哲学的思路"，也就是同时用经济学的眼光探索传统哲学谈论的一切对象。比如，传统哲学谈论的"事物"，在经济哲学看来，就是"产品"，而产品在一定的生产方式中就是"商品"，而"商品"在一定的条件下就是"资本"。要言之，传统哲学试图撇开事物的社会历史背景来谈论事物，所以，事物只是想象中的、抽象的观念。与此不同，马克思的主体概念源自他的经济哲学，因而他总是把主体理解为与一定的社会历史背景相关联的、具体的主体。在《雇佣劳动与资本》中，马克思曾经指出："黑人就是黑人。只有在一定的关系下，他才成为奴隶。纺纱机是纺棉花的机器。只有在一定的关系下，它才成为资本。脱离了这种关系，它也就不是资本了，就像黄金本身并不是货币，砂糖并不是砂糖的价格一样。"[1]事实上，只有当我们沿着马克思的经济哲学的思路去探索他的主体概念时，才能理解他的主体概念。这就充分表明，当以往的研究者们从传统哲学的视角去解读马克思的主体概念时，他们是不可能真正获得成功的。

最后，在马克思的主体概念中，"市民社会主体论"乃是其他一切样态的主体论的基础。这一理论不光出现在青年马克思的《黑格尔法哲学批判》一书中，而且也出现在其成熟时期的论著中。如在《1857—1858年经济学手稿》中，马克思写道："在研究经济范畴的发展时，正如在研究任何历史科学、社会科学时一样，应当时刻把握住：无论在现实中或在头脑中，主体——这里是现代资产阶级社会——都是既定的；因而范畴表现这个一定社会即这个主体的存在形式、存在规定、常常只是个别的侧面。"[2]其实，马克思在这里说的"资产阶级社会"，其德文表达式为buergerliche Gesellschaft，而我们在前面引证过的、《黑格尔法哲学》中的那段话的德文表达式也是 buergerliche Gesellschaft，不过中文译者把它译为"市民社会"罢了。正如马克思告诉我们的："这个市民社会是全

---

① 《马克思恩格斯选集》第 1 卷，人民出版社 1995 年版，第 344 页。
② 《马克思恩格斯全集》第 46 卷(上册)，人民出版社 1979 年版，第 44 页。

部历史的真正发源地和舞台。"①同样地，马克思的"市民社会主体论"也是主体概念的一切其他样态的前提。

就拿青年马克思信奉的"自我意识主体论"来说，其实，马克思关注的重心不是自我意识本身，而是自我意识的社会内涵。当马克思谈到伊壁鸠鲁的"原子偏斜说"所蕴含的原子间的相互排斥现象时，写道："我们还发现了伊壁鸠鲁应用了排斥的一些更具体的形式。在政治领域里，那就是契约，在社会生活中，那就是友谊，友谊被称赞为最崇高的东西。"②当青年马克思开始谈论"个人主体论"时，他就反复告诫我们："个人是社会存在物。"③在其成熟时期的论著中，马克思也一再指出，在以交换价值为目的的资本主义生产方式中，"个人只有作为交换价值的生产者才能存在，而这种情况就已经包含着对个人的自然存在的完全否定，因而个人完全是由社会所决定的"④。事实上，在马克思看来，"社会"并不是与"个人"无关的，甚至对立的存在物，"社会不是由个人构成，而是表示这些个人彼此发生的那些联系和关系的总和"⑤。至于马克思后来坚持的"资本主体论"也是以这种市民社会主体论为前提的。在《共产党宣言》中，马克思指出："资本不是一种个人力量，而是一种社会力量。"⑥在写于1847年12月的《雇佣劳动与资本》中，马克思进一步发挥道："资本也是一种社会生产关系。这是资产阶级的生产关系，是资产阶级社会的生产关系。"⑦也就是说，只有当人们不再把资本理解为单纯的物，而是同时把它理解为一种社会生产关系时，才能把握它的实质。

总之，马克思主体概念的四种样态并不是各自孤立的，它们在马克

① 《马克思恩格斯全集》第3卷，人民出版社1960年版，第41页。
② 《马克思恩格斯全集》第40卷，人民出版社1982年版，第217—218页。
③ 《马克思恩格斯全集》第42卷，人民出版社1979年版，第122页。
④ 《马克思恩格斯全集》第46卷（上册），人民出版社1979年版，第200页。
⑤ 同上书，第220页。
⑥ 《马克思恩格斯选集》第1卷，人民出版社1995年版，第287页。
⑦ 同上书，第345页。

思思想的发展中既有连贯性，又有差别性。除了马克思后来已抛弃的"自我意识主体论"和费尔巴哈式的"'现实的人'主体论"外，主体概念的其他样态实际上处于互补的状态中，从而体现出马克思主体概念的多侧面性。

# 三、马克思主体概念的启示

马克思的主体概念在其视域和内容的丰富性上都大大超越了近代西方哲学的主体概念。我们认为，马克思的这一概念是从属于当代哲学的，因为这一概念具有极为重要的当代意义，也为我们深入反思当代主体理论提供了极其有益的启示。

其一，马克思的"市民社会主体论"启示我们，在对主体及其相关问题的研究中，对主体的社会性和历史性的认定乃是全部研究活动的前提和出发点。从哲学史上看，斯宾诺莎的贡献是把上帝、自然、精神理解为唯一的实体的不同的称谓方式，但在他那里，实体是一个死板的东西，如黑格尔所说，"一切都萎谢于实体之中，一切生命都凋零于自身之内"①。作为唯心主义者，黑格尔超越了斯宾诺莎的死板的观点，提出了"实体就是主体"②的著名见解，而黑格尔所理解的"实体"或"主体"也就是绝对精神。所以黑格尔实际上提出了"绝对精神主体论"或"理念主体论"。按照黑格尔的思辨方法，先从苹果、梨等果实中抽取出"果实"，进而把"果实"理解为真实存在的"实体"，而苹果、梨等反而成了"实体"自我运动中展现出来的环节。马克思在批判这一方法时说："这种办法，用思辨的话来说，就是把实体了解为主体，了解为内部的过

---

① ［德］黑格尔：《哲学史讲演录》第 3 卷，贺麟、王太庆等译，商务印书馆 1981 年版，第 103 页。

② ［德］黑格尔：《精神现象学》上卷，贺麟等译，商务印书馆 1981 年版，第 10—11 页。

程，了解为绝对的人格。这种了解方式就是黑格尔方法的基本特征。"①在马克思看来，这种与一切社会历史相分离的所谓"绝对精神"或"理念"只不过是想象的产物，缺乏任何意义上的真实性。马克思的"市民社会主体论"就是要用"市民社会"这一现实的主体去取代"绝对精神"或"理念"这样的想象的主体。比如，在启蒙学者提出的"自然状态"理论中，原初的人被解释为"天生独立的主体"。同样，在斯密和李嘉图的经济学著作中，主体和出发点也被理解为"孤立的猎人和渔夫"。在马克思看来，所有这些非社会的、想象的主体都是站不住脚的，他认为，"在社会中进行生产的个人，——因而，这些个人的一定的社会性质的生产，当然是出发点"②。在马克思看来，我们也不能抽掉社会历史背景，抽象地谈论"个人"，因为在西方，"个人"直到 18 世纪的市民社会中才真正开始形成。所有这些都表明，先行地澄清我们欲加以讨论的主体的社会性和历史性乃是主体问题研究的基础和核心。

其二，马克思的"个人主体论"蕴含着对资本主义异化现象的深刻批判。如前所述，马克思把"从事实际活动的人"，即资本主义生产方式中的劳动者理解为主体。然而，由于资本主义生产方式是以交换价值为目标的，所以，本来应该作为主体的劳动者在现实生活中反倒失去了自己的独立性和主动性，而沦为对象和被支配者。与此相反的是，本来应该作为对象的商品、财富、货币、资本却成了富有自己个性的、真正的独立主体。这种普遍的颠倒和异化构成了资本主义生产方式中的现实生活。

个人主体所处的第一种异化状态是他所生产的产品或财富反过来压抑自己。正如马克思所说的"物的世界的增殖同人的世界的贬值成正比"③，以致商品拜物教成了资本主义社会的最普遍的现象。个人主体所处的第二种异化状态是他对他所从事的活动非但没有兴趣，反而充满

① 《马克思恩格斯全集》第 2 卷，人民出版社 1957 年版，第 75 页。
② 《马克思恩格斯全集》第 12 卷，人民出版社 1962 年版，第 733 页。
③ 《马克思恩格斯全集》第 42 卷，人民出版社 1979 年版，第 90 页。

了嫌恶。就像马克思所说的："劳动的异化性质明显地表现在，只要肉体的强制或其他强制一停止，人们就会像逃避鼠疫那样逃避劳动。"①这就表明，在资本主义生产方式中，劳动者作为主体对自己的劳动是缺乏任何兴趣和主动性的，他只是为谋生而劳动，这实质上使他丧失了自己作为主体的根本属性。个人主体所处的第三种异化状态是他与其他人，尤其是与作为"人格化的资本"的资本家之间的不平等关系："劳动为富人生产了奇迹般的东西，但是为工人生产了赤贫。劳动创造了宫殿，但是给工人创造了贫民窟。劳动创造了美，但是使工人变成了畸形。"②个体主体所处的第四种异化状态是他与人的本质的疏离化。按照人的本质，人作为高于动物的存在物，在生活上和精神上完全是自由的，但是，正如马克思所说的："结果，人（工人）只有在运用自己的动物机能——吃、喝、性行为，至多还有居住、修饰等等的时候，才觉得自己是自由活动，而在运用人的机能时，却觉得自己不过是动物。动物的东西成为人的东西，而人的东西成为动物的东西。"③

在马克思看来，正是这四种异化状态的存在，使作为劳动者的个体主体完全丧失了自己的主体性，沦为一种被动的、可怜的存在物。由于在现代社会中，异化是一种普遍存在的社会现象，所以马克思的"个体主体论"具有对社会生活进行微观批判的巨大潜力。

其三，马克思的"资本主体论"实际上蕴含着一个"资本诠释学"，能对现代社会及其发展动力作出实质性的诠释。其实，早在《共产党宣言》中，马克思已告诉我们，在资本的推动下，"一切固定的僵化的关系以及与之相适应的素被尊崇的观念和见解都被消除了，一切新形成的关系等不到固定下来就陈旧了。一切等级的和固定的东西都烟消云散了，一切神圣的东西都被亵渎了。人们终于不得不用冷静的眼光来看他们的生

---

① 《马克思恩格斯全集》第 42 卷，人民出版社 1979 年版，第 94 页。
② 同上书，第 93 页。
③ 同上书，第 94 页。

活地位、他们的相互关系"①。显而易见，所有这些巨大的变化都是通过资本的力量达到的。为什么资本会具有如此巨大的力量呢？马克思认为，"资本作为财富一般形式——货币——的代表，是力图超越自己界限的一种无止境的和无限制的欲望"②。其实，资本作为物本来是无欲望可言的，而作为"人格化的资本"的资本家倒是有欲望的。无庸讳言，在一个以交换价值的生产为目的的社会里，资本家的全部欲望就是使自己的资本不断地增殖。在以资本主体化、人客体化为基本特征的资本主义社会中，具有独立性和个性的资本甚至比资本家具有更强烈的欲望，正如马克思所说："资本只有当它像吸血鬼一样，不断地吸吮活劳动作为自己的灵魂的时候，才获得这样的能力。"③马克思还提出了"资本的历史的合理性"④问题，从而为我们判断资本活动的积极性或消极性提供了重要的依据。

总之，在马克思的主体概念中，"资本主体论"还是一个全新课题，而它所蕴含的"资本诠释学"不仅适合于对发达国家的社会现象的分析，同样也适用于对包括中国在内的发展中国家的社会现象的分析，值得引起我们的高度重视。

① 《马克思恩格斯选集》第 1 卷，人民出版社 1995 年版，第 275 页。
② 《马克思恩格斯全集》第 46 卷(上册)，人民出版社 1979 年版，第 299 页。
③ 《马克思恩格斯全集》第 46 卷(下册)，人民出版社 1979 年版，第 153 页。
④ 《马克思恩格斯全集》第 46 卷(上册)，人民出版社 1979 年版，第 247 页。

# 2007年

# 资本诠释学①

## ——马克思考察、批判现代社会的独特路径

马克思不仅是现代社会批判的开启者，而且也因其批判的深刻性和超前性著称于世。然而，在正统的阐释者们那里，马克思这方面的卓越贡献却被掩蔽起来了，其中的一个原因是，他们试图把马克思思想分解为哲学、政治经济学和科学社会主义三大部分，并分别对它们进行研究。不幸的是，他们完全忽视了马克思哲学的特殊性。我们认为，马克思哲学与传统哲学之间的一个重大的差别在于，马克思哲学乃是一种经济哲学。这就是说，必须把哲学和政治经济学贯通起来，才可能真正进入马克思哲学的视域。其实，在马克思那里，这种"贯通"不仅体现在《1844年经济学哲学手稿》《哲学的贫困》等文本中，也体现在通常被正统的阐释者们视为单纯经济学文献的《1857—1858年经济学手稿》《资本论》等著作中。

一进入马克思哲学的视域，立即就会发现一个有趣的现象：马克思在1858年11月—1859年

① 原载《哲学研究》2007年第1期，第23—31页。收录于张雄等主编：《中国经济哲学评论·资本哲学专辑》，社会科学文献出版社2007年版；俞吾金：《传统重估与思想移位》，黑龙江大学出版社2007年版，第450—466页；《实践与自由》，武汉大学出版社2010年版，第340—359页。——编者注

1月完成了书名为"《政治经济学批判》（第一册）"的著作，而第一册的标题则是"资本"。然而，耐人寻味的是，他没有按照原来的设想写出第二册、第三册，而是在1867年出版了书名为"《资本论》（第1卷）"的著作，却把"政治经济学批判"这个短语调整为全书的副标题。在这里，发人深省的是，为什么马克思要把"资本"这一概念提升为他一生中最重要著作的书名，而把"政治经济学批判"这一短语从书名下降到副标题的位置上？这是因为，随着研究活动的深入，马克思发现，无论是对政治经济学的批判，还是对现代社会的考察，都会不约而同地聚焦在"资本"这个现代社会的内在灵魂和核心原则上。换言之，资本乃是解开现代社会秘密的一把钥匙。

显而易见，当马克思把资本理解为考察、批判现代社会的出发点和核心原则时，他实际上倡导了一种可以称为"资本诠释学"（die Hermeneutik des Kapitals）的重要理论。尽管马克思在一生中只有一次使用过Hermeneutik（诠释学）这个词，而且也不是在严格的学术意义上加以使用的①，但无可置疑的是，在他的思想中蕴含着一种独特的理解和诠释理论。按照我们的看法，资本诠释学奠基于历史唯物主义立场，它把资本理解为现代社会一切现象的起因、动力和内在灵魂。下面，我们从四个不同的方面着手对它进行探讨。

# 一、资本与形而上学

海德格尔在《哲学的终结和思的任务》（1964）中留下了一段令人深思

---

① 马克思于1858年1月28日致恩格斯的信中，提到拉萨尔的著作《爱非斯的晦涩哲人赫拉克利特的哲学》，写道：Bei Auslagung und Vergleichung von Stellen mag ihm die juristische Gewohnheit der Hermeneutik behuelflich gewesen sein. 参阅K. Marx, F. Engels, *Werke*, Band 29, Berlin: Dietz Verlag, 1963, S. 267. 中央编译局的译本译为："在对某些字句进行解释和比较时，看来解释法律的习惯帮助了他。"参阅《马克思恩格斯全集》第29卷，第257页。在这里，Hermeneutik被译为"解释"。我们认为，此句应译为："在对各种字句进行解释和比较时，法学诠释学的惯例帮助了他（指拉萨尔——译者注）。"

的话："形而上学就是柏拉图主义。尼采把他自己的哲学标示为颠倒了的柏拉图主义。随着这一已经由卡尔·马克思完成了的对形而上学的颠倒，哲学达到了最极端的可能性。"①不用说，这段话的含义是极为丰富的。

尽管"形而上学"(metaphysics)这一概念是古代学者安德罗尼柯在整理亚里士多德的文稿时创制出来的，但是，当人们回溯哲学史的时候，却常常把柏拉图主义理解为形而上学的最初的、经典性的表现形式。其实，柏拉图主义乃是关于存在者的形而上学，在柏拉图看来，理念是一切存在者的原本，因而完全可以说，柏拉图主义是"客体(即存在者)形而上学"。至于尼采对柏拉图主义的"颠倒"则具有双重含义。

一方面，在尼采以前，笛卡儿、康德等哲学家已经开创了以"我思"为核心的"主体形而上学"。不用说，尼采也认同了这一传统，而从客体形而上学翻转为主体形而上学，构成了"颠倒"的第一重含义。

另一方面，自笛卡儿以来的主体形而上学又可以细分为多种不同的类型，而其中比较重要的两种类型则是理性形而上学和意志(或欲望)形而上学。一般说来，笛卡儿、康德、黑格尔等哲学家坚持的是理性形而上学。按照这种理论，理性(认识)是第一性的，意志(或欲望)是第二性的。然而，在叔本华那里，这种理性形而上学遭到了彻底的批判。叔本华写道："从我全部的基本观点看来，这一切说法都是把实际的关系弄颠倒了。意志是第一性的，最原始的；认识只是后来附加的，是作为意志现象的工具而隶属于意志现象的。因此，每一个人都是由于他的意志而是他，而他的性格也是最原始的，因为欲求是他的本质的基地。由于后加的认识，他才在经验的过程中体会到他是什么，即是说他才认识到自己的性格。所以他是随着，按着意志的本性而认识自己的；不是如旧说那样以为他是随着，按着他的认识而有所欲求的。……在旧说，人是

① [德]海德格尔：《海德格尔选集》(下)，孙周兴编译，上海三联书店1996年版，第1244页。

要他所认识的[东西]；依我说，人是认识他所要的[东西]。"①叔本华的上述见解之所以特别重要，因为他以意志（或欲望）形而上学颠覆了理性形而上学，从而构成了"颠倒"的第二重含义。

当然，与叔本华比较起来，尼采以更彻底的方式颠倒了柏拉图主义，因为尽管叔本华把生命意志理解为世界的本质，但他最后认同的仍然是宗教意识对生命意志的否定。尼采早先受到叔本华的影响，后来又与他的悲观主义哲学划清界限，并以积极的"权力意志"取代了叔本华消极的"生命意志"。所以，海德格尔把尼采视为柏拉图主义的真正的颠覆者是无可厚非的。

然而，还需加以深思的是，为什么海德格尔要把马克思理解为这种始于叔本华、尼采的"颠倒"行动的完成者呢？因为马克思创立的历史唯物主义理论乃是对柏拉图主义的更深刻的、也更具威慑力的颠覆。恩格斯在《马克思墓前的讲话》（1883）中曾经指出："正像达尔文发现有机界的发展规律一样，马克思发现了人类历史的发展规律，即历来为繁芜丛杂的意识形态所掩盖着的一个简单事实：人们首先必须吃、喝、住、穿，然后才能从事政治、科学、艺术、宗教等等。"②恩格斯这里说的"吃、喝、住、穿"涉及的正是人的生存（或生命）意志。也就是说，在肯定生存意志的始源性这一点上，马克思与叔本华、尼采存在着某种共同点。事实上，恩格斯在 1890 年 9 月致约·布洛赫的信中关于历史的结果体现为"意志"的"合力"的比喻就是一个有力的佐证。③

按照马克思的观点，在任何社会形态中，人都是有欲望的，然而在

---

① ［德］叔本华：《作为意志和表象的世界》，石冲白译，商务印书馆 1982 年版，第 401—402 页。

② 《马克思恩格斯选集》第 3 卷，人民出版社 1995 年版，第 776 页。

③ 恩格斯写道："历史是这样创造的：最终的结果总是从许多单个的意志的相互冲突中产生出来的，而其中每一个意志，又是由于许多特殊的生活条件，才成为它所成为的那样。这样就有无数互相交错的力量，有无数力的平行四边形，由此就产生出一个合力，即历史结果……"参见《马克思恩格斯选集》第 4 卷，人民出版社 1995 年版，第 697 页。

现代社会中，人的欲望却展示出一个迄今为止最大的可能性的空间。因为正是在现代社会的经济形式中，资本获得了基础性的、核心的地位。资本不但成了人的欲望扩张的巨大助力，而且它本身就是欲望。正如马克思所说的："资本作为财富一般形式——货币——的代表，是力图超越自己界限的一种无止境的和无限制的欲望。"①在现代社会中，一旦人获得了巨额资本，不仅他的欲望可以无限地增长，而且它们也容易从可能性转化为现实性。正如马克思所说的："货币的力量多大，我的力量就多大。货币的特性就是——货币持有者的特性和本质力量。"②当货币作为资本被运用时，它的魔力甚至超出了人的想象力。正因为资本成了人的欲望得以实现的点金术，而这种欲望又是没有限制的，所以资本的原始积累就表现为一部血迹斑斑的历史，正如马克思所说："资本来到世间，从头到脚，每个毛孔都滴着血和肮脏的东西。"③对于资本来说，不仅它的诞生是一部不光彩的历史，而且它的全部存在、运作、积累和扩张，无不笼罩在阴云惨雾之中。马克思告诉我们："作为资本家，他只是人格化的资本。他的灵魂就是资本的灵魂。而资本只有一种生活本能，这就是增殖自身，获取剩余价值，用自己不变的部分即生产资料吮吸尽可能多的剩余劳动。资本是死劳动，它象吸血鬼一样，只有吮吸活劳动才有生命，吮吸的活劳动越多，它的生命就越旺盛。"④一方面，人的欲望的扩张不断地推动资本的积累；另一方面，资本的积累又使人的欲望空间不断扩张。实际上，欲望和资本是一而二、二而一的事情。

与叔本华和尼采的思维进路不同，马克思运用经济哲学的眼光，尤其是通过《资本论》这一鸿篇巨制，揭示出传统形而上学在以资本为动力和灵魂的现代社会中的新变种——意志（或欲望）形而上学。如果说，在叔本华和尼采那里，这种形而上学还是对生活世界的一种单纯的哲学洞

---

① 《马克思恩格斯全集》第 46 卷（上册），人民出版社 1979 年版，第 299 页。
② 《马克思恩格斯全集》第 42 卷，人民出版社 1979 年版，第 152 页。
③ 马克思：《资本论》第 1 卷，人民出版社 1975 年版，第 829 页。
④ 同上书，第 260 页。

见，那么，在马克思那里，它同时奠基于对政治经济学的批判性的、科学的考察；如果说，叔本华、尼采满足于用意志形而上学来说明现代社会中单个人的行为方式，那么，马克思注重的则是运用这种形而上学来批判现代社会的整个现实，并暗示我们，意志（或欲望）形而上学本质上就是资本形而上学。

如前所述，马克思不但把资本理解为"一种无止境的和无限制的欲望"，同时也把它理解为独立的主体。在《共产党宣言》中，他告诉我们："在资产阶级社会里，资本具有独立性和个性，而活动着的个人却没有独立性和个性。"①在《1857—1858年经济学手稿》中，马克思明确地提出了"资本作为主体"②的观点。事实上，资本形而上学既是主体形而上学，又是意志（或欲望）形而上学在现代社会中的真正的谜底。或许正是在这样的意义上，海德格尔认为，马克思完成了"对形而上学的颠倒"。然而，值得注意的是，马克思对柏拉图主义颠倒的"完成"，并不像有些学者认为的，表明他已完全脱离形而上学。海德格尔在《关于人道主义的通信》中说："绝对的形而上学连同它的由马克思与尼采的倒转一起都归属于存在的真理的历史之中。"③既然马克思学说也"归属于存在的真理的历史之中"，这就表明，他不但没有脱离形而上学，反而成了新的形而上学——意志（或欲望）形而上学和资本形而上学的真正的开启者和批判者。

总之，马克思的资本诠释学表明，资本不仅是现代经济学的谜底，也是主体形而上学，尤其是意志（或欲望）形而上学的谜底。换言之，只有当人们认识到，正是资本形而上学主宰着现代社会的全部日常生活和思想意识时，他们才有可能对现代社会作出真正有分量的、批判性的考察。

---

① 《马克思恩格斯选集》第1卷，人民出版社1995年版，第287页。
② 《马克思恩格斯全集》第46卷（下册），人民出版社1979年版，第123页。
③ 海德格尔：《海德格尔选集》（上），孙周兴编译，上海三联书店1996年版，第379页。

# 二、资本与异化劳动

当我们把探讨的目光转向经济哲学领域，特别是异化劳动问题时，马克思哲学与叔本华、尼采哲学的根本性分歧便开始显露出来。叔本华认为，他的哲学是接着康德的实践理性而展开的。他不仅把康德的"实践理性"解读为生命意志，也把他的"自在之物"解读为生命意志。他告诉我们："唯有意志是自在之物。"①那么，意志的本质特征是什么呢？康德认为，意志的本质特征是自由，但他所说的"自由"却是以意志无条件地服从道德法则和绝对命令为前提的。叔本华激烈地反对康德的上述见解："这显然是伸手便可碰到的矛盾，既然意志是自由的又要为意志立法，说意志应该按法则而欲求：'应该欲求呀！'这就等于木头的铁！可是根据我们整个的看法，意志不但是自由的，而且甚至是万能的。"②这段话清楚地告诉我们，意志的本质特征是自由，而这种自由是不受任何其他因素制约的。叔本华的这一见解没有深入地反思意志在现代社会中真实地起作用的方式。这与他的思想缺乏经济学的背景有着实质性的联系。

众所周知，在德国古典哲学家中，黑格尔是唯一对英国经济学发生兴趣并做了深入研究的哲学家，也正是这方面的研究使黑格尔哲学与现实生活保持着密切的联系。在《精神现象学》的"自我意识"阶段，黑格尔一开头就谈到了"生命"和"欲望"。欲望包含着对欲求对象的否定，因而享有十足的自我感。然而，这种自我的满足感稍纵即逝，因为它缺少客观的方面。与此相反，"劳动是受到限制或节制的欲望，亦即延迟了的

---

① ［德］叔本华：《作为意志和表象的世界》，石冲白译，商务印书馆 1982 年版，第 165 页。
② 同上书，第 373 页。

满足的消逝，换句话说，劳动陶冶事物"①。在主奴关系的历史语境中，奴隶由于恐惧而不得不从事劳动，用劳动产品来满足主人的欲望，从而得到主人的承认，但劳动本身通过对事物的陶冶而使奴隶获得某种独立性。在这里，黑格尔实际上以抽象的思辨语言表达了如下的意思，即人的意志和欲望并不无条件地是自由的，在一定的历史条件下，它们只能通过劳动的方式表现出来。

由于康德、叔本华都缺乏经济学方面的研究背景，所以当他们谈论实践理性或意志自由时，完全是脱离社会经济条件、脱离劳动的。正如马克思所说："在康德那里，我们又发现了以现实的阶级利益为基础的法国自由主义在德国所采取的特有形式。不管是康德或德国市民（康德是他们的利益的粉饰者），都没有深究到资产阶级的这些理论思想是以物质利益和由物质生产关系所决定的意志为基础的。因此，康德把这种理论的表达与它所表达的利益割裂开来，并把法国资产阶级意志的有物质动机的规定变为'自由意志'、自在和自为的意志、人类意志的纯粹自我规定，从而就把这种意志变成纯粹思想上的概念规定和道德假设。"②特别值得注意的是，马克思在这里提到了"由物质生产关系所决定的意志"，这是一个非常重要的提法。它告诉我们，意志并不像叔本华所想象的那样，是完全自由的。在一定的历史条件下，它不得不投入到生产劳动中，并受制于人们在生产劳动中结成的物质生产关系。其实，即使在现代社会中，下面这个道理也是容易明白的，即人们注定要把他们一生的绝大部分自由意志投入并消耗于谋生的劳动中。叔本华谈论的意志的自由和万能只不过是理论上的抽象的说教，现实生活，尤其是人们所面对的经济生活会立即纠正这类抽象的说教。

其实，马克思在谈到历史时早已告诉我们："我们首先应当确定一切人类生存的第一个前提也就是一切历史的第一个前提，这个前提就

---

① ［德］黑格尔：《精神现象学》上卷，贺麟等译，商务印书馆 1981 年版，第 130 页。
② 《马克思恩格斯全集》第 3 卷，人民出版社 1960 年版，第 213 页。

是：人们为了能够'创造历史'，必须能够生活。但是为了生活，首先就需要衣、食、住以及其他东西。因此第一个历史活动就是生产满足这些需要的资料，即生产物质生活本身。"①这就启示我们，只要我们不像康德、叔本华、尼采那样脱离社会历史条件、脱离物质利益和物质生产关系来谈论意志自由，就会发现，人们不得不首先把自己的意志投入并消耗在具有生存意义的生产劳动中。

显然，这种具有谋生意向的劳动不是自觉自愿的，它具有异化的特征，而这一特征在现代社会的雇佣劳动制度中得到了最充分的体现。在《1844 年经济学哲学手稿》中，马克思提出了"异化劳动"的新概念，并分析了它的四种表现形式，即劳动过程对劳动者的异化、劳动产品对劳动者的异化、人的本质的异化、人与人之间关系的异化。马克思认为，一方面，异化劳动是私有财产的直接原因；另一方面，私有财产，尤其是当它在现代社会中普遍地以资本的方式出现时，异化劳动的发展便获得了巨大的推动力。诚如马克思所说："劳动只有对资本来说才是使用价值，而且就是资本本身的使用价值，也就是使资本自行增殖的媒介活动。"②

为什么资本只有借助于劳动才能"自行增殖"呢？马克思说："资本虽然也体现在易逝的商品中，采取这种商品的形态，但同样也不断地改变形态，交替地时而采取永恒的货币形态，时而采取易逝的商品形态；不灭性表现为它唯一可能成为的东西，表现为易逝性的不断消逝——过程——生命。但是，资本只有当它像吸血鬼一样，不断地吸吮活劳动作为自己的灵魂的时候，才获得这样的能力。"③事实上，马克思这里讲到的资本"不断地吸吮活劳动作为自己的灵魂"，也就是把资本投入到生产劳动的过程中去，使它不断地创造出新的剩余价值。说得更明确一些，

---

①　《马克思恩格斯全集》第 3 卷，人民出版社 1960 年版，第 31 页。
②　《马克思恩格斯全集》第 46 卷（上册），人民出版社 1980 年版，第 265 页。
③　《马克思恩格斯全集》第 46 卷（下册），人民出版社 1980 年版，第 153 页。

"资本是通过占有他人劳动而使自己的价值增殖"①。由此可见，只有资本才是现代社会中普遍存在的异化劳动的真正的导演。

在马克思看来，资本不是以按部就班的方式促使异化劳动的形成和发展，而是试图突破一切可能的界限来加剧劳动的异化性质。他愤慨地指出："资本由于无限度地盲目追逐剩余劳动，像狼一般地贪求剩余劳动，不仅突破了工作日的道德界限，而且突破了工作日的纯粹身体的界限。"②不用说，也正是在资本的无限制的欲望中，我们窥见了作为"人格化的资本"的资本家欲望的无限性。我们也明白了，康德、叔本华和尼采谈论的所谓"意志自由"究竟是怎么一回事。事实上，在异化劳动中，工人的"意志自由"就是为谋生而拼命劳动，而资本家的"意志自由"则是无限度地追逐剩余劳动和剩余价值。有鉴于此，马克思气愤地写道："平等地剥削劳动力，是资本的首要的人权。"③

尽管青年马克思从道德评价的角度出发，对现代社会普遍存在的异化现象进行了强烈的谴责，但在创立历史唯物主义理论以后，马克思坚持首先从历史评价的角度来看待异化现象。他启发我们："在资本对雇佣劳动的关系中，劳动即生产活动对它本身的条件和对它本身的产品的关系所表现出来的极端异化的形式，是一个必然的过渡点，因此，它已经自在地、但还只是以歪曲的头脚倒置的形式，包含着一切狭隘的生产前提的解体，而且它还创造和建立无条件的生产前提，从而为个人生产力的全面的、普遍的发展创造和建立充分的物质条件。"④也正是基于这一总体性的历史眼光，马克思既肯定了"资本的历史的合理性"⑤，也肯定了"资产阶级在历史上曾经起过非常革命的作用"⑥。由此可见，正是通过对私有财产资本化及资本追逐剩余劳动的历史现实的分析，马克思

---

① 《马克思恩格斯全集》第 46 卷(上册)，人民出版社 1980 年版，第 267 页。
② 马克思：《资本论》第 1 卷，人民出版社 1975 年版，第 294—295 页。
③ 同上书，第 324 页。
④ 《马克思恩格斯全集》第 46 卷(上册)，人民出版社 1979 年版，第 520 页。
⑤ 同上书，第 247 页。
⑥ 《马克思恩格斯选集》第 1 卷，人民出版社 1995 年版，第 274 页。

深刻地揭示出现代社会异化劳动的根源，也揭示出"意志自由"在现代社会中起作用的真实的方式。

海德格尔高度评价了马克思对现代社会的以异化劳动为核心的种种异化现象的批判："因为马克思在体会到异化的时候深入到历史的本质性的一度中去了，所以马克思主义关于历史的观点比其余的历史学优越。但因为胡塞尔没有，据我看来萨特也没有在存在中认识到历史事物的本质性，所以现象学没有、存在主义也没有达到这样一度中，在此一度中才有可能有资格和马克思主义交谈。"①事实上，马克思的资本诠释学正是通过对资本的现实历史作用的分析、通过对资本和异化劳动之间的共谋关系的破解，对现代社会的日常生活和意识形态作出了穿透性的批判，而这一批判所达到的深度，连素以思想深刻著称的当代思想家胡塞尔、萨特也无法望其项背。

# 三、资本与经济权力

在现代社会的语境中，说起"权力"问题，自然而然会联想起尼采提出的著名概念"权力意志"（der Wille Zur Macht）。尼采与叔本华不同的地方在于：叔本华把生命（或生存）意志理解为世界的本质，由于生命意志所蕴含的欲望是无限的，而可能满足这些欲望的环境和资源永远是有限的，他由此而引申出悲观主义的人生哲学，把人生理解为在痛苦和无聊之间摆动的钟摆。尼采在批判叔本华哲学的悲观主义倾向时指出："什么叫生命？这就必须给生命的概念下一个新的、确切的定义了。我给它开列的公式如下：生命就是权力意志。"②那么，究竟什么是"权力

---

① ［德］海德格尔：《海德格尔选集》（上），孙周兴编译，上海三联书店1996年版，第383页。

② ［德］尼采：《权力意志：重估一切价值的尝试》，张念东等译，商务印书馆1991年版，第182页。

意志"呢？尼采解释道："我们的物理学家用以创造了上帝和世界的那个无往不胜的'力'的概念"，仍须加以充实。因为，必须把一种内在的意义赋予这个概念，我称之为'权力意志'，即贪得无厌地要求显示权力，或者，作为创造性的本能来运用、行使权力，等等。"①在尼采看来，生命并不像叔本华认为的，是以被动的、保守的方式来维护自己的，而是以积极进取的、创造性的方式来提升自己的，而这种提升的方式也就是趋向权力意志，即寻求对他人意志的支配。尼采认为，权力意志引导人生奋发向上，因而人生不是悲观的、消极的，而是乐观的、积极的。

尽管尼采从"权力意志"的角度出发去解读现代人的生命含义这一做法是富于启发性的，然而他考察生命的着眼点主要是物理学、生理学和心理学。与叔本华一样，他也没有潜心研读过经济学，因而不了解，这种如此神奇的"权力意志"同样起源于人们的经济生活。而正是在尼采踌躇不前的地方，马克思做了深入的研究和探索，并引申出远比尼采具有穿透力的结论。

在《1844年经济学哲学手稿》中，马克思指出："资本是对劳动及其产品的支配权（Regierungsgewalt）。资本家拥有这种权力并不是由于他的个人的或人的特性，而只是由于他是资本的所有者。他的权力就是他的资本的那种不可抗拒的购买的权力（die kaufende Gewalt）。"②尽管马克思在这里使用的 Gewalt 与尼采使用的 Macht 不同，但在德语中，这两个含义相近的词完全是可以互换的。在这段话中，马克思暗示我们，资本家之所以拥有对劳动及其产品的支配权，这与他生理上或心理上的特征并没有什么直接的关系，有直接关系的只有一点，即他是资本的所有者。也就是说，实际上拥有权力的真正主体是资本，而资本家不过是这

---

① ［德］尼采：《权力意志：重估一切价值的尝试》，张念东等译，商务印书馆1991年版，第154页。

② 《马克思恩格斯全集》第42卷，人民出版社1979年版，第62页。K. Marx, *Parischer Manuskripte*，Westbelin：das europaeische buch Verlag，1987，S. 30.

种权力的一个象征或一个符号。

在《1857—1858 年经济学手稿》中，马克思以十分明确的口吻告诉我们："资本是资产阶级社会的支配一切的经济权力（oekonomische Macht）。"①值得注意的是，马克思在这里使用的是 Macht 这个词。这就再一次表明，在他的语境中，Macht 与 Gewalt 这两个词的含义并没有实质性的差别。马克思认为，资本行使权力的真正的起始点是生产劳动。因为只有在生产劳动的过程中，资本才能通过对活劳动的吸吮、对工人的剩余劳动和他们所创造的剩余价值的攫取而使自己不断地增殖和膨胀。正是在这个意义上，马克思强调，技术上的发明、分工的合理化、交通工具的改善和世界市场的开辟等，"都不会使工人致富，而只会使资本致富，也就是只会使支配劳动的权力（die Arbeit beherrschende Macht）更加增大，只会使资本的生产力增长。因为资本是工人的对立面，所以文明的进步只会增大支配劳动的客观权力（die objective Macht）"②。在这段话中，马克思又使用了 Macht 这个词。

在他看来，资本越是在积累的过程中得到扩大，它所拥有的"客观权力"也就越大，而且这种权力不再单纯是经济权力，它侵蚀并渗透到现代社会的一切领域之中。此外，它也不再单纯是地区性的权力，而是成了世界性的权力。历史和实践都已证明，资本已经按照自己的意向，运用自己所拥有的巨大的权力资源，为自己塑造出一个崭新的世界来。在《共产党宣言》中，当马克思谈到资本的载体——资产阶级时，曾经这样写道："资产阶级，由于一切生产工具的迅速改进，由于交通的极其便利，把一切民族甚至最野蛮的民族都卷到文明中来了。它的商品的低廉价格，是它用来摧毁一切万里长城、征服野蛮人最顽强的仇外心理的重炮。它迫使一切民族——如果它们不想灭亡的话——采用资产阶级的

---

① 《马克思恩格斯全集》第 46 卷（上册），人民出版社 1979 年版，第 45 页。K. Marx, *Grundrisse der Kritik der Politischen Oekonomie*，Berlin：Dietz Verlag，1974，S. 27.

② 同上书，第 268 页。K. Marx, *Grundrisse der Kritik der Politischen Oekonomie*，Berlin：Dietz Verlag，1974，S. 215.

生产方式；它迫使它们在自己那里推行所谓的文明，即变成资产者。一句话，它按照自己的面貌为自己创造出一个世界。"①其实，当代人津津乐道的所谓"经济全球化"，马克思早在 150 多年前就已经预见到了。令人沮丧的是，当代人至今还以十分浅薄的方式来谈论"经济全球化"，仿佛"经济全球化"是一个突然从天而降的、无主体的过程。这表明他们对马克思的理论贡献是多么无知！

其实，马克思早已告诉我们，所有这一切都是在现代社会的经济权力——资本的推动下完成的。在《1857—1858 年经济学手稿》中，马克思告诉我们："只有资本才创造出资产阶级社会，并创造出社会成员对自然界和社会联系本身的普遍占有。由此产生了资本的伟大的文明作用；它创造了这样一个社会阶段，与这个社会阶段相比，以前的一切社会阶段都只表现为人类的地方性发展和对自然的崇拜。"②

与尼采的建基于物理学、生理学和心理学之上的"权力意志"概念比较起来，马克思关于"资本是资产阶级社会的支配一切的经济权力"的理论远为深刻、远为全面地揭示出现代人本质的异化和现代社会矛盾的激化。如果说，尼采哲学把对个人生理和心理特征的分析作为考察现代社会的出发点，那么，马克思的资本诠释学则把社会历史分析作为考察的出发点。事实上，马克思在叙述作为"经济权力"的资本的历史作用时，从来也没有把它理解为单纯由个人的生理或心理特征导致的结果。相反，马克思告诫我们："正如人类劳动力并非天然是资本一样，生产资料也并非天然是资本。只有在一定的历史发展条件下，生产资料才取得这种独特的社会性质，正如只有在一定的历史发展条件下，贵金属才获得货币资本的独特的社会性质一样。"③马克思并不否认，人是有欲望

---

① 《马克思恩格斯选集》第 1 卷，人民出版社 1995 年版，第 276 页。其实，马克思在《德意志意识形态》的《费尔巴哈》章中已经揭示出这种"历史向世界历史的转变"的可能性。参阅《马克思恩格斯全集》第 3 卷，人民出版社 1960 年版，第 52 页。

② 《马克思恩格斯全集》第 46 卷（上册），人民出版社 1979 年版，第 393 页。

③ 马克思：《资本论》第 2 卷，人民出版社 1975 年版，第 45 页。

的，但这种欲望是淳朴的，还是贪得无厌的，却取决于人置身于其中的社会历史环境。

显而易见，在马克思的资本诠释学的视域中，资本的存在方式和运作方式从来就是历史事件和社会现实的驱动者，无须任何个人的生理特征或心理特征对它直接负责。此外，这种诠释学还启示我们，现代社会的全部权力都是在作为"经济权力"的资本的基础上形成并发展起来的。在这个意义上可以说，任何诠释活动要站在当今时代的高度上，要获得真正的批判性的识见，就必须对它自己置身于其中的这个无所不在的"权力场"先行作出深入的批判性的反思。


# 四、资本与生产关系


与同时代和当代的某些思想家比较起来，马克思的卓越之处在于，他不仅全面地叙述了资本产生的历史过程和资本运作的社会后果，而且深刻地阐明了资本这一社会历史现象的实质。由于资本不论采取何种形式，如地产、商品、货币（贵金属、铸币或纸币）等，都有着"物"的外观，所以经济学家们常常陷入错觉，把资本理解为单纯的物，把它的自行增殖理解为物的自然属性或物理性质产生的神奇结果，就像土地会自动地长出植物，货币会自然地带来利息一样。针对这种普遍存在的错误观点，马克思在《1857—1858 年经济学手稿》中批评道："**资本被理解为物，而没有被理解为关系**。"① 那么，马克思这里说的"关系"究竟是指什么呢？其实，细心的读者一定会发现，在这部手稿的另一处，马克思已经把答案告诉我们了。他这样写道："资本显然是**关系**，而且只能**是生产关系**。"② 由此可见，马克思前面说的"关系"就是指"生产关系"。

---

① 《马克思恩格斯全集》第 46 卷（上册），人民出版社 1979 年版，第 212 页。
② 同上书，第 518 页。

现在，还须进一步加以追问的是：究竟什么是生产关系？在 1847 年撰写的演讲稿《雇佣劳动与资本》中，马克思写道："各个人借以进行生产的社会关系，**即社会生产关系，是随着物质生产资料、生产力的变化和发展而变化和改变的。生产关系总和起来就构成所谓社会关系，构成所谓社会**，并且是构成一个处于**一定历史发展阶段**上的社会，具有独特的特征的社会。"①从这段话中可以引申出如下的结论：第一，生产关系就是人们在生产活动中结成的关系；第二，生产关系是随着生产力的变化而改变的；第三，一定历史发展阶段上的社会是由一定的社会关系构成的，而一定的社会关系又是一定的生产关系的总和。这就启示我们，当马克思把资本理解为生产关系的时候，也就等于把资本理解为在一定历史发展阶段上存在的社会现象，并把其实质理解为人与人之间的社会关系。

显然，把资本理解为生产关系乃是马克思资本诠释学的根本性的理论预设。事实上，也正是从这一理论预设出发，马克思解开了现代社会意识形态的核心之谜——"拜物教"。他认为，在以资本与雇佣劳动为根本特征的现代社会中，拜物教主要显现为以下三种不同的形式。

一是"商品拜物教"。乍看起来，商品是很平凡的东西，但在普通人的意识里，它却充满了形而上学的微妙和神学的怪诞。比如，当人们见到价格昂贵的黄金制品或钻石制品时，自然而然地会产生崇拜的心理，仿佛它们的昂贵源自它们的自然属性（或物理性质）。其实，这完全是一种幻觉。马克思写道："商品形式和它借以得到表现的劳动产品的价值关系，是同劳动产品的物理性质以及由此产生的物的关系完全无关的。这只是人们自己的一定的社会关系，但它在人们面前采取了物与物的关系的虚幻形式。……在商品世界里，人手的产物也是这样。我把这叫做拜物教。劳动产品一旦作为商品来生产，就带上拜物教性质，因此拜物教是同商品生产分不开的。"②事实上，黄金制品和钻石制品并不天然地

① 《马克思恩格斯选集》第 1 卷，人民出版社 1995 年版，第 345 页。
② 马克思：《资本论》第 1 卷，人民出版社 1975 年版，第 89 页。

是昂贵的，只有在一定的社会生产关系中，它们才可能获得昂贵的价格。这就启示我们，商品作为"社会的物"，其神秘性是社会生产关系赋予的。当人们学会从这种关系出发去审视它们时，商品拜物教也就自然而然地消失了。

二是"货币拜物教"。这种拜物教比起商品拜物教来，显得更为抽象，也更为强烈。因为拥有某种商品，只意味着拥有某种使用价值，而拥有作为"一般等价物"的货币，却等于潜在地拥有一切商品的使用价值。所以，人们习惯于把货币作为万能的神来崇拜。无论是莎士比亚笔下的夏洛克，还是莫里哀或巴尔扎克笔下的吝啬鬼或葛朗台，他们信奉的都是货币拜物教。其实，货币，尤其是纸币，它只是贵金属的符号或象征，就它本身而言，几乎毫无价值可言，可是在一定的社会生产关系中，这个轻飘飘的存在物俨然成了一切使用价值的化身，从而受到人们的普遍崇拜。由此可见，货币拜物教不过是商品拜物教的更为显眼的表现形式，正如马克思所说："货币拜物教的谜就是商品拜物教的谜，只不过变得明显了，耀眼了。"①

三是"资本拜物教"。一旦商品或货币作为资本被加以使用时，资本拜物教也就完成了。马克思写道："在资本—利润（或者，更好的形式是资本—利息），土地—地租，劳动—工资中，在这个表示价值和一般财富的各个组成部分同财富的各种源泉的联系的经济三位一体中，资本主义生产方式的神秘化，社会关系的物化，物质生产关系和它的历史社会规定性直接融合在一起的现象已经完成：这是一个着了魔的、颠倒的、倒立着的世界。在这个世界里，资本先生和土地太太，作为社会的人物，同时又直接作为单纯的物，在兴妖作怪。"②为什么这个世界会以颠倒的方式表现自己呢？这正是资本拜物教导致的必然结果，因为它造成了这样的假象，似乎资本会自动地产生利润、土地会自动地获得地租、

---

① 马克思：《资本论》第1卷，人民出版社1975年版，第111页。

② 马克思：《资本论》第3卷，人民出版社1975年版，第938页。

劳动会完全地转化为工资等等。其实，所有这些幻觉都源自资本拜物教，而"在生息资本上，资本关系取得了最表面、最富有拜物教性质的形式"①。因为作为生息资本的货币资本，一旦被贷放出去，"那就无论它是睡着，还是醒着，是在家里，还是在旅途中，利息都会日夜长到它身上来"②。

其实，在现代社会中，随着理财和投资意识的普遍化，无论是商品，还是货币，都以越来越普遍和深入的方式转化为资本。在这个意义上，尽管资本拜物教和货币拜物教都起源于商品拜物教，但资本拜物教却是商品拜物教和货币拜物教的真理和归宿。记得马克思曾经说过："在一切社会形式中都有一种一定的生产决定其他一切生产的地位和影响，因而它的关系也决定其他一切关系的地位和影响。这是一种普照的光，它掩盖了一切其他的色彩，改变着它们的特点。这是一种特殊的以太，它决定着它里面显露出来的一切存在（Dasein）的比重。"③作为现代社会的生产关系，资本正是掩盖其他一切色彩的"普照的光"，也是决定一切存在物比重的"特殊的以太"。

当然，在马克思的资本诠释学看来，既然资本只是一定社会形态中的生产关系，它的存在就不可能是永恒的。在现代社会中，资本导致的私人占有和社会化大生产之间的尖锐矛盾和社会生活的普遍异化早已敲响了资本主义制度和资本现有的存在方式与运作方式的丧钟。马克思认为，以自由人的联合体为基础的未来共产主义社会将会取代资本主义社会，并把资本的存在方式和运作方式控制在合理的范围之内。

海德格尔的与众不同之处在于，他不是从党派斗争或世界观的角度，而是从本体论的角度出发来解读马克思的共产主义学说的历史意义的："人们可以以各种不同的方式来对待共产主义的学说及其论据，但从存在的历史意义看来，确定不移的是，一种对有世界历史意义的东西的基本

---

① 马克思：《资本论》第 3 卷，人民出版社 1975 年版，第 440 页。
② 同上书，第 443 页。
③ 《马克思恩格斯全集》第 46 卷（上册），人民出版社 1979 年版，第 44 页。

经验在共产主义中自行道出来了。"①事实上，共产主义正是马克思的资本诠释学通过对资本的历史作用和局限性的深入反思必然要引申出来的结论。

上面，我们对马克思的资本诠释学做了一个简要的考察。这一考察表明，资本诠释学蕴含着以下三个维度。

一是批判的维度。马克思的资本诠释学与一切实证主义哲学思潮的根本差别在于，它不是以价值中立的方式描述现代社会，而是从历史唯物主义的立场出发，批判地考察现代社会，并深入到对现代社会的不可见的层面——生产关系的反思上。在这个意义上可以说，资本诠释学是一种批判的诠释学。

二是实践的维度。马克思的资本诠释学与其他一切诠释学说的根本差别在于，后者只关注"诠释世界"，而前者则自觉地把"诠释世界"和"改变世界"贯通起来了。显而易见，资本不是依靠自己的幻想，而是通过实践的基本形式——异化劳动而自行增殖的。也就是说，无论是资本的存在方式和运作方式，还是对这些方式的改变，都不得不诉诸实践。在这个意义上又可以说，资本诠释学是一种实践的诠释学。

三是权力分析的维度。马克思的资本诠释学与其他一切纯粹经济理论的根本差别在于，马克思不仅把资本理解为现代社会的"经济权力"，同时也把它理解为支配一切的社会权力和政治权力。而人们的全部认识、理解和诠释活动都是在以资本为基础的、由宏观权力和微观权力编织而成的"权力场"中展开的。事实上，根本没有纯粹经济学，只有政治经济学。权力分析的维度也表明，以往的诠释学理论撇开"权力场"的背景来探讨理解和诠释活动是十分肤浅的。在这个意义上又可以说，资本诠释学是一种权力（分析）的诠释学。

综上所述，马克思的资本诠释学既为我们分析现代社会及其意识形态（包括形而上学）提供了一把钥匙，也为我们重新审视诠释学的历史、深入反省现代性的历史内涵提供了极为珍贵的思想资源。

---

① ［德］海德格尔：《海德格尔选集》（上），孙周兴编译，上海三联书店 1996 年版，第 384 页。

# 马克思主体性概念的两个维度<sup>①</sup>

  近年来，马克思的主体性概念渐渐成了一个被遗忘的角落。随着人们对近代西方哲学反省的深入，主体性概念和主体性形而上学似乎都成了批判的对象。主体性理论，包括马克思的主体性概念，统统被推向哲学舞台的边缘，成了不再时髦的话题。然而，当代中国社会的历史性恰恰表明，主体性理论，尤其是马克思的主体性概念并没有过时，对于我们来说，它仍然具有非常重要的理论意义和现实意义。

## 一、马克思主体性概念的认识论

  马克思创立了历史唯物主义，在哲学史上发动了一场划时代的革命。就这场革命的性质而言，首先应该是本体论意义上的，其次才是认识论意义上的。同样地，马克思也赋予主体性概念以两个不同的维度，即本体论维度和认识论维度。然而，近代西方哲学从笛卡儿开始，或者无批判地接受了传统本体论中的某种理论，或者干脆撇开本体论，把全部注意力转向对认识论的研

① 载《复旦学报(社会科学版)》2007 年第 2 期，第 34—40 页。——编者注

究。不幸的是，这种"认识论中心主义"的流行病也深刻地影响了马克思哲学的阐释者们，使他们形成了相应的阐释立场。

比如，恩格斯在评论康德的"自在之物"这一用语时曾经指出："既然我们自己能够制造出某一自然过程，按照它的条件把它生产出来，并使它为我们的目的服务，从而证明我们对这一过程的理解是正确的，那么康德的不可捉摸的'自在之物'就完结了。动植物体内所产生的化学物质，在有机化学开始把它们一一制造出来以前，一直是这种'自在之物'；一旦把它们制造出来，'自在之物'就变成为我之物了。"①我们知道，在康德那里，"自在之物"，即世界、灵魂和上帝，作为超验的存在物，正是本体论研究的对象。康德的自在之物并不是恩格斯所说的某种具体的化学物质，如元素。如果真的像恩格斯所说的那样，超验的自在之物可以转化为经验的为我之物，那么康德意义上的本体论也就失去了存在的意义。我们也知道，在康德那里，自在之物也是认识的界限概念，即认识必须中止的地方。既然恩格斯在这里试图把认识论变成一种无所不能的认知理论，那么，本体论也就自然而然地随着其对象——自在之物的消失而消失了。②

在另一处，当恩格斯概述黑格尔哲学时，也是从这样的阐释立场出发。恩格斯写道："哲学所应当认识的真理，在黑格尔看来，不再是一

① 《马克思恩格斯选集》第 4 卷，人民出版社 1995 年版，第 225—226 页。
② 在罗森塔尔、尤金主编的《简明哲学辞典》中，对本体论作了如下的说明："马克思主义以前的哲学中的一个名词，是指和认识论（关于认识的学说）不同的一种关于存在、关于存在物的学说。资产阶级哲学的特征就是把存在学说与认识学说对立起来，企图创立一种存在、在思维形式所反映的客观实在之外，并且不以存在、客观实在为转移的思维形式的学说。"参见罗森塔尔、尤金：《简明哲学辞典》，中央编译局译，三联出版社 1973 年 2 版，第 105 页。从这段简要的说明中，我们至少可以读出以下三层含义：第一，本体论只是"马克思主义以前的哲学中的一个名词"。也就是说，马克思并未使用过"本体论"这一概念，马克思哲学也无须从本体论角度加以理解和解释；第二，资产阶级哲学的特征是把本体论与认识论对立起来；第三，马克思哲学是以反映论为特征的认识论，没有必要再在这种认识论以外去谈论本体论。正是在这个意义上，这部辞典引申出如下的结论："马克思主义发展和论证了唯一科学的认识论，这一认识论的中心点就是把意识、思维了解为在我们之外和不依赖于我们而存在的外部世界的反映。"参见罗森塔尔、尤金：《简明哲学辞典》，中央编译局译，三联出版社 1973 年版，第 39 页。

堆现成的、一经发现就只要熟读死记的教条了；现在真理是在认识过程本身中，在科学的长期的历史发展中，而科学从认识的较低阶段向越来越高的阶段上升，但是永远不能通过所谓绝对真理的发现而达到这样一点，在这一点上它再也不能前进一步，除了袖手一旁惊愕地望着这个已经获得的绝对真理，就再也无事可做了。在哲学认识的领域里是如此，在任何其他的认识领域以及在实践行动的领域也是如此。"①这是经典性的"认识论中心主义"的阐释立场。这一点，甚至连列宁也看出来了。他指出："在恩格斯的论述中，每一步，几乎每一句话、每一个论点，都完全是而且纯粹是建立在辩证唯物主义的认识论上的。"②

不用说，正是从这样的阐释立场出发，本体论逸出了阐释者们的视野，或者它至多只能以其他方式，如"世界观"的形式存在，甚至完全处于匿名的状态下，而认识论则被阐释成马克思哲学的核心。于是，主体性概念也相应地成了马克思认识论的核心。换言之，阐释者们已经形成了这样的思维习惯，即只从认识论的维度出发去理解并解释主体性。也就是说，马克思主体性概念的本体论维度被遮蔽起来了，留下来的只是认识论的维度。

主体性的作用既体现在人的主观意识中，也体现在人的实践活动中。这种对马克思主体性概念的片面解读，由于对马克思实践概念的含义和作用的误解而进一步被加剧了。事实上，人们对马克思实践概念的根本性误解就是把它看作单纯认识论范围内的概念。比如，列宁认定："马克思和恩格斯都说过，人类的实践证明唯物主义认识论的正确性，并且把那些想离开实践来解决认识论的基本问题的尝试称为'经院哲学'和'哲学怪论'。"③列宁不仅把马克思的实践概念阐释为单纯认识论范围

---

① 《马克思恩格斯选集》第 4 卷，人民出版社 1995 年版，第 216 页。

② 列宁：《列宁选集》第 2 卷，人民出版社 1995 年版，第 153 页。事实上，列宁也是这样看问题的。他甚至认为，"哲学史，因此，简略地说，就是整个认识的历史"（参见列宁：《哲学笔记》，人民出版社 1974 年版，第 236 页）。

③ 列宁：《列宁选集》第 2 卷，人民出版社 1995 年版，第 99 页。

内的概念，而且他自己也是以这样的方式为实践概念定位的。在《唯物主义和经验批判主义》中，他肯定"生活、实践的观点，应该是认识论的首要的和基本的观点"①。在《哲学笔记》中，他进一步表示："理论观念（认识）和实践的统一——要注意这点——这个统一正是在认识论中。"②尽管列宁的这一论述是在概括黑格尔哲学思想时写下的，但它表明，列宁本人也是认同这一论述的。

综上所述，以认识论作为主导方向的近代西方哲学的研究倾向深刻地影响了马克思哲学的阐释活动，尤其是人们对马克思的主体性概念的阐释。由于主体性的含义和作用仅仅被局限于认识论这一维度中，所以，诸如人在认识活动中的主观能动性，人对自然规律的认识以及人对自然的改造，主体在认识过程中的辩证思维活动，认识论、辩证法和逻辑学的一致性等问题就上升为哲学探讨的核心问题，而与主体性的本体论维度相关的问题，如与政治哲学、法哲学、道德哲学和宗教哲学关于人格、自由、公正、信仰、善恶、社会关系、主观性和交往规则等问题就远远地逸出了人们的哲学视野。

# 二、回到马克思主体性概念的本体论维度

如前所述，尽管马克思主体性概念的本体论维度长期以来被阐释者们所忽视，但这一维度却是确确实实地存在着。它是马克思批判地继承德国古典哲学思想的伟大结晶。

康德区分了思辨理性和实践理性。前者关系到认识论维度，是认识主体对自然必然性的认知，而这种认知的结果则是知识。在康德看来，知识只与现象界有关。后者则关系到本体论维度，是道德实践主体和法

---

① 列宁：《列宁选集》第 2 卷，人民出版社 1995 年版，第 103 页。
② 列宁：《哲学笔记》，人民出版社 1974 年版，第 236 页。

权人格对理性的绝对命令的贯彻，而这一贯彻又是以上帝存在、灵魂不朽和意志自由作为范导性原则的。显然，康德之所以把后者称为实践理性，因为在他看来，实践概念就其最本质的含义而言，乃是一个本体论概念。同样，作为主体，人首先是本体界的道德实践主体和法权人格，其次才是认识界的认识主体。正是在这个意义上，康德写道："在纯粹思辨理性与纯粹实践理性联结成一个认识时，假定这种联结不是偶然的和任意的，而是先天地以理性自身为基础的，从而是必然的，实践理性就占据了优先地位。"①不少研究者肯定，康德哲学高扬了作为认识主体的人的主观能动性。这一点当然是无可非议的。然而，这样的结论本身就受到了近代哲学"认识论中心主义"倾向的影响。事实上，康德首先加以高扬的乃是本体论领域里作为道德实践主体和法权人格的人的价值和意义。当然，在康德那里，受到更多关注的是思辨理性（认识论）与实践理性（本体论）之间的差异，它们在人这个主体中的统一还没有得到深入的探索。

在康德之后，费希特继承了康德关于实践理性的思想，他把自己的哲学称作"行动哲学"，并十分重视在本体论领域里确立道德实践主体和法权人格。黑格尔也是从康德出发进行哲学思考的，但他把历史性概念引入理性中。他不仅提出了实体即主体的著名观点，而且通过对主奴关系的考察，开启了以主体际性为基础的"承认政治学"。就费尔巴哈来说，虽然他从唯物主义立场出发批判了黑格尔唯心主义的主体概念，但他又以非实践的方式去理解主体性，从而使其主体性学说失去了应有的活力。所有这些见解都成了马克思从本体论的视角出发，重建主体性理论的思想资源。

尽管马克思意识到了康德所发动的哥白尼式的哲学革命的伟大意义，但他也尖锐地批判了康德把本体论维度的主体性实践归结为道德行为的片面做法。他写道："18 世纪末德国的状况完全反映在康德的《实

---

① ［德］康德：《实践理性批判》，韩水法译，商务印书馆 1999 年版，第 133 页。

践理性批判》中。……康德只谈'善良意志',哪怕这个善良意志毫无效果他也心安理得,他把这个善良意志的实现以及它与个人的需要和欲望之间的协调都推到彼岸世界。"①在马克思看来,康德的实践概念在内涵上是狭隘的、片面的,它反映出德国市民阶层的软弱和畏缩。马克思还进一步指明了康德的意志概念的本质:"不管是康德或德国市民(康德是他们利益的粉饰者),都没有觉察到资产阶级的这些理论思想是以物质利益和由物质生产关系所决定的意志为基础的。"②在这里,马克思阐发的一个重要思想是,康德所说的意志并不是始源性的,而真正的始源性的因素则是"物质生产关系"。也就是说,本体论向度上的主体性的含义和作用归根到底是以物质生产关系为前提的。

同样,马克思充分地肯定了黑格尔从历史意识出发,对本体论维度上的主体性概念的内涵所做的宽泛的理解,但也批判了他的观点的神秘主义倾向。在《黑格尔法哲学批判》中,马克思指出:"假如黑格尔从作为国家基础的现实的主体出发,那么他就没有必要神秘地把国家变成主体。黑格尔说:'可是主观性只是作为主体才真正存在,人格只是作为人才真正存在。'这也是神秘化。主观性是主体的规定,人格是人的规定。而黑格尔不把主观性和人格看作主体的谓语,反而把这些谓语弄成某种独立的东西,然后神秘地把这些谓语变成这些谓语的主体。"③不用说,马克思不同意黑格尔把本体论维度上的主体理解为神秘的精神力量,而主张理解为作为社会存在物的现实的人。所以,马克思在《〈黑格尔法哲学批判〉导言》中强调:"人并不是抽象的栖息在世界以外的东西。人就是人的世界,就是国家,社会。"④显然,马克思的批判揭开了笼罩在本体论维度上的主体性概念的神秘面纱,把真正的、现实的主体性展现在我们面前。

---

① 《马克思恩格斯全集》第3卷,人民出版社1960年版,第211—212页。
② 同上书,第213页。
③ 《马克思恩格斯全集》第1卷,人民出版社1956年版,第272页。
④ 同上书,第452页。

当然，马克思也不赞成像费尔巴哈这样的唯物主义者以非实践的方式去理解本体论维度上的主体性，所以，在《关于费尔巴哈的提纲》中，马克思开宗明义地宣布："从前的一切唯物主义（包括费尔巴哈的唯物主义）的主要缺点是：对对象、现实、感性，只是从**客体**的或者**直观**的形式去理解，而不是把它们当作**感性的人的活动**，当作**实践**去理解，不是从主体方面去理解。"①马克思还强调，"全部社会生活在本质上是**实践的**。""哲学家们只是用不同的方式**解释**世界，问题在于**改变**世界。"②所有这些论述都表明，马克思赋予本体论维度上的主体性及其实践概念以全部的内容，马克思对这些概念的理解远远地超越了康德、费希特对道德领域的关注，而把生产劳动、阶级斗争、社会革命等内容统统纳入其中。

首先，马克思告诉我们，作为主体性的人的本质内涵是由一定的社会生产关系决定的。在《关于费尔巴哈的提纲》中，马克思已经指出："人的本质不是单个人所固有的抽象物，在其现实性上，它是一切社会关系的总和。"③在这里，马克思还没有对作为主体的人与社会关系之间的内在联系作出具体的说明。在《雇佣劳动与资本》中，马克思以极为明确的口气写道："黑人就是黑人。只有在一定的关系下他才成为**奴隶**。纺纱机是纺棉花的机器。只有在一定的关系下，它才成为**资本**。脱离了这种关系，它也就不是资本了。就像**黄金**本身并不是**货币**，砂糖并不是砂糖的**价格**一样。"④在马克思看来，本体论维度上的主体性的本质内涵正是由人不得不置身其中的社会关系决定的，而在社会关系中，最基本的关系是社会生产关系："各个人借以进行生产的社会关系，**即社会生产关系，是随着物质生产资料、生产力的变化和发展而变化和改变的。生产关系总和起来就构成所谓社会关系，构成所谓社会，并且是构成一**

---

① 《马克思恩格斯选集》第 1 卷，人民出版社 1995 年版，第 58 页。
② 同上书，第 56—57 页。
③ 同上书，第 60 页。
④ 同上书，第 344 页。

个处于**一定历史发展阶段**上的社会，具有独特的特征的社会。古典古代社会、封建社会和资产阶级社会都是这样的生产关系的总和，而其中每一个生产关系的总和同时又标志着人类历史发展中的一个特殊阶段。"①这就十分清楚地启示我们，本体论维度上的主体性的本质内涵、历史特征以及它可能起作用的范围实际上都是在一定的社会生产关系的框架内展开的。也就是说，不了解并研究不同历史时期的社会生产关系，就不可能解开主体性这一历史之谜。

其次，马克思告诉我们，作为主体性的人的历史作用始终是以实践的方式展开的。实践的含义有多么丰富，本体论维度上的主体性的含义就有多么丰富。在《关于费尔巴哈的提纲》中，马克思指出："全部社会生活本质上是**实践**的。凡是把理论引向神秘主义的神秘东西，都能在人的实践中以及对这个实践的理解中得到合理的解决。"②这就明确地启示我们，全部社会生活都是在实践的基础上得以形成并发展起来的，即使是那些表面上看起来远离现实生活的神秘理论或观念，之所以以神秘的方式现身，也可以在相应的实践活动中找到合理的说明。实际上，在马克思那里，本体论维度上的主体性概念和实践概念是不可分离的，我们甚至可以说它们是同一个概念的两种不同的表达方式。

最后，马克思告诉我们，从本体论的角度看问题，主体性的最根本的历史作用乃是使现存世界革命化，即在历史条件具备的时候，以革命实践的方式对现存世界进行彻底的改造。在马克思看来，这乃是对传统哲学中，尤其是康德哲学中把实践片面地归结为道德行为的做法的根本性超越。马克思在谈到康德时写道："在康德那里，我们又发现了以现实的阶级利益为基础的法国自由主义在德国所采取的特有形式。……康德把这种理论的表达与它所表达的利益割裂开来，并把法国资产阶级意志的有物质动机的规定变为'**自由意志**'、自在和自为的意志、人类意志

---

① 《马克思恩格斯选集》第 1 卷，人民出版社 1995 年版，第 345 页。
② 同上书，第 56 页。

的**纯粹**自我规定，从而就把这种意志变成纯粹思想上的概念规定和道德假设。因此当这种强有力的资产阶级自由的实践以恐怖统治和无耻的资产阶级钻营的形态出现的时候，德国小资产者就在这种资产阶级自由主义的实践面前畏缩倒退了。"①在这里，马克思十分敏锐地发现，法国资产阶级的政治革命实践在德国小资产阶级及其代言人康德那里被降格为抽象的道德规定和道德实践。而在马克思看来，当时的德国需要的乃是一种比法国资产阶级革命更为彻底的革命实践。所以他写道："实际上和对**实践的**唯物主义者，即**共产主义者**说来，全部问题都在于使现存世界革命化，实际地反对和改变事物的现状。"②为什么在主体所有的实践活动中，革命实践是最重要的？因为只有这种革命实践才能彻底地改变传统社会的生产关系，从而从根本上解放作为主体的人。当然，马克思强调，革命的发生并不是任意的，而是以一定的历史条件为前提的。所以，当他谈到现代资本主义社会时写道："如果我们在现在这样的社会中没有发现隐蔽地存在着无阶级社会所必需的物质条件和与之相适应的交往关系，那么一切炸毁的尝试都是唐·吉诃德的荒唐行为。"③

从上面的论述可以看出，本体论维度上的主体性才是马克思主体性概念的基础性的、核心的内容。然而，遗憾的是这方面的内容长期以来一直处于被忽视的状态。


# 三、马克思主体性概念的两个维度


肯定本体论维度上的主体性是马克思主体性概念的基础性的、核心的内容，并不意味着我们完全撇开认识论维度上的主体性。我们认为，在马克思的主体性概念中，这两个维度既存在着重要的差异，又不可分

---

① 《马克思恩格斯全集》第3卷，人民出版社1960年版，第213—214页。
② 同上书，第48页。
③ 《马克思恩格斯全集》第46卷(上册)，人民出版社1979年版，第106页。

割地统一在一起。

首先，对于马克思的主体性概念来说，其认识论维度主要涉及人与自然的关系，而本体论维度则主要涉及人与人之间的关系。前者涉及人对自然必然性，即自然规律的认识，并利用自然规律对自然进行改造。在通常的情况下，认识论关注的是认识主体与认识对象之间的关系、认识的方法和如何达到真理性认识等问题，而对认识主体的社会历史特征却缺乏相应的反省。在对马克思哲学的阐释中，这种情形尤其严重，因为阐释者们普遍主张把马克思哲学界定为"辩证唯物主义和历史唯物主义"。如果说，辩证唯物主义以自然作为自己的研究对象，那么，历史唯物主义则以人类社会作为自己的研究对象。由于认识论属于辩证唯物主义部分，而辩证唯物主义又置于历史唯物主义之前，因此，蕴含在认识论领域与探讨人类社会的历史唯物主义是相互分离的。而正是这一分离，使人们不可能在认识论的范围内对认识主体的社会历史特征作出充分的说明。然而，只要人们忽视认识主体的社会历史特征，人们对认识主体的理解就必定是肤浅的，甚至整个认识论的研究也必定是肤浅的。

其次，对于马克思的主体性概念来说，其本体论维度始终是始源性的，正是这一维度构成了马克思主体性概念的基础和核心，而其认识论维度则是非始源性的，它总是自觉地或不自觉地奠基于本体论维度之上。为什么？如前所述，认识论涉及人与自然的关系，而本体论则涉及人与人之间的关系。从逻辑在先的角度看，人们总是在人与人之间结成了一定关系的基础上才与自然打交道的。正如马克思所说的："为了进行生产，人们相互之间便发生一定的联系和关系：只有在这些社会联系和社会关系的范围内，才会有他们对自然界的影响，才会有生产。"①尽管当人们从时间在先的角度去看问题时，会发现自然界是先于人而存在的，因而人与自然的认识论关系似乎具有某种先在性，然而，当人们从逻辑在先的角度看问题时，立即就会发现，人与人之间的本体论关系才

① 《马克思恩格斯选集》第1卷，人民出版社1995年版，第344页。

真正地具有先在性。事实上，也正是这种先在性决定了一切认识必定打着社会存在本体论的烙印。也正是在类似的意义上，海德格尔在《存在与时间》一书中强调，认识或理解活动不过是此在在世的一种样态。

最后，对于马克思的主体性概念来说，真正对其本体论维度和认识论维度起贯通作用的是实践。但这里涉及的实践，既不是康德所说的本体论维度上的狭隘的道德行为，也不是传统的马克思哲学的阐释者们所认定的、单纯认识论范围内的实践，而是马克思所主张的与全部主体性相对应的全部的实践。在这一实践概念中蕴含的最基本的实践形式乃是生产劳动。只要我们稍加分析，就会发现，生产劳动是由两个侧面构成的：一是人与自然的关系，即人按照自然规律改造外界物；二是人与人之间的关系，即人与人之间必须结成一定的社会生产关系，才可能对自然进行改造。正是生产劳动这一最基本的实践活动蕴含着两个不同的维度：就人与人之间的关系而言，它显现出来的是本体论维度；就人与自然的关系而言，它显现出来的又是认识论维度。实际上，马克思主体性概念的两个维度对应的正是生产劳动的两个维度。也就是说，正是在生产劳动这一最基本的实践形式的基础上，马克思主体性概念的两个维度获得了统一，全部的主体性被展现出来了。

也许没有一篇论文比马克思的《评阿·瓦格纳的"政治经济学教科书"》更深刻地阐明了生产劳动这一最基本的实践形式如何把马克思主体性概念的两个维度统一起来。马克思在批评瓦格纳时写道："在一个学究教授看来，人对自然的关系首先并不是**实践的**即以活动为基础的关系，而是**理论的**关系。"①做了上面的批评后，马克思又从自己的立场出发写道："人们决不是首先'处在这种同**外界物**的理论关系中'。正如任何动物一样，他们首先是要**吃**、**喝**等等，也就是说，并不'处在'某种关系中，而是**积极地活动**，通过活动来取得一定的外界物，从而满足自己的需要。（因而，他们是从生产开始的。）由于这一过程的重复，这些物

---

① 《马克思恩格斯全集》第 19 卷，人民出版社 1963 年版，第 405 页。

能使人们'满足需要'这一属性，就铭记在他们的头脑中了。人和野兽也就学会'从理论上'把能满足他们需要的外界物同一切其他的外界物区别开来。"①这段论述启示我们，在马克思那里，主体性的本体论维度和认识论维度都奠基于生产劳动，都是在这一最基本的实践形式的基础上发生、发展起来的。

## 四、马克思主体性概念的当代意义

在当前的哲学研究中，恢复马克思主体性概念的两个维度，具有十分重要的理论意义和现实意义。

一方面，由于近代哲学的主导性倾向"认识论中心主义"的影响，马克思哲学的阐释者们长期以来只是在认识论维度上谈论马克思的主体性概念，从而造成了对马克思的主体性概念的本体论维度的忽视乃至遗忘，也导致了对马克思所发动的划时代的哲学革命性质的误解。事实上，马克思通过创立历史唯物主义而实现的哲学革命，首先体现在本体论的维度上，其次才体现在认识论的维度上。在这个意义上可以说，恢复马克思主体性概念的本体论维度，不仅为准确理解马克思的主体性概念铺平了道路，也为准确领会马克思哲学革命的本质创造了条件。

另一方面，随着当代西方哲学的发展，随着人们对现代性问题反省的深入，某些当代西方哲学家，如海德格尔明确地展开了对"主体性形而上学"的批判。② 深受海德格尔思想影响的后结构主义者也提出了"消解主体性"的口号。在我们看来，所有这些现象的出现都不是偶然的。

---

① 《马克思恩格斯全集》第 19 卷，人民出版社 1963 年版，第 405 页。

② 多尔迈在谈到海德格尔后期思想时写道："《关于人道主义的信札》的用心并不是窒息人的发展或压抑独立的判断，而是将人从极度的自我纠缠中，从自我中心论与形而上学主体论的束缚中拯救出来。"参见[美]多尔迈：《主体性的黄昏》，万俊人等译，上海人民出版社 1992 年版，第 43 页。

众所周知，几个世纪以来，随着西方的工业化、技术化和现代化的推进，生态环境遭到了严重的破坏，人与人之间的异化关系也进一步加剧了。当代西方哲学家通过深入的反思，认为这样的现象正是主体性的无限膨胀导致的必然结果。基于这样的反思，"消解主体性"就成了一个时髦的口号。但只要我们从学理上深入地加以探讨，就会发现，"消解主体性"的口号实际上是站不住脚的，道理很简单，由谁出面来"消解主体性"呢？仍然是主体。所以，只要作为主体的人还存在着，"消解主体性"就是不可能的。我们至多只能说，限制主体性、限制人类对待环境的行为方式。

然而，不幸的是，"消解主体性"的思潮却对中国哲学界发生了重要的影响。有些中国学者以最时髦的西方思潮的代言人自居，拒绝谈论主体性的概念，仿佛一谈到这个概念，就退回到近代哲学的旧观念中去了。其实，这根本上就是一种误解。中国的国情并不同于西方国家的国情。就中国目前的情况来看，一方面，在认识自然的科学技术的发展上，我们还是相对落后的，因此，主体性概念的认识论维度的发展对于我们来说，仍然是必要的。这一点，甚至连以牟宗三先生为代表的当代新儒家也意识到了，所以，他们把发展科学技术理解为"新外王"的本质内涵之一。另一方面，在建立主观际性的交往规则上，我们也是相对落后的。当代中国社会正处于从传统的自然经济、计划经济向市场经济转型的过程中。如果说，西方市场经济体系的形成是自下而上的，经历了数个世纪，那么，中国式市场经济的形成却是自上而下的，是在普遍缺乏主体意识和人格观念的情形下开始的。在这样的态势下，主体性概念的本体论维度，尤其是体现社会秩序的法权人格和道德实践主体的普遍确立，就成了中国式市场经济能否健康发展的重要前提。

由此可见，在当代中国社会中，主体性问题非但不是一个过时的话题，而是一个现实性的话题。当代中国人不但要确立普遍的道德实践主体和法权人格，而且也要发展认识论维度上的主体性。当然，认识论维度的主体性的发展也必须受到合理的限制。而这正是马克思的主体性概念向我们提供的重要启示。

# 主体际性、客体际性和主客体际性[①]
## ——马克思实践唯物主义关系理论探要

自从晚年胡塞尔使用"主体际性"(inter-sub-jectivity)概念以来,经萨特、哈贝马斯等人的推广,这一概念在当代哲学研究中起着越来越重要的作用。然而,令人困惑的是,完全可以从这一概念中合法地引申出的"客体际性"(inter-objectivity)和"主客体际性"(inter-subjectivity-objectivity)这样的概念却从未进入人们的视野,仿佛世界上真的存在着能够与"客体际性"和"主客体际性"完全相分离的"主体际性",仿佛单独地探讨"主体际性"就能使我们获得关于关系理论的完整知识似的。其实,只有把"主体际性""客体际性"和"主客体际性"综合起来加以研究,才能全面地把握关系理论的真理。而在这方面的研究中,马克思的关系理论提供了极为丰富的思想资源。

尽管马克思从未使用过"主体际性"这样的概念,但他关于主体之间关系的理论仍然由于其深

① 原载《河北学刊》2007年第2期,第1—6页。收录于俞吾金:《传统重估与思想移位》,黑龙江大学出版社2007年版,第406—417页,题目为《主体际性、客体际性和主客体际性》;《被遮蔽的马克思》,人民出版社2012年版,第325—338页,第十八章《"主体际性"理论的扩展》;《俞吾金哲学随笔(3):哲学随想录》,北京师范大学出版社2016年版,第206—215页。——编者注

刻性而引起了研究者们的高度重视。当然，我们也必须清醒地意识到，仅仅从"主体际性"的角度出发去解读马克思的关系理论是不够的。事实上，马克思的实践唯物主义学说蕴含着一个关于"主体际性""主客体际性"和"客体际性"的完整的关系理论。虽然马克思也未使用过"主客体际性"和"客体际性"这样的概念，但这并不影响他对这些后出的概念所指称的内容先行地作出系统的、深刻的反思。

# 一、马克思关系理论的根本出发点

在传统的哲学家们那里，静态的直观和旁观式的思维构成他们理解一切关系问题的根本出发点。一个认识主体，只是凭借自己的直观和思维，推测出其他认识主体的存在，也推测出与主体不同的客体及客体之间的相互关系的存在。

在《确定性的寻求》(1929)这部著作中，美国哲学家杜威把这种单纯理论的、非实践的认知态度称为"旁观者式的认识论"。杜威指出：

> 自然是可能被理解的。但是我们实现这种可能性时不是通过一个外在地对自然加以思考的心灵，而是通过一种在自然以内所进行的操作；这种操作使得自然产生了许多新的关系，而这些新的关系又是在产生新的个别对象的过程中所概括出来的，自然具有可理解的条理的程度要看借我们自己外部的操作去实现包括在自然中的潜能的程度而定。①

在这段重要的论述中，杜威区分了两种不同的认识态度：一种是外在地对自然进行观察和思考；另一种是通过自然以内的操作对自然进行观察

---

① 杜威：《确定性的寻求》，傅统先译，上海人民出版社 2004 年版，第 216 页。

和思考。显然，这两种认识态度存在着根本性的差别。如果说，前者只是以旁观者的方式，被动地感受主体与主体、客体与客体、主体与客体之间的关系，那么，后者则试图通过主体的操作，即主体与环境之间的互动，努力创造出一系列新的关系，从而极大地深化主体对自然的认识。

其实，早在杜威之前，马克思就已在《评阿·瓦格纳的"政治经济学教科书"》(写于 1879 年下半年—1880 年 11 月)中对探讨一切关系问题的根本出发点作出了批判性的澄清。马克思指出：

> 在一个学究教授看来，人对自然的关系首先并不是**实践的**即以活动为基础的关系，而是**理论**的关系。①

马克思在这里所说的"理论的关系"究竟指什么呢？那就是我们在上面已经提到过的、主体对自然所采取的静态的直观的态度，这种态度与杜威所批评的"旁观者式的认识论"是完全一致的。显然，马克思并不赞成这种态度，他赞成的是人对自然所采取的"实践的即以活动为基础的关系"。那么，这种关系究竟是指什么呢？马克思告诉我们：

> 人们决不是首先"处在这种对**外界物**的理论关系中"。正如任何动物一样，他们首先是要**吃、喝**等等，也就是说，并不"处在"某一种关系中，而是**积极地活动**，通过活动来取得一定的外界物，从而满足自己的需要。(因而，他们是从生产开始的。)由于这一过程的重复，这些物能使人们"满足需要"这一属性，就铭记在他们的头脑中了，人和野兽也就学会"从理论上"把能满足他们需要的外界物同一切其他的外界物区别开来。在进一步发展的一定的水平上，在人们的需要和人们借以获得满足的活动形式增加了，同时又进一步发

---

① 《马克思恩格斯全集》第 19 卷，人民出版社 1963 年版，第 405 页。

展了以后，人们就对这些根据经验已经同其他外界物区别开来的外界物，按照类别给以各个名称。①

如果说，在杜威那里，"操作"还是一个与自然科学的实验关联在一起的、狭隘的"活动"，那么，在马克思那里，人类应付环境的全面的实践，即"活动"，尤其是其基本活动——"生产"构成了他探索一切关系问题的根本出发点。马克思启示我们，人类并不是现成地处于某种关系之中，而是在实践活动的过程中主动创造出各种各样的关系。

事实上，在马克思的著作中，上述见解并不是偶尔出现的，而是他的实践唯物主义学说中的应有之义。早在 1845 年撰写的《关于费尔巴哈的提纲》一文中，马克思已经明确地指出：

> 从前的一切唯物主义（包括费尔巴哈的唯物主义）的主要缺点是：对对象、现实、感性，只是从**客体**的**或者直观**的形式去理解，而不是把它们当作**感性的人的活动**，当作**实践**去理解，不是从主体方面去理解。②

这段话明确地告诉我们：一方面，马克思主张从实践出发理解一切关系问题；另一方面，马克思把是否承认实践这一根本的出发点看作实践唯物主义与传统唯物主义之间的根本分歧点。在这个意义上可以说，探讨马克思的关系理论，首要的是把这一理论置于实践唯物主义的语境中，而在这一语境中，实践作为基础和核心概念，乃是马克思思索一切关系问题的根本出发点。

---

① 《马克思恩格斯全集》第 19 卷，人民出版社 1963 年版，第 405 页。
② 《马克思恩格斯选集》第 1 卷，人民出版社 1995 年版，第 54 页。

# 二、马克思关系理论中的主体际性

假如人们用"主体之间的关系"这样明白易懂的语言来取代"主体际性"这一深奥的表达方式，就会发现，近代西方哲学家们早已开始探索这样的关系，如莱布尼茨关于单子之间的"先定和谐"的学说、黑格尔关于"我"就是"我们"的论述等。尽管这一探索是不自觉的，也是不系统的，但毕竟为这方面的研究提供了重要的启示。而马克思作为当代西方哲学的奠基人之一，以完全不同于近代西方哲学家们的方式，对主体之间的关系作出了深入的反思。

在《导言》中，马克思写道：

> 人并不是抽象地栖息在世界以外的东西。人就是人的世界，就是国家，社会。①

显而易见，在他看来，人本质上就是周围世界的产物，主体本质上就是主体际性。在《詹姆斯·穆勒〈政治经济学原理〉一书摘要》（写于1844年上半年）中，马克思指出：

> ……**人的**本质是人的**真正的社会联系**，所以人在积极实现自己**本质**的过程中**创造**、生产人的**社会联系**、社会本质，而社会本质不是一种同单个人相对立的抽象的一般的力量，而是每一个单个人的本质，是他自己的活动，他自己的生活，他自己的享受，他自己的财富。②

---

① 《马克思恩格斯全集》第1卷，人民出版社1956年版，第452页。
② 《马克思恩格斯全集》第42卷，人民出版社1979年版，第24页。

在这里，马克思已经告诉我们，人的本质体现在人与人之间的社会联系中。如果用当代哲学的术语表达，也就是说，每一个主体的本质都体现在主体际性中。马克思还强调，这种人与人之间的"社会联系"并不像以往的哲学家们所认为的，是理论反思的结果，而是生存活动和需要的产物。而在现代社会中，"这种社会联系就以异化的形式出现。因为这种社会联系的主体，即人，是自我异化的存在物"①。这就表明，马克思不但意识到主体性的真理就是主体际性，而且意识到，作为这一真理的社会联系在现代社会中是以异化的方式出现的。在《手稿》中，马克思进一步指出：

> 人和人之间的直接的、自然的、必然的关系是**男女之间的关系**。②

但是，作为"类存在物"，人本质上是社会存在物。正如马克思所说的：

> 个人是**社会存在物**。因此，他的生命表现，即使不采取**共同的**、同其他人一起完成的生命表现这种直接形式，也是**社会生活的**表现和确证。③

当然，在现代社会中，人的"类本质"也处于异化的状态下，而这种状态的典型表现就是异化劳动。在马克思看来，共产主义就是对私有财产，即人的自我异化的积极扬弃，就是对人与人之间的冲突关系的真正解决。《提纲》表明，马克思已经初步形成自己的实践唯物主义学说。在《提纲》中，他尖锐地批评了费尔巴哈把人曲解为抽象的、孤立的个体的错误观点，肯定"人的本质不是单个人所固有的抽象物，在其现实性上，

---

① 《马克思恩格斯全集》第 42 卷，人民出版社 1979 年版，第 24—25 页。
② 同上书，第 119 页。
③ 同上书，第 122—123 页。

它是一切社会关系的总和"①，强调要从主体际性，即"一切社会关系的总和"中去探索人的本质。

在《资本论》第1卷中，马克思以十分形象的方式阐述了人与人之间的依赖关系：

> 在某种意义上，人很**象**商品。因为人来到世间，既没有带着镜子，也不像费希特派的哲学家那样，说什么我就是我，所以人起初是以别人来反映自己的。名叫彼得的人把自己当作人，只是由于他把名叫保罗的人看作是和自己相同的。因此，对彼得说来，这整个保罗以他保罗的肉体成为人这个物种的表现形式。②

在谈到商品之间的价值关系时，马克思又发挥道：

> 这种反思的规定是十分奇特的。例如，这个人所以是国王，只因为其他人作为臣民同他发生关系。反过来，他们所以认为自己是臣民，是因为他是国王。③

所有这些见解都表明，成熟时期的马克思比起青年时期的马克思来说，以更明晰的语言，论述了社会关系对于个人、主体际性对于个别主体的重要性。从总体上看，马克思的主体际性理论蕴含着以下两个方面：

一方面是人与人之间、主体与主体之间的共时性关系。在马克思看来，这种共时性关系首先通过人的基本的实践形式——生产表现出来。在《雇佣劳动与资本》中，马克思写道：

> 为了进行生产，人们相互之间便发生一定的联系和关系；只有

---

① 《马克思恩格斯选集》第1卷，人民出版社1995年版，第56页。
② 马克思：《资本论》第1卷，人民出版社1975年版，第67页注(18)。
③ 同上书，第72页注(21)。

在这些社会联系和社会关系的范围内，才会有他们对自然界的影响，才会有生产。①

也就是说，在任何社会形态中，人们为了生存下去，不得不结成一定的社会关系，而这种客观的关系不但不以任何个人的意志为转移，而且从根本上规定着个体的本质。也正是在这个意义上，马克思指出：

黑人就是黑人。只有在一定的关系下，他才成为**奴隶**。②

也就是说，黑人作为奴隶的这一本质特征是在一定历史时期的主体际性中体现出来的，正如马克思在前面提到的国王与臣民之间的身份上的差别也是在一定历史时期的主体际性中体现出来的。按照马克思的看法，在所有共时性关系中，居于基础层面的乃是生产关系。有鉴于此，马克思写道：

在一切社会形式中都有一种一定的生产决定其他一切生产的地位和影响，因而它的关系也决定其他一切关系的地位和影响。这是一种普照的光，它掩盖了一切其他色彩，改变着它们的特点。这是一种特殊的以太，它决定着它里面显露出来的一切定在的比重。③

而这种生产关系也正是人们在生产中必定要结成的关系，尽管随着生产力的发展，生产关系也会或早或迟地发生相应的变化，但这种关系归根到底制约着主体性和主体际性的内涵和界限。

另一方面是人与人之间、主体与主体之间的历时性关系。这种历时性关系包含着两个不同的侧面：一是前辈与后人、父母与子女在血缘上

---

① 《马克思恩格斯选集》第 1 卷，人民出版社 1995 年版，第 344 页。
② 同上书，第 344 页。
③ 《马克思恩格斯全集》第 46 卷（上册），人民出版社 1979 年版，第 44 页。

的关系，即家族、家庭关系。马克思认为：

> 这个家庭起初是唯一的社会关系，后来，当需要的增长产生了新的社会关系，而人口的增多又产生了新的需要的时候，家庭便成为(德国除外)从属的关系了。①

事实上，越往前追溯历史，就会发现，家庭在前后世代的主体之间的关系中就显得越是重要。二是前后世代的主体之间在物质生活和精神生活上的传承关系。正如马克思所指出的：

> 历史的每一阶段都遇到有一定的物质结果、一定数量的生产力总和、人和自然以及人与人之间在历史上形成的关系，都遇到有前一代传给后一代的大量生产力、资金和环境，尽管一方面这些生产力、资金和环境为新的一代所改变，但另一方面，它们也预先规定新的一代的生活条件，使它得到一定的发展和具有特殊的性质。②

这一关系表明，在历史发展中后出的主体总是在前面世代的主体已经创造出来的物质环境和条件的基础上开始自己的行动和思考的。如果说，马克思关于生产关系的理论深化了对主体际共时性关系的探索，那么，他关于人的生产、精神生产的理论则深化了对主体际历时性关系的研究。


## 三、马克思关系理论中的客体际性

假如说，本文中的"主体"概念主要是指"个人"这种社会存在物，那

---

① 《马克思恩格斯全集》第3卷，人民出版社1960年版，第32—33页。
② 同上书，第43页。

么，"客体"概念则主要是指个人在生存活动和其他活动中必定与之打交道的、各种各样的"物"或"事物"。传统的哲学家们认为，"物"作为人们认识、使用或改造的客体或对象，相互之间也是处于普遍联系中的。我们不妨把这种联系称为"客体际性"。事实上，不光是传统的哲学家们猜测到这种客体际性的存在，而且自然科学，尤其是物理学、化学、生物学这样的实证科学，对每一个新的自然规律的揭示，实际上都是对内涵无限丰富的客体际性的某个侧面的说明。然而，必须看到，在对客体际性的解读中，无论是传统的哲学家们，还是自然科学家们，都还未能把握客体际性的本质内涵，而这种本质内涵唯有通过对客体际性的社会历史维度的解读才可能开启。马克思的实践唯物主义正是开启这种本质内涵的一把钥匙。

在《资本论》第 1 卷中，马克思开宗明义地指出：

> 资本主义生产方式占统治地位的社会财富，表现为"庞大的商品堆积"，单个的商品表现为这种财富的元素的形式。因此，我们的研究就从分析商品开始。商品首先是外界的一个对象，一个靠自己的属性来满足人的某种需要的物。这种需要的性质如何，例如是由胃产生还是由幻想产生，是与问题无关的。这里的问题也不在于物怎样来满足人的需要，是作为生活资料即消费品来直接满足，还是作为生产资料来间接满足。①

从马克思的这段重要的论述中可以引申出下面的结论：第一，在资本主义生产方式占统治地位的现代社会形态中，人们与之打交道的物或客体表现为"庞大的商品堆积"，而只有从分析商品着手，才可能揭示出客体际性的本质内涵。第二，不同客体之间的关系奠基于资本主义生产劳动。换言之，现代人谈论的客体际性是以资本主义生产劳动为基础的。

---

① 马克思：《资本论》第 1 卷，人民出版社 1975 年版，第 47—48 页。

第三，在对客体际性或物与物之间关系的理解中，重要的不是物（即商品）的自然属性，而是其社会属性。

　　按照马克思的看法，作为物或客体，商品具有两个不同的属性：一是自然属性，即商品的使用价值；二是社会属性，即商品的交换价值。商品的交换价值（也可简称为商品的价值）乃是客体际性的本质内涵的体现者。那么，客体际性的这种本质内涵究竟是什么呢？在马克思看来，正是人与人之间的社会关系。在《资本论》第 1 卷第二版的一个注中，马克思写道：

　　　　当加利阿尼说价值是人和人之间的一种关系时，他还应当补充
　　一句：这是被物的外壳掩盖着的关系。①

也就是说，马克思所揭示的客体际性或商品之间的关系的实质乃是资本主义生产方式中人与人之间的真实的社会关系，而这种关系却被商品之间（即物与物之间）的关系所掩盖。马克思把这种普遍存在的社会现象称为"商品拜物教"，而商品拜物教则在货币这个"一般等价物"上得到了充分的体现。马克思告诉我们：

　　　　正是商品世界的这个完成的形式——货币形式，用物的形式掩
　　盖了私人劳动的社会性质以及私人劳动者的社会关系，而不是把它
　　们揭示出来。②

这就启示我们，马克思批判商品拜物教的目的就是揭示出现代社会中客体际性的本质内涵。

　　马克思的上述思想不仅深刻地影响了作为西方马克思主义肇始人的

① 马克思：《资本论》第 1 卷，人民出版社 1975 年版，第 91 页注(27)。
② 同上书，第 92 页。

卢卡奇，也深刻地影响了作为存在主义代表的海德格尔。海德格尔区分了我们所说的物或客体的两种不同的存在状态：一是"现成在手"（Vorhandenheit），即主体周围的物似乎是现成地摆放在那里的，它们与主体之间并没有什么内在联系；二是"当下上手"（Zuhandenheit），即主体周围的物是按照主体生存的需要和意图组建起来的。实际上，用具就是处于"当下上手"状态中的物。海德格尔写道：

> 书写用具、钢笔、墨水、纸张、垫板、桌子、灯、家具、窗、门、房间。这些"物件"绝非首先独自显示出来，然后作为实在之物的总合塞满一房间。切近照面的东西（虽然不是把握为课题的东西）是房间，而房间却又不是几何空间意义上的"四壁之间"，而是一种居住工具。"家具"是从房间方面显示出来的，而在"家具"中才显现出各个"零星"用具。用具的整体性一向先于零星用具就被揭示了。①

海德格尔这里提到的"用具的整体性"事实上也就是我们上面所说的客体际性。在他看来，这种整体性并不奠基于主体对外部世界采取的静观的理论态度，而是奠基于主体的生存实践活动，即劳动。也正是在这个意义上，海德格尔强调：

> 在烦忙打交道之际首先照面的是工件，即处在劳动中的东西；而合用性本质上是属于工件的。在它的合用性之中，工件总已让它自己的合用性的何所用也一同来照面。订做的工件则只是以它的使用以及在这种使用中揭示出来的存在者的指引网络为基础的。②

---

① ［德］海德格尔：《存在与时间》，陈嘉映、王庆节译，生活·读书·新知三联书店1987年版，第85页。

② 同上书，第87页。

尽管海德格尔没有沿着马克思的思路去揭露资本主义生产关系的秘密，但他对现代社会，尤其是现代技术的反思，实际上也从不同的角度触及客体际性的本质内涵及其异化状态。当然，要真正地把握客体际性的社会历史内涵，还必须沿着马克思的实践唯物主义的思路向前探索。

# 四、马克思关系理论中的主客体际性

我们前面对"主体际性"和"客体际性"进行了初步的探讨。其实，在现实生活中，既不存在着纯粹的"主体际性"，也不存在着纯粹的"客体际性"。"主体"（subject）和"客体"（object）这两个概念本来就是相互依存的。没有主体，就不会有客体；同样地，没有客体，也不会有主体。事实上，不但主体与主体、客体与客体是关联在一起的，而且主体与客体也是关联在一起的。当代西方哲学家中普遍存在的一个偏颇是，撇开"客体际性"和"主客体际性"来谈"主体际性"。事实上，这样的"主体际性"只能是虚假的、抽象的。

我们这里提出的"主客体际性"，是指主体与客体（物）之间必然形成起来的关系。一方面，"主体际性"必定是以客体作为媒介的。假如人们不通过生产获得生活上的必需物品，即客体，那么不但任何主体都无法生存下去，而且主体之间的共时性关系和历时性关系都不可能被建立起来。正是在这个意义上，马克思指出：

> 这种活动、这种连续不断的感性劳动和创造、这种生产，是整个现存感性世界的非常深刻的基础，只要它哪怕只停顿一年，费尔巴哈就会看到，不仅在自然界将发生巨大的变化，而且整个人类世界以及他（费尔巴哈）的直观能力，甚至他本人的存在也没有了。①

---

① 《马克思恩格斯全集》第3卷，人民出版社1960年版，第50页。

马克思的这段话表明，无论是主体性，还是主体际性，都是离不开客体的。客体首先不是人静观的、认识的对象，它首先是人为了生存而取用的对象。它不是以与人无关的方式，现成地摆放在那里，而是融贯在人的全部生存活动中，是任何主体与之须臾不可分离的存在物。有趣的是，法国人类学家莫斯曾经专门探讨过"礼物"这种特殊的客体在主体际性中的重要的"润滑"作用。另一方面，"客体际性"也必定是以主体的活动，尤其是生产劳动作为媒介而组建起来的。马克思在谈到人们的生产劳动时写道：

> 这必然会发生，因为他们在生产过程中，即在占有这些物的过程中，经常相互之间和同这些物之间保持着劳动的联系，并且也很快必须为了这些物而同其他人进行斗争。①

事实上，抽去主体和主体活动这一根本性的媒介，不但客体概念无法索解，而且"客体际性"，乃至人们心目中的"世界"概念也不可能被组建起来。显然，海德格尔对此也有深刻的领悟，他写道：

> 迄今为止，我们所看到的世界都是以某种烦忙于周围世界上手的东西的方式并为了这种方式亮相的，而且这种亮相还是随着上手的东西的上手状态进行的。②

显然，在海德格尔看来，以客体际性或以普遍联系的方式存在着的"世界"实际上也是由主体的活动（海德格尔称之为"烦忙"）组建起来的。

马克思的关系理论的深刻之处在于，他不但从生存实践活动的视角

---

① 《马克思恩格斯全集》第 19 卷，人民出版社 1963 年版，第 405 页。
② 海德格尔：《存在与时间》，陈嘉映、王庆节译，生活·读书·新知三联书店 1987 年版，第 95 页。

出发，揭示出主体与客体之间必然会形成的本质关系，而且还揭示出这种"主客体际性"在现代资本主义社会中的异化的性质。事实上，正是资本主义社会中普遍存在的异化劳动导致了"主客体际性"的异化特征。这一特征主要表现在以下两个方面。

一方面是作为客体的物的主体化。这里所说的"物"也就是作为人们劳动产物的商品。本来，商品作为物是主体消费的对象，处于被动的位置上，但现在它却获得了主动性的地位，并成了主体（人）的真正的统治者。在《手稿》中，马克思写道：

> 工人生产的财富越多，他的产品的力量和数量越大，他就越贫穷。工人创造的商品越多，他就越变成廉价的商品。物的世界的**增值**同人的世界的**贬值**成正比。①

这种物（客体）的主体化的实质乃是死劳动对活劳动的支配。

另一方面是作为主体的人的客体化。我们这里所说的"客体化"既包含物化，又不止于物化。因为物化本身乃是一个中性的概念，它只表示人通过劳动把自己的精力转移并凝结到劳动的产品中。马克思曾经说过：

> 单纯的自然物质，只要**没有**人类劳动物化在其中，也就是说，只要它是不依赖人类劳动而存在的单纯的物质，它就没有**价值**，因为价值只不过是物化劳动；它就像一般元素一样没有价值。②

显然，马克思关注的并不是一般意义上的物化，只有当物化同时也是异

---

① 《马克思恩格斯全集》第 42 卷，人民出版社 1979 年版，第 90 页。马克思在批判李嘉图的经济思想时也说过："在李嘉图看来，人是微不足道的，而产品则是一切。"参见同上书，第 72 页。

② 《马克思恩格斯全集》第 46 卷（上册），人民出版社 1980 年版，第 337 页。

化，即成为压抑主体的巨大的权力时，它才成为马克思深入反思和批判的对象。正是在这个意义上，马克思告诫我们：

> 关键不在于**物化**，而在于**异化**，外化，外在化，在于巨大的物的权力不归工人所有，而归人格化的生产条件即资本所有，这种物的权力把社会劳动本身当作自身的一个要素而置于同自己相对立的地位。①

显然，青年卢卡奇在《历史与阶级意识》(1923)一书中还未能准确地阐明"物化"与"异化"概念的区别和联系。

也许是考虑到"物化"概念含义的复杂性，当代日本学者广松涉区分出"物化"(Verdinglichung)与"物象化"(Versachlichung)这两个不同的概念，并把"物象化"理解为与晚年马克思所使用的"商品拜物教"类似的概念。广松涉这样写道：

> ……马克思的所谓物象化，是对人与人之间的主体际关系被错误地理解为"物的性质"(例如货币所具有购买力这样的"性质")，以及人与人之间的主体际社会关系被错误地理解为"物与物之间的关系"这类现象(例如，商品的价值关系，以及主旨稍微不同的"需要"和"供给"的关系由物价来决定的现象)等等的称呼。②

其实，晚年马克思在分析、批判这种被广松涉称为"物象化"的社会现象时，不仅发现了人与人之间的社会关系被错置为物与物之间的关系，而且也揭示了物的主体化和主体的物化，即物对人的统治。事实上，在马克思那里，主体的客体(物)化和客体(物)的主体化乃是同一个异化过程

---

① 《马克思恩格斯全集》第 46 卷(下册)，人民出版社 1980 年版，第 360 页。
② 广松涉：《物象化论的构图》，彭曦等译，南京大学出版社 2002 年版，第 70 页。

中的两个不同的侧面。

在马克思之后，海德格尔之所以用连字符号把作为"人之存在"的"此在"称为先天的"在世界之中的存在"(das in-der-Welt-sein)，其目的正是为了阐明这种"主客体际性"的先在性和必然性。当然，为了表示自己的哲学思想与传统的，尤其是近代的哲学思想之间的根本差异，海德格尔不愿意使用主体、客体、主体际性等概念，他用的是"此在"(Da-sein)、"共在"(Mitsein)这样的概念系统。

综上所述，马克思的实践唯物主义学说蕴含着内涵极为丰富的关系理论。尽管马克思从来没有使用过"主体际性""客体际性"和"主客体际性"这样的表述方式，但他对这些概念所意谓的内容却有大量的论述。正是这些论述显示出马克思关系理论的独创性：一方面，马克思的世界观与近代西方哲学家的世界观存在着根本差别，如果说，近代西方哲学家从静观的理论态度出发理解关系问题，那么，马克思则从实践唯物主义的立场出发理解并阐释一切关系问题。实际上，他把社会生产关系理解为"主体际性""客体际性"和"主客体际性"的内在灵魂和秘密。一旦人们把握了这一内在的灵魂和秘密，也就很容易理解现代资本主义社会内部的一切神秘的关系了。另一方面，马克思的世界观也与当代西方哲学家(如海德格尔)的世界观存在着原则性的差别，假如说，当代西方哲学家只谈论"主体际性"，而完全撇开对"客体际性"和"主客体际性"的思索，那么，马克思则全面地反思了这三个方面的关系，从而赋予当代西方哲学家谈论的"主体际性"以真正的现实性。这就启示我们，要实质性地推进对当代关系理论的研究，就不能不深入地探索马克思在这方面留下的丰富的思想资源。

# 《马克思国家理论与现时代》推荐序[①]

　　《马克思国家理论与现时代》是郁建兴继他的博士学位论文《自由主义批判与自由理论的重建：黑格尔政治哲学及其影响》后出版的又一部力作。这部著作再度表明，他对马克思的政治哲学，尤其是其国家理论有着浓厚的兴趣。据我所知，他于1999年从复旦大学获得博士学位以来，一直潜心耕耘于这个领域。这部近著的问世无疑是他这些年来的研究工作的一个结晶。正如他自己在《后记》中所说的，撰写这部著作前后花了5年时间。初稿完成后，他曾广泛听取学界同仁的意见，并结合国内外出版的最新研究成果，多次进行修改，甚至对部分内容进行重写。这从一个侧面反映出郁建兴治学态度的严谨。在我看来，郁建兴的近著具有如下的特点。

　　首先，它具有自觉的当代意识。作者不但对当代政治哲学研究的前沿性成果和热点问题有全面的了解，而且对国外学者，尤其是西方学者关于马克思政治哲学，特别是国家理论的最新研究论著有透彻的把握。正是这种自觉的当代意识使作者即便在叙述马克思的政治哲学见解时，也会

　　① 载郁建兴著：《马克思国家理论与现时代》，东方学术出版中心 2007 年版。——编者注

让读者感受到当代政治哲学语境的在场，从而充分领悟马克思政治哲学的当代意义。

其次，它具有扎实的文献学基础。作者在叙述马克思的政治哲学，尤其是国家理论的发展史时，不仅对西方政治思想史的背景十分熟悉，而且对前人和同时代人关于马克思政治哲学的各种不同的研究结论也了如指掌。换言之，作者对第一手资料——马克思本人的文献和第二手资料——前人与同时代人的相关研究成果都有充分的了解。由于在文献研究上下了很大的功夫，所以作者言必有据，言之成理，从不随意地发表自己的见解。比如，不久前国内有人撰文认为，在西方马克思主义的发展史上，存在着一个对马克思政治哲学研究的"当代转向"。其实，这个所谓的"当代转向"并不存在，因为在西方马克思主义的奠基人——卢森堡、卢卡奇、柯尔施和葛兰西那里，一开始关注的就是马克思的政治哲学，特别是国家理论。无论是卢森堡对列宁政治观点的评论、卢卡奇和柯尔施对作为国家的理论化身的"总体"概念的探讨，还是葛兰西关于"意识形态—文化领导权"问题的论述，无一不涉及马克思的政治哲学理论。我们完全可以说，在这部著作中，见不到这类无文献依据的、随心所欲的蹈空之论。

再次，它具有强烈的现实诉求。作者在深入研究当代西方学者对马克思政治哲学的反思和回应时，并没有回避当代中国社会自改革开放以来在政治体制改革上所作出的积极的探索和尝试，而是紧紧地围绕这些探索和尝试所引发的争论，条分缕析，对不同的见解进行梳理和评论。作者认为，在当代中国国家理论的建构方面，新自由主义和新左派这两股思潮的影响最大。前者肯定有限政府是中国政治体制改革的方向；后者则强调，要有效地处理好社会公正、财富分配、保护弱势群体等重大的社会问题，在相当长的一段时间里国家权力仍然需要加以强化。这两种思潮见仁见智，难以达成共识。作者分别指出了它们的不足之处，主张改变思维方式，超越新自由主义和新左派的争论，从中国的具体国情出发，充分借鉴当代西方学者国家理论中的合理成分，努力创制一种新的国家建构话语。

最后，它具有独立的创新观念。尽管作者对马克思政治哲学史上出现的各种问题娓娓道来，如数家珍，然而，他的目的并不是对这些问题和见解进行综合性的叙述，而是试图通过对它们的系统的、深入的考察，努力阐明自己的独创性见解。比如，在中国未来的国家理论的建构方面，作者发前人之所未发，提出了如下的新观点：其一，在经济全球化时代，中国国家理论的建构，必须考虑到：无论是作为广义的国家自身的建构，还是作为社会体化一部分的国家的建构，都应该努力处理好经济全球化与本土化、普遍主义与特殊主义之间的内在紧张关系；其二，随着改革开放的深入以及中国融入全球共同体的速度的加快，利益主体呈现多元化趋势，社会力量也日趋异质化。在这样的情况下，整合这些异质的社会力量，制度化并维持"妥协的不稳定平衡"，确保国家的合法性资源不流失，显得十分紧迫；其三，中国建构未来国家的思路要沿着健康的轨道向前发展，就必须在国家与社会之间建立良性的互动机制。

郁建兴著作的一个不可忽视的现实意义是促使我们重视对马克思政治哲学的研究，而且启示我们，要有效地推进这方面的研究工作，就必须深入地探索马克思政治哲学理论中蕴含的不同的思想酵素，努力在它们之间建立必要的张力。

第一，在作为公共事务管理机构的国家的功能和作为阶级统治的暴力机器的国家的实质之间建立必要的张力。

马克思在其一系列的政治哲学论著中揭示了国家，尤其是现代国家的实质。从表面上看，国家是凌驾于整个社会之上的公共机构，它一定会一视同仁地、公正地处理它所涉及的一切事务，但实际上，马克思通过自己的研究发现，国家实质上是阶级统治的暴力机器。在与恩格斯合著的《共产党宣言》中，马克思指出，在现时代，阶级对立简单化了，整个社会日益分裂为资产阶级和无产阶级两大阵营，而"现代的国家政权不过是管理整个资产阶级的共同事务的委员会罢了"①。马克思对国家，特别是现代国家的实质的披露，显示出他的政治哲学所蕴含的深刻的批判维度，也表明他在国家理论方面的卓越的洞察力。在后马克思时代，不少人记住了马克思这方面的论述，却把这些论述片面化、极端化了。他们忽略了以下两个表达式——"国家的功能"和"国家的实质"之间的差别。事实上，马克思只是把国家的实质理解为阶级统治的暴力机器，而并没有把国家的功能简单化。

在人类的历史上，被霍布斯称为"利维坦"（亦即海中怪兽）的国家，毕竟是一个最为复杂的社会存在物。即使是现代国家，尽管它最为关注的是"整个资产阶级的共同事务"，它也必须对全社会的共同事务承担其管理职能。这些共同事务包括基础设施的建设、水利工程的实施、公共交通、公共邮政、公共行政、警察和国内秩序的维持、财政税收、军队和对外战争等。所有这些共同事务，都超出了某个统治阶级的范围，而涉及全社会每个成员的利益。事实上，马克思早就肯定了国家在管理全社会共同事务方面的基本功能。在《不列颠在印度的统治》一文中，马克思明确地指出："在亚洲，从远古的时候起一般说来就只有三个政府部门：财政部门，或者说，对内进行掠夺的部门；战争部门，或者说，对外进行掠夺的部门；最后是公共工程部门。……所以亚洲的一切政府都不能不执行一种经济职能，即举办公共工程的职能。这种用人工方法提高土壤肥沃程度的设施靠中央政府办理，中央政府如果忽略灌溉或排水，这种设施立即就会荒废……"②就现代国家，即资产阶级国家而言，它也必须履行管理全社会共同事务的职能，也必须维护每个公民应有的权利。也正是在这个意义上，马克思主义的创始人认为，现代资产阶级社会也为无产阶级革命提供了相应的条件。

马克思的上述见解启示我们，运用阶级分析方法把握国家的实质是

① 《马克思恩格斯选集》第 1 卷，人民出版社 1995 年版，第 274 页。
② 同上书，第 762 页。

必要的，它为我们理解一个社会的错综复杂的政治生活提供了一条指导性的线索，但我们也必须清醒地意识到，对国家的理解决不能简单化。历史和实践一再证明，国家的功能是多方面的，尤其是它对全社会共同事务的管理，拥有不可推卸的责任。只有全面地思考国家的功能和它的实质之间的关系，才能对马克思的国家理论作出全面的理解。事实上，当代"治理"理论的兴起也启发我们，在考察任何形式的国家时，不能只满足于指出国家的实质是什么，而完全忽视对它的错综复杂的实际功能的深入解析。

第二，在对国家的基础与革命的前提的理解上建立必要的张力。

在经济基础和上层建筑的结构中去认识国家的地位和作用，常常被人们看作一种老生常谈。其实，恰恰是在人们视之为老生常谈的地方，蕴含着马克思对国家基础问题的卓越见解。遗憾的是，马克思这方面的见解并没有引起研究者们的充分重视。

早在与恩格斯合著的《德意志意识形态》中，马克思就已经告诉我们："那些决不依个人'意志'为转移的个人的物质生活，即他们的相互制约的生产方式和交往方式，是国家的现实基础，而且在一切还必须有分工和私有制的阶段上，都是完全不依个人的意志为转移的。这些现实的关系决不是国家政权创造出来的，相反地，它们本身就是创造国家政权的力量。"① 在《〈政治经济学批判〉序言》中，马克思以更明确的语言告诉我们："人们在自己生活的社会生产中发生一定的、必然的、不依他们的意志为转移的关系，即同他们的物质生产力的一定的发展阶段相适合的生产关系。这些生产关系的总和构成社会的经济结构，即有法律的和政治的上层建筑竖立在其上并有一定的社会意识形式与之相适应的现实基础。物质生活的生产方式制约着整个社会生活、政治生活和精神生活的过程。……社会的物质生产力发展到一定阶段，便同它们一直在其中运动的现存生产关系或财产关系（这只是生产关系的法律用语）发生矛

---

① 《马克思恩格斯全集》第3卷，人民出版社1960年版，第377—378页。

盾。于是这些关系便由生产力的发展形式变成生产力的桎梏。那时社会革命的时代就到来了。"①这些看起来似乎是老生常谈的论述实际上向我们传递了一个极为重要的信息，即无论是国家的兴亡更替，还是社会革命的是否合理，其共同的基础或前提都是物质生活的生产方式。正是生产方式内部的生产力与生产关系的一致或冲突，从根本上规约着国家的兴衰存亡与革命的正当与否。

其实，马克思下面这段话的重要性也是不容忽视的："无论哪一个社会形态，在它所能容纳的全部生产力发挥出来以前，是决不会灭亡的；而新的更高的生产关系，在它的物质存在条件在旧社会的胎胞里成熟以前，是决不会出现的。"②按照马克思的观点，一个社会形态、一种国家制度，在其生产关系所能容纳的生产力充分发挥出来以前，是决不会灭亡的。那么，如果一个国家已经自觉地认识并把握了经济运动的规律，它能否凌驾于这种规律之上呢？马克思的回答显然是否定的，他在《资本论》第一卷中这样写道："一个国家应该而且可以向其他国家学习。一个社会即使探索到了本身运动的自然规律……它还是既不能跳过也不能用法令取消自然的发展阶段。但是它能缩短和减轻分娩的痛苦。"③在这段同样重要的论述中，马克思明确地划定了国家在历史发展进程中实际上起作用的限度。同时，它也启示我们，任何一场真正的社会革命都是有其前提的。假如革命赖以发生的物质条件在旧社会的胎胞里还没有成熟，它即使发生了，也是不可能获得成功的。当人们试图以革命的方式推翻某个国家的政权，而这个国家的经济制度所能容纳的生产力还有广阔的发展空间时，这种革命必定会沦于空想和失败。正如马克思所说的：如果革命缺乏相应的生产方式上的前提，"那么一切炸毁的尝试都是唐·吉诃德的荒唐行为"④。

---

① 《马克思恩格斯选集》第 2 卷，人民出版社 1995 年版，第 32—33 页。
② 同上书，第 33 页。
③ 马克思：《资本论》第 1 卷，人民出版社 1975 年版，第 11 页。
④ 《马克思恩格斯全集》第 46 卷（上册），人民出版社 1979 年版，第 106 页。

马克思的上述见解深刻地启示我们：一方面，不管人们是否承认，任何国家都扎根于相应的生产方式，而生产方式内部的生产力与生产关系之间的一致或冲突则决定着国家发展的根本命运。尽管任何国家和国家制度一经形成，就具有相对的独立性，并能对生产方式运用一定的调控手段，然而，归根到底，生产方式内部的矛盾运动制约着国家起作用的限度。也正是在这个意义上，马克思强调："我的观点是：社会经济形态的发展是一种自然历史过程，不管个人在主观上怎样超脱各种关系，他在社会意义上总是这些关系的产物。同其他任何观点比起来，我的观点是更不能要个人对这些关系负责的。"①另一方面，社会革命也不是单纯的主观意志的产物，它的前提同样深藏于生产方式的现状中。1917 年俄国十月革命爆发时，葛兰西曾发表了一篇题为《反对〈资本论〉的革命》的文章，批评了马克思在《资本论》中得出的、关于无产阶级革命将在最先进的资本主义国家率先发生的预言。然而，令人震惊的是，苏联在十月革命胜利 70 周年后，由于各种原因，又重新蜕变为资产阶级性质的国家。难道这不正印证了马克思关于"无论哪一个社会形态，在它所能容纳的全部生产力发挥出来以前，是决不会灭亡的"的结论乃是一个颠扑不破的真理吗？历史和实践一再表明，只有在对国家的基础和革命的前提的认识中形成一种张力，任何行动主体才可能避免唐·吉诃德式的命运。

第三，在对宏观政治权力与微观经济权力的批判上建立必要的张力。

马克思对"政治解放"和"人类解放"这两个重要概念的区分常常引起研究者们的误解，以至于他们竟把这一区分理解为马克思忽视政治理论的一个依据。其实，马克思所倡导的"人类解放"不但是对"政治解放"成果的巩固，也是对"政治解放"成果的深化。事实上，没有"人类解放"作为后援，"政治解放"就会失去它的彻底性，整个社会甚至很容易退回到

---

① 马克思：《资本论》第 1 卷，人民出版社 1975 年版，第 12 页。

"政治解放"前的状态中去。因此，把这两个概念区分开来，正是马克思政治哲学理论的独特之处和深刻之处。

马克思对宏观政治权力的反思和批判是极其深刻的。早在与恩格斯合著的《德意志意识形态》中，马克思已经指出："统治阶级的思想在每一时代都是占统治地位的思想。这就是说，一个阶级是社会上占统治地位的**物质**力量，同时也是社会上占统治地位的**精神**力量。支配着物质生产资料的阶级，同时也支配着精神生产的资料，因此，那些没有精神生产资料的人的思想，一般地是受统治阶级支配的。"①在这里，马克思区分了两种不同的宏观政治权力：一种是对全社会物质生活资料生产和消费方面的领导权；另一种是对全社会精神生产和思想分配方面的领导权。显然，这两种宏观政治权力是相互支撑的，它们共同维护着统治阶级的统治地位。在1852年致约·魏德曼的信中，马克思在谈到资产阶级历史编纂学家关于阶级斗争的理论时写道："我所加上的新内容就是证明了下列几点：（1）**阶级的存在仅仅同生产发展的一定的历史阶段**相联系；（2）阶级斗争必然导致**无产阶级专政**；（3）这个专政不过是达到**消灭一切阶级**和进入**无阶级社会**的过渡……"②在这里，马克思关于"无产阶级专政"的论述也是以对宏观政治权力的思考作为出发点的。在马克思看来，无产阶级只有使自己上升为统治阶级，通过无产阶级专政正确地运用宏观政治权力，才能为整个社会向未来共产主义社会的过渡创造必要的条件。后来，马克思又总结了巴黎公社的经验教训，进一步强调了摧毁资产阶级国家机器的必要性。所有这些论述都是围绕着无产阶级的政治解放和夺取资产阶级国家的领导权，即宏观政治权力这一中心思想展开的。

然而，值得注意的是，马克思已经意识到，对于无产阶级来说，单纯的"政治解放"，即掌握一个国家的宏观政治权力是不够的，还需要通

---

① 《马克思恩格斯全集》第3卷，人民出版社1960年版，第52页。
② 《马克思恩格斯选集》第4卷，人民出版社1995年版，第547页。

过对整个社会日常生活中隐藏着的、普遍的微观权力的批判，才能巩固"政治解放"的成果，并达到真正意义上的"人类解放"。那么，马克思欲加以批判的"微观经济权力"究竟是指什么呢？在我们看来，它指的是作为现代资产阶级社会宏观政治权力的普遍的、无处不在的后援——资本。① 在现代资产阶级社会中，资本以其无孔不入的方式渗透进商品、货币和全部日常生活中，从而在人们的日常生活中形成了一个巨大的微观权力网。只要这个权力网继续在起作用，那么"人类解放"就始终是一句空话。在《1844 年经济学哲学手稿》中，马克思告诉我们："资本是对劳动及其产品的支配权。资本家拥有这种权力并不是由于他的个人的或人的特性，而只是由于他是资本的**所有者**。他的权力就是他的资本的那种不可抗拒的**购买**的权力。"②正因为资本拥有这种不可抗拒的购买能力，所以资本家能够购买劳动力、原料、生产设备和厂房，并使异化劳动得以可能。也正是在这个意义上，马克思告诉我们："资本是资产阶级社会的支配一切的经济权力。"③由于资本只有通过对活劳动的吸附才能使自己增殖，因而在异化劳动中，工人劳动的生产性成了他人的权力，工人反而变得一无所有了。"因为资本是工人的对立面，所以文明的进步只会增大支配劳动的**客观权力**。"④

如前所述，马克思不仅揭示了资本与宏观政治权力之间的内在联系，也揭示了资本作为微观经济权力在日常生活中的巨大作用。其实，这种无所不在的微观权力首先体现在现代社会的细胞——商品身上。在马克思看来，商品的交换价值"反映个人支配他人的使用价值的权力，反映个人的社会关系"⑤。由于人们在日常生活中错误地把商品的交换

---

① 马克思极其深刻地揭示了现代资产阶级国家的宏观政治权力与微观经济权力之间的内在关系。他在谈到北美的时候写道："在北美本身，中央政府的权力是和资本的集中一起增长的。"参见《马克思恩格斯全集》第 46 卷（上册），人民出版社 1979 年版，第 5 页。

② 《马克思恩格斯全集》第 42 卷，人民出版社 1979 年版，第 62 页。

③ 《马克思恩格斯全集》第 46 卷（上册），人民出版社 1979 年版，第 45 页。

④ 同上书，第 268 页。

⑤ 《马克思恩格斯全集》第 46 卷（下册），人民出版社 1979 年版，第 459 页。

价值理解为商品的自然属性，从而形成了现代资产阶级社会日常生活的意识形态，即商品拜物教。进一步的研究表明，蕴含在交换价值中的微观权力以更明显的方式体现在货币这个一般等价物上："货币是'无个性的'财产。我可以用货币的形式把一般社会权力和一般社会联系，社会实体，随身揣在我的口袋里。货币把社会权力当作一件物品交到私人手里，而私人就以私人的身份来运用这种权力。"①在日常生活中，当货币把资本视为自己的普遍存在方式时，日常生活的意识形态就进一步从商品拜物教扩展为货币拜物教和资本拜物教，从而形成了一个包罗万象的微观权力的网络。

马克思的政治哲学启示我们，未来共产主义社会的诞生不仅要诉诸"政治解放"和对宏观政治权力的批判，而且也要诉诸"人类解放"和对微观经济权力，尤其是资本拜物教的批判。唯有坚持这种双重的批判，新的政治生活的确立才会获得坚实的基础。事实上，当代哲学家卢卡奇、列斐伏尔、福柯、赫勒等人的研究成果已经为我们深入探讨马克思对现代资产阶级社会的微观权力的批判提供了重要的启示。

第四，在资产阶级的(即公民的)民主、自由和平等意识与社会主义的民主、自由和平等观念之间建立必要的张力。

在当今世界的政治格局中，一个无法回避的事实是：社会主义国家几乎都是从资本主义经济并不怎么发达的国家中脱颖而出的。也就是说，在这些国家里，由于资本主义的经济、社会和政治生活都尚未充分地展开，因此，不但公民的意识是十分淡薄的，而且作为公民应该具有的民主、自由和平等的意识以及与这些意识相对应的权利意识也是十分淡薄的。然而，作为社会主义国家的成员，他们又超前地接受了一整套关于社会主义民主、自由和平等的观念。我们发现，要解决好资产阶级的(公民的)民主、自由和平等意识与社会主义的民主、自由和平等观念之间的关系，正确地理解并解释马克思的政治哲学理论仍然是一个绕不

---

① 《马克思恩格斯全集》第 46 卷(下册)，人民出版社 1979 年版，第 431 页。

过去的主题。

作为无产阶级的思想代表和精神领袖，马克思对资产阶级民主、自由和平等意识所蕴含的欺骗性进行过深刻的批判。比如，在《评普鲁士最近的书报检查令》一文中，马克思就曾辛辣地嘲讽过当时政府的法令："没有色彩就是这种自由唯一许可的色彩。"①在《第六届莱茵省议会的辩论（第一篇论文）》中，马克思又写道："检查制度的出发点是：疾病是正常状态，而正常状态——自由就是疾病。"②马克思不但揭示了资产阶级自由观念的某种虚假性，而且也阐明了资产阶级的自由和平等观念在现代经济生活中的起源："如果说经济形式，交换，确立了主体之间的全面平等，那么内容，即促使人们去进行交换的个人材料和物质材料，则确立了自由。……作为纯粹观念，平等和自由仅仅是价值的交换的一种理想化的表现；作为在法律的、政治的、社会的关系上发展了的东西，平等和自由不过是另一次方的这种基础而已。"③这就表明，现代资产阶级的自由和平等意识归根到底是为资产阶级商品经济的发展服务的。正是这样的阶级属性决定了这些意识本身蕴含着某种欺骗性，因为它们总是试图表明，它们是为全社会的成员服务的。同样地，马克思也指出了资产阶级民主意识，包括其宪法所蕴含的某种虚假性，因为"每一个企图代替旧统治阶级的地位的新阶级，就是为了达到自己的目的而不得不把自己的利益说成是社会全体成员的共同利益"④。事实上，正是资产阶级民主、自由和平等意识实际上的阶级归属，决定了它们具有某种欺骗性。

然而，我们必须清醒地意识到，尽管马克思对资产阶级民主、自由和平等意识做过深刻的批判，但无论如何我们不能用非历史的观念去看待马克思的观点。因为资产阶级民主、自由和平等的意识与以前时代的

---

① 《马克思恩格斯全集》第 1 卷，人民出版社 1956 年版，第 7 页。
② 同上书，第 73 页。
③ 《马克思恩格斯全集》第 46 卷（上册），人民出版社 1979 年版，第 197 页。
④ 《马克思恩格斯全集》第 3 卷，人民出版社 1960 年版，第 54 页。

社会意识比较起来，毕竟是一个巨大的进步。同时，马克思也发现，无产阶级革命不但不应该与这些意识对立起来，而且应该充分利用这些意识提供的思想空间，利用它们在与传统观念比较时所显现出来的那种历史的合理性。在《黑格尔法哲学批判》一书中，马克思在批判君主制的时候指出："**民主制是国家制度一切形式的猜破了的哑谜**。在这里，国家制度不仅就其本质说来是**自在**的，而且就其**存在**、就其现实性说来也日益趋向于自己的现实的基础、**现实的人**、**现实的人民**，并确定为人民**自己的事情**。"①在这里，马克思不仅对（以资产阶级为统治阶级的）民主制作了高度的评价，甚至断言："在真正的民主制中**政治国家就消失了**。"②因为在他看来，民主制在弥合国家与社会的分裂方面迈出了至关重要的一步。在《哥达纲领批判》中，马克思谈到，共产主义社会是从资本主义社会中脱胎出来的，"所以，在这里**平等的权利**按照原则仍然是**资产阶级权利**"③。在马克思看来，共产主义（社会主义）的平等要比资产阶级的平等高一个层次，是"各尽所能，按需分配"意义上的平等，但这种平等观并不是凭空产生的，而是在资产阶级平等观的基础上发展出来的。同样地，虽然社会主义的自由和民主也要比资产阶级的自由和民主高一个层次，但前者也是在后者的基础上发展出来的。假如人们把社会主义的民主、自由和平等的观念与资产阶级民主、自由和平等的意识简单地割裂开来并对立起来，那就必定会把社会主义民主、自由和平等的观念变成纯粹的空谈。在这方面，德拉·沃尔佩、科莱蒂等人的研究成果实际上已经触及这个重大的问题，而对于社会主义国家来说，这个问题是无法回避的。

总之，马克思的政治哲学奠基于历史唯物主义，而历史唯物主义则要求我们运用历史分析的眼光来考察一切社会现象，尤其是精神现象。在马克思的政治哲学理论中，既有对资产阶级民主、自由和平等意识的

---

① 《马克思恩格斯全集》第1卷，人民出版社1956年版，第281页。
② 同上书，第282页。
③ 《马克思恩格斯选集》第3卷，人民出版社1995年版，第304页。

历史作用的肯定，又有对它们所蕴含的某种虚假性的批判；既有对社会主义民主、自由和平等观念与资产阶级民主、自由和平等意识之间的差异的论述，又有对它们之间的历史连贯性的阐明。我们决不能抓住马克思政治哲学中的某个思想要素，随意地加以发挥，甚至无限地加以夸大，我们必须看到这些不同的思想要素之间的内在关联以及它们在历史唯物主义学说基础上的一致性。正是在这些方面，郁建兴的著作为我们全面地、准确地理解马克思的政治哲学，尤其是其国家理论，建立其各思想要素之间的内在张力提供了重要的启示。衷心希望在这个领域里有更多更好的著作问世。

# 2008年

# 历史事实、客观规律和当代意义①

　　历史唯物主义的创立是人类思想史上的一场划时代的革命。正如恩格斯所指出的，马克思创立了这一理论以后，"唯心主义从它的最后的避难所即历史观中被驱逐出去了，一种唯物主义的历史观被提出来了，用人们的存在说明他们的意识，而不是像以往那样用人们的意识说明他们的存在这样一条道路已经找到了"②。尽管历史唯物主义是一种哲学理论，而历史学则是一门实证性的学科，但前者却为后者奠定了正确的思想基础，并使后者真正获得了科学的尊严。这就启示我们，在马克思之后，人们在历史学的范围内所从事的任何研究活动能否取得成功，关键在于他们是否自觉地把自己的研究活动奠基于历史唯物主义理论之上。在这里，我们重点探讨以下三个问题，即历史事实与理论视角的关系、客观规律与主观意志的关系、历史意义与当代意义的关系。这些问题实际上是任何历史研究活动无法回避的基础性理论问题。在我们看来，正是马克思的历史唯物主义理论为解答这些问题提供了钥匙。

---

　　① 本文前两节以《历史事实和客观规律》为题发表于《历史研究》2008 年第 1 期，第 4—12 页；完整版首次发表于俞吾金：《实践与自由》，武汉大学出版社 2010 年版，第 187—208 页。——编者注

　　② 《马克思恩格斯选集》第 3 卷，人民出版社 1995 年版，第 365 页。

# 一、历史事实与理论视角

在讨论历史事实与理论视角之间的关系以前，我们不得不先澄清一些基本概念：什么是"历史"？人们通常认为，历史就是指已经发生过的事实的总和；什么是"历史事实"？历史事实就是指历史上真实地发生过的事情；什么是"历史资料（或史料）"？历史资料（或史料）就是历史上发生过的事情留下来痕迹或记载，它体现在文字、图像、器物、服装、建筑、制度等各种不同的历史流传物上；什么是"理论视角"？理论视角就是指史学研究者自觉或不自觉地接受的理论本身所蕴含的观察问题、思索问题的特殊角度。

有些史学研究者在下面这点上常常充满自信：他们只尊重历史事实，绝不会轻易地接受任何一种史学理论，更不会轻易地接受任何一种哲学理论。有的史学研究者甚至认为，历史研究只需要学习清代乾嘉学派的方法，采取实事求是的态度。所谓"实事求是"，也就是从历史实事或事实出发去探索其中的规律性的东西。平心而论，这些史学研究者尊重事实、不尚空谈的精神是值得我们学习的。然而，他们也应该清醒地意识到，真正要做到尊重事实和实事求是，并不像他们所设想的那么容易。

首先，在一般情况下，史学研究者很少有可能直接面对历史事实。由于他与历史事实之间通常存在着时间间距，因而根本不可能亲身去经历那些早已湮没的历史事实，而只能通过历史资料的媒介，从观念上去重组历史事实。正如美国历史学家卡尔·贝克尔在一份题为《不偏不倚和历史写作》的手稿中所指出的："由于这些事件已不复存在，所以，史学家也不可能直接与事件本身打交道。他所能接触的仅仅是这一事件的有关记载。简单说来，他接触的不是事件，而是证明曾经发生过这一事实的有关记载。当我们真正严肃地考虑这些铁的事实的时候，我们所接触的仅是一份证实发生过某个事件的材料。因此就出现了一个很大的差距，即已经消失了的、短暂的事件与一份证实那一事件的、保存下来的材料之间的差距。实际上，对我们来说，构成历史事实的正是这个关于事实的证明。如果确实如此，历史事实就不是过去发生的事情，而是可以使人们想象地再现这一事件的一个象征。既然是象征，说它是冷酷的或铁一般的，就没有什么价值可言了。甚至评论它是真的或假的都是危险的，最安全的说法是说这个象征或多或少是适当的。"①尽管卡尔·贝克尔的上述见解具有某种相对主义和不可知主义的倾向，但他提出和肯定历史事实和历史资料这两者之间的重大差异却完全是正确的。在不少场合下，一个史学研究者以为自己正在谈论历史事实，其实他谈论的只是关于这一历史事实的历史资料。历史资料不但与历史事实之间存在着时间间距，也与史学研究者之间存在着时间间距，而且它对历史上发生过的事情的记录并不一定与历史事实相切合。在极端的情况下，有些历史资料甚至是对历史事实的伪造或对历史真相的掩蔽。

其实，每一个史学研究者都应该清醒地意识到：一方面，历史事实并不是现成地摆放在那里的，而是通过一代代史学研究者的理论思索，从各种相互矛盾的、混乱不堪的、片面的和表面的历史资料中清理出来的。正如马克思所说的，真理是由争论确立的，历史的事实是在矛盾的清理中被陈述出来的。任何一个史学研究者要完成对历史资料的去粗取精、去伪存真、由此及彼、由表及里的改造制作，就必须诉诸理论思维。恩格斯告诫我们："没有理论思维，就会连两件自然的事实也联系不起来，或者连两者之间所存在的联系都无法了解。"②在某些场合下，历史资料还会严重缺失，需要史学研究者发挥自己的想象力，大胆提出理论假设，以便勾勒出某个历史事实的整体面貌。尽管这种假设还需要得到证实，但它表明，没有理论思维，历史研究活动恐怕连一步也迈不

<hr>

① 张文杰等编译：《现代西方历史哲学译文集》，上海译文出版社1984年版，第229页。

② 恩格斯：《自然辩证法》，人民出版社1971年版，第43页。

出去。因此，当有的史学研究者把历史事实与理论尖锐地对立起来，以为自己可以超越一切理论或以"无理论"的方式去面对历史事实的想法，不仅是荒谬的，而且也是天真的。不管有的史学研究者如何用言辞来淡化理论对自己的约束力，在从事研究活动时，他必定会自觉地或不自觉地处于自己已经认同、已内化为心中权威的某个或某些理论的引导下。事实上，没有一定的理论导向和理论思维，他不但无法越过横亘在他和历史事实之间的鸿沟，而且也无法在自己的大脑中再现历史事实的整体面貌。①

　　另一方面，历史资料也绝不是纯粹的感性资料，其中必定混杂着各种不同的思想理论酵素。正如黑格尔所说的："在平常的意识状态里，思想每每穿上当时流行的感觉上和精神上的材料的外衣，混合在这些材料里面而难于分辨。……譬如在一个纯是感觉材料的命题里：'这片树叶是绿的'，就已经掺杂有存在和个体性的范畴在其中。"②这就启示我们，当一个史学研究者解读历史资料时，还必须识别出那些资料的制作者们自觉或不自觉地混入其中的思想理论酵素，尤其要注意不同历史时期的意识形态对相关的历史资料的渗透和扭曲。马克思在叙述作为人类史的组成部分的意识形态时，曾经说过："我们所需要研究的是人类史，因为几乎整个意识形态不是曲解人类史，就是完全撇开人类史。"③因此，任何一个史学研究者在解读不同历史时代的历史资料时，不得不识别并剔除混杂在其中的资料制作者的主观意向或意识形态的思想酵素。假如不具备这方面的批判性的理论思维，历史真相和历史事实也许永远

---

　　① 请注意卡尔·贝克尔下面这段发人深省的见解："总而言之，历史事实僵死地躺在记载中，不会给世界带来什么好的或坏的影响。而只有当人们，你或我，依靠真实事迹的描写、印象或概念，使它们生动地再现于我们的头脑中时，它才变成历史事实，才产生影响。正是这样，我才说历史事实存在于人们的头脑中，不然就不存在于任何地方。因为，当它不是再现于人们的头脑中，而是躺在毫无生气的记载里的时候，就不可能在世界上产生影响。"参见张文杰等编译：《现代西方历史哲学译文集》，上海译文出版社1984年版，第231页。
　　② ［德］黑格尔：《小逻辑》，贺麟译，商务印书馆1980年版，第40—41页。
　　③ 《马克思恩格斯全集》第3卷，人民出版社1960年版，第20页脚注1。

不会呈现在他的面前。

其次，任何一个史学研究者视为研究对象的历史事实不过是历史事实总和中的一部分，甚至是微不足道的一部分。换言之，他所接触的历史事实永远小于或少于历史事实的总和。这就表明，任何一个史学研究者在从事其研究活动时，都不得不从历史事实的总和中选择自己有兴趣研究的历史事实。正如英国历史学家汤因比所指出的："对人类事务的任何研究都必然带有选择性。假若某个人手头拥有一天内在全世界所出版的所有的报纸，又假若他得到保证说这里报道的每个字都是道地的真理。即使如此，他又拿这些报纸怎么办呢？他又如何组织它们呢？再假如进一步说，他认为所有这些事实都是同等重要的——但他就是不能写一部包括所有这些事实的单独一天的历史。他只得进行选择；而且即使他把所有的事实都复制出来，他也只得突出某些事实，贬抑另一些事实。而就在你做这桩事情的时候，你也就开始变得主观起来。我对这些在起作用的偏爱和偏见都是意识到的，但是要一个作家自己去看到它们却是非常困难的。"①事实上，当一个史学研究者对历史事实作出自己的选择和取舍的时候，他很少进行下面的反思：为什么他会对这个历史事实发生兴趣，而对另一个则完全没有感觉？显然，这种"兴趣""选择"和"取舍"都源于这个研究者自觉或不自觉地拥有的理论认同。正如英国哲学家卡尔·波普所说的："关于事实的一切科学的描写都带有高度的选择性，并且常常是依靠理论的。"②任何一个研究者都不可能不经选择就面对自己的研究对象，他总是通过他已然接受的理论和相应的理论兴趣对历史事实作出选择。

最后，任何一个史学研究者谈论的历史事实都不是自足的、无条件的，而是通过一定的理论视角显现出来的。费伊在《当代社会科学的哲学》一书中曾对"视角"和"视角主义"做过一个经典性的说明："视角主义

---

① 田汝康等选编：《现代西方史学流派文选》，上海人民出版社 1982 年版，第 133—134 页。

② 同上书，第 146 页。

是当代理智生活的占统治地位的认识方式。视角主义是这样一种观点，它认为一切知识在本质上都是带有视角性的，也就是说，知识的要求和知识的评价总是发生在一种框架之内，这种框架提供概念手段，在这些概念手段中，并通过这些概念手段，世界得到了描述和解释。按照视角主义的观点，任何人都不会直接观察到作为实在本身的实在，而是以他们自己的倾向性来接近实在，其中含有他们自己的假定及先入之见。"①按照费伊的观点，事实本身并不是完全独立的，它只能通过一定的理论视角显现出来。

比如，吃、喝、住、穿是人每天都要亲身经历的事实，但在历史唯心主义的理论视角中，对这些事实是视而不见的。事实上，只有在历史唯物主义的理论视角中，它们才显现为基础性的历史事实，并引起研究者们的高度重视。恩格斯在叙述马克思的历史唯物主义理论时曾经指出："正像达尔文发现有机界的发展规律一样，马克思发现了人类历史的发展规律，即历来为繁芜丛杂的意识形态所掩盖着的一个简单事实：人们首先必须吃、喝、住、穿，然后从事政治、科学、艺术、宗教等等；所以，直接的物质生活资料的生产，从而一个民族或一个时代的一定的经济发展阶段，便构成基础，人们的国家设置、法的观点、艺术以至宗教观念，就是从这个基础上发展起来的，因而，也必须由这个基础来解释，而不是像过去那样做得相反。"②由此可见，历史事实并不是以现成的、赤裸裸的方式摆放在任何人都可以触摸到的地方的，实际上它只能存在并现身于一定的理论视角之内。世界上并不存在超越任何理论视角的历史事实。正是在这个意义上，费伊指出："简单地说：事实植根于概念框架之中。"③在我们看来，"植根"这个说法可能会引起误解，

---

①　参见［德］约翰·塞尔：《心灵、语言和社会：实在世界中的哲学》，李步楼译，上海译文出版社 2001 年版，第 21 页。

②　《马克思恩格斯选集》第 3 卷，人民出版社 1995 年版，第 776 页。

③　参见［德］约翰·塞尔：《心灵、语言和社会：实在世界中的哲学》，李步楼译，上海译文出版社 2001 年版，第 22 页。

确切的提法是：事实只能通过相应的理论视角得以显现。

在现实生活中，人们对"视而不见"这个成语通常是这么理解的，即当一个人专心致志地思索别的问题时，尽管他的眼睛看着某个对象，但他实际上什么也没有见到。其实，"视而不见"这个成语还蕴含着更为深刻的哲学含义，即一个特定的理论视角只允许拥有它的研究者见到某些事实，而永远见不到另一些事实，因为那些见不到的事实只能在别的理论视角中显现出来。所以，当人们说"尊重事实""实事求是"时，他们给人的印象是，他们完全能够"公平地"尊重所有的"事实"或"实事"，实际上，他们根本做不到。因为他们所能看到的，只是他们的理论视角允许他们看到的某些"事实"或"实事"；他们所能尊重的，也只是他们的理论视角允许他们尊重的某些"事实"或"实事"。

总之，任何一个史学研究者都无法脱离一切理论视角来谈论并探讨历史事实。一定的历史事实总是在相应的理论视角中显现出来的。因此，不管一个史学研究者是否愿意或是否意识到，他总是在一定的理论视角的指引下从事历史研究活动的，而在他自觉或不自觉地加以认同的某个或某些理论所蕴含的相应的视角中，永远只有某些历史事实向他开启，而从属于其他理论视角的历史事实，他通常是视而不见的，除非通过深刻的自我批判，他从一个理论视角转向另一个理论视角。一言以蔽之，历史事实并不处于"无政府主义"状态下，任何一个史学研究者一旦自觉或不自觉地认同了某个理论视角，也就相应地确定了在这个理论视角中可能展现出来的历史事实。他必须清醒地意识到自己的局限性，即他永远不可能"公正地"面对一切历史事实，而只能面对他已然拥有的理论视角允许他面对的那些历史事实。以为自己可以不受任何理论视角的约束，自由地、公平地面对一切历史事实的想法，永远是一个天真的梦想。

# 二、客观规律与主观意志

人类历史的发展是完全偶然的，还是受客观规律的支配的？假如存在着客观规律的话，它与人类(作为历史的创造者)的主观意志的关系又如何加以理解？对于任何一个史学研究者来说，这些问题是无法回避的。

就第一个问题而言，通常存在着以下两种相互对立的观点。

一种观点认为，人类历史的发展完全是由偶然性所主宰的，没有任何客观规律可言。比如，德国历史哲学家雅斯贝尔斯认为："历史不时表现为一团乌七八糟的偶然事件，像急转的洪流一样。它从一个骚动或是一个灾祸紧接到另外的一个，中间仅间隔短暂的欢乐，就是瞬息间出现的一些小岛，它们终究也必然会被吞没的。一切正如马克斯·韦伯所说的那样，一条被恶魔铺满了毁坏的价值的道路。"[1]为什么历史是充满偶然性的？通常的理由是：自然现象是普遍的、重复出现的、无意识的；而历史现象则是个别的、只出现一次的、且蕴含着预期目的的。正是在这个意义上，法国历史哲学家雷蒙·阿隆主张："物理学着眼于规律，历史科学致力于特殊。"[2]尽管雷蒙·阿隆没有明确地否认历史发展的客观规律，但按照他的想法，历史科学与物理学完全不同：后者的任务是探索自然界发展的客观规律，而前者的使命则是以准确生动的笔触描述并展示每个历史事实的特殊性。

另一种观点认为，人类历史是受隐蔽的客观规律的支配的。持有这种观点的人并不否认，在历史现象与自然现象之间存在着重大的差别。与自然界不同，在历史领域内进行活动的，是具有自我意识的、经过深

---

① 田汝康等选编：《现代西方史学流派文选》，上海人民出版社 1982 年版，第 37 页。
② 同上书，第 98 页。

思熟虑的、追求某种目的的人，几乎任何历史事实的发生、发展和终结都伴随着某些人或某些团体的预期的目的。

然而，这种外观上呈现出来的目的性和纷繁复杂的偶然性并不能证明历史进程是不受客观规律支配的，正如恩格斯所指出的："不管这个差别对历史研究，尤其是对各个时代和各个事变的历史研究如何重要，它丝毫不能改变这样一个事实：历史进程是受内在的一般规律支配的。因为在这一领域内，尽管各个人都有自觉预期的目的，总的说来在表面上好像也是偶然性在支配着。人们所预期的东西很少如愿以偿，许多预期的目的在大多数场合都互相干扰，彼此冲突，或者是这些目的本身一开始就是实现不了的，或者是缺乏实现的手段。这样，无数的单个愿望和单个行动的冲突，在历史领域内造成了一种同没有意识的自然界中占统治地位的状况完全相似的状况。行动的目的是预期的，但是行动实际产生的结果并不是预期的，或者这种结果起初还和预期的目的相符合，而到了最后却完全不是预期的结果。这样，历史事件似乎总的说来同样是由偶然性支配着的。但是，在表面上是偶然性在起作用的地方，这种偶然性始终是受内部的隐蔽着的规律支配的，而问题只在于发现这些规律。"①显然，恩格斯的上述论断以十分明确的口吻肯定：人类历史的发展是服从内在的客观规律的支配的。事实上，这正是马克思所创立的历史唯物主义理论的一个基本观点。在《〈政治经济学批判〉序言》中，马克思曾对这一客观规律做过经典性的叙述。

然而，马克思的历史唯物主义理论常常遭到它的追随者和反对者们的曲解，其中最常见的曲解方式是把它解释成一种简单的经济决定论。晚年恩格斯曾以十分严厉的口吻批判了这种经济决定论，他在 1890 年 9 月 21 日致约·布洛赫的信中指出："……根据唯物史观，历史过程中的决定性因素归根到底是现实生活的生产和再生产。无论马克思或我都从来没有肯定过比这更多的东西。如果有人在这里加以歪曲，说经济因素

---

① 《马克思恩格斯选集》第 4 卷，人民出版社 1995 年版，第 247 页。

是**唯**一决定性的因素，那么他就是把这个命题变成毫无内容的、抽象的、荒诞无稽的空话。经济状况是基础，但是对历史斗争的进程发生影响并且在许多情况下主要是决定着这一斗争的**形式**的，还有上层建筑的各种因素，阶级斗争的政治形式及其成果——由胜利了的阶级在获胜以后确立的宪法等等，各种法的形式以及所有这些实际斗争在参加者头脑中的反映，政治的、法律的和哲学的理论，宗教的观点以及它们向教义体系的进一步发展。这里表现出这一切因素间的相互作用，而在这种相互作用中归根到底是经济运动作为必然的东西通过无穷无尽的偶然事件（即这样一些事物和事变，它们的内部联系是如此疏远或者是如此难于确定，以致我们可以认为这种联系并不存在，忘掉这种联系）向前发展。否则把理论应用于任何历史时期，就会比解一个最简单的一次方程式更容易了。"①在恩格斯看来，历史发展进程是错综复杂的，表现为一切因素之间的相互作用，而在所有这些因素中，在"归根到底"的层面上发挥决定性作用的则是经济因素。实际上，这正是历史唯物主义理论向我们揭示的人类历史发展的客观规律。也就是说，经济因素通常是以间接的、曲折的方式为历史事实的发生、发展和终结提供内在动力的。假如一个史学研究者曲解了历史唯物主义的基本理论，试图跳过一系列中间环节，直截了当地用经济因素解释一切历史现象，那么，正如恩格斯所说的，他必定会把这种理论变成"毫无内容的、抽象的、荒诞无稽的空话"。

值得注意的是，马克思的历史唯物主义理论既肯定了人类历史的发展是受内在的客观规律的支配的，又肯定了偶然性在错综复杂的历史发展进程中的作用。显而易见，不承认偶然性，历史理论就会蜕变为宿命论，一切关于历史的描述都会变得单调而乏味；同样，不承认必然性（客观规律），历史理论则会蜕变为偶因论，一切关于历史的描述都会显得杂乱无章、毫无头绪。按照马克思和恩格斯的理论，从外观上看，人

---

① 《马克思恩格斯选集》第 4 卷，人民出版社 1995 年版，第 695—696 页。

类历史发展进程是充满偶然性的，它体现为一切因素之间的相互作用，但就其实质而言，这些错综复杂的相互作用归根到底是在经济因素的制约下展开的。从哲学上看，恩格斯在这里说的"归根到底"具有本体论的意义。因为所谓"经济因素"，用通俗的话语来表达，也就是恩格斯前面提到的人类每天都无法回避的"吃、喝、住、穿"这一简单事实。人类所有的其他活动，包括历史发展进程中一切其他因素之间的相互作用，都是奠基于这一简单事实之上的。正如马克思一再告诫我们的："全部人类历史的第一个前提无疑是有生命的个人的存在。"①而任何个人要存在下去，就必须解决"吃、喝、住、穿"的问题，而要解决这个问题，人类就必须从事物质生活资料的生产，而"这种生产，正是整个现存的感性世界的基础"②。由此可见，马克思和恩格斯关于经济因素在归根到底层面上决定着人类历史发展进程的观点，正是从本体论上揭示了人类历史发展的客观规律。

总之，只要我们信奉的不是被曲解的历史唯物主义，而是马克思所创立的、原初意义上的历史唯物主义，就必定会承认，人类历史的发展是受客观规律的支配的，而这一客观规律的核心内容是：在人类历史发展进程中，经济因素始终作为基础性的因素"在幕后"发挥着隐蔽的作用，但决不应该把这种因素曲解为人类历史发展进程的"唯一决定性的因素"。

就第二个问题而言，其难解之处在于：一方面，我们承认，历史活动总是由有预期目的的、有自由意志的人类的活动构成的。换言之，历史与自然界不同，它是人类主观意志活动的产物。另一方面，我们也承认，历史发展是受内在的客观规律的支配的，而这一规律之所以被称为"客观规律"，因为它是不依人的主观意志为转移的。假如我们既赞成历史发展是服从客观规律的，又赞成历史进程是人类主观意志的产物，这

①　《马克思恩格斯选集》第 1 卷，人民出版社 1995 年版，第 67 页。
②　同上书，第 77 页。

里有没有矛盾呢？我们认为，并没有什么矛盾。

在致约·布洛赫的同一封信中，恩格斯从历史唯物主义理论出发，十分巧妙地解答了这个难题。他写道："历史是这样创造的：最终的结果总是从许多单个的意志的相互冲突中产生出来的，而其中每一个意志，又是由于许多特殊的生活条件，才成为它所成为的那样。这样就有无数互相交错的力量，有无数个力的平行四边形，由此就产生出一个合力，即历史结果，而这个结果又可以看作一个作为整体的、**不自觉地**和不自主地起着作用的力量的产物。因为任何一个人的愿望都会受到任何另一个人的妨碍，而最后出现的结果就是谁都没有希望过的事物。所以到目前为止的历史总是像一种自然过程一样地进行，而且实质上也是服从同一运动规律的。但是，各个人的意志——其中的每一个都希望得到他的体质和外部的、归根到底是经济的情况（或是他个人的，或是一般社会性的）使他向往的东西——虽然都达不到自己的愿望，而是融合为一个总的平均数，一个总的合力，然而从这一事实中决不应作出结论说，这些意志等于零。相反地，每个意志都对合力有所贡献，因而是包括在这个合力里面的。"①从这段重要的论述中，至少可以引申出下面四点结论。

其一，应该把人类的主观意志区分为"单个意志"和"作为合力的意志"。在现实生活中，每个人的意志都是作为"单个意志"进行活动的，但这些相互冲突的意志不可能都获得成功，通常出现的结果总是与"单个意志"的主观愿望之间存在着差异，甚至会出现完全相反的结果。也就是说，每一个拥有主观愿望的"单个意志"，在它参与历史活动的过程中，在与其他"单个意志"的冲突中，必定会作为一种因素被整合进"作为合力的意志"中，而这一意志导致的结果与所有"单个意志"的主观愿望之间，或多或少地存在着差异。这就启示我们，尽管"单个意志"在现实生活中实实在在地发挥着作用，但在与其他"单个意志"的冲突中，最

① 《马克思恩格斯选集》第4卷，人民出版社1995年版，第697页。

后消融在"作为合力的意志"中，而"作为合力的意志"所导致的结果是不以任何"单个意志"的主观愿望为转移的。

其二，假如说，"单个意志"的活动造成了历史发展进程中的种种偶然性，那么，"作为合力的意志"所导致的结果则印证了历史唯物主义理论揭示的一个基本真理，即人类历史的发展是受隐蔽的客观规律的支配的。我们不应该像通常的哲学教科书那样笼统地说：客观规律是不依人的主观意志为转移的。这个表述之所以是含混不清的，因为它没有把自然界的客观规律与人类历史发展的客观规律严格地区分开来。自然规律确实是不依人的主观意志为转移的，因为整个自然界的发展完全处于无意识的状态下。但与此不同的是，人类历史本身就是人类主观意志活动的产物。换言之，历史规律是奠基于人类主观意志的活动之上的。因此确切的表述应该是：人类历史发展的客观规律是不依任何"单个意志"（的主观愿望）为转移的，但它却是"作为合力的意志"的产物。事实上，人类历史发展的客观规律之所以是客观的，正因为它奠基于同样具有客观性的"作为合力的意志"之上，因为这种意志扬弃了所有"单个意志"的主观随意性。

其三，历史过程之所以类似于在无意识状态中发生的自然过程，因为在历史过程中真正起作用的不是有预期目的的"单个意志"，而是融合成无意识状态的、客观化的"作为合力的意志"。也就是说，有意识的"单个意志"在参与历史活动的过程中被融合为无意识的"作为合力的意志"。正是在这个意义上，人类历史本质上成了自然史。正如马克思在《资本论》第1卷第一版序言中所说的："我的观点是把经济的社会形态的发展理解为一种自然史的过程。不管个人在主观上怎样超脱各种关系，他在社会意义上总是这些关系的产物。同其他任何观点比起来，我的观点是更不能要个人对这些关系负责的。"①尽管马克思这里说的是"经济的社会形态的发展"，但其结论对整个人类历史的研究具有普遍的

---

① 《马克思恩格斯选集》第2卷，人民出版社1995年版，第101—102页。

指导意义。既然人类史本质上就是自然史，历史上的个人也就无须对历史的结果负过多的责任了。

比如，当路易·波拿巴于 1851 年 12 月 2 日发动政变后，维克多·雨果在《小拿破仑》一书中把这场政变描绘成晴天霹雳，并无限地夸大了路易·波拿巴在政变中的作用。而蒲鲁东的《政变》一书则试图把这场政变解释成历史发展的必然结果，但却不知不觉地变成了对政变主人公行为的辩护。这两部著作的共同特点是把政变理解为突如其来的偶然事件，并以不同的方式夸大了路易·波拿巴个人在历史上的作用（消极作用或积极作用）。而马克思的《路易·波拿巴的雾月十八日》一书，正如他自己所说的，只是证明了"法国**阶级斗争**怎样造成了一种局势和条件，使得一个平庸而可笑的人物有可能扮演了英雄的角色"[①]。为什么只有马克思的著作对这场政变作出了客观的、忠实的描写？正如恩格斯在该书第三版序言中所说的，因为马克思发现了历史运动的客观规律，而"这个规律在这里也是马克思用以理解法兰西第二共和国历史的钥匙。在这部著作中，他用这段历史检验了他的这个规律；即使已经过了 33 年，我们还是不能不说，这个检验获得了辉煌的成果"[②]。

其四，人类历史的发展归根到底是以"经济的情况"作为内驱力的。无论是"作为合力的意志"，还是"单个意志"，实际上都是由经济因素，即吃、喝、住、穿这样的生存活动和愿望所驱动的。也就是说，只有通过对"经济的情况"的深入研究，才有可能发现人类历史发展的客观规律，并把它准确地阐述出来，而这个工作正是由马克思完成的。

在对上述两个难题的解答中，马克思的历史唯物主义理论主张，人类历史发展是受隐蔽的客观规律的支配的，这个客观规律的核心内容是：经济因素在归根到底的层面上决定着历史发展进程的展开。然而，肯定历史发展具有客观规律，并不意味着否定历史上出现的种种偶然

---

① 《马克思恩格斯选集》第 1 卷，人民出版社 1995 年版，第 580 页。
② 同上书，第 583 页。

性。事实上，必然性（即客观规律）正是通过无数的偶然性（奠基于"单个意志"的主观愿意之上）为自己开辟道路的。历史唯物主义理论还教导我们，不能笼统地说：客观规律不依人的主观意志为转移的，而应该把自然规律与历史规律严格地区分开来，后一种规律虽然不依任何"单个意志"的主观愿望为转移，但它本身却是奠基于客观的"作为合力的意志"之上的。马克思主义者之所以要探索并掌握人类历史发展的客观规律，目的就是要促使革命阶级的意志（代表全社会绝大部分人的意志）自觉地成为客观的"作为合力的意志"。

# 三、历史意义与当代意义

在历史研究中，"意义"问题是一个绕不过去的问题。[①] 可是，令人难以置信的是，史学研究者们很少对"历史意义"与"当代意义"这两个概念作出严格的区分。比如，假定一个史学研究者致力于对法国大革命的探讨，当他自以为正在谈论法国大革命的历史意义时，实际上他谈论的却是法国大革命的当代意义。当然，也有可能他谈论的是当代意义和历史意义的混合物。他几乎从来没有认真地反思过下面这样的问题：一个历史事实的历史意义究竟指什么？一个历史事实的当代意义究竟指什么？如何理解历史意义与当代意义之间的关系？

按照历史唯物主义理论，所谓"历史意义"，是指一个历史事实在当时时代中所具有的客观意义；而所谓"当代意义"，是指一个历史事实在当今时代中所具有的客观意义。显而易见，在"当时时代"和"当今时代"之间存在着时间间距。比如，"公元前 49 年凯撒渡过了卢比康河"，这是一个历史事实。当一个史学研究者探讨这一历史事实对"当时时代"究

---

① 卡尔·波普认为："历史虽然没有目的，但我们能把这些目的加在历史上面；历史虽然没有意义，但我们能给它一种意义。"参见田汝康等选编：《现代西方史学流派文选》，上海人民出版社 1982 年版，第 166 页。

竟有什么客观意义时，他显然是在谈论这一历史事实的历史意义；而当他探讨这一历史事实对"当今时代"究竟有什么客观意义时，他显然是在谈论这一历史事实的当代意义。这里之所以把历史意义和当代意义都理解为"客观意义"，目的是排除具有任意性和偶然性的"主观意义"对历史研究活动的渗透。所谓"主观意义"，是指人们从自己的好恶、偶然的感受或情绪的冲动出发去谈论一个历史事实的历史意义和当代意义；所谓"客观意义"，是指一个史学研究者自觉地排除种种主观上的偶然因素对研究活动的影响，努力从"当时时代"或"当今时代"的生活本质出发理解并阐释一个历史事实的历史意义或当代意义。

由于时间间距的存在，任何历史事实的历史意义与它的当代意义之间必定存在着某种差异，甚至存在着重大的差异。由于以往的历史研究没有在历史事实的历史意义与它的当代意义之间作出严格的区分，所以经常会出现下面这样的现象：研究者们或者用历史意义取代当代意义，从而否认了历史事实在不同历史时代的诠释活动中其意义的开放性和多样性；或者用当代意义去取代历史意义，从而在对历史事实的诠释活动中自觉地或不自觉地把当代人的意义观强加到以往时代的人身上，甚至导致对历史真相的曲解。那么，相对于某个历史事实来说，究竟是其历史意义重要，还是其当代意义重要呢？根据历史唯物主义理论，当代意义比历史意义更为重要。为什么？

一方面，任何历史事实的历史意义的显现都是需要时间的。因而离开这一历史事实发生的时代越远，比如说在当代，就越容易在这一历史事实的当代意义的引导下，全面而深刻地阐释它的历史意义。马克思在叙述人类社会发展史时曾经指出："资产阶级社会是最发达的和最多样性的生产组织，因此，那些表现它的各种关系的范畴以及对于它的结构的理解，同时也能使我们透视一切已经覆灭的社会形式的结构和生产关系。资产阶级社会借这些社会形式的残片和因素建立起来，其中一部分是还未克服的遗物，继续在这里存留着，一部分原来只是征兆的东西，发展到具有充分意义，等等。人体解剖对于猴体解剖是一把钥匙。反过来说，低等动物身上表露出来的高等动物的征兆，只有在高等动物本身已被认识之后才能理解。因此，资产阶级经济为古代经济等等提供了钥匙。"①尽管马克思在这里论述的主要是人类社会及其经济发展史，但他启示我们，只有站在当今时代的高度上，准确地把握历史事实的当代意义，才能回过头去，对它的历史意义作出充分的阐释。比如，只有当基督教在当代的发展中对自身的当代意义达到自我批判的高度后，才可能对这一历史事实——早期基督教的诞生和发展——的历史意义作出合理的说明。

另一方面，任何历史事实及其历史意义涉及的都是过去的、已经发生过的情形，而任何历史事实的当代意义涉及的都是活生生的当代人的现实利益和生活兴趣。因而历史事实的当代意义远比其历史意义来得重要。正如雷蒙·阿隆所说的："历史是由活着的人而重建的死者的生活。所以，它是由能思考的、痛苦的、有活动能力的人找到探索过去的现实利益而产生出来的。"②也就是说，任何历史事实的历史意义实际上是奠基于其当代意义之上的。当一个当代人谈论某个历史事实的历史意义时，他追求的只是对这种客观意义的准确的描述。假如他是一位史学研究者，这种准确的描述会给他带来学术声誉，但除此以外不会有更多的东西。然而，当一个当代人谈论某个历史事实的当代意义时，情形就完全不同了。

不用细致观察就会发现，在人类世代的延续中，唯一活着的只能是当代人，以往世代的人都已作古，消失在历史的黑洞中。当然，随着时间的流逝，目前还活着的当代人也会消失在历史的尘埃中。也就是说，"当代人"这个概念的指称对象并不是一成不变的，而是处于不断更新中。但是，无论如何，只要人类世代得以延续下去，唯一活着的就只能是不断更新着的"当代人"。因此，我们不同意雅斯贝尔斯关于"轴心时代"(公元前8世纪—公元前2世纪)的观点。在我们看来，轴心时代并

---

① 《马克思恩格斯选集》第2卷，人民出版社1995年版，第23页。
② 田汝康等选编：《现代西方史学流派文选》，上海人民出版社1982年版，第95页。

不是人类历史上某个固定的阶段，它是随着历史的发展不断地向前延伸的。简言之，轴心时代就是不断更新着的当代。既然在人类世代的延续中唯一活着的只能是当代人，所以，只有活生生的当代人才有资格充当历史活动的轴心和意义诠释的轴心。实际上，当一个当代人对某个历史事实发生兴趣时，他真正关注的并不是历史事实本身，而是其当代意义，以便借着历史的由头，来演出当代生活的新剧目。正如马克思所说的："一切已死的先辈们的传统，像梦魇一样纠缠着活人的头脑。当人们好像刚好在忙于改造自己和周围的事物并创造前所未闻的事物时，恰好在这种革命危机时代，他们战战兢兢地请出亡灵来为他们效劳，借用它们的名字、战斗口号和衣服，以便穿着这种久受崇敬的服装，用这种借来的语言，演出世界历史的新的一幕。"①由此可见，任何一个历史事实的当代意义不但比其历史意义更重要，甚至也比这一历史事实本身更重要。正是在这个意义上，意大利历史哲学家克罗奇提出了"一切真正的历史都是当代史"的著名的口号。在他看来，突出历史事实的当代意义，并不是某类历史研究的特征，而是一切历史研究的根本特征。

那么，作为一个当代人，尤其是当代中国人，如何准确地把握历史事实研究，乃至整个历史研究的当代意义呢？历史唯物主义理论启示我们，前提是他必须准确地理解当代中国社会生活的本质，因为任何历史事实，乃至全部历史的当代意义都隐含在这一社会生活的本质之中。众所周知，中国是一个发展中的国家，在当代中国的社会生活中，前现代性、现代性和后现代性这三大价值体系处于激烈的冲突之中。就当前乃至今后相当长的发展阶段来看，中国社会将致力于市场经济和现代化的建设，因而其主导性价值观念仍然从属于现代性价值体系的范围，但通过对前现代性价值体系和后现代性价值体系的批判，现代性价值体系已经得到了某种程度的修正，它主要体现为以下这些主导性的价值观念：珍惜生命、维护人权、尊重人格、追求自由、崇尚平等、争取民主、提

---

① 《马克思恩格斯选集》第 1 卷，人民出版社 1995 年版，第 585 页。

倡公正、热爱祖国、推重事实、重视科学、向往真理等。事实上，历史事实研究，乃至整个历史研究的当代意义正体现在当代中国社会生活本质所隐含的这些主导性价值观念中。要言之，当代意义本质上就是这些主导性价值观念。当然，必须指出，某个历史事实的当代意义只能体现这些主导性价值观念的某一方面或某些方面，只有自觉的、全面的历史研究活动才能从整体上体现这些主导性价值观念。

这就深刻地启示我们，当一个史学研究者对某个历史事实发生兴趣时，他不应该立即投入自己的研究活动，而应该停下来反省一下：在他感兴趣的这个历史事实中，是否隐含着与上述主导性价值观念相切合的价值观念？如果是，他在历史研究中的趣味就是健康的；如果不是，他的趣味就可能已经被败坏了。举例来说，假如一个史学研究者对清王朝演化中的某一场宫廷政变产生了兴趣，那么他就应该先反躬自问：在这场宫廷政变中，是否包含着与上述主导性价值观念相切合的价值因素？如果没有，那就表明，作为历史事实，这场宫廷政变不但缺乏积极的当代意义，而且极有可能隐含着与上述主导性价值观念相冲突的、消极的价值因素。而这些消极的价值因素只能形成消极的当代意义，阻碍现代化和市场经济沿着健康的轨道向前发展。

由此可见，一个史学研究者一旦确立了当代意识，他就应该把自己对历史事实的兴趣自觉地奠基于上述主导性价值观念之上。不是先确定历史事实，再来认识并阐发它的当代意义，而是先领悟当代意义（即主导性的价值观念），再回过头去选择与这一当代意义相切合的历史事实。正如克罗奇所说的："只有一种对现在生活的兴趣才能够推动人去查考过去的事实。因为这个缘故，这种过去的事实并不是为了满足一种过去的兴趣，而是为了满足一种现在的兴趣，只要它一经和现在生活的兴趣结合起来就是如此。"[①]所以，只有当一个史学研究者自觉地从上述主导

---

① 田汝康等选编：《现代西方史学流派文选》，上海人民出版社1982年版，第334页。

性价值观念出发去选择作为研究对象的历史事实时，他的研究态度才不是主观任意的，而是客观的、科学的。但当他这样做（即自觉地站在当代价值观念的高度上透视以往历史时代发生的历史事实）时，必须警惕以下两种错误倾向的渗透。

一种错误倾向是"无差别论"，即抹杀当代与以往时代之间的时间间距，把今人的观念与古人的观念简单地等同起来。马克思在谈到当代资产阶级经济研究将为古代经济研究提供钥匙时，曾经严肃地指出："但是，决不是像那些抹杀一切历史差别、把一切社会形式都看成资产阶级社会形式的经济学家所理解的那样。人们认识了地租，就能理解代役租、什一税等等。但是不应该把它们等同起来。"①在马克思看来，一方面，人们应该自觉地站在当代社会生活的立场上去透视古代社会生活，也正是在这个意义上，他反复强调，人体解剖是猴体解剖的钥匙；另一方面，人们又不应该把当代社会生活与古代社会生活、当代意义与历史意义简单地等同起来。在《家庭、私有制和国家的起源》一书中，当恩格斯谈到人类婚姻的原始状态——杂乱的性关系时，曾经严厉地批评人类学家巴霍芬、爱·韦斯特马克等把这种原始状态称作"淫婚""卖淫"的错误观点。恩格斯指出："只要还戴着妓院眼镜去观察原始状态，便永远不可能对它有任何理解。"②在该书 1884 年版中，恩格斯又加上了一个注，全文如下："马克思在 1882 年春季所写的一封信中，以最强烈的措辞，批评瓦格纳的《尼贝龙根》歌词中比比皆是的对原始时代的完全曲解。歌词中说：'谁曾听说哥哥抱着妹妹做新娘?'瓦格纳的这些'色情之神'，完全以现代方式，用一些血亲婚配的事情使自己的风流勾当更加耸人听闻；马克思对此回答道：'在原始时代，姊妹曾经是妻子，而这是合乎道德的'。"③马克思和恩格斯的所有这些论述都启示我们，既要自觉地从上面提到的那些主导性价值观念（即当代意义）出发，对历史事

---

① 《马克思恩格斯选集》第 2 卷，人民出版社 1995 年版，第 23 页。
② 《马克思恩格斯选集》第 4 卷，人民出版社 1995 年版，第 32—33 页。
③ 同上书，第 33 页注①。

实进行选择和探索；又要厘清这些当代价值观念与历史上曾经出现过的类似的价值观念之间的差异。总之，决不能把当代的价值观念与以往时代的价值观念、当代意义与历史意义简单地等同起来。

另一种错误的倾向是"分析目的论"，即人们常常把历史人物或历史事实的最后发展阶段作为预悬的目的去描述其起始阶段和发展阶段。我们先来看分析目的论在历史人物研究中的表现方式。比如，希特勒在其人生道路的最后发展阶段上成了一个十恶不赦的独裁主义者。但假如有人在给希特勒写传记时，把他儿童时期或少年时期的一举一动都描绘成具有独裁主义倾向的举动，那就陷入分析目的论中去了。其实，中国人对历史人物的认识也深受这种分析目的论的影响。其实，历史人物和普通人一样，其早期生活通常也是不确定的，其人生道路通常也充满了各种可能性，不能根据其晚年的情况倒过去加以论定。显然，这种在分析目的论的影响下撰写出来的人物传记是缺乏说服力的，真正的人物传记应该真实地再现出历史人物在其幼年和少年时期发展的各种可能性。

我们再来看分析目的论在历史事实研究上的表现方式。比如，有的史学研究者对历史事实的叙述深受"成者为王，败者为寇"的传统史学观念的影响。在叙述一个成功的历史事实时，他常常把最后的成功作为目的带入到对它的初始阶段和发展阶段的叙述中，仿佛它一开始就注定会取得成功似的。相反，在叙述一个失败的历史事实时，他也会把最后的失败作为目的带入到对它的初始阶段和发展阶段的叙述中，从而给读者造成如下印象，即这一历史事实从一开始就注定会陷于失败。总之，分析目的论的实质是命定论，即从历史人物或历史事实的结果出发去塑造其初始阶段和发展阶段。这种错误倾向只能导致历史研究的神化、魔化和贫乏化，是我们必须加以反对的。

综上所述，历史唯物主义理论启示我们，在历史研究中，应该把一个历史事实的历史意义和它的当代意义严格地区分开来。历史意义是奠基于当代意义之上的，任何一个史学研究者都应该深刻地领悟隐含在当代中国社会生活本质中的主导性价值观念，并自觉地把这些价值观念作为当代意义引入到对历史事实的选择和研究中，从而从观念上促使我国的市场经济和现代化事业沿着健康的轨道向前发展。当然，对于一个成熟的史学研究者来说，还必须自觉地排除"无差别论"和"分析目的论"这两种错误倾向对研究工作的干扰。

# 差异分析：马克思文本中的
## 后现代思想酵素①

如果说"同一"构成了启蒙和现代性理论的核心原则，那么"差异"则构成了后现代理论的核心原则。前者可以德国哲学家谢林倡导的"同一哲学"作为代表，后者可以法国哲学家德里达、德勒兹主张的"差异哲学"作为标志。② 马克思生活在一个思想急剧转变的历史时期，在他留下来的文本中，既有维护启蒙和现代性的思想酵素，又有反思、批判启蒙和现代性的思想酵素，而后一类思想酵素则与 20 世纪七八十年代以来兴起的后现代理论的基本观念不谋而合。这种有趣的、跨时代的"共谋关系"也可以解释，为什么后现代理论家总是热衷于到马克思的文本中去寻找自己的思想灵感。在某种意义上，对"差异"的识别和

---

① 原载《学术月刊》2008 年第 12 期第 22—34 页。收录于俞吾金：《被遮蔽的马克思》，人民出版社 2012 年版，第 185—196 页。——编者注

② 德里达于 1967 年出版了《书写与差异》一书，而在 1972 年出版的《哲学的边缘》一书中收入了题为《延异》的短论，而"延异"(différance)这个法语名词是德里达自己创制出来的，它源于法语名词"差异"(différence)。至于德勒兹，他很早就开始关注"差异"问题。早在 1956 年，他就在名为《柏格森思想研究》的刊物上发表了题为《柏格森的差异概念》的论文，1968 年又出版了《差异与重复》这部重要的哲学著作。其实，对"差异"概念的重视也不是法国哲学的专利。如果说，德国哲学家阿多诺在 1966 年出版的《否定的辩证法》一书中对现代性的核心原则——同一(性)取拒斥的态度，那么，美国哲学家罗尔斯在 1971 年出版的《正义论》中论述"作为公平的正义"理论时，则提出了对整个后现代思潮产生重大影响的原则，即著名的"差异原则"。

分析构成了马克思一生思想发展的重要内容。事实上，也正是这一学说在一定程度上开启了后现代理论家的思路。

# 一、哲学研究中的差异分析

青年马克思的博士论文是《德谟克利特的自然哲学和伊壁鸠鲁的自然哲学的差异》(*Differenz der demokritischen und epikureischen Natur-philosophie*，1840-1841)。从书名就可以看出，"差异"(Differenz)这个概念被置于前所未有的重要的位置上。为什么马克思会对两位古代哲学家的自然哲学之间的关系发生兴趣？在博士论文中，马克思做了如下的解释：

> 我选择了伊壁鸠鲁对德谟克利特的自然哲学的关系作为这样一个例子。我并不认为这是一个最便当的出发点。因为，一方面人们有一个根深蒂固的旧偏见，即把德谟克利特的物理学和伊壁鸠鲁的物理学等同起来，以致把伊壁鸠鲁所作的修改看作只是一些随心所欲的臆造；另一方面，就具体情况来说，我又不得不去研究一些看起来好像无关紧要的细枝末节。但是，正因为这种偏见同哲学的历史一样古老，而二者间的差异又极其隐蔽，好像只有用显微镜才能发现它们，所以，尽管德谟克利特的物理学和伊壁鸠鲁的物理学之间有着联系，但是证实存在于它们之间的贯穿到极其细微之处的本质差异就显得特别重要了。①

乍看起来，马克思之所以把这两位古代哲学家的自然哲学理论之间的关

---

① 《马克思恩格斯全集》第 1 卷，人民出版社 1995 年版，第 17—18 页。中译文把德语名词 Differenz 译为"差别"，为求统一起见，我们在这里均改译为"差异"。

系作为自己的博士论文探讨的对象，是为了消除在哲学史上长期存在着的、把他们的自然哲学等同起来的"偏见"，实际上，马克思还有更深的动机，这可以从他的博士论文中解读出来。

在马克思看来，伊壁鸠鲁的自然哲学和德谟克利特的自然哲学的关系不是简单重复的关系，而是存在着根本的差异：后者只看到原子的两种属性，即体积和形状，而前者则提出了原子的第三种属性——重量，并肯定不同的原子在重量上是不同的，由此构成了原子偏斜运动的原因；后者重视的是必然性，而前者重视的则是偶然性。按照马克思的观点，无论是对原子偏斜运动的肯定，还是对偶然性的倚重，都与自我意识的觉醒及对自由的追求密切相关。正是在这个意义上，马克思指出：

> 伊壁鸠鲁是最伟大的希腊启蒙思想家。①

也就是说，马克思之所以把伊壁鸠鲁的自然哲学作为自己博士论文研究的重点，其深层动机是为了弘扬自我意识和自由，而当时仍然是青年黑格尔主义者的马克思，与布·鲍威尔一样，信奉的正是自我意识和自由的哲学，正如马克思在其博士论文的"新序言草稿"中所指出的：

> 只是现在，伊壁鸠鲁派、斯多亚派和怀疑派体系为人们所理解的时代才算到来了。他们是自我意识哲学家。②

事实上，马克思在上面这段话中把这三派哲学理解为自我意识哲学的观点也来源于黑格尔，因为正是黑格尔，在其《哲学史讲演录》中最先把这三派哲学理解为自我意识哲学。有趣的是，马克思的博士论文甚至在写作形式上也模仿了黑格尔。青年黑格尔在耶拿时期曾写下了他的第一部

---

① 《马克思恩格斯全集》第 1 卷，人民出版社 1995 年版，第 63 页。
② 同上书，第 103 页。

哲学著作《费希特和谢林哲学体系的差异》(*Differenz des Fichteschen und Schelling Systems der Philosophie*，1801)。正是在这部重要的著作中，黑格尔敏锐地指出了曾经深受费希特影响的谢林哲学体系和费希特哲学体系之间的根本差异，从而确立了谢林在德国哲学发展史上的历史地位，而谢林本身对此却茫然无知。人所共知，由于谢林的同一哲学排斥差异，满足于"A＝A"的形式主义，黑格尔后来在《精神现象学》中嘲弄其哲学为"黑夜看牛"①。

从上面的论述可以看出，青年马克思在撰写博士论文时，从思想观念到写作形式都受到黑格尔的影响。然而，承认这一点并不表明，马克思的思想在任何方面都没有超过黑格尔。尽管黑格尔把伊壁鸠鲁哲学理解为哲学发展史上自我意识觉醒的标志之一，但他坚持认为，伊壁鸠鲁学说"并没有超出留基波和德谟克利特的范围"②。由此可见，马克思对伊壁鸠鲁和德谟克利特自然哲学差异的揭示，尽管深受黑格尔"差异"观念的影响，但同时又是对黑格尔所认同的"等同论"(即把伊壁鸠鲁哲学与德谟克利特哲学等同起来)的超越。

如果说，博士论文还是马克思建立自己差异学说的试笔之作，那么，在他接下来撰写的《黑格尔法哲学批判》(1843)、《手稿》(1844)、《神圣家族》(1844)、《形态》(1845—1846)、《哲学的贫困》、《资本论》等一系列论著中，他反复阐明了自己与黑格尔(包括青年黑格尔主义者)之间的思想差异。

马克思认为，黑格尔的思辨哲学维护的乃是一种唯心主义历史观。按照这种历史观，思想、概念、精神统治和决定着整个现实世界，而青年黑格尔主义者则在黑格尔的思想世界中迷失了方向，尽管他们每个人都宣布自己超越了黑格尔哲学，但实际上他们始终没有离开过黑格尔思想的基地。换言之，他们从未提出真正与黑格尔哲学有差异的、新的哲

---

① ［德］黑格尔：《精神现象学》(上卷)，贺麟译，商务印书馆1981年版，第10页。

② ［德］黑格尔：《哲学史讲演录》第3卷，贺麟、王太庆译，商务印书馆1981年版，第60页。

学观念，甚至连他们使用的语词和表达的方式也与黑格尔毫无差异。正如马克思在谈到布·鲍威尔在其《基督教真相》一书中的表述方式时所指出的：

> 这些说法甚至在语言上都同黑格尔的观点毫无区别（Unterschied），而无宁说是在逐字逐句重述黑格尔的观点。[①]

在《形态》中，马克思对自己的哲学观——历史唯物主义进行了初步的表述，并阐明了自己与黑格尔（包括青年黑格尔主义者）之间在理论上的根本差异：

> 这种历史观和唯心主义历史观不同，它不是在每个时代中寻找某种范畴，而是始终站在现实历史的基础上，不是从观念出发来解释实践，而是从物质实践出发来解释观念的东西。[②]

这一根本差异表现为：历史唯心主义总是从范畴、观念出发去解释现实历史和人们的实践活动，而历史唯物主义则正好倒过来，从现实生活和人们的实践活动出发去解释范畴、观念的由来和变化的原因。

在《资本论》第1卷第二版跋中，马克思进一步阐明了自己与黑格尔在辩证法理论上的根本差异：

> 我的辩证方法，从根本上来说，不仅和黑格尔的辩证法不同，而且和它截然相反。在黑格尔看来，思维过程，即甚至被他在观念这一名称下转化为独立主体的思维过程，是现实事物的创造主，而

---

① 《马克思恩格斯全集》第3卷，人民出版社2002年版，第313页。原中译文把德语名词 Unterschied 译为"区别"，其实，Unterschied 与 Differenz 的含义几乎是相同的，为求一致起见，我们这里也把 Unterschied 译为"差异"。

② 《马克思恩格斯全集》第3卷，人民出版社1960年版，第43页。

现实事物只是思维过程的外部表现。我的看法则相反，观念的东西不外是移入人的头脑并在人的头脑中改造过的物质的东西而已。①

在批判黑格尔辩证法的时候，马克思进一步指出：

在他那里，辩证法是倒立着的。必须把它倒过来，以便发现神秘外壳中的合理内核。②

在马克思看来，黑格尔的辩证法，在其现有的神秘表现形式中，使现存事物显得光彩，只有从历史唯物主义出发对它进行彻底的改造，它才可能成为批判的和革命的。凡是认真研读过马克思文本，尤其是他早期文本的人都会发现，历史唯物主义这一划时代的哲学观正是在马克思反复阐明自己思想与黑格尔及其青年黑格尔主义者思想差异的过程中被陈述出来的。

在哲学思想上，除了黑格尔，费尔巴哈对马克思也有一定的影响。恩格斯在《出路》(1888)中曾提到过费尔巴哈的著作，尤其是他于1841年出版的《基督教的本质》对他们的影响：

这部书的解放作用，只有亲身经历过的人才能想象得到。那时大家都很兴奋，我们一时都成为费尔巴哈派了。马克思曾经怎样热烈地欢迎这种新观点，而这种新观点又是如何强烈地影响了他（尽管还有某种批判性的保留意见），这可以从《神圣家族》中看出来。③

尽管"我们一时都成为费尔巴哈派了"这样的提法多少有点夸张，但无论如何，费尔巴哈对马克思的影响是无法否认的。实际上，从《手稿》《神

---

① 马克思：《资本论》第1卷，人民出版社2001年版，第22页。
② 同上。
③ 《马克思恩格斯选集》第4卷，人民出版社1995年版，第222页。

圣家族》到《提纲》《形态》这样的写作过程，也正是马克思逐渐认识自己与费尔巴哈之间在理论上存在着根本差异的过程。

在《手稿》中，马克思分析了费尔巴哈与其他青年黑格尔主义者之间的思想差异，并指出：

> **费尔巴哈**是惟一对黑格尔辩证法采取**严肃的、批判的**态度的人；只有他在这个领域内作出了真正的发现，总之，他真正克服了旧哲学。[①]

在《神圣家族》中，当马克思谈到黑格尔逝世后施特劳斯和鲍威尔的争论时，进一步表示：

> 只有**费尔巴哈**才是从**黑格尔**的**观点**出发而结束和批判了黑格尔的哲学。费尔巴哈把形而上学的**绝对精神**归结为"**以自然为基础的现实的人**"，从而完成了**对宗教的批判**。同时也巧妙地拟定了**对黑格尔的思辨以及一切形而上学的批判的基本要点**。[②]

从这两段重要的论述可以看出，当时的马克思从总体上认同了费尔巴哈的人本主义哲学，认为这种哲学正是对黑格尔思辨唯心主义的批判性解读和革命性改造。然而，即使在这两个文本中，马克思和费尔巴哈之间的思想差异也已经开始显露出来。比如，费尔巴哈始终停留在对"宗教异化"的批判上，而马克思则结合对国民经济学的研究，提出了"异化劳动"这一更为深层的理论问题；又如，费尔巴哈始终关注的是"自然"，而马克思关注的则是"市民社会"；再如，费尔巴哈只是一般地谈论"人"，而马克思谈论的则是"工人""工人阶级"等。

---

[①] 《马克思恩格斯全集》第 42 卷，人民出版社 1979 年版，第 157—158 页。
[②] 《马克思恩格斯全集》第 2 卷，人民出版社 1957 年版，第 177 页。

在《提纲》中，马克思开始转而批判费尔巴哈，系统地阐述自己与费尔巴哈之间在哲学理论上的本质差异。事实上，《提纲》第一条就明确表示，马克思与费尔巴哈在对哲学出发点的理解上存在着根本差异：如果说，后者的出发点是人们对外部事物的"直观"（Anschauung），那么，前者的出发点则是人们的"实践"（Praxis）活动。在马克思看来，费尔巴哈只是一个旁观者式的观察者，他完全不了解革命的、实践批判活动的意义。《提纲》第二、第三、第五、第八、第九、第十一条进一步从不同的角度出发阐述了这一根本差异。在《提纲》第四条中，马克思指出：

> 费尔巴哈是从宗教上的自我异化，从世界被二重化为宗教世界和世俗世界这一事实出发的。他做的工作是把宗教世界归结于它的世俗基础。但是，世俗基础使自己从自身中分离出去，并在云霄中固定为一个独立王国，这只能用这个世俗基础的自我分裂和自我矛盾来说明。因此，对于这个世俗基础本身应当在自身中、从它的矛盾中去理解，并在实践中使之革命化。①

正是通过《提纲》第四条，马克思阐明了他与费尔巴哈在批判领域上的重大差异：费尔巴哈的批判主要停留在宗教领域里，他把上帝理解为人的本质的自我异化，从而认定神学的本质就是人类学。毋庸置疑，在单纯宗教研究的领域里引申出这样的批判性结论是十分深刻的，但在把宗教世界归结为它的世俗基础之后，费尔巴哈却止步不前了。与费尔巴哈不同，虽然马克思的批判领域也涉及宗教，但其批判的重点始终落在世俗世界上。在马克思看来，宗教世界是在世俗世界的自我矛盾和自我分裂中诞生出来的。只有对世俗世界进行革命性的改造，才能从根本上解决宗教世界中存在的问题。如前所述，马克思之所以把"宗教异化"问题转化为"异化劳动"问题，正是为了把自己批判的重点放在世俗世界中，从

---

① 《马克思恩格斯选集》第 1 卷，人民出版社 1995 年版，第 55 页。

而为世俗世界的革命改造提供理论武器。

在《提纲》第六条关于人的理论上，马克思也阐明了自己与费尔巴哈之间的根本差异：

> 费尔巴哈把宗教的本质归结为**人的**本质。但是，人的本质不是单个人所固有的抽象物，在其现实性上，它是一切社会关系的总和。①

也就是说，费尔巴哈的人本哲学只注重对单个人的直观，而没有从现实性上把握人的本质，没有把它看作"一切社会关系的总和"，从而把考察的焦点转向社会关系和社会制度。

在《形态》的"费尔巴哈"章中，马克思进一步阐述了自己与费尔巴哈在哲学思想上的根本差异。马克思不但指出，费尔巴哈所谈论的人仍然是抽象的人，而且指出：

> 当费尔巴哈是一个唯物主义者的时候，历史在他的视野之外；当他去探讨历史的时候，他决不是一个唯物主义者。在他那里，唯物主义和历史是彼此完全脱离的。②

因为费尔巴哈关注的重点是自然界，因而对社会历史知之甚少。事实上，他只要跨进社会历史领域，就会像其他青年黑格尔主义者一样，投入唯心主义的怀抱。在对马克思文本的解读中，一旦这些根本性的差异进入人们的眼帘，他们就会意识到，马克思的历史唯物主义离开费尔巴哈的一般唯物主义已经有多远的距离！

---

① 《马克思恩格斯选集》第 1 卷，人民出版社 1995 年版，第 56 页。
② 《马克思恩格斯全集》第 3 卷，人民出版社 1960 年版，第 51 页。

## 二、经济学研究中的差异分析

在马克思写下的大量经济学手稿和著作，尤其是他生前出版的《资本论》第 1 卷中，马克思的许多见解都是通过阐述他与英国古典经济学家在理论上的根本差异的方式表述出来的，而这一根本差异正体现在价值理论上。

在《阅读〈资本论〉》(1965)中，阿尔都塞告诉我们：

> 在古典经济学文本中，这个始源性的问题是这样被表述出来的：什么是劳动的价值？对这一问题的解答可以归结为如下的严格的表述："劳动（）的价值就是维持和再生产劳动（）必需用的生活资料的价值。"在这一解答中存在着两个空白或两个空缺。马克思使我们看到了古典经济学解答中的这两个空白，但他只是使我们看到了古典文本在沉默中表达出来，而在说时又没有说出来的东西。①

那么，阿尔都塞所说的"两个空白"究竟是什么意思呢？在他看来，英国古典经济学坚持的是"劳动价值"理论，而马克思坚持的则是"劳动力价值"理论。事实上，这一根本差异正体现在"劳动"（Arbeit）和"劳动力"（Arbeitskraft）这两个概念的差异上。马克思告诉我们：

> 劳动力的价值，就是维持劳动力所有者所需要的生活资料的价值。但是，劳动力只有表现出来才能实现，只有在劳动中才能发挥出来。而劳动力的发挥即劳动，耗费人的一定量的肌肉、神经、脑

---

① L. Althusser and E. Balibar, *Reading Capital*, New York: Pantheon Books, 1968, p. 22.

等等，这些消耗必须重新得到补偿。①

在马克思看来，"劳动"是劳动力被使用的过程，英国古典经济学满足于谈论"劳动价值"，是不可能真正揭示出资本主义雇佣劳动的秘密的。与"劳动"不同，"劳动力"是可以在市场上出售的商品，马克思正是通过对"劳动力价值"的探讨，发现了剩余价值的起源，从而揭示出资本主义雇佣劳动的秘密。所以，在阿尔都塞看来，正是马克思，在前面提到的两个空白中填入了"力"（英语为 power，德语为 Kraft）这个词，从而把英国古典经济学文本中的话改写为："劳动（力）的价值等于维持和再生产劳动（力）必需用的生活资料的价值。"并进一步把其问题"什么是劳动的价值?"改写为"什么是劳动力的价值?"②。

从上面的论述可以看出，正是由于价值理论上的这一看起来很细微的差异，导致了马克思经济学理论与英国古典经济学理论的根本分歧。遗憾的是，正如歌德所比喻的，正确的观点就像一条船，谬误就像水，船头把水分开，但水在船尾又重新合拢了。当代不少理论家竟然还在侈谈"马克思的劳动价值理论"，这一现象本身就表明，他们从来没有真正意识到马克思的经济学理论与英国古典经济学理论之间的根本差异。

# 三、人类学研究中的差异分析

晚年马克思把自己的理论兴趣转向非欧社会的经济形式，如俄国农村公社、斯拉夫公社、印度村社、亚细亚生产方式等，并深刻地认识到，欧洲社会的经济发展与非欧社会的经济发展存在着重大差异。只要认真阅读马克思晚年的论著、书信和笔记，就会发现，他总是自觉地抵

---

① 《马克思恩格斯全集》第 44 卷，人民出版社 2001 年版，第 199 页。

② L. Althusser and E. Balibar, *Reading Capital*, New York: Pantheon Books, 1968, p. 23.

制那种在欧洲学者中普遍存在的"欧洲中心主义"的错误观念，不遗余力地阐述其他社会或地区在经济发展上与欧洲社会的差异。

我们知道，在《资本论》第 1 卷中，马克思曾辟出"所谓原始积累"一章来论述西欧资本主义的起源。《资本论》第 1 卷出版后，俄国民粹主义理论家米海洛夫斯基试图把马克思对西欧资本主义起源的分析简单地搬用到俄国社会中去。马克思尖锐地批评了米海洛夫斯基的这一错误做法：

> 他一定要把我关于西欧资本主义起源的历史概述彻底变成一般发展道路的历史哲学理论，一切民族，不管它们所处的历史环境如何，都注定要走这条道路——以便最后都达到在保证社会劳动生产力极高度发展的同时又保证人类最全面的发展的这样一种经济形态。但是我要请他原谅。他这样做，会给我过多的荣誉，同时也会给我过多的侮辱。①

在马克思看来，即使是极为相似的事情，出现在不同的历史环境中，也会导致不同的结果。比如，古代罗马平民原来是耕种小块土地的自由民，后来，他们的地产被剥夺了，以至于罗马出现了这样的情况：一方面是除了自己的劳动力以外一切都被剥夺的自由人，另一方面是占有了所创造出来的全部财富的人。但结果如何呢？罗马的无产者并没有成为雇佣工人，却成了无所事事的游民。有鉴于此，马克思告诫我们：

> 如果把这些发展过程中的每一个都分别加以研究，然后再把它们加以比较，我们就会很容易地找到理解这种现象的钥匙；但是使用一般历史哲学理论这一把万能钥匙，那是永远达不到这种目的

---

① 《马克思恩格斯全集》第 19 卷，人民出版社 1963 年版，第 130 页。

的，这种历史哲学理论的最大长处就在于它是超历史的。①

在这里，马克思启示我们，不但要考察不同历史现象之间的差异，而且面对类似的历史现象时，还要进一步考察这些历史现象得以发生的不同的历史环境之间的差异，因为乍看起来差异不大的历史现象在有差异的历史环境中可能导致完全不同的结果。

至于俄国的历史环境与整个欧洲，尤其是西欧的历史环境的差异，马克思在给维·伊·查苏利奇的信中作出了比较充分的说明。他在谈到俄国农村公社时指出：

> 在整个欧洲，只有它是一个巨大的帝国内农村生活中占统治地位的组织形式。土地公有制赋予它以集体占有的自然基础，而它的历史环境（资本主义生产和它同时存在）又给予它以实现大规模合作劳动的现成的物质条件。因此它可以不通过资本主义制度的卡夫丁峡谷，而吸取资本主义制度所取得的一切肯定性的成果。②

由此可见，在马克思与俄国民粹主义理论家米海洛夫斯基之间，在关于俄国资本主义起源和俄国社会发展前景的看法上，存在着多么大的差异。

马克思对欧洲社会与东方社会之间的差异也有深刻的认识。他在1853年6月2日致恩格斯的信中写道：

> 东方一切现象的基础是不**存在土地私有制**。这甚至是了解东方天国的一把真正的钥匙。③

① 《马克思恩格斯全集》第 19 卷，人民出版社 1963 年版，第 131 页。
② 同上书，第 451 页。
③ 《马克思恩格斯全集》第 28 卷，人民出版社 1973 年版，第 256 页。

四天后，恩格斯在致马克思的回信中也表明：

> 不存在土地私有制，的确是了解整个东方的一把钥匙。这是东方全部政治史和宗教史的基础。①

显然，马克思和恩格斯关于亚细亚生产方式的这些重要论述正是我们透彻地认识中国社会和实践的特殊性的思想武器。

综上所述，在马克思的文本中，其差异学说几乎无处不在。马克思不但意识到了古代哲学家伊壁鸠鲁与德谟克利特在自然哲学上的根本差异、欧洲社会与非欧社会在经济发展道路上的根本差异，而且也通过反思和比较，意识到了自己与黑格尔、费尔巴哈在哲学思想上的根本差异，意识到了自己与英国古典经济学家在经济理论上的根本差异。正是通过对各种差异的细致分析，马克思展示出自己思想的独创性。而这种独创性在于，即使在肯定启蒙和现代性主导观念的情况下，马克思对这一主导观念始终保持着自觉的反思和批判的意识，而这种意识通过他的差异学说得到了充分的展现。

---

① 《马克思恩格斯全集》第 28 卷，人民出版社 1973 年版，第 260 页。

# 问题意识的更新①
## ——马克思主义哲学研究 30 年回眸

正如马克思主义哲学研究领域从来就是当代中国理论界的晴雨表一样，1978 年以来中国理论界的深刻变化也在马克思主义哲学研究领域中得到了集中的表现。当我们站在 21 世纪的高度上俯瞰 30 年来中国马克思主义哲学研究走过的历程时，油然而生"会当凌绝顶，一览众山小"的感慨。如果说，在 1978 年，中国的理论工作者们还在孜孜不倦地争论"实践是否是检验真理的标准""真理究竟有没有阶级性"这类常识性的问题，那么，在 2008 年，只要我们检索一下国内出版的人文社会科学杂志的目录，就会发现，马克思主义哲学探索的整个问题意识都被更新了。也就是说，整个马哲界不再满足于关起门来自说自话，而是努力在国际理论研究的大背景中确立起自己的问题意识和问题体系。

---

① 原载哲学研究杂志社编：《中国哲学年鉴 2008》，第 19—26 页。收录于俞吾金：《哲学随想录》，北京师范大学出版社 2016 年版，第 130—144 页。——编者注

# 一、问题意识更新的动力要素

从 1978 年到 2008 年，中国马克思主义哲学探索的整个局面之所以发生了巨大的变化，是与这个时段的社会历史背景和理论背景分不开的。

就社会历史背景而言，对马克思主义哲学研究的问题意识产生有力影响的是以下四大历史事件。一是 1978 年党的十一届三中全会的召开，彻底清算了"四人帮"的"以阶级斗争为纲"的错误路线，结束了"文化大革命"，确立了"以经济建设为中心"的正确的政治思想路线。政治思想路线上根本转折不仅使当代中国社会发生了翻天覆地的变化，也对马克思主义哲学研究的方向和问题意识产生了无法估量的影响。二是 1989 年以来苏联的解体和东欧的剧变。众所周知，苏联是人类历史上第一个社会主义国家，它的解体不仅在其他社会主义国家中引起了连锁反应，也迫使每一个有责任心的理论工作者思索如下的问题：导致苏联解体的根本原因是什么？如何正确理解马克思主义和社会主义？三是国外一系列新社会运动的兴起，极大地冲击了马克思主义研究中的传统主题，如阶级斗争。四是 2001 年发生的"9·11"事件以及后来发生的反对国际恐怖主义、伊拉克战争、阿富汗战争等一系列事件，促使人们对不同文明、不同民族之间的关系作出新的反思，也促使人们结合变化了的社会现实，对马克思主义哲学的传统问题体系作出新的修正。

就理论背景而言，对马克思主义哲学研究的问题意识产生重大影响的是以下四大理论事件：一是 1978 年在全国范围内展开的"关于实践是检验真理的唯一标准"的大讨论。尽管这一大讨论涉及的只是马克思主义哲学理论中的常识问题，但其在破除"两个凡是"的唯心主义观念、解放全民族思想方面的作用是巨大的。事实上，也正是通过这场大讨论，中国共产党恢复了"从实际出发，实事求是，理论联系实践"的正确的思想路线。二是从 20 世纪 70 年代后期起，国内掀起了西方马克思主义研究热潮。刚刚打开国门的理论界迫切希望了解，西方国家中那些信奉马克思主义的学者是如何批判苏联社会主义模式、如何评论资本主义的最新发展态势、如何阐释马克思主义的基本理论的。毋庸讳言，以卢卡奇、葛兰西、阿尔都塞、哈贝马斯等人为代表的西方马克思主义思潮的冲击力是巨大的。目前，理论界的兴趣已扩大至整个国外马克思主义思潮。三是与西方马克思主义研究同步出现的现代西方哲学研究热潮，尤其是萨特、海德格尔、伽达默尔、弗洛伊德、哈贝马斯、德里达、福柯、维特根斯坦、罗尔斯等人的思想在中国理论界得到了迅速的传播。与此相应的是，在正统的阐释者们的视野中，辩证法是哲学的唯一的方法论，而现在，一系列新的哲学流派和哲学方法，如现象学方法、分析哲学方法、结构主义方法、精神分析方法、诠释学方法、存在主义方法、解构主义方法等，展现在人们的眼前，使他们开始从新的理论视角和方法论视角出发反思和阐释马克思主义哲学。四是对苏联、东欧和中国以往的马克思主义哲学教科书模式的批判性反思。长期以来，中国的马克思主义哲学研究借鉴了苏联教科书模式，特别是《联共（布）党简明教程》第四章二节的基本思路，而随着马克思生前的一系列手稿的发现和发表，随着国际范围内马克思主义哲学研究的深入，这一教科书模式的基本思路早已千疮百孔，到了从根本上进行改写的时候了。

由此可见，正是上面列举的各种要素，促成了当代中国马克思主义哲学研究在问题意识上的全面更新。

# 二、问题意识更新的根本路径

30 年来，当代中国马克思主义哲学的研究者们思索的核心问题是：从何种根本性的路径出发，超越正统的阐释者们的阐释框架，对马克思主义哲学的问题意识和问题体系作出新的说明。

由于人们对正统的阐释者们附加在马克思主义哲学上的种种意识形态式的、主观任意的、偶然的因素不满，因而自然而然地形成了一种类似于"原教旨主义"的思想倾向，而这种思想倾向选择的根本路径，通过下面这个耳熟能详的口号——"回到马克思"得到了充分的体现。这个口号本身并没有什么创意，因为从哲学史上看，早已出现过类似的口号，如"回到康德""回到黑格尔"等。假如对马克思主义哲学发展史进行深入的考察，就会发现，每次发生理论上的重大争论时，总会出现"回到马克思"这样的口号。

然而，从当代诠释学的研究成果来看，"回到马克思"的路径实际上是不存在的，因为：第一，"回到马克思"的理论预设是，存在着一个未经任何阐释者"污染"过的"原初的马克思"，应该把"原初的马克思"与"被某种阐释污染或覆盖的马克思"区别开来。尽管这一理论预设的前景是吸引人的，但实际上却是不可能的。当我们从理解和解释的视域出发来谈论马克思时，"原初的马克思"的含义只能是马克思生前未发表或发表过的文本，而要维护这种"原初性"，马克思的文本就只能处于沉默的、未被任何其他人阅读或阐释的孤立状态中。一旦有人把它作为理解的对象加以阅读和阐释，它的原初性就消失在这一对象化的过程中，因为它的沉默的、孤立的状态被破坏了，阅读和阐释主体已经把自己的理解的前结构和前见覆盖到它的身上。事实上，任何人都无法回到"原初的马克思"那里，而只能回到"自己所理解的马克思"那里。

第二，"马克思"这个用语的含义是不明晰的，因为在马克思哲学思想的发展史上，存在着"青年马克思"阶段和"成年马克思"阶段。这两个阶段的差别是巨大的。比如，对马尔库塞和弗洛姆来说，"回到马克思"，意味着回到青年马克思那里去，特别是回到青年马克思的代表作《巴黎手稿》关于异化和人道主义的观点上去。可是，对阿尔都塞来说，"回到马克思"，却意味着回到成年马克思那里去，尤其是回到成年马克思的代表作《资本论》那里去，因为在他看来，成年马克思的基本立场是"反人道主义的"。由此可见，对于未思索过"青年马克思"和"成年马克思"思想差异的人来说，"回到马克思"并不是一个内涵明晰的用语。

第三，当代人是否可能把自己作为当代人的理解的前结构和前见悬搁起来，返回到原初的马克思那里。我们认为，这也是不可能的。事实上，当代人所拥有的这种当代性正是通过其特殊的理解的前结构和前见表现出来的，舍弃这种当代性，当代人也就失去了自己理解一切对象的根基，从而成了与任何历史时代无关的"漂浮的能指"，成了莎士比亚笔下的"空的豌豆荚"。

从上面的分析可以看出，如果把"回到马克思"这一口号的含义仅仅理解为认真阅读马克思的原著，那是无可厚非的。但如果要把它作为一个严格的理论用语，或理解为一种新思潮的标志，显然是不妥当的。正如海德格尔在批评马堡学派时所说的："既然复兴康德开始变得过时，人们现在试图代之以复兴黑格尔。这种复兴甚至以此自得：它保持并偏好对过往之尊崇和敬慕。但归根到底它是过往所能遭受的最大不敬，因为它竟将后者贬低为时尚之工具和仆役。"①那么，究竟什么是通达马克思主义哲学研究中问题意识更新的根本路径呢？我们认为，这一路径是在认真地思索并接受当代诠释学研究成果的基础上显现出来的。既然当代人的诠释活动是当代人生存在世的样态，所以他们不应该，也不可能悬搁自己的理解的前结构和前见，而应该通过批判的反省来修正自己的理解的前结构和前见，并自觉地把这种修正过的理解的前结构和前见带入到对马克思主义经典作家文本的阅读、理解和阐释中。

因此，合理的口号不应该是"回到马克思"，而应该是"重新理解马克思"。这句话蕴含着以下三个理论预设：第一，虽然马克思已经逝世一百多年了，但他的思想在当代社会中仍然拥有实质性的意义，因而当代人从当代语境出发重新理解马克思是必要的。第二，"重新理解马克思"的重心在"重新理解"上，而"重新理解"的主体则是当代人。当代人

---

① ［德］海德格尔：《现象学之基本问题》，丁耘译，上海译文出版社 2008 年版，第131 页。

之所以选择马克思作为自己"重新理解"的对象，并不是出于对马克思的抽象的崇拜，而是要运用马克思主义的思想资源来解决现实生活中出现的理论问题。也就是说，理解和阐释从来不是为了复兴过去，而是为了铸造未来。第三，"重新理解马克思"也包含着在新发现的马克思的遗著、手稿、书信和其他可靠材料的基础上，对青年马克思和成年马克思、马克思和恩格斯、马克思和他的一切重要的追随者之间的理论关系的重新梳理和探索。

总之，"重新理解马克思"的主旨既不是回过头去"追恋埃及的肉锅"，也不是以盲从的心态去修复历史上的马克思的蜡像，而是要从当代人生存境遇中的最重大、最紧迫的理论问题入手，到马克思主义经典作家的文本中去接受启迪，从而把马克思主义的根本思想继承下来，并予以实质性的推进。正如海德格尔所强调的：我们首先必须在过往所把握的问题的实事内涵中有所推进，这不是为了待在那里不动且以现代的玩意儿文饰它，而是为了推动把握到的问题。我们既不想复兴亚里士多德的也不想复兴中世纪的本体论，既不想复兴康德也不想复兴黑格尔，而只想使自己摆脱在一种轻浮时尚与下一种轻浮时尚之间不断飘荡的这个当代的一切便宜套话。①

值得注意的是，要使"重新理解马克思"真正成为可能，就一定要超越正统的阐释者们的阐释框架，而这一阐释框架已经通过哲学教科书成为人们心中不可动摇的常识。在这一正统的阐释框架中，必须加以超越的是以下四个教条。

其一，把马克思主义的主要来源解读为英国古典经济学、德国古典哲学和法国空想社会主义。这种定见的失误在于，忽略了马克思晚年对非欧社会进行的人类学研究，从而把马克思变成了一个欧洲中心主义者。实际上，晚年马克思甚至停止了《资本论》的写作，而致力于对俄国

---

① ［德］海德格尔：《现象学之基本问题》，丁耘译，上海译文出版社 2008 年版，第 131 页。文中的"本体论"，在原译文中为"存在论"，其实，它们在德语中是同一个概念，即 Ontologie，考虑到本文在行文上的一致，因而改译为"本体论"。

土地制度、中国亚细亚生产方式、斯拉夫公社、印度农村公社等非欧社会的研究。这充分表明，马克思主义是世界主义而不是欧洲中心主义。在这个意义上可以说，马克思主义还有第四个来源和第四个组成部分，即马克思对英、法、德、俄、美等国家的人类学理论的研究，而这种研究通常是以非欧社会作为对象的。

其二，把马克思主义的体系分割为哲学、经济学和科学社会主义三个部分。这种划分方法完全忽视了马克思主义哲学的特性，把它与传统哲学简单地等同起来了。其实，马克思主义哲学的特性在于它本质上是一种经济哲学，即从经济学的视角入手，对哲学问题作出了全新的说明。比如，当马克思谈论"物质"时，他指称的真正对象是物质在资本主义经济方式中的特殊样态——商品；当马克思谈论"实践"时，他首先指称的是作为经济活动的生产劳动；当马克思谈论"异化"时，他首先指称的是经济领域中的"异化劳动"等。为什么正统的阐释者们撰写的马克思主义哲学教科书从来不指涉"价值"问题？因为价值首先就是一个经济概念。一旦正统的阐释者们把"哲学"和"经济学"分离开来，也就永远不可能理解马克思主义哲学了。因此，必须打破"三分法"这一教条，把马克思主义哲学理解为一种经济哲学，从而为重新理解马克思主义哲学铺平道路。

其三，把马克思主义哲学分割为"辩证唯物主义"和"历史唯物主义"，前者研究自然，后者研究社会，这就使马克思主义哲学"二元化"了。其实，早在《巴黎手稿》中马克思已经明确地提出了"人类学的自然"或"人化自然"的概念，并明确地告诉我们："**社会**是人同自然界的完成了的本质的统一。"①由此可见，并不需要分离出一个"辩证唯物主义"来研究自然界，马克思主义哲学就是历史唯物主义，而历史唯物主义的研究对象就是人类社会，而人类社会正是人同自然界的完成了的本质的统一。

———————

① 《马克思恩格斯全集》第 42 卷，人民出版社 1979 年版，第 122 页。

其四，把马克思主义哲学近代化，即从近代西方哲学的视角出发去解读马克思主义哲学。其实，马克思主义哲学不但是从属于当代西方哲学的，而且是当代西方哲学的奠基性理论之一。正是在近代西方哲学思维框架的引导下，正统的阐释者们试图把马克思主义哲学阐释为认识论和方法论。事实上，马克思主义哲学的划时代的革命作用首先体现在本体论的维度上。在马克思主义哲学中，作为核心概念的"实践"的含义首先要从本体论，而不是从认识论和方法论的意义上加以理解。值得注意的是，把马克思主义哲学近代化的最典型的表现形式是所谓"两个归结"，即把马克思主义哲学的来源归结为德国古典哲学，再把德国古典哲学的遗产归结为黑格尔的辩证法。假如说后一个"归结"是把德国古典哲学的内涵简单化，那么前一个"归结"则是把马克思主义哲学的内涵贫乏化。事实上，马克思以批判的眼光考察了整个人类文明，马克思主义哲学继承了人类文明中一切有价值的东西。

显而易见，只有超越了上述四方面的教条，重新理解马克思、实现马克思主义哲学研究中问题意识的更新才成为可能。于是，一个完全不同于正统的阐释者们所提供的问题体系展现在人们的眼前。

# 三、新的问题体系的形成

在马克思主义哲学研究中，新的问题意识形成了新的问题体系。这个新的问题体系与正统的阐释者们通过马克思主义哲学教科书展现出来的老的问题体系之间存在着重大的差别。在某种意义上可以说，30 年来马克思主义哲学研究的发展主要是在领悟并揭示这些差别。这些差别主要体现为如下的问题。

第一，如何看待马克思主义哲学在人类思想史上划时代的革命作用。由于深受近代西方哲学思维框架的影响，正统的阐释者们拒绝谈论本体论，只从认识论、方法论的视角上理解马克思主义哲学的革命作用，从而把这种作用大大地缩小了。许多新的研究成果主张，从根本上来说，马克思主义哲学划时代的革命贡献体现在本体论上。众所周知，哲学实质上就是本体论，本体论是关于存在的学说，而马克思主义哲学作为历史唯物主义，也就是社会存在本体论（卢卡奇语）。也就是说，马克思主义哲学划时代的革命作用首先体现在对人类思想基础，尤其是社会存在问题的重新阐释上。只有确立社会本体论视野，才能对这一革命在认识论和方法论发展中激起的回应作出合理的评价。

第二，如何理解马克思主义哲学的本体论。尽管正统的阐释者们拒绝使用"本体论"这个术语，试图用"世界观"概念取而代之。但是，这并不能改变事情的实质。我们知道，在哲学研究上，不谈论本体论并不等于可以回避本体论。事实上，任何一种理论陈述都蕴含着"本体论承诺"（蒯因语）。虽然正统的阐释者们竭力拒斥本体论概念，但他们却把传统的本体论中经常出现的一种形式——物质本体论偷运进来，用以阐释马克思主义哲学。打开正统的阐释者们所编写的马克思主义哲学教科书，第一章的标题通常是"世界统一于物质"。在这里，耳熟能详的观点是：世界是物质的，物质是运动的，运动着的物质是有规律的，时间、空间是运动着的物质的存在方式，等等。这些关于物质的观点叙述的正是历史上早已存在的物质本体论的主要内涵。其实，青年马克思就已开始批判这种物质本体论，因为它坚持的是一种抽象的物质观，即把物质与人的实践活动、社会历史背景分离开来。成年马克思从不侈谈抽象的物质概念，他关注的是物质在资本主义生产方式中的具体样态——商品，并通过对"商品拜物教""货币拜物教"和"资本拜物教"的批判，展示出其物质观的革命实践功能。许多新的阐释成果表明，马克思主义哲学首先表现为实践本体论，因为实际上马克思也把自己称为"实践唯物主义者"。在马克思的实践概念中，处于基础层面上的是生存实践活动，即生产劳动。在马克思看来，人要生存在这个世界上，首先就要从事物质生活资料的生产劳动，而生产劳动蕴含着两方面的关系，即人与自然的、人与人的关系。马克思更重视的是后一方面的关系。在分析资本主义土地制度的形成原因时，他曾经写道："一切关系都是由社会决定的，不是由自然决定的。"①因而马克思的实践本体论实质上就是卢卡奇所说的社会存在本体论。一方面，社会生活本质上是实践的；另一方面，任何实践活动都无例外地是社会活动，因为作为实践活动主体的人就是社会存在物。其实，通过对"社会存在"概念的深入分析，不难发现，社会存在的本质含义乃是社会生产关系。正如马克思所说的："在一切社会形式中都有一种一定的生产决定其他一切生产的地位和影响，因而它的关系也决定其他一切关系的地位和影响。这是一种普照的光，它掩盖了一切其他色彩，改变着它们的特点。这是一种特殊的以太，它决定着它里面显露出来的一切存在的比重。"②在这个意义上，可以进一步把社会存在本体论解读为社会生产关系本体论。实际上，马克思主义哲学的根本宗旨就是通过对阻碍生产力发展的社会生产关系的革命，为人的自由和全面发展创造新的社会条件。

第三，如何理解马克思主义哲学的认识论。我们发现，正统的阐释者们坚持的认识论乃是抽象的认识论，因为这种认识论与社会历史是相互脱离的。人所共知，认识论被置于辩证唯物主义的框架内，而以自然作为研究对象的辩证唯物主义与以社会历史作为研究对象的历史唯物主义是相互分离的。简言之，正统的阐释者们在马克思主义哲学教科书体系中叙述的认识论是外在于历史唯物主义理论的，因而停留在传统的、抽象认识论的水准上。尽管他们在认识论中也谈论作为认识主体的人的社会性和认识内容的社会性，甚至还谈论真理的阶级性，可是，人的认识活动与其社会生存活动之间的内在联系仍然未被揭示出来。事实上，在任何一个认识过程开始之前，认识者已有自己理解的前结构和前见，而这种理解的前结构和前见正是认识者在被社会化的过程中，尤其是受教育的过程中形成并发展起来的。所以，不应该说，人如何把社会性输

---

① 《马克思恩格斯全集》第 46 卷（上册），人民出版社 1979 年版，第 234 页。
② 同上书，第 44 页。

入到自己的认识内容中去，而应该说，认识活动本质上就是社会活动，因为全部认识活动都是在社会化过程中形成起来的理解的前结构和前见的基础上展开的。于是，在正统的阐释者们那里处于抽象状态的认识论，在新的阐释者们那里转化为意识形态批判理论。按照这种理论，人的社会化过程，也就是接受意识形态教化的过程，而在马克思看来，"几乎整个意识形态不是曲解人类史，就是完全撇开人类史"①。于是，意识形态批判就成了获得真理性认识的前提。在这个意义上，抽象的认识论研究转化为具体的意识形态批判，而马克思和恩格斯合著的《德意志意识形态》正是这方面的典范性作品。意识形态批判乃是历史唯物主义的基本内容之一。

第四，如何理解马克思主义哲学的辩证法。同认识论一样，辩证法也被置于辩证唯物主义的领域内，从而也与历史唯物主义领域相脱离。如前所述，辩证唯物主义是以自然作为研究对象的，因此，辩证法实际上成了"自然辩证法"，而自然辩证法又是以与人的实践活动相分离的、抽象的自然界（或物质）作为载体的。所以，与认识论的命运一样，马克思主义的辩证法也被抽象化了。辩证法不但变成了思辨性的概念游戏，甚至也蜕变成诡辩。许多新的研究结论表明，马克思主义哲学所蕴含的辩证法不是抽象的"自然辩证法"，而是具体的"社会历史辩证法"。这种辩证法是以人的实践活动，尤其是生产劳动作为载体的，它包含着劳动辩证法、人化自然辩证法和社会形态辩证法。社会历史辩证法乃是历史唯物主义的基本内容之一。

第五，如何理解马克思主义哲学的价值理论。如前所述，由于正统的阐释者们没有把马克思主义哲学理解为经济哲学，因而他们所编写的马克思主义哲学教科书几乎从来不涉及价值问题。从 20 世纪 80 年代后期起，马克思主义哲学的价值理论逐渐上升为研究的热点，然而，新的阐释者们大多误解了马克思的价值理论，把马克思所批判的阿·瓦格纳

---

① 《马克思恩格斯全集》第 3 卷，人民出版社 1960 年版，第 20 页。

的价值观错误地理解为马克思本人的价值观。如果说，阿·瓦格纳是从使用价值（作为商品的物的自然属性）满足人的需要的意义上来理解价值，即把价值理解为人与自然（物）之间的关系，那么，马克思则是从交换价值（作为商品的物的社会属性）的意义出发去理解价值的，因而把价值理解为人与人之间的社会关系。事实上，也只有在马克思价值观的地平线上，自由、平等、民主、公正这样真正的价值观念才能开启出来，上升为马克思主义哲学中的重大的理论问题。

第六，如何把握马克思主义哲学关注的重心。在正统的阐释者们看来，马克思主义哲学也就是辩证唯物主义，而辩证唯物主义是以自然作为自己的研究对象的，因此，他们认定，马克思主义哲学关注的重心是自然界，是人对自然界的认识和改造，是人与自然界之间的关系。借用康德的术语来表述，马克思主义哲学实际上是思辨哲学。事实上，正统的阐释者们误解了马克思主义哲学关注的重点。正如马克思自己告诉我们的："……实际上和对**实践的**唯物主义者，即**共产主义者**说来，全部问题都在于使现存世界革命化，实际地反对和改变事物的现状。"①也就是说，马克思主义哲学关注的重心是社会历史，是人民群众在历史发展中的创造作用和革命作用，是人与人之间的社会关系。借用康德的术语来表述，马克思主义哲学实际上是实践哲学。所以，新的阐释者们都十分重视对马克思主义哲学所蕴含的政治哲学、道德哲学、宗教哲学、法哲学等维度进行探索。

第七，如何领悟马克思主义哲学的中国化。正统的阐释者们主要是从马克思主义哲学的普遍真理与中国新民主主义革命结合的意义上来解答这个问题的，即使触及中国的社会主义阶段，他们仍然沿用了新民主主义革命时期已经形成的"以阶级斗争为纲"的主导性观念。新的阐释者们则注重从党的十一届三中全会以来中国社会的新发展来探索马克思主义哲学的中国化问题。

---

① 《马克思恩格斯全集》第 3 卷，人民出版社 1960 年版，第 48 页。

从上面列举的七个方面可以看出，30 年来，马克思主义哲学研究的格局发生了多大的变化。今天的马克思主义哲学研究已经确立起新的问题体系，而这一新的问题体系无论是从形式上看，还是从内容上看，都大大地超越了正统的阐释者们建立起来的问题体系。这也表明，改革开放 30 年来，我国的马克思主义哲学研究已取得了巨大的成就。

# 四、未来研究的新生长点

只要对 1978 年以来我国马克思主义哲学研究的状况进行全面考察，就会发现，虽然这一研究取得了重大的成果，但也存在着一些阻碍其深入发展的因素。

其一，思想不够解放，研究存在禁区。如马克思与恩格斯思想的差异问题，本来是个十分自然的问题。试想，马克思本人的思想还有青年期和成年期的差异，何况他与恩格斯是两个人。但一讨论"差异"，有人就上纲说"差异就是对立"，使讨论无法进行下去。其二，对马克思主义经典作家和国外马克思主义者文本的翻译还相对滞后。一方面，还有不少重要的文本没有被翻译出来；另一方面，即使是翻译过来的文本，也存在着一些问题，亟须加以纠正。如马克思在《〈黑格尔法哲学批判〉导言》中有一句话，德文原文如下：Mit einem Worte：Ihr Koennt die Philosophie nicht aufheben, ohne sie zu verwirklichen. ① 中央编译局的译文如下："一句话，**你们不使哲学成为现实，就不能够消灭哲学**。"②在这里，aufheben 这个德语动词竟然被译为"消灭"。于是，理论界有不少人撰文探讨马克思如何"消灭哲学"。其实，在深受黑格尔哲学影响的马克思那里，aufheben 无疑应该被译为"扬弃"，其含义是既有抛弃又有保

---

① Marx, Engels, *Werke*, *Band 1*, Berlin: Dietz Verlag, 1970, S. 384.
② 《马克思恩格斯选集》第 1 卷，人民出版社 1995 年版，第 8 页。

留。众所周知，在黑格尔著作中，aufheben是一个基本术语，黑格尔多次阐释过其含义，而精通黑格尔哲学的马克思不可能不了解这一点。纠正了翻译上的问题，所谓"消灭哲学"也就成了一个伪问题。其三，对马克思主义哲学中的基本概念，如"实践""劳动""异化""物质""价值""资本""时空""自由""生产力""辩证法""主体性""生产关系""社会存在""哲学基本问题"等概念的内涵缺乏深入的分析和含义上的澄清。由于这方面研究的匮乏，致使相当一部分研究论著停留在低水平重复中。其四，由于语言方面的障碍，对国外马克思主义者的重要著作的翻译不成系统，对国外马克思主义发展的前沿信息了解得不多，也很难就一些重大理论问题进行实质性的、创造性的对话。所有这些问题，都需要在今后的研究中逐步加以克服。

通过对改革开放以来马克思主义哲学的研究历程的反思，我们认为，以下问题将成为未来研究的新的生长点。

第一，马克思主义哲学研究的实践哲学转向。如前所述，正统的阐释者们主要是从人与自然关系的视角出发去探索马克思主义哲学的，而今天的新的阐释者们重视的是从人与人关系的视角出发去探索马克思主义哲学，因此，今后的研究焦点会更多地落在马克思主义的政治哲学、道德哲学、法哲学、宗教哲学等领域中。

第二，马克思主义哲学研究的语言学转向。随着以英国哲学家柯亨为代表的"分析的马克思主义"学派的兴起，运用语言分析的方式对马克思主义经典作家的文本进行认真的解读，以厘清其基本概念的含义，将成为深入探讨马克思主义哲学的一种重要途径。

第三，从经济哲学的视角出发重构马克思主义哲学体系，这一重构将沿着"物（商品）—价值—时间—自由"的思路来进行，从而完全取代正统的阐释者们确立起来的"辩证唯物论和历史唯物主义"体系。

第四，晚年马克思关于人类学研究的成果将上升为马克思主义哲学研究中的一个根本性的课题，从而对非欧社会，特别是东方社会的发展提供重要的指导思想。

第五，从本体论的视角出发来理解、阐释马克思主义哲学仍然是今后研究中的一个主导性方向，这一研究方向也会进一步把马克思主义哲学融合到西方哲学史，尤其是德国古典哲学的传统中。

第六，马克思主义哲学的文化维度受到越来越多的研究者们的关注，这种普遍的关注正在催生马克思主义的文化哲学的诞生和发展，而这一哲学将把生态文明、女权运动、文明的冲突、地区文化的差异等作为自己研究的主题。

第七，概括和总结马克思主义哲学中国化的经验教训，今后将成为我国马克思主义哲学研究领域中的一项根本性的工作，借着这一重要的途径，中国的马克思主义哲学将贡献出一系列的原创性论著，并努力在国际马克思主义哲学研究的舞台演奏"第一小提琴"。

# 2009年

# 康德是通向马克思的桥梁①

长期以来，人们在探讨马克思哲学的理论渊源时，总是把舞台灯光集中在德国古典哲学上；在论述德国古典哲学时，又把舞台灯光集中到黑格尔身上；而在具体分析黑格尔对马克思的影响时，又把舞台灯光进一步聚焦到黑格尔的辩证法上。人们习惯于把黑格尔的辩证法称作"合理内核"，然而，辩证法毕竟是从属于方法论的，光凭方法论，马克思是无法创立自己的哲学体系的。于是，人们又引入了所谓"基本内核"，即费尔巴哈的唯物主义理论。这样一来，一个叙述马克思哲学思想来源的"神话"也由此而诞生了，即马克思哲学＝"合理内核"（黑格尔的辩证法）＋"基本内核"（费尔巴哈的唯物主义）。经过苏联、东欧和中国的马克思主义哲学教科书的不断修正、提炼和概括，上述神话已经内化为人们心目中的权威性结论，甚至变得神圣不可侵犯了。

然而，历史的吊诡在于，这个权威性的结论既不符合历史的事实，也不符合马克思的本意。不然，马克思就不会说"我只知道我自己不是马

---

① 原载《复旦学报（社会科学版）》2009 年第 4 期，第 1—11 页；《中国社会科学文摘》2009 年第 11 期转载。收录于俞吾金：《被遮蔽的马克思》，人民出版社 2012 年版，第 47—68 页；《实践与自由》，武汉大学出版社 2010 年版，前言第 1—23 页；《从康德到马克思——千年之交的哲学沉思》，北京师范大学出版社 2017 年版，第 535—563 页。——编者注

克思主义者"①了。马克思的这句名言至少为我们提供了对上述权威性结论进行质疑的可能性。我们的研究结论是，尽管马克思哲学在其方法论上更多地受益于黑格尔，但从本体论上看，马克思哲学中的核心概念，如实践、自由、社会生产关系等，却更多地受惠于康德。康德才是通向马克思的桥梁。

# 一、唯心史观与市民社会

尽管黑格尔对马克思的影响不只是其辩证法，但其辩证法确实对马克思产生过重大的影响。马克思本人在《资本论》第1卷第二版跋中告诉我们：

> 辩证法在黑格尔手中神秘化了，但这决不妨碍他第一个全面地有意识地叙述了辩证法的一般运动形式。在他那里，辩证法是倒立着的。必须把它倒过来，以便发现神秘外壳中的合理内核。②

在这段常被研究者们引证的、极为重要的论述中，马克思提出了两个概念，即"神秘外壳"和"合理内核"。它们究竟是什么意思呢？人们通常把"神秘外壳"解读为黑格尔的唯心主义，正是这种唯心主义使黑格尔的辩证法成了"倒立着的"，所以，要引入费尔巴哈的唯物主义，再"把它倒过来"。其实，这种滥觞于斯大林的、流俗的阐释方式，既没有理解黑格尔的唯心主义的特殊性，也没有意识到费尔巴哈的唯物主义的局限性，更没有认识到马克思的唯物主义的特殊性及它与费尔巴哈的唯物主

---

① 《马克思恩格斯选集》第4卷，人民出版社1995年版，第691页。

② 马克思：《资本论》第1卷，人民出版社1975年版，第24页。参阅俞吾金：《问题域的转换：对马克思和黑格尔关系的当代解读》(人民出版社2007年版)，其中包含着对马克思和黑格尔在辩证法思想上的关系的全面的论述。

义的本质差异。

我们还是让马克思本人来替我们解开谜团吧。在《1844年经济学哲学手稿》(以下简称《手稿》)中，马克思在谈到作为"黑格尔哲学的真正诞生地和秘密"的《精神现象学》一书时，曾经写道：

> 黑格尔的《现象学》及其最后成果——作为推动原则和创造原则的否定性的辩证法——的伟大之处首先在于，黑格尔把人的自我产生看作一个过程，把对象化看作失去对象，看作外化和这种外化的扬弃；因而他抓住了**劳动的**本质，把对象性的人、现实的因而是真正的人理解为他**自己的劳动**的结果。……人实际上把自己的类的力量统统发挥出来(这又是只有通过人类的全部活动、只有作为历史的结果才有可能)，并且把这些力量当作对象来对待，而这首先又是只有通过异化的形式才有可能。①

马克思在这里谈到的"人""劳动""异化""对象化"和"历史的结果"等概念表明，他不是把黑格尔的唯心主义理解为后来恩格斯谈到的一般的唯心主义②，而是理解为历史唯心主义。

马克思的这一阐释方向也可以从《手稿》的另一段重要的论述中得到印证：

> 因此，《现象学》是一种隐蔽的、自身还不清楚的、被神秘化的批判；但是，由于现象学紧紧地抓住人的**异化**，——尽管人只是以精神的形式出现的——其中仍然隐藏着批判的**一切**要素，而且这些

---

① 《马克思恩格斯全集》第42卷，人民出版社1979年版，第163页。

② 在恩格斯看来，在精神与自然界的关系中，凡断定精神是本原的，就是唯心主义者；反之，凡断定自然界是本原的则是唯物主义者。参阅《马克思恩格斯选集》第4卷，人民出版社1995年版，第224页。我们上面提到的"一般唯心主义"，就是指坚持精神是本原的那种哲学学说。

要素往往已经以远远超过黑格尔观点的方式**准备好**和**加过工了**。关于"苦恼的意识"、"诚实的意识"、"高尚的意识和卑贱的意识"的斗争等等、等等这些章节，包含着对宗教、国家、市民生活等整个领域的**批判的**要素，但还是通过异化的形式。正像**本质**、**对象**表现为**思想的本质**一样，**主体**也始终是**意识**或**自我意识**，或者更正确些说，对象仅仅表现为**抽象的**意识，而人仅仅表现为**自我意识**。……这一运动的结果表现为自我意识和意识的同一，绝对知识，那种已经不是向外部而是仅仅在自身内部进行的抽象思维活动，也就是说，其结果是纯思想的辩证法。①

在马克思的这段重要的、但并未引起人们足够重视的论述中，马克思不正是把黑格尔辩证法的"神秘外壳"理解为历史唯心主义吗？因为黑格尔在《精神现象学》中着重讨论的并不是自然界（这方面的讨论集中在他后来出版的《自然哲学》一书中），而是人类社会的意识发展史，其一系列重要的论述"包含着对宗教、国家、市民生活等整个领域的批判的要素，但还是通过异化的形式"。这就表明，马克思试图加以颠倒的不是黑格尔的一般唯心主义理论，而是其历史唯心主义理论。

在《手稿》中，尽管马克思还未使用"神秘外壳"这一提法，但当马克思强调"《现象学》是一种隐蔽的、自身还不清楚的、被神秘化的批判"时，他注意到的正是黑格尔哲学（包括其辩证法）的神秘化的外观，即后来马克思在《资本论》第 1 卷第二版跋中所说的"神秘外壳"。马克思的第二版跋写于 1873 年，其中还有一句重要的话是："将近 30 年以前，当黑格尔辩证法还很流行的时候，我就批判过黑格尔辩证法的神秘方面。"②这里说的"将近 30 年前"也就是马克思撰写《手稿》的时候。这就表明，《手稿》批判的重点之一正是黑格尔辩证法的"神秘方面"。由此可

---

① 《马克思恩格斯全集》第 42 卷，人民出版社 1979 年版，第 162—163 页。
② 马克思：《资本论》第 1 卷，人民出版社 1975 年版，第 24 页。

见，马克思在论述黑格尔的辩证法时谈到的"被神秘化的批判"或"神秘的方面"也好，"神秘外壳"也好，其指涉的对象都是黑格尔的历史唯心主义理论。一言以蔽之，黑格尔的历史唯心主义才是马克思首先要加以颠倒的对象。事实上，也只有在思想基础得到正确的安顿之后，马克思对"倒立着的"的辩证法的再度颠倒才成为可能。

把黑格尔的唯心主义理解为一般唯心主义，还是历史唯心主义，不是无聊的语言游戏，而是重大的、原则性的理论问题。正统的阐释者们倾向于前一种立场，为此，他们认为，马克思认同并接受了费尔巴哈哲学的"基本内核"，即他的一般唯物主义的立场。我们知道，费尔巴哈的一般唯物主义理论是以脱离人类社会历史的抽象的自然界和抽象的人作为基础和出发点的，而这种理论根本就不可能被用来摈弃或克服黑格尔的历史唯心主义理论。关于这一点，马克思本人比任何其他人都更清楚，所以在《德意志意识形态》的"费尔巴哈"章中，他这样写道：

> 当费尔巴哈是一个唯物主义者的时候，历史在他的视野之外；当他去探讨历史的时候，他决不是一个唯物主义者。在他那里，唯物主义和历史是彼此完全脱离的。①

马克思的这段很少引起人们重视的论述启示我们：第一，既然在费尔巴哈那里，"唯物主义和历史是彼此完全脱离的"，因此根本不可能运用其一般唯物主义的理论来改造黑格尔的历史唯心主义理论；第二，黑格尔的辩证法是以人类社会的意识发展史（颠倒过来就是人类现实生活的发展史）作为载体的，而费尔巴哈的一般唯物主义是以脱离人类社会历史的抽象的自然界和抽象的人作为载体的，因而它根本无力对黑格尔的辩证法进行批判性的改造；第三，马克思的这段论述实际上已经预先设定了对以后出现的"推广论"的批判。

---

① 《马克思恩格斯全集》第3卷，人民出版社1960年版，第51页。

何谓"推广论"？斯大林曾经有过一段经典性的表述：

> 历史唯物主义就是把辩证唯物主义的原理推广去研究社会生活，把辩证唯物主义原理应用于社会生活现象，应用于研究社会，应用于研究社会历史。①

众所周知，辩证唯物主义是以自然界作为研究对象的，而历史唯物主义则是以人类社会作为研究对象的。由此可见，在"推广论"的叙述模式中，完全像在费尔巴哈那里一样，唯物主义（自然界是本原的）和历史是彼此完全脱离的。为什么？道理很简单，因为"推广论"把辩证唯物主义置于逻辑在先的位置上，而当辩证唯物主义研究自然界时，这个自然界与后来在历史唯物主义范围内才得到研究的人类社会是"彼此完全脱离的"。由此可以推断，"推广论"的叙述模式完全不符合马克思的本意，而马克思在上面这段重要的论述中也已告诉我们，从脱离人类社会历史的抽象的自然界出发，无论如何引申不出历史唯物主义的结论来。

显而易见，当人们把黑格尔的唯心主义理解为一般唯心主义的时候，把这种唯心主义倒过来，就是费尔巴哈式的一般唯物主义，而这种唯物主义关注的就是脱离人类社会历史的抽象的自然界或抽象的物质。苏联、东欧和中国的马克思主义哲学教科书关于"世界统一于物质"的抽象的说教正是在这种费尔巴哈式的一般唯物主义的基础上展开的。可是，他们居然把这种唯物主义理解为马克思的唯物主义。其实，马克思的唯物主义与费尔巴哈式的唯物主义存在着根本性的差异。事实上，只有当人们把黑格尔的唯心主义理解为历史唯心主义的时候，他们才有可能走上正确阐释马克思哲学思想的来源和实质的道路。

如前所述，在黑格尔的历史唯心主义的视野中，呈现出来的并不是抽象的自然界或抽象的物质，而是"人""劳动""异化""国家""宗教""对

---

① 《联共（布）党史简明教程》，中央编译局译，人民出版社1975年版，第116页。

象化""市民生活""历史的结果"等概念，而在《黑格尔法哲学批判》(1843)和《导言》(1844)中，马克思的批判则始终聚焦在黑格尔关于"市民社会"和"国家"的理论上。马克思敏锐地发现，黑格尔的历史唯心主义理论集中体现在其法哲学理论中，而其法哲学理论的要害正在于颠倒了国家与市民社会的现实关系。所以，马克思对黑格尔的历史唯心主义的批判正是从这一点切入的。他在批判黑格尔的法哲学理论时这样写道：

> 理念变成了独立的主体，而家庭和市民社会对国家的**现实**关系变成了理念所具有的**想象的内部活动**。实际上，家庭和市民社会是国家的前提，它们才是真正的活动者；而思辨的思维却把这一切头足倒置。①

这就启示我们，马克思摒弃黑格尔的历史唯心主义这一"神秘外壳"是从恢复市民社会的现实地位着手的。

马克思一旦把"市民社会"概念从黑格尔的历史唯心主义的理论体系中拯救出来，立即赋予它以真实的含义和重要的地位：

> 在过去一切历史阶段上受生产力所制约、同时也制约生产力的交往形式，就是**市民社会**。……这个市民社会是全部历史的真正发源地和舞台。②

正是基于对市民社会概念的崭新的认识，马克思对自己创立的历史唯物主义理论作出了初步的叙述：

---

① 《马克思恩格斯全集》第 1 卷，人民出版社 1956 年版，第 250—251 页。
② 《马克思恩格斯全集》第 3 卷，人民出版社 1960 年版，第 40—41 页。

这种历史观就在于：从直接生活的物质生产出发来考察现实的生产过程，并把与该生产方式相联系的、它所产生的交往形式，即各个不同阶段上的市民社会，理解为整个历史的基础；然后必须在国家生活的范围内描述市民社会的活动，同时从市民社会出发来阐明各种不同的理论产物和意识形式，如宗教、哲学、道德等等，并在这个基础上追溯它们产生的过程。①

由此可见，把黑格尔的历史唯心主义颠倒过来，根本不可能是以抽象自然界或抽象的物质为基础的费尔巴哈式的唯物主义，而只能是以对现实的市民社会的批判为出发点的历史唯物主义。

我们确信，上述断言是符合马克思的本意的。事实上，在《〈政治经济学批判〉序言》(1859)中，马克思在回顾自己思想发展的道路时，就已告诉我们：

为了解决使我苦恼的疑问，我写的第一部著作是对黑格尔法哲学的批判性的分析，这部著作的导言曾发表在 1844 年巴黎出版的《德法年鉴》上。我的研究得出这样一个结果：法的关系正像国家的形式一样，既不能从它们本身来理解，也不能从所谓人类精神的一般发展来理解，相反，它们根源于物质的生活关系，这种物质的生活关系的总和，黑格尔按照 18 世纪的英国人和法国人的先例，概括为"市民社会"，而对市民社会的解剖应该到政治经济学中去寻求。②

在这段论述之后，马克思表示他开始研究政治经济学，并在研究过程中创立了历史唯物主义理论。接下去的一大段话是马克思对自己的历史唯

---

① 《马克思恩格斯全集》第 3 卷，人民出版社 1960 年版，第 42—43 页。
② 《马克思恩格斯选集》第 2 卷，人民出版社 1995 年版，第 32 页。

物主义理论的经典性表述。

所有这些都表明，正统的阐释者们所创造的神话——即马克思先接受了黑格尔的辩证法，又返回到费尔巴哈的一般唯物主义的立场上，从而创立了辩证唯物主义，再把辩证唯物主义推广到历史领域里，从而形成了历史唯物主义——是完全站不住脚的，而马克思自己告诉我们，他的哲学思想形成的真实过程如下：先批判黑格尔历史唯心主义的代表作《法哲学原理》，发现人类社会历史得以展开的真正舞台是市民社会，而解剖市民社会只能诉诸政治经济学。于是，通过对政治经济学的潜心研究，创立了历史唯物主义。

# 二、实践理性与主体意识

在大致弄清楚马克思哲学思想的发展脉络和形成过程后，我们的工作非但没有结束，反而可以说是刚刚才开始。因为马克思在批判黑格尔的历史唯心主义时获得的"合理的内核"——辩证法，还没有找到自己的真正的载体。我们知道，费尔巴哈式的一般唯物主义所赖以作为基础和出发点的、脱离人类社会历史的抽象的自然界或抽象的物质是不可能成为马克思辩证法的载体的，从而无论是"自然辩证法"或"辩证唯物主义"实际上都是站不住脚的，因为它们的共同特点都是脱离人类社会历史。我们也知道，马克思在批判黑格尔的法哲学思想时拯救出来的"市民社会"概念也是无法充当马克思辩证法的载体的，因为马克思在《提纲》中早已提示我们：

> 旧唯物主义的立脚点是市民社会，新唯物主义的立脚点则是人类社会或社会的人类。①

---

① 《马克思恩格斯选集》第1卷，人民出版社1995年版，第57页。

显而易见，按照马克思的看法，在对人类社会以往历史的解读中，市民社会是一个拥有相当广阔的阐释空间的、基础性的概念，但在对未来社会的预想中，这个概念却缺乏积极性。此外，这个概念的哲学含义要远远地弱于社会学和经济上的含义。所以，马克思并不打算把市民社会作为自己的辩证法的载体，事实也正是如此。

那么，马克思为其辩证法寻找的真正载体究竟是什么呢？《关于费尔巴哈的提纲》的第八条实际上为我们揭开了谜底。马克思这样写道：

> 全部社会生活在本质上是**实践的**。凡是把理论引向神秘主义的神秘东西，都能在人的实践中以及对这个实践的理解中得到合理的解决。①

在马克思看来，我们不能停留在"市民社会"的概念上，而要深入下去探寻市民社会得以可能的原因。马克思在自己的研究中发现，从哲学上看，"实践"才是真正的始源性的概念，因为市民社会的全部生活都是在实践的基础上得以展开的。

有人也许会问：既然正统的阐释者们把马克思哲学看作是黑格尔的"合理内核"与费尔巴哈的"基本内核"的总和，"实践"概念会不会是马克思从费尔巴哈那里借用过来的呢？马克思的回答是否定的。他直截了当地指出：

> 费尔巴哈不满意**抽象的思维**而喜欢**直观**；但是他把感性不是看作**实践的**、人的感性的活动。②

---

① 《马克思恩格斯选集》第 1 卷，人民出版社 1995 年版，第 56 页。
② 同上。

在马克思看来，费尔巴哈在批判黑格尔的抽象思维时滑向另一个极端，即沉湎于感性直观，但他所理解的"感性"并不是实践活动意义上的感性。马克思还进一步阐发了直观的唯物主义的局限性：

> 直观的唯物主义，即不是把感性理解为实践活动的唯物主义至多也只能达到对单个人和市民社会的直观。①

这就又一次启示我们，所谓费尔巴哈哲学的"基本内核"，即直观的唯物主义绝对不可能成为通向马克思的历史唯物主义理论的桥梁。

现在，需要进一步加以追问的是，究竟马克思是从哪个传统、哪些哲学家那里接受了"实践"概念，从而创立了历史唯物主义理论的呢？我们知道，正统的阐释者们在提到马克思的"实践"概念的来源时，常常追溯到青年黑格尔派，并由此而上溯到费希特的"行动哲学"。据奥古斯特·科尔纽的考证，在青年黑格尔派的阵营中，是奥古斯特·冯·契希考斯基在《历史哲学引论》中最先提出了"实践"概念。在该书中，契希考斯基曾经写道：

> 实践的哲学，或者更确切地说，实践底哲学，它对生活和社会关系的最具体的影响，真理在具体活动中的发展——一般说来这就是哲学的未来的本分。②

在科尔纽看来，尽管契希考斯基比马克思更早地意识到了"实践"概念的重要性，并率先使用了这个概念，还把它与费希特的"行动哲学"贯通起来，但"像所有的唯心主义者一样，契希考斯基不是把实践看作目的在于直接地实际改造现存社会制度的革命活动，而是看作一种批判，这种

---

① 《马克思恩格斯选集》第 1 卷，人民出版社 1995 年版，第 56—57 页。
② [法]奥古斯特·科尔纽：《马克思恩格斯传》第 1 卷，刘丕坤等译，生活·读书·新知三联书店 1963 年版，第 154 页注 14。

批判应该通过对现存制度的原则上和理论上的否定来改变现存制度。"①
事实上，当时的青年黑格尔主义者都是以这种方式来理解"实践"概念
的。布·鲍威尔在 1841 年 3 月 31 日致马克思的信中也曾经表示：

> 如果你想要献身于实际的事业，那将是不智的。理论现在是最
> 有力的实践，而我们还完全不能预见，它将在怎样广泛的意义上变
> 成实践。②

总之，这种马克思后来称为"理论范围以内的实践"③并不是马克思所使
用的"实践"概念的来源。

应该看到，马克思的"实践"概念继承了亚里士多德、康德以来的伟
大的思想传统。青年马克思在撰写《博士论文》时就已全面地阅读过亚里
士多德的著作。亚氏在《尼各马可伦理学》中提出了"实践的智慧"的概
念，主要指人们在政治、道德方面的行为。在亚氏之后，康德明确地区
分了理性的两种不同的类型：一种是"理论理性"，它以现象界的诸多现
象作为研究对象，关涉自然必然性；另一种是"实践理性"，它以本体界
的道德行为作为研究对象，关涉自由。实际上，马克思的"实践"概念直
接源自对康德的"实践理性"概念的批判和改造。明眼人一看就知道，我
们前面提到的契希考斯基的"实践的哲学"、布·鲍威尔的"理论实践"和
费希特的"行动哲学"也都是康德的"实践理性"的余绪。可惜的是，他们
并没有沿着正确的方向理解并阐释康德的这一重要概念。

在《形态》的"圣麦克斯"章中，马克思对康德的《实践理性批判》一书
作出了透彻的批判：

---

① ［法］奥古斯特·科尔纽：《马克思恩格斯传》第 1 卷，刘丕坤等译，生活·读书·
新知三联书店 1963 年版，第 155 页。

② 同上书，第 173 页注 49。

③ 《马克思恩格斯全集》第 3 卷，人民出版社 1960 年版，第 339 页。

18 世纪末德国的状况完全反映在康德的"实践理性批判"中。当时，法国资产阶级经过历史上最大的一次革命跃居统治地位，并且夺得了欧洲大陆；当时，政治上已经获得解放的英国资产阶级使工业发生了革命并在政治上控制了印度，在商业上控制了世界上所有其他地方，但软弱无力的德国市民只有"善良意志"。康德只谈"善良意志"，哪怕这个善良意志毫无效果他也心安理得。他把这个善良意志的**实现**以及它与个人的需要和欲望之间的协调都推到**彼岸世界**。康德的这个善良意志完全符合于德国市民的软弱、受压迫和贫乏的情况，他们的小眼小孔的利益始终不能发展成为一个阶级的共同的民族的利益。①

要了解马克思对康德的《实践理性批判》一书的批判，首先要了解，康德所说的"实践理性"究竟是什么意思？黑格尔告诉我们：

　　　　康德所谓实践理性是指一种能思维的意志，亦即指依据普遍原则自己决定自己的意志。实践理性的任务在于建立命令性的、客观的自由规律，这就是说，指示行为应该如此的规律。②

意志本身作为生命的冲动，乃是非理性的力量，康德的实践理性把意志理性化，即使意志在任何时候都必须服从理性的绝对命令，按照善良意志来行事。康德把任何不按照善良意志行事的行为都斥之为不道德的。
　　从一方面看，与 18 世纪在英、法等国家流行的经验主义或快乐主义的道德理论比较起来，康德的实践理性把人的尊严提升到前所未有的高度上，正如康德自己所说的：

---

① 《马克思恩格斯全集》第 3 卷，人民出版社 1960 年版，第 211—212 页。
② ［德］黑格尔：《小逻辑》，贺麟译，商务印书馆 1980 年版，第 142 页。

> 实践理性呈现给我们一条纯粹的、脱尽一切利益的道德法则，以供我们遵守，而实践理性的声音甚至使胆大绝伦的罪人战栗恐惧，不得不闻而逃匿。①

然而，从另一方面看，在现实生活中，康德的实践理性和善良意志又是难以得到贯彻的。正是在这个意义上，黑格尔批评道：

> 康德的实践理性并未超出那理论理性的最后观点——形式主义。②

上面我们引证的马克思这段话中的批评，即指责康德的善良意志是软弱无力的，也正是沿着与黑格尔相同的方向来展开的。

可是，马克思的批评并没有停留在黑格尔的层面上，而是进一步揭示出康德实践理性的阶级根源：

> 不管是康德或德国市民(康德是他们的利益的粉饰者)，都没有觉察到资产阶级的这些理论思想是以物质利益和由物质生产关系所决定的**意志**为基础的。因此，康德把这种理论的表达与它所表达的利益割裂开来，并把法国资产阶级意志的有物质动机的规定变为**"自由意志"**、自在和自为的意志、人类意志的**纯粹**自我规定，从而就把这种意志变成纯粹思想上的概念规定和道德假设。因此当这种强有力的资产阶级自由主义的实践以恐怖统治和无耻的资产阶级钻营的形态出现的时候，德国小资产阶级就在这种资产阶级自由主义的实践面前畏缩倒退了。③

---

① [德]康德：《实践理性批判》，韩水法译，商务印书馆1999年版，第86页。
② [德]黑格尔：《小逻辑》，贺麟译，商务印书馆1980年版，第143页。
③ 《马克思恩格斯全集》第3卷，人民出版社1960年版，第213—214页。

在这里，马克思告诉我们，理论思想，当然也包括道德理想在内，是由物质利益所决定的，而人的意志则是由物质生产关系所决定的。由于德国的小资产者，包括其代表人物康德在内，害怕法国资产阶级自由主义的实践方式，因而他们竭力把法国资产阶级的血淋淋的革命"实践"转化为德国小资产阶级的软弱无力的"实践理性"。

正是通过深入地批判和反思，马克思扬弃了康德的"实践理性"概念，但从中剥离出"实践"概念，并赋予它以新的内涵。马克思的"实践"概念有广义和狭义之分。广义的实践概念是指人的一切感性活动（除去单纯的直观和思维），狭义的实践概念或指涉生产劳动，或指涉改变世界的革命活动（政治革命或社会革命）。在马克思看来，他的哲学思想与其他一切哲学思想的差异正在于是否诉诸改变世界的实践活动。正是在这个意义上，他写道：

> 哲学家们只是用不同的方式**解释**世界，问题在于**改变**世界。①

马克思对"实践"概念含义的改写与提升是与他对"主体"概念的提升同时进行的，而"主体"概念同样源自康德，尤其是源自康德自称的"哥白尼式的革命"。康德在《纯粹理性批判》(1787)的"第二版序言"中表示：

> 迄今为止，人们假定，我们的一切知识都必须遵照对象；但是，关于对象先天地通过概念来澄清某种东西以扩展我们的知识的一切尝试，在这一预设下都归于失败了。因此，人们可以尝试一下，如果我们假定对象必须遵照我们的认识，我们在形而上学的任务中是否会有更好的进展。……这里的情况与哥白尼最初的思想是相同的。②

---

① 《马克思恩格斯选集》第 1 卷，人民出版社 1995 年版，第 57 页。
② ［德］康德：《纯粹理性批判》，李秋零译，中国人民大学出版社 2004 年版，第 15—16 页。

在以往形成知识的过程中，认识主体始终是围绕认识对象而旋转的，引入哥白尼式的革命原则后，这个过程完全被颠倒过来了，即认识对象开始围绕认识主体而旋转。康德提出的关于"知性为自然立法""理性为自由立法"等一系列见解表明，哥白尼式的革命不仅发生在认识论领域里，也发生在哲学的其他一切领域里。

正是通过这一革命，康德极大地高扬了主体的地位和作用。而思想敏锐的马克思，正是康德的哥白尼式的革命的直接的受益者和推动者。马克思写道：

> 从前的一切唯物主义（包括费尔巴哈的唯物主义）的主要缺点是：对对象、现实、感性，只是从**客体**的**或者直观**的形式去理解，而不是把它们当作**感性的人的活动**，当作**实践**去理解，不是从主体方面去理解。因此，和唯物主义相反，**能动的**方面却被唯心主义抽象地发展了，当然，唯心主义是不知道现实的、感性的活动本身的。①

在这里，马克思提出了从实践出发、从主体出发去理解外部世界的一切现象的重要观点。如果把这个观点进一步概括，就是从主体的实践出发去理解外部世界的一切现象。那么，马克思这里提到的"主体"究竟指什么呢？在通常的情况下，"主体"指从事各种实践活动的人，在特殊的情况下，则指从事革命实践活动的人。比如，马克思曾经表示：

> 实际上和对**实践的**唯物主义者，即**共产主义者**说来，全部问题都在于使现存世界革命化，实际地反对和改变事物的现状。②

---

① 《马克思恩格斯选集》第1卷，人民出版社1995年版，第54页。
② 《马克思恩格斯全集》第3卷，人民出版社1960年版，第48页。

从马克思的"实践"概念的提出以及这一概念与"主体"概念的融合，到"实践唯物主义"思路的形成，处处都可见到康德传统的影响。在这个意义上，我们完全可以说，康德是通向马克思的桥梁。

# 三、自在之物与意志自由

其实，说"康德是通向马克思的桥梁"，还包含着更深刻的意蕴。它还可以从以下两个不同的侧面深入地加以阐释。

一方面，正是马克思破解了康德"自在之物"的秘密。在康德哲学中，自在之物是一个基础性的、核心的概念。完全可以说，如果没有这个概念，康德批判哲学的整个架构就无法支撑起来。在康德那里，自在之物通常有三层含义：一是感性刺激的来源，二是知性认识的界限，三是实践理性的范导性原则。康德以后的许多哲学家都批判甚至否定自在之物的概念。然而，大部分哲学家在这样做时，触及的只是自在之物的第一层和第二层含义，很少有人触及第三层含义。但叔本华在这一点上却独辟蹊径，声称自己的哲学是直接接着康德的，他甚至认为，在他和康德之间并没有发生过任何实质性的哲学事件。在《作为意志和表象的世界》(1818)中，叔本华向我们揭示了自在之物的谜底：

自在之物是什么呢？就是——意志。①

在叔本华看来，意志是世界的本质，换言之，世界就是意志的逐级客体化。在人诞生以前，意志表现为盲目的冲动；而在人诞生以后，"认识之光侵入了盲目地起作用的意志的工地里去了，把人类有机体的纯生理

---

① ［德］叔本华：《作为意志与表象的世界》，石冲白译，商务印书馆 1982 年版，第 177 页。

机能照明了：在磁性催眠术中就是这样"①。于是，人们试图运用认识之光显示的真理来遏制意志，但归根到底，意志是难以遏制的，因为在这个世界上，"除意志外，再没有什么存在的东西了；而它呢，却是一个饥饿的意志。[人世的]追逐、焦虑和苦难都是从这里来的"②。显然，叔本华对康德的自在之物的解读是创造性的，然而，他对意志的理解却是不现实的。他告诉我们：

> 意志本身根本就是自由的，完全是自决的；对于它是没有什么法度的。③

他不赞成康德把意志理性化，并称之为"实践理性"。在他看来，让意志去服从理性的命令，就像说"铁的木头"或"圆的方"一样，是自相矛盾的。叔本华没有意识到，尽管康德把意志理性化必定会陷入形式主义的道德理论，但他毕竟暗示我们：在理想化的状态中，意志并不是完全自由的，而是受制于什么东西的。康德认为，从表面上看，这个东西就是由理性认定的善良意志所颁发的道德法则。正是在这个意义上，康德强调：

> 自由诚然是道德法则的存在理由(ratio cssendi)，道德法则却是自由的认识理由(ratio cognoscendi)。④

从深处看，这个东西就是我们前面提到的第三层含义上的自在之物，尤其是上帝的存在和灵魂的不朽。

---

① [德]叔本华：《作为意志与表象的世界》，石冲白译，商务印书馆1982年版，第218页。

② 同上书，第222页。

③ 同上书，第391页。

④ [德]康德：《实践理性批判》，韩水法译，商务印书馆1999年版，第2页注①。

正是在叔本华止步不前的地方，马克思却向前迈进了一大步。在《形态》的"费尔巴哈"章中，马克思写道：

> 我们首先应当确定一切人类生存的第一个前提也就是一切历史的第一个前提，这个前提就是：人们为了能够"创造历史"，必须能够生活。但是为了生活，首先就需要衣、食、住以及其他东西。因此第一个历史活动就是生产满足这些需要的资料，即生产物质生活本身。同时这也是人们仅仅为了能够生活就必须每日每时都要进行的（现在也和几千年前一样）一种历史活动，即一切历史的一种基本条件。①

在德国古典哲学家中，黑格尔是研究英国古典经济学的唯一的学者，黑格尔的这一研究方向影响了马克思，而马克思比黑格尔远为深入地研究了政治经济学，因为他早已认识到，解剖市民社会，必须诉诸政治经济学。正是通过对政治经济学的潜心研究，马克思意识到，人类的意志并不像叔本华所设想的那样，是完全自由的。人们为了活在世界上，就不得不把自己一生的大部分生命意志消耗在谋生的生产劳动中。而"为了进行生产，人们相互之间便发生一定的联系和关系；只有在这些社会联系和社会关系的范围内，才会有他们对自然界的影响，才会有生产"②。也就是说，马克思已经意识到，意志并不是完全自由的，它只能在一定的社会生产关系的范围内发挥作用。正是在这个意义上，如我们前面已经指出过的那样，马克思把意志称之为"由物质生产关系所决定的**意志**"③。

这样一来，马克思实际上已为我们解开康德自在之物概念的谜底，即自在之物并不是叔本华所说的意志，而是在冥冥之中决定着意志的"物质生产关系"或"社会生产关系"。如前所述，康德试图把意志理性

---

① 《马克思恩格斯全集》第3卷，人民出版社1960年版，第31—32页。
② 《马克思恩格斯选集》第1卷，人民出版社1995年版，第344页。
③ 《马克思恩格斯全集》第3卷，人民出版社1960年版，第213页。

化，并用理性所颁发的道德法则牢牢地"拴住"意志，这表明康德哲学非但具有形式主义的倾向，也具有理想主义的倾向，而马克思则通过对政治经济学的研究，启示我们：在现实生活中，真正能够"拴住"意志的乃是物质生产关系。在《康德哲学批判》的长文中，叔本华曾经谈到自己阅读康德著作时的感受：

> 尽管[我这里说的]是不可证明的，我却真是认定每当康德谈到自在之物时，在他精神最阴暗的深处总是朦胧地想到了意志。①

其实，叔本华的这一感受归根到底仍然是肤浅的，因为他没有意识到，康德之所以不直接使用"意志"这个概念，而用"实践理性"取而代之，并竭尽全力用表层意义上的善良意志、道德法则和深层意义上的自在之物（上帝存在和灵魂不朽）来约束和引导意志，表明他意识深处真正重视的还不是意志，而是在理想状态中能够约束意志的那种力量。无助的康德把这种力量归结为超验的自在之物，而马克思则告诉我们，这种力量确实是超验的，但它并不是康德所说的自在之物，而是人们在生存实践活动中必定会形成起来的物质生产关系。只要人们不泛泛地谈论德国古典哲学和马克思哲学之间的关系，他们就应该意识到，马克思之所以是德国古典哲学遗产的真正的继承者和批判者，关键在于，他揭示了康德自在之物概念的秘密。在这个意义上，马克思比叔本华更接近康德。

另一方面，正是马克思继承并维护了康德关于"自由"的理念，使之不坠落下来。如前所述，康德把理性划分为"理论理性"和"实践理性"，前者涉及认识论研究的领域，在这里起作用的是"作为自然必然性的因果概念"，后者涉及本体论研究的领域，在这里起作用的是"作为自由的因果性概念"②。在康德看来，人的复杂性在于，他作为特殊的存在者，

---

① [德]叔本华：《作为意志与表象的世界》，石冲白译，商务印书馆 1982 年版，第 686 页。

② I. Kant, *Werkeausgabe Band* Ⅶ, Frankfurt A. M.：Suhrkamp Verlag, 1989, A169，170.

体现了现象和自在之物（本体）的统一。在理论理性所指涉的认识过程中，人与之打交道的是在先天直观的纯粹形式——时间、空间中显现出来的现象，人必须无条件地服从自然必然性；而在实践理性所指涉的行为过程中，人的自由和自主性乃是其一切行为的基础和原因。因为人是自由的，所以他必须对自己的一切行为承担道德和法律责任。然而，人经常混淆这两个不同的领域和他自己在不同的领域里担当的不同的角色，或者把"作为自然必然性的因果概念"错置到本体论领域中去，或者把"作为自由的因果性概念"错置到认识论领域中去，从而导致了自由概念的误用和坠落。为此，康德发出了如下的呼吁：

> 倘若人们还想拯救自由的话，那么只余下一种方法，将只有在时间中才能决定的事物，从而也把依照自然必然性法则的因果性单单赋予现象，却把自由赋予作为自在之物的同一个存在者。①

在康德看来，在理论理性所指涉的现象和认识论的范围内，人只能服从"作为自然必然性的因果概念"，根本没有任何自由可言；而在实践理性所指涉的行为和本体论的范围内，人完全是自由的，在这里起作用的只能是"作为自由的因果性概念"，即一切结果都是由（人的）自由引起的，换言之，（人的）自由是造成一切结果的原因。如果人们在现象和认识论的范围内去谈论或追求自由的话，"那么自由便会是无法拯救的了。人就会是由至上匠师制做和上紧发条的一个木偶或一架沃康松式的自动机"②。

然而，在康德之后，理论界存在着的一种普遍的倾向是在现象和认识论的范围内谈论自由。显然，这种倾向也对恩格斯产生了影响，他在《反杜林论》中论述到自由概念时写道：

---

① ［德］康德：《实践理性批判》，韩水法译，商务印书馆 1999 年版，第 103—104 页。考虑到译名的统一性问题，原译文中的"物自身"在此处改译为"自在之物"。

② ［德］康德：《实践理性批判》，韩水法译，商务印书馆 1999 年版，第 110 页。

自由不在于幻想中摆脱自然规律而独立，而在于认识这些规律，从而能够有计划地使自然规律为一定目的服务。这无论对外部自然的规律，或对支配人本身的肉体存在和精神存在的规律来说，都是一样的。这两类规律，我们最多只能在观念中而不能在现实中把它们互相分开。……因此，自由就在于根据对自然界的必然性的认识来支配我们自己和外部自然；因此它必然是历史发展的产物。①

从恩格斯的论述可以看出，他完全不在意康德对理论理性和实践理性的区分，因而他认为，"外部自然的规律"和"支配人本身的肉体存在和精神存在的规律"是一样的。然而，在康德那里，"外部自然的规律"，即"作为自然必然性的因果概念"只能在理论理性的范围内起作用，而"支配人本身的肉体存在和精神存在的规律"，即"作为自由的因果性概念"则只能在实践理性的范围内起作用。由于恩格斯认定，"自由就在于根据对自然界的必然性的认识来支配我们自己和外部自然"，即如康德所批评的那样，把"作为自由的因果性概念"错置到理论理性所指涉的现象和认识论领域内，由此便导致了一种在苏联、东欧和中国的哲学教科书中普遍流行的见解，即自由就是对自然必然性（即自然规律）的认识。随着科学技术的发展和人们对自然必然性认识的深化，人们也就变得越来越自由了。

其实，这里根本就没有涉及真正的自由概念。为了便于理解，我们将对康德用晦涩的语言所表达的极为重要的自由概念作出如下的表述：人生存在世，必定会遭遇到两种关系，一是人与自然界的关系，涉及认识论；二是人与社会（或他人）的关系，涉及本体论。显然，在人与自然界的关系中，即在认识论中，并不涉及自由问题。一方面，人除了服从自然必然性外，别无选择；另一方面，人对自然必然性的认识的深入，

———————————

① 《马克思恩格斯全集》第 20 卷，人民出版社 1971 年版，第 125 页。

并不意味着他拥有更多的自由。否则，自然科学家就是世界上最自由的人了。事实上，在康德看来，只有在人与社会（或他人）的关系中，即在本体论中，才会涉及真正的自由问题。也就是说，真正的自由只关涉生命、良知、人格、人权、尊严、平等、公平、正义、民主、信仰这些人与社会（或他人）的关系。一位自然科学家，假如一位核物理学家，他通晓自己研究领域中涉及的一切自然必然性，但这与他是否自由完全无涉。如果人们要拯救自由这一理念，不使它坠落的话，他们就必须记住康德的教诲，决不能在人与自然界的关系，即认识论的范围内来谈论自由，而只能把自由问题置于人与社会（或他人）的关系中，即本体论中来谈论。

我们发现，恩格斯追随的是黑格尔在《小逻辑》中论述的观点，即"自由是对必然的认识"。然而，他并不了解，在黑格尔那里，"必然性"有两种不同的类型：一种是"自然必然性"，即自然现象所遵循的客观规律，这和康德所说的"自然必然性"的意思是相同的；另一种是"历史必然性"，即人类社会在其历史发展中遵循的客观规律。然而，黑格尔把历史必然性理解为民族国家的诞生，尤其是他心仪的普鲁士君主立宪国家的形成，他甚至认为，国家乃是自由的实现。在《历史哲学》的"绪论"中，他这样写道：

> "国家"是存在于"地球"上的"神圣的观念"。所以，在国家里面，历史的对象就比从前更有了确定的形式；并且，在国家里，"自由"获得了客观性，而且生活在这种客观性的享受之中。因为"法律"是"精神"的客观性，乃是精神真正的意志。只有服从法律，意志才有自由；因为它所服从的是它自己——它是独立的，所以也是自由的。当国家或者祖国形成一种共同存在的时候；当人类主观的意志服从法律的时候，——"自由"和"必然"间的矛盾便消失了。[①]

---

① ［德］黑格尔：《历史哲学》，王造时译，生活·读书·新知三联书店1957年版，第79页。

简言之，黑格尔把民族国家的诞生和现代法律的形成理解为历史必然性，而把自由理解为对这种历史必然性的认识和遵从。

我们知道，马克思对自由的理解始终保持在康德的思想高度上，所以他从一开始就是从人与社会（或他人）的关系，即从本体论出发来理解自由问题的。他的《博士论文》之所以赞扬伊壁鸠鲁的"原子偏斜说"，因为正是这个学说表达出对命运束缚的抗衡和对自由的追求：

> 伊壁鸠鲁哲学的原理不是**阿尔谢斯特拉图斯的美食学**，像克里齐普斯所臆想的那样，而是自我意识的绝对性和自由，尽管这个自我意识只是在个别性的形式上来理解的。①

我们也知道，在写于 1842 年的《评普鲁士最近的书报检查令》，马克思无情地揭露了这种书报检查令以虚假的方式谈论的所谓"自由"：**"没有色彩**就是这种自由唯一许可的色彩"②，并为真正的出版自由大声疾呼。在《导言》中，马克思进一步抨击了普鲁士政府的统治者：

> 我们，在我们的那些牧羊人的带领下，总是只有一次与自由为伍，那就是**在自由被埋葬的那一天**。③

马克思还把批判的矛头对准了普鲁士政府的思想代言人——黑格尔的法哲学和国家哲学，并通过历史唯物主义理论的创立，恢复了"历史必然性"概念的本真含义，即它并不是黑格尔所说的民族国家和现代法律，而是人类社会发展的客观规律。正如马克思在《资本论》第 1 卷的第一版序言中所说的：

---

① 《马克思恩格斯全集》第 40 卷，人民出版社 1982 年版，第 241 页。
② 《马克思恩格斯全集》第 1 卷，人民出版社 1956 年版，第 7 页。
③ 《马克思恩格斯选集》第 1 卷，人民出版社 1995 年版，第 3 页。

一个社会即使探索到了本身运动的自然规律，——本书的最终目的就是揭示现代社会的经济运动规律，——它还是既不能跳过也不能用法令取消自然的发展阶段。但是它能缩短和减轻分娩时的痛苦。①

在这段重要的论述中，马克思既通过对现代社会的经济运动规律的发现而揭示出历史必然性，又阐明了作为对这种必然性的认识的自由的局限性：即使一个社会已经认识了自己发展的历史必然性，但它仍然"既不能跳过也不能用法令取消自然的发展阶段"，而只能"缩短和减轻分娩时的痛苦"。在马克思看来，夸大人类在历史必然性面前的自由度，只会导致唐·吉诃德式的结局，而"这个领域内的自由只能是：社会化的人，联合起来的生产者，将合理地调节他们和自然之间的物质变换，把它置于他们的共同控制之下，而不让它作为盲目的力量来统治自己；靠消耗最小的力量，在最无愧于和最适合于他们的人类本性的条件下来进行这种物质变换。但是不管怎样，这个领域始终是一个必然王国。在这个必然王国的彼岸，作为目的本身的人类能力的发展，真正的自由王国，就开始了。但是，这个自由王国只有建立在必然王国的基础上，才能繁荣起来。工作日的缩短是根本条件"②。马克思不但教导我们，必须在历史必然性的基础上去追求自由，而且也给我们指出了争取自由的最贴近的道路——工作日的缩短，因为自由总是在时间的地平线上展开的，必要劳动时间的缩短，必定会扩大工人的自由时间。当然，从根本上来说，整个工人阶级要争得自己的自由，就要通过政治革命推翻资本主义国家和制度，而在未来共产主义社会中，"每个人的自由发展是一切人的自由发展的条件"③。

综上所述，在对马克思哲学的理解中，要使这种理解切合马克思的

---

① 马克思：《资本论》第 1 卷，人民出版社 1975 年版，第 11 页。
② 马克思：《资本论》第 3 卷，人民出版社 1975 年版，第 926—927 页。
③ 《马克思恩格斯选集》第 1 卷，人民出版社 1995 年版，第 294 页。

本意，而始终保持自己的思想高度，就应该深入地反思马克思和康德的理论关系。在我们看来，马克思的实践唯物主义或历史唯物主义理论中的核心概念——"实践""主体""自由"——都源于康德，而马克思的"物质生产关系"或"社会生产关系"理论则是康德的神秘的自在之物的谜底。在这个意义上可以说，康德是通向马克思的桥梁。记得德国诗人荷尔德林曾经说过：

> 康德乃是我们这一民族的摩西（Moses），他把我们自埃及的梦想带到他的自由而孤寂的思想沙漠中，他也自神圣的山峰为我们带来了那有魄力的律则。①

在正统的阐释者们的视野里，不但康德是不存在的，康德与马克思的思想关系是不存在的，而且作为思想家的马克思也正在离我们而远去。事实上，实证主义思潮对马克思哲学研究领域的侵蚀远比人们想象的要严重得多。为了捍卫马克思思想的纯洁性和它原本的高度，我们必须深入反省马克思本人与他置身于其中的伟大思想传统的关系，尤其是反省马克思与康德哲学传统的关系。

---

① 转引自［德］里夏德·克朗纳：《论康德与黑格尔》，关子尹编译，同济大学出版社2004年版，第5页。

# 历史唯物主义是哲学而不是实证科学①
## ——兼答段忠桥教授

　　一般说来，现代文明在精神形态上是由四大板块——宗教、艺术、哲学和实证科学组成的。哲学与其他三大板块的关系，尤其是与实证科学的关系，是任何一个哲学研究者都无法回避的理论问题。从 19 世纪下半叶以来，实证科学取得了巨大的发展，并不断地攻略原来属于哲学的领地，哲学与实证科学之间的界限变得越来越模糊了。自孔德以来不断滋长着的实证主义思潮提出了"拒斥形而上学"的口号，试图使哲学消失在实证科学的硫酸池中。由此，不仅一般的哲学理论，甚至连马克思创立的历史唯物主义理论也面临着类似的命运。2008 年年底，段忠桥教授发表《质疑俞吾金教授关于"实践唯物主义"的两个说法》一文，明确地提出了"历史唯物主义不是哲学而是真正的实证科学"②的观点。我认为，这一观点不仅涉及如何理解哲学与实证科学的关系问题，也涉及如何理解马克思的哲学理论这一重大问题，因而必须表明我的态度。

---

　　① 载《学术月刊》2009 年第 10 期，第 24—32 页。——编者注
　　② 段忠桥：《质疑俞吾金教授关于"实践唯物主义"的两个说法》，《马克思主义与现实》2008 年第 6 期。以下所引均见此文，故不再注明出处。

# 一、哲学与实证科学

　　早在 20 世纪上半叶，一些敏锐的思想家已把自己的思索聚焦在哲学与实证科学的关系问题上。在《欧洲科学的危机与先验现象学》(1936)一书中，胡塞尔这样写道："我们常听到有人说在人生的根本问题上，实证科学对我们什么也没有说。实证科学正是在原则上排斥了一个在我们的不幸的时代中，人面对命运攸关的根本变革所必须立即作出回答的问题：探问整个人生有无意义。"①在这段论述中，胡塞尔明确地告诉我们，实证科学并不探究人生意义这一根本问题，显然，这一问题属于哲学思考的范围。胡塞尔还尖锐地抨击了实证主义思潮对一切基础性的、重大的哲学问题的拒斥，并一针见血地指出："可以说，实证主义在扼杀哲学。"②

　　其实，作为胡塞尔的学生，海德格尔比他的老师更早地意识到阐明哲学与实证科学之间的根本差异的必要性和紧迫性。在《现象学之基本问题》(讲授于 1927 年，出版于 1975 年)的讲稿中，海德格尔指出："哲学是关于存在的科学。……因此我们将一切非哲学的科学称为实证科学以与哲学之科学相区别。实证科学研究存在者，也就是说，向来研究特定的领域，例如自然。"③在这里，海德格尔把哲学与实证科学的根本差异说得非常清楚：哲学研究"存在"(Sein)，实证科学则研究"存在者"(Seiende)。由于实证科学拘执于对存在者的研究，所以对存在问题(毋庸讳言，胡塞尔所说的"人生意义"也从属于这个问题)视而不见，"它们

---

① 倪梁康选编：《胡塞尔选集》(下)，上海三联书店 1997 年版，第 982 页。
② 同上书，第 985 页。
③ [德]海德格尔：《现象学之基本问题》，丁耘译，上海译文出版社 2008 年版，第 14—15 页。

只是偶尔从梦幻中醒来睁眼注目于那它们所研究的存在者之存在"。①
尽管海德格尔并不否认,不同的实证科学在各自的研究范围内已取得不少成就,但他坚持认为,只有哲学才有资格先行地为一切实证科学澄清思想前提。

胡塞尔和海德格尔启示我们,虽然实证科学在当代十分繁荣,但它们永远不可能取代乃至废除以存在作为自己研究对象的哲学。马克思不但以存在问题作为自己的研究对象,而且对这一问题作出了原创性的阐释。在《德意志意识形态》的"费尔巴哈"章中初步叙述其历史唯物主义理论时,马克思写道:"意识[das Bewußtesein]在任何时候都只能是被意识到了的存在[das bewußte Sein],而人们的存在就是他们的现实生活过程。"②在《政治经济学批判》的"序言"中系统地阐述其历史唯物主义理论时,马克思以更明确的口吻指出:"不是人们的意识决定人们的存在,相反,是人们的社会存在决定人们的意识。"③在这里,"社会存在"概念的提出,不仅深化了对存在问题的探索,而且也为正确地思索"人生意义"这类问题提供了社会哲学的前提。

恩格斯在谈到历史唯物主义在哲学史上的地位和作用时,曾经指出:"这样一来,唯心主义从它的最后的避难所即历史观中被驱逐出去了,一种唯物主义的历史观被提出来了,用人们的存在说明他们的意识,而不是像以往那样用人们的意识说明他们的存在这样一条道路已经找到了。"④不用说,在哲学史上,历史唯物主义的创立乃是一个划时代的革命,它为自然科学和人文社会科学的研究指明了方向。在当代哲学家中,海德格尔独具只眼地肯定了马克思在存在意义的探讨史上的重要地位:"人们可以以各种不同的方式来对待共产主义的学说及其论题,但从存在的历史的意义看来,确定不移的是,一种对有世界历史意义的

---

① [德]海德格尔:《现象学之基本问题》,丁耘译,上海译文出版社2008年版,第66页。
② 《马克思恩格斯选集》第1卷,人民出版社1995年版,第72页。
③ 《马克思恩格斯选集》第2卷,人民出版社1995年版,第32页。
④ 《马克思恩格斯选集》第3卷,人民出版社1995年版,第365页。

东西的基本经验在共产主义中自行道出来了。"①

由此可见，马克思的历史唯物主义是伟大的哲学理论，而不是什么"真正的实证科学"。那么，为什么段忠桥教授会认定"历史唯物主义不是哲学而是真正的实证科学"呢？理由很简单，他误解了马克思在《德意志意识形态》"费尔巴哈"章中一段重要的论述（为了叙述上的方便，我把这段德文论述称作"文本 A"）：

> Da，wo die Spekulation aufhört，beim wirklichen Leben，beginnt also die wirkliche，positive Wissenschaft，die Darstellung der praktischen Betätigung，des praktischen Entwicklungsprozesses der Menschen. Die Phrasen vom Bewusstsein hören auf，wirkliches Wissen muß an ihre Stelle treten. Die selbständige Philosophie verliert mit der Darstellung der Wirklichkeit ihr Existenzmedium. An ihre Stelle kann höchstens eine Zusammenfassung der allgemeinsten Resultate treten，die sich aus der Betrachtung der historischen Entwicklung der Menschen abstrahieren lassen. Diese Abstraktionen haben für sich，getrennt von der wirklichen Geschichte，durchaus keinen Wert. Sie können nur dazu dienen，die Ordnung des geschichtlichen Materials zu erleichtern，die Reihenfolge seiner einzelnen Schichten anzudeuten. Sie geben aber keineswegs，wie die Philosophie，ein Rezept oder Schema，wonach die geschichtlichen Epochen zurechtgestutzt werden können. ②

中央编译局对这一德文段落是这样翻译的（我把这段译文称为"文本 B"）：

---

①　［德］海德格尔：《海德格尔选集》（上），孙周兴编译，上海三联书店 1996 年版，第 384 页。

②　Karl Marx，Friedrich Engels，*Werke Gesamtausgabe Band 3*，Berlin：Dietz Verlag，1969，S. 27.

在思辨终止的地方，在现实生活面前，正是描述人们实践活动和实际发展过程的真正的实证科学开始的地方。关于意识的空话将终止，它们一定会被真正的知识所代替。对现实的描述会使独立的哲学失去生存环境，能够取而代之的充其量不过是从对人类历史发展的考察中抽象出来的最一般的结果的概括。这些抽象本身离开了现实的历史就没有任何价值。它们只能对整理历史资料提供某些方便，指出历史资料的各个层次的顺序。但是这些抽象与哲学不同，它们绝不提供可以适用于各个历史时代的药方或公式。①

由于"文本 B"没有把"文本 A"中一些起重要作用的定冠词和不定冠词的含义翻译出来，从而造成了译文中一些概念在指称上的含混性。为了准确地理解马克思的本意，澄清段忠桥教授关于"历史唯物主义不是哲学而是真正的实证科学"的错误观点，我从德文原著出发，对中央编译局的译文做了一定的修改，并把它称作"文本 C"：

在这种思辨（die Spekulation）终止的地方，在现实生活面前，正是描述人们实践活动和实际发展过程的这一真正的实证科学（die wirkliche，positive Wissenschaft）开始的地方。关于意识的这些空话（Die Phrasen）将终止，它们一定会被真正的知识所代替。对现实的描述会使这种独立的哲学（Die selbstaendige Philosophie）失去生存环境，能够取而代之的充其量不过是从对人类历史发展的考察中抽象出来的最一般的结果的一个综合（eine Zusammenfassung）。这些抽象（Diese Abstractionen）本身离开了现实的历史就没有任何价值。它们只能对整理历史资料提供某些方便，指出历史资料的各个层次的顺序。但是这些抽象与这种哲学（die Philosophie）不同，它们绝不

---

① 《马克思恩格斯选集》第 1 卷，人民出版社 1995 年版，第 73—74 页。

提供可以适用于各个历史时代的药方或图式（Schema）。

除了把"文本 B"中的"概括"改译为"一个综合"、把"公式"改译为"图式"外，"文本 C"主要是把一些起重要作用的定冠词和不定冠词的含义翻译出来了，从而为人们准确地理解马克思的本意奠定了基础。显然，从"文本 C"可以看出，马克思所说的"这种思辨""这种独立的哲学""这种哲学""这些废话"等，指称的都是同一个对象，即德国思辨哲学。这种哲学热衷于思辨，以为自己可以脱离现实生活，拥有完全独立的发展历史。马克思认为，正是在这种哲学终止的时候，出现了以下两种新的东西：

一是"描述人们实践活动和实际发展过程的这一真正的实证科学（die wirkliche, positive Wissenschaft）"。由于马克思在这里使用的"实证科学"概念是以单数的形式出现的，又涉及历史资料整理方面的内容，所以它应该是指历史学。当然，历史学在古代已经发端，但在马克思看来，只有奠基于历史唯物主义理论的、以"描述人们实践活动和实际发展过程"为出发点的这一历史学才是"真正的实证科学"。实际上，正是通过"die"这个定冠词，马克思把自己心目中的历史学（理论）与以前和同时代的其他历史学（理论）严格地区分开来了。

二是"从对人类历史发展的考察中抽象出来的最一般的结果的一个综合"。马克思这里使用的名词"一个综合"是以单数形式出现的，而在下文中使用的"这些抽象"则是以复数的形式出现的。显然，正是"这些抽象"构成了"一个综合"。那么，这种"从对人类历史发展的考察中抽象出来的最一般的结果的一个综合"究竟是指什么呢？在我看来，正是指马克思创立的伟大哲学理论——历史唯物主义。

由此可见，马克思告诉我们，在德国思辨哲学终止的地方，出现了两个新东西：一是作为"这一真正的实证科学"的新的历史学；二是取代德国思辨哲学的新哲学，即历史唯物主义。历史唯物主义乃是新的历史学的理论基础。

然而，段忠桥教授却认定，在德国思辨哲学终止的地方，出现的只有一个新东西，即"真正的实证科学"，而它指的就是历史唯物主义。所以，段忠桥教授说："'描述人们实践活动和实际发展过程的真正的实证科学开始的地方'，指的就是历史唯物主义开始的地方。"其实，他之所以引申出这样错误的结论，因为他对马克思的德文原著的理解是以"文本B"为基础的。

　　如前所述，"文本B"没有把一些起重要作用的定冠词的含义翻译出来，其最大的失误出现在下面这个句子上："但是这些抽象与哲学不同，它们绝不提供可以适用于各个历史时代的药方或公式。"①从字面上来理解，既然构成历史唯物主义的"这些抽象"是"与哲学不同"的，历史唯物主义当然也就不是"哲学"，而是"真正的实证科学"了。实际上，"这些抽象"不是不同于"哲学"，而是不同于"这种哲学"（die Philosophie），即德国思辨哲学。所以，马克思并不是说：历史唯物主义不同于哲学，因而不是哲学；而是说：历史唯物主义不同于德国思辨哲学，因而是一种新的哲学理论。显然，在"文本B"中，译者忽略了"Philosophie"前的定冠词"die"。其实，这个"die"之所以特别重要，因为马克思要借助它来表明，他不是在一般意义上泛泛地谈论"哲学"，而是在谈论"这种哲学"，而"这种哲学"就是德国思辨哲学。同样，"文本B"也没有把"die Spekulation"译为"这种思辨"，而是译为泛泛的"思辨"；没有把"die Selbstaendige Philosophie"译为"这种独立的哲学"，而是译为泛泛的"独立的哲学"，所有这些译法都容易因为指称不明确而引起误解。

　　在"文本C"中，上面提到的这个句子被译为："但是这些抽象与这种哲学（die Philosophie）不同，它们绝不提供可以适用于各个历史时代的药方或图式（Schema）。"显而易见，如果段忠桥教授见到的是"文本C"的话，他就不可能引申出"历史唯物主义不是哲学而是真正的实证科学"这

──────────

① 正是在这个错误的译句的引导下，段忠桥教授在文章中写道：历史唯物主义"绝不像哲学那样'提供可以适用于各个历史时期的药方或公式'"。他错误地把历史唯物主义与全部哲学对立起来，而不是准确地把它与"这种哲学"即德国思辨哲学对立起来。

样的结论来。事实上，一旦"文本 B"在翻译上的失误得到纠正，段忠桥教授的上述结论也就失去了基础。

在我看来，历史唯物主义理所当然是哲学理论，而不是什么"真正的实证科学"。众所周知，马克思从青年时期起就十分重视哲学的作用，作为哲学博士，他受过系统的、良好的专业训练。在 1837 年 11 月 10 日致父亲的信中，他这样写道："没有哲学我就不能前进。"[①]在发表于 1842 年的《第 179 号"科伦日报"社论》中，马克思指出：任何真正的哲学都不是世界之外的遐想，而是时代精神的精华，"人民最精致、最珍贵和看不见的精髓都集中在哲学思想里"[②]。在《〈黑格尔法哲学批判〉导言》中，马克思又强调："哲学把无产阶级当做自己的**物质**武器，同样地，无产阶级也把哲学当做自己的**精神**武器。"[③]马克思甚至认为，德国人的解放就是人的解放，而这个解放的头脑是哲学，它的心脏则是无产阶级。历史和实践一再证明，历史唯物主义是人类历史上最伟大的哲学理论，把这一理论降格为"实证科学"乃是对马克思理论遗产的真正的亵渎。

# 二、理论思维与经验直观

历史唯物主义和剩余价值理论无疑是马克思的两个伟大的发现，但这两个伟大的发现都不可能通过单纯的经验直观而达到，它们同时必须诉诸长期的理论研究和深入的理论思维。正如恩格斯所指出的："正像达尔文发现有机界的发展规律一样，马克思发现了人类历史的发展规律，即历来为繁芜丛杂的意识形态所掩盖着的一个简单事实：人们首先必须吃、喝、住、穿，然后才能从事政治、科学、艺术、宗教等等；所

---

① 《马克思恩格斯全集》第 40 卷，人民出版社 1982 年版，第 13 页。
② 《马克思恩格斯全集》第 1 卷，人民出版社 1956 年版，第 120 页。
③ 同上书，第 467 页。

以，直接的物质的生活资料的生产，从而一个民族或一个时代的一定的经济发展阶段，便构成基础，人们的国家设施、法的观点、艺术以至宗教观念，就是从这个基础上发展起来的，因而，也必须由这个基础来解释，而不是像过去那样做得相反。"①尽管"吃、喝、住、穿"这些基础性的生存活动是每个人每天都能凭自己的经验直观到的，但这并不等于说，仅仅借助于这种直观，他就能够发现人类历史发展的规律，因为这些活动的意义"历来为繁芜丛杂的意识形态所掩盖"。事实上，马克思并没有停留在经验直观上，正是借助于理论思维，他才发现了历史唯物主义的伟大真理。

然而，为了替"历史唯物主义不是哲学而是真正的实证科学"的错误观点寻找依据，段忠桥教授不仅指出"历史唯物主义的出发点是可以用纯粹经验的方法来确认的"，而且强调"历史唯物主义……是从经验事实出发的"。这样就把历史唯物主义降格为一种单纯经验性的理论，从而把它与"真正的实证科学"等同起来。段忠桥教授的主要依据是马克思在《德意志意识形态》"费尔巴哈"章中的两段论述：

> 我们开始要谈的前提不是任意提出的，不是教条，而是一些只有在想象中才能撇开的现实前提。这是一些现实的个人，是他们的活动和他们的物质生活条件，包括他们已有的和由他们自己的活动创造出来的物质生活条件。因此，这些前提可以按纯粹经验的路径来确认。②

> 这种考察方法不是没有前提的。它从现实的前提出发，它一刻

① 《马克思恩格斯选集》第3卷，人民出版社1995年版，第776页。

② 《马克思恩格斯选集》第1卷，人民出版社1995年版，第66—67页。译文有更动，其中的"auf rein empirischen Wege"译为"用纯粹经验的方法"不妥。在德语中，"Weg"（复数为Wege）的直接含义是"道路"或"路径"，间接含义才是"方法"。如按其直接含义进行翻译，"auf rein empirischen Wege"应译为"按纯粹经验的路径"。这一比喻性的表达方式本身表明，马克思在这里并没有从严格的方法论(Methodologie)的角度出发来使用这个短语(K. Marx, F. Engels, *Werke* 3, Berlin: Dietz Verlag, 1969, S. 20)。

也离不开这种前提。它的前提是人，但不是处在某种虚幻的离群索居和固定不变状态中的人，而是处在现实的、可以通过经验直观到的、在一定条件下进行的发展过程中的人。①

值得注意的是，为什么马克思会在这两段论述中特别强调"纯粹经验的路径"或"经验直观"的重要性？从上下文可以看出，马克思是为了把自己的思想与完全漠视经验、完全以任意的想象为基础的德国思辨哲学鲜明地对立起来。此外，我们也应注意到，马克思在这两段论述中谈到的只是历史活动的前提，而不是历史唯物主义的出发点。因此，段忠桥教授的上述结论是十分轻率的：

第一，马克思在谈到历史活动的前提时，只是说："这些前提可以按纯粹经验的路径来确认"。在这个句子中，"可以……来确认"在德语中的对应词是"sind … konstatierbar"，而"konstatierbar"作为形容词也可解释为"可证实的"。也就是说，马克思只是肯定，历史活动的这些前提可以通过经验直观的方式来"确认"或"证实"，但他从未说过，这些前提也可以通过单纯的经验直观被发现出来或提供出来。正是基于这样的考虑，马克思在提到历史资料在整理和阐述上的困难时，这样写道：

> 这些困难的排除受到种种前提的制约，这些前提在这里是根本不可能提供出来的，而只能从对每个时代的个人的现实生活过程和活动的研究中产生。这里我们只举出几个我们用来与意识形态相对

---

① 《马克思恩格斯选集》第 1 卷，人民出版社 1995 年版，第 73 页。译文有更动，其中的"empirisch anschaulichen"译为"可以通过经验观察到的"不妥，应该译为"可以通过经验直观到的"。因为在德语中，"anschaulich"(en)作为形容词通常译为"直观(到)的"，只有"beobachtend"才译为"观察(到)的"(K. Marx, F. Engels, *Werke* 3, Berlin: Dietz Verlag, 1969, S. 27)。

照的抽象，并用历史的例子来加以说明。①

这就深刻地启示我们，在单纯感官接受和经验直观的范围内，这些前提根本不可能自动地被提供出来的，只有诉诸对每个时代的个人的现实生活过程和活动的深入研究，才有可能发现这些前提，而研究活动不但要诉诸经验直观，更重要的是要诉诸理论思维。尽管段忠桥教授把马克思这段话中所说的"几个我们用来与意识形态相对照的抽象"理解为历史唯物主义并没有错，但他故意忽略马克思在这段话中表达出来的重要思想——无论是历史活动的前提，还是历史唯物主义的出发点，都不可能通过单纯的经验直观而自行提供出来，表明他的理论思维完全屈从自己的主观随意性。

第二，马克思并没有以笼统的、抽象的态度来对待经验，他对经验及有关经验的不同理论采取了分析的态度。事实上，紧接着段忠桥教授引证的第二段论述，马克思继续写道：

> 只要描绘出这个能动的生活过程，历史就不再像那些本身还是抽象的经验论者（abstrakten Empirikern）所认为的那样，是一些僵死的事实的汇集，也不再像唯心主义者所认为的那样，是想象的主体的想象活动。②

请注意，马克思在这里既批判了"唯心主义者"，即德国思辨哲学家，又批判了"抽象的经验论者"，因为他们把历史理解为"一些僵死事实的汇集"。这就启示我们，至少存在着两种不同的经验直观：一种是马克思所倡导的，即对从事实际活动的现实的个人的经验直观；另一种是"抽

---

① 《马克思恩格斯选集》第 1 卷，人民出版社 1995 年版，第 74 页；K. Marx, F. Engels, *Werke* 3, Berlin: Dietz Verlag, 1969, S. 27.

② 同上书，第 73 页；K. Marx, F. Engels, *Werke* 3, Berlin: Dietz Verlag, 1969, S. 27.

象的经验论者"所倡导的，即把经验直观视为"一些僵死事实的汇集"。事实上，马克思对"抽象的经验论者"的批判表明，他并不主张无分析、无批判地谈论经验现象。段忠桥教授不是把马克思的第二段话完整地加以引证，表明他的研究是受不正确的先入之见的引导的。

第三，应该看到，在《德意志意识形态》的"费尔巴哈"章中，马克思对历史唯物主义的表述还是初步的。当时，马克思批判的主要对象是德国思辨哲学，所以，马克思特别强调经验直观的重要性。但是，决不能把马克思在这个时期表达出来的思想理解为完全成熟的、没有任何片面性的思想。事实上，当马克思在 1859 年的"《政治经济学批判》序言"中系统地表述历史唯物主义理论时，再未使用过"纯粹经验的路径"或"经验直观"这样的提法。

在《德意志意识形态》以后的哲学思考中，马克思不但摒弃了"纯粹经验的路径"和"经验直观"这样的不成熟的提法，而且其许多论述都蕴含着对这些提法的批评。比如，马克思在《资本论》第 1 卷第一版序言中曾经指出："分析经济形式，既不能用显微镜，也不能用化学试剂。二者都必须用抽象力（Die Abstraktionskraft）来代替。"[1]显然，马克思这里说的"显微镜"和"化学试剂"都从属于经验直观的范围，而"抽象力"则涉及理论思维。在《剩余价值学说史》中，马克思在批判亚当·斯密的剩余价值理论时指出："粗率的经验主义（Der grobe Empirismus）一变而为错误的形而上学、经院主义挖空心思要由简单的、形式的抽象，直接从一般规律，引出各种不可否认的经验现象（empirische Phaenomene），或用狡辩，说它们本来和这个规律相一致。"[2]在这里，马克思尖锐地批判了"粗率的经验主义"，认为它与"形而上学"和"经院主义"是相通的，习惯于从某些错误的规律或概念出发，随意地解释各种"经验现象"。这实际

---

① 《马克思恩格斯选集》第 2 卷，人民出版社 1995 年版，第 99—100 页；K. Marx, F. Engels, *Werke 23*, Berlin: Dietz Verlag, 1973, S. 12.

② 马克思：《剩余价值学说史》第 1 卷，郭大力译，人民出版社 1975 年版，第 68 页；K. Marx, F. Engels, *Werke 26 (Erster Teil)*, Berlin: Dietz Verlag, 1973, S. 60-61.

上暗示我们，"纯粹经验的路径"是不存在的，因为总会有理论思维渗透在经验中，而只要这些理论思维是有偏向的，经验和经验直观就必定会出现相应的偏差。

恩格斯更是不遗余力地批判单纯的经验直观和经验主义。在《自然辩证法》中，恩格斯指出："单凭观察所得的经验，是决不能充分证明必然性的。"①也就是说，对必然性问题的探索只能诉诸理论思维。在批判经验论的时候，他又写道："甚至用实验确定了的事实，在经验论那里也渐渐和这些事实的相应的传统解释不可分离地联系起来；在解释最简单的电现象时，也用了偷运来的例如两种电的理论来加以歪曲，这种经验论已经不再可能正确地描写事实了，因为在它的描写中，那些传统的解释也一块混进去了。"②显然，恩格斯的这段论述也表明了无任何前见地、完全客观地描述事实的"纯粹的经验路径"的不可能性。正是在对这种单纯的经验直观的批评中，恩格斯反复强调了理论思维的重要性："没有理论思维，就会连两件自然的事实也联系不起来，或者连二者之间的联系都无法了解。"③

所有这些论述都表明，当我们完整地、全面地、准确地理解历史唯物主义时，决不会赞同段忠桥教授关于"历史唯物主义的出发点是可以用纯粹经验的方法来确认的""历史唯物主义……是从经验事实出发的"这样轻率的、简单化的结论。段忠桥教授把马克思在《德意志意识形态》中偶尔提到的"纯粹的经验路径"和"经验直观"无限地加以拔高，以至于视之为对历史唯物主义出发点的确认，是违背马克思的本意的。

谁都明白，马克思的历史唯物主义并不是凭"纯粹的经验路径"就可以发现的，而是经过长期的研究活动才得以发现的。在这一研究过程中，既要诉诸经验直观，大量地占有经验材料，又要运用理论思维，批判地审查和概括这些经验材料。正如恩格斯所说的："即使只是在一个

---

① 恩格斯：《自然辩证法》，人民出版社 1971 年版，第 207 页。
② 同上书，第 118 页。
③ 同上书，第 43 页。

单独的历史事例上发展唯物主义的观点，也是一项要求多年冷静钻研的科学工作，因为很明显，在这里只说空话是无济于事的，只有靠大量的、批判地审查过的、充分地掌握了的历史资料，才能解决这样的任务。"①何况，马克思的历史唯物主义是一种原创性的哲学理论，没有高屋建瓴的理论思维和卓越的理论眼光，光凭经验直观，是根本不可能发现这一伟大的哲学理论的。

# 三、批判性与描述性

作为哲学理论，历史唯物主义所蕴含的方法论与实证科学所崇尚的方法论之间也存在着重大的差别。如果说，历史唯物主义的方法论就是辩证法，而辩证法的核心特征就是其批判性的话，那么，实证主义的方法论就是实证的方法，而实证的方法的核心特征就是其描述性。由于段忠桥教授力图把历史唯物主义曲解为"真正的实证科学"，所以他完全忽视了历史唯物主义蕴含的辩证法及其批判性。

恩格斯曾经指出："马克思和我，可以说是把自觉的辩证法从德国唯心主义哲学中拯救出来并用于唯物主义的自然观和历史观的唯一的人。"②这段话以十分明确的口吻告诉我们，历史唯物主义的方法论就是辩证法。那么，作为哲学方法，辩证法的根本特征是什么呢？在《资本论》第 1 卷第二版跋中，马克思告诉我们：

> 辩证法在对现存事物的肯定的理解中同时包含对现存事物的否定的理解，即对现存事物的必然灭亡的理解；辩证法对每一种既成的形式都是从不断的运动中，因而也是从它的暂时性方面去理解；

---

① 《马克思恩格斯选集》第 2 卷，人民出版社 1995 年版，第 39 页。
② 《马克思恩格斯选集》第 3 卷，人民出版社 1995 年版，第 349 页。

辩证法不崇拜任何东西，按其本质来说，它是批判的和革命的。①

如果说，从实践上考察，辩证法的根本特征是革命性，那么，从理论上考察，它的根本特征就是批判性。这种批判性在马克思那里得到了充分的显现。

一是马克思喜欢把自己的哲学视为批判哲学。在1844年致卢格的信中，马克思表示要建立一种以"批判哲学"为主导的新的世界观，对当代的斗争、愿望和意识作出分析、批判和自我阐明："新思潮的优点就恰恰在于我们不想教条式地预料未来，而只是希望在批判旧世界中发现新世界。"②这种批判哲学不仅在表面上，而且骨子里都卷入了斗争的漩涡，它**"要对现存的一切进行无情的批判，所谓无情，意义有二，即这种批判不怕自己所作的结论，临到触犯当权者时也不退缩"**③。在《〈黑格尔法哲学批判〉导言》中，马克思不仅主张把当时德国的整个批判引向对现存制度的批判，而且主张批判这种制度的抽象的继续——黑格尔的国家哲学和法哲学，并提出了"批判的武器当然不能代替武器的批判"④的著名口号。在《德意志意识形态》中，马克思初步表述了历史唯物主义观念，并肯定它**"最先是真正批判的世界观"**⑤。

二是马克思不少著作的正标题或副标题是以"批判"这个词来命名的。如《黑格尔法哲学批判》(1843)、《神圣家族，或对批判的批判所做的批判。驳布鲁诺·鲍威尔及其伙伴》(1845)、《德意志意识形态(对费尔巴哈、布·鲍威尔和施蒂纳所代表的现代德国哲学以及各式各样先知所代表的德国社会主义的批判)》(1845—1846)、《政治经济学批判》(1859)、《资本论：政治经济学批判》(1867、1885、1894)等。

---

① 《马克思恩格斯选集》第2卷，人民出版社1995年版，第112页。
② 《马克思恩格斯全集》第1卷，人民出版社1956年版，第416页。
③ 同上书，第416页。
④ 同上书，第460页。
⑤ 《马克思恩格斯全集》第3卷，人民出版社1960年版，第261页。

三是马克思无情地披露了黑格尔哲学的非批判性。在《黑格尔法哲学批判》中，马克思写道："这种非**批判性**，这种**神秘主义**，既构成了现代国家制度形式（χαί εξοχην［主要是］它的等级形式）的一个谜，也构成了黑格尔哲学、主要是他的**法哲学**和**宗教哲学**的秘密。"①在《1844 年经济学哲学手稿》中，他进一步揭露了作为黑格尔哲学的秘密和诞生地的《精神现象学》中已经潜伏着的非批判因素："在《现象学》中，尽管有一个完全否定的和批判的外表，尽管实际上已包含着那种往往早在后来发展之前就有的批判，黑格尔晚期著作的那种非批判的实证主义和同样非批判的唯心主义——现有经验在哲学上的分解和恢复——已经以一种潜在的方式，作为萌芽、潜能和秘密存在着了。"②显然，马克思对非批判性，即虚假的批判性的揭露，倒过来印证了他对批判性的强烈的渴求。

　　与历史唯物主义所蕴含的辩证法的核心特征——批判性相反，实证主义所崇尚的实证的方法恰恰体现了马克思所披露的那种非批判性。这从"实证主义"（Positivismus）这个词的字根，即作为形容词的"positiv"的含义上就可以看出来。"Positiv"既可以解释为"实证的"，又可以解释为"肯定的"或"积极的"。众所周知，"positiv"的反义词是"negativ"，而"Negativ"可以解释为"否定的"或"消极的"。如果说，辩证法兼具"positiv"和"negativ"的含义，那么，实证的方法却只具有"positiv"的含义。所以，辩证法通过"negativ"的含义而导向批判，同时又通过"positiv"的含义避免了批判中的虚无主义或全盘否定的倾向；而实证的方法却缺乏否定的、批判的因素，它只能通过"positiv"的含义而导向描述。为什么？因为既然实证的方法对自己探讨的对象采取"肯定的"态度，那么，它剩下来就只有一件事情可做了，即对自己探讨的对象做非批判的描述。所以，马克思会说："在这种思辨（die Spekulation）终止的地方，在现实生

---

① 《马克思恩格斯全集》第 1 卷，人民出版社 1956 年版，第 348 页。
② 《马克思恩格斯全集》第 42 卷，人民出版社 1979 年版，第 161—162 页。

活面前，正是描述人们实践活动和实际发展过程的这一真正的实证科学（die wirkliche，positive Wissenschaft）开始的地方。"（参阅前面的"文本C"）而"描述"（die Darstellung）这个德语名词则充分体现了实证科学、实证主义和与之相应的实证的方法的根本特征。

历史唯物主义的批判性充分体现在马克思对资本主义社会的异化现象的剖析上。马克思不仅在青年时期批判过异化现象，而且在其思想成熟时期的手稿和著作，如《经济学手稿（1857—1858）》《经济学手稿（1861—1863）》《价值形式》《资本论》中，也对异化现象作出了广泛而深入的批判。特别值得指出的是，成熟时期的马克思深入地批判了资本主义社会生活中出现的异化的种种衍生现象，如作为异化的物化、商品拜物教、货币拜物教和资本拜物教等，从而极大地拓宽了滥觞于康德的批判理论和滥觞于卢梭、黑格尔的异化理论，并使它们在资本主义社会这个研究对象上会合起来。

异化（包括异化劳动）批判不仅在马克思的历史唯物主义理论中拥有实质性的、基础性的地位，而且对后马克思时期的社会批判理论的形成和发展产生了巨大的影响。事实上，无论是作为西方马克思主义思潮的肇始人的卢卡奇，还是作为在这一思潮中涌现出来的最著名的学派——法兰克福学派，都把异化（包括物化和拜物教）批判视为社会批判理论的核心部分。海德格尔在《关于人道主义的书信》中谈到尼采在其著作中表露出来的"无家可归"的感受时，曾经写道：

> 马克思在基本而重要的意义上从黑格尔那里作为人的异化来认识到的东西，和它的根子一起又复归为新时代的人的无家可归状态了。……因为马克思在体会到异化的时候深入到历史的本质性的一度中去了，所以马克思主义关于历史的观点比其余的历史学优越。但因为胡塞尔没有，据我看来萨特也没有在存在中认识到历史事物的本质性，所以现象学没有、存在主义也没有达到这样的一度中，

在此一度中才有可能有资格和马克思主义交谈。①

显然，海德格尔的这段论述不仅印证了马克思的异化批判理论在其整个哲学思想中的重要地位，而且也阐明了他的理论贡献和巨大影响。

关于马克思的异化批判理论，我曾在《从道德评价优先到历史评价优先：马克思异化理论发展中的视角转换》②和《马克思对现代性的诊断及其启示》③中作过探讨。而段忠桥教授在《马克思的异化概念与历史唯物主义：与俞吾金教授商榷》一文中认为，成熟时期的马克思已经放弃了"异化"这一概念，并指出："俞吾金教授说'马克思一生都使用异化概念'不符合实际情况"；他还指责拙文把异化理论视为马克思哲学中的重要组成部分，并表示："俞吾金教授所说的异化（劳动）概念还不是历史唯物主义的概念，因为它在马克思的历史唯物主义理论中连象征性的、边缘性的地位都谈不上，更不要说实质性的、基础性的地位了。"④显然，段忠桥教授的立论是与事实不符的。他既不尊重马克思本人在其思想成熟时期留下的关于异化问题的大量论述，也不看马克思的异化批判理论在当代理论界的重大影响。这不免给人造成一种印象：作者的用意无非是想消解马克思哲学（即历史唯物主义），消解这一哲学所蕴含的辩证法和批判精神，把它降格为只能对资本主义社会作出无批判的、肯定性的描述的所谓"真正的实证科学"。

综上所述，马克思创立的历史唯物主义乃是人类思想史上最伟大的哲学理论，那种认为"历史唯物主义不是哲学而是真正的实证科学"的观点是站不住脚的。这一观点反映出理论界长期来涌动着一股暗流，即把

---

① ［德］海德格尔：《海德格尔选集》（下），孙周兴编译，上海三联书店 1996 年版，第 383 页。
② 俞吾金：《从道德评价优先到历史评价优先：马克思异化理论发展中的视角转换》，《中国社会科学》2003 年第 2 期。
③ 俞吾金：《马克思对现代性的诊断及其启示》，《中国社会科学》2005 年第 1 期。
④ 段忠桥：《马克思的异化概念与历史唯物主义：与俞吾金教授商榷》，《江海学刊》2009 年第 3 期。

马克思哲学降格为一门单纯以经验的、描述的方式进行研究活动的实证科学。在这样的情况下，我觉得有必要对这种错误观点予以澄清，表明我对马克思哲学理论的见解。正如马克思在《哥达纲领批判》结尾处所写的一句话："我已经说了，我已经拯救了自己的灵魂。"①

---

① 《马克思恩格斯选集》第 3 卷，人民出版社 1995 年版，第 319 页。

# 再论异化理论在马克思哲学
# 中的地位和作用①

长期以来，在哲学界占主导地位的见解是：异化理论在成熟时期的马克思哲学中只起着边缘性的，无足轻重的作用。这种见解可以从传统的马克思主义哲学教科书中得到印证。这些教科书在论述马克思哲学时，几乎很少，甚至根本不涉及异化理论。我们并不赞成这样的观点。在我们看来，异化理论是贯穿马克思一生哲学思考的基本理论，这一理论在马克思哲学中拥有基础性的、核心的地位和作用。在这里，我们将进一步系统地、深入地阐发这一观点，以恢复异化理论在马克思哲学中应有的地位和作用。

## 一、异化与劳动

异化理论在马克思哲学中的地位和作用首先表现在，马克思把这一理论运用于对经济生活，尤其是劳动的分析中，从而提出了"异化劳动"这

---

① 原载《哲学研究》2009 年第 12 期，第 3—10 页。收录于俞吾金：《被遮蔽的马克思》，人民出版社 2012 年版，第 116—131 页。——编者注

一新观念。

马克思是在他所处的特殊的历史时代开始自己的哲学思考的。自康德以来，批判精神已经渗透到德国的全部精神生活中，而在青年马克思生活的时代，这种精神主要体现为对宗教异化的批判。在这方面，费尔巴哈的影响是无与伦比的。他在《基督教的本质》(1841)中揭示出如下的真相：

> 人的绝对本质、上帝，其实就是他自己的本质。①

也就是说，不是像《圣经》所说的，上帝创造了人，而是人创造了上帝。人把自己身上的全部智慧和能力集中到一个对象上，而这个对象就是上帝。人对上帝的膜拜实际上就是对自己的本质的膜拜，因为上帝正是人的本质的异化。于是，费尔巴哈得出了如下的结论，即神学的本质是人类学。但在这个结论面前，他却停止不前了。继续向前走的是马克思。他在《导言》中指出：

> 因此，**真理的彼岸世界**消逝以后，**历史的任务**就是确立**此岸世界的真理**。人的自我异化的**神圣形象**被揭穿以后，揭露具有**非神圣形象**的自我异化，就成了为历史服务的**哲学**的迫切**任务**。于是，对天国的批判变成对尘世的批判，对**宗教的批判**变成**对法的批判，对神学的批判**变成**对政治的批判**。②

那么，究竟如何把"对天国的批判变成对尘世的批判"呢？一方面，马克思把批判的触角伸向当时德国政治制度的最重要的精神支柱——黑格尔

---

① ［德］费尔巴哈：《基督教的本质》，荣震华译，商务印书馆1997年版，第34页。
② 《马克思恩格斯选集》第1卷，人民出版社1995年版，第2页。

的法哲学；另一方面，也是更深入的是，他把批判的触角伸向经济领域。①

在马克思以前，黑格尔是唯一真正关注经济领域的德国哲学家，他在耶拿时期写下的《伦理体系》（写于 1802—1803，首次出版于 1913）、《实在哲学》（写于 1803—1806，首次出版于 1931、1932）②、《精神现象学》（1807）等著作中已经涉及"劳动""需要""异化"等问题，但马克思当时能够读到的只有公开出版的《精神现象学》。在《手稿》中，马克思既肯定了黑格尔在《精神现象学》中提出的异化理论所蕴含的批判要素，但又指出，在黑格尔的思辨哲学体系中，这样的要素归根到底是发挥不了作用的。而在经济领域中，尤其是在对劳动的分析上，虽然黑格尔把劳动视为人的本质，但他没有把异化理论贯彻进去：

> 黑格尔站在现代国民经济学家的立场上。他把**劳动**看作人的**本质**，看作人的自我确证的本质；他只看到劳动的积极方面，而没有看到它的消极的方面。劳动是**人**在**外化**范围内或者作为**外化的人**的**自为的生成**。黑格尔唯一知道并承认的劳动是**抽象的精神的**劳动。③

正是马克思，在哲学上实质性地推进了黑格尔和费尔巴哈的异化理论，即进一步把异化理论引入对劳动本身的分析中，从而提出了"异化劳动"这一石破天惊的新观念。

在《手稿》中，马克思分析了异化劳动的四种具体的表现形式：劳动产品与劳动者的异化、劳动过程与劳动者的异化、人与人之间关系的异化、人与自己的类本质关系的异化。马克思还强调了以下两点：其一，

---

① 在《手稿》中，马克思明确地告诉我们："宗教的异化本身只是发生在人内心深处的**意识**领域中，而经济的异化则是**现实生活**的异化。"参见《马克思恩格斯全集》第 42 卷，人民出版社 1979 年版，第 121 页。

② 参见汝信：《青年黑格尔关于劳动和异化的思想——关于异化问题的探索之一》，《哲学研究》1978 年第 8 期。

③ 《马克思恩格斯全集》第 42 卷，人民出版社 1979 年版，第 163 页。

"异化劳动是私有财产的直接原因"①。也就是说，马克思通过异化劳动揭示了私有制的起源，从而也启示我们，只有扬弃异化劳动，才能消灭私有制。其二，"劳动的异化性质明显地表现在，只要肉体的强制或其他强制一停止，人们就会象逃避鼠疫那样逃避劳动"②。马克思把异化劳动与作为自由自觉活动的劳动区分开来，强调前者是"一种自我牺牲、自我折磨的劳动"③，而私有制试图加以维持并强化的正是这种异化劳动。

如果我们把《形态》理解为马克思和恩格斯清算自己的旧信仰、确立历史唯物主义这一新哲学观的第一部著作，那么，在这部著作和马克思以后的其他著作、手稿中，马克思仍然继续使用异化、异化劳动这样的概念。当然，比较起来，在公开出版物，如《资本论》中使用得少一些，而在手稿，如《1857—1858年经济学手稿》中则使用得多一些。马克思之所以这样做，理由很简单，因为普通的读者不容易理解异化这一概念，而在写给自己看的手稿中，马克思则比较频繁地使用这一概念。本来，马克思在文字上做这样的处理是很容易理解的，但有人却加以夸大，以成熟时期的马克思在公开出版物中较少使用异化概念为由，得出了如下的结论，即成熟时期的马克思已经抛弃了异化概念，甚至抛弃了整个异化理论。仿佛异化理论是马克思哲学中不应存在的一个污点，应该加以消除！事实上，在成熟时期的马克思的哲学思想中，异化理论，尤其是劳动异化的理论不仅继续被重申，而且它在社会历史发展中的意义也得到了新的阐发。

在《1857—1858年经济学手稿》中，马克思写道：

> 以交换价值为基础的生产，即在表面上进行着上述那种自由和平等的等价物交换的生产，从根本上说，是作为交换价值的**物化劳动**同作为使用价值的活劳动之间的交换，或者可以换一种说法，是

---

① 《马克思恩格斯全集》第42卷，人民出版社1979年版，第101页。
② 同上书，第94页。
③ 同上。

劳动把劳动客观条件——因而也是把劳动本身所创造的客体性——看作是他人财产的关系：**劳动的异化**。①

这段重要的论述表明，成熟时期的马克思也始终把异化劳动视为"以交换价值为基础"的资本主义雇佣劳动的根本特征。马克思还进一步从历史大视野的眼光出发，提示我们：

　　在资本对雇佣劳动的关系中，劳动即生产活动对它本身的条件和对它本身的产品的关系所表现出来的**极端的异化形式**，是一个必然的过渡点，因此，它已经**自在地**、但还只是以歪曲的头脚倒置的形式，包含着一切**狭隘的生产前提**的解体，而且它还创造和建立无条件的生产前提，从而为个人生产力的全面的、普遍的发展创造和建立充分的物质条件。②

与青年时期的马克思不同，成熟时期的马克思从其历史唯物主义的基本见解出发，先肯定资本主义雇佣劳动作为异化劳动是历史上的"一个必然的过渡点"，然后再对其进行道德上的谴责：

　　古代的观点和现代世界相比，就显得崇高得多，根据古代的观点，人，不管是处在怎样狭隘的民族的、宗教的、政治的规定上，毕竟始终表现为生产的目的，在现代世界，生产表现为人的目的，而财富则表现为生产的目的。③

如果说，青年马克思对异化劳动的批判体现出道德评价优先的原则，那么，成熟时期的马克思则体现出历史评价优先的原则。

---

　　①　《马克思恩格斯全集》第46卷(上册)，人民出版社1979年版，第519页。
　　②　同上书，第520页。
　　③　同上书，第486页。

不管如何，异化理论贯穿于马克思一生的哲学思考中。当代德国哲学家海德格尔不但在其代表作《存在与时间》(1927)中多次使用了异化概念，而且在《关于人道主义的书信》(1946)中谈到尼采所揭示的"无家可归"的精神状态时写道：

> 马克思在基本而重要的意义上从黑格尔那里作为人的异化来认识到的东西，和它的根子一起又复归为新时代的人的无家可归状态了。……因为马克思在体会到异化的时候深入到历史的本质性的一度中去了，所以马克思主义关于历史的观点比其余的历史学优越。但因为胡塞尔没有，据我看来萨特也没有在存在中认识到历史事物的本质性，所以现象学没有、存在主义也没有达到这样的维度，在这一维度中才有可能有资格和马克思主义交谈。①

在海德格尔看来，正是异化理论才使马克思哲学保持着历史视野的高度，而现象学和存在主义都还无法达到这一高度，从而与马克思主义进行有效的、创造性的对话。

# 二、异化与共产主义

异化理论在马克思哲学中的地位和作用还表现在它与马克思提出的理想社会——共产主义社会的内在关系上。

在《手稿》中，马克思阐述了自己对共产主义的理解：

**共产主义是私有财产即人的自我异化的积极的**扬弃，因而是通

---

① ［德］海德格尔：《海德格尔选集》(上)，孙周兴编译，上海三联书店 1996 年版，第 383 页。

过人并且为了人而对**人的**本质的真正**占有**；因此，它是人向自身、向**社会的**（即人的）人的复归，这种复归是完全的、自觉的而且保存了以往发展的全部财富的。这种共产主义，作为完成了的自然主义，等于人道主义，而作为完成了的人道主义，等于自然主义，它是人和自然之间、人和人之间的矛盾的**真正**解决，是存在和本质、对象化和自我确证、自由和必然、个体和类之间的斗争的真正解决。它是历史之谜的解答，而且知道自己就是这种解答。①

在这里，马克思的思路是非常明晰的。他把私有财产理解为人的自我异化，因为财产本来就是人创造出来的，但它又倒过来支配人。共产主义是对私有财产的扬弃，因而归根到底也是对人的自我异化的扬弃，而这种扬弃同时也是对人的本质的真正的占有和人性的真正的复归。更为重要的是，马克思也意识到，无论是人和自然之间、人和人之间的矛盾，还是存在和本质、对象化和自我确证、自由和必然、个体和类之间的斗争，都是以私有财产，即人的自我异化为前提的，因而只有通过共产主义扬弃私有财产，上述矛盾和冲突才能得到根本上的解决。

从上面的论述可以看出，共产主义根本上就可以定义为对自我异化的扬弃。在这个意义上可以说，不懂马克思的异化理论，根本就不可能理解他的共产主义学说。那么，成熟时期的马克思是否抛弃了他青年时期提出的、关于共产主义是对人的自我异化的积极扬弃的观点了呢？我们的回答是否定的。马克思不仅坚持了这一观点，而且在历史唯物主义的基础上对这一观点作出了更严格的表述。在《1857—1858年经济学手稿》中，马克思从其历史的大视野出发，提出了著名的三大社会形态的理论：

> 人的依赖关系（起初完全是自然发生的），是最初的社会形态，在这种形态下，人的生产能力只是在狭窄的范围内和孤立的地点上

---

① 《马克思恩格斯全集》第42卷，人民出版社1979年版，第120页。

发展着。以**物的**依赖性为基础的人的独立性，是第二大形态，在这
种形态下，才形成普遍的物质变换，全面的关系，多方面的需求以
及全面的能力的体系。建立在个人全面发展和他们共同的社会生产
能力成为他们的社会财富这一基础上的自由个性，是第三个阶段。
第二个阶段为第三个阶段创造条件。①

按照马克思的看法，在人类历史上出现的第一个社会形态是以"人的依
赖关系"为特征的。也就是说，在这一阶段上，人与人之间的关系表现
为以血缘关系为纽带的、地域性的关系。

第二个社会形态的特征是"以物的依赖性为基础的人的独立性"。这
里所说的"物"实际上就是私有财产。而在所有的私有制（保护私有财产
神圣不可侵犯）社会中，这种"物的依赖性"在资本主义社会中表现得最
为普遍，最为突出。如前所述，马克思把私有财产理解为人的自我异
化，因而在第二个阶段，特别是资本主义社会中，异化以前所未有的方
式显现出来。然而，成熟时期的马克思不再停留在对异化现象的单纯的
道德谴责上，他已经从历史唯物主义的立场出发，清醒地意识到：

全面发展的个人——他们的社会关系作为他们自己的共同的关
系，也是服从于他们自己的共同的控制的——不是自然的产物，而
是历史的产物。要使**这种**个性成为可能，能力的发展就要达到一定
的程度和全面性，这正是以建立在交换价值基础上的生产力为前提
的，这种生产才在产生出个人同自己和同别人的普遍异化的同时，
也产生出个人关系和个人能力的普遍性和全面性。②

①　《马克思恩格斯全集》第46卷（上册），人民出版社1979年版，第104页。
②　同上书，第108—109页。在《资本论》第1卷中，马克思也多次使用了异化概念。
比如，在该书第13章中，马克思这样写道："资本主义生产方式使劳动条件和劳动产品具
有的与工人相独立、相异化的形态，随着机器的发展而发展成为完全的对立。"参阅马克
思：《资本论》第1卷，人民出版社1975年版，第473页。

这就启示我们，尽管这种"以物的依赖性为基础的人的独立性"的"普遍异化"的现象应该受到道德上的谴责，但从历史评价的角度看，我们首先还是要肯定它，因为只有通过这一普遍异化的"炼狱"，充裕的社会财富和全面发展的个人才可能形成。也正是在这个意义上，马克思说"第二个阶段为第三个阶段创造条件"。

第三个社会形态的特征是"在个人全面发展和他们共同的社会生产能力成为他们的社会财富这一基础上的自由个性"。这个阶段实际上也就是共产主义阶段。正如马克思在《共产党宣言》中所说的：

> 代替那存在着阶级和阶级对立的资产阶级旧社会的，将是这样一个联合体，在那里，每个人的自由发展是一切人的自由发展的条件。①

从上面的论述可以看出，成熟时期的马克思在其历史唯物主义的基础上，仍然坚持了普遍异化之扬弃与共产主义实现之间的内在关系。这就启示我们，传统的马克思主义哲学教科书在讨论马克思哲学思想时，故意撇开其异化理论，完全违背了马克思的本意。实际上，把马克思的共产主义学说与其哲学上的异化理论，乃至存在论，甚至整个形而上学的背景分离开来，把它曲解为准实证科学的学说，正是实证主义思潮侵蚀马克思哲学研究领域的结果。海德格尔指出：

> 人们可以以各种不同的方式来对待共产主义学说及其论据，但从存在的历史的意义看来，确定不移的是，一种对有世界历史意义的东西的基本经验在共产主义中自行道出来了。谁若把"共产主义"认为只是"党"或只是"世界观"，他就是像那些把"美国制度"只认为而且还加以贬谪地认为是一种特殊生活方式的人一样，以同样的方

---

① 《马克思恩格斯选集》第 1 卷，人民出版社 1995 年版，第 294 页。

式想得太短浅了。①

海德格尔启示我们，必须结合马克思的历史大视野和三大社会形态理论，结合他的异化理论来重新理解并阐释其共产主义学说，从而对共产主义学说在本体论，乃至整个形而上学发展史上的地位和作用作出充分的说明。


# 三、异化与资本主义批判

异化理论在马克思哲学中的地位和作用还表现在，成熟时期的马克思揭示了异化在资本主义社会中的基础性的、普遍的表现形式——"物化"或"商品拜物教"现象。正是通过对这一现象的揭露，马克思不仅坚持了异化理论，而且对这一理论作出了创造性的推进。

严格地说来，物化与商品拜物教这两个概念是有差别的。就物化概念来说，它本来是一个中性的概念，因为任何性质的劳动，包括马克思所肯定的作为自由自觉活动的劳动，都会把人的精力物化在劳动的产品中。马克思这里所批判的物化是同时也是异化的物化，他告诉我们：

> 关键不在于**物化**，而在于**异化**，外化，外在化，在于巨大的物的权力不归工人所有，而归人格化的生产条件即资本所有，这种物的权力把社会劳动本身当作自身的一个要素而置于同自己相对立的地位。②

也就是说，马克思所批判的是否定意义上的物化，即同时表现为异化的

<hr>

① ［德］海德格尔：《海德格尔选集》（上），孙周兴编译，上海三联书店1996年版，第384页。

② 《马克思恩格斯全集》第46卷（下册），人民出版社1980年版，第360页。

物化。这种物化的具体的表现方式是物的主体化和人的客体化。人明明是物的创造者，现在却倒过来被巨大的物的权力所支配。其实，这种否定意义上的物化，也就是商品拜物教。

在《资本论》第 1 卷（1867）第一章中，马克思专门设立一节来讨论"商品的拜物教性质及其秘密"。马克思认为，乍看上去，商品是很简单很平凡的东西，但一经分析就会发现，它又是一种很古怪的东西，充满了形而上学的微妙和神学的怪诞。

> 例如，用木头做桌子，木头的形状就改变了。可是桌子还是木头，还是一个普通的可以感觉的物。但是桌子一旦作为商品出现，就变成一个可感觉而又超感觉的物了。它不仅用它的脚站在地上，而且在对其他一切商品的关系上用头倒立着，从它的木脑袋里生出比它自动跳舞还奇怪得多的狂想。①

马克思的这段论述告诉我们，商品的谜一般的神秘的性质并不来自作为它的自然属性的使用价值，而是来源于它的作为交换价值的社会属性。

> 商品形式和它借以得到表现的劳动产品的价值关系，是同劳动产品的物理性质以及由此产生的物的关系完全无关的。这只是人们自己的一定的社会关系，但它在人们面前采取了物与物的关系的虚幻形式。因此，要找一个比喻，我们就得逃到宗教世界的幻境中去。在那里，人脑的产物表现为赋有生命的、彼此发生关系并同人发生关系的独立存在的东西。在商品世界里，人手的产物也是这样。我把这叫做拜物教。劳动产品一旦作为商品来生产，就带上拜

---

① 马克思：《资本论》第 1 卷，人民出版社 1975 年版，第 87—88 页。

物教性质，因此，拜物教是同商品生产分不开的。①

在马克思看来，商品拜物教导致的结果是，物与物之间的虚幻的关系遮蔽了人与人之间的真实的社会关系。而商品拜物教还有两个衍生物：

一是货币拜物教。这种拜物教比起商品拜物教来，显得更为抽象，也更为强烈。因为拥有某种商品，只意味着拥有某种使用价值，而拥有作为"一般等价物"的货币，却等于潜在地拥有一切商品的使用价值。所以，人们习惯于把货币作为万能的神来崇拜。正如马克思所说的："货币拜物教的谜就是商品拜物教的谜，只不过变得明显了，耀眼了。"②

二是资本拜物教。一旦商品或货币作为资本被加以使用时，资本拜物教也就完成了。马克思写道：

> 在资本—利润（或者，更好的形式是资本—利息），土地—地租，劳动—工资中，在这个表示价值和一般财富的各个组成部分同财富的各种源泉的联系的经济三位一体中，资本主义生产方式的神秘化，社会关系的物化，物质生产关系和它的历史社会规定性直接融合在一起的现象已经完成：这是一个着了魔的、颠倒的、倒立着的世界。在这个世界里，资本先生和土地太太，作为社会的人物，同时又直接作为单纯的物，在兴妖作怪。③

为什么这个世界会以颠倒的方式表现自己呢？这正是资本拜物教导致的必然结果，因为它造成了这样的假象，似乎资本会自动地产生利润、土地会自动地获得地租、劳动会完全地转化为工资。其实，所有这些幻觉都源自资本拜物教，而"在生息资本上，资本关系取得了最表面、最富

---

① 马克思：《资本论》第 1 卷，人民出版社 1975 年版，第 89 页。
② 同上书，第 111 页。
③ 马克思：《资本论》第 3 卷，人民出版社 1975 年版，第 938 页。

有拜物教性质的形式"①。因为作为生息资本的货币资本,一旦被贷放出去,"那就无论它是睡着,还是醒着,是在家里,还是在旅途中,利息都会日夜长到它身上来"②。

从上面的论述可以看出,商品拜物教及其衍生物正是异化在资本主义社会中的经典性的表现形式。如何识破这种异化现象?从哲学上看,马克思是通过对"抽象的物质观"的批判来识破拜物教之谜的。所谓抽象的物质观,就是用非历史的、抽象的态度来谈论物质。比如,传统的马克思主义哲学教科书侈谈"世界统一于物质""物质是运动的""运动着的物质是有规律的""时间和空间是运动着的物质的存在方式"等观念,都是抽象的物质观的经典的表现形式。马克思的做法是,从不以抽象的方式来谈论物质,他考察的是物质的具体样态——物,而物在人类历史发展的一定的阶段上,如资本主义阶段上,表现为商品。商品作为"自然的物",具有使用价值,作为"社会的物"则具有交换价值。马克思注重的是商品的后一个特征,即作为"社会的物"的商品,因为商品拜物教正是在这一特征的基础上形成并发展起来的。由此可见,马克思的物质观决不会像传统的马克思主义哲学教科书所阐释的那样,满足于抽象地谈论"世界统一于物质"这类空洞的命题,而是通过对商品拜物教及其衍生物的批判,揭示出资本主义社会在物与物之间的虚幻关系掩盖下的人与人之间的真实关系,从而诉诸革命的手段来改变这种不合理的社会关系。

总之,马克思启示我们,要以批判的方式认识资本主义社会的本质,就既不能停留在抽象的物质上,也不能停留在触目可见的"社会的物"——商品上,而要揭示出隐藏在物后面的社会关系。在《1857—1858年经济学手稿》中,马克思曾经指出:

---

① 马克思:《资本论》第 3 卷,人民出版社 1975 年版,第 440 页。
② 同上书,第 443 页。参见俞吾金:《资本诠释学——马克思考察、批判现代社会的独特路径》,《哲学研究》2007 年第 1 期。

**资本被理解为物，而没有被理解为关系。**①

那么，马克思这里说的"关系"究竟是指什么呢？细心的读者一定会发现，在这部手稿的另一处，马克思已把答案告诉我们了。他这样写道：

资本显然是**关系**，而且**只能是生产关系**。②

由此可见，马克思前面说的"关系"就是指"生产关系"。

马克思对"物化"和"商品拜物教"的批判极大地启发了西方马克思主义的创始人——卢卡奇的思路。在《历史与阶级意识》(1923)中，卢卡奇写道：

商品拜物教问题是我们这个时代、即现代资本主义的一个特有的问题。众所周知，商品交换和与此相适应的主观的和客观的商品关系在社会很原始的发展阶段就已经有了。然而，这里重要的是这样一个问题：商品交换及其结构后果在多大程度上能影响整个外部的和内部的社会生活？③

正是沿着马克思开辟的思路，卢卡奇深入地探索并批判了现代资本主义社会中的"物化"和"物化意识"的现象，从而在当代西方哲学界产生了巨大的影响。尽管当时的卢卡奇还不能完全准确地理解并界定物化、异化、外化、对象化这些概念在含义上的差异，但重要的是，他把马克思的异化理论，尤其是商品拜物教的理论向前推进了。而卢卡奇的思想又进一步影响了他的学生安格尼斯·赫勒、德国哲学家马尔库塞、法国哲学家列斐伏尔和美国哲学家奥尔曼等，形成了批判资本主义异化和物化

---

① 《马克思恩格斯全集》第 46 卷（上册），人民出版社 1979 年版，第 212 页。
② 同上书，第 518 页。
③ ［匈］卢卡奇：《历史与阶级意识》，杜章智等译，商务印书馆 1996 年版，第 144 页。

的持久不息的思想潮流。

# 四、异化与辩证法的运作

传统的马克思主义哲学教科书在叙述马克思的辩证法时，都自觉地或不自觉地把它与异化理论分离开来，仿佛一涉及异化理论，辩证法本身就会被亵渎似的。其实，结果正好相反，只要人们撇开马克思的异化理论，尤其是他的异化劳动的理论来谈论他的辩证法，他们就永远不可能正确地理解并阐释他的辩证法。

作为实践唯物主义的创始人，马克思非常明确地宣布：

> 从前的一切唯物主义（包括费尔巴哈的唯物主义）的主要缺点是：对对象、现实、感性，只是从**客体**的**或者直观**的形式去理解，而不是把它们当作**感性的人的活动**，当作**实践**去理解，不是从主体方面去理解。①

他还进一步告诫我们：

> 全部社会生活在本质上是**实践的**。凡是把理论引向神秘主义的神秘东西，都能在人的实践中以及对这个实践的理解中得到合理的解决。②

在马克思看来，这种实践的视角不是局部性的，而是全局性的，不仅包括对社会生活和自然现象的考察，也包括对思想观念、理论学说的考

---

① 《马克思恩格斯选集》第 1 卷，人民出版社 1995 年版，第 54 页。
② 同上书，第 56 页。

察。马克思实际上已暗示我们，他对辩证法的思索也是以实践为载体的，而实践总是社会实践，因而辩证法只能在社会历史领域里加以讨论。

马克思的上述暗示也包含着其固有的批判意识，即任何以非社会实践的方式阐释辩证法的做法都是错误的。然而遗憾的是，传统的马克思主义哲学教科书正是沿着这一错误的方向来阐释辩证法的。比如，在辩证唯物主义(研究自然)和历史唯物主义(研究社会)这一阐释结构中，辩证法被置于辩证唯物主义部分中，当然是与社会(包括人的社会实践)相分离的。这种分离导致的结果是辩证法成了"自然辩证法"，由于这里的"自然"是与"社会"相分离的，所以自然辩证法并不是马克思所强调的"人化自然辩证法"①，而是与人的社会实践活动相分离的"自然自身运动的辩证法"②。马克思早已说过：

> 被抽象地孤立地理解的、被固定为与人分离的**自然界**，对人说来也是**无**。③

————————————

① 与恩格斯不同，马克思一开始关注的就不是自然的自身运动，而是自然的属人性，即人总是通过实践活动与自然发生关系的："自然界的**人的**本质只有对**社会的**人说来才是存在的；因为只有在社会中，自然界对人说来才是人与人**联系的纽带**，才是他为别人的存在和别人为他的存在，才是人的现实的生活要素；只有在社会中，自然界才是人自己的**人的**存在的**基础**。只有在社会中，人的**自然的**存在对他说来才是他的**人的**存在，而自然界对他说来才成为人。因此，**社会**是人同自然界的完成了的本质的统一，是自然界的真正复活，是人的实现了的自然主义和自然界的实现了的人道主义。"(参见《马克思恩格斯全集》第 42 卷，人民出版社 1979 年版，第 122 页)在马克思那里，"自然"与"社会"从未处于分离的状态中。相反，社会就是"人同自然界的完成了的本质的统一"。简言之，社会就是"人化自然"。遗憾的是，辩证唯物主义和历史唯物主义的阐释结构把马克思哲学二元化了，而这种阐释结构完全违背了马克思的本意。其实，马克思哲学也就是历史唯物主义，历史唯物主义的研究对象就是社会，而社会也就是人化自然，根本不需要在历史唯物主义之外再设定一个单纯以自然为研究对象的辩证唯物主义。

② 恩格斯认为，"唯物主义的自然观不过是对自然界本来面目的朴素的了解，不附加以任何外来的成分，所以它在希腊哲学家中间从一开始就是不言而喻的东西。"参见恩格斯：《自然辩证法》，人民出版社 1971 年版，第 177 页。

③ 《马克思恩格斯全集》第 42 卷，人民出版社 1979 年版，第 178 页。

这就明确地告诉我们，与人的社会实践活动相分离的、自身运动着的自然界根本不可能成为马克思的辩证法的载体。马克思的辩证法是以人的社会活动为载体的。那么，这种社会活动究竟是什么呢？答案正隐藏在马克思的异化理论中。在《手稿》中，马克思指出：

> 在实践的、现实的世界中，自我异化只有通过同其他人的实践的、现实的关系才能表现出来。异化借以实现的手段本身就是**实践的**。因此，通过异化劳动，人不仅生产出同作为异己的、敌对的力量的生产对象和生产行为的关系，而且生产出其他人同他的生产和他的产品的关系，以及他同这些人的关系。①

与费尔巴哈不同，马克思不仅关注精神领域（如宗教、法哲学）里的异化，而且更关注现实生活中的异化，并敏锐地发现，"异化借以实现的手段本身就是实践的"，而在人的实践活动中，劳动乃是最基本的、最普遍的实践活动。所以，"异化劳动"这一概念的提出表明，马克思一开始就是以最基本的社会实践活动——劳动作为载体来理解并阐释自己的辩证法的。在《手稿》的另一处，马克思写道：

> 黑格尔的《**现象学**》及其最后成果——作为推动原则和创造原则的否定性辩证法——的伟大之处首先在于，黑格尔把人的自我产生看作一个过程，把对象化看作失去对象，看作外化和这种外化的扬弃；因而，他抓住了**劳动的**本质，把对象性的人、现实的因而是真正的人理解为他**自己的劳动**的结果。②

在马克思看来，黑格尔辩证法的伟大之处首先在于他是以劳动作为载体

---

① 《马克思恩格斯全集》第42卷，人民出版社1979年版，第99页。
② 同上书，第163页。

的，而黑格尔所理解的世界历史，正是通过这种劳动的辩证法而展示出来的。如前所述，遗憾的是，黑格尔唯一知道并承认的劳动是精神劳动，所以，与黑格尔不同的是，马克思关注的是以现实的劳动为载体的辩证法。正是在这个意义上，马克思指出：

> **整个所谓世界历史**不外是人通过人的劳动而诞生的过程，是自然界对人说来的生成过程。①

然而，马克思发现，在私有制，尤其是资本主义私有制的背景下，现实的劳动总是表现为异化劳动，"因为全部人的活动迄今都是劳动，也就是工业，就是自身异化的活动，人的**对象化的本质力量以感性的、异己的、有用的对象**的形式，以异化的形式呈现在我们面前"②。所以，马克思始终是以社会实践的基本形式——异化劳动作为载体来叙述自己的辩证法思想的。在他看来，只有扬弃私有财产（人的自我异化）的共产主义才能最后克服异化劳动，使之上升为自由自觉的活动。也就是说，异化劳动及对异化劳动的扬弃乃是马克思辩证法的核心内容。在马克思哲学的某些阐释者那里，马克思的辩证法之所以蜕化为诡辩，因为他们抛弃了马克思辩证法的载体——社会实践以及作为实践的基本形式的劳动（在私有制的背景下则表现为异化劳动）。正如海德格尔所指出的：

> 辩证法由于未在生存论中奠立根基而必然是无根基的。③

从上面的讨论中我们可以引申出以下四点结论。

其一，当前的马克思哲学研究面临的最大危险是被实证化。值得注

---

① 《马克思恩格斯全集》第 42 卷，人民出版社 1979 年版，第 131 页。

② 同上书，第 127 页。

③ ［德］海德格尔：《存在与时间》，陈嘉映等译，生活·读书·新知三联书店 1987 年版，第 358 页。

意的倾向是，人们避而不谈马克思的本体论（由于异化理论是从属于本体论范围的，所以他们也避而不谈异化理论），而用"世界观"的概念取而代之。其实，海德格尔早已指出：

> 哲学是本体论的。与此相反，世界观则是关于存在者的设定性认识，是对存在者的设定性表态，它不是"本体论的"（ontologisch），而是"存在者的"（ontisch）。①

事实上，只有恢复马克思哲学在本体论发展史上的应有的地位，只有深入地探索异化理论，才能从根本上有效地抵御把马克思哲学实证化的思想倾向。

其二，任何把异化理论作为不成熟的观念从马克思哲学中剔除出去的做法都违背了马克思的本意。从我们上面考察的马克思异化理论的四个主要侧面——异化劳动、异化与共产主义、异化与资本主义批判、异化与辩证法——来看，异化理论在马克思哲学中扮演着基础性的、核心的地位和作用。

其三，从当代西方学者对马克思哲学的当代意义的阐释中，他们最重视的是马克思对资本主义的批判，而在这一批判中，马克思使用的核心概念则是异化、物化、外化、商品拜物教等。无法设想，人们可以撇开这些概念来准确地叙述马克思关于资本主义的一系列批判性的见解。

其四，马克思的辩证法不是描述与人的实践活动相分离的、自身运动着的自然的辩证法，而是人化自然的辩证法，是社会历史的辩证法。正是这一辩证法把特定历史背景下存在的异化劳动和对异化劳动的扬弃（共产主义）视为自己的核心内容。也就是说，只有把异化理解为辩证法的本质内涵，才可能准确地理解马克思的辩证法思想。

---

① ［德］海德格尔：《现象学之基本问题》，丁耘译，上海译文出版社 2008 年版，第13 页。这里出现的 Ontologie 和 ontologisch 原译为"存在论"和"存在论的"，此处改译为"本体论"和"本体论的"。

# 如何准确地理解并翻译晚年恩格斯
# 关于意识形态问题的两段重要论述<sup>①</sup>

在《路德维希·费尔巴哈和德国古典哲学的出路》<sup>②</sup>一书中，恩格斯对意识形态问题做过许多论述，其中有两段重要的论述，由于翻译上存在的问题而屡遭误解，有必要加以辨析与澄清。

恩格斯的第一段论述是：

Im Staate stellt sich uns die erste ideologische Macht ueber den Menschen dar. Die Gesellschaft schafft sich ein Organ zur Wahrung ihrer gemeinsamen Interessen gegenueber inneren und aeusseren Angriffen. Dies Organ ist die Staatsgewalt. <sup>③</sup>

这段话的中译文如下：

---

① 载《当代国外马克思主义评论》第 7 辑，人民出版社 2009 年版，第 83—88 页。——编者注

② 恩格斯这部著作的德语书名为：*Lugwig Feuerbach und der Ausgang der classischen deutschen Philosophie*，其中的德语名词 der Ausgang 不应被译为"终结"，而应被译为"出路"，参见俞吾金：《论马克思对德国古典哲学遗产的解读》，《中国社会科学》2006 年第 2 期。

③ K. Marx, F. Engels, *Ausgewaehlte Werke*, Band Ⅵ, Berlin: Dietz Verlag, 1990, S. 308.

国家作为第一个支配人的意识形态力量出现在我们面前。社会创立一个机关来保护自己的共同利益，免遭内部和外部的侵犯。这种机关就是国家政权。①

细心的读者只要把中译文与德语原文比较一下，马上就会发现其中的不妥之处。在德语中，Im Staate 的含义是"在国家中"，这一表述方式启示我们，"国家"（der Staat）这个名词在整个句子中处于状语状态，而不是主语状态。然而，在中译文中，"国家"却是以主语的方式出现的。此外，德语原文中并没有使用诸如 als 这样的介词，所以中译文中的"作为"也是译者杜撰出来的。按照笔者的看法，上述德语原文应该译为：

在国家中，第一个支配人的意识形态权力出现在我们的面前。社会创立一个机关来保护自己的共同利益，免遭内部和外部的侵犯。这种机关就是国家权力。

请注意，在上述中译文中除了恢复"国家"这个名词的状语状态外，我还主张按照恩格斯表述思想的语境，把德语名词 die Macht 和 die Gewalt 均译为"权力"，而不译为含义模糊的"力量"或"政权"。显而易见，按照恩格斯的本意，"第一个支配人的意识形态力量"并不是指"国家"（der Staat），而是指"国家权力"（die Staatsgewalt），而国家权力作为社会创立起来以保护自己的共同利益并抵御内部和外部侵犯的"一个机关"（ein Organ）实际上指的是作为治理主体的政府机关。

恩格斯的第二段论述是：

Der Staat aber，einmal eine selbstaendige Macht geworden gege-

① 《马克思恩格斯选集》第 4 卷，人民出版社 1995 年版，第 253 页。

nueber der gesellschaft，erzeugt alsbald eine weitere Ideologie. ①

这段话的中译文如下：

> 但是，国家一旦成了对社会来说是独立的力量，马上就产生了另外的意识形态。②

同样，读者只要把中译文与德语原文对照一下，马上就会发现，这里的关键是如何准确地理解并翻译 eine weitere Ideologie 这个短语。显然，把 eine weitere Ideologie 译为"另外的意识形态"是不妥的，我们的主要理由如下：

第一，ein(e)作为量词解释"一"，但这含义并没有通过翻译而被准确地传达出来。事实上，在"另外的意识形态"这样含混的译文中，读者无法判断，这里的"意识形态"究竟是以单数的形式，还是以复数的形式出现的。

第二，把 weit(ere)这个形容词的比较级译为"另外的"显然不妥，因为在通常的情况下，汉语中的"另外的"对应于德语中的形容词 and(e)re，而德语中的形容词 weit 则对应于汉语中的形容词"时间和空间上远隔的、远离的"。何况，"另外的意识形态"这一短语并没有把 weit(ere)这个形容词的比较级的含义翻译出来。按照笔者的看法，上述德语原文应该译为：

> 但是，国家一旦成了对社会来说是独立的权力，一种较远的意识形态马上就产生了。

---

① K. Marx，F. Engels，*Ausgewaehlte Werke*，*Band* Ⅵ，Berlin：Dietz Verlag，1990，S. 308.

② 《马克思恩格斯选集》第 4 卷，人民出版社 1995 年版，第 253 页。

从上下文可以看出，恩格斯在这里所说的"一种较远的意识形态"是指"法律"。那么，这里的"较远的"（weitere）这个形容词是相对于什么来说的呢？事实上，这个秘密只能从紧接着第二段论述的第三个段落中得到索解。

恩格斯的第三段论述是：

Noch hoehere，d. h. noch mehr von der materiellen，oekonomischen Grundlage sich entfernende Ideologien nehmen die Form der Philosophie und der Religion an.①

这段话的中译文如下：

更高的即更远离物质经济基础的意识形态采取哲学和宗教的形式。②

显然，这段中译文在翻译上是准确的，它向读者提供了准确地理解并翻译恩格斯第一、第二段论述的语境。在这第三段论述中，恩格斯不仅使用了德语形容词 hoch（高的）的比较级 hoeher(e)，即"更高的"，也使用了动词 entfernen 的现在分词 entfernend(e)，并使之处于 sich entfernende 的反身状态下，以表达"更远离的"含义。显然，在恩格斯看来，与"法律"这种意识形式比较，"哲学和宗教"是更高的即更远离物质经济基础的意识形式。

通过第三段话提供的重要语境和对第一、第二段话的重新翻译，我们可以引申出如下的结论：

其一，在上面引证的恩格斯的三段论述中，前面两段论述的翻译存

---

① K. Marx，F. Engels，*Ausgewaehlte Werke*，Band Ⅵ，Berlin：Dietz Verlag，1990，S. 309.

② 《马克思恩格斯选集》第 4 卷，人民出版社 1995 年版，第 253 页。

在着问题，这些问题主要是由于没有准确地理解恩格斯德语原文的结构和没有准确地把握恩格斯论述的语境而引起的。

其二，恩格斯认为，只有在国家中，第一个支配人的意识形态权力才会出现。也就是说，国家不是"作为第一个支配人的意识形态权力"，而是这种权力出现的不可或缺的条件。这就启示我们，第一个支配人的意识形态权力指的是国家权力，而这一权力作为一个机关，实际上指的是作为治理主体的政府机关。要言之，第一个支配人的意识形态权力是政府机关。

其三，我们上面引证的恩格斯的三段论述展示了意识形态的结构特征，而这一结构的不同层次是按照"与物质经济基础关系的远近"来定位的。

从第一个段落，即最贴近物质经济基础的层次上看，国家权力，即政府机关乃是"第一个支配人的意识形态力量"。在这里，形容词 erste（第一的）表明了国家权力作为"意识形态力量"的直接性。但必须指出，说国家权力是"第一个支配人的意识形态力量"，并不等于说国家权力就是意识形态，因为"意识形态"和"意识形态力量"是两个不同的概念。前者是精神性的东西，后者则是确保前者发生作用的现实性的权力。

从第二个段落，即离物质经济基础稍远的层次上看，法律是作为"一种较远的意识形态"而出现的。这里的形容词比较级 weitere 决不能被译为"另外的"，因为这样译是以误解恩格斯的语境作为前提的。事实上，恩格斯之所以在这里使用 weitere 这个词，只是为了表明，法律这种意识形式与国家权力或政府机关比较起来，离开物质经济基础是比较远的。也就是说，必须在"与物质经济基础关系的远近"的参照系中来理解并翻译 weitere 这个词。

从第三个段落，即与物质经济基础距离更遥远的层次上看，意识形态的具体形式则是哲学和宗教。在这段论述中，用来修饰"意识形态"这个名词的形容词 hoehere（更高的）和 sich entfernende（更远离的），比起第二段论述中用来修饰"意识形态"的形容词 weitere（较远的），在空间和时间上离开物质经济基础更遥远。正如恩格斯所说的："在这里，观念同自己的物质存在条件的联系，越来越错综复杂，越来越被一些中间环节弄模糊了。"①事实上，只有先行地理解了恩格斯在第三段论述中使用的 hoehere 和 sich entfernende 这样的修辞词的含义，才能倒过来准确地理解恩格斯在第二段论述中所使用的修饰词 weitere 的含义。也就是说，在恩格斯的确定的语境中，weitere 决不能被译为"另外的"，而只能被译为"较远的"。这就深刻地启示我们，恩格斯在思考意识形态结构的时候，始终是以具体意识形式"与物质经济基础关系的远近"作为参照系的。换言之，恩格斯是从历史唯物主义理论出发来理解并阐释意识形态现象的。

---

① 《马克思恩格斯选集》第 4 卷，人民出版社 1995 年版，第 253 页。

# 2010年

# 价值四论①

德国哲学家尼采把他心目中的"创造者"同时理解为"评价者"，因为在他看来，要创造新世界，就得先对现有的世界作出价值评判，并按照自己认同的价值观去创造新世界。细加考察，就会发现，不光创造者拥有自己的价值观，每个普通人也都拥有自己的价值观。在古希腊神话中，一个名叫普罗克拉斯提斯的强盗，在路边放了一张床，强迫每个过路人躺到这张床上。假如过路人的身体比床长，就把他的脚砍掉；假如比床短，就把他的身体拉长。其实，每个普通人都是普罗克拉斯提斯，只是携带的床不放在路边，而是隐藏在心中。这张床也不是普通的床，而是看不见摸不着的"价值之床"。也就是说，人人都从自己的价值观，即"价值之床"出发去评价周围的一切。在这个意义上，人是做评价的动物。

普通人每时每刻都在从事评价活动，而在这类活动中，无论是评价的出发点、评价的标准或坐标，还是评价的结果，无一不关涉价值问题。尽管人们经常把"价值"这个词挂在嘴上，但对其含义的理解却见仁见智，迥然各异。假如人们打

———————————

① 原载《哲学分析》2010 年第 2 期，第 1—7 页，第 196 页；收录于俞吾金：《被遮蔽的马克思》，人民出版社 2012 年版，第 402—411 页。——编者注

算对价值问题做纵深的研究，或打算在价值问题上进行实质性的、有效的对话，其前提就是厘清价值概念的含义，在对价值问题的探讨上达成某种共识。本文的宗旨是：摈弃误解，探寻共识，具体的论述将按照以下四个方面展开。

## 一、使用价值，还是价值？

就"价值"（Wert）这个词的初始含义而言，它起源于经济领域。[①] 我们知道，商品作为"社会的物"具有两重性：一方面，商品具有使用价值（Gebrauchswert），即满足人们需要的自然属性。这种自然属性涉及人与物之间的关系。另一方面，商品具有交换价值（Tauschwert），而交换价值又是以价值为基础的，价值则是凝结在商品中的抽象的、无差别的人类劳动。作为社会属性，交换价值、价值涉及人与人之间的关系。正是在这个意义上，马克思说："价值是商品的社会关系，是商品的经济的质。……作为价值，商品是等价物；商品作为等价物，它的一切自然属性都消失了。"[②]

然而，人们常常把价值（商品的社会属性）与使用价值（商品的自然属性）混淆起来，即从使用价值的含义上去理解价值的含义。比如，他们习惯于从人与物之间的关系出发去谈论价值问题，甚至直接把价值理解为物的属性对人的需要的满足。马克思对这种错误的价值观进行了严

---

① 马克思指出："价值这个经济学概念在古代人那里没有出现过。价值只是在揭露欺诈行为等等时才在法律上区别于价格。价值概念完全属于现代经济学，因为它是资本本身的和以资本为基础的生产的最抽象的表现。价值概念泄露了资本的秘密。"《马克思恩格斯全集》第46卷（下册），人民出版社1980年版，第299页。

② 《马克思恩格斯全集》第46卷（上册），人民出版社1979年版，第84—85页。在汉语中，"价""值"两字的出现都比较晚。据现有的考古资料，这两个字至少在甲骨文和金文中还未出现。但值得注意的是，这两个字都以"人"作为偏旁。这一现象似乎暗示我们，"价值"这个复合词关注的核心问题是人与人之间的关系。

厉的批判。在《评阿·瓦格纳的〈政治经济学教科书〉》中，马克思写道："这就使他（指阿·瓦格纳——引者注）同样有可能像德国教授们那样传统地把'使用价值'和'价值'混淆在一起，因为它们两者都有'价值'这一共同的词。"①为什么价值和使用价值这两个概念不应该混同起来呢？因为"使用价值表示物和人之间的自然关系，实际上就是物和人相对来说的存在。交换价值是一个在那种把它创造出来的社会发展中后来才加到与使用价值同义的价值这个词中去的意义。它是物的社会性质的存在"②。由此可见，虽然自然属性与社会属性共存于同一个商品之中，但这两个属性之间却存在着根本性的差别。马克思认为，价值一开始就应该从商品的社会属性与这一属性所蕴含的人与人之间的关系出发去加以理解。

在《资本论》中，马克思进一步批判了商品拜物教："商品形式的奥秘不过在于：商品形式在人们面前把人们本身劳动的社会性质反映成劳动产品本身的物的性质，反映成这些物的天然的社会属性，从而把生产者同总劳动的社会关系反映成存在于生产者之外的物与物之间的社会关系。"③也就是说，人们把商品的社会属性（价值）误认作其自然属性（使用价值）。比如，拜金主义者把黄金的昂贵理解为它本身具有的自然属性，其实，黄金之所以昂贵，因为在一定的经济关系中，它充当着一般等价物的作用。也就是说，黄金的昂贵完全是其社会属性使然。在商品买卖和交换的过程中，无论是一般等价物，还是具体的商品，都处于物与物关系的网络中。在这里，关键在于，把商品和一般等价物理解为"社会的物"，从而在物与物关系的背后揭示出人与人之间的真实关系。

在《资本论》第 1 卷第二版的一个注中，马克思写道："当加利阿尼说价值是人和人之间的一种关系时，他还应当补充一句：这是被物的外

---

① 《马克思恩格斯全集》第 19 卷，人民出版社 1963 年版，第 400 页。

② 马克思：《剩余价值学说史》第 3 卷，郭大力译，人民出版社 1978 年版，第 326—327 页。

③ 《马克思恩格斯文集》第 5 卷，人民出版社 2009 年版，第 89 页。

壳掩盖着的关系。"①显然，在马克思看来，价值不是作为"社会的物"的商品的自然属性(使用价值)，而是其社会属性(价值、交换价值)。记住这一点至关重要，否则就像阿·瓦格纳一样，探讨价值问题的第一步就迈错了。

有趣的是，海德格尔也从其"存在论差异"的学说，即"存在"(Sein)≠"存在者"(Seiende)出发，提出了如下的问题："难道我们应该首先执着于此在当下和通常持留于彼的那种存在者，即执着于'有价值的物'吗？这些'有价值的'物不是'本质地'显示着我们生活于其中的那个世界吗？"②海氏的回答是否定的。在他看来，着眼于对人来说"有价值的物"，并不能从存在论上把捉住价值的含义。海氏在批评价值论的倡导者洛采等学者时指出："关于有价值物的存在，价值述语的附加丝毫不能提供什么新的启发，它只是又预先为有价值物设定了纯粹现成在手状态的存在方式。价值是物的现成的规定性。价值的存在论起源最终只在于把物的现实先行设定为基础层次。"③显然，真正的存在论意义上的价值概念应该通过"此在"在世的先天结构，在与"现成在手"(Vorhandenheit)状态根本有别的"当下上手"(Zuhandenheit)状态中显示出来。正是在这个意义上，海氏告诫我们："解释并非把一种'含义'抛到赤裸裸的现成东西头上，并不是给它贴上一种价值。随世内照面的东西本身就一向已有在世界之领悟中展开出来的因缘状态；解释无非是把这一因缘状态解释出来而已。"④

海氏的上述见解深刻地启示我们，如果人们打算从存在论出发去理解价值的含义，就不应该从现成的存在者，即有价值的物(即物与物的关系)，或从物的属性满足于人的自然需要(即人与物的关系)的角度出

---

① 《马克思恩格斯文集》第 5 卷，人民出版社 2009 年版，第 91 页。
② [德]海德格尔：《存在与时间》，陈嘉映、王庆节译，生活·读书·新知三联书店 1987 年版，第 79 页。
③ 同上书，第 123 页。
④ 同上书，第 183 页。

发去理解价值，而应该着眼于物的社会属性，即从生存活动中人与人之间的真实关系出发去理解并把握价值的含义。

## 二、主观价值判断，还是客观价值关系？

当人们开始从物的社会属性，即生存活动中人与人之间的真实关系出发去理解价值含义的时候，他们已经站在存在论的地基上，把握了价值概念的真正起源和本质性的维度。然而，价值世界是一个复杂的世界，它不仅关系作为评价对象的人、物或事态，而且也关系作为评价主体的个人。个人本身就是一个复杂的"小宇宙"，在他的身上，既有思维、判断、论证、推理这样理性的维度，又有本能、欲望、情感、意志这样非理性的维度。在通常的情况下，这两个维度在个人身上达到了平衡，而在这种平衡中，理性维度始终处于主导地位上。但在特殊的情况下，非理性维度也有可能跃居主导性位置，从而使评价主体把情感因素带入到评价活动中。况且，正如马克思所指出的："个体是社会存在物。"①社会习俗、社会关系、实际地位和具体利益也会直接或间接地对他的评价活动产生重要的，甚至决定性的影响。

法国人的谚语是："人人都在他人身上主持公道。"这句谚语的潜台词是：人们很难对自己及与自己利益有关的人、物和事态作出公正的评价。而中国人的谚语"人贵有自知之明"实际上从另一个侧面印证了法国人的谚语。个人在做评价活动时，往往会渗入自己的利益、偏好和其他因素，从而导致对他人、物和事态的价值的误判。我们把这类价值的误判称作"主观价值判断"。马克思就曾以嘲讽的口吻写道："如果我向一个裁缝定做的是巴黎式燕尾服，而他却给我送来一件罗马式的长袍，因

---

① 《马克思恩格斯文集》第1卷，人民出版社2009年版，第188页。

为他认为这种长袍更符合美的永恒规律，那该怎么办呵！"①显然，如果这个裁缝老是做这样的"主观价值判断"的话，他一定会失去所有的顾客。

按照新康德主义的观点，如果人们在评价活动中试图避免作出"主观价值判断"的话，他们追求的就应该是"客观价值关系"。何谓"客观价值关系"？简要地说，就是内蕴于实际生活中的普遍性的价值观念。事实上，任何个人都应该避免把自己主观上的好恶或情感因素带入到评价活动中去，而必须在从事任何评价活动之前，先行地探索内蕴于实际生活中的普遍性的价值观念，用以引导自己的评价活动，使之摆脱狭隘的主观性的轨道。比如，当以牟宗三为代表的当代新儒家主张以"同情的理解"的态度去对待传统儒学时，他们实际上再也不可能以客观的、公正的态度去理解并阐释传统儒学的价值了，因为"同情"作为情感上的偏好已先行地渗入他们的评价活动，除了陷入"主观价值判断"，还会有什么别的结果呢？

总之，从任意的、主观的价值判断自觉地上升到对客观价值关系的探寻和把握，是人们在探讨价值问题和评价活动时必须迈出的第二步。尽管这一步十分重要，也可视为新康德主义者在价值问题上的重要贡献，但仍然有问题需要得到澄清，否则，"客观价值关系"就会流于空谈。


# 三、自然的价值多元论，还是批评的价值多元论？

只要人们不是从本本出发，而是从实际生活出发去看问题，就会发现，准确地把握客观价值关系并非易事。为什么？因为在当代社会中，客观价值的多元性存在已经成为一个不争的事实。美国科学哲学家费耶阿本德的名言：什么都行。就是这种价值多元论的经典性表现形式。这

---

① 《马克思恩格斯全集》第 1 卷，人民出版社 1956 年版，第 192—193 页。

样一来，新的问题又产生了，即评价者或评价主体究竟如何在客观价值关系之林中作出准确的选择和定位呢？

假如撇开价值观念上的细小的分歧，我们就会发现，在当代中国社会中，至少存在着以下三大价值体系：一是前现代性的，即传统的价值体系。二是现代性的，即以追求现代化的实现为核心目标的价值体系。三是后现代性的，即以反思、修正，甚至拒斥现代性价值观念为宗旨的价值体系。

深入的研究表明，这三大价值体系不仅相互之间存在着矛盾和冲突，而且每个价值体系内部也存在着矛盾和冲突。显然，当人们在这一错综复杂的客观价值关系之林中从事评价活动时，常常会陷入歧路亡羊、无所适从的窘境。我们发现，面对这种窘境，评价者分裂为以下两个派系。

一个派系认为，每个人都有自由去选择他所认同的价值体系，既然这些价值体系都具有客观性或普遍性，都有自己存在的理由，也就没有必要对它们进行褒贬。我们不妨把这一派系的观点称为"自然的价值多元论"，因为它主张，人们应该以自然主义的态度坦然面对这种价值乃至价值体系多元的现象，每个人都有权选择他认为合理的价值观念乃至价值体系。

另一个派系认为，尽管在今天的实际生活中，价值乃至价值体系多元的现象已经得到普遍的认可，但并不等于说，评价者在这种价值体系多元的现象面前应该放弃自己应有的立场而随波逐流。恰恰相反，评价者之为评价者，他责无旁贷的使命就是对不同的价值观念，乃至价值体系作出自己的甄别和选择。而这种甄别和选择正是以批评为前提的。正是通过这种先行的批评，评价者澄清了自己的立场和出发点，从而获得了与这种立场和出发点相适应的价值标准或价值坐标。我们不妨把这一派系的观点称为"批评的价值多元论"，因为它主张，人们不应该以价值体系的多元存在作为借口而抛弃自己的批评意识，不应该在客观价值关系之林中迷失方向，而应该努力寻找真正具有现实性的价值体系。

由海德格尔和伽达默尔深入加以讨论的"诠释学循环"理论启示我们：一方面，诠释者试图对被诠释的对象作出客观的解释；另一方面，诠释者在开始自己的诠释活动之前已有先入之见。其实，我们发现，评价者在其评价活动中也会陷入同样的循环之中：一方面，评价者试图对被评价对象的实际价值作出客观的评价；另一方面，评价者在开始自己的评价活动之前实际上已有自己的先入之见。在这种情况下，孔子所说的"述而不作"是否可能？我们的回答是：根本不可能。因为并不存在单纯的"述"，即叙述，相反，"作"，即价值导向，总会自觉或不自觉地渗透于"述"中。以孔子删《诗》为例，他说："诗三百，一言以蔽之，曰：思无邪。"（《论语·为政》）可见，"思无邪"就是他删《诗》的价值导向和标准。同样，德国社会学家马克思·韦伯主张的"价值无涉"或"价值中立"，实际上也是不可能的。

事实上，在评价活动中，人们既要摈弃自然的价值多元论的立场，不以"无政府主义的"态度去对待各种不同的价值体系；也要抛弃以为自己可以用"价值无涉"或"价值中立"的方式去评价对象的幻觉，不以"幻想主义的"态度去对待各种不同的价值体系。也就是说，我们应该采取批评的价值多元论的立场。这种批评的目的是：先探寻并罗列出实际生活中存在的各种客观的价值体系，再通过对实际生活的本质性发展维度的反思，挑选出我们应该加以认同的、真正具有现实性的价值体系。

在这里，我们必须阐明新康德主义者主张的"客观性"（Objektivität）概念与我们所主张的"现实性"（Wirklichkeit）概念之间的根本性差别。众所周知，客观性是相对于主观性而言的。因而达到客观性只表明一个人摆脱了自己狭隘的主观性，把自己提升到对普遍性的事物的关注中。然而，具有客观性的事物并不一定具有现实性。事实上，具有客观性的事物可以分为两类：一类是已经失去自己的合理性，因而也失去了自己存在理由的事物；另一类是具有自己的合理性，因而正处于上升发展势头的事物。在我们看来，只有后一类事物才兼具客观性和现实性。黑格尔在《法哲学原理》的"序言"中说出的著名命题"凡是现实的都是合乎理性的，凡是合乎理性的都是现实的"正是这个意思。

由此可见，当人们像新康德主义者所主张的那样，摒弃主观价值判断，领悟并把握客观价值关系时，他们所做的一切还是远远不够的。他们还须迈出决定性的第三步，即通过自己的批评意识，从客观价值关系之林中抉出真正具有现实性的价值体系，并自觉地把自己的立场置于这一价值体系之上。那么，在当代中国社会中，这一真正具有现实性的价值体系究竟是什么呢？

## 四、现代性价值体系，还是被修正的现代性价值体系？

在前面的论述中，我们已经指出，在当代中国社会中，存在着前现代性、现代性和后现代性这三大价值体系。那么，在这三大价值体系中，究竟哪个价值体系对于当代中国人来说具有真正的现实性呢？我们的回答是：现代性价值体系，因为当代中国社会现实生活的本质性维度乃是追求并实现现代化，而在现代化的总体思路中，蕴含着现代性的价值体系。

至于前现代性价值体系，从总体上看，是与中国传统社会的实际生活需要相适应的，而中国传统社会是以血缘关系和地缘性的农村公社为基础的、以土地公有和中央集权为根本特征的宗法等级制社会，因而从这样的传统社会形式概括并提取出来的价值体系早已从总体上丧失了其现实性。也就是说，我们必须从总体上对前现代的价值体系进行深刻的反思和批判。当然，肯定这一点，并不意味着否认前现代价值体系中存在着合理的因素。恰恰相反，我们在前面提到的前现代价值体系中蕴含的正面的价值，如天人一体、正道直行、厚德载物、自强不息等，正是我们在追求现代性价值体系时必须认真地加以借鉴的。

至于后现代性价值体系，作为对现代性价值体系的反思和超越，似乎在总体上超前地拥有自己的现实性。但仔细地考量，就会发现，从总体上看，后现代性价值体系在当代中国社会同样缺乏现实性，因为当代中国社会仍然处于追求现代化和现代性的历史过程中。当代中国人是不可能跳过现代化历史阶段，超前地从总体上去认同后现代性价值体系的，但却应该汲取并借鉴后现代性价值体系中的某些合理的因素。

我们必须清醒地意识到，当代中国社会从总体上追求并认同现代性价值体系，并不意味着重走欧美国家现代化的老路，而是要走一条被修正的现代化的道路，与这条道路相适应的则是被修正的现代性价值体系。事实上，对于当代中国人来说，只有被修正的现代性价值体系才具有总体上的现实性，因而必须长期加以坚持。在这里，"被修正的"这个形容词主要有以下两方面的含义：一是竭力遏制现代性价值体系内部的负面价值因素的蔓延；二是充分借鉴并吸纳前现代性价值体系和后现代性价值体系中蕴含的合理因素。确立被修正的现代性价值体系作为我们的价值坐标或价值标准，这是我们在探索价值问题上必须迈出的第四步。

综上所述，如果上述四个步骤得到认可，价值问题探讨的基础性共识也就形成了。

# 自然辩证法，还是(理性)本性的辩证法[①]

拙文《论两种不同的自然辩证法》曾对"自然"概念作出了两种不同的解释：一是指"自然界"；二是指(事物的)本性。进而指出，也存在两种不同类型的自然辩证法：一种是杜林、恩格斯所讨论的"自然界的辩证法"，简称"自然辩证法"；另一种是康德提出的、理性在其本性的驱使下必然陷入的辩证法，康德称之为 die natuerliche Dialektik，以往的汉译者也习惯于把这个德语的表达式译为"自然辩证法"。由于人们同样习惯于把"自然界的辩证法"简称为"自然辩证法"，因此，这两种不同类型的辩证法极易混淆。我认为，既然康德的 die natuerliche Dialektik 中的 natuerliche 意指人类的理性本性，那么，die natuerliche Dialektik 译为"自然辩证法"似不妥。

目前，我国哲学界倾向于把康德所说的 die natuerliche Dialektik 译为"自然辩证法"。比如，在康德的《纯粹理性批判》的"先验辩证论附录"中，第二个标题为 Von der Endabsicht der natuerlichen Dialektik der menschlichen Vernunft。蓝公武先生译为"人类理性所有自然的辩证法性质之终极意向"，牟宗三先生译为"人类理性底自然

---

① 载《中国社会科学报》2010 年 3 月 30 日。——编者注

的辩证[之批判]之终极目的"，韦卓民先生译为"人类理性自然辩证法性质的最终意图"，邓晓芒先生译为"人类理性的自然辩证法的终极意图"，李秋零先生则译为"论人类理性的自然辩证法的终极意图"。这些译法大同小异，标题中的 der natuerliche Dialektik(第二格)均被译为"自然辩证法"。又如，在《道德形而上学原理》中，当康德谈到人的自然"倾向"(Neigung)与道德"责任"(Pflicht)之间的冲突时指出：Hieraus entspringt aber eine natuerliche Dialektik…苗力田先生译为"从这里产生出一种自然辩证法……"可见，苗先生也把句子中的 eine natuerliche Dialektik 译为"自然辩证法"。再如，在《实践理性批判》中，康德写道：Wie im spekulativen Gebrauche der reinen Vernunft jene natuerliche Dialektik aufzuloesen，und der Ieeutum，aus einem uebrigens natuerlichen Scheine，zu verhueten sei，kann man in der Kritik jenes Vermoegens aufuehrlich antreffen。韩水法先生译为："在纯粹理性的思辨应用中，那种自然的辩证法如何得到解决，那个出于原系自然假象的错误又如何加以预防，人们能够在那个能力的批判里面实见其详。"其中 jene natuerliche Dialektik 也被译为"自然辩证法"。最后，在《判断力批判》中论述到"目的论判断力的辩证法"时，康德又指出，这种辩证法 eine natuerliche Dialektik genannt warden kann，邓晓芒先生译为"就可以称之为一个自然的辩证论"。显然，在他看来，把句中的 eine natuerliche Dialektik 译为"一个自然辩证论"是不言而喻的。

乍看起来，把康德文本中的 die(eine，jene) natuerliche Dialektik 按照字面上的解释直译为"这种(一种，那种)自然辩证法"并没有什么错误，但我们认为，在康德批判哲学的语境中，这个术语不应该被译为"自然辩证法"，而应该被译为"(理性)本性的辩证法"或简要地译为"本性辩证法"。为什么？因为康德始终把先验辩证法理解为理性在其本性的驱使下陷入的辩证法，即理性的本性的辩证法。康德在谈到纯粹理性的辩证推理时，曾经写道：sie doch nicht erdichtet，oder zufaellig entstanden，sondern aus der Natur der Vernunft entsprungen sind。李秋零先生译为"它们毕竟不是虚构的或者偶然产生的，而是源自理性的本性的"。有趣的是，这里的 der Natur der Vernunft 被李先生译为"理性的本性"，而不是被译为"理性的自然"，因为后面的译法于理不通。人们也许可以作如下的比较：假如某个汉译者把 Human Nature 这个英语词组译为"人的自然"，一定是很滑稽的，而准确的译法则是"人的本性"，或简要地译为"人性"。

由此可见，康德在讨论纯粹理性的辩证推理的语境中出现的 Natur 不应该被译为"自然"，而应被译为"（理性的）本性"；德语形容词 natuer-lich 也不应该被译为"自然（的）"，而应该被译为"（理性）本性（的）"；同样地，在同一语境中出现的 die(eine，jene) natuerliche Dialektik 也不应该被译为"这种（一种，那种）自然辩证法"，而应该被译为"这种（一种，按照）（理性）本性（的）辩证法"或简称为"本性辩证法"，否则就有可能误解康德的本意。

# 创造性地推进马克思哲学的研究[①]

## ——纪念《中国社会科学》创刊 30 周年

《中国社会科学》创刊 30 周年之所以特别值得庆贺，是因为它通过对思想上的原创性的倡导和鼓励，实质性地促进了当代中国学术的成长。作为一份高端的、综合性的学术期刊，《中国社会科学》30 年来取得的学术成就是国内任何其他期刊都无法望其项背的。作为该杂志的忠实读者和作者，同时也作为一名哲学研究者，我深切地感受到它的编辑群体高瞻远瞩的学术眼光和它在当代中国学术发展中"第一小提琴手"的地位。下面，我想结合自己的专业背景和治学经历，回顾并反思《中国社会科学》杂志在创造性地推进马克思哲学研究方面所起的重要作用。

## 一、对马克思哲学实质的新理解

按照斯大林的观点，马克思哲学的实质是"辩证唯物主义"，而把"辩证唯物主义"应用或推广到社会历史领域里，就形成了"历史唯物主

---

① 载《中国社会科学》2010 年第 6 期，第 4—10 页。——编者注

义"。无论是苏联、东欧，还是中国早期出版的马克思主义哲学教科书，都是根据这一观点写成的，其框架结构都是辩证唯物主义和历史唯物主义。

自改革开放以来，中国学术界出现了另一种有影响的观点，即把上述观点的框架——辩证唯物主义和历史唯物主义颠倒过来，变成了历史唯物主义和辩证唯物主义。也就是说，马克思哲学的基础和核心是历史唯物主义，而辩证唯物主义则是把历史唯物主义应用或推广到自然界的结果。

比较而言，这种观点更深刻地领悟了马克思哲学的实质，因为马克思哲学作为革命的、实践的哲学，其关注点始终聚焦于社会历史领域。然而，必须指出的是，这种观点仍未完全摆脱前一种观点的思维框架。两种观点都存在局限性：一是把统一的研究对象二元化，分割为"自然界"和"社会历史"这两个相互外在的、局部性的领域；二是把马克思哲学二元化，仿佛在它内部存在着两个不同的哲学系统：一个是以自然界作为研究对象的辩证唯物主义；另一个是以社会历史作为研究对象的历史唯物主义。

其实，早在《巴黎手稿》中，马克思已经指出："社会是人同自然界的完成了的本质的统一。"[1]既不存在着自然界之外的社会（历史），也不存在着社会（历史）之外的自然界。马克思还强调："整个所谓世界历史不外是人通过人的劳动而诞生的过程，是自然界对人说来的生成过程。"[2]马克思从未把自己的研究对象分成二截，在他那里，对象始终呈现为一个统一的整体，他常用"社会历史""世界历史""全部社会生活"等概念来称呼这个整体，而在这个整体中始终蕴含着自然界。

正是基于上述考虑，我撰写了《论两种不同的历史唯物主义概念》一文并将其投给《中国社会科学》编辑部。拙文提出了与上述两种观点不同

---

① 《马克思恩格斯全集》第 42 卷，人民出版社 1979 年版，第 122 页。
② 同上书，第 131 页。

的第三种观点：马克思哲学的实质是历史唯物主义，历史唯物主义不只是马克思哲学的"基础和核心"，而是马克思哲学的全部内容。成熟时期的马克思从来没有提出过历史唯物主义以外的任何其他哲学理论。既然历史唯物主义的研究对象蕴含着自然界，因此，没有必要再保留辩证唯物主义这个概念。如果一定要保留它，也只能在作为历史唯物主义代用名的含义上，超出这一含义使用辩证唯物主义概念，只能导致马克思哲学的二元化。

拙文区分了两种历史唯物主义概念，把前述两种观点坚持的历史唯物主义概念称作"狭义的历史唯物主义概念"，此概念中的"（社会）历史"是不包含自然界的局部性概念；而把第三种观点所坚持的历史唯物主义概念称作"广义的历史唯物主义概念"，此概念中的"（社会）历史"是包含自然界的整体性概念。马克思哲学的实质唯有通过这一概念才能彰显出来。

《中国社会科学》编辑部敏锐地意识到并充分肯定拙文在理论上的创新意义，支持和鼓励我精心修改文章，并于1995年在《中国社会科学》第6期刊发此文。拙文在《中国社会科学》杂志发表后，引起了学术界的重视，对推进历史唯物主义理论研究起到积极作用。近年来，《哲学研究》《复旦学报》等多家杂志开辟了历史唯物主义问题专栏。有的论者主张把历史唯物主义理解为"世界观"，这和拙文主张的"广义历史唯物主义概念"有异曲同工之妙。在《中国社会科学》编辑部的鼓励下，我对历史唯物主义理论的探索不断深化。拙文《从科学技术的双重功能看历史唯物主义叙述方式的改变》（《中国社会科学》2004年第1期，《中国社会科学文摘》《新华文摘》等相继转载）、《历史事实和客观规律》（《历史研究》2008年第1期）、《自然辩证法，还是社会历史辩证法？》（《社会科学战线》2007年第4期）等，都是我在这个论域中新的研究成果。

# 二、对马克思哲学发展史的新探索

如果说，成熟时期的马克思哲学是历史唯物主义，那么，如何定位青年时期的马克思哲学？这是人们研究历史唯物主义时，必定遭遇的所谓"两个马克思"之间的关系问题，而对这个问题的探索同时也是对马克思哲学发展史的探索。在这个问题上，主要存在三种不同的观点。

第一种观点以马尔库塞、弗洛姆为代表，认为青年时期马克思哲学的主题是"异化和人道主义"，成熟时期则是"阶级斗争"。比较起来，青年时期的主题更重要，因而主张回到青年时期的马克思那里去。

第二种观点以阿尔都塞为代表，认为青年时期马克思哲学的主题"异化和人道主义"是在费尔巴哈的影响下形成的，是从属于"意识形态"的；成熟时期的马克思哲学才是真正的"科学"；在青年时期的马克思和成熟时期的马克思之间，存在着"认识论的断裂"。虽然上述两种观点正相反对，但其共同点是把青年时期的马克思与成熟时期的马克思尖锐地对立起来。

第三种观点为大多数研究者所坚持。按照这种观点，成熟时期的马克思哲学与其青年时期既有区别，又有联系。所谓"区别"是指青年时期的马克思仍然处于黑格尔、费尔巴哈的历史唯心主义观念的影响下，而成熟时期的马克思则创立了历史唯物主义理论；所谓"联系"是指成熟时期的马克思并没有抛弃其青年时期的观点，在其19世纪五十六年代的经济学手稿和《资本论》中仍然使用"异化"概念。尽管第三种观点没有把成熟时期的马克思与其青年时期对立起来，但仍然没有解释清楚，为什么成熟时期的马克思继续使用"异化"概念？

我在研究中发现，人们对异化概念存在着两种误解。一种误解是，认定马克思一生使用的异化概念在含义上都是相同的，完全没有意识到，成熟时期的马克思对异化概念含义的理解，与其青年时期比较起来，已经发生了根本性的变化。另一种误解是，认定马克思从未在肯定的或积极的意义上阐发过异化概念，而始终把异化概念理解为否定的或消极的概念。因此，要摆脱"两个马克思"的思维框架，厘清马克思的哲学思想在其成熟时期与青年时期的准确关系，关键是引入一种新的理论眼光来纠正人们对异化概念的误解，对马克思在不同时期使用的"异化"概念的不同含义作出合理的解释，进而对马克思哲学发展史作出令人信服的说明。

2002 年我将自己经过艰苦探索、灵光突现写成的《从"道德评价优先"到"历史评价优先"——马克思异化理论发展中的视角转换》一文投给《中国社会科学》编辑部。拙文的思路是：首先，用"视角转换"取代了阿尔都塞的"认识论断裂"。"认识论断裂"的用语既表明成熟时期的马克思哲学与其青年时期是完全对立且没有任何理论联系的。与此不同，"视角转换"既肯定了成熟时期的马克思哲学与其青年时期的哲学存在着差别，又肯定它们之间的联系。其次，用"道德评价优先"对应于青年时期马克思接受的历史唯心主义观念；用"历史评价优先"对应于成熟时期马克思自己创立的历史唯物主义理论。借助这一思路，澄清了以异化概念为核心的众多模糊的问题。

拙文认为，当青年时期的马克思使用"异化"概念时，由于他当时的思想倾向还是历史唯心主义的，因而他所做的主要工作是从道德或道义上去谴责资本主义社会的种种异化现象。可以将这种观察、思考异化现象的视角称为"道德评价优先"。比如，在《詹姆斯·穆勒〈政治经济学原理〉一书摘要》中，马克思批评资本主义信贷仅仅把"有支付能力的人"理解为道德上"诚实的人"。在信贷中，人不但没有获得自己的尊严，反而被贬低为可供抵押的商品、货币、资本或利息，而债务人（通常是穷人）的死亡则被理解为债权人的资本及其利息的死亡。马克思一针见血地指出："信贷是对一个人的道德作出的国民经济学的判断。"[1]在《1844 年经

---

① 《马克思恩格斯全集》第 42 卷，人民出版社 1979 年版，第 22 页。

济学哲学手稿》中，马克思进一步揭露了国民经济学所倡导的"道德"与资本主义社会的异化现象之间的共谋关系："国民经济学，尽管它具有世俗的和纵欲的外表，却是真正道德的科学，最最道德的科学。它的基本教条是：自我克制，对生活和人的一切需要克制。你越少吃，少喝，少买书，少上剧院、舞会和餐馆，越少想，少爱，少谈理论，少唱，少画，少击剑等等，你就越能积攒，你的既不会被虫蛀也不会被贼盗的宝藏，即你的资本，也就会越大。你的存在越微不足道，你表现你的生命越少，你的财产就越多，你的外化的生命就越大，你的异化本质也积累得越多。"①这些论述表明，青年时期的马克思主要是从"道德评价优先"的视角去看待异化现象和理解异化概念的含义的。

与此不同，成熟时期的马克思创立了历史唯物主义理论，其考察异化现象的视角也发生了根本性的转换，即从"道德评价优先"的视角转向"历史评价优先"的视角。历史唯物主义首先重视的是，每一个事物或事态在历史进程中的作用究竟是积极的，还是消极的。有鉴于此，在《共产党宣言》中，马克思对早期资产阶级的客观历史作用作出了肯定性的评价："资产阶级在历史上曾经起过非常革命的作用。"②在《1857—1858年经济学手稿》中，马克思提出了著名的"三大社会形态"理论，肯定了作为自由个性的个人将在第三社会形态，即未来共产主义社会中获得全面的发展，指出："要使这种个性成为可能，能力的发展就要达到一定的程度和全面性，这正是以建立在交换价值基础上的生产为前提的。这种生产才在产生出个人同自己和同别人的普遍异化的同时，也产生出个人关系和个人能力的普遍性和全面性。"③显然，在马克思看来，普遍异化和个人能力的全面发展是人类同一历史进程的两个侧面，不应从"道德评价优先"的视角出发，以感伤主义的眼光，去看待资本主义社会的异化现象，而应坚持"历史评价优先"的视角，看到异化现象在历史上的

---

① 《马克思恩格斯全集》第 42 卷，人民出版社 1979 年版，第 135 页。
② 《马克思恩格斯全集》第 4 卷，人民出版社 1958 年版，第 468 页。
③ 《马克思恩格斯全集》第 46 卷(上册)，人民出版社 1979 年版，第 108—109 页。

积极意义。在马克思看来，没有这种现实的、普遍的异化作为媒介，共产主义和个人的全面发展只是一个美好的神话。

成熟时期的马克思在坚持"历史评价优先"的视角时，没有完全抛弃道德评价。作为理论视角，"历史评价优先"和"道德评价优先"相互排斥，非此即彼；但是作为两种评价维度，历史评价和道德评价完全可以结合在一起。在青年时期的马克思那里，道德评价是"强评价"，处于优先的、核心的地位；而历史评价则是"弱评价"，处于边缘化的状态。在成熟时期的马克思那里，随着理论视角的转换，道德评价转变为"弱评价"，而历史评价则上升为"强评价"，但是马克思并没有因其视角的转换而取消道德评价，而是顺应历史唯物主义和历史评价的客观诉求展开道德评价，消除了以往道德评价中的小资产阶级式的感伤主义和浪漫主义的情绪，使它获得了新生。

《中国社会科学》编辑部收到文稿后，对拙文的修改提出中肯的意见，经过多次修改，拙文得以在 2003 年第 2 期《中国社会科学》发表。尽管学术界对这篇文章还存在一些不同的看法，但也有不少专家认为，拙文厘清了以往异化问题讨论中诸多模糊不清的地方，实质性地推进了异化问题的研究，使更准确地理解马克思哲学发展史成为可能，从而把它和马克思哲学发展史的探讨提升到一个新平台上。

正是在《中国社会科学》编辑部的关心和支持下，我继续在这个论域中耕耘，相继发表《马克思对现代性的诊断及其启示》(《中国社会科学》2005 年第 1 期)、《再论异化理论在马克思哲学中的地位和作用》(《哲学研究》2009 年第 12 期)等文章。这些论文在一定程度上推进了已经冷寂下来的异化问题研究，促使人们对马克思哲学发展史作出新的思考。


## 三、对马克思哲学来源的新反思

长期以来，无论是对马克思哲学实质的理解，还是透过异化问题对马克思哲学发展史的探索，主要的研究对象都是马克思留下的文本。然而，马克思哲学既不是无源之水，也不是无本之木，对其思想渊源作出新的反思，将有助于全面地、深刻地认识、阐释马克思哲学。

在探讨马克思哲学的来源时，尽管一些研究者意识到了德国古典哲学遗产对马克思的重大影响，但却在相当程度上把德国古典哲学遗产简单化了。这种简单化通过"两个归结"显现出来。第一个归结是把德国古典哲学的遗产归结为黑格尔哲学的遗产。第二个归结是再把黑格尔哲学的遗产归结为他的辩证法。按照"两个归结"的思路，马克思通过对黑格尔哲学的批判，继承了它的"合理内核"即辩证法，又通过对费尔巴哈哲学的批判，继承了它的"基本内核"即唯物主义，由此形成自己的哲学，即辩证唯物主义和历史唯物主义。这一阐释思路也为大多数马克思主义哲学教科书所接受。比如，有教科书在谈到马克思哲学的起源时写道："马克思和恩格斯在总结工人运动的丰富经验和自然科学最新成果的基础上，剥掉了黑格尔哲学的唯心主义外壳，批判地吸收了它的辩证法思想的合理内核，排除了费尔巴哈哲学中的宗教的、伦理的唯心主义杂质，批判地吸取了它唯物主义的基本内核，并溶入自己的新发现，从而创立了马克思主义哲学——辩证唯物主义和历史唯物主义。"[1]由此，我们可以明白，为什么辩证唯物主义和历史唯物主义会成为一个有着广泛影响的阐释框架。

恩格斯在谈到辩证法在历史上的三个形态时曾经指出："辩证法的第二个形态恰好离德国的自然研究家最近，这就是从康德到黑格尔的德国古典哲学。"[2]显然，德国古典哲学包括的是从康德到黑格尔的哲学，并不包括费尔巴哈。于是，德国古典哲学的全部遗产就被简单地归结为黑格尔的辩证法。而对马克思哲学起源的简单化理解和阐释必定会导致对马克思哲学本身的简单化理解和阐释。

_____

① 肖前等主编：《辩证唯物主义原理》，人民出版社 1981 年版，第 30 页。
② 《马克思恩格斯选集》第 4 卷，人民出版社 1995 年版，第 287—288 页。

拙文《论马克思对德国古典哲学遗产的解读》就是在这样的背景下撰写并投给《中国社会科学》编辑部的。编辑部既肯定拙文在马克思哲学来源问题上的观点及论证有新意，有刊发的学术价值，同时考虑到论文涉及马克思和恩格斯对德国古典哲学遗产内涵理解上的差异，而这一问题在学界争议较大，便在与我的沟通中多次提出修改意见，不厌其烦地与我进行讨论，使拙文经过修改后在表达方式上有了明显的提高，最终得以刊登在《中国社会科学》2006 年第 2 期上。

拙文重新反思德国古典哲学，提出究竟什么是德国古典哲学遗产的问题，并根据自己对德国古典哲学家和马克思文本的深入解读，在辩证法之外，又提出了德国古典哲学的其他六项重要遗产，即"人""市民社会""实践""自在之物""历史意识"和"自由"，恢复了被传统理解、阐释思路简单化的德国古典哲学遗产的丰富内涵，从而也恢复了被传统理解、阐释思路简单化的马克思哲学的全部内涵。

有人也许会反驳道：康德的"自在之物"也算得上是德国古典哲学的遗产吗？我的回答是：不但算得上，而且是德国古典哲学留下的最重要的思想遗产之一。拙文《康德两种因果性概念探析》(《中国社会科学》2007 年第 6 期)、《康德是通向马克思的桥梁》(《复旦学报》2009 年第 4 期)、《德国古典哲学发展的复杂性问题》(《中国社会科学文摘》2010 年第 4 期)等正是对这个问题的解答。

在康德哲学中，自在之物是超验的，因而是不可知的。在某种意义上，康德哲学的秘密也就是自在之物的秘密。在《作为意志和表象的世界》一书中，叔本华向我们揭示了自在之物的谜底："自在之物是什么呢？就是——意志。"①叔本华的重要贡献是把康德哲学的关切点重新引回到人自身。也就是说，自在之物并不在遥远的彼岸世界，而在伸手可及的此岸世界，自在之物就是人的意志。然而，叔本华对意志的阐释却

---

① ［德］叔本华：《作为意志与表象的世界》，石冲白译，商务印书馆 1982 年版，第 177 页。

是错误的。他认为，意志是万能的，绝对自由的，不受任何其他因素的制约。这样一来，叔本华在消除了康德自在之物的神秘性之后，又把意志神秘化了。正是马克思，把经济学的眼光综合进哲学研究的思路中，通过意志这一现象，彻底解开了康德自在之物之谜。马克思写道："不管是康德或德国市民（康德是他们的利益的粉饰者），都没有觉察到资产阶级的这些理论思想是以物质利益和由物质生产关系所决定的意志为基础的。"①人的意志并不是万能的。恰恰相反，人为了活在世界上，不得不把自己的大部分意志投放并消耗在谋生的劳动中。意志不但不是绝对自由的，而且是由"物质生产关系"所决定的，而这种关系像自在之物一样看不见摸不着，从而启示我们，康德自在之物的真正谜底是"物质生产关系"，而物质生产关系正是马克思全部哲学思想的基础和核心。只要读一下马克思下面这段话，我们就会明白这一点："在一切社会形式中都有一种一定的生产决定其他一切生产的地位和影响，因而它的关系也决定其他一切关系的地位和影响。这是一种普照的光，它掩盖了一切其他色彩，改变着它们的特点。这是一种特殊的以太，它决定着它里面显露出来的一切存在的比重。"②

总之，就我个人的经历和体会来说，中国的马克思哲学研究的每一个重要的推进都与《中国社会科学》编辑部的努力息息相关。作为中国学术界最有创造性的、顶尖的理论刊物，愿它在当代中国学术的繁荣发展中作出更大的贡献。

---

① 《马克思恩格斯全集》第 3 卷，人民出版社 1960 年版，第 213 页。
② 《马克思恩格斯文集》第 8 卷，人民出版社 2009 年版，第 31 页。

# 马克思使用过中性意义上的
# Ideology 概念吗?[①]

  Ideology 这个英语名词在汉语中通常被译为
"意识形态"。然而，在不同的哲学家那里，意识
形态这个术语具有不同的意义。大体说来 Ideolo-
gy 概念具有以下三种不同的表现形式：第一种形
式是"肯定性意义上的意识形态"(ideology in pos-
itive meaning)，即对意识形态采取肯定的、褒扬
的态度。比如 Ideology 这个术语的创制者——法
国学者特拉西就把意识形态作为"观念的科学"
(science of ideas)与陈腐的传统观念对立起来。
第二种形式是"否定性意义上的意识形态"(ideol-
ogy in negative meaning)，即对意识形态采取否
定的、贬抑的态度。比如，马克思就把意识形态
理解为对现实生活的遮蔽和扭曲。第三种形式是
"中性的或描述性意义上的意识形态"(ideology in
neutral or descriptive meaning)，即对意识形态不
加褒贬，只是把它作为社会生活中存在的事实加
以描述。比如，列宁使用了"资产阶级意识形态"
"无产阶级意识形态"这样的概念。显然，在他那

<hr />

[①] 原载俞吾金主编《当代国外马克思主义评论》第 8 辑，人民出版社 2010 年版，第
128—132 页。——编者注

里，意识形态乃是一个中性的或描述性的概念。

目前，理论界有一种普遍被认可的见解，即认为马克思既使用过"否定性意义上的意识形态"概念，也使用过"中性的或描述性意义上 的意识形态"概念，其主要的理由就是马克思在《〈政治经济学批判〉序言》(1859)中关于历史唯物主义理论的一段经典性的论述："人们在自己生活的社会生产中发生一定的、必然的、不以他们的意志为转移的关系，即同他们的物质生产力的一定发展阶段相适合的生产关系。这种生产关系的总和构成社会的经济结构，即有法律的和政治的上层建筑竖立其上并有一定的社会意识形式与之相适应的现实基础。"①在这段论述中，马克思使用了"社会意识形式"这个描述性的短语，因而人们认定，马克思在这段论述中把意识形态理解为一个中性的、与褒贬无涉的概念。实际上，深入的考察表明，这种见解是站不住脚的。

首先，众所周知，Ideology 这个英语名词在德语中的对应词是 Ideologie，而在上面这段论述中，马克思并没有使用 Ideologie 这个概念，他所说的"社会意识形式"在德语原文中写作 gesellschaftliche Bewusstseinsformen。② 如果把 Bewusstseinsformen 这个复合名词（在原文中以复数形式出现）拆开来，就是 Bewusstsein（意识）和 formen（形式）。既然马克思在这段话中使用的是 gesellschaftliche Bewusstseinsformen，而不是 Ideologie，因此，人们断言马克思在这里使用了中性意义上的意识形态概念是缺乏根据的。当我们从马克思的德语原文的语境出发进行考察时，这一点是十分明确的。

其次，人们也许会反驳道："社会意识形式"与"意识形态"不是具有同样的内容吗？既然马克思以描述性的口吻提到了"社会意识形式"，不也就等于以同样的口吻提到了"意识形态"了吗？显然，我们并不认同这样的反驳，因为在我们看来，这两个概念之间存在着重大的差别。

---

① 《马克思恩格斯选集》第 2 卷，人民出版社 1995 年版，第 32 页。

② K. Marx, F. Engels, *Ausgewaehlte Werke*, Band 2, Berlin: Dietz Verlag, 1989, S. 503.

一方面，在马克思看来，社会意识形式的内涵要远远大于意识形态的内涵。也就是说，虽然社会意识形式包含着意识形态，但却不能被归结为意识形态。事实上，马克思在谈到意识形态概念的内涵时，主要涉及政治、哲学、宗教、法律、伦理、艺术等意识形式，而在这些意识形态的具体形式中，主观意向和情感因素很容易渗透进去。然而，我们发现，马克思从未把科学(主要指自然科学，也可以包括逻辑学、语言学、修辞学这样的学科)理解为意识形态的具体形式或分支，而这些没有包含在意识形态概念中的学科却从属于社会意识形式。我们完全可以说，社会意识形式作为总体性的概念，包含人类意识的一切具体的形式。由此可见，从内涵上看，社会意识形式是一个远比意识形态宽泛的概念。

另一方面，按照马克思的观点，在人类历史上，意识形态只存在于有阶级冲突的社会发展阶段上，而社会意识形式则存在于人类历史发展的任何阶段上，当然，它的内涵会随着人类历史的发展而发生相应的变化。

正是基于上述两方面的考虑，马克思提到"社会意识形式"这一总体性的概念时，采用了描述性的、中性的方式，但这并不意味着，马克思也会以同样的方式去单独地叙述"社会意识形式"中包含的"意识形态"。

最后，我们有充分的理由指出，坚持认为马克思在中性的、描述性的意义上使用过意识形态概念的人们并没有完整地理解马克思在《〈政治经济学批判〉序言》中对意识形态概念意义的明确定位。在我们前面引证的那段话之后，马克思又谈到了社会的发展："随着经济基础的变更，全部庞大的上层建筑也或慢或快地发生变革。在考察这些变革时，必须时刻把下面两者区别开来：一种是生产的经济条件方面所发生的物质的、可以用自然科学的精确性指明的变革，一种是人们借以意识到这个冲突并力求把它克服的那些法律的、政治的、宗教的、艺术的或哲学的，简言之，意识形态的形式。我们判断一个人不能以他对自己的看法为根据，同样，我们判断这样一个变革时代也不能以它的意识为根据；相反，这个意识必须从物质生活的矛盾中，从社会生产力和生产关系之间的现存冲突中去解释。"①必须指出的是，在这段话中，马克思使用的短语"意识形态的形式"在德语原文中写作 ideologischen Formen。尽管马克思在这里没有使用 Ideologie 这个德语名词，但他使用了形容词 ideologischen（这个词在句中处于变化状态，原形为 ideologisch）。从上下文不难看出，所谓"意识形态的形式"就是指法律的、政治的、宗教的、艺术的或哲学的形式。这段话清楚地表明，马克思主张把"生产的经济条件方面所发生的物质的、可以用自然科学的精确性指明的变革"与"人们借以意识到这个冲突并力求把它克服的那些法律的、政治的、宗教的、艺术的或哲学的，简言之，意识形态的形式"严格地区别开来，因为意识形态的那些具体的形式总是以扭曲的方式表现着变革时代，甚至遮蔽着变革时代的真相。正是基于这样的思考，马克思写道："我们判断一个人不能以他对自己的看法为根据，同样，我们判断这样一个变革时代也不能以它的意识为根据。"所有这些论述都表明，马克思始终是从否定性的、贬抑的意义上理解并阐释意识形态概念的。

事实上，当我们把马克思上面的两段话综合起来加以考察时，就会明白：当马克思试图以中性的、描述性的口吻提到人类意识的时候，他使用的是"社会意识形式"这个总体性的术语；反之，当他试图以否定性的、贬抑的口吻提到人类意识中的某个部分的时候，他总是严格地把自己的指称对象限制在"意识形态的形式"上。

综上所述，马克思始终是在否定性的、贬抑的意义上使用意识形态概念的。换言之，马克思从未在中性的、描述性的意义上使用过这个概念。显而易见，只有通过自觉地反思意识到这一点，才能对马克思的意识形态概念及其整个理论作出准确的阐释。

---

① 《马克思恩格斯选集》第 2 卷，人民出版社 1995 年版，第 33 页。

# 2011年

# 马克思对黑格尔方法论的
## 改造及其启示[①]

在传统的阐释者们的视野里，最受到重视的是方法论问题，尤其是马克思和黑格尔在方法论上的关系问题。然而，即使是在这个备受重视的研究领域里，阐释者们的思想仍然是不明晰的，这种不明晰性甚至感染了他们的批判者。有鉴于此，厘清马克思和黑格尔在方法论上的准确关系，恢复马克思辩证法的本真含义，无论是对外国哲学的研究，还是对马克思哲学的研究，都具有不可低估的理论意义。

## 一、"黑格尔的辩证法"≠
## "黑格尔的方法论"

黑格尔哲学，尤其是他的方法论对中国理论界的影响是无与伦比的。然而，很少有人在"黑格尔的方法论"与"黑格尔的辩证法"之间作出深入的反思和严格的区分，而晚年恩格斯的一系列著作，尤其是《路德维希·费尔巴哈和德国古典

---

① 载《复旦学报(社会科学版)》2011年第1期，第2—10页。——编者注

哲学的出路》(1888，以下简称《出路》)①则进一步遮蔽了这种区分。按照恩格斯的看法，在黑格尔哲学中，存在着"体系"和"方法"之间的冲突。他在分析后黑格尔哲学发展的方向时告诉我们："特别重视黑格尔的体系(System)的人，在两个领域(指宗教和政治——引者)中都可能是相当保守的；认为辩证方法(der dialektischen Methode)是主要的东西的人，在政治上和宗教上都可能属于最极端的反对派。"②显然，当恩格斯使用"辩证方法"这个术语的时候，他把"黑格尔的方法论"和"黑格尔的辩证法"这两个不同的概念完全等同起来了。事实上，这两个概念之间存在着重大的差别。

黑格尔在许多著作中谈到他的方法论，而最经典的段落则在《小逻辑》中。他在该书中明确地告诉我们："逻辑思想就形式而论有三个方面：(a)抽象的或知性[理智]的方面(die abstrakte oder verstaendige)；(b)辩证的或否定的理性的方面(die dialektische oder negativ-vernuenftige)；(c)思辨的或肯定理性的方面(die speculative oder positive-vernuenftige)。"③尽管黑格尔在这里谈论的是逻辑思想的形式，但就其实质而言，却是对自己方法论的全面阐述。按照这段重要的论述，黑格尔的整个方法论包含三个环节。第一个环节：抽象的知性(正题)；第二个环节：辩证的或否定的理性(反题)；第三个环节：思辨的或肯定的理性(合题)。

黑格尔经常把上述第二个环节"辩证的或否定的理性"简称为"辩证法"。显然，把第二个环节作为黑格尔整个方法论的标志，不符合黑格尔的本意。实际上，按照黑格尔"正题—反题—合题"的三段式思路，作为第三个环节的合题"思辨的或肯定理性"(简称为"思辨论")处于最高的

①　我们之所以主张把恩格斯原著标题中的德语名字 Der Ausgang 不译为"终结"，而译为"出路"，是因为费尔巴哈并不是德国古典哲学的终结者，终结者是黑格尔，而费尔巴哈的人本学思想不过是德国古典哲学终结后的一条"出路"而已。参见拙文《论马克思对德国古典哲学遗产的解读》，《中国社会科学》2006 年第 2 期。

②　《马克思恩格斯选集》第 4 卷，人民出版社 1995 年版，第 220 页。

③　[德]黑格尔：《小逻辑》，贺麟译，商务印书馆 1980 年版，第 172 页。

位置上，只有它才有资格成为黑格尔整个方法论的标志。

然而，为什么迄今为止的许多阐释者都倾向于把"黑格尔的方法论"等同于"黑格尔的辩证法"呢？显然，这关系到马克思对黑格尔方法论所采取的特殊的态度。我们知道，马克思主张的是实践唯物主义[①]，而这种学说直接蕴含着对现存的资本主义社会的否定。马克思这样写道："……实际上，而且对实践的唯物主义者来说，全部问题都在于使现存世界革命化，实际地反对并改变现存的事物。"[②]正是从这样的立场出发，马克思最感兴趣的是黑格尔方法论中的第二个环节——辩证法。因为"辩证法，在其合理形态上，引起资产阶级及其空论主义的代言人的恼怒和恐怖，因为辩证法在对现存事物的肯定的理解中同时包含对现存事物的否定的理解，即对现存事物的必然灭亡的理解；辩证法对每一种既成的形式都是从不断的运动中，因而也是从它的暂时性方面去理解；辩证法不崇拜任何东西，按其本质来说，它是批判的和革命的"[③]。显然，在马克思看来，在黑格尔的整个方法论中，只有辩证法才真正切合实践唯物主义的宗旨，所以，他从黑格尔的方法论中抽取的只是辩证法。

事实上，马克思一直计划写一部关于辩证法的著作，以便阐明辩证法在黑格尔整个方法论中的地位和作用。在 1868 年 5 月 9 日致约·狄慈根的信中，马克思表示："一旦我卸下经济负担，我就要写《辩证法》。辩证法的真正规律在黑格尔那里已经有了，自然是神秘的形式。必须把

---

① 这里的"实践唯物主义"是马克思对自己哲学的称谓，后文中出现的"历史唯物主义"是传统的阐释者们对马克思哲学的称谓。当阐释者们把"历史唯物主义"与"辩证唯物主义"并列起来时，他们对"历史唯物主义"的理解是错误的。我们认为，"辩证唯物主义"是不存在的，"历史唯物主义"应该是马克思的全幅哲学，成熟时期的马克思没有提出过历史唯物主义以外的任何其他哲学理论。这里提到的后一种"历史唯物主义"才是与"实践唯物主义"完全一致的概念。参见拙文《论两种不同的历史唯物主义概念》，《中国社会科学》1995 年第 6 期。

② 《马克思恩格斯选集》第 1 卷，人民出版社 1995 年版，第 75 页。

③ 《马克思恩格斯全集》第 44 卷，人民出版社 2001 年版，第 22 页。

它们从这种形式中解放出来。"①然而，遗憾的是，马克思的这个愿望没有实现。由于辩证法在黑格尔整个方法论中的地位和作用没有得到明确的阐明，而马克思在谈到黑格尔方法论时，主要着眼于辩证法这个环节，这就在传统的阐释者们（包括恩格斯）那里造成了一种思维上的定见，即"黑格尔的方法论"也就等于"黑格尔的辩证法"。那么，这种定见的形成究竟会产生什么样的负面效果呢？我们认为，主要会产生以下两个方面的负面效果。

一方面，这种定见使辩证法成了无源之水，无本之木。因为在黑格尔的整个方法论中，作为第二个环节的辩证法，即辩证的或否定的理性，是以第一个环节，即抽象的知性作为基础的。撇开这个基础性的环节，辩证法便变得不可理解了。我们知道，在黑格尔哲学的语境中，抽象的知性追求的正是规定性和确定性。黑格尔以异乎寻常的口吻肯定了抽象知性的必要性和重要性："……无论如何，我们必须首先承认理智思维的权利和优点，大概讲来，无论在理论的或实践的范围内，没有理智，便不会有坚定性和规定性。"②这段话表明，抽象知性的意义不光体现在理论思维中，也体现在"实践的范围内"。黑格尔认为，一个人欲有所成就，"他必须专注于一事，而不可分散他的精力于多方面。同样，无论于哪一项职业，主要的是用理智去从事"③。在黑格尔看来，知性也是教养中的主要成分。一个有教养的人决不会满足于混沌模糊的印象，只有缺乏教养的人才会停留在游移不停的思维态度和实践态度中。即使在距知性最远的艺术、宗教和哲学的范围内，知性也是不可或缺的。尤其是"在哲学里，最紧要的，就是对每一思想都必须充分地准确地把握住，而决不容许有空泛和不确定之处"④。在这个意义上可以说，没有知性的规定性和确定性作为基础，辩证法就会流于

———————

① 《马克思恩格斯全集》第 32 卷，人民出版社 1975 年版，第 535 页。
② ［德］黑格尔：《小逻辑》，贺麟译，商务印书馆 1980 年版，第 173 页。
③ 同上书，第 174 页。
④ 同上书，第 175 页。

诡辩。

　　另一方面，这种定见使辩证法滑向虚无主义。黑格尔认为，抽象知性也有自己的缺陷，它执着于事物的规定性，忘记了斯宾诺莎关于"规定就是否定"的伟大命题。实际上，规定已经蕴含着否定自身的力量，因而黑格尔设置了第二个环节——辩证的或否定的理性，即以辩证法来消解知性的僵硬性。辩证法的优点是把否定性引入僵硬的知性思维中，其缺点则是流于单纯的、无休止的怀疑和否定，甚至导致虚无主义。于是，黑格尔又设置了第三个环节——"思辨的或积极的理性"，即"思辨论"来限制辩证法向虚无主义方向滑动。

　　综上所述，黑格尔的方法论是由三个环节构成的。如果把他的方法论等同于辩证法，即否认第一个、第三个环节的存在，辩证法不是沦落为诡辩，就是沦落为虚无主义。实际上，这正是辩证法理论在当前面临的困境之一。


# 二、马克思究竟如何改造黑格尔的辩证法？

　　如前所述，马克思从黑格尔的整个方法论中抽取出第二个环节——辩证法，加以阐释和发挥。马克思明白，黑格尔的辩证法在其现有的形态上是无法服务于革命的、批判的目的的，必须对其进行根本性的改造。对黑格尔辩证法的改造，马克思有一段纲领性的文字："辩证法在黑格尔手中神秘化了，但这决没有妨碍他第一个全面地有意识地叙述了辩证法的一般运动形式。在他那里，辩证法是倒立着的。必须把它倒过来，以便发现神秘外壳中的合理内核。"①在这段极其重要的文字中，辩证法的"神秘化"和"倒立"究竟指什么？"神秘外壳"和"合理内核"究竟指什么？关于这些问题，传统的阐释者们在观点上见仁见智，莫衷一是。

---

① 《马克思恩格斯全集》第44卷，人民出版社2001年版，第22页。

事实上，迄今为止，马克思这段话的含义还被包裹在重重迷雾中。在对马克思的相关论著作出了深入的研究之后，我们发现，马克思对黑格尔辩证法的改造主要是沿着以下两条线索展开的。

一条线索是改造黑格尔辩证法的载体。众所周知，黑格尔辩证法的载体是绝对精神。那么，黑格尔所说的绝对精神究竟是什么意思呢？在《神圣家族》中，马克思指出："在黑格尔的体系中有三个因素：斯宾诺莎的实体，费希特的自我意识以及前两个因素在黑格尔那里的必然的矛盾的统一，即绝对精神。第一个因素是形而上学地改了装的、脱离人的自然；第二个因素是形而上学地改了装的、脱离自然的精神；第三个因素是形而上学地改了装的以上两个因素的统一，即现实的人和现实的人类。"①紧接着上面这段话，马克思又写道："费尔巴哈把形而上学的绝对精神归结为以自然为基础的现实的人，从而完成了对宗教的批判。同时也巧妙地拟定了对黑格尔的思辨以及一切形而上学的批判的基本要点。"②显然，当时的马克思的思想还处于费尔巴哈的影响下，他是沿着费尔巴哈的思路来理解并揭示黑格尔辩证法的载体——绝对精神的秘密的，因而他把绝对精神解读为"现实的人和现实的人类"。

可是，马克思很快就意识到了费尔巴哈的理论失误："直观的唯物主义，即不是把感性理解为实践活动的唯物主义，至多也只能达到对单个人和市民社会的直观。"③也就是说，费尔巴哈的"以自然为基础的现实的人"仍然是抽象的、不现实的，而真正现实的个人是从事实践活动的人。这样一来，马克思就用"实践"取代了黑格尔的"绝对精神"，使之成为辩证法的新的载体。在这个意义上可以说，与马克思的实践唯物主义理论相应的是"实践辩证法"（dialectic of praxis）。必须指出，实践并不只是马克思认识论中的基础性概念，而是他的全部哲学理论中的基础性

---

① 《马克思恩格斯全集》第 2 卷，人民出版社 1957 年版，第 177 页。
② 同上。
③ 《马克思恩格斯选集》第 1 卷，人民出版社 1995 年版，第 56—57 页。

概念。在马克思看来，"全部社会生活在本质上是实践的"①。撇开实践这个基础性概念，根本就无法理解社会生活，遑论对其进行革命性的改造。由此可见，用实践概念取代黑格尔的绝对精神，使之成为辩证法的新载体，乃是马克思在辩证法发展史上的划时代的贡献。

当然，马克思并没有满足于对实践概念的泛泛之论，他从国民经济学的研究中得到启发，进一步把生产劳动理解为实践的基本形式。"这种活动、这种连续不断的感性劳动和创造、这种生产，正是整个现存的感性世界的基础，它哪怕只中断一年，费尔巴哈就会看到，不仅在自然界将发生巨大的变化，而且整个人类世界以及他自己的直观能力，甚至他本身的存在也会很快就没有了。"②这段重要的论述启示我们，马克思进一步用"劳动"概念取代了黑格尔的"绝对精神"，使之成为辩证法的新载体。

其实，早在《1844 年经济学哲学手稿》中，马克思的上述思想已见端倪，他这样写道："黑格尔的《现象学》及其最后成果——作为推动原则和创造原则的否定性的辩证法——的伟大之处在于，黑格尔把人的自我产生看作一个过程，把对象化看作失去对象，看作外化和这种外化的扬弃，因而他抓住了劳动的本质，把对象性的人、现实的因而是真正的人理解为自己的劳动的结果。"③在这段常为传统的阐释者们所忽视的论述中，马克思把黑格尔的"否定性的辩证法""劳动"和"现实的因而是真正的人"的生成这三个环节紧密地结合起来了。在马克思那里，"劳动"被阐释为辩证法的始源性载体。④也就是说，前面提到的"实践辩证法"进一步被初始化、具体化为"劳动辩证法"（dialectic of labor）。而值得注意

①　《马克思恩格斯选集》第 1 卷，人民出版社 1995 年版，第 56 页。
②　同上书，第 77 页。
③　《马克思恩格斯全集》第 42 卷，人民出版社 1979 年版，第 163 页。
④　为什么我们在这里使用"始源性""初始性"这样的概念？因为在实践的所有具体的表现形式中，生产劳动是基础性的、始源性的形式。马克思在谈到人类生存的前提时说："因此第一个历史活动就是生产满足这些需要的资料，即生产物质生活本身。"参见《马克思恩格斯全集》第 3 卷，人民出版社 1960 年版，第 31 页。

的是，在论述劳动辩证法的过程中，马克思又从黑格尔那里引入了一个重要术语"异化"，并把它和劳动结合起来，从而提出了"异化劳动"的新概念。马克思不仅深入地分析了异化劳动的四种表现形式——劳动过程与劳动者的异化、劳动产品与劳动者的异化、人与人关系的异化、人与自己的类本质关系的异化，而且阐明了劳动辩证法在人类历史上的三个发展阶段，即异化前的劳动、异化劳动、异化劳动被扬弃后的劳动。后来，马克思在《1857—1858年经济学手稿》中关于"三大社会形态"理论的论述、在《资本论》第1卷(1867)中对"商品拜物教"的批判，都是沿着劳动辩证法的思路展开的。

总之，在实践唯物主义的基础上，把黑格尔辩证法的载体——绝对精神阐释为实践，进而具体化为劳动，这是马克思改造黑格尔辩证法的基础性工作，也是最根本的工作。然而，传统的阐释者们从未准确地理解马克思在这方面作出的可贵努力。

另一条线索是通过对黑格尔方法论中的第三个环节"思辨的或肯定的理性"，即"思辨论"的批判，完成对其辩证法的祛神秘化和祛颠倒化。如前所述，在黑格尔的方法论中，知性作为正题(第一环节)和辩证法作为反题(第二环节)，都被紧紧地包裹在作为合题(第三环节)的思辨论中。思辨论集中地体现出黑格尔方法论的神秘性和颠倒性，马克思对思辨论的批判主要是沿着以下三个方向展开的。

第一个方向：批判思辨论的头足倒置。在《黑格尔法哲学批判》(1843)一书中，马克思在论及黑格尔关于家庭、市民社会和国家关系的理论时，批评道："理念变成了独立的主体，而家庭和市民社会对国家的关系变成了理念所具有的想象的内部活动。实际上，家庭和市民社会是国家的前提，它们才是真正的活动者；而思辨的理性却把这一切头足倒置。"①在马克思看来，家庭和市民社会应该是国家的基础，然而，黑格尔的思辨理性却使国家成了家庭和市民社会的基础，从而把现实生活

---

① 《马克思恩格斯全集》第1卷，人民出版社1956年版，第250—251页。

中的一切都头足倒置了。

第二个方向：批判思辨论的非批判性。在《黑格尔法哲学批判》中，马克思深刻地揭露了黑格尔的思辨论乃至他的整个思辨哲学，尤其是他的法哲学和宗教哲学的秘密——非批判性。马克思这样写道："这种非批判性，这种神秘主义，既构成了现代国家制度形式（[主要是]它的等级形式）的一个谜，也构成了黑格尔哲学，主要是他的法哲学和宗教哲学的秘密。"①因为从外观上看，黑格尔的思辨论乃至他的整个思辨哲学似乎是在批判和清算现实生活，实际上非但不触动当时德国的政治制度，而且竭力为这一制度中的等级形式进行辩护。马克思敏锐地发现，黑格尔思辨论所蕴含的这种非批判性，不光出现在他的晚期著作中，甚至在他的早期著作，如《精神现象学》中，已经作为萌芽出现了。在《1844年经济学哲学手稿》中，马克思指出："在《现象学》中，尽管已有一个完全否定的和批判的外表，尽管实际上已包含着那种往往早在后来发展之前就有的批判，黑格尔晚期著作的那种非批判的实证主义和同样非批判的唯心主义——现有经验在哲学上的分解和恢复——已经以一种潜在的方式，作为萌芽、潜能和秘密存在着了。"②乍看起来，黑格尔运用其辩证法批判和否定了现实生活中的一切，实际上他真正批判和否定的不过是现实生活的知识形式。他仿佛颠覆了一切，实际上却什么也没有触动！在马克思看来，"那种非批判的实证主义和同样非批判的唯心主义"正是用思辨论包裹辩证法、窒息辩证法的结果。

第三个方向：批判思辨论把实体主体化、人格化。在《神圣家族》（1844）一书中，马克思专门辟出"思辨结构的秘密"这一节的篇幅，对黑格尔的思辨论进行了透彻的批判。

第一步：从现实的苹果、梨、草莓、扁桃中得出"果实"这个抽象的观念。

---

① 《马克思恩格斯全集》第1卷，人民出版社1956年版，第348页。
② 《马克思恩格斯全集》第42卷，人民出版社2001年版，第161—162页。

第二步：把这一抽象的观念视为独立存在的本质。这样一来，"果实"就成了苹果、梨、扁桃、草莓的实体。换言之，苹果、梨、扁桃、草莓就倒过来成了"果实"的简单的存在形式，而"思辨的理性在苹果和梨中看出了共同的东西，在梨和扁桃中看出了共同的东西，这就是'果实'。具有不同特点的现实的果实从此就只是虚幻的果实，而它们的真正的本质则是'果实'这个实体"①。

第三步：现在的问题是，"一般果实"怎么会忽而表现为苹果，忽而表现为草莓，忽而表现为梨或扁桃呢？"思辨哲学家答道：这是因为'一般果实'并不是僵死的、无差别的、静止的本质，而是活生生的、自相区别的、能动的本质。"②也就是说，正是通过"果实"这一本质的自我活动、自相区别和自我规定，苹果、梨、草莓、扁桃等便被创造出来了，而"果实"的这种自我活动也就是绝对主体的自我活动。

马克思总结道："这种办法，用思辨的话来说，就是把实体了解为主体，了解为内部的过程，了解为绝对的人格。这种了解方式，就是黑格尔方法的基本特征。"③总之，在黑格尔思辨论的语境中，一方面，抽象的观念，如"水果""理念""精神""绝对精神"等变成了能动的、人格化的主体；另一方面，作为社会历史的真正主体的、现实的人却失去了自己的能动性，因为在马克思看来，"思辨的理性把现实的人看得无限渺小"④。

综上所述，正是通过对黑格尔思辨论的上述三个方面的批判，马克思成功地完成了对黑格尔辩证法的祛神秘化和祛颠倒化的过程，同时，又把辩证法与绝对精神这个载体分离开来，重新安顿在实践、劳动这样的新载体之上。于是，在黑格尔方法论中几乎处于窒息状态的辩证法，在马克思那里获得了新生。

---

① 《马克思恩格斯全集》第 2 卷，人民出版社 2001 年版，第 72 页。
② 同上书，第 73 页。
③ 同上书，第 75 页。
④ 同上书，第 49 页。

# 三、马克思辩证法的被遮蔽状态

尽管马克思对黑格尔辩证法作出了艰苦的改造和提升工作，然而，遗憾的是，他的同时代人费尔巴哈却从一般唯物主义的立场出发，开启了一条错误地改造黑格尔哲学(包括其辩证法)的道路。不幸的是，这条道路对传统的阐释者们产生了致命的影响，这种影响延续至今，一直没有得到彻底的清理。

在《关于哲学改造的临时纲要》(1842)一文中，费尔巴哈在批判黑格尔哲学时指出："我们只要经常将宾词当作主词，将主体当作客体和原则，就是说，只要将思辨哲学颠倒过来，就能得到毫无掩饰的、纯粹的、显明的真理。"[①]从这段论述可以看出，把黑格尔思辨哲学颠倒过来的思路源于费尔巴哈。那么，费尔巴哈所说的把思辨哲学颠倒过来后将会出现的所谓"毫无掩饰的、纯粹的、显明的真理"究竟是什么呢？在同一篇文章中，费尔巴哈暗示我们："观察自然，观察人吧！在这里你们可以看到哲学的秘密。"[②]紧接着这段话，他又写道："自然是人的根据。"[③]这就明确地告诉我们，哲学的全部秘密都隐藏在作为人的根据的自然中。也就是说，把黑格尔的思辨哲学颠倒过来，其方法论(包括辩证法)的载体不再是意识、理念或精神，而是自然。事实上，自然正是费尔巴哈所主张的一般唯物主义的基础和出发点。

毋庸讳言，费尔巴哈颠倒黑格尔思辨哲学的思路对恩格斯产生了决定性的影响。在《出路》中，当恩格斯谈到费尔巴哈的《基督教的本质》(1841)一书的出版时，写道："我们一时都成为费尔巴哈派了。"[④]诚然，

---

① [德]费尔巴哈：《费尔巴哈哲学著作选集》上卷，荣震华等译，商务印书馆1984年版，第102页。
② 同上书，第115页。
③ 同上书，第116页。
④ 《马克思恩格斯选集》第4卷，人民出版社1995年版，第222页。

费尔巴哈的思想对马克思和恩格斯产生过重要的影响，然而，恩格斯却把这种影响夸大化了。在《出路》的序言中，恩格斯指出，他之所以撰写这本书，就是为了向费尔巴哈偿还一笔信誉债，因为"他在好些方面是黑格尔哲学和我们的观点之间的中间环节，我们却从来没有回顾过他"①。当恩格斯把费尔巴哈视为"中间环节"时，他的本意是想说明，他和马克思的思想已经远远地超出了费尔巴哈。实际上，这个说法只对马克思有效，对恩格斯本人说来却并非如此，因为在哲学的基本立场上，恩格斯始终没有超越费尔巴哈的一般唯物主义，而且他还竭力用这种一般唯物主义的立场来阐释马克思哲学，从而导致了马克思唯物主义与旧唯物主义之间界限上的模糊化。

《出路》暗示我们："费尔巴哈的发展进程是一个黑格尔主义者（诚然，他从来不是完全正统的黑格尔主义者）走向唯物主义的发展进程，这一发展使他在一定阶段上同自己的这位先驱者的唯心主义体系完全决裂了。"②这段话表明，恩格斯把黑格尔哲学视为一般唯心主义，把费尔巴哈哲学视为一般唯物主义，而费尔巴哈思想发展的进程则是通过与黑格尔的一般唯心主义的决裂，走向一般唯物主义。凡熟悉恩格斯著作的都知道，恩格斯只批评费尔巴哈在历史领域里陷入唯心主义，而对他在自然观上主张的一般唯物主义立场从来都是赞赏有加的。所以，他写道："同黑格尔哲学的分离在这里也是由于返回到唯物主义观点而发生的。"③显然，恩格斯这里所说的与黑格尔一般唯心主义的"分离"及对一般唯物主义观点的"返回"正是费尔巴哈早已经历过的故事，这里没有任何新的思想酵素发生。恩格斯甚至强调："归根到底，黑格尔的体系只是一种就方法和内容来说唯心主义地倒置过来的唯物主义。"④

于是，下面这条权威性的阐释路线形成了：黑格尔的思辨哲学是以

---

① 《马克思恩格斯选集》第 4 卷，人民出版社 1995 年版，第 211—212 页。
② 同上书，第 227 页。
③ 同上书，第 242 页。
④ 同上书，第 226 页。

意识、理念、精神为载体的一般唯心主义，把它颠倒过来就是以自然为载体的一般唯物主义。再把一般唯物主义与取自黑格尔那里的辩证法结合起来，就形成了恩格斯所说的"自然辩证法"或"唯物主义辩证法"①。

那么，恩格斯究竟是如何理解"自然"概念的呢？在《自然辩证法》中，他明确指出："唯物主义的自然观不过是对自然界本来面目的朴素的了解，不附加任何外来的成分。"②显然，当恩格斯说"不附加任何外来的成分"时，既排除了超自然的上帝对自然的干预，也排除了人的实践活动对自然的干预。其实，后面一层意思也可以从恩格斯《出路》中的一段论述中得到印证："但是，社会发展史有一点是和自然发展史根本不同的。在自然界中(如果我们把人对自然界的反作用撇开不谈)全是没有意识的、盲目的动力，这些动力彼此发生作用，而一般作用就表现在这些动力的相互作用中。"③在这段话中，恩格斯明确表示要"把人对自然界的反作用撇开不谈"。这充分表明，与马克思对"人化自然"的关注不同，恩格斯关注的是与人的实践活动相分离的自然自身运动的辩证法。

恩格斯的上述见解又对普列汉诺夫和列宁发生了决定性的影响。他们把恩格斯提出的"唯物主义辩证法"改写为"辩证唯物主义"。列宁进一步把历史唯物主义阐释为辩证唯物主义在社会历史领域中的推广和应用。从此以后，在苏联、东欧和中国的哲学教科书中，马克思哲学就被定格为辩证唯物主义(以自然为研究对象)和历史唯物主义(以社会历史为研究对象)，而辩证法则被定格在辩证唯物主义的范围内。这就等于告诉我们，辩证法的载体始终是自然，自然辩证法就是马克思改造黑格尔方法论的结果。无疑，这种见解遮蔽了马克思辩证法的本真含义。

难以置信的是，马克思关于"人化自然"的重要思想从未进入过恩格斯的视域。尽管恩格斯偶尔也会谈到人的实践活动在改造自然中的作

---

① 《马克思恩格斯选集》第4卷，人民出版社1995年版，第243页。

② 恩格斯：《自然辩证法》，人民出版社1971年版，第177页。

③ 《马克思恩格斯选集》第4卷，人民出版社1995年版，第247页。

用，但这些见解在他的思想中始终处于边缘化的状态中。恩格斯在谈到18世纪欧洲自然科学的发展时，指出："当时哲学的最高荣誉就是：它没有被同时代的自然知识的狭隘状况引入迷途，它——从斯宾诺莎一直到伟大的法国唯物主义者——坚持从世界本身说明世界，从而把细节方面的证明留给未来的自然科学。"①显然，恩格斯这里所说的"从世界本身说明世界"与前面提到的"对自然界本来面目的朴素的了解，不附加任何外来的成分"一样，既排除了神学目的论对自然的干预，也排除了人的实践活动对自然的干预。总之，对他的自然观来说，具有决定性意义的见解始终是：从费尔巴哈式的一般唯物主义立场出发，撇开人的实践活动，单独地考察自然自身的辩证运动。

在"辩证唯物主义和历史唯物主义"的阐释框架中，由于辩证法是从属于辩证唯物主义的，因而在历史唯物主义内就出现了辩证法的空场。假如传统的阐释者们在这个领域里也谈论辩证法的话，这种辩证法至多只是把自然辩证法推广和应用到社会历史领域里的结果。然而，把撇开人的实践活动的、自然自身运动的辩证法推广和应用到以人的实践活动为基础的社会历史领域里，必定会重复费尔巴哈的理论错误。正如马克思早已敏锐地指出的："当费尔巴哈是一个唯物主义者的时候，历史在他的视野之外；当他去探讨历史的时候，他不是一个唯物主义者。在他那里，唯物主义和历史是彼此完全脱离的。"②历史和实践一再表明，在自然观上坚持唯物主义的人，在历史观上未必是唯物主义的。反之，在历史上坚持唯物主义的人，在自然观上一定是唯物主义的。

这样一来，马克思辩证法的本真含义在传统的阐释者们那里，被严严实实地遮蔽起来了。因为在马克思那里，辩证法的根本落脚点是社会历史领域，辩证法的载体是人的实践活动，尤其是实践活动的基本形式——生产劳动。事实上，恩格斯试图加以描述的、脱离人的实践活动

① 恩格斯：《自然辩证法》，人民出版社1971年版，第11页。
② 《马克思恩格斯选集》第1卷，人民出版社1995年版，第78页。

的、自然自身运动的辩证法，对于马克思来说，根本上就是不存在的。马克思早已告诉我们："被抽象地、孤立地理解的、被固定为与人分离的自然界，对人说来也是无。"①既然与人分离的自然界对人来说是根本不存在的，遑论"自然辩证法"。

## 四、恢复马克思辩证法的本真含义

在传统的阐释者们那里，马克思的辩证法流落他乡，成了与人的实践活动，尤其是生产劳动相分离的自然的座上宾。由于这种阐释方式影响甚广，所以对马克思辩证法的本真含义的恢复并非易事，需要我们在理论上做一系列正本清源的工作。

首先，我们必须清醒地意识到，马克思的辩证法作为方法论是从属于马克思哲学的。只有准确地理解马克思哲学，才可能真正解决马克思辩证法的载体问题。

如前所述，按照"辩证唯物主义和历史唯物主义"的阐释框架，辩证唯物主义是研究自然的，历史唯物主义是研究社会历史的，而前者是后者的基础和出发点。这就不但把"自然"与"社会历史"分离开来了，而且"自然"始终处于逻辑在先的基础性位置上。对应于这种分离，"自然观"与"历史观"也被分离开来了，其逻辑结果是，马克思哲学成了二元论哲学。显然，在上述流行的阐释方式形成的过程中，作为马克思哲学的第一阐释者的恩格斯负有不可推卸的责任。我们注意到，在《反杜林论》的第三版序言(1894)中，恩格斯这样写道："马克思和我，可以说是把自觉的辩证法从德国唯心主义哲学中拯救出来并用于唯物主义自然观和历史观的唯一的人。"②从这段话的上下文可以看出，恩格斯着力的是自然

---

① 《马克思恩格斯全集》第 42 卷，人民出版社 1979 年版，第 178 页。
② 《马克思恩格斯选集》第 3 卷，人民出版社 1995 年版，第 349 页。

观（对应他自己提出的"唯物主义辩证法"或"自然辩证法"，普列汉诺夫和列宁则称其为"辩证唯物主义"），马克思着力的则是历史观（对应恩格斯所说的"唯物主义历史观"，普列汉诺夫、列宁所说的"历史唯物主义"），而"自然观"又是"历史观"的基础和出发点。在这样的阐释方式中，辩证唯物主义作为与一般唯物主义立场一致的"自然观"，成了马克思哲学的基础和核心；而历史唯物主义则作为具体的"历史观"，被下降为应用性的哲学理论。无怪乎列宁的思想被误导。在《唯物主义和经验批判主义》（1908）中，他写道："马克思和恩格斯几十次地把自己的哲学观点叫做辩证唯物主义。"①事实上，马克思从未使用过"辩证唯物主义"的概念，恩格斯也只有一次使用过"唯物主义辩证法"的概念，当然，这个概念在含义上是与"辩证唯物主义"一致的。

这种二元论的局面——自然与社会历史的分离、自然观与历史观的分离、辩证唯物主义与历史唯物主义的分离再也不能继续下去了。实际上，按照马克思的观点，根本就不存在与社会历史相分离的自然。在《1844年经济学哲学手稿》中，马克思指出："社会是人同自然界的完成了的本质的统一。"②也就是说，根本就没有外在于社会历史的自然界，自然界不过是社会历史的有机的组成部分。在此文的另一处，马克思说得更明确："在人类历史中，即在人类社会的产生过程中形成的自然界是人的现实的自然界；因此，通过工业——尽管以异化的形式——形成的自然界，是真正的、人类学的自然界。"③在《德意志意识形态》中，马克思还使用了"历史的自然和自然的历史"④概念，充分阐明了自然与历史、自然观与历史观的不可分离性。从这种不可分离性出发去看待自然界，根本就不存在恩格斯所描述的、与人的实践活动相分离的、自然自身运动的辩证法（即自然辩证法），只存在马克思所主张的人化自然辩证

---

① 列宁：《列宁选集》第 2 卷，人民出版社 1995 年版，第 12 页。
② 《马克思恩格斯全集》第 42 卷，人民出版社 1979 年版，第 122 页。
③ 同上书，第 128 页。
④ 《马克思恩格斯选集》第 1 卷，人民出版社 1995 年版，第 76 页。

法，而这种辩证法不过是马克思的社会历史辩证法的一个有机的组成部分。

既然自然与历史、自然观与历史观是不可分离的，那么把马克思哲学二元化为辩证唯物主义和历史唯物主义就缺乏任何根据。其实，明眼人一看就知道，这种二元化的前提是：历史唯物主义不能研究自然，只有辩证唯物主义才能研究自然。如前所述，既然马克思已经阐明，现实的自然界只是社会历史的一个组成部分，那就表明，历史唯物主义完全拥有研究自然界的合法性。按照我们的观点，马克思哲学是一元论的，"辩证唯物主义"完全是一个多余的概念，它可以像盲肠一样被割去。马克思哲学就是历史唯物主义，成熟时期的马克思没有提出过历史唯物主义以外的任何其他哲学理论。事实上，只有以这种方式去理解马克思哲学时，才能对马克思辩证法的载体作出准确的阐释，即马克思辩证法的载体不是与人的实践活动相分离的自然或物质，而是人的实践活动，尤其是人的生产劳动。在这个意义上，马克思的辩证法既不是自然辩证法，也不是唯物主义辩证法，而是社会历史辩证法（dialectic of social history）。这种辩证法始终以人的实践活动作为基础和核心。

我们认为，马克思的社会历史辩证法蕴含着以下三项基本内容：一是"实践辩证法"（包含"劳动辩证法"），主要探讨异化劳动及扬弃异化劳动的辩证过程；二是"人化自然辩证法"（dialectic of humanized nature），主要探讨人的实践活动与自然环境之间的辩证过程；三是"社会形态辩证法"（dialectic of social formations），主要探讨人类社会历史深化的辩证过程。

其次，我们也必须清醒地意识到，黑格尔哲学不是一般唯心主义，而是历史唯心主义。我们决不能重复费尔巴哈、恩格斯开启的思路，以为黑格尔哲学的实质是一般唯心主义，把它颠倒过来，就是一般唯物主义。我们必须沿着马克思的思路前进。按照这一思路，黑格尔哲学的实质是历史唯心主义，而把历史唯心主义颠倒过来，应该是历史唯物主义。换言之，把黑格尔哲学中的意识、理念、精神和绝对精神等观念颠倒过来，不是与人的实践活动相分离的自然或物质，而是人的实践活动，是生产劳动。也就是说，只有把马克思与黑格尔的理论关系解读为历史唯物主义与历史唯心主义之间的关系，才可能确保对黑格尔辩证法的改造工作沿着社会历史、人的实践和生产劳动的方向展开；才可能确保马克思的辩证法被理解为以人的实践活动为基础和核心的社会历史辩证法，而不是与人的实践活动相分离的自然辩证法。在这个意义上，马克思所说的黑格尔辩证法的"神秘外壳"就是指其历史唯心主义哲学与其思辨理论，而"合理内核"则是社会历史辩证法。

最后，正如我们在前面已经提及的，由于马克思哲学不是课堂里的高头讲章，而是服务于对现行的资本主义社会进行根本转变的革命目的的，因而，马克思在批判地考察黑格尔的方法论时，最注重的是从中抽取出第二个环节——辩证法，同时对黑格尔的辩证法做去神秘化和去颠倒化的工作。而在这样做时，他着重批判的是黑格尔方法论中的第三个环节——思辨论，从而在一定的程度上忽略了对黑格尔方法论中的第一个环节——抽象知性的探讨。如前所述，尽管抽象知性的缺点是使规定性和确定性失去其灵活性，但在合理的范围之内，抽象知性始终是辩证法的基础。当前中国人面临的思维困境是，在缺乏抽象知性的基础上奢谈辩证法，这就使辩证法具有沉沦到诡辩中的极大的危险。

综上所述，我们必须全面地、准确地、完整地理解黑格尔的方法论和马克思对黑格尔方法论的改造与提升，从而恢复马克思辩证法的本真含义。

# 论财富问题在马克思哲学
# 中的地位和作用[①]

　　如果有人提起财富问题与马克思哲学之间的关系，大多数研究者会认为，两者之间并没有什么实质性的关系。试问，有谁能够在已经出版的、关于马克思哲学的研究著作中，找到论述财富问题的专门章节呢？的确，财富问题从未真正地进入马克思哲学研究者们的眼帘。然而，这种现象的存在并不表明它本身就是合理的，反倒表明，研究者们从未真正地理解过马克思哲学，因为他们是从传统哲学，而不是经济哲学的视角出发去理解马克思哲学的。[②] 我们认为，确定的对象总是从相应的视角中显现出来的，只有当研究者们把视角切换到经济哲学上，他们才有可能看到财富问题在马克思哲学中的重要地位和作用。

## 一、问题与概念

　　长期以来，当人们从传统哲学的视角去看待

　　① 原载《哲学研究》2011 年第 2 期，第 3—9 页。收录于俞吾金：《被遮蔽的马克思》，人民出版社 2012 年版，第 301—314 页。——编者注
　　② 参见俞吾金：《经济哲学的三个概念》，《中国社会科学》1999 年第 2 期。

马克思哲学时，常常把马克思哲学的基本问题理解为思维与存在的关系问题。其实，正像抽象的"思维"不能代替具有实践倾向的、具体的人一样，笼统的"存在"也无法把人的生存活动与物的现成摆放之间的差异彰显出来。

事实上，马克思哲学作为实践唯物主义，根本不可能把传统哲学的基本问题——思维与存在的关系——视为自己的基本问题，而是把"人与物的关系/人与人的关系"视为自己的基本问题，因为这一双重关系正好统一在人的生存实践活动中，而从经济哲学的视角看，人的生存实践就是生产劳动。在生产劳动中，一方面，人必定要与物打交道（人与物的关系）；另一方面，人必定要与他人打交道（人与人的关系，即社会关系）。正如马克思所指出的：

> 为了进行生产，人们相互之间便发生一定的联系和关系；只有在这些社会联系和社会关系的范围内，才会有他们对自然界的影响，才会有生产。①

由此可见，从一方面看，"人与物的关系"是通过"人与人的关系"的媒介才得以发生的。从另一方面看，没有"人与物的关系"，"人与人的关系"也难以为继。事实上，这一双重关系是不可分离地纠缠在一起的，它们共同构成马克思哲学的基本问题。

我们先来考察一下，人必定要与之打交道的"物"（Dinge）究竟是什么？从经济哲学的视角出发，可以把物区分为以下两种类型：一是"广义的物"，泛指生产劳动中的自然界、自然界中的具体事物、原料、工具、机器设备、产品、废料等；二是"狭义的物"，专指生产劳动的结晶——产品（Produkt）。因为人的生产劳动的根本目的是获得产品，因而在物的所有样态中，产品始终起着核心的作用。而当产品作为交换的

---

① 《马克思恩格斯选集》第 1 卷，人民出版社 1995 年版，第 344 页。

目的而被生产的时候，它就成为"商品"（Ware）了。写到这里，我们可以言归正传了，因为商品就是"财富"（Reichtum）的元素。正如马克思在《资本论》第1卷中开宗明义地指出的：

> 资本主义生产方式占统治地位的社会的财富，表现为"庞大的商品堆积"，单个的商品表现为这种财富的元素形式。①

这样一来，我们就明白了，在马克思哲学中，财富不但不是一个无足轻重的、边缘性的概念，而是一个基础性的概念。

我们再来考察一下，人与人之间关系（即社会关系）的实质。列宁敏锐地发现：马克思"从社会生活的各个领域中划分出经济领域，从一切社会关系中划分出生产关系，即决定其余一切关系的基本的原始的关系。"②在马克思那里，既然社会关系的实质是"生产关系"（Produktions-verhaeltnis），那么，生产关系的实质又是什么呢？马克思告诉我们，是"财产关系"（Eigentumsverhaeltnis），因为财产关系"只是生产关系的法律用语"③。那么，作为财产关系基础的"财产"（Eigentum）又是什么呢？马克思指出：

> 财产最初意味着（在亚细亚的、斯拉夫的、古代的、日耳曼的所有制形式中就是这样），劳动的（进行生产的）主体（或再生产自身的主体）把自己的生产或再生产的条件看作是自己的东西。④

马克思这里说的是财产的最初含义，即古代的人把自己在生产劳动中常用的工具理解为财产。其实，财产就是可以从所有制上确定归属的财

---

① 马克思：《资本论》第1卷，人民出版社1975年版，第47页。
② 列宁：《列宁选集》第1卷，人民出版社1995年版，第6页。
③ 《马克思恩格斯选集》第2卷，人民出版社1995年版，第32页。
④ 《马克思恩格斯全集》第46卷（上册），人民出版社1979年版，第496页。

富。于是，我们又发现，即使在探讨"人与人的关系"时，最终也会通过财产关系而不得不返回到财富问题上来。也就是说，在马克思哲学的语境中，财富是一个绕不过去的问题。

既然财富问题贯穿马克思哲学的基本问题"人与物的关系/人与人的关系"中，其重要性就不言而喻了。事实上，只要人们把视角从传统哲学切换到经济哲学上来，立即就会意识到，他们在探讨马克思哲学时忽略财富问题是理论上的失误。


# 二、劳动与财富


什么是财富？马克思告诉我们：

> 不论财富的社会形式如何，使用价值总是构成财富的物质内容。①

那么，使用价值又是什么呢？马克思指出：

> 物的有用性使物成为使用价值。但这种有用性不是悬在空中的。它决定于商品体的属性，离开了商品体就不存在。因此，商品体本身，例如铁、小麦、金钢石等等，就是使用价值，或财物。②

如果我们继续追问：财富是怎么产生的？人们通常会回答道：财富是"劳动"（Arbeit）创造的。但这个回答已经包含着一种危险，即把劳动理解为一切财富的源泉。马克思并不同意这样的答案。事实上，当德国社会民

---

① 马克思：《资本论》第 1 卷，人民出版社 1975 年版，第 48 页。
② 同上。

主党的爱森纳哈派把"劳动是一切财富和一切文化的源泉"这句话写入哥达纲领，并作为这一纲领的第一条款时，马克思对此提出了尖锐的批评：

> 劳动不是一切财富的源泉。自然界同劳动一样也是使用价值（而物质财富就是由使用价值构成的！）的源泉，劳动本身不过是一种自然力即人的劳动力的表现。①

在这段重要的论述中，马克思不仅重申了财富的含义，而且提示我们，在探索劳动与财富的关系时，决不能忽略自然界这个基础性的环节。

众所周知，人类最初处于游牧状态中，逐渐在气候条件和地理条件合适的地方定居下来，并发明了弓箭，学会了制陶，懂得了动物的驯养和植物的栽培，甚至掌握了冶炼技术。在生产劳动的过程中，语言也应运而生，成为他们相互交流的工具。其实，所有这一切都是在自然界或大地上展开的。因此，马克思说：

> 人类素朴天真地把土地看作共同体的财产，而且是在活劳动中生产并再生产自身的共同体的财产。②

这种素朴天真的观点也启示我们，人类始终怀着感恩的思想，把自然界或大地理解为财富的源泉之一。事实上，没有自然界这个取之不尽，用之不竭的源泉，不但劳动失去了对象，人类自身也无法生存下去。

当然，马克思肯定"劳动不是一切财富的源泉"，其意图并不是否认劳动在财富创造中的巨大作用，而是强调，劳动，尤其是人类早期的劳动，必须依赖自然界。事实上，谁也没有比马克思更多地肯定劳动在财富创造中的基础性的作用。1840 年，法国学者蒲鲁东出版了他的著作

---

① 《马克思恩格斯选集》第 3 卷，人民出版社 1995 年版，第 298 页。
② 《马克思恩格斯全集》第 46 卷（上册），人民出版社 1979 年版，第 472 页。

《什么是财产？或关于法和权力的原理的研究》，马克思在 1865 年 1 月 24 日致约·巴·施韦泽的信中，对蒲鲁东的著作作出了全面而深刻的评论。马克思指出，蒲鲁东在书中提出的"财产就是盗窃"的观点是对布里索的剽窃，因为后者早在 1789 年以前的类似的著作中提出了这个观点。马克思还一针见血地指出：

> 蒲鲁东实际上所谈的是现存的现代资产阶级的财产。这种财产是什么——对这一问题，只能通过批判地分析"政治经济学"来给予答复，政治经济学不是把财产关系的总和从它们的法律表现上即作为意志关系包括起来，而是从它们的现实形态即作为生产关系包括起来。①

在马克思看来，要了解财产或财富的实质和起源，就得借助政治经济学来分析生产劳动过程和生产关系中蕴含的分配原则，而不是怀着高尚的道德义愤，耸人听闻地谈论什么"财产就是盗窃"。事实上，财产主要是通过生产劳动创造出来的，而不是通过盗窃得来的，因为盗窃本身只能转移财产，而不可能创造财产。

在马克思看来，劳动不仅是财富的主要来源，而且也是人类生存的基础。在批评费尔巴哈的肤浅的唯物主义学说时，马克思指出：

> 这种活动、这种连续不断的感性劳动和创造、这种生产，是整个现存感性世界的非常深刻的基础，只要它哪怕只停顿一年，费尔巴哈就会看到，不仅在自然界将发生巨大的变化，而且整个人类世界以及他（费尔巴哈）的直观能力，甚至他本身的存在也就没有了。②

---

① 《马克思恩格斯选集》第 2 卷，人民出版社 1995 年版，第 615 页。
② 《马克思恩格斯全集》第 3 卷，人民出版社 1960 年版，第 50 页。

后来恩格斯在《反杜林论》中进一步阐发了马克思的观点。当杜林强调财产源于暴力的掠夺时，恩格斯责问道：

> 但是这种财产是怎样来的呢？无论如何，很清楚，虽然财产可以由掠夺而得，就是说可以建立在暴力的基础上，但是决不是必须如此。它可以通过劳动、偷窃、经商、欺骗等办法取得。无论如何，财产必须先由劳动生产出来，然后才能被掠夺。①

事实上，劳动不仅在财富创造中起着基础性的作用，而且正是通过劳动和劳动所创造的财富，"人与人的关系"的发展得到了实质性的推动。众所周知，原始部落之间常会因为资源或财产而进入战争状态。正如马克思指出的：

> 战争就是每一个这种自然形成的共同体的最原始的工作之一，既用以保护财产，又用以获得财产。②

那个时候，俘虏或者直接地被杀害，或者通过祭神的方式被杀害，但随着原始生产工具的发展，一旦俘虏在劳动中创造出来的财富大于他本人必需消耗的财富（即养活他自己的必要的生活资料）时，俘虏就不再被杀害了，他转化为奴隶，而奴隶的使命就是通过劳动养活自己，同时为主人创造财富。这样一来，"主奴关系"这一新的社会关系就产生了。③ 实际上，"人与人的关系"的任何重要的发展都受惠于劳动和劳动所创造的财富的推动。如果说，财富的秘密必须通过生产劳动才能索解，那么，

---

① 《马克思恩格斯选集》第 3 卷，人民出版社 1995 年版，第 504 页。
② 《马克思恩格斯全集》第 46 卷（上册），人民出版社 1979 年版，第 490 页。
③ 摩尔根在《古代社会》一书中指出："对俘虏的处理，在野蛮时代的三个阶段中经历了三个顺序相承的阶段：在第一个阶段，是把俘虏烧死在火刑柱上，第二个阶段是杀俘虏以祭神，第三个阶段中把俘虏变成奴隶。"马克思摘录了摩尔根的这段论述。参见《马克思恩格斯全集》第 45 卷，人民出版社 1985 年版，第 482 页。

财产的秘密就必须通过人们在生产劳动中结成的生产关系才能索解。

总之,财富主要是通过劳动创造出来的,但劳动并不是一切财富的源泉。

# 三、家庭与财富

如前所述,人类必须通过劳动创造出财富的基础部分——物质生活资料,才能生存下去,这是人类的第一个基本特征。人类的第二个基本特征是,他们是有性别的存在物,只有在异性关系中,人类的种族才能延续下去,而家庭乃是异性关系的载体。我们发现,在财富本身的积累和发展中,在公共的财富向私人的财产转换的过程中,"家庭"(Familie)发挥了重要的作用,而这种重要的作用又常常借助权力得以完成。

实证人类学的研究成果启示我们,原始社会的基本单位是氏族,若干氏族组成了胞族,而若干胞族则组成了部落。在《马·柯瓦列夫斯基〈公社土地占有制〉一书摘要》中,马克思借用柯瓦列夫斯基的部分表述,明确地概括道:

> 总之,过程如下:(1)最初是实行土地共同所有制和集体耕种的氏族公社;(2)氏族公社依照氏族分支的数目而分为或多或少的家庭公社,即"南方斯拉夫式的家庭公社"。[①]

在马克思看来,一方面,氏族公社的每个成员都共同拥有财富的最初表现形式——土地,集体进行耕种,并选举酋长,对集体生活进行管理;

---

① 《马克思恩格斯全集》第 45 卷,人民出版社 1985 年版,第 242 页。马克思的上述结论也在恩格斯写于 1882 年 9—12 月的《马尔克》一文中得到了印证。恩格斯这样写道:"有两个自发产生的事实,支配着一切或者几乎一切民族的古代历史:民族按亲属关系的划分和土地公有制。"参见《马克思恩格斯全集》第 19 卷,人民出版社 1963 年版,第 353 页。

另一方面，氏族公社又是以家庭为细胞的。事实上，正是家庭的形成和发展成了氏族公社最后解体的重要酵素。

人类最初像其他动物一样，处于杂乱的性关系中，即任何两个异性之间都可以发生性关系。这种状态先过渡到禁止父母与子女性关系的血缘家庭，再过渡到禁止姐妹和兄弟之间性关系的普那路亚家庭，再过渡到性关系不完全确定的对偶制家庭。在这些家庭形式的演化中，女性始终起着决定性的作用。人类学家们也把这些家庭形式概括在"母系氏族"的名下。

大约到了野蛮时期的中、高级阶段时，以男权为中心的、具有确定的性关系的专偶制家庭产生了。正如恩格斯所说的：

> 专偶制的产生是由于大量财富集中于一人之手，也就是男子之手，而且这种财富必须传给男子的子女，而不是传给其他人的子女。①

一方面，酋长们利用自己手中的权力积累了大量财富，他们希望把财富传给自己的子女，从而使专偶家庭应运而生；另一方面，专偶家庭的确立又为酋长利用权力积累更多的财富，并把它们转化为家庭的私有财产提供了巨大的动力。

仔细想来，中国人所说的"财富"的"富"字是很值得玩味的。其中的"口"表示人丁兴旺，其中的"田"表示田产。许慎在《说文解字》中写道："富，备也。一曰厚也，从宀畐声。"其中的"宀"是房屋的意思。实际上暗示我们，财富与家庭之间有着极为密切的关系。无疑，只有在家庭的传承关系中，财富才有可能越出个人拥有的有限时空，获得持久的生命力。事实上，当财富被某个人使用时，人们称它为"财产"；而当财富被某个人自愿地让渡给他人使用时，人们称它为"遗产"，而遗产正是财产

---

① 《马克思恩格斯选集》第 4 卷，人民出版社 1995 年版，第 73 页。

的生命在家庭世代中的延续。马克思指出：

> 财产本是以占有者的出让权为前提的！①

氏族公社成员试图依靠传统的力量不出让公社的财产，而酋长则与僧侣勾结起来，共同摧毁公社的公有制。有鉴于此，马克思指责道：

> 所以，僧侣贼徒(pack)在家庭财产个体化的过程中起着主要的作用。②

如果说，酋长们利用的是世俗的权力，那么，僧侣们利用的则是神圣的权力。正如摩尔根所说的：

> 财产和酋长职位在氏族内继承；氏族内禁止通婚；现在，子女已撇开其同氏族人而获得遗产的大部分。③

显然，连酋长的权力也变成世袭后，权力和财产之间在家庭内部结成了牢不可破的同盟。

公元前 594 年，梭伦担任雅典的执政官，当时为了占有财产而你争我夺，社会状况严重恶化。梭伦颁布了法典，按照家庭财产的多少，把人民划分为以下四个不同的阶级：第一阶级拥有 500 墨狄那（粮食的计量单位——引者注）；第二阶级拥有 300 墨狄那，也称骑士；第三阶级拥有 200 墨狄那；第四阶级包括余下的人，被称为雇工。

> 一切行政职务只有前三个阶级即富有的人才能担任；雇工（第

---

① 《马克思恩格斯全集》第 45 卷，人民出版社 1985 年版，第 291 页。
② 同上书，第 258 页。
③ 同上书，第 465 页。

四阶级)不能担任任何职务，但是他们作为人民代表和法庭的成员参加管理。①

显然，当行政权力开始按照家庭财产的多少来分配时，氏族公社的解体已经变成了无可挽回的命运。

其实，只要简略地考察一下家庭演化史，就会发现，对异性之间的性关系的越来越严格的限制主要出于两个原因：一是降低因血缘关系太近而繁殖出来的弱智者的数量，二是使异性的性关系从不确定到确定，以便使财产能够以确定的方式得到继承。因此，专偶制家庭的出现具有历史的必然性。正如恩格斯所指出的：

> 专偶制是不以自然条件为基础，而以经济条件为基础，即以私有制对原始的自然产生的公有制的胜利为基础的第一个家庭形式。②

毋庸置疑，专偶制这种新的家庭形式的形成和普遍化完成了财富发展史上的一个历史性的转折，即氏族公社的公共财富开始转化为各个家庭的私有财产。从这个时候起，原始社会体现出来的人与人之间的纯朴的、崇高的关系也被破坏了，正如马克思所说的：

> 古代的观点和现代世界相比，就显得崇高得多，根据古代的观点，人，不管是处在怎样狭隘的民族的、宗教的、政治的规定上，毕竟始终表现为生产的目的，在现代世界生产表现为人的目的，而财富则表现为生产的目的。③

---

① 《马克思恩格斯全集》第45卷，人民出版社1985年版，第519页。
② 《马克思恩格斯全集》第4卷，人民出版社1995年版，第62—63页。
③ 《马克思恩格斯全集》第46卷（上册），人民出版社1979年版，第486页。

尽管如此，从历史唯物主义的观点看，马克思仍然把私有制对原始公有制的取代理解为历史的进步和文明的发展。

# 四、市场与财富

当人类社会的发展进入以商品交换为主导的社会形态之后，"市场"（Markt）不仅以其巨大的魔力改变了财富的存在方式，而且使财富本身也感染了这种巨大的魔力。在某种意义上，市场就像一个神通广大的炼金术士，当财富通过炼金炉再次呈现在我们面前时，我们已经完全不认识它了。

在市场经济的背景下，财富的第一个漂亮的转身体现在"货币"（Geld）上。货币的诞生不失为财富发展史上的一个重大的飞跃。如果说，作为财富元素的商品各自具有单一的使用价值，那么，货币则间接地拥有一切使用价值，因为人们可以用货币去购买他们所需要的任何商品。正如马克思所说的：

> 货币作为纯抽象财富——在这种财富形式上，任何特殊的使用价值都消失了，因而所有者和商品之间的任何个人关系也消失了——同样成为作为抽象人格的个人的权力，同他的个性发生完全异己的和外在的关系。但是货币同时赋予他作为他的私人权力的普遍权力。①

在马克思看来，货币自身只是"纯抽象财富"，但货币持有者可以用它换来任何他所需要的具体的财富。在这个意义上，任何人拥有货币，也就等于拥有了"普遍权力"。所以，马克思说：资产者"像鹿渴求清水一样，

---

① 《马克思恩格斯全集》第 46 卷（下册），人民出版社 1980 年版，第 453—454 页。

他们的灵魂渴求货币这唯一的财富。"①在《雅典的泰门》中，莎士比亚以极其生动的语言描绘了人们对货币的这种崇拜心理：

> 为了不同的目的，
> 你会说任何的方言！
> 你动人心坎的宝物啊！
> 你的奴隶，那些人类，要造反了，
> 快快运用你的法力，让他们互相砍杀，
> 留下这个世界来给兽类统治吧！②

尽管货币作为财富是抽象的，但货币本身却需要物质的载体。货币发展史表明，在由贵金属（如金、银）充当货币之前，还有许多其他的东西充当过货币，贝壳就是其中的一种。其实，中国人所说的"财富"的"财"就是以"贝"为偏旁的。许慎在《说文解字》中说："财，人所宝也。从贝才声。"又说："至秦废贝行钱"。由此可见，贝壳在中国秦代以前充当过货币。

货币发展到以贵金属作为载体后，又产生了新的问题。尽管贵金属稀少，做货币的载体是理想的，但它们自身太重，携带不便。况且，在流通的过程中，贵金属会受磨损，重量会不足。所以，人们不得不先用铸币，后用纸币来取代贵金属。正如马克思所说的：

> 在货币不断转手的过程中，单有货币的象征存在就够了。货币的职能存在可以说吞掉了它的物质存在。货币作为商品价格的转瞬即逝的客观反映，只是当作它自己的符号来执行职能，因此也能够

---

① 马克思：《资本论》第 1 卷，人民出版社 1975 年版，第 159 页。有趣的是，威廉·配第把货币理解为"国家躯体的脂肪"，脂肪过多会妨碍躯体的灵活性，而过少则会使躯体生病。参见马克思：《资本论》第 1 卷，人民出版社 1975 年版，第 166 页注。
② 转引自《马克思恩格斯全集》第 42 卷，人民出版社 1979 年版，第 152 页。

由符号来代替。但是，货币符号本身需要得到客观的社会公认，而纸做的象征是靠强制流通得到这种公认的。①

也就是说，纸币作为符号不过是贵金属的象征，而在交换过程中，实际上起作用的正是货币的象征功能。然而，随着纸币和其他符号性存在物的发行，符号性存在物与被象征物之间相分离的可能性也产生了。其实，市场经济所蕴含的信用危机、金融危机已经隐藏在这种最初的分离中了。

在市场经济的背景下，财富的第二个漂亮的转身是转化为"资本"（Kapital）。正如马克思所说的：

> 资本作为财富一般形式——货币——的代表，是力图超越自己界限的一种无止境的和无限制的欲望。②

在马克思看来，尽管资本作为财富的最新形式是离不开流通领域的，但资本的秘密却必须通过对资本主义雇佣劳动的分析得以揭示。马克思的分析是从"劳动力"作为商品在市场上的出售开始的。乍看起来，工人受雇到工厂里劳动，资本家付给工人工资，相互之间是十分公平的。其实，资本家用资本榨取的正是工人在剩余劳动时间里创造的剩余价值（即财富）。也就是说，资本只有通过对活劳动的吸附才可能不断地得到增殖。所以，马克思告诉我们：

> 资本只有一种生活本能，这就是增殖自身，获取剩余价值，用自己不变的部分即生产资料吮吸尽可能多的剩余劳动。资本是死劳动，它像吸血鬼一样，只有吮吸活劳动才有生命，吮吸的活劳动越

---

① 马克思：《资本论》第 1 卷，人民出版社 1975 年版，第 149 页。
② 《马克思恩格斯全集》第 46 卷（上册），人民出版社 1979 年版，第 299 页。

多，它的生命就越旺盛。①

在马克思看来，资本家不过是人格化的资本，而"平等地剥削劳动力，是资本的首要的人权"②。而无论是技术上的新发明，还是分工上的合理化；无论是交通工具的改善，还是世界市场的开辟，都不会使工人阶级致富，而只会使资本致富，并使资本支配劳动的权力不断增大。

马克思认为，与以前的社会形态比较起来，财富转化为资本有其积极的意义，因为"只有资本才掌握历史的进步来为财富服务"③。然而，资本主义的发展正在走向自己的反面。马克思写道：

> 在资本—利润（或者，更好的形式是资本—利息），土地—地租，劳动—工资中，在这个表示价值和一般财富的各个组成部分同财富的各种源泉的联系的经济三位一体中，资本主义生产方式的神秘化，社会关系的物化，物质生产关系和它的历史社会规定性直接融合在一起的现象已经完成：这是一个着了魔的、颠倒的、倒立着的世界。在这个世界里，资本先生和土地太太，作为社会的人物，同时又直接作为单纯的物，在兴妖作怪。④

在马克思看来，社会化大生产与少数人拥有巨大的财富乃是资本主义生产方式固有的、无法克服的矛盾。因此，只有剥夺剥夺者，把这个着了魔的世界重新颠倒过来，才能使人类自己创造的财富真正为人类服务。

---

① 马克思：《资本论》第 1 卷，人民出版社 1975 年版，第 260 页。
② 同上书，第 324 页。
③ 《马克思恩格斯全集》第 46 卷（下册），人民出版社 1980 年版，第 88 页。
④ 马克思：《资本论》第 3 卷，人民出版社 1975 年版，第 938 页。

# 五、联合体与财富

在《共产党宣言》中，马克思和恩格斯指出：

> 代替那存在着阶级和阶级对立的资产阶级旧社会的，将是这样一个联合体（eine Assoziation），在那里，每个人的自由发展是一切人的自由发展的条件。①

显然，马克思和恩格斯这里提到的"一个联合体"是对取代资本主义社会的未来共产主义社会的初步设想。在《资本论》第 3 卷中，马克思以自由问题为线索，对上面提到的联合体的功能作出了更明确的规定：

> 这个领域内的自由只能是：社会化的人，联合起来的生产者，将合理地调节他们和自然之间的物质变换，把它置于他们的共同控制之下，而不让它作为盲目的力量来统治自己；靠消耗最小的力量，在最无愧于和最适合于他们的人类本性的条件下进行这种物质变换。②

这段话启示我们，在未来共产主义社会里，联合起来的生产者将对创造财富的生产劳动进行合理的调控，使之以最适合人类本性的方式来进行。

在《哥达纲领批判》中，马克思从财富的生产和分配的角度阐述了他对作为联合体的未来共产主义社会的理解和期待：

---

① 《马克思恩格斯选集》第 1 卷，人民出版社 1995 年版，第 294 页。
② 马克思：《资本论》第 3 卷，人民出版社 1975 年版，第 926—927 页。

在共产主义高级阶段，在迫使个人奴隶般地服从分工的情形已经消失，从而脑力劳动和体力劳动的对立也随之消失之后；在劳动已经不仅仅是手段，并且本身成了生活的第一需要之后；在随着个人的全面发展，他们的生产力也增长起来，而集体财富的一切源泉都充分涌流之后，——只有在那个时候，才能完全超出资产阶级权利的狭隘眼界，社会才能在自己的旗帜上写上：各尽所能，按需分配！①

在这段极为重要的论述中，尽管马克思只有一次提到了"集体财富"这一概念，但其整段论述正是围绕财富问题展开的。如前所述，财富主要是通过劳动创造出来的，马克思在这里提到的"劳动""分工""生产力""个人的全面发展"的一个重要的目的是使"集体财富的一切源泉都充分涌流"，目的是形成未来共产主义社会对财富的新的分配方式，即"各尽所能，按需分配"。也就是说，每个人都将自觉地尽自己的能力进行工作，而联合体将根据每个人的需要来分配集体的财富。

这样一来，我们仿佛又以某种方式返回到原始公社的所有制中。当然，我们已处于完全不同的历史情景之中。正如马克思所说的：

留恋那种原始的丰富，是可笑的，相信必须停留在那种完全空虚之中，也是可笑的。②

如果说，在原始公社解体以来，财富一直是人的主人，那么，在未来共产主义社会中，人将成为财富的真正的主人。这正是马克思哲学留给我们的最重要的启示之一。

---

① 《马克思恩格斯选集》第 3 卷，人民出版社 1995 年版，第 305—306 页。
② 《马克思恩格斯全集》第 46 卷（上册），人民出版社 1979 年版，第 109 页。

# "消灭哲学"还是"扬弃哲学"？[①]

在哲学研究中，常常会出现一些假问题。这些假问题可能是由人们思维本身的错误引起的，也可能是在误解、误译的过程中形成并发展起来的。在马克思哲学研究的领域里，人们对马克思的所谓"消灭哲学"观点的提出与讨论，无疑属于假问题的范围，而这一假问题的出现，完全是由错误的翻译造成的。显而易见，揭露并去除这个假问题的目的，既是为了维护马克思哲学的纯洁性，也是为了使哲学研究在这个问题上迷途知返。

## 一、假问题的由来

在《黑格尔法哲学批判导言》（以下简称《导言》）中，马克思批评了当时的"实践派"和"理论派"对德国哲学的误解。马克思认为，"实践派"提出了否定当时德国哲学的要求，尽管提出这个要求并没有错，但该派仅限于提出这个要求，并没有认真地去实现它，却是错误的。为此，马克

①　原载《世界哲学》2011 年第 3 期，第 49—59 页。收录于俞吾金：《被遮蔽的马克思》，人民出版社 2012 年版，第 35—46 页。——编者注

思以批评的口吻写道：

Mit einem Worte：Ihr können die Philosophie nicht aufheben, ohne sie zu verwirklichen.①

由于这句话以字母 M 带头，我们不妨称它为"M 句"。在 20 世纪 50 年代中央编译局的译本中，这句话被译为：

一句话，你们不在现实中实现哲学，就不能消灭哲学。②

马克思还指出，尽管"理论派"坚持了与"实践派"不同的方向，但也犯了同样的错误。它的根本缺陷可以概括如下：

Sie glaubte，die Philosophie verwirklichen zu Können，ohne sie aufzuheben.③

由于这段话以字母 S 带头，我们不妨称它为"S 句"。在 20 世纪 50 年代中央编译局的译本中，这句话被译为：

它认为，不消灭哲学本身，就可以使哲学变成现实。④

如果说，M 句表达的是马克思的哲学观点，S 句表达的是马克思对"理论派"的哲学观点的概括和批评，那么，下面这个句子表达的则是马克思关于哲学与无产阶级关系的观点：

---

① K. Marx，F. Engels，*Werke*，*Band* 1，Berlin：Dietz Verlag，1970，S. 384.
② 《马克思恩格斯全集》第 1 卷，人民出版社 1956 年版，第 459 页。
③ K. Marx，F. Engels，*Werke*，*Band* 1，Berlin：Dietz Verlag，1970，S. 384.
④ 《马克思恩格斯全集》第 1 卷，人民出版社 1956 年版，第 459 页。

Die Philosophie kann sich nicht verwirklichen ohne die Aufhebung des Proletariats, das Proletariat kann sich nicht aufheben ohne die Verwirklichung der Philosophie. ①

由于这句话以字母 D 带头，我们不妨称它为"D 句"。在 20 世纪 50 年代中央编译局的译本中，这句话被译为：

哲学不消灭无产阶级，就不能成为现实；无产阶级不把哲学变为现实，就不可能消灭自己。②

我们发现，上述三句话的翻译存在不少问题。首先，M 句译文中的"在现实中"、S 句译文中的"本身"和"现实"这些词，在德语原句中都找不到对应词；其次，贯穿在 M、S、D 三句中的德语动词 verwirklichen 和 D 句中的德语名词 Verwirklichung 均应译为"实现"，而不应译为"现实"。从哲学上看，汉语名词"现实"明确地对应于德语名词 Wirklichkeit。再次，S 句译文中的 glaubte 不应被译为"认为"，而应该被译为"相信"。最后，D 句中的反身代词 sich 的含义并没有在译文中表达出来。

撇开上面提到的四点，M、S、D 这三个句子翻译中存在的最严重的问题是把德语动词 aufheben 译为"消灭"③，把 D 句中同时出现的德语名词 Aufhebung 也译为"消灭"。不难发现，20 世纪 90 年代出版的《马克思恩格斯选集》第 1 卷对前面提到的 50 年代出版的《马克思恩格斯全集》

---

① K. Marx, F. Engels: *Werke*, Band 1, Berlin: Dietz Verlag, 1970, S. 391.
② 《马克思恩格斯全集》第 1 卷，人民出版社 1956 年版，第 467 页。
③ 请注意，S 句中的 aufzuheben 乃是动词 aufheben 的不定式。在德语中，介词 zu 起着与英语中的 to 类似的作用。差别在于，在英语中，to 总是置于动词不定式之前，而德语中的 zu 在表示分离动词的不定式形式时，却嵌在前缀和词根之间。所以，aufheben 的不定式写作 aufzuheben。

第 1 卷的译文做了一定的修改。其中 M 句被改为：

> 一句话，你们不使哲学成为现实，就不能够消灭哲学。①

S 句被改为：

> 它以为，不消灭哲学，就能够使哲学成为现实。②

D 句被改为：

> 哲学不消灭无产阶级，就不能成为现实；无产阶级不把哲学变
> 成现实，就不可能消灭自身。③

尽管 90 年代的译文没有完全注意到并克服 50 年代的译文所存在的问题，但比较起来，90 年代的译文变得更简洁，也更准确了。当然，90 年代译文的最大问题在于，德语动词 aufheben 和德语名词 Aufhebung 仍然被译为"消灭"。

更令人难以置信的是，在 2009 年最新出版的《马克思恩格斯文集》第 1 卷收录的《黑格尔法哲学批判导言》中，M、S、D 这三句话的汉译依然一字不差地重复了 90 年代的译句。④ 由于翻译上的这种错误长期得不到纠正，以至于在马克思哲学研究领域里，那些以中文译本作为研究基础和出发点的学者侈谈"消灭哲学""消灭无产阶级"这类错误的观点，甚嚣尘上，得不到认真的清算。延续半个多世纪的、迄今仍未解决

---

① 《马克思恩格斯选集》第 1 卷，人民出版社 1995 年版，第 8 页。
② 同上。
③ 同上书，第 16 页。
④ M、S、D 句可分别参阅《马克思恩格斯文集》第 1 卷，人民出版社 2009 年版，第 10、10、18 页。

的这一翻译公案表明，无论是中央编译局，还是马克思哲学研究界，对德语动词aufheben和德语名词Aufhebung的误译所引发的严重理论后果都缺乏足够的重视。[①] 在人类历史已经进入21世纪的今天，再也不能对这类由误译而导致的假问题采取沉默的态度了。

## 二、解读 Aufheben

在德语中，名词Aufhebung是以动词aufheben为基础的，因此，关键在于如何准确地理解并翻译aufheben这个动词。凡是熟悉德语的人都知道，aufheben是由动词heben和前缀auf-构成的。heben具有以下两方面的含义：一是"举起"或"提高"；二是"除去"或排除"；auf-的含义则主要是"在……之上""向……之上"。而aufheben则综合了前缀auf-和动词heben的含义，既包含着"废除"的意思，又包含着"保存"的意思。

从哲学上看，aufheben在汉语中的对应词应该是"扬弃"，因为扬弃既有废除或舍弃的含义，又有保留或保存的含义，最能体现德语动词aufheben的神韵。事实上，在黑格尔和后黑格尔（当然也包括马克思）哲学研究的语境中，"扬弃"几乎可以说已经成了aufheben的定译，当然也成了Aufhebung的定译。由此可见，只有把前面提到的M、S、D这三个句子中出现的aufheben和Aufhebung均译为"扬弃"，才能准确地传达出马克思的本意。除了前面提到的字源上的原因外，我们还有以下三点理由：

其一，青年马克思是在黑格尔哲学的语境中开始自己的哲学思考的，而在黑格尔哲学的语境中，aufheben这个术语具有十分明确的含义。早在《精神现象学》中论述知觉问题时，黑格尔已经提到了这个术

---

① 拙文《AUFHEBEN的翻译及其启示》（原载《世界哲学》2002年增刊）曾经提出这个问题，但对7年后出版的《马克思恩格斯文集》似乎毫无影响。或许可以用"鸡犬之声相闻，老死不相往来"来形容中国理论界的现状。

语，并对它的含义做了详尽的阐释：

> Aufheben 这个词体现出真正的双重含义，我们已经在否定物
> (dem Negativen)里发现了这种双重的含义，它既是一个否弃(ein
> Negieren)，同时又是一个保存(ein Aufbewahren)。①

也就是说，在黑格尔哲学的语境中，否定从来不是全盘否定或单纯的消灭，作为发展环节，否定总是有所抛弃，同时也有所保存，而这一辩证的内涵在 aufheben 这个德语动词中得到了充分的体现。事实上，在《大逻辑》第一章中，黑格尔专门设了一个注来阐述 aufheben 这个德语动词：

> 在语言中，aufheben 具有双重的含义，它既可以意谓保存(auf-
> bewahren)、保持(erhalten)；同时也意谓中止(aufhören)、终结(ein
> Ende machen)。②

在这段话中，黑格尔再度肯定了 aufheben 这个德语动词的双重意蕴，既要避免中止一切、消灭一切的虚无主义的结果，又要避免肯定一切、保存一切的保守主义的结果。黑格尔似乎预感到，aufheben 这个词会受到后人的曲解，所以他又不厌其烦地强调：

> 扬弃自身的东西并不因这一扬弃而成为无(Was sich aufhebt,
> wird dadurch nicht zu Nichts)。③

---

① G. W. F. Hegel, *Phänomenoloie des Geists*, Berlin：Suhrkamp Verlag, 1989,
S. 94.

② G. W. F. Hegel, *Wissenschaft der Logik* 1, Berlin：Suhrkamp Verlag, 1986,
S. 114.

③ G. W. F. Hegel, *Wissenschaft der Logik* 1, Berlin：Suhrkamp Verlag, 1986,
S. 113.

这就启示我们，扬弃的结果决不是对象的被"消灭"，即"无"，扬弃自身包含着对被扬弃者的某种肯定或保留。值得注意的是，在《小逻辑》第 96 节中，黑格尔再次提到 aufheben，并做了详尽的阐述：

> 有时候，我们把 aufheben 理解为去除（Hinwegräumen）或否弃（negieren）……但它有时候又可以被理解为保存（aufbewahren），在这个意义上，我们说某些东西很好地被 aufheben 了。①

显而易见，在黑格尔看来，aufheben 这个词所蕴含的双重含义不应该被理解为语言上的混乱或偶然出现的差错，而是体现出这个词的深刻的辩证法意蕴。也正是在这个意义上，黑格尔把 aufheben 称作"哲学的最重要的概念之一"（einer der wichtigsten Begriffe der Philosophie）②由此可见，aufheben 这个词在黑格尔著作中的出现并不是偶然的，作为辩证法大师，黑格尔非常重视这个概念，并把它作为构筑自己哲学体系的一个重要的概念。

马克思从青年时期起就认真研读了黑格尔的著作。在 1837 年 11 月 10—11 日致父亲的信中，马克思曾经这样写道："在患病期间，我从头到尾读了黑格尔的著作，也读了他大部分弟子的著作。"③在对黑格尔著作的研究中，马克思特别注重的是他的辩证法思想，因而他不可能不了解黑格尔对 aufheben 这个重要的哲学概念所蕴含的双重的、对立的含义的反复论述。实际上，在与《导言》的写作时间只有数个月之隔的《1844 年经济学哲学手稿》中，马克思明确指出：

---

① G. W. F. Hegel, *Enyzklopädie der Philosophischen Wissenschaften* 1，Berlin：Suhrkamp Verlag，1986，S. 204.

② G. W. F. Hegel, *Wissenschaft der Logik* 1，Berlin：Suhrkamp Verlag，1986，S. 113.

③《马克思恩格斯全集》第 40 卷，人民出版社 1982 年版，第 16 页。

Eine eigentümliche Rolle spielt daher das Aufheben, worin die Verneinung und die Aufbewahrung, die Bejahung verknüpft sind. ①

2009 年出版的《马克思恩格斯文集》第 1 卷把这段话译为：

> 因此，把否定和保存即肯定结合起来的扬弃起着一种独特的作用。②

面对这段译文，我们不禁要问：为什么译者不把这里的 Aufheben 也像《黑格尔法哲学批判导言》那样译为"消灭"呢？因为这段话反映的正是马克思的本意，即在理解 Aufheben 这个词时，必须同时把握它蕴含的"保存"和"否定"这一双重含义，因而，蕴含这一双重含义的 Aufheben 根本不应该被译为"消灭"。由此可见，把《黑格尔法哲学批判导言》中的 aufheben 和 Aufhebung 译为"消灭"不过是译者的一厢情愿，而根本不符合马克思的本意。

其二，把《导言》中的 aufheben 和 Aufhebung 译为"消灭"，否定了马克思哲学思想的自洽性。谁都知道，在汉语中，"消灭"这个词，无论是以动词的方式出现，还是以名词的方式出现，其含义就是废除或否弃整个对象，不包含任何保存或保留的意思在内，而马克思有可能去"消灭哲学"吗？在我们看来，马克思不但不可能去"消灭哲学"，而且他连这样的愿望也根本不可能产生。事实上，在同一个文本中，马克思又告诉我们：

> 哲学把无产阶级当做自己的物质武器，同样，无产阶级也把哲学当做自己的精神武器。③

---

① K. Marx, *Pariser Manuskripte*, Berlin: Dietz Verlag, 1987, S. 127.

② 《马克思恩格斯文集》第 1 卷，人民出版社 2009 年版，第 214 页。

③ 同上书，第 17 页。

试问，如果哲学已经被马克思"消灭"了，它在这里又怎么可能成为无产阶级的"精神武器"呢？同样，如果无产阶级也已经被哲学"消灭"了，它在这里又怎么可能成为哲学的"物质武器"呢？也是在同一个文本中，马克思在谈到德国人的解放时，又明确地宣布：

> 这个解放的头脑是哲学，它的心脏是无产阶级。①

显而易见，既然马克思把哲学视为德国人解放的"头脑"、把无产阶级视为德国人解放的"心脏"，他又怎么会产生"消灭哲学""消灭无产阶级"的念头呢？

或许有人会这样辩解：在 M、S、D 这三个句子中，马克思在使用 Philosophie（哲学）这个概念时，前面均有定冠词 die，因此，马克思的本意似乎并不是笼统地"消灭哲学"，而是要"消灭这种哲学"，而这种哲学，即 die Philosophie 就是指当时以黑格尔为代表的德国哲学。这个辩解的合理之处是提醒译者和读者注意 Philosophie 之前的定冠词 die，遗憾的是，迄今为止译者和读者均未注意到这个 die。确实，这个 die 的存在表明，马克思在不少场合下谈论 Philosophie 时，并不是关于哲学的空泛之论，而是专指当时的德国哲学，尤其是黑格尔哲学。当然，我们也必须看到，这个辩解的苍白之处在于，即使把"消灭哲学"改译为"消灭这种哲学"，比如消灭黑格尔哲学，也不等于准确地理解了马克思的本意。道理很简单，假如这种哲学或那种哲学都可以被消灭的话，又何来哲学史？何况，在 19 世纪六七十年代，当德国哲学界把黑格尔当作一条"死狗"来看待时，马克思却宣布："我公开承认我是这位大思想家的学生，并且在关于价值理论的一章中，有些地方我甚至卖弄起黑格尔特

---

① 《马克思恩格斯文集》第 1 卷，人民出版社 2009 年版，第 18 页。

有的表达方式。"①马克思又怎么可能去"消灭"黑格尔哲学或以黑格尔哲学为代表的德国哲学?

其三,把《导言》中的 aufheben 和 Aufhebung 译为"消灭",也违反了译者在马克思、恩格斯经典著作翻译中的自洽性。众所周知,马克思的《导言》撰写于 1843 年 10 月中旬至 12 月,并在 1844 年 2 月出版的《德法年鉴》上公开发表,而马克思的《手稿》则撰写于 1844 年 4—8 月。

也就是说,这两个文本的写作时间只相差数个月。在《手稿》中,马克思十分频繁地使用了 aufheben 这个德语词。有趣的是,在这个文本中,中央编译局的译者把它统统译成了"扬弃"。下面试举两例。第一个例子是:

Die Aufhebung der Selbstentfremdung macht denselben Weg wie die Selbstentfremdung. ②

《马克思恩格斯文集》第 1 卷把这句话译为:

自我异化的扬弃(Die Aufhebung)同自我异化走的是同一条道路。③

第二个例子是:

Das Aufheben, als gegenständliche, die Entäusserung in sich zurücknehmende Bewegung. ④

① 《马克思恩格斯文集》第 5 卷,人民出版社 2009 年版,第 22 页。
② K. Marx, *Pariser Manuskripte*, Berlin: Dietz Verlag, 1987, S. 79.
③ 《马克思恩格斯文集》第 1 卷,人民出版社 2009 年版,第 182 页。
④ K. Marx, *Pariser Manuskripte*, Berlin: Dietz Verlag, 1987, S. 129.

扬弃(Das Aufheben)是把外化收回到自身的、对象性的运动。①

为什么在这两个例子乃至《手稿》的全文中，aufheben 这个动词和相应的名词 das Aufheben 都被译为"扬弃"，而《黑格尔法哲学批判导言》中的 aufheben 和 Aufhebung 却一概被译为"消灭"？显然，对马克思同一思想发展时期的不同文本中所使用的同一个重要术语的不同翻译，是缺乏任何学理上的基础的。

我们再来看看，恩格斯《反杜林论》中涉及 aufheben 这个词的两段文字又是如何翻译的。在《反杜林论》的"哲学篇"中，恩格斯在批判杜林时写道：

Die Philosophie ist hier also "aufgehoben", das heisst "sowohl ueberwunden als aufbewahrt"；ueberwunden ihrer Form，aufbewahrt ihrem wirklichen Inhalt nach. ②

这段话被译为：

因此，哲学在这里被"扬弃"(aufgehoben)了，就是说，"既被克服又被保存"；按其形式来说是被克服了，按其现实的内容来说是被保存了。③

这里的 aufgehoben 乃是 aufheben 的过去分词。恩格斯的第二段话是：

Ich soll nicht nur negierer，sondern auch die Negation wieder

---

① 《马克思恩格斯文集》第 1 卷，人民出版社 2009 年版，第 216 页。
② K. Marx，F. Engels，*Ausgewählte*，*Werke*，*Band* V，Berlin：Dietz Verlag，1989，S. 154.
③ 《马克思恩格斯文集》第 9 卷，人民出版社 2009 年版，第 146 页。

aufheben. ①

这段话被译为：

> 我不仅应当否定，而且还应当再扬弃(aufheben)这个否定。②

在这里，我们仍然要提出这样的疑问：为什么同一个重要的哲学术语，在恩格斯那里被译为"扬弃"，而在马克思的《导言》中却被译为"消灭"？更令人百思不得其解的是，2009 年新版的《马克思恩格斯文集》仍然保留了这些相互矛盾的译句，从而使"消灭哲学""消灭无产阶级"这类荒谬的译句仍然存在。

综上所述，无论是在黑格尔的语境中，还是在深受黑格尔影响的马克思、恩格斯的语境中，aufheben、Aufheben 和 Aufhebung 都应该被译为"扬弃"。为此，我们主张把 M 句改译为：

> 一句话，你们不实现哲学，就不能够扬弃哲学。

把 S 句改译为：

> 它相信，不扬弃哲学，就能够实现哲学。

把 D 句改译为：

> 不扬弃无产阶级，哲学就不可能实现；不实现哲学，无产阶级就不可能扬弃自身。

---

① K. Marx, F. Engels, *Ausgewählte*, *Werke*, *Band* Ⅴ, Berlin: Dietz Verlag, 1989, S. 158.

② 《马克思恩格斯文集》第 9 卷，人民出版社 2009 年版，第 149 页。

# 三、这个事件的启示

在 9 年以前，拙文《AUFHEBEN 的翻译及启示》已经提出了如何准确地翻译马克思《黑格尔法哲学批判导言》中 aufheben 这个词的问题。然而，遗憾的是，无论是理论界，还是中央编译局，都未对这个问题有充分重视。其实，这种不重视本身就是一种文化现象，折射出一些深层的文化动因和征兆，值得我们认真地加以剖析。

首先，在中国知识界，尤其是在马克思哲学的翻译领域和研究领域，翻译者和研究者的无意识层面上普遍存在着全盘否定传统文化的倾向。由于悠久的中国传统文化对当代中国人仍然具有巨大的约束力，所以当代中国人，尤其是当代中国知识分子，总是沉湎于反抗意识之中，并倾向于以决绝的态度对待传统文化。

对于翻译者来说，他们的无意识层面驱动他们把马克思《黑格尔法哲学批判导言》中的 aufheben 和 Aufhebung 译为"消灭"，不但要"消灭哲学"，而且还要"消灭无产阶级"。尽管这样的译句从学理上看是非常荒谬的，但从感情上看却是十分痛快的。实际上，这种误译已经自觉或不自觉地把马克思塑造成一个全盘反对传统文化，尤其是传统哲学思想的虚无主义者。众所周知，翻译通常被理解为对被翻译者，即文本的"再创造"，而在这里的"再创造"中，翻译者把自己的无意识投射到马克思的文本上去了。

其次，在当代中国知识分子，包括马克思哲学的翻译者和研究者中，普遍流行的是浅尝辄止、不甚了了的研究方式。"消灭哲学""消灭无产阶级""哲学不消灭无产阶级，就不能成为现实"等译句，从字面上看就是荒谬的。我们前面分析较多的是第一句和第二句，这里姑且分析一下第三个句子："哲学不消灭无产阶级，就不能成为现实。"试问，哲学又如何去消灭无产阶级？哲学是精神性的东西，无产阶级是现实的存在物，前者怎么可能去消灭后者？何况，马克思不是主张，哲学要把无产阶级作为自己的"物质武器"吗？这类译句简直就是天方夜谭，然而，更令人担忧的是，它们居然保持了半个多世纪也未受到质疑。

这种浅尝辄止的研究方式尤其表现在那些完全不懂德语，只满足于在马克思恩格斯著作的中译本基础上从事研究工作的研究者身上。"消灭哲学""消灭无产阶级"之类假问题之所以不断地被提出来，正是这部分肤浅的研究者使然。这不禁使我们联想起叔本华特别喜欢引用的歌德的名言：

> 谬误和水一样，船分开水，水又在船后立即合拢，精神卓越的人物驱散谬误而为他们自己空出了地位，谬误在这些人物之后也很快地自然地又合拢了。①

在理论界，常常有人提倡要读经典作家的原著，但仔细推敲起来，这种提法仍然显得过于笼统，因为它没有区分"原文状态（如德语）的原著"与"翻译状态（如译为汉语）的原著"。其实，大家都心知肚明，任何人，假如只局限在他人译本的基础上做研究，这样的研究工作不但不可能有什么真正值得重视的价值，而且犹如盲人瞎马，不知会被引向何处。

最后，当代中国知识分子，包括马克思哲学的翻译者和研究者，他们的思维方式忽视逻辑。显然，对马克思恩格斯著作中 aufheben、Aufheben 和 Aufhebung 的翻译、研究上出现的非自洽现象正是逻辑意识匮乏的典型表现。

在对马克思的《导言》的翻译中，译者有没有考虑过："消灭哲学"这个译句与同一个文本中的其他译句，如"哲学把无产阶级当做自己的物质武器，同样，无产阶级也把哲学当做自己的精神武器""这个解放的头

---

① 转引自[德]叔本华：《作为意志和表象的世界》，石冲白译，商务印书馆 1982 年版，第 567 页。

脑是哲学，它的心脏是无产阶级"，在逻辑上是不自洽的？

在对《黑格尔法哲学批判导言》和《手稿》这两个文本的翻译中，译者有没有意识到：把前一个文本中的 aufheben 译为"消灭"，而把后一个文本中的 aufheben 译为"扬弃"在逻辑上也是不融贯的？

在对马克思的《黑格尔法哲学批判导言》和恩格斯的《反杜林论》的翻译中，译者有没有觉察到：把前一个文本中的 aufheben 译为"消灭"，把后一个文本中的 aufheben 译为"扬弃"在逻辑上是矛盾的？

综上所述，马克思《黑格尔法哲学批判导言》中的 M、S、D 句究竟如何翻译的问题，不是翻译技巧上的小事，而是涉及如何准确地理解马克思哲学思想的重大理论问题。

# 论马克思的"劳动辩证法"[①]

在《作为"意识形态"的技术与科学》(1968)中，哈贝马斯曾经指出，在黑格尔早期哲学思想中，存在着以下三种辩证法，即"表述的辩证法"(die Dialektik der Darstellung)、"劳动辩证法"(die Dialektik der Arbeit)和"为获得承认而斗争的辩证法"(die Dialektik des Kampfes um Anerkennung)。[②] 在谈到劳动辩证法时，哈贝马斯既肯定了它在黑格尔早期哲学思想中的中心地位，又不无遗憾地指出，随着黑格尔思想的发展，"劳动辩证法已经失去了它的中心地位"[③]。也就是说，在成熟时期的黑格尔的哲学思想中，不但劳动概念被边缘化了，劳动辩证法也处于边缘化的状态中。

在这里，哈贝马斯陷入了双重错误：一方面，他没有注意到，早在《手稿》中，马克思已对

---

① 原载《复旦学报(社会科学版)》2011年第4期，第1—8页；《新华文摘》2011年第23期转载。收录于俞吾金：《被遮蔽的马克思》，人民出版社2012年版，第285—300页。——编者注

② Juergen Habermas，*Technik und Wissenschaft als Ideologie*，Berlin：Suhrkamp Verlag，1970，S. 30. 据目前的考证，最早提出"劳动辩证法"概念的是卢卡奇的《青年黑格尔》。这部著作完稿于1938年，出版于1948年。卢卡奇在该书中指出："劳动辩证法使黑格尔认识到，人类只有通过劳动走上发展的道路，实现人的人性化和自然的社会化。"见 G. Lukacs，*Young Hegel*，Cambridge：MIT Press，1976，p. 327.

③ Juergen Habermas，*Technik und Wissenschaft als Ideologie*，Berlin：Suhrkamp Verlag，1970，S. 44.

黑格尔的劳动概念作出了深刻的批判：

> 黑格尔唯一知道并承认的劳动是抽象的精神的劳动。①

也就是说，黑格尔的劳动辩证法本质上从属于其思辨唯心主义哲学，在其现有的状态上是无用的；另一方面，哈贝马斯也没有意识到，在马克思那里，不但劳动辩证法得到了复兴，而且其内涵也被极大地丰富了。然而，遗憾的是，在马克思哲学思想的传播过程中，由于作为第一阐释者的恩格斯倡导的始终是"自然辩证法"（die Dialektik der Natur），即与人的实践活动相分离的自然自身运动的辩证法，因而从属于人的实践活动的劳动以及劳动辩证法始终处于被遮蔽的状态中。② 今天，深入探讨马克思的劳动辩证法，对于全面把握马克思的辩证法思想，重新塑造马克思的理论形象具有特别重要的意义。

在着手考察马克思的劳动辩证法之前，先得对马克思所使用的"劳动"概念的含义做一个明确的界定。在《1857—1858 年经济学手稿》中，马克思告诉我们：

> 劳动可能是必要的，但不是生产的。③

在这里，马克思强调了"劳动"（die Arbeit）与"生产"（die Produktion）这两个概念之间的差别。实际上，马克思区分了两种不同类型的劳动：一种是创造新价值的劳动，即生产性的劳动，可以简称为"生产劳动"；另一种是不创造新价值的劳动，如仆人在家里的劳动，尽管这种劳动是必要的，但它属于"非生产性的劳动"。虽然马克思常常不经意地使用"劳动"

---

① 《马克思恩格斯全集》第 42 卷，人民出版社 1979 年版，第 163 页。K. Marx, *Pariser Manuskripte*，Berlin：Dietz Verlag，1987，S. 120.
② 参见俞吾金：《自然辩证法，还是社会历史辩证法》，《社会科学战线》2007 年第 4 期。
③ 《马克思恩格斯全集》第 46 卷（下册），人民出版社 1980 年版，第 26 页。

"生产"或"生产劳动"这些概念，但为了揭示资本主义雇佣劳动的秘密，他考察的重点始终落在"生产劳动"上，因而当他单独使用"劳动"概念时，除非像上面那段引文，目的是阐明"劳动"与"生产"概念在含义上的差别，在通常情况下，马克思所说的"劳动"也就是指创造新价值的"生产"或"生产劳动"。在《1857—1858年经济学手稿》的另一处，马克思又指出：

> 劳动是活的、塑造形象的火；是物的易逝性，物的暂时性，这种易逝性和暂时性表现为这些物通过活的时间而被赋予形式。在简单生产过程中——撇开价值增殖过程不谈——物的形式的易逝性被用来造成物的有用性。①

毋庸置疑，马克思在这里说的"劳动"就是指"生产"或"生产劳动"。在明确了马克思劳动概念的含义之后，我们就可以进入到对他的劳动辩证法思想的探讨中去了。

# 一、劳动与对象化

马克思的劳动辩证法首先体现在劳动的"对象化"（die Vergegenständlichung)特征上。当然，马克思并没有泛泛地谈论对象化，而是把它区分为两种不同的形式：

一种是意识在静态直观中的对象化。在《手稿》中，马克思写道：

> 意识的存在方式，以及对意识说来某个东西的存在方式，这就是知识。知识是意识的唯一的行动。因此，只要意识知道某个东西，这个东西就成为意识的对象了。知识是意识的唯一的、对象性

---

① 《马克思恩格斯全集》第46卷(上册)，人民出版社1980年版，第331页。

的关系(einziges gegenständliches Verhalten)。①

如果说，在意识的框架内，传统哲学家们注重的是思维的对象化，那么，在费尔巴哈的影响下，马克思注重的则是感觉的对象化：

> 眼睛对对象的感觉不同于耳朵，眼睛的对象不同于耳朵的对象。每一种本质力量的独特性，恰好就是这种本质力量的独特的本质，因而也是它的对象化的独特方式。因此，人不仅通过思维，而且以全部感觉在对象世界中肯定自己。②

由此可见，对于没有音乐感的耳朵来说，最美的音乐也毫无意义。在这个意义上，对象化不过是人的本质力量的确证。当然，马克思对对象化的理解并没有停留在传统哲学家的水准上。

另一种是人的实践活动的对象化。在《提纲》中，马克思开宗明义地指出：

> 从前的一切唯物主义(包括费尔巴哈的唯物主义)的主要缺点是：对对象(der Gegenstand)、现实、感性，只是从客体的或者直观的形式去理解，而不是把它们当作感性的人的活动，当作实践去理解，不是从主体方面去理解。③

正是在这段十分重要，而又常为人们所忽视的论述中，马克思明确地指出，"对象"概念的含义不应该从客体的或直观的角度去理解，而应该从

---

① 《马克思恩格斯全集》第 42 卷，人民出版社 1979 年版，第 170 页。K. Marx, *Pariser Manuskripte*，Berlin：Dietz Verlag，1987，S. 126.

② 同上书，第 125 页。K. Marx, *Pariser Manuskripte*，Berlin：Dietz Verlag，1987，S. 87.

③ 《马克思恩格斯文集》第 1 卷，人民出版社 2009 年版，第 499 页。K. Marx, F. Engels, *Werke*, *Band* 3，Berlin：Dietz Verlag，1969，S. 5.

主体的或实践的角度去理解。由此可见，马克思所说的对象化是以人的实践活动作为出发点的。正如他在《手稿》中所强调的：

> 只有当物按人的方式同人发生关系时，我才能在实践上按人的方式同物发生关系。①

也就是说，"我"与"物"之间的对象关系始终是在人的实践活动的基础上展开的。

人所共知，在马克思的语境中，人的实践活动的最基本、最普遍的表现形式是劳动。在《手稿》中，马克思对劳动的对象化下了明确的定义：

> 劳动的产品就是固定在某个对象中、物化为对象的劳动，这就是劳动的对象化（die Vergegenständlichung der Arbeit）。劳动的实现就是劳动的对象化。②

显然，在马克思那里，实践的对象化主要体现在劳动的对象化上，劳动的对象化也就是劳动的实现，而劳动的实现又是以劳动产品的形成作为标志的。在这个意义上，劳动产品就是劳动的对象化的集中表现。

马克思进而指出，只有被人类劳动对象化的存在物才是现实的存在物，而"非对象性的存在物（ein ungegenständliches Wesen）是非存在物（Umwesen）"③。马克思这里所说的"非存在物"乃是指意识虚构出来的抽象的存在物。它们是非现实的，也是非感性的。这样一来，通过对劳动对象化的叙述，马克思为哲学研究划分出两个截然不同的自然界：一

---

① 《马克思恩格斯全集》第 42 卷，人民出版社 1979 年版，第 124 页注 2。
② 同上书，第 91 页。K. Marx, *Pariser Manuskripte*, Berlin：Dietz Verlag, 1987, S. 57-58.
③ 同上书，第 168 页。K. Marx, *Pariser Manuskripte*, Berlin：Dietz Verlag, 1987, S. 124.

个是从未被人的劳动对象化的、抽象的自然界。在马克思看来，这种自然界，即"被抽象地孤立地理解的、被固定为与人分离的自然界，对人说来也是无（Nichts）"①。由此可见，当恩格斯仿效 18 世纪的唯物主义者，撇开人的劳动，热衷于以孤立地考察自然界的自身运动为基础的"自然辩证法"时，他在很大程度上已经远离了马克思的劳动对象化理论。

另一个是被人的劳动，尤其是现代工业劳动对象化的自然界。马克思告诉我们：

> 在人类历史中即在人类社会的产生过程中形成的自然界是人的现实的自然界（die wirkliche Natur）；因此，通过工业——尽管以异化的形式——形成的自然界，是真正的人类学的自然界（die wahre anthropologische Natur）。②

毋庸置疑，在马克思看来，只有被人的劳动对象化的自然界才是"现实的自然界""真正的人类学的自然界"。

我们发现，在马克思的劳动对象化理论中，存在着劳动辩证法的两个始源性的、互动的端点：一个端点是人通过劳动创造了丰富多彩的对象世界，而对象世界的这种丰富多彩性正是人的本质力量的确证。正如马克思所指出的：

> 我们看到，工业的历史和工业的已经产生的对象性存在，是一本打开了的关于人的本质力量的书，是感性地摆在我们面前的人的心理学。③

---

① 《马克思恩格斯全集》第 42 卷，人民出版社 1979 年版，第 178 页。K. Marx, *Pariser Manuskripte*，Berlin：Dietz Verlag，1987，S. 133.

② 同上书，第 128 页。K. Marx, *Pariser Manuskripte*，Berlin：Dietz Verlag，1987，S. 89.

③ 同上书，第 127 页。K. Marx, *Pariser Manuskripte*，Berlin：Dietz Verlag，1987，S. 88.

然而，人们至今尚未从人的本质力量在劳动中的对象化的角度去理解并阐释心理学，而只是从外表上、效用上对心理学的意义做肤浅的理解和阐释。马克思启示我们，他的哲学思想与传统哲学思想的差别在于，他主张从劳动的对象化的角度出发去理解周围的存在物乃至整个自然界。另一个端点是人之为人的人性、人的本质力量，也正是通过被人的劳动对象化的"人化的自然界"的激励而形成并发展起来的。因此，马克思独具慧眼地指出：

> 不仅五官感觉，而且所谓精神感觉、实践感觉（意志、爱等等），一句话，人的感觉、感觉的人性，都只是由于它的对象的存在，由于人化的自然界（die vermenschlichte Natur），才产生出来的。五官感觉的形成是以往全部世界历史的产物。①

实际上，不仅是人的五官感觉，甚至人类的整个历史和文明也正是借助劳动的对象化所形成的"人化的自然界"而发展起来的。正是在这个意义上，马克思写道：

> 整个所谓世界历史不外是人通过人的劳动而诞生的过程，是自然界对人说来的生成过程。②

总之，正是劳动的对象化展示出劳动主体与劳动对象、人与自然界、人的生活与自然科学之间的辩证关系。这就深刻地启示我们，撇开马克思的劳动对象化理论，劳动辩证法就失去了自己的基础，甚至马克

---

① 《马克思恩格斯全集》第 42 卷，人民出版社 1979 年版，第 126 页。K. Marx, *Pariser Manuskripte*，Berlin：Dietz Verlag，1987，S. 87.
② 同上书，第 131 页。K. Marx, *Pariser Manuskripte*，Berlin：Dietz Verlag，1987，S. 92.

思的整个哲学思想也变得无法索解了。

# 二、劳动与外化

正如马克思把对象化区分为意识静态直观的对象化与人的实践(劳动)的对象化一样,他也把"外化"(die Entäusserung)区分为以下两种不同形式:

一种是在单纯意识的框架内发生的外化,比如黑格尔在《精神现象学》中所说的自我意识的外化。在《手稿》中,马克思以批评的口吻指出:

> 自我意识通过自己的外化所能设定的只是物性(die Dingheit),即只是抽象物、抽象的物,而不是现实的物。①

尽管像黑格尔这样的思辨唯心主义者也热衷于谈论外化概念,但在他那里,这种外化从未真正地穿破意识的襁褓,它仍然停留在意识的框架内,作为这种外化结果的物仍然是抽象的物,即作为观念的物或物性。也正是通过对黑格尔的虚假的外化概念的剖析,马克思揭示了黑格尔的思辨唯心主义的实质:

> 这就是神秘的主体—客体,或笼罩在客体上的主体性,作为过程的绝对主体,作为使自己外化并且从这种外化返回到自身的、但同时又使外化回到自身的主体,以及作为这一过程的主体;这就是在自身内部的纯粹的、不停息的旋转。②

---

① 《马克思恩格斯全集》第 42 卷,人民出版社 1979 年版,第 166 页。K. Marx, *Pariser Manuskripte*, Berlin: Dietz Verlag, 1987, S. 123.

② 同上书,第 176 页。K. Marx, *Pariser Manuskripte*, Berlin: Dietz Verlag, 1987, S. 130.

由上可知，马克思对黑格尔式的、完全在意识内部发生的所谓"外化"取嘲弄的、批判的态度。在马克思看来，这种"外化"不过是虚假的外化。它表明，即使像黑格尔这样的思辨唯心主义者，也不愿意停留在单纯的抽象思维中，而是有一种对内容的渴望。

另一种则是在实践，尤其是劳动的基础上发生的真正的、现实的外化。正是在劳动的过程中，劳动者的内在的观念（目的）、本质力量、智慧和体力外化在劳动过程和劳动产品中。在《资本论》第 1 卷（1867）中，马克思指出：

> 蜘蛛的活动与织工的活动相似，蜜蜂建筑蜂房的本领使人间的许多建筑师感到惭愧。但是，最蹩脚的建筑师从一开始就比最灵巧的蜜蜂高明的地方，是他在用蜂蜡建筑蜂房以前，已经在自己的头脑中把它建成了。①

不用说，建筑师头脑中的建筑方案是内在的观念，通过劳动本身，这种内在的观念外化为一个实实在在的建筑物。同样内在于劳动者的本质力量、智慧和体力也会外化到整个劳动过程和所有的劳动产品中。从这个角度看待劳动，可以把劳动理解为由内向外的活动，即外化。在《手稿》中，马克思告诉我们：

> 如果劳动的产品是外化，那么生产本身就必然是能动的外化（die taetige Entaeusserung），或活动的外化（die tätige Entäusserung der Taetigkeit），外化的活动（die Tätigkeit der Entäusserung）。②

---

① 《马克思恩格斯文集》第 5 卷，人民出版社 2009 年版，第 208 页。
② 《马克思恩格斯全集》第 42 卷，人民出版社 1979 年版，第 93 页。K. Marx, *Pariser Manuskripte*, Berlin：Dietz Verlag, 1987，S. 60.

也就是说，在马克思那里，劳动的外化是沿着以下两个方向展开的：

一个方向是劳动本身的外化，马克思上面所说的"能动的外化""活动的外化"或"外化的活动"指的都是劳动本身的外化。如前所述，既然劳动本身就是一种由内向外的外化活动，这里再说劳动本身的外化岂不是同义反复吗？仔细研读马克思的文本，就会发现，马克思所说的劳动本身的外化具有双重含义：第一层含义是指劳动者的内在的观念（目的）、本质力量、智慧和体力的外化，前面已经论述过了；第二层含义是指这种劳动并不是劳动者所渴望的、自由自觉的活动，而是劳动者为了谋生不得不从事的活动。就这层含义而言，劳动本身的外化是指劳动者投入的乃是一种异己的、与自己的内在愿望格格不入的劳动。正如马克思所指出的：

> 那么，劳动的外化（die Entäusserung der Arbeit）表现在什么地方呢？首先，劳动对工人说来是外在的东西，也就是说，不属于他的本质的东西；因此，他在自己的劳动中不是肯定自己，而是否定自己，不是感到幸福，而是感到不幸，不是自由地发挥自己的体力和智力，而是使自己的肉体受折磨、精神遭摧残。因此，工人只有在劳动之外才感到自在，而在劳动中则感到不自在，他在不劳动时觉得舒畅，而在劳动时就觉得不舒畅。因此，他的劳动不是自愿的劳动，而是被迫的强制劳动。……外在的劳动，人在其中使自己外化的劳动，是一种自我牺牲、自我折磨的劳动。①

在马克思看来，"外在的劳动"或"劳动的外化"实际上是一回事，即劳动本身成为与劳动者敌对的活动。只要有可能，工人就会像逃避鼠疫一样逃避这种劳动的外化。

---

① 《马克思恩格斯全集》第 42 卷，人民出版社 1979 年版，第 94 页。K. Marx, *Pariser Manuskripte*, Berlin：Dietz Verlag, 1987, S. 60.

另一个方向是劳动产品的外化。如前所述，劳动产品乃是人的生命和体力外化的结果，但这一结果也会倒过来成为压抑人的生命的巨大力量。正如马克思所披露的：

> 很明显，工人在劳动中耗费的力量越多，他亲手创造出来反对自身的、异己的对象世界的力量就越强大，他本身，他的内部世界就越贫乏，归他所有的东西就越少。……工人把自己的生命投入对象；但现在这个生命不再属于他而属于对象了。因此，这个活动越多，工人就越丧失对象。凡是成为他的劳动产品的东西，就不再是他本身的东西。因此，这个产品越多，他本人的东西就越少。①

使马克思感到愤怒的是，在资本主义雇佣劳动的背景下，人的生命在劳动产品中的外化和劳动产品在消费中内化为人的生命这两者之间是极端不平衡的，"物的世界的增值同人的世界的贬值成正比"②。事实上，工人的劳动所得只能勉强维持生计。此外，马克思还告诉我们，私人财产也就是通过劳动的外化形成的劳动产品，它"一方面是外化劳动（der entäusserten Arbeit）的产物，另一方面又是劳动借以外化的手段，是这一外化的实现"③。也就是说，私有财产既是劳动外化的结果，又是劳动外化得以实现的手段。

我们发现，在马克思的劳动外化理论中，同样存在着劳动辩证法的两个始源性的、互动的端点。一个端点是：劳动是由内向外、主观见诸客观的活动，但当劳动沿着劳动者不情愿的方向展开时，劳动的外化便获得了双重的含义，即劳动的外化同时也是劳动的外在化或异己化。这种外化的

---

① 《马克思恩格斯全集》第 42 卷，人民出版社 1979 年版，第 91 页。K. Marx, *Pariser Manuskripte*, Berlin: Dietz Verlag, 1987, S. 58.

② 同上书，第 90 页。K. Marx, *Pariser Manuskripte*, Berlin: Dietz Verlag, 1987, S. 57.

③ 同上书，第 100 页。K. Marx, *Pariser Manuskripte*, Berlin: Dietz Verlag, 1987, S. 66.

双重含义在作为劳动产品的私有财产上获得了典型的表现形式。另一个端点是：劳动的外化蕴含着一个反向的过程，即由外向内地重塑劳动者的过程。然而，当劳动不是出于劳动者的自由自觉的愿望，而是体现为外在强制时，这种反向塑造的结果是可怕的，正如马克思所描绘的：

> 结果，人（工人）只有在运用自己的动物机能——吃、喝、性行为，至多还有居住、修饰等等的时候，才觉得自己是自由活动，而在运用人的机能时，却觉得自己不过是动物。动物的东西成为人的东西，而人的东西成为动物的东西。①

马克思认为，在现代资本主义社会中，正是通过劳动外化过程中这两个端点之间的辩证的互动，一方面，私有财产获得了至高无上的地位；另一方面，作为劳动者的人却丧失了自己的尊严，成了自己的劳动产品的奴隶。

# 三、劳动与异化

马克思把"异化"（die Entfremdung）理解为主体与客体所处的特殊关系，即主体创造了客体，客体却倒过来成了主体的统治者：

> 异化既表现为我的生活资料属于别人，我所希望的东西是我不能得到的、别人的所有物；也表现为每个事物本身都是不同于它本身的另一个东西，我的活动是另一个东西，而最后，——这也适用于资本家，——则表现为一种非人的力量统治一切。②

---

① 《马克思恩格斯全集》第 42 卷，人民出版社 1979 年版，第 94 页。K. Marx, *Pariser Manuskripte*，Berlin：Dietz Verlag，1987，S. 60-61.

② 同上书，第 141 页。K. Marx, *Pariser Manuskripte*，Berlin：Dietz Verlag，1987，S. 100.

在马克思看来，异化是渗透到现代资本主义社会的每个细胞中的普遍的现象，是生活于其中的人（包括无产者和有产者）都无法避免的。正如马克思区分了对象化、外化的两种不同的表现形式一样，他也把异化区分为两种不同的表现形式。

一种是自我（意识）的异化。在马克思之前，自我（意识）的理论在哲学、宗教的领域里表现得最为活跃。在这个意义上，这种自我意识的异化又可以细分为其哲学上的表现形式和宗教批判上的表现形式。毋庸置疑，黑格尔是前者的代表，而费尔巴哈则是后者的代表。在《手稿》中，马克思着重批判了前一种表现形式。他指出：

> 人的本质，人，在黑格尔看来是和自我意识等同的。因此，人的本质的一切异化都不过是自我意识的异化（Entfremdung des Selbstbewusstseins）。①

在马克思看来，黑格尔的失误在于，他没有把自我意识的异化理解为人的本质的现实异化的表现，相反，却把人的本质的现实异化理解为自我意识异化的表现，并把这种颠倒的理解方式称为"精神现象学"。也就是说，黑格尔对自我意识的异化的讨论本身就是神秘的。在他那里，现象被提升为本质，而本质却被贬低为现象。在马克思看来，这正是黑格尔的思辨唯心主义哲学导致的必然结果。在《导言》中，马克思着重批判了自我意识异化的后一种表现形式。他告诉我们：

> 宗教是还没有获得自身或已经再度丧失自身的人的自我意识和自我感觉。……宗教是人的本质在幻想中的实现，因为人的本质不

---

① 《马克思恩格斯全集》第 42 卷，人民出版社 1979 年版，第 165 页。K. Marx, *Pariser Manuskripte*, Berlin: Dietz Verlag, 1987, S. 121.

具有真正的现实性。①

在马克思看来，一方面，宗教表现为自我意识的缺失或迷失；另一方面，宗教又表现为人的本质在幻想中的实现，而幻想中的实现恰恰表明了现实中实现的不可能性。总之，宗教本身就是自我意识的异化。所以马克思指出：

> 人的自我异化（der menschlichen Selbstentfremdung）的神圣形象被揭穿以后，揭露具有非神圣形象的自我异化，就成了为历史服务的哲学的迫切任务。于是，对天国的批判变成对尘世的批判，对宗教的批判变成对法的批判，对神学的批判变成对政治的批判。②

马克思认为，尽管费尔巴哈对宗教的批判，即把宗教理解为人的本质的自我异化是具有积极意义的，但更重要的是，越过费尔巴哈，把批判的锋芒对准现实世界。

另一种是人的实践（劳动）的异化。如前所述，无论是在黑格尔那里，还是在费尔巴哈那里，异化只是从观念上被理解并被扬弃，因而这种被理解和被扬弃始终是虚幻的、非批判的。马克思认为：

> 在实践的、现实的世界中，自我异化只有通过同其他人的实践的、现实的关系才能表现出来。异化借以实现的手段本身就是实践的。③

---

① 《马克思恩格斯文集》第 1 卷，人民出版社 2009 年版，第 3 页。
② 同上书，第 4 页。K Marx, F. Engles, *Werke Band 1*, Berlin: Dietz Verlag, 1970, S. 378.
③ 《马克思恩格斯全集》第 42 卷，人民出版社 1979 年版，第 99 页。K. Marx, *Pariser Manuskripte*, Berlin: Dietz Verlag, 1987, S. 65.

也就是说，自我（意识）的异化并不只是发生在观念领域里，更重要的是，发生在现实生活中，因为异化借以实现的手段本身就是实践的，而劳动作为实践的最基本、最普遍的表现形式，正是异化发生的最重要的领域。正是基于这样的考虑，马克思把"异化"概念与"劳动"概念紧密地结合起来，提出了"异化劳动"（die entfremdete Arbeit）或"劳动的异化（die Entfremdung der Arbeit）"的新观念。

马克思认为，异化劳动主要有四种具体的表现形式：一是劳动过程与劳动者相异化，即劳动过程成了压抑、支配劳动者的敌对性的力量。二是劳动产品与劳动者相异化，即劳动者生产得越多，自己就消费得越少；创造的价值越多，自己就越低贱；创造的产品越完美，自己就越畸形等。三是劳动者作为人，与"人的类本质"（das Gattungswesen）或"人的本质"（das menschliche Wesen）相异化。四是劳动者作为人，与他人（der andere）的关系相异化，"因而，在异化劳动的条件下，每个人都按照他本人作为工人所处的那种关系和尺度来观察他人"①。在马克思看来，异化劳动是私有财产的直接原因，而私有财产作为人的自我异化，又反过来强化了异化劳动。按照马克思的观点，只有共产主义才能扬弃私有财产和异化劳动：

> 共产主义是私有财产即人的自我异化的积极扬弃，因而是通过人并且为了人而对人的本质的真正占有；因此，它是人向自身、向社会的（即人的）人的复归，这种复归是完全的、自觉的、而且保存了以往发展的全部财富的。②

我们发现，在马克思的异化劳动或劳动的异化理论中，同样存在着

---

① 《马克思恩格斯全集》第 42 卷，人民出版社 1979 年版，第 98 页。K. Marx, *Pariser Manuskripte*, Berlin: Dietz Verlag, 1987, S. 64.

② 同上书，第 120 页。K. Marx, *Pariser Manuskripte*, Berlin: Dietz Verlag, 1987, S. 82.

劳动辩证法的两个始源性的、互动的端点。一个端点是：异化劳动创造了极为丰富的物的世界，一方面使资本家变得相当富有，另一方面又使劳动者变得一无所有，从而加剧了社会矛盾的发展，加快了社会革命的步伐。另一个端点是：正是通过异化劳动，劳动者的素质得到了全面的提升，能力得到了全面的发展。正如马克思在《1857—1858 年经济学手稿》中所指出的：

> 全面发展的个人——他们的社会关系作为他们自己的共同的关系，也是服从于他们的共同的控制的——不是自然的产物，而是历史的产物。要使这种个性成为可能，能力的发展就要达到一定的程度和全面性，这正是以建立在交换价值基础上的生产为前提的，这种生产才在生产出个人同自己和同别人的普遍异化的同时，也产生出个人关系和个人能力的普遍性和全面性。①

在马克思看来，正是在异化劳动的基础上形成起来的"个人同自己和同别人的普遍异化"也为个人关系、素质和能力的全面发展创造了条件。

总之，从道德评价的角度看，异化劳动或劳动的异化是应该受到谴责的；但从历史评价的角度看，它又具有某种积极意义，是人类解放自己的必由之路。②

# 四、劳动与物化

在《手稿》中，尽管马克思提到异化劳动中物的增值和人的贬值，提到拜物教现象的存在，但却没有使用"物化"（Verdinglichung）概念，而

---

① 《马克思恩格斯全集》第 46 卷（上册），人民出版社 1979 年版，第 108—109 页。
② 参见俞吾金：《从道德评价优先到历史评价优先》，《中国社会科学》2003 年第 2 期。

在《1857—1858 年经济学手稿》《资本论》等著作中，"物化"成了马克思关于劳动的叙事中出现得最频繁的概念之一。马克思认为，与对象化、外化和异化的概念不同，物化概念只与人类劳动有关：

> 单纯的自然物质，只要没有人类劳动物化在其中，也就是说，它是不依赖于人类劳动而存在的单纯物质，它就没有价值，因为价值只不过是物化劳动，它就像一般元素一样没有价值。①

也就是说，物化必定关系到劳动，而物化劳动则构成价值的秘密。有趣的是，在讨论物化劳动或劳动的物化时，马克思也区分出两种不同的物化形式：一种是中性意义上的物化。马克思写道：

> 任何生产都是个人的物化。②

也就是说，在生产劳动的过程中，劳动者作为个人使自己的生命和体力转化为物质性的产品。也就是说，在任何社会形态中，只要存在着劳动，也就存在着物化现象。假如抽掉具体的社会形态，抽象地谈论物化，那么物化就是一个中性意义上的概念。所谓"中性意义上的物化"，意即人们既不能说物化不好，也不能说物化好，而只能表示，物化伴随着任何劳动的过程。要言之，没有劳动的物化，也就不会有任何劳动的产品。

另一种是否定意义上的物化。马克思告诉我们：

> 关键不在于物化，而在于异化，外化，外在化，在于巨大的物的权力不归工人所有，而归人格化的生产条件即资本所有，这种物的权力把社会劳动当作自身的一个要素而置于同自己相对立的地位。③

---

① 《马克思恩格斯全集》第 46 卷(上册)，人民出版社 1979 年版，第 337 页。
② 同上书，第 176 页。
③ 《马克思恩格斯全集》第 46 卷(下册)，人民出版社 1980 年版，第 360 页。

所谓"否定意义上的物化",意即这种物化形式同时也是异化、外化或外在化，因而必须批判。事实上，马克思着力加以分析和批判的正是这种"否定意义上的物化"。这种同时作为异化的物化的根本特征是物主体化、人客体化，物成为统治人、支配人的力量。

我们发现，在马克思的物化劳动或劳动的物化理论中，同样存在着劳动辩证法的两个始源性的、互动的端点。一个端点是：唯有通过劳动，人才能把自己的生命、本质力量和体力物化在劳动的产品中。换言之，物化劳动乃是人实现自己的本质力量的唯一途径。另一个端点是：作为物化劳动的结晶，产品一旦成为为交换的目的而生产的商品，作为"社会的物"的商品就成了人的统治者，换言之，人便自然而然地拥有了商品拜物教的观念。正如马克思所描绘的：

> 最初一看，商品好像是一种很简单很平凡的东西。对商品的分析表明，它却是一种很古怪的东西，充满形而上学的微妙和神学的怪诞。……例如，用木头做桌子，木头的形状就改变了。可是桌子还是木头，还是一个普通的可以感觉的物。但是桌子一旦作为商品出现，就变成一个可感觉而又超感觉的物了。它不仅用它的脚站在地上，而且在对其他一切商品的关系上用头倒立着，从它的木脑袋里生出比它自动跳舞还奇怪得多的狂想。①

为什么桌子一旦成为商品，商品拜物教就产生了，商品本身就变成了"一个可感觉而又超感觉的物"？这种拜物教的秘密究竟隐藏在商品的自然属性中，还是隐藏在商品的社会关系中？在《1857—1858年经济学手稿》中，马克思指出：

---

① 马克思：《资本论》第1卷，人民出版社1975年版，第87—88页。

经济学家们把人们的社会生产关系和受这些关系支配的物所获得的规定性看作物的自然属性，这种粗俗的唯物主义，是一种同样粗俗的唯心主义，甚至是一种拜物教，它把社会关系作为物的内在规定归之于物，从而使物神秘化。①

显然，马克思这段十分重要的论述揭示了商品拜物教的秘密，即它把一定的社会关系，尤其是社会生产关系中出现的现象曲解为由商品（物）的自然属性所引发的现象。比如，人们崇拜黄金这一现象是在一定的社会生产关系中发生的，但人们却错误地以为，这种现象是由黄金本身的自然属性造成的，仿佛黄金天然就是昂贵的，值得崇拜的。在批判商品拜物教的同时，马克思还批判了其衍生物——货币拜物教和资本拜物教。在马克思看来，这类拜物教的实质是以物与物的关系或物的自然属性遮蔽人与人之间的真实的关系。总之，马克思并不一般地批判物化，他批判的始终是作为异化的物化。

综上所述，马克思的劳动辩证法正是通过对象化、外化、异化和物化这四个重要的概念展示出来的。尤其是通过物化概念，马克思的劳动辩证法超越了以黑格尔为代表的"意识辩证法"所蕴含的"抽象的精神劳动"；同样重要的是，正是通过对黑格尔和费尔巴哈的异化概念的改造，马克思首次提出了"异化劳动"的新概念，从而实质性地推进了辩证法理论的发展。

---

① 《马克思恩格斯全集》第 46 卷（下册），人民出版社 1980 年版，第 202 页。

# 论实践维度的优先性①
## ——马克思实践哲学新探

从亚里士多德的"实践智慧"（phronesis）到康德的"实践理性"（die praktische Vernunft）、从费希特的"行动哲学"（die Philosophie der Handlung）到黑格尔的"合目的性的活动"（die zweckmässige Tätigkeit）、从费尔巴哈的"感性"（Sensibilität）到契希考斯基关于"实践的哲学"（die praktische Philosophie）的设想②，构成了马克思实践哲学（die Philosophie der Praxis）的主要思想背景。当然，马克思并没有停留在对前人和同时代人所提供的思想资源的简单的消化和综合上。作为革命者，马克思亲自参加了当时的现实斗争，并在黑格尔、赫斯等人的影响下，对最富有实践意义的

---

① 原载《现代哲学》2011 年第 6 期，第 1—7 页。收录于俞吾金：《被遮蔽的马克思》，人民出版社 2012 年版，第 365—378 页。——编者注

② 按照科尔纽的研究，奥古斯特·冯·契希考斯基于 1838 年出版了《历史哲学引论》一书，深入地批判了黑格尔哲学的观念主义倾向，并在费希特的"行动哲学"的影响下，提出了"实践"和"实践的哲学"的新概念。契希考斯基指出："实践的哲学，或者更确切地说，实践底哲学，它对生活和社会关系的最具体的影响，真理在具体活动中的发展——一般说来这就是哲学未来的本分。"为此，科尔纽评价道："在这里，他超过了费希特；他非常重视生产关系在世界历史发展中的作用（这显然是受了圣西门的影响），并且在某种程度上先于马克思的学说把哲学理解为'实践'（当然，这种理解还是唯心主义的），并因此而预见到哲学本身的终结和它将为社会活动所替代。"参见［法］奥古斯特·科尔纽：《马克思恩格斯传》第 1 卷，刘丕坤等译，生活·读书·新知三联书店 1963 年版，第 153—155 页。由于科尔纽已经把契希考斯基的"实践的哲学"的局限性阐释得非常清楚了，因而本文不再讨论马克思和他在实践问题上的理论关系。

国民经济学进行了批判性的考察。所有这一切思想酵素在马克思的大脑中蒸馏、融合、提升的结果，就是马克思以自己独特的方式创立的实践哲学。马克思的实践哲学构成西方实践概念史上一个极为重要的发展阶段。在我看来，马克思实践哲学的本质特征在于，在理解并阐释任何对象时，始终保持着实践维度的优先性，即把实践作为观察、思索一切自然现象、社会现象和思维现象的基础和出发点。下面，我们将从以下三个不同的方面考察马克思是如何坚定不移地贯彻实践维度优先性的原则的。

## 一、实践维度对感性直观的优先性

青年马克思的思想一度受到其同时代人费尔巴哈的影响。如果说，费尔巴哈关于宗教异化的学说启发了马克思的思绪，那么，他所倡导的以感性直观为基本特征的、朴素的唯物主义却受到了马克思的尖锐批判，而马克思用以取代费尔巴哈的"感性直观"的正是"实践"概念。

在《关于哲学改造的临时纲要》(1842)中，费尔巴哈指出：

> 这个美丽的、碧绿的牧场就是自然和人，因为这两种东西是属于一体的。观察自然，观察人吧！在这里你们可以看到哲学的秘密。①

费尔巴哈把"自然和人"作为自己倡导的新哲学的起点和秘密，但对他来说，无论是自然，还是人，都不过是感性直观的产物。

我们先来看看，费尔巴哈是如何观察自然的。在《黑格尔批判》中，

① ［德］费尔巴哈：《费尔巴哈哲学著作选集》上卷，荣震华等译，商务印书馆 1984 年版，第 115 页。

他这样写道：

> 只有回到自然，才是幸福的源泉。……自然不仅建立了平凡的肠胃工场，也建立了头脑的庙堂；它不仅给予我们一条舌头，上面长着一些乳头，与小肠的绒毛相应，而且给予我们两只耳朵，专门欣赏声音的和谐，给予我们两只眼睛，专门欣赏那无私的、发光的天体。①

有趣的是，费尔巴哈运用其美文学的语言号召人们回到作为幸福源泉的自然本身去。如果说，他在这里提到了人，也完全是以感性直观的方式提到的，因为他论及的只是自然对人的恩惠，他甚至认为，人所拥有的五官和相应的感觉能力也完全是自然赐予的，丝毫没有考虑到人的实践活动对自然以及人自身的五官感觉能力发展的根本性的影响。

我们再来看看，费尔巴哈又是如何观察人的。在《反对身体和灵魂、肉体和精神的二元论》中，费尔巴哈写道：

> 假如人的本质是感性，而不是虚幻的抽象、精神，那么和这个原理矛盾的一切哲学、一切宗教、一切制度不仅是完全错误的，而且是有害的。假如你们想要改善人们，那么，就使他们幸福吧；假如你们若想使人们幸福，那么请到一切幸福、一切欢乐的源泉——感官那里去吧。否定感官是一切堕落、仇恨、人类生活中的一切病态的源泉，肯定感官是生理上、道德上和理论上健康的源泉。②

在当时的思想背景下，尽管费尔巴哈用"感性"对抗黑格尔的"思辨"是有积极意义的，但他把人的本质归结为"感性"，却从另一个角度上把人的

---

① ［德］费尔巴哈：《费尔巴哈哲学著作选集》上卷，荣震华等译，商务印书馆1984年版，第84页。
② 同上书，第213页。

本质抽象化了。此外，他关于感官上的"幸福"所说的一切，丝毫没有超出他的直观唯物主义的眼界。

尽管马克思并不笼统地反对感性这个用语，但他反对的是旁观者式的感性直观，主张把感性理解为人的实践活动。在《手稿》中，马克思明确地指出：

> 只有当物按人的方式同人发生关系时，我才能在实践上按人的方式同物发生关系。①

这句话以倒置的方式暗示我们，只有坚持实践维度的优先性，我们观察到的周围的物乃至整个自然界才不会成为与人的活动相分离的抽象的存在物。然而，只要人们撇开实践活动，以直观的方式去面对周围的物乃至整个自然界，那么，他们所面对的这一切实际上是不存在的。正是在这个意义上，马克思写道：

> 被抽象地孤立地理解的、被固定为与人分离的自然界，对人说来也是无。不言而喻，这位决心进入直观的抽象思维者是抽象地直观自然界的。②

尽管这段重要的论述是指向黑格尔的，但也蕴含着对费尔巴哈的感性直观态度的批判。在马克思看来，只要撇开引起自然界变化的人的实践活动的优先性而去直观自然界，这个自然界就是抽象的、孤立的，实际上是根本不存在的。

在《形态》的"费尔巴哈"章中，马克思直截了当地把批判的矛头指向费尔巴哈：

---

① 《马克思恩格斯全集》第 42 卷，人民出版社 1979 年版，第 124 页注②。
② 同上书，第 178—179 页。

　　　　这种先于人类历史而存在的自然界，不是费尔巴哈在其中生活的那个自然界，也不是那个除去澳洲新出现的一些珊瑚礁以外今天在任何地方都不再存在的、因而对于费尔巴哈说来也是不存在的自然界。①

　　显然，马克思这里所说的"这种先于人类历史而存在的自然界"就是未经人的实践活动参与的自然界。毋庸置疑，从"时间在先"的角度看，这种自然界先于人类而存在。现代科学通过对同位素衰变的测定，早已得出如下的结论：在人类诞生之前，地球（自然界）已经存在了45亿年。然而，如果转换一下看问题的视角，即从逻辑在先的角度看，我们立即就会发现，人类的实践活动无疑具有其优先性，因为即使是地球先于人类而存在的结论也是通过人类的实践活动，即作为科学实验的同位素衰变的测定而得出的，甚至连地球、自然界、人、时间、同位素等概念也都是人在其实践活动中进行命名的。所以，不认可人类及其实践活动在逻辑上的优先性，根本就不可能有费尔巴哈生活于其中而又受到他直观的那个自然界。

　　从马克思上面的论述中不难明白，只有用实践活动取代费尔巴哈的感性直观，人们面对的才不会是一个抽象的、实际上并不存在的自然界，而是一个真正现实的自然界。事实上，马克思在批评哲学家们对自然科学采取疏远态度时早已指出：

　　　　然而，自然科学却通过工业日益在实践上进入人的生活……在人类历史中即在人类社会的产生过程中形成的自然界是人的现实的自然界；因此，通过工业——尽管以异化的方式——形成的自然界是真正的、人类学的自然界。②

---

① 《马克思恩格斯全集》第3卷，人民出版社1960年版，第50页。
② 《马克思恩格斯全集》第42卷，人民出版社1979年版，第128页。

显然，在马克思看来，只有经过人的实践活动及其结晶——工业的媒介，才可能形成真正的现实的自然界。马克思把这种经过人的实践活动媒介的自然界称作"人类学的自然界"（die anthropologische Natur）或"人化的自然界"（die vermenschlichte Natur）①，正如 A. 施密特所评论的：

> 在马克思看来，自然概念是人的实践的要素，又是存在着的万物的总体。②

如前所述，由于费尔巴哈以感性直观的方式描述出来的自然界是虚假的，因而从这个虚假的自然界中诞生的人（包括人的五官感觉）也是虚假的。在马克思看来，黑格尔在《精神现象学》中就已达到了这样的识见，即"把对象性的人、现实的因而是真正的人理解为他自己的劳动的结果。"③由此可见，真正的现实的人并不像费尔巴哈所认为的，只是自然界的产物，而是人的实践活动，尤其是生产劳动的产物。同样地，人的五官感觉也不像费尔巴哈所认为的，只是出于自然界的恩赐，而是人的实践活动及其结晶——人化自然界的产物。为此，马克思写道：

> 不仅五官感觉，而且所谓精神感觉、实践感觉（die praktischen Sinne，意志、爱等等），一句话，人的感觉、感觉的人性，都只是由于它的对象的存在，由于人化的自然界，才产生出来的。五官感觉的形成是以往全部世界历史的产物。④

至于费尔巴哈在感性直观的基础上引申出来的"人的本质是感性"的

---

① 《马克思恩格斯全集》第 42 卷，人民出版社 1979 年版，第 128 页。Karl Marx, *Pariser Manuskripte*，Berlin：Dietz Verlag，1987，S. 87.
② ［德］A. 施密特：《马克思的自然概念》，欧力同等译，商务印书馆 1988 年版，第 15 页。
③ 《马克思恩格斯全集》第 42 卷，人民出版社 1979 年版，第 163 页。
④ 同上书，第 126 页。

观念更是遭到了马克思的严厉批评。在《提纲》(1845)中,马克思明确地指出:

> 费尔巴哈不满意抽象的思维而喜欢直观;但是他把感性不是看作实践的、人的感性活动。①

又说:

> 直观的唯物主义,即不是把感性理解为实践活动的唯物主义至多也只能达到对单个人和市民社会的直观。②

按照马克思的看法,人不是以旁观者,而是以当事人的身份生活在世界上,为了生存下去,人不得不以实践的方式与周围环境打交道。因此,即使人对外部事物、他人,甚至整个人类进行观察,这种观察也始终是奠基于实践活动之上的。换言之,在马克思那里,实践维度始终保持着其优先性。

不仅是在对费尔巴哈的批判中,而且在对一切旧唯物主义的批判中,马克思自始至终加以强调的正是实践维度的优先性。人所共知,《提纲》开宗明义地写道:

> 从前的一切唯物主义(包括费尔巴哈的唯物主义)的主要缺点是:对对象、现实、感性,只是从客体的或者直观(der Anschauung)的形式去理解,而不是把它们当作感性的人的活动,当作实践(Praxis)去理解,不是从主体方面去理解。③

---

① 《马克思恩格斯选集》第 1 卷,人民出版社 1995 年版,第 56 页。
② 同上书,第 56—57 页。
③ 同上书,第 54 页。K. Marx, F. Engels, *Werke Band 3*, Berlin: Dietz Verlag, 1969, S. 5.

如果说，"从主体方面去理解"体现出康德发动的"哥白尼革命"对马克思的影响，那么，"当作实践去理解"则体现出马克思对康德的超越，因为在康德哲学，尤其是其认识论中，感性直观的态度始终保持着其优先性。

在《形态》的"费尔巴哈"章中，马克思进一步概括、批判了费尔巴哈的直观态度：

> 这种直观介于仅仅看到"眼前"的东西的普通直观和看出事物的"真正本质"的高级的哲学直观之间。①

它完全没有意识到，周围的感性世界不是某种开天辟地以来就已存在、始终如一的东西，而是人们世世代代的实践活动的产物。这种实践活动是整个现存感性世界的非常深刻的基础。

> 只要它哪怕只停顿一年，费尔巴哈就会看到，不仅在自然界将发生巨大的变化，而且整个人类世界以及他（费尔巴哈）的直观能力，甚至他本身的存在也就没有了。②

由上可知，实践维度对感性直观的优先性乃是马克思实践哲学的基本特征之一，也充分体现出马克思的唯物主义学说对一切旧唯物主义理论的超越。

---

① 《马克思恩格斯全集》第 3 卷，人民出版社 1960 年版，第 48 页。
② 同上书，第 50 页。

## 二、实践维度对理论态度的优先性

如果说，感性直观关系到人的感官和感觉，那么，理论态度则关系到人的理性和思维。毋庸置疑，在实践维度与理论态度的关系中，马克思自始至终坚持的是实践维度优先性的原则。

在《手稿》中，马克思尖锐地批判了传统哲学家们完全无视实践维度的单纯理论的态度。他写道：

> 我们看到，理论的对立本身的解决，只有通过实践方式，只有借助于人的实践力量，才是可能的；因此，这种对立的解决决不只是认识的任务，而是一个现实生活的任务，而哲学未能解决这个任务，正因为哲学仅仅把这看作理论的任务。①

也就是说，哲学家们试图在单纯理论，尤其是认识论的范围内去解决理论上的争论问题。在他们那里，理论态度不仅具有优先性，而且也具有唯一性，仿佛理论完全无须外求就可以达到自己的现实性和自洽性。

在马克思看来，正是这种单纯的理论态度和学究气，使哲学家们完全看不到实践维度的地位、作用和意义。比如，假定人们停留在单纯理论的层面上去解读异化和自我异化的现象，就根本不可能看到，"在实践的现实的世界中，自我异化只有通过同其他人的实践的、现实的关系才能表现出来。异化借以实现的手段本身就是实践的"②。事实上，如果异化和自我异化只是发生在单纯理论的层面上，那么它们造成的危害或许是非常有限的，然而，事实表明，它们首先发生在实践的、现实的

---

① 《马克思恩格斯全集》第 42 卷，人民出版社 1979 年版，第 127 页。
② 同上书，第 99 页。

世界中。比如，在异化劳动中，不但劳动的过程和劳动的产品与劳动者发生异化，而且人与人之间的关系和人的族类本性也与劳动者发生异化。正是基于这样的考虑，马克思把无神论称作"理论的人道主义"（des theoretischen Humanismus），因为它仅仅满足于在理论上扬弃上帝的存在，而把共产主义称作"实践的人道主义"（des praktischen Humanismus）①，因为共产主义必须诉诸实践的方式来扬弃私有制和私有财产。

在《提纲》中，马克思以无可争辩的口吻表达了实践维度相对于理论态度的优先性：

> 全部社会生活在本质上是实践的。凡是把理论导致神秘主义的神秘东西，都能在人的实践中以及对这个实践的理解中得到合理的解决。②

在这段重要的论述中，马克思不但肯定社会生活本质上是实践的，即人为了生存下去不得不以实践的，而非旁观的方式与周围世界打交道；而且表明，理论活动归根到底是在实践活动的基础上形成并发展起来的，因此，理论上出现的任何神秘的东西都能够通过对以前的实践活动的回溯而得到解释和解决。有鉴于此，马克思提出了把自己的哲学思想与传统哲学家们的思想区别开来的根本标志：

> 哲学家们只是（nur）用不同的方式解释世界，问题在于改变世界。③

不幸的是，马克思这段话的含义常常被曲解成下面的意思：传统哲学家们重视的是解释世界，而马克思重视的则是改变世界。这种曲解无

---

① 《马克思恩格斯全集》第 42 卷，人民出版社 1979 年版，第 174 页。
② 《马克思恩格斯选集》第 1 卷，人民出版社 1995 年版，第 56 页。
③ 同上书，第 57 页。

疑忽略了马克思这段话中的副词"只是(nur)"的重要作用。显而易见，马克思的本意是：在以前的哲学家们那里，理论态度具有优先性，因而他们满足于以不同的方式解释世界，而完全不考虑如何以实践的方式去改变世界。反之，与以前的哲学家们不同，尽管马克思意识到解释世界是必要的，但对他来说，更重要的使命是通过实践的方式去改变世界。所以，在《形态》的"费尔巴哈"章中，马克思写下了同样著名的另一段论述：

> ……实际上和对实践唯物主义者(den praktischen Materialisten)，即共产主义者来说，全部问题都在于使现存世界革命化，实际地反对和改变事物的现状。①

必须指出的是，虽然马克思强调了实践维度的优先性，但他并不否定理论态度。事实上，正如黑格尔早已指出过的那样，人是有目的的存在物，要动员人们通过革命的方式把"世界1"改变为"世界2"，就先得向他们解释：为什么"世界2"优于"世界1"。在这个意义上可以说，如果"改变世界"脱离了"解释世界"，也是无法取得成功的。但肯定这一点，非但不意味着对马克思始终坚持的实践维度优先性原则的否认，恰恰相反，是对这种优先性的证实。因为如果"解释世界"不以"改变世界"为出发点和目的，那么"解释世界"就完全是无聊之举。

值得注意的是，马克思还通过对理论态度的自身局限性的阐释，进一步衬托出实践维度的优先性。马克思写道：

> 意识的一切形式和产物不是可以用精神的批判来消灭的，也不

---

① 《马克思恩格斯全集》第3卷，人民出版社1960年版，第48页。K. Marx, F. Engels, *Werke Band* 3, Berlin: Dietz Verlag, 1969, S. 42. 中央编译局把原文中的den praktischen Materialisten译为"实践的唯物主义者"，其中的"的"为赘词，故这里改译为"实践唯物主义者"。

是可以把它们消融在"自我意识"中或化为"幽灵"、"怪影"、"怪想"等等来消灭的，而只有实际地推翻这一切唯心主义谬论所由产生的现实的社会关系，才能把它们消灭；历史的动力以及宗教、哲学和任何其他理论的动力是革命，而不是批判。①

这就深刻地启示我们，理论发展的根本动力不是在理论的内部，当然也不是在单纯的理论批判上，而是在超出理论层面的实践活动——政治革命和社会革命中。易言之，只有先在实践层面上推翻了传统的社会关系，才可能最终在理论层面上消除相应的传统观念。

在很少受到人们关注的马克思的书评《评阿·瓦格纳的"政治经济学教科书"》(1879—1880)中，马克思以前所未有的明确口吻，深入浅出地阐明了实践维度对理论态度的优先性。在该文中，马克思批评了阿·瓦格纳在探讨人与自然界的关系中把"理论关系"置于"实践关系"之前的错误做法，针锋相对地指出：

> 人们决不是首先"处在这种对外界物的理论关系中"。正如任何动物一样，他们首先是要吃、喝等等，也就是说，并不"处在"某一种关系中，而是积极地活动，通过活动来取得一定的外界物，从而满足自己的需要。（因而他们是从生产开始的。）由于这一过程的重复，这些物能使人们"满足需要"这一属性，就铭记在他们的头脑中了，人和野兽也就学会"从理论上"把能满足他们需要的外界物同一切其他的外界物区别开来。②

按照马克思的上述观点，在人与自然界的关系上，实践维度，这里主要指获取物质生活资料的生产劳动，始终居于第一性的位置上，而理论态

---

① 《马克思恩格斯全集》第3卷，人民出版社1960年版，第43页.
② 《马克思恩格斯全集》第19卷，人民出版社1963年版，第405页。

度则居于第二性的位置上，因为理论上所涉及的一切正是从实践中概括和总结出来的。尽管理论对实践有某种引导性的作用，但这种引导是否合理，仍然需要在实践中得到验证。阿·瓦格纳之所以在人与自然、使用价值与价值等关系上得出了完全错误的结论，因为他并不懂得实践维度在一切理论阐释中的优先性原则。

总之，实践维度对理论态度的优先性乃是马克思实践哲学的基本特征之一，也充分体现出马克思的哲学思想与一切传统的哲学思想，尤其是唯心主义的哲学思想之间的根本区别。

## 三、实践维度对逻辑范畴的优先性

马克思之所以把实践与逻辑范畴的关系问题主题化，因为他深入地钻研过黑格尔哲学，而黑格尔哲学的最高成果就是"作为概念阴影王国"的逻辑学。在《哲学百科全书纲要》（以下简称《纲要》）中，黑格尔把逻辑学放在原初的、优先的位置上，逻辑理念在自身的运动中外化出自然界，从而过渡到自然哲学，而自然在演化的过程中产生了人及其精神世界，从而过渡到精神哲学，而逻辑理念则通过精神哲学复归到自身。我们发现，在黑格尔的《纲要》中，一切都是以颠倒的方式表现出来的，即逻辑理念和逻辑范畴是基础和出发点，而以人的实践活动为媒介的社会生活和社会关系却成了逻辑理念的产物和逻辑范畴的样态。

早在《黑格尔法哲学批判》中，马克思已经踏上了对黑格尔逻辑泛神论的"批判之旅"，因为黑格尔把法哲学理解为逻辑学的补充或应用逻辑学。在《手稿》中，马克思已经意识到这种逻辑泛神论的本质：

全部外化历史和外化的整个复归，不过是抽象的、绝对的思维的生产史，即逻辑的思辨的思维的生产史。①

在马克思看来，黑格尔的逻辑范畴吞食了一切，甚至把实践的基本形式——劳动也精神化、逻辑化了，所以，马克思说：

> 黑格尔唯一知道并承认的劳动是抽象的精神的劳动。②

在《神圣家族》中，马克思进一步揭露了黑格尔思辨的逻辑结构的秘密：先从人们在实践中命名的现实的苹果、梨、草莓、扁桃中概括出本质性的概念——水果，再把它理解为独立自存的实体，而这种实体又进一步被理解为自我运动的主体。于是，一切都颠倒过来了，水果这个实体兼主体成了逻辑范畴，而人们在实践中命名的现实的苹果、梨、草莓、扁桃反倒成了这个逻辑范畴的样态，即具体的表现形式。显然，要揭穿黑格尔的这个秘密，就要恢复人类的实践活动对逻辑思维和逻辑范畴的优先性。

在《提纲》中，马克思毫不含糊地提出，要把实践活动作为判断逻辑思维（包括逻辑范畴）是否具有现实性的准绳。他这样写道：

> 人的思维是否具有客观的[gegenständliche]真理性，这不是一个理论的问题，而是一个实践的问题。人应该在实践中证明自己思维的真理性，即自己思维的现实性和力量，自己思维的此岸性。关于思维——离开实践的思维——的现实性或非现实性的争论是一个纯粹经院哲学的问题。③

毋庸置疑，在马克思看来，人的逻辑思维是否具有客观的真理性，是单

---

① 《马克思恩格斯全集》第 42 卷，人民出版社 1979 年版，第 161 页。
② 同上书，第 163 页。
③ 《马克思恩格斯选集》第 1 卷，人民出版社 1995 年版，第 55 页。

纯的逻辑推论(以逻辑范畴为媒介)所无法证明的，就像闵希豪森男爵是不可能拉着自己的头发离开沼泽地的。逻辑思维的真理性只能到逻辑范畴之外的实践活动中去得到证实或证伪。值得注意的是，马克思在这里区分出两种不同的逻辑思维：一种是以实践活动为基础和出发点的；另一种则是脱离实践活动的。显而易见，后一种逻辑思维必定会陷入经院哲学式的繁琐而无意义的争论；只有前一种逻辑思维，即自觉地以实践活动为基础和出发点的逻辑思维，才有可能对实践经验作出正确的概括，从而对今后的实践活动起到合理的引导作用。

在《哲学的贫困》中，马克思无情地披露了蒲鲁东的经济形而上学的来源——黑格尔的逻辑泛神论：

> 在最后的抽象(因为是抽象，而不是分析)中，一切事物都成为逻辑范畴，这用得着奇怪吗？如果我们逐步抽掉构成某座房屋个性的一切，抽掉构成这座房屋的材料和这座房屋特有的形式，结果只剩下一个物体；如果把这一物体的界限也抽去，结果就只有空间了；如果再把这个空间的向度抽去，最后我们就只有纯粹的量这个逻辑范畴了，这用得着奇怪吗？用这种方法抽去每一个主体的一切有生命的或无生命的所谓偶性，人或物，我们就有理由说，在最后的抽象中，作为实体的将是一些逻辑范畴。所以形而上学者也就有理由说，世界上的事物是逻辑范畴这块底布上绣成的花卉。①

与黑格尔一样，蒲鲁东也从实践活动的基本形式——经济活动中抽取出逻辑范畴，然后把这些范畴固定化、神圣化，再用它们来解释不断变化着的具体的经济活动。马克思辛辣地嘲讽道：

> 既然把任何一种事物都归结为逻辑范畴，任何一个运动、任何

---

① 《马克思恩格斯选集》第 1 卷，人民出版社 1995 年版，第 138—139 页。

一种生产行为都归结为方法，那么由此自然得出一个结论，产品和生产、事物和运动的任何总和都可以归结为应用的形而上学。①

如果说，在《提纲》中，马克思把实践活动视为判断逻辑思维是否具有客观的真理性的准绳，那么，在《哲学的贫困》中，他进一步阐明，实践活动是一切逻辑范畴的起源。事实上，马克思在分析黑格尔的逻辑泛神论如何从以实践活动为媒介的个别事物中抽象出逻辑范畴时，已经暗示我们，逻辑范畴起源于人类的实践活动以及以这一活动为媒介的个别事物。尽管如此，这毕竟只是一种暗示。现在，马克思则用明晰的语言表述了这一重要的思想：

> 人们按照自己的物质生产率建立相应的社会关系，正是这些人又按照自己的社会关系创造了相应的原理、观念和范畴。②

也许有人会驳斥道：马克思这里说的是逻辑范畴起源于人们的社会关系，并没有说逻辑范畴起源于人们的实践活动。显然，提出这样的质疑就是理论上无知的表现，因为实践活动本身就是由两个侧面构成的：一是人与自然界的关系，二是人与人的社会关系。马克思在《雇佣劳动与资本》中分析实践活动的基本形式——生产时就明确地指出：

> 为了进行生产，人们相互之间便发生一定的联系和关系；只有在这些社会联系和关系的范围内，才会有他们对自然界的影响，才会有生产。③

其实，马克思关于逻辑范畴起源于人类的实践活动的观点已经被黑

---

① 《马克思恩格斯选集》第 1 卷，人民出版社 1995 年版，第 140 页。
② 同上书，第 142 页。
③ 同上书，第 344 页。

格尔在《逻辑学》中天才地猜测到了。但是，这种天才的猜测却隐藏在极其晦涩的逻辑用语中，正是列宁，以其哲学上的天赋发现了这种天才的猜测。在《黑格尔〈逻辑学〉一书摘要》中，列宁指出：

> 如果黑格尔力求——有时甚至极力和竭尽全力——把人的合目的性的活动归入逻辑的范畴，说这种活动是"推理"，说主体（人）在逻辑"推理"的"格"中起着某一"项"的作用等等，——那末这不全是牵强附会，不全是游戏。这里有非常深刻的、纯粹唯物主义的内容。要倒过来说：人的实践活动必须亿万次地使人的意识去重复各种不同的逻辑的格，以便这些格能够获得公理的意义。①

按照列宁的解读，黑格尔以晦涩的语言表达了与马克思类似的观点，即逻辑范畴起源于人类的实践活动，它们之所以具有普遍的有效性，即公理的性质，因为它们是在这类活动的"亿万次"重复的基础上形成起来的。当代心理学家皮亚杰运用实验手段深入地研究了儿童心理学，探索了逻辑范畴在儿童心理中的形成过程，他也得出了与马克思和列宁类似的见解：

> 我们日常思维中的逻辑根源于我们的行为活动。②

当然，对马克思、列宁和皮亚杰的见解，我们必须做一个补充说明，因为这里出现了与我们在第一部分讨论中不同的情况。肯定实践活动优先于逻辑范畴，既是在时间在先的含义上，也是在逻辑在先的含义上。如前所述，马克思把逻辑思维区分为两种不同的类型：一是以实践活动为基础和出发点的逻辑思维，二是脱离实践活动的逻辑思维。只要我们在

---

① 列宁：《哲学笔记》，人民出版社 1960 年版，第 203 页。
② ［瑞士］皮亚杰：《发生认识论原理》，王宪钿等译，商务印书馆 1981 年版，第 8 页。

前一种逻辑思维中探讨问题，实践活动也就同时保持着逻辑上的优先性。总之，实践维度对逻辑范畴的优先性也是马克思实践哲学的基本特征之一，它深刻地反映出马克思哲学与康德以来的先验论哲学（包括黑格尔哲学）之间的根本区别。

综上所述，在马克思的实践哲学中，实践不是一个边缘性的、偶尔出现的概念，而是一个基础性的、核心的概念。如前所述，马克思曾自称为"实践唯物主义者"，而这个概念无疑蕴含着对"实践唯物主义"的认可。在我看来，这种实践唯物主义也就是我们这里讨论的实践哲学。在这个意义上，探讨马克思的实践哲学，也就是回到马克思哲学的本真精神那里去。

# 重思马克思主义与现实的关系<sup>①</sup>

如果说，当代马克思主义者有着一些共同关注的问题，那么，马克思主义与现实的关系问题肯定是其中的一个。<sup>②</sup> 历史和事实都表明，自从马克思主义诞生以来，每当周围世界发生重大变化时，马克思主义与现实的关系问题就会一而再、再而三地被提出来。正是通过对这个问题的不懈地追问，马克思主义在理论上和实践上不断地得到丰富和发展，对现实的理解和把握也愈益深入。

然而，如果我们指出，研究者们从未真正地理解并准确地阐释过马克思主义与现实的关系问题，那么这个见解尽管听起来有点耸人听闻，却是一个不争的事实。一方面，研究者们从未认真地追问过什么是"马克思主义"、什么是"现实"这样的问题；另一方面，他们也从未深入地反思过马克思主义与现实之间的关系以及应该以何种方式进行追问，才能使这一关系的全部内容完整地显现出来。本文拟转换概念分析和提问的方式，对这一关系作出新的阐释。

---

① 载《探索与争鸣》2011 年第 12 期，第 13—15 页。——编者注
② 有趣的是，中央编译局出版的刊物的名称就叫《马克思主义与现实》。

# 一、何谓"马克思主义"？

当人们使用"马克思主义"这个概念时，它通常具有以下三种不同的含义：一是指马克思、恩格斯本人的思想；二是指马克思、恩格斯的追随者们的思想；三是指马克思、恩格斯本人的思想和他们的追随者们的思想的总和。那么，我们应该从哪种含义上去理解"马克思主义"这个概念呢？

如果从上面提到的第三个含义理解马克思主义，研究者们显然会接受许多相互矛盾的见解，因为马克思、恩格斯思想的追随者们在理解并阐释他们的思想时，附加了不少片面的，甚至是错误的成分。关于这一点，马克思在世时就已感受到了，并对恩格斯说出了自己的感受。在1890年8月27日致保·拉法格的信中，恩格斯提到，近年来一些年轻的资产者涌入德国党内，"所有这些先生们都在搞马克思主义，然而他们属于10年前你在法国就很熟悉的那一种马克思主义者，关于这种马克思主义者，马克思曾经说过：'我只知道我自己不是马克思主义者。'马克思大概会把海涅对自己的模仿者说的话转送给这些先生们：'我播下的是龙种，而收获的却是跳蚤。'"①毋庸置疑，当马克思说"我只知道我自己不是马克思主义者"时，他实际上已表明了自己对"马克思主义"这一概念的保留态度：或者是人们继续含混地使用这个概念，那么马克思就不希望自己的思想被涵盖在这个概念之下；或者是人们撇开这个含混的概念，直接去面对马克思、恩格斯本人的思想。

假如人们继续使用"马克思主义"这个概念，但从上面提到的第三种含义退回到第一种含义上，即把马克思主义理解并阐释为马克思、恩格斯本人的思想，是否算准确地理解了这个概念呢？我们的回答同样是否

---

① 《马克思恩格斯选集》第4卷，人民出版社1995年版，第695页。

定的。尽管马克思本人没有阐明自己的思想与恩格斯之间的差异，尽管马克思和恩格斯在政治思想上是比较一致的，但他们各自留下的文本及在通信中表达出来的不同理论见解表明，他们之间存在着不同的，甚至是重大的理论差异。美国学者汤姆·洛克摩尔指出："简要地描述这种差异就是，虽然马克思和恩格斯的政治观点是吻合的，但他们的哲学观点（这是我们在这里感兴趣的东西）很不相同，而且可以证明是明显对立的。不论是就其天性还是就其训练来说，马克思都属于伟大的德国观念论传统，他只能是出于政治考虑而把自己与那个传统区分开来。恩格斯现在被理解为属于实证主义者的阵营。"①尽管我们并不完全同意洛克摩尔的观点，但深入的研究表明，在某些基础理论上，马克思与恩格斯的看法确实存在着重要的差异。②

于是，我们发现，无论是从上面提到的第一、第二、第三种含义理解并阐释"马克思主义"这个概念，都是不确切的，必须另辟蹊径。假如研究者们只把马克思本人的思想理解并阐释为马克思主义，这样做是否合理呢？我们认为，仍然存在着不合理的地方，因为马克思并不是从出生的第一天起就是一个马克思主义者。在青年时期，马克思的思想深受黑格尔的影响，他可以说是一个青年黑格尔主义者。众所周知，马克思是通过对现实斗争的参与、对国民经济学的研究和对传统观念的批判，才创立历史唯物主义这种新理论的。只有当这种新理论诞生时，马克思才从青年黑格尔主义者转变为马克思主义者。换言之，要准确地理解马克思，就必须把他的思想划分为"青年时期"与"成熟时期"这两个不同的发展时期。也就是说，只有当人们用"马克思主义"这个概念去指称其成熟时期的思想时，这个概念才是合理的。

这样，我们通过分析而对"马克思主义"这个概念的含义作出了严格

---

① ［美］汤姆·洛克摩尔：《在康德的唤醒下》，徐向东译，北京大学出版社 2010 年版，第 67 页。

② 参见俞吾金：《论恩格斯与马克思哲学思想的差异》，《江苏社会科学》2003 年第 4 期。

的定位：马克思主义就是指马克思成熟时期的全部思想。

# 二、何谓"现实"？

无数事实表明，研究者们通常是以十分随意的方式去使用"现实"（Wirklichkeit）这个概念的，即把它理解为他们直观到的一切存在者的总和。我们下面的论述将会表明，这种理解方式完全是从属于传统哲学的，因而根本不符合马克思的现实观。

在青年时期的著作中，马克思总是把两个形容词——"现实的"（wirklich）与"抽象的"（abstrakt）鲜明地区分开来。在马克思看来，凡是从人的实践活动的角度出发而观察到的一切都是"现实的"，即可能存在的；反之，凡是撇开人的实践活动而观察到的一切则是"抽象的"，即不可能存在的。比如，在观察自然界时，传统的哲学家们总是习惯于把自然界理解为与人的实践活动相分离的、独立的存在物，因而在他们的视野里，自然界就成了一个抽象的、孤立的存在物。为此，马克思批评道："被抽象地（abstrakt）孤立地理解的、被固定为与人分离的自然界，对人说来也是无。"[①]也就是说，人们周围的自然界早已被打上了人的实践活动的印记，试图去还原或直观一个从未受到过人的实践活动"污染"的自然界是不可能的。换言之，这种抽象的、孤立的自然界是不存在的。

与那种对自然界采取抽象直观的态度相反，马克思强调，只有通过人的实践活动的媒介，现实的自然界才可能真正地呈现在我们的面前："在人类历史中即在人类社会的产生过程中形成的自然界是人的现实的（wirkliche）自然界；因此，通过工业——尽管以异化的方式——形成的

---

① 《马克思恩格斯全集》第42卷，人民出版社1979年版，第178页。

自然界，是真正的、人类学的自然界。"①要言之，在马克思看来，传统哲学家们热衷于谈论的、与人的实践活动分离开来的自然界及其自身运动，实际上都是抽象的，因而是子虚乌有的。

如前所述，由于与人的活动相分离的自然界实际上是不存在的，因而建基于这种抽象的自然观基础上的所谓"自然辩证法"也是不存在的。有鉴于此，马克思后来对杜林出版的《自然辩证法》(1865)采取了尖锐的批判态度。在1868年3月6日致路德维希·库格曼的信中，马克思这样写道："我现在能够理解杜林先生的评论中的那种异常困窘的语调了。一般说来，这是一个极为傲慢无礼的家伙，他俨然以政治经济学中的革命者自居。他做了一件具有两重性的事情。首先，他出版过一本(以凯里的观点为出发点)《国民经济学说批判基础》(约五百页)和一本新《自然辩证法》(反对黑格尔辩证法的)。我的书(《资本论》第1卷，编者注)在这两方面都把他埋葬了。"②马克思的《资本论》之所以埋葬了杜林的《自然辩证法》，因为自然辩证法正是以与人的实践活动相分离的抽象自然界作为自己的载体的，而《资本论》则处处从人的生产劳动出发去考察自然界，因而始终站在现实的自然界或人化自然界的基础上来探索人与自然的辩证关系。③

正是在严格区分"抽象的"和"现实的"这两个形容词的基础上，马克思在《关于费尔巴哈的提纲》(1845，以下简称《提纲》)中阐述了自己的"现实"观。在《提纲》第一条中，马克思开宗明义地指出："从前的一切唯物主义(包括费尔巴哈的唯物主义)的主要缺点是：对对象、现实(die Wirklichkeit)、感性，只是从客体的或者直观的形式去理解，而不是把它们当作感性的人的活动，当作实践去理解，不是从主体方面去理解。"④在这段重要的论述中，马克思把"现实"看作与"对象""感性"类似

---

① 《马克思恩格斯全集》第42卷，人民出版社1979年版，第128页。
② 《马克思恩格斯全集》第32卷，人民出版社1975年版，第525页。
③ 参见俞吾金：《论马克思的人化自然辩证法》，《学术月刊》1992年第12期。
④ 《马克思恩格斯选集》第1卷，人民出版社1995年版，第54页。

的概念，他启发我们，只有从"实践"（Praxis），而不是从"直观"（Anschauung）出发，才可能真正把握现实。

为什么？正如马克思在《提纲》第八条中所指出的："全部社会生活在本质上是实践的。凡是把理论引向神秘主义的神秘东西，都能在人的实践中以及对这个实践的理解中得到合理的解决。"①这就表明，只要研究者们仍然采用传统哲学家们的直观的方式去看待现实，现实就永远不可能真正地进入他们的眼帘。只有当他们像马克思那样，始终通过人的实践活动的媒介去认识现实时，现实的全部内涵才会向他们展现出来。


# 三、如何表述两者的关系？

由于分析意识的普遍匮乏，热衷于探讨"马克思主义与现实"关系的人几乎从未反思过，"马克思主义与现实"这一提法是否具有合法性。在我们看来，这一提法本身就是不合法的，因为它已把准确理解这一关系的道路封闭起来了。何以见得？因为一提"马克思主义与现实"，这两者就被分离开来，成了相互外在的东西。换言之，这种提法把"马克思主义"与"现实"打成了互不相关的两截，似乎马克思主义永远在现实之外或现实永远在马克思主义之外。

如果人们把"马克思主义与现实"这一主题转变为"哲学与现实"，就会发现，马克思早已指出，哲学本身就是现实的组成部分。在《〈黑格尔法哲学批判〉导言》(1844)中，马克思在批判天真的"实践政治派"时明确指出："该派眼界的狭隘性就表现在没有把哲学归入德国的现实范围。"②因为该派把当时的斗争理解为哲学对德国现实世界的批判，"它没有想到迄今为止的哲学本身就属于这个世界，而且是这个世界的补

---

① 《马克思恩格斯选集》第 1 卷，人民出版社 1995 年版，第 56 页。
② 同上书，第 8 页。

充，虽然只是观念上的补充"①。在马克思看来，当"实践政治派"把"哲学与现实"对立起来，并试图从哲学上去批判当时的德国现实时，他们根本没有意识到，他们赖以作为批判的出发点的"哲学"正是被批判的对象——德国现实的一个不可或缺的组成部分。也就是说，哲学与现实的关系不是相互外在的、对立的关系，而是内在的、部分与整体的关系。

有鉴于此，马克思告诫我们：如果人们只满足于从哲学出发去批判现实，而没有把哲学本身也理解为现实的一个组成部分，从而对它采取批判和反思的态度，那么他们对现实的反思根本就不可能深入下去。他这样写道："德国的法哲学和国家哲学是唯一与正式的当代现实保持在同等水平(al pari)上的德国历史。因此，德国人民必须把自己这种梦想的历史一并归入自己的现存制度，不仅批判这种现存制度，而且同时还要批判这种制度的抽象继续。"②在马克思看来，如果不同时批判作为当时德国现实的组成部分的德国法哲学和国家哲学，对德国现实的批判根本无法深入下去。

下面，让我们沿着马克思昭示的哲学与现实关系的思路，重新认识马克思主义与现实的关系问题。每一个不存偏见的人都会发现，在当今世界，尤其是在当代中国的语境中，马克思主义本身非但是现实的有机组成部分，而且是现实中占主导地位的组成部分。因此，当人们从马克思主义出发去考察现实时，决不能忘记，马克思主义本身就是现实的一部分。易言之，人们必须同时对马克思主义作出相应的反思，否则，他们根本不可能完整地、准确地考察并把握整个现实。

那么，究竟如何对马克思主义本身作出反思呢？我们认为，关键在于，必须把马克思本人的思想与人们借着"马克思主义"的名头附加到马克思身上的错误的思想成分严格地区分开来。要言之，唯有同时对作为现实的组成部分的马克思主义进行反思，对现实的完整的反思才是可

---

① 《马克思恩格斯选集》第 1 卷，人民出版社 1995 年版，第 8 页。
② 同上书，第 7 页。

能的。

　　综上所述，"马克思主义与现实的关系"这一提法本身就是有语病的，隐藏着可能发生的种种误解。在我们看来，准确的提法应该是："作为现实之组成部分的马克思主义与受马克思主义引导的现实的关系。"总之，只有把马克思主义与现实的关系理解为部分与整体之间的内在关系，才能对现实作出完整的、准确的考察，同时通过对马克思主义的自我反省，不断地推进马克思主义的发展。

# 作为经济哲学的马克思哲学[①]

哲学史的研究启示我们，哲学思想的发展总是与重大的、基础性的理论问题的解决关联在一起的。换言之，只要重大的、基础性的理论问题没有得到认真的研究和透彻的思考，那么，关于这个研究领域的所谓"突破性的发展"云云，就只具有修辞学上的意义了。在马克思哲学研究领域里，我们遭遇到的是同样的局面。研究者们普遍认为，这个领域已经获得了"实质性的进展"，但实际上，由于一些重大的、基础性的理论问题从未得到认真的反思和系统的探索，我们完全可以说，这个研究领域还在原地踏步。说得难听一点，迄今为止，研究者们甚至从未准确地理解过马克思哲学。[②]

---

① 原载《中国社会科学年鉴 2011》。收录于俞吾金：《被遮蔽的马克思》，人民出版社 2012 年版，第 226—284 页。——编者注

② 其实，用这样的语气来表述我们的想法并没有什么不妥之处。众所周知，马克思早已意识到，他自己的思想与自称为"马克思主义者"的那些人的思想是有差别的。换言之，那些以马克思的追随者或研究者自居的人并不一定理解马克思的思想。有趣的是，列宁在《哲学笔记》中也提出了类似的看法："不钻研和不理解黑格尔的全部逻辑学，就不能完全理解马克思的《资本论》，特别是它的第 1 章。因此，半世纪以来，没有一个马克思主义者是理解马克思的!!"参见列宁：《哲学笔记》，人民出版社 1960 年版，第 191 页。姑且按照列宁的标准来看，在我国理论界，有多少人认真地阅读过马克思的《资本论》，又有多少人系统地钻研过黑格尔的逻辑学。当然，在这个问题上，我的看法与列宁有所不同。在我看来，不理解黑格尔的《精神现象学》和《法哲学原理》，就无法理解马克思的《资本论》，因为黑格尔的《逻辑学》正文论述的都是逻辑范畴之间的必然关系，而他对人类社会及其历史的论述则被放逐到注释中，而在黑格尔的《精神现象学》和《法哲学》中，人类社会及其

那么，在马克思哲学研究领域里，究竟什么问题够得上是重大的、基础性的理论问题呢？我们认为，这些问题可以归结如下：马克思哲学与旧哲学的根本差异是什么？换言之，如果大家都赞同下面这个观点，即马克思在哲学史上发动了一场划时代的革命，那么这场革命的实质是什么？马克思哲学探索的进路又是什么？上述问题又导向一个根本性的、无法回避的问题：究竟什么是马克思哲学？我们认为，只有系统地、透彻地思索这些重大的、基础性的理论问题，并引申出明确的结论，才有可能在准确地理解并阐释马克思哲学的道路上迈出实质性的一步。

　　我们的基本见解是：马克思哲学与旧哲学的根本差别表现在如何看待"实践"的问题上，马克思划时代哲学革命的实质是创立实践唯物主义。在这个意义上，马克思哲学就是实践唯物主义，由于全部社会历史本质上都是实践的，因而实践唯物主义也就是马克思意义上的"广义的历史唯物主义"。对于这种历史唯物主义理论来说，历史涵盖着自然，换言之，自然作为人化自然，只是历史的一个组成部分。在马克思那里，实践的最基本、最普遍的形式是生产劳动，而生产劳动也是经济学研究中的基础性概念，因而理论探索的唯一正确的进路是把马克思哲学理解为经济哲学。当然，在马克思那里，根本不存在所谓"纯粹的经济学"，而只存在政治经济学。因而马克思的经济哲学实际上是"（政治）经济哲学"。

　　由此可见，马克思哲学根本不可能像目前流行的哲学教科书那样，在"辩证唯物主义和历史唯物主义"的框架内，通过自然（物质）、意识、认识论这类传统的哲学概念来表达自己，作为经济哲学，马克思哲学的

---

（续注）历史是被放在正文中加以论述的。很多研究者都没有注意到马克思的经济学思想与黑格尔法哲学之间的内在联系。比如，马克思在《1857—1858 年经济学手稿》中论述经济范畴在历史上出现的次序与逻辑上出现的次序的差异时，曾经指出："比如，黑格尔论法哲学，是从主体的最简单的法的关系即占有开始的，这是对的。但是，在家庭或主奴关系这些具体得多的关系之前，占有并不存在。"参见《马克思恩格斯全集》第 46 卷（上册），人民出版社 1979 年版，第 39 页。

核心概念系列是：生产—商品—价值—时间—自由。基于对上述重大的、基础性理论问题的重新理解，我们也将对马克思哲学中的本体论、认识论和辩证法作出全新的阐释。

# 一、哲学革命的实质

为了了解马克思哲学的独特性和实质，必须先弄明白，马克思哲学与传统哲学之间的关系。其实，没有人比马克思本人更明确地阐明了这种差别。在《提纲》的第一条中，马克思就开宗明义地指出：

> 从前的一切唯物主义(包括费尔巴哈的唯物主义)的主要缺点是：对对象、现实、感性，只是从客体的或者直观的形式去理解，而不是把它们当作感性的人的活动，当作实践去理解，不是从主体方面去理解。①

显然，在马克思看来，他自己的哲学与传统的唯心主义哲学的差别是不言而喻的，因而他在这里阐明的主要是自己的哲学与"从前的一切唯物主义(包括费尔巴哈的唯物主义)"之间的差别。他认为，传统的唯物主义的主要缺点是从客体的或直观的形式出发去谈论对象、现实、感性这类概念，而没有从主体方面，从实践，即感性的人的活动出发去理解它们。要言之，传统的唯物主义遵从的是"客体＋直观"的原则，而马克思哲学遵从的则是"主体＋实践"的原则。从马克思对上述差别的论述可以看出，他的思想深受康德"哥白尼革命"的影响②，因为马克思以前的、以康德为代表的唯心主义哲学已高度重视主体的作用，并处处从主体出

---

① 《马克思恩格斯选集》第 1 卷，人民出版社 1995 年版，第 54 页。
② 参见拙文《马克思对康德哲学革命的扬弃》，《复旦学报(社会科学版)》2005 年第 1 期；《康德是通向马克思的桥梁》，《复旦学报(社会科学版)》2009 年第 4 期。

发来阐述自己的哲学理论。然而，必须指出，当时的马克思，通过对"实践"概念的不同理解和阐释，已远远地超越了康德。①

由此可见，如果我们探讨的不只是马克思哲学与传统的唯物主义哲学的差别，而是马克思哲学与一切传统哲学（也包括唯心主义哲学）的差别，我们完全可以把一切传统哲学的原则进一步概括为"直观"（Anschauung），而把马克思哲学的原则进一步概括为"实践"（Praxis），因为即使像康德这样的先验唯心主义哲学家，仍然把"直观"作为自己哲学理论中的基础性概念。在《纯粹理性批判》(1871)中，康德告诉我们：

> 思想无内容则空，直观无概念则盲。

不难发现，康德始终把不以人的实践活动为媒介的、静态的感性直观理解为知识的根本来源。那么，把一切传统哲学的原则概括为"直观"、把马克思哲学的原则概括为"实践"，是否符合马克思的本意呢？其实，《提纲》第十一条完全印证了我们的观点。马克思这样写道：

> 哲学家们只是用不同的方式解释世界，问题在于改变世界。②

显而易见，这里所说的"解释世界"表明，传统哲学家对世界的解释奠基于对世界的静态"直观"；而"改变世界"则表明，马克思哲学对世界的改变奠基于对世界的动态"实践"。研究者们在阐释马克思这段话时，把传统哲学家的"解释世界"与马克思的"改变世界"简单地对立起来，仿佛马克思哲学完全与"解释世界"无关。这显然是对马克思哲学的误解。其实，研究者们完全忽略了这段话的德语原文中的副词 nur（只是）。这个词表明，从前的哲学家"只是"停留在对世界的解释上，而马克思则

---

① 参见拙文《论马克思对西方哲学传统的扬弃：兼论马克思的实践、自由概念与康德的关系》，《中国社会科学》2001年第3期。

② 《马克思恩格斯选集》第1卷，人民出版社1995年版，第57页。

"不只是"解释世界，更重要的是用实践的方式改变世界。试想，如果马克思不把"世界2"（未来世界）解释得比"世界1"（现存世界）更好，他又如何号召人们去改变"世界1"、追求"世界2"呢？因此，不应该把"改变世界"与"解释世界"抽象地对立起来，应该明白，"改变世界"始终蕴含着"解释世界"。

由上可知，"实践"原则既显示出马克思哲学与传统哲学之间的根本差别，也显示出马克思哲学的实质。在《形态》中，马克思明确地指出：

> ……实际上，而且对实践唯物主义者（den praktischen Materialisten）即共产主义者来说，全部问题都在于使现存世界革命化，实际地反对并改变现存事物。①

尽管马克思没有直接使用"实践唯物主义"（der praktische Materialismus）这个用语，但"实践唯物主义者"这个用语已经蕴含着对"实践唯物主义"的认可。道理很简单：假如没有实践唯物主义，又何来实践唯物主义者？总之，马克思所发动的划时代的哲学革命的实质是把"实践"作为自己哲学的基础和出发点，因而马克思认为，他本人的哲学完全可以用"实践唯物主义"这个术语加以命名。从"解释世界"的维度看，实践唯物主义把生产劳动理解为实践的最基本、最普遍的表现形式；从"改变世界"的维度看，实践唯物主义又把"使现存世界革命化"，即政治革命和社会革命理解为实践的最重要的表现形式，而这两个维度又是有机地统一在马克思的实践唯物主义学说中的。

---

① K. Marx，F. Engels，*Werke Band 3*，Berlin：Dietz Verlag，1969，S. 42. 德语原文中的 den praktischen Materialisten 被《马克思恩格斯选集》第 1 卷（人民出版社 1995 年版，第 75 页）译为"实践的唯物主义者"，尽管 praktisch 作为形容词是修饰名词 Materialist 的，但译文中出现"的"字有蛇足之嫌，本文把 den praktischen Materialisten 译为"实践唯物主义者"。

当马克思还在世的时候，恩格斯作为最重要的、正统的阐释者，已开始在《反杜林论》等论著中阐释马克思哲学。马克思逝世后，恩格斯在《自然辩证法》《家庭、私有制和国家的起源》和《出路》等一系列著作和一些重要的通信中，对马克思哲学作出了系统的阐释。平心而论，恩格斯主观上也希望把马克思哲学中最重要的内涵阐释出来，然而，遗憾的是，他的阐释活动受到了自己的先入之见的干扰。凡是熟悉恩格斯论著的人都知道，在他的哲学思想中，蕴含着以下两个基本元素：

一是黑格尔哲学的"合理内核"，即辩证法。在《反杜林论》中，恩格斯指出：

> 马克思和我，可以说是把自觉的辩证法从黑格尔唯心主义哲学中拯救出来并用于唯物主义的自然观和历史观的唯一的人。①

在《出路》中，当恩格斯谈到黑格尔把辩证法引入认识过程时，又强调：

> 就获得这种认识来说，归根到底没有一个人比黑格尔本人对我们的帮助更大。②

这充分表明，黑格尔元素在恩格斯哲学思想中的重要地位。按照恩格斯本人的论述，他只是从方法论（即辩证法）上借鉴了黑格尔，实际上，他从黑格尔那里借贷的东西远远地超出了他自己所承认的东西，有的地方他甚至退回到黑格尔以前去了。

二是费尔巴哈哲学的"基本内核"，即唯物主义。如果说，上面提到的"辩证法"涉及方法论，那么这里提到的"唯物主义"则涉及基本立场。在这个意义上可以说，费尔巴哈元素在恩格斯哲学思想中拥有更为重要

---

① 《马克思恩格斯选集》第 3 卷，人民出版社 1995 年版，第 349 页。
② 《马克思恩格斯选集》第 4 卷，人民出版社 1995 年版，第 219 页。

的地位和作用。在《出路》中，恩格斯坦承，费尔巴哈"在好些方面是黑格尔哲学和我们的观点之间的中间环节"，"在我们的狂飚时期，费尔巴哈给我们的影响比黑格尔以后任何其他哲学家都大。"①恩格斯甚至提到，当费尔巴哈的代表作《基督教的本质》出版时，"那时大家都很兴奋，我们一时都成为费尔巴哈派了"②。

把上述两个元素综合起来，就构成恩格斯的哲学思想——"唯物主义辩证法"(diese materialistische Dialektik)③。也就是说，恩格斯是从自己的哲学观——唯物主义辩证法出发去阐释马克思哲学的，这就使他错失了马克思哲学中基础性的、核心的概念——实践。要阐明恩格斯与马克思在哲学思想上的差别，最简便的方式是把恩格斯的《出路》和马克思的《提纲》加以对照。因为正是恩格斯本人，在出版《出路》时，把马克思的《提纲》附在书后，并称它为"包含着新世界观天才萌芽的第一个文件"④。

在《出路》中，恩格斯提出了所谓"哲学基本问题"的理论：

> 全部哲学，特别是近代哲学的重大的基本问题，是思维和存在的关系问题。⑤

那么，"思维"和"存在"各自的含义究竟是什么呢？恩格斯发挥道：

---

① 《马克思恩格斯选集》第 4 卷，人民出版社 1995 年版，第 211—212 页。

② 同上书，第 222 页。与恩格斯不同，马克思感兴趣的，从来就不是费尔巴哈的唯物主义，而是他的人本哲学，即他关于人的理论。关于这一点，我们将在文中适当的地方详加论述。

③ K. Marx, F. Engels, *Ausgewaehlte Werke*（Band 6），Berlin：Dietz Verlag, 1990, S. 297；《马克思恩格斯选集》第 4 卷，人民出版社 1995 年版，第 243 页。

④ 《马克思恩格斯选集》第 4 卷，人民出版社 1995 年版，第 213 页。

⑤ 同上书，第 223 页。其实，这并不是恩格斯提出的新见解，它取自黑格尔。后者在《哲学史讲演录》中早已指出："近代哲学并不是淳朴的，也就是说，它意识到了思维与存在的对立。必须通过思维去克服这一对立，这就意味着把握住统一。"参见［德］黑格尔：《哲学史讲演录》第 4 卷，贺麟等译，商务印书馆 1981 年版，第 7 页。黑格尔还强调，从近代起，"一切哲学都对这个统一发生兴趣"。参见同上书，第 6 页。

思维对存在、精神对自然界的关系问题，全部哲学的最高问题，像一切宗教一样，其根源在于蒙昧时代的愚昧无知的观念。①

显然，在恩格斯看来，"思维"相当于"精神"，而"存在"则相当于"自然界"。恩格斯又指出：凡是肯定自然界对精神来说是本原的，就是唯物主义；反之，则是唯心主义。

按照恩格斯的思路，自然界是第一性的，精神是第二性的，唯物主义哲学的出发点就是观察（即直观）自然界。这一见解很容易使我们联想起费尔巴哈的相关论述。在《关于哲学改造的临时纲要》中，费尔巴哈早已指出：

观察自然，观察人吧！在这里你们可以看到哲学的秘密。……自然是与存在没有区别的实体，人是与存在有区别的实体。没有区别的实体是有区别的实体的根据——所以自然是人的根据。②

在这段值得注意的论述中，费尔巴哈既肯定自然界就是存在，又肯定自然界是其他一切哲学问题（包括人的问题）的根据。由此可见，恩格斯上述思想与费尔巴哈之间存在着明显的亲缘关系。不难发现，恩格斯的上述见解与马克思《提纲》中的观点是有冲突的：一方面，马克思把费尔巴哈归入"从前的一切唯物主义"的范围内，并试图与他划清界限，而恩格斯仍然停留在费尔巴哈的唯物主义的立场上；另一方面，马克思主张从主体出发、从实践出发，而恩格斯仍然倡导从客体（自然界）出发，并撇开了马克思引入的实践概念。由此可见，蕴含在恩格斯"哲学基本问题"理论中的唯物主义立场，实际上正是马克思在《提纲》第一条中加以批判

① 《马克思恩格斯选集》第 4 卷，人民出版社 1995 年版，第 224 页。
② ［德］费尔巴哈：《费尔巴哈哲学著作选集》上卷，荣震华等译，商务印书馆 1984 年版，第 115—116 页。

的"从前的一切唯物主义"的立场。

尽管恩格斯在叙述哲学基本问题理论、驳斥不可知论时曾经指出：

> 对这些以及其他一切哲学上的怪论的最令人信服的驳斥是实践，即实验和工业。①

但一方面，恩格斯这里的实践概念只涉及"实验和工业"，从而忽略了马克思实践概念的最重要的表现形式——"使现存世界革命化"；另一方面，恩格斯只是在可知论（即认识论）的范围内谈论实践的作用，而没有意识到，马克思首先是从本体论意义上引入实践概念的。换言之，实践概念乃是马克思全部哲学思想的基础和出发点。

如果说，思维与存在关系是传统哲学，尤其是近代以来西方哲学的基本问题，那么，它却不可能像恩格斯所认为的，也是马克思哲学的基本问题。有待追问的是：马克思哲学的基本问题究竟是什么？在《提纲》中，马克思指出：

> 全部社会生活在本质上是实践的。凡是把理论引向神秘主义的神秘东西，都能在人的实践中以及对这个实践的理解中得到合理的解决。②

这一论述充分表明，在马克思的全部哲学理论中，实践始终居于基础和核心的位置上。换言之，作为划时代哲学革命的结果，作为致力于改变现在世界的革命哲学，马克思哲学的基本问题根本不可能是恩格斯所主张的思维与存在关系，而只能是实践问题。我们知道，在马克思那里，实践具有多种表现形式，而在其所有的表现形式中，最基本、最普遍的

---

① 《马克思恩格斯选集》第4卷，人民出版社1995年版，第225页。
② 《马克思恩格斯选集》第1卷，人民出版社1995年版，第56页。

表现形式无疑是生产劳动。在《雇佣劳动与资本》中，马克思告诉我们：

> 人们在生产中不仅影响自然界，而且也互相影响。他们只有以一定的方式和互相交换其活动，才能进行生产。为了进行生产，人们相互之间便发生一定的联系和关系；只有在这些社会联系和社会关系的范围内，才会有他们对自然界的影响，才会有生产。①

这就启示我们，作为哲学基本问题的实践（其基本形式是生产劳动）正是由以下两个侧面组成的：一是人与自然界（物）的关系；二是人与人的关系。事实上，马克思的诸多哲学论述都是围绕实践这一基本问题的两个侧面展开的。② 在《手稿》中，马克思在论述共产主义时指出：

> 它是人和自然界之间、人和人之间的矛盾的真正解决，是存在和本质、对象化和自我确证、自由和必然、个体和类之间的斗争的真正解决。③

在这里，马克思把共产主义理解为私有财产即人的自我异化的积极扬弃，而这一扬弃正是通过实践来展开的，而实践则关涉人与自然界、人与人之间关系这两个不同的侧面。在《形态》的一个脚注中，马克思对这一基本问题作出了更明确的论述：

> 到现在为止，我们只是主要考察了人类活动的一个方面——人们对自然的作用。另一方面，是人对人的作用。④

---

① 《马克思恩格斯选集》第 1 卷，人民出版社 1995 年版，第 344 页。
② 参见俞吾金：《关于哲学基本问题的再认识》，《北京大学学报（哲学社会科学版）》1997 年第 2 期。
③ 《马克思恩格斯全集》第 42 卷，人民出版社 1979 年版，第 120 页。
④ 《马克思恩格斯全集》第 3 卷，人民出版社 1960 年版，第 41 页。

显然，马克思这里所说的"人类活动"也就是实践，而实践活动正是在人与自然界、人与人的交互关系中展开的。马克思认为，在古代社会的宗教意识的支配下，一方面，人们对自然界的狭隘关系制约着他们之间的狭隘关系；另一方面，他们之间的狭隘关系又制约着人们对自然界的狭隘关系。正是在这个意义上，马克思强调：

> 只有当实际日常生活的关系，在人们面前表现为人与人之间和人与自然之间极明白而合理的关系的时候，现实世界的宗教反映才会消失。①

所有这些论述都表明，蕴含着人与自然界、人与人之间关系的实践才是马克思哲学的基本问题。恩格斯没有意识到马克思哲学与传统哲学在哲学基本问题上的根本差异，这充分表明，他并没有真正认识到马克思所发动的划时代的哲学革命的实质和意义。

不难发现，恩格斯的"唯物主义辩证法"实际上也就是他在其他场合下倡导的所谓"自然辩证法"（Naturdialektik）②。在《自然辩证法》这部手稿中，恩格斯曾经表示：

> 人的思维的最本质的和最切近的基础，正是人所引起的自然界的变化，而不单独是自然界本身，人的智力是按人如何学会改变自然界而发展的。③

乍看起来，恩格斯似乎十分重视"人所引起的自然界的变化"，即人的实

---

① 马克思：《资本论》第 1 卷，人民出版社 1975 年版，第 96—97 页。
② F. Engels, *Dialektik der Natur*, Berlin: Dietz Verlag, 1952, S. 325；恩格斯：《自然辩证法》，人民出版社 1971 年版，第 278 页。参见《论两种不同的自然辩证法的概念》，《哲学动态》2003 年第 3 期。
③ 恩格斯：《自然辩证法》，人民出版社 1971 年版，第 209 页。

践活动的作用，但实际上，在大多数场合下，特别是在阐述自己哲学思想的关键地方，他完全撇开了人的实践活动在其自然辩证法中的基础性作用，而是退回到费尔巴哈和 18 世纪的唯物主义者，甚至退回到古希腊唯物主义者的立场上，把自然辩证法解释为自然界自身运动的辩证法：

> 唯物主义的自然观不过是对自然界本来面目的朴素的了解，不附加任何外来的成分，所以它在希腊哲学家中间从一开始就是不言而喻的东西。①

这里所谓"不附加任何外来的成分"，在撇开"神创论"，即上帝创造世界（包括自然界）教义的同时，也撇开了人的实践活动对自然界的干预。在《出路》中，恩格斯更明确地表达了这方面的观点。在谈到自然界和社会的差别时，他强调：

> 但是，社会发展史却有一点是和自然发展史根本不相同的。在自然界中（如果我们把人对自然界的反作用撇开不谈）全是没有意识的、盲目的动力，这些动力彼此发生作用，而一般规律就发生在这些动力的相互作用中。②

当恩格斯主张把"人对自然界的反作用撇开不谈"时，人的实践活动对自然界的作用也就完全从自然辩证法中被抹掉了。其实，马克思早在《手稿》中已经明确指出：

> 被抽象地、孤立地理解的、被固定为与人分离的自然界，对人

---

① 恩格斯：《自然辩证法》，人民出版社 1971 年版，第 177 页。
② 《马克思恩格斯选集》第 4 卷，人民出版社 1995 年版，第 247 页。

说来也是无。①

显而易见，在马克思看来，与人的实践活动相分离的自然界实际上根本不可能存在，这也就等于宣布，恩格斯的以自然自身运动为基础的"自然辩证法"根本就不是马克思的哲学理论。

总之，在恩格斯的"唯物主义辩证法"或"自然辩证法"阐释模式的支配下，马克思的实践概念被放逐到边缘的、无足轻重的位置上，马克思如此明确地加以阐述的实践唯物主义完全处于被遮蔽的状态中。在恩格斯之后，通过普列汉诺夫的媒介，列宁成了马克思哲学的最重要的阐释者。我们发现，无论是普列汉诺夫还是列宁，都深受恩格斯的影响。尤其是列宁，完全是在恩格斯哲学思想的基础上展开对马克思哲学的阐释活动的。

首先，在普列汉诺夫的影响下，列宁在《唯物主义和经验批判主义（以下简称《唯批》）中直接把恩格斯的"唯物主义辩证法"改称为"辩证唯物主义"，并把它阐释为马克思哲学的基础和核心部分。列宁这样写道：

> 所有这些人都不会不知道，马克思和恩格斯几十次地把自己的哲学观点叫做辩证唯物主义。②

然而，匪夷所思的是，文献学的考证表明，马克思和恩格斯从未使用过"辩证唯物主义"的概念。显而易见，在列宁的阐释思路中，作为自然观的辩证唯物主义成了马克思哲学的基础和出发点，而作为历史观的历史唯物主义则成了辩证唯物主义推广或应用到社会历史领域的结果。正如列宁在《马克思主义的三个来源和三个组成部分》(1913)中所说的：

---

① 《马克思恩格斯全集》第 42 卷，人民出版社 1979 年版，第 178 页。
② 列宁：《列宁选集》第 2 卷，人民出版社 1995 年版，第 12 页。

马克思加深和发展了哲学唯物主义，而且把它贯彻到底，把它对自然界的认识推广到对人类社会的认识。马克思的历史唯物主义是科学思想中的最大成果。①

在列宁看来，马克思在哲学上所做的全部工作不过是"加深和发展了哲学唯物主义"，即把恩格斯创立的自然观（唯物主义辩证法或辩证唯物主义）"推广到"人类社会。这就等于告诉我们，马克思创立的历史唯物主义并没有什么原创性或划时代的贡献，马克思的历史观完全是第二性的，它奠基于恩格斯的自然观。从客观上看，列宁逝世于1924年，而马克思关于"实践唯物主义者"的那段重要论述出现在《形态》中，而这部著作的德文版第一次完整的出版是在1932年，因而列宁不可能读过这部著作。如果列宁了解马克思所使用过的"实践唯物主义"的概念，又对这一概念与恩格斯率先使用的"历史唯物主义"概念进行比较，他或许会引申出完全不同的结论来。

　　其次，如前所述，恩格斯在论述哲学基本问题的理论时，使用了存在与思维、自然界与精神这两组概念，而列宁又引入了第三组类似的概念，即物质与意识。事实上，就连这组概念也源于恩格斯。在《出路》中，恩格斯对费尔巴哈的唯物主义作出了如下的概括：

　　　我们自己所属的物质的、可以感知的世界，是唯一现实的；而我们的意识和思维，不论它看起来是多么超感觉的，总是物质的、肉体的器官即人脑的产物。物质不是精神的产物，而精神本身只是物质的最高产物。这自然是纯粹的唯物主义。②

人们完全可以把恩格斯的这段话看作是对列宁《唯批》的导读。当然，列

①　列宁：《列宁选集》第2卷，人民出版社1995年版，第311页。
②　《马克思恩格斯选集》第4卷，人民出版社1995年版，第227页。

宁以更明确的语言表达了自己对物质与意识关系的看法：

> 物质是第一性的。感觉、思想、意识是按特殊方式组成的物质的高级产物。这就是一般唯物主义的观点，特别是马克思和恩格斯的观点。①

其实，列宁的这段话是值得推敲的，它可能体现了恩格斯的哲学观点，却不可能也是马克思的哲学观点，因为马克思从来都反对脱离人的实践活动和社会历史，以抽象的、直观的方式来谈论物质与意识的关系。在《巴黎手稿》中，马克思已经指出：

> 不仅五官感觉，而且所谓精神感觉、实践感觉（意志、爱等等），一句话，人的感觉、感觉的人性，都只是由于它的对象的存在，由于人化的自然界，才产生出来的。五官感觉的形成是以往全部世界历史的产物。②

由此可见，列宁完全处于恩格斯的影响之下，以至于把不以实践为中介的、费尔巴哈式的一般唯物主义理解为马克思的哲学立场。

最后，尽管在《哲学笔记》（1895—1911）中列宁更多地关注到实践概念，但在恩格斯的影响下，他始终把实践概念囚禁在认识论中。他告诉我们：

> 理论观点（认识）和实践的统一——要注意这点——这个统一正是在认识论中。③

---

① 列宁：《列宁选集》第 2 卷，人民出版社 1995 年版，第 51 页。
② 《马克思恩格斯全集》第 42 卷，人民出版社 1979 年版，第 126 页。
③ 列宁：《哲学笔记》，人民出版社 1960 年版，第 236 页。

这表明，列宁像恩格斯一样，从来没有试着从本体论出发去理解实践概念在马克思哲学中的地位和作用。

以恩格斯和列宁为代表的阐释路线，通过斯大林为《联共（布）党史简明教程》（1938）撰写的"论辩证唯物主义和历史唯物主义"（该书第四章第二节）对苏联、东欧和中国的理论界产生了决定性的影响。我们注意到，无论是艾思奇主编的《辩证唯物主义 历史唯物主义》（1961），还是李达主编的《唯物辩证法大纲》（1978），或肖前等主编的《辩证唯物主义原理》（1981），在论述马克思哲学时，都把抽象的物质观，即所谓"世界的物质性"置于基础性的、出发点的位置上，而把马克思的实践概念完全囚禁在认识论中。

或许我们只要指出下面这一点就可以了，即在艾思奇、李达、肖前等主编的上述教科书中，实践概念分别出现在上篇第 8 章、第五篇第 1 章和第 9 章中，更遑论对马克思的实践唯物主义理论的关注了。这样一来，马克思哲学革命的实质被严严实实地遮蔽起来了，他在《提纲》第一条中开宗明义地加以澄清的、他自己的哲学与"从前的一切唯物主义（包括费尔巴哈的唯物主义）"的差别完全被正统的阐释者们磨平了；他通过实践概念在本体论领域里作出的原创性的尝试也完全被他们忽视了；他提出的"实践唯物主义"的新观念也完全被当作偶然的、不成熟的哲学观念而加以否定。总之，正统的阐释者们从自己的先入之见出发，创造出一个虚假的马克思、一种虚假的马克思哲学。

那么，马克思哲学在现、当代非正统的阐释者们那里，尤其是在以卢卡奇为创始人的西方马克思主义思潮中，是否会有不同的遭遇呢？我们的回答是肯定的。众所周知，意大利马克思主义者葛兰西在《狱中札记》（1929—1935）中把马克思哲学称为"实践哲学"（the philosophy of praxis），他认为：

> 实践哲学是以前一切历史的结果和顶点。唯心主义和实践哲学都产生于对黑格尔主义的批判中。黑格尔的内在论变成历史主义，

> 但只有在实践哲学那里，它才是绝对的历史主义——绝对的历史主
> 义或绝对的人道主义。①

在这段语焉不详的论述中，葛兰西只是肯定了马克思哲学与黑格尔哲学的理论联系，并把马克思哲学理解为"绝对的历史主义或绝对的人道主义"。尽管葛兰西在这里既未深入地探究马克思与黑格尔之间真实的理论关系，也未批判地反思马克思与西方人道主义传统之间的理论差异，但不管如何，在意大利学者拉布里奥拉和克罗齐的影响下，他大胆地把马克思哲学称作"实践哲学"，从而肯定马克思哲学不是学院课堂里的高头讲章，而是改变现存世界的锐利武器。

20世纪60年代，在卢卡奇、葛兰西、马尔库塞等人的影响下，南斯拉夫萨格勒布的克罗地亚哲学学会出版了《实践》杂志。该杂志的发刊词明确指出：

> 选择"实践"做这个杂志的名称，是因为马克思的核心概念"实
> 践"(Praxis)最充分地表达了上面所说的哲学概念。这个词现在以希
> 腊语形式出现，并不意味着我们是按照古希腊哲学的意思来理解这
> 个概念。同时，我们也希望事先明确表示：我们与实用主义的实践
> 概念以及庸俗马克思主义的实践概念相去甚远，我们要努力理解马
> 克思的本来面目。②

显而易见，把"实践"理解为马克思哲学的核心概念，是对马克思哲学的本真精神的恢复。事实上，正是围绕着《实践》杂志，形成了以彼得洛维奇、马尔库维奇、弗兰尼茨基等人为代表的"实践派"，在国际理论界产生了重大的影响。然而，遗憾的是，在恩格斯、普列汉诺夫和列宁的阐

---

① ［意］葛兰西：《狱中札记》，曹雷雨等译，中国社会科学出版社2000年版，第332页。

② 《哲学译丛》编辑部编译：《南斯拉夫哲学论文集》，生活·读书·新知三联书店1979年版，第327页。

释路线的支配下，"实践派"对马克思的实践概念的理解仍然局限于认识论的语境中，而未从更为深刻的本体论的语境中去认识马克思的实践概念乃至其整个实践唯物主义理论的实质和意义。

与葛兰西和"实践派"不同，德国法兰克福学派的代表人物哈贝马斯则对马克思的实践（包括劳动）概念提出了挑战。哈贝马斯认为，在19世纪最后25年的发展中出现了两种引人注目的趋势：一是国家对经济生活干扰的增加；二是科学与技术之间的依赖关系日益密切，从而使技术与科学获得了统治的合法性功能，而"技术统治意识的意识形态核心，是实践和技术的差别的消失"①。为了重新唤起这种差别，哈贝马斯区分了"劳动"（Arbeit）与"相互作用"（Interaktion）这两个概念。他这样写道：

> 我把"劳动"或曰目的理性活动理解为工具的活动，或者合理的选择或者两者的结合。工具的活动按照技术规则来进行，而技术规则又以经验知识为基础……另一方面，我把以符号为媒介的相互作用理解为交往活动。相互作用是按照必须遵守的规范进行的，而必须遵守的规范规定着相互之间的行为期待（die Verhaltenserwartung），必须得到至少两个行动的主体[人]的理解和承认。②

同时，哈贝马斯批评马克思没有对"劳动"和"相互作用"这两个概论作出明确的区分：

> 马克思对相互作用和劳动的联系并没有作出真正的说明，而是在社会实践的一般标题下把相互作用归之于劳动，即把交往活动归

---

① ［德］哈贝马斯：《作为"意识形态"的技术与科学》，李黎等译，学林出版社1999年版，第71页。

② 同上书，第49页。

之于工具活动。①

在哈贝马斯看来，正是由于马克思的理论失误，他对生产力与生产关系的辩证关系的天才洞察才受到了曲解。其实，哈贝马斯的批评是站不住脚的。

首先，他没有把马克思的思想与正统的阐释者们对马克思思想的阐释严格地区分开来。其次，在马克思那里，实践是一个内涵十分丰富的概念。就其要者而言，实践的最基本、最普遍的表现形式是生产劳动，对于人类的生存和发展来说，这是须臾也不能脱离的活动；而实践的最重要的形式则是"使现存世界革命化"，实际上就是进行社会革命。所以，马克思从来没有使自己的实践概念局限于单纯的"劳动"或"工具活动"的范围内。再次，从《手稿》对异化劳动的批判到《资本论》对大机器生产的反思都表明，马克思从未把技术的合理性理解为自己追求的终极目的，相反，马克思关注的始终是人的解放，是个人的全面而自由的发展。最后，哈贝马斯批评马克思"在社会实践的一般标题下把相互作用归之于劳动，即把交往活动归之于工具活动"表明，他完全没有深入地考察马克思的实践（生产劳动）概念所蕴含的两个侧面——人与自然界、人与人关系之间的差别。其实，真正与"相互作用"或"交往活动"息息相关的不是人与自然界的目的—工具关系，而是人与人之间的社会关系。哈贝马斯前面谈到的"理解和承认"并不是交往活动的始源性前提，而是人与人之间的社会关系发展到一定历史阶段的产物。比如，摩尔根在《古代社会》一书中指出：

> 对俘虏的处理，在野蛮时代的三个阶段中经历了三个顺序相承的阶段：在第一个阶段，是把俘虏烧死在火刑柱上，第二个阶段是

---

① ［德］哈贝马斯：《作为"意识形态"的技术与科学》，李黎等译，学林出版社 1999 年版，第 33 页。

杀俘虏以祭神，第三个阶段中把俘虏变成奴隶。①

马克思在其民族学笔记中摘录了摩尔根的这段重要论述。这段话启示我们，古代人从俘虏到奴隶的演化，即得到奴隶主的"理解和承认"，其始源性的驱动力乃是社会关系中的利益追求。也就是说，主人之所以"承认"奴隶，因为经济发展到一定阶段，奴隶不但能养活自己，还能为主人提供剩余劳动或剩余产品。其实，哈贝马斯在该书中谈论的"技术的认识兴趣""实践的认识兴趣"和"解放的认识兴趣"②中的"兴趣"(Intresse)同时也可阐释为"利益"。这就启示我们，只有深入地领悟马克思实践(劳动)概念中的人与人关系的侧面，才能对"相互作用"或"交往活动"作出合理的说明。

综上所述，正统的阐释者们忽视了实践概念在马克思哲学中的基础性的、核心的地位和作用，也忽视了马克思哲学革命的实质是创立实践唯物主义，从而使现存世界革命化。反之，现、当代的非正统的阐释者们意识到了马克思哲学是"实践哲学"，但他们对马克思的实践概念的丰富内涵和独特性仍然缺乏明晰的认识。由此可见，要准确认识马克思哲学革命的实质，就必须返回到马克思本人的文本中。

# 二、哲学探索的进路

如同马克思明确地阐明了自己发动的哲学革命的实质一样，他也明确地阐明了自己哲学探索的进路。在《〈政治经济学批判〉序言》(1859)

---

① 《马克思恩格斯全集》第 45 卷，人民出版社 1985 年版，第 482 页。

② [德]哈贝马斯：《作为"意识形态"的技术与科学》，李黎等译，学林出版社 1999年版，第 126 页。其实，马克思在其早期论著中已经启示我们："私人利益把自己看作世界的最终目的""利益不是在思索，它是在打算盘"。参见《马克思恩格斯全集》第 1 卷，人民出版社 1956 年版，第 165 页。

中，马克思这样写道：

> 我学的专业本来是法律，但我只是把它排在哲学和历史之次当作辅导学科来研究。1842—1843 年间，我作为《莱茵报》的编辑，第一次遇到要对所谓物质利益发表意见的难事。莱茵省议会关于林木盗窃和地产析分的讨论，当时的莱茵省总督冯·沙培尔先生就摩塞尔农民状况同《莱茵报》展开的官方论战，最后，关于自由贸易和保护关税的辩论，是促使我去研究经济问题的最初动因。①

另外，《莱茵报》上经常发表具有法国社会主义和共产主义倾向的言论，尽管这些言论很肤浅，但由于马克思从未接触过这些思潮，不敢妄加评判，因此很希望自己有时间退回到书房里去，对这些思潮加以透彻的研究。马克思接着写道：

> 为了解决使我苦恼的疑问，我写的第一部著作是对黑格尔法哲学的批判性的分析，这部著作的导言曾发表在 1844 年巴黎出版的《德法年鉴》上。我的研究得出这样一个结果：法的关系正像国家的形式一样，既不能从它们本身来理解，也不能从所谓人类精神的一般发展来理解，相反，它们根源于物质的生活关系，这种物质的生活关系的总和，黑格尔按照 18 世纪的英国人和法国人的先例，概括为"市民社会"，而对市民社会的解剖应该到政治经济学中去寻求。我在巴黎开始研究政治经济学，后来因基佐先生下令驱逐移居布鲁塞尔，在那里继续进行研究。②

显然，从马克思上面的两段自述中，我们可以引申出如下的结论：

---

① 《马克思恩格斯选集》第 2 卷，人民出版社 1995 年版，第 31 页。
② 同上书，第 32 页。

第一，马克思对自己与黑格尔之间的理论关系做了明确的论述。在黑格尔所有的著作中，马克思最重视的是他的《法哲学原理》(1821)，但通过对这部著作的批判性分析，马克思意识到，法的关系根源于物质的生活关系，而物质生活关系的总和则被 18 世纪的英国人和法国人，也被黑格尔称作"市民社会"(die bürgerliche Gesellschaft)。而在马克思看来，对市民社会的解剖必须诉诸政治经济学。也就是说，必须把哲学与经济学的研究综合起来，形成经济哲学的新的研究进路。

在从康德到黑格尔的德国古典哲学家中，唯有黑格尔深入地探讨了英国古典经济学，从而开辟出经济哲学这一新的研究进路。正如卢卡奇所说的，黑格尔"是认真地把握英国工业革命的唯一的德国思想家；也是在古典英国经济学的问题和哲学及辩证法之间建立联系的唯一的人"①。在耶拿时期写下的《伦理体系》《实在哲学》等手稿中，黑格尔已经按照经济哲学的思路探索了欲望、需求、劳动、分工等问题，在随后出版的《精神现象学》(1807)中，黑格尔又论述了需要、劳动和异化问题。在晚年出版的《法哲学原理》中，黑格尔按照亚当·斯密的观点，把市民社会称作"需要的体系"②，并告诉我们：

> 在劳动和满足需要的上述依赖性和相互关系中，主观的利己主义转化为对其他一切人的需要得到满足是有帮助的东西，即通过普遍物而转化为特殊物的中介。这是一种辩证的运动。其结果，每个人在为自己取得、生产和享受的同时，也正为了其他一切人的享受而生产和取得。在一切人相互依赖全面交织中所含有的必然性，现在对每个人说来，就是普遍而持久的财富。③

黑格尔不但揭示出市民社会运作中的基础的、核心的问题——劳动和需

① G. Lukacs, *Young Hegel*, Cambridge：MIT Press, 1976, p. xⅣ.
② ［德］黑格尔：《法哲学原理》，范扬等译，商务印书馆 1979 年版，第 204 页。
③ 同上书，第 210 页。

要，而且先于马克思就已启示我们：

> 政治经济学就是从上述需要和劳动的观点出发，然后按照群众关系和群众运动的质和量的规定性以及它们的复杂性来阐明这些关系和运动的一门科学。①

由此可见，马克思改造黑格尔哲学理论的最为关键的一步，并不像恩格斯在《出路》中所说明的，是抛弃黑格尔的唯心主义"体系"，批判地借鉴其"方法"——辩证法，而是从对黑格尔法哲学的批判的分析出发，抉出其基础性的概念——"市民社会"，并通过对市民社会的经济哲学式的解剖，创立了自己的新的历史观，并在《形态》中初次表达了这种历史观。马克思不但指出："这个市民社会是全部历史的真正发源地和舞台"②，而且以确定无疑的口吻写道：

> 由此可见，这种历史观(diese Geschichtsauffassung)就在于，从直接生活的物质生产出发来考察现实的生产过程，并把与该生产方式相联系的、它所产生的交往形式，即各个不同阶段上的市民社会，理解为整个历史的基础；然后必须在国家生活的范围内描述市民社会的活动，同时从市民社会出发来阐明各种不同的理论产物和意识形式，如宗教、哲学、道德等等，并在这个基础上追溯它们产生的过程。③

从上面的论述中我们发现，马克思与黑格尔之间在理论上的最重要的接触点是"市民社会"这个概念，正是通过对黑格尔法哲学中的这个基本概

---

① ［德］黑格尔：《法哲学原理》，范扬等译，商务印书馆1979年版，第204页。
② 《马克思恩格斯全集》第3卷，人民出版社1960年版，第41页。
③ 同上书，第42—43页。K. Marx, F. Engels, *Werke*, *Band* 3, Berlin: Dietz Verlag, 1969, S. 37.

念的颠倒，马克思的新历史观获得了一个坚实的出发点，而要理解并把握这个出发点，又必须切入经济哲学的思路。

第二，尽管马克思在自述中完全没有提到费尔巴哈，但费尔巴哈的缺席正好显露出马克思与他之间的真实的理论关系。如前所述，恩格斯夸大了费尔巴哈对马克思的理论影响。他不但把费尔巴哈视为黑格尔与马克思之间的"中间环节"，而且表示：

> 在我们的狂飙时期，费尔巴哈给我们的影响比黑格尔以后任何其他哲学家都大。①

尽管马克思在《手稿》《神圣家族》《提纲》和《形态》等论著中提到过费尔巴哈，但从理论上看，费尔巴哈对马克思的重要性远远没有恩格斯所估计得那么高。事实上，恩格斯之所以高估费尔巴哈，目的是试图用费尔巴哈的、以抽象的（即与人的实践活动相分离的）自然界为基础和出发点的一般唯物主义（即所谓费尔巴哈哲学的"基本内核"），来改造黑格尔的辩证法（即所谓黑格尔哲学的"合理内核"），从而做成他自己的哲学理论——"唯物主义辩证法"或"自然辩证法"。

在马克思看来，费尔巴哈并没有超出旧唯物主义的理论视野，他关注的焦点始终是"自然"，而不是"市民社会"。马克思在《提纲》第九条中早已明确指出：

> 直观的唯物主义，即不是把感性理解为实践活动的唯物主义至多也只能达到对单个人和市民社会的直观。②

在《提纲》第十条中，马克思进一步指出：

---

① 《马克思恩格斯选集》第4卷，人民出版社1995年版，第212页。
② 《马克思恩格斯选集》第1卷，人民出版社1995年版，第56—57页。

旧唯物主义的立脚点是市民社会，新唯物主义的立脚点则是人类社会（die menschliche Gesellschaft）或社会化的人类（die gesellschaftliche Menschheit）。①

　　显然，在马克思看来，像费尔巴哈这样的唯物主义者，即使在自己的论著中涉及社会生活，其出发点也只能是对市民社会的无批判的认同和直观，而根本不可能站在"人类社会"或"社会化的人类"（即无产阶级）的立场上来批判地考察市民社会，并主张对它进行革命性的改造。② 那么，费尔巴哈对马克思的影响是否可以忽略不计呢？我们认为，尽管费尔巴哈对马克思的影响远没有恩格斯所估计的那么大，但这种影响毫无疑问是存在的。不过，我们并不同意恩格斯如下的见解，即影响马克思的是费尔巴哈的唯物主义立场，相反，我们确信，真正对马克思产生一定影响的，是费尔巴哈的人本主义学说。其实，在《神圣家族》中，马克思已经明确地告诉我们：

　　只有费尔巴哈才是从黑格尔的观点出发而结束和批判了黑格尔的哲学。费尔巴哈把形而上学的绝对精神归结为"以自然为基础的现实的人"，从而完成了对宗教的批判，同时也巧妙地拟定了对黑格尔的思辨以及一切形而上学的批判的基本要点。③

　　显然，当马克思写下这段话时，他还不能以批判的态度去对待费尔巴哈的人本主义学说，因为马克思依然迷恋于费尔巴哈的"以自然为基础的现实的人"，在《提纲》，尤其是在《形态》中，马克思转而批判费尔巴哈

---

　　① 《马克思恩格斯选集》第 1 卷，人民出版社 1995 年版，第 57 页。K. Marx, F. Engels, *Werke*, *Band* 3, Berlin: Dietz Verlag, 1969, S. 7.
　　② 参见俞吾金：《让马克思从费尔巴哈的阴影中走出来》，《南京社会科学》1996 年第 1 期。
　　③ 《马克思恩格斯全集》第 2 卷，人民出版社 1957 年版，第 177 页。

的人本主义学说：

> 毋庸讳言，费尔巴哈从来没有看到真实存在着的、活动的人，而是停留在抽象的"人"上，并且仅仅局限于在感情范围内承认"现实的、单独的、肉体的人"，也就是说，除了爱与友情，而且是理想化了的爱与友情以外，他不知道"人与人之间"还有什么其他的"人的关系"。①

尽管马克思确立自己的历史观（即哲学观）以后，与费尔巴哈的哲学思想渐行渐远，但完全可以说，他批判地继承了费尔巴哈的人本主义思想遗产。总之，与黑格尔比较起来，费尔巴哈的哲学思想是肤浅的，他只是满足于对抽象的自然和抽象的人的言说，他也从未下功夫钻研过政治经济学，因而根本不可能对马克思采纳的经济哲学的研究进路提供实质性的启发。马克思之所以在《序言》的自述中完全没有提到费尔巴哈，因为在其思想发展的道路上，真正产生实质性影响的始终是黑格尔的法哲学。

第三，在这两段重要的自述中，马克思表示，他本来学的是法律，但却把法律排在哲学和历史后面来学习。稍后，他又担任了《莱茵报》的编辑，一方面涉足新闻学，遭遇到了"对所谓物质利益发表意见的难事"；另一方面又涉足社会学，也遭遇到了必须对法国社会主义、共产主义的思潮发表意见的难事。后来，马克思为了解剖市民社会，又诉诸对政治经济学的研究。我们发现，在这一学习和探求真理的过程中，马克思涉及法律、哲学、史学、新闻学、社会学、政治经济学等多门学科。这就深刻地启示我们，马克思的哲学探索，一开始就是以综合多门学科齐头并进的方式展开的，当然，必须看到，在马克思理论探索的进路中，哲学和政治经济学的联姻始终具有核心的意义。当马克思说，

---

① 《马克思恩格斯全集》第3卷，人民出版社1960年版，第50页。

"对市民社会的解剖应该到政治经济学中去寻求"时，并不意味着马克思只是从政治经济学的视角出发去研究市民社会，事实上，马克思的探索是综合性的，包括法律、哲学、史学、新闻学、社会学、政治经济学等多重视角，而在这一多重视角中，占据核心地位的始终是经济哲学的视角。如前所述，马克思从来不像某些当代经济学家那样谈什么"纯粹经济学"，在他看来，经济学始终只是政治经济学，因为政治不过是经济的集中表现。事实上，经济学中的基础性理论问题，如产权、分配等，同时也是重要的政治问题。正如马克思在《资本论》第1卷第一版序言中所指出的：

> 在政治经济学领域内，自由的科学研究遇到的敌人，不只是它在其他一切领域内遇到的敌人。政治经济学所研究的材料的特殊性质，把人们心中的最激烈、最卑鄙、最恶劣的情感，把代表私人利益的复仇女神召唤到战场上来反对自由的科学研究。①

因此，我们在这里所说的"经济哲学"实质上就是"政治经济学—哲学"，即自觉地运用相应的哲学观念研究经济学中各种基础性的、重大的理论问题，并把研究结果重新提升到哲学的层面上。②

肯定马克思哲学探索的进路是经济哲学，几乎可以说是不言而喻的。众所周知，马克思就读于柏林大学哲学系，后来在耶拿大学获得哲学博士学位，他从年轻的时候起就受过系统的、严格的哲学专业的训练。马克思从1844年开始在巴黎从事政治经济学研究起，始终是带着相应的哲学观念进入自己的研究活动的。马克思的《手稿》之所以被称作《1844年经济学哲学手稿》，因为它早已暗示我们，经济哲学才是马克思理论探索的真正进路；在《1857—1858年经济学手稿》中，马克思引入政

---

① 《马克思恩格斯文集》第5卷，人民出版社2009年版，第10页。
② 参见俞吾金：《经济哲学的三个概念》，《中国社会科学》1999年第2期。

治经济学研究领域的独特方法——"从抽象到具体"就是批判地借鉴黑格尔哲学方法论的结果。正如马克思本人所指出的：

> 因此，黑格尔陷入幻觉，把实在理解为自我综合、自我深化和自我运动的思维的结果，其实，从抽象上升到具体的方法，只是思维用来掌握具体并把它当作一个精神上的具体再现出来的方式。但决不是具体本身的产生过程。[①]

在马克思看来，实在独立存在于人们的大脑之外，决不像黑格尔所认为的那样，是思维的产物，但思维被合理地加以运用时，却能准确地把握实在。在《资本论》第 1 卷第二版跋(1873)中，马克思提到，当时的人们把黑格尔当作一条"死狗"来打，而马克思却表示：

> 我公开承认我是这位大思想家的学生，并且在关于价值理论的一章中，有些地方我甚至卖弄起黑格尔特有的表达方式。[②]

所有这些论述都表明，在理论探索的道路上，马克思时时处处把哲学与政治经济学的研究综合起来。换言之，撇开经济哲学的进路，人们根本就不可能准确地理解并阐释马克思哲学。

在《序言》中，马克思叙述了自己治学的道路后，随即指出：

> 我所得到的、并且一经得到就用于指导我的研究工作的总的结果(das allgemeine Resultat)，可以简要地表述如下：人们在自己生活的社会生产中发生一定的、必然的、不以他们的意志为转移的关系，即同他们的物质生产力的一定发展阶段相适合的生产关系。这

---

[①] 《马克思恩格斯全集》第 46 卷(上册)，人民出版社 1979 年版，第 38 页。
[②] 马克思：《资本论》第 1 卷，人民出版社 1975 年版，第 24 页。

些生产关系的总和构成社会的经济结构，即有法律的和政治的上层建筑竖立其上并有一定的社会意识形式与之相适应的现实基础。物质生活的生产方式制约着整个社会生活、政治生活和精神生活的过程。不是人们的意识决定人们的存在，相反，是人们的社会存在决定人们的意识。社会的物质生产力发展到一定阶段，便同它们一直在其中运动的生产关系或财产关系（这只是生产关系的法律用语）发生矛盾。于是，这些关系便由生产力的发展形式变成生产力的桎梏。随着经济基础的变更，全部庞大的上层建筑也或慢或快地发生变革。……大体说来，亚细亚的、古代的、封建的和现代资产阶级的生产方式可以看作是经济的社会形态演进的几个时代。①

人们常常把这段论述称作马克思对"唯物主义历史观"（经常被人们简称为"唯物史观"）或"历史唯物主义"理论的经典性表述，其实，对这样的流俗之见必须有所保留。马克思本人从未使用过"唯物主义历史观"或"历史唯物主义"这样的术语。如前所述，马克思在《形态》中最初论述自己的新理论时，称其为"这种历史观"（diese Geschichtsauffassung），而在《序言》中叙述自己的新理论时，又称其为指导自己研究工作的"总的结果"（das allgemeine Resultat）。事实上，最初把马克思的新理论称为"唯物主义历史观"或"历史唯物主义"的正是恩格斯，而他又是带着自己的先入之见去理解并阐释马克思的新理论的。马克思的本意与恩格斯的阐释之间的差异，我们将在下面适当的地方详细地讨论。

从马克思对自己新理论的上述论述可以看出，它综合了哲学、政治经济学、法律、政治学、社会学等多重学科的研究成果，而其核心要素则是体现哲学和政治经济学综合的经济哲学。这从马克思用以表述自己新理论的基本概念，如"社会生产""生产力""生产关系""生产方式""社

---

① 《马克思恩格斯选集》第 2 卷，人民出版社 1995 年版，第 32—33 页。K. Marx, F. Engels, *Ausgewaehlte Werke Band 2*，Berlin：Dietz Verlag，1989，S. 502-503.

会存在""现实基础""意识""经济基础""上层建筑""经济的社会形态"等就可以看出来。然而，遗憾的是，正统的阐释者们竭力用传统哲学的问题域和概念来阐释马克思哲学，从而不但遮蔽了马克思理论探索中的经济哲学的进路，而且也误解了马克思哲学的实质，缩小了马克思划时代的哲学革命产生的巨大影响。

人所共知，恩格斯的《反杜林论》(1878)既是全面地批判杜林哲学体系的论战性著作，也是系统地从正面论述马克思新理论的导读性的著作。这部著作分为三个部分，即"哲学"篇、"政治经济学"篇和"社会主义"篇。其实，这种分门别类的论述方式不但遮蔽了马克思理论探索中的经济哲学的进路，也使马克思新理论丧失了自己的综合性和总体性。一方面，哲学与政治经济学一旦被分离开来，对马克思哲学的阐释就不得不退回到传统哲学的框架中去。在恩格斯看来，马克思像杜林一样，其哲学探索的进路是自然哲学，而自然哲学关注的基本概念则是"自然界""物质"等。实际上，如前所述，马克思新理论的探索进路是经济哲学，而经济哲学关注的基本概念则是"社会生产""生产方式""生产力"和"生产关系"等。另一方面，哲学、政治经济学和社会主义一旦被分离开，非但马克思政治经济学思想的独特性无法得到索解，而且社会主义理论也失去了相应的思想基础，因为只有在经济哲学的视野中，"经济的社会形态"的演化规律才可能被揭示出来，社会主义理论才能从空想上升为科学。

也正是在《反杜林论》中，恩格斯最初使用了"唯物主义历史观"这个术语，他这样写道：

> 这两个伟大的发现——唯物主义历史观（die materialistische Geschichtsauffassung）和通过剩余价值揭开资本主义生产的秘密，

都应该归功于马克思。①

有趣的是，晚年恩格斯常用的却是"历史唯物主义"这个术语。在1893年2月7日致弗·雅·施穆伊洛夫的信中，恩格斯写道：

> 关于历史唯物主义（den historischen Materialismus）的起源，在我看来，您在我的《费尔巴哈》（《路德维希·费尔巴哈和德国古典哲学的终结》）中就可以找到足够的东西——马克思的附录其实就是它的起源！其次，在《宣言》（1892年柏林新版）的序言和《揭露共产党人案》的译文中也可以找到。②

显然，在恩格斯那里，"唯物主义历史观"与"历史唯物主义"是两个可以互换的概念。这里的关键在于，恩格斯究竟如何理解"历史"和"历史观"？在《反杜林论》的"三版序言"中，恩格斯明确指出：

> 马克思和我，可以说是把自觉的辩证法从德国唯心主义哲学中拯救出来并用于唯物主义的自然观和历史观的唯一的人。③

如前所述，既然恩格斯肯定"唯物主义历史观"是马克思的两个伟大发现之一，那么，言下之意，唯物主义自然观就是恩格斯建立的新理论了。在这里出现的一个严重的理论失误是：恩格斯把"自然观"与"历史观"分离开来了。④ 按照恩格斯的意思，不言而喻的是，马克思创立的"唯物

---

① 《马克思恩格斯选集》第 3 卷，人民出版社 1995 年版，第 366 页。K. Marx, F. Engels, *Ausgewaehlte Werke*, Band 5, Berlin: Dietz Verlag, 1989, S. 34.

② 《马克思恩格斯选集》第 4 卷，人民出版社 1995 年版，第 721—722 页。

③ 《马克思恩格斯选集》第 3 卷，人民出版社 1995 年版，第 349 页。

④ 在《出路》中，恩格斯更明确地论述了这种分离性的观点："这种历史观结束了历史领域内的哲学，正如辩证的自然观使一切自然哲学都成为不必要的和不可能的一样。"参见《马克思恩格斯选集》第 4 卷，人民出版社 1995 年版，第 257 页。

主义历史观"只能研究社会历史，不能研究自然；同样，恩格斯本人创立的"唯物主义自然观"只能研究自然，不能研究社会历史。显而易见，这种"自然观"与"历史观"的分离正是以"自然"与"（社会）历史"的分离为前提的。在《出路》中，恩格斯告诉我们：

> 社会发展史却有一点是和自然发展史根本不相同的。在自然界中（如果我们把人对自然界的反作用撇开不谈）全是没有意识的、盲目的动力，这些动力彼此发生作用，而一般规律就表现在这些动力的相互作用中。……相反，在社会历史领域内进行活动的，是具有意识的、经过思虑或凭激情行动的、追求某种目的的人；任何事情的发生都不是没有自觉的意图，没有预期的目的的。①

尽管恩格斯肯定社会历史的发展也有自己的客观规律，但在他看来，自然与历史始终是两个相互分离、相互外在的领域。

我们发现，在对自然与历史、自然观与历史观关系的理解和阐释上，马克思与恩格斯存在着严重的分歧。在《手稿》中，马克思这样写道：

> 在人类历史中即在人类社会的产生过程中形成的自然界是人的现实的自然界；因此，通过工业——尽管以异化的形式——形成的自然界，是真正的、人类学的自然界。②

在马克思看来，恩格斯意义上的、可以"把人对自然界的反作用撇开不谈"的自然界实际上根本不可能存在，真正现实的自然界乃是在人类历史的发展过程中形成起来的自然界，马克思把这种自然界称作"真正的、

---

① 《马克思恩格斯选集》第 4 卷，人民出版社 1995 年版，第 247 页。
② 《马克思恩格斯全集》第 42 卷，人民出版社 1979 年版，第 128 页。

人类学的自然界"或"人化的自然界"①。

由此可见，在马克思看来，既不存在自然以外的（人类）历史，也不存在（人类）历史以外的自然，自然本身就是历史的一个组成部分。在《形态》中，马克思进一步使用了"历史的自然和自然的历史"②的概念，并在批判把历史与自然完全分离开来的费尔巴哈时指出：

> 他没有看到，他周围的感性世界决不是某种开天辟地以来就已存在的、始终如一的东西，而是工业和社会状况的产物，是历史的产物，是世世代代活动的结果。③

这些重要的论述启发我们，自然从来就是历史的自然、社会的自然，从来就是经过人的实践活动媒介的自然。马克思甚至指出：

> 我们仅仅知道一门唯一的科学，即历史科学。历史可以从两方面来考察，可以把它分为自然史和人类史。但这两方面是密切相联的；只要有人存在，自然史和人类史就彼此相互制约。④

显然，在马克思看来，所谓"自然史"也就是自然科学，而自然科学早已通过工业，以实践的方式进入并改变着人类的生活，自然本身就是与人类历史不可分离地关联在一起的。正如我们在前面已经指出的，作为实践唯物主义，马克思哲学的基本问题是实践，而从经济哲学的视角看，生产劳动乃是实践的最基本、最普遍的表现形式，它本身就是由人与自然界、人与人的关系这两个侧面构成的。如果说，前者涉及自然史，那么，后者则涉及人类历史，而自然史和人类史都是历史科学的组成部

---

① 《马克思恩格斯全集》第 42 卷，人民出版社 1979 年版，第 126 页。
② 《马克思恩格斯全集》第 3 卷，人民出版社 1960 年版，第 49 页。
③ 同上书，第 48 页。
④ 同上书，第 20 页。

分。要言之，自然和历史统一于人的实践活动中。最值得注意的是，马克思告诫我们：

> 当费尔巴哈是一个唯物主义者的时候，历史在他的视野之外；当他去探讨历史的时候，他决不是一个唯物主义者。①

如前所述，费尔巴哈把自然作为自己直观的对象，当他直观自然时，他注重的自然本身完全撇开了人的实践活动和社会历史对自然的影响；反之，当他去探讨社会历史的时候，他又忽略了下面这个事实，即自然本身就是历史的一个有机的组成部分。

事实上，正是由于恩格斯把自然与历史、自然观与历史观理解为相互外在的两个研究领域，因此，他所说的"唯物主义历史观"或"历史唯物主义"中的"历史"只是外在于自然的一个实证性的领域。于是，我们发现，在对马克思哲学的理解和阐释中，始终存在着两种不同的"历史唯物主义"概念（为了叙述上的简便起见，下面我们不再同时列出含义相同的"唯物主义历史观"概念）：一种是马克思所主张的"广义的历史唯物主义"概念。按照这一概念，自然作为"人化的自然"或"历史的自然"不过是历史的一个有机的组成部分，换言之，这里的"历史"和"历史观"是蕴含自然于自身之内的；另一种是恩格斯所倡导的"狭义的历史唯物主义"概念。按照这一概念，自然在历史研究的范围之外。换言之，这里的"历史"和"历史观"是不包含自然的。在恩格斯之后，其他正统的阐释者们，如普列汉诺夫、列宁、斯大林等，之所以形成了对马克思哲学的确定的阐释模式——辩证唯物主义和历史唯物主义，其根源均出自恩格斯。因为"辩证唯物主义"对应于恩格斯所说的（唯物主义）自然观，而"历史唯物主义"则对应于恩格斯所说的（唯物主义）历史观。这种自然观

---

① 《马克思恩格斯全集》第3卷，人民出版社1960年版，第51页。

与历史观的分离，使马克思哲学成了一个二元论的思想体系。① 毋庸置疑，苏联、东欧和中国出版的所谓马克思主义哲学教科书进一步强化了这种二元论的阐释模式。

由此可见，马克思哲学不是恩格斯所阐释的、以自然观和历史观的分离为出发点的"狭义的历史唯物主义"，而是马克思自己反复加以阐述的、以自然观和历史观的统一（即历史观蕴含自然观于自身之内）为出发点的"广义的历史唯物主义"。我们认为，成熟时期的马克思哲学就是（广义的）历史唯物主义，这个时期的马克思没有提出过（广义的）历史唯物主义之外的任何其他的哲学理论。易言之，根本就不存在单纯以自然作为研究对象的"辩证唯物主义"。在马克思那里，自然既不是所谓辩证唯物主义的研究专利，也不是广义的历史唯物主义研究的禁区。毋庸置疑，作为"广义的历史唯物主义"，马克思哲学早已把自然作为"人化的自然"或"历史的自然"纳入自己的研究范围之内。事实上，只要肯定马克思哲学是实践唯物主义，就会承认，自然与历史通过实践的媒介而获得了统一。也就是说，实践唯物主义只可能是马克思所主张的"广义的历史唯物主义"，而不可能是恩格斯所提倡的"狭义的历史唯物主义"。

由上可知，由于正统的阐释者们把马克思学说中的哲学、政治经济学、社会主义这三个维度分离开来，又把自然与历史、自然观与历史观分离开来，分门别类地加以研究，这就毁坏了马克思哲学的总体性和综合性，尤其是把马克思哲学中的核心的综合——经济哲学的进路严严实实地遮蔽起来了，而最初启发我们看到这一弊端的仍然是以西方马克思主义者为代表的非正统的阐释思路。

在《历史与阶级意识》中，卢卡奇指出：

> 只有在这种把生活中的孤立事实作为历史发展的环节并把它们归结为一个总体的情况下，对事实的认识才能成为对现实的认识。

---

① 参见俞吾金：《论两种不同的历史唯物主义概念》，《中国社会科学》1995 年第 6 期。

这种认识从上述简单的、纯粹的(在资本主义世界中)、直接的、自发的规定出发，从它们前进到对具体的总体的认识，也就是前进到在观念中再现现实。①

在卢卡奇看来，马克思对资本主义社会的研究，采取的是总体性的方法，即综合多重学科，全面地、综合性地把握资本主义社会的整个现实，而不是对资本主义社会做分门别类的、碎片式的研究。显然，后一种研究方式正是正统的阐释者们所采用的，因此，他们把马克思哲学实证化、庸俗化了。柯尔施在《马克思主义和哲学》中谈到马克思思想的发展时也指出：

在较后阶段，这个总体的各个组成部分，它们的经济的、政治的和意识形态的要素，科学理论和社会实践，进一步分离开来了。我们可以使用马克思自己的一种表达说，它的自然联系的脐带已经断了。②

柯尔施试图通过哲学的综合功能，把已经处于碎片状态的马克思学说恢复为活生生的思想整体。尽管以卢卡奇、柯尔施为代表的西方马克思主义者们试图借助对总体意识的倡导来恢复马克思哲学的本真精神，但由于他们仍然以无批判的态度运用"辩证唯物主义""（狭义的）历史唯物主义"这些正统的阐释者们常用的概念，也没有把马克思理论探索中的核心路径——经济哲学发掘出来，因而马克思哲学的本来面目仍然处于晦暗不明的状态中。

总之，只有把马克思哲学理解为实践唯物主义(即马克思本人主张的"广义的历史唯物主义")，循着经济哲学的进路，解读实践概念的基

---

① ［匈］卢卡奇：《历史与阶级意识》，杜章智等译，商务印书馆1995年版，第56页。
② ［德］柯尔施：《马克思主义和哲学》，王南湜等译，重庆出版社1989年版，第24页。

本含义，才可能准确地理解并恢复马克思哲学的本来面目。

# 三、经济哲学的基本概念

如前所述，马克思哲学与传统哲学的根本差别在于，前者以"实践"作为自己的根本原则，而"后者"却以"直观"作为自己的根本原则。然而，仅仅意识到这个差别，从而把马克思哲学理解并阐释为实践唯物主义，仍然不能保证我们准确地把握马克思哲学的实质，因为还有以下两个问题没有得到破解。

一是如何理解实践概念在马克思哲学中的地位和作用的问题。如前所述，无论是正统的阐释者们，还是非正统的阐释者们，他们共同的错误是把"实践"概念囚禁在认识论中，其实，实践概念在马克思哲学中的基础的、核心的地位和作用，不光贯通在认识论、方法论中，更重要的是贯通在本体论中。也就是说，只有首先从本体论（即探讨人生存在世的方式和意义的学说）上着手去理解并阐释实践概念在马克思哲学中的基础的、核心的地位和作用，才有可能在准确理解马克思的实践概念中迈出第一步。

二是如何理解实践概念在马克思哲学中的根本性的含义。每一个不存偏见的人都会发现，在马克思哲学的语境中，实践概念具有极其丰富的内涵，而在这一内涵中，马克思最重视的是以下两个根本性的含义：一是生产，二是阶级斗争和社会革命。就这两个根本性的含义的关系而言，第一含义是基础性的，第二含义是从第一含义中派生出来的。事实上，马克思在 1852 年 3 月 5 日致约·魏德迈的信中早已告诉我们：

> 阶级的存在仅仅同生产发展的一定历史阶段相联系。①

---

① 《马克思恩格斯选集》第 4 卷，人民出版社 1995 年版，第 547 页。

也就是说，生产（即物质生活资料的生产）对于人类的整个历史发展来说都是不可或缺的，而阶级和阶级斗争只存在于人类历史发展的某些阶段上。同样地，社会革命也只与阶级和阶级斗争存在的历史阶段相联系。正如马克思所指出的：

> 如果我们在现在这样的社会中没有发现隐蔽地存在着无阶级社会所必需的物质生产条件和与之相适应的交往关系，那么一切炸毁的尝试都是唐·吉诃德的荒唐行为。①

如前所述，尽管马克思哲学作为实践唯物主义，把"使现存世界革命化"（即社会革命）理解为自己的根本使命，但马克思一再告诫我们，这一革命是否具有现实性完全取决于实践的第一含义——生产的实际条件和关系：

> 无论哪一个社会形态，在它所能容纳的全部生产力发挥出来以前，是决不会灭亡的；而新的更高的生产关系，在它的物质存在的条件在旧社会的胎胞里成熟以前，是决不会出现的。②

不难理解，既然在马克思的哲学语境中，生产是实践的最基本、最普遍的表现形式，而生产又是政治经济学研究的基本现象，所以，进而把马克思哲学理解并阐释为经济哲学，才可能真正理解马克思的实践概念，从而准确地把握他的实践唯物主义理论的全部内容。我们在研究中发现，作为经济哲学，以下五个概念，即生产、商品、价值、时间和自由构成马克思哲学的基本概念。下面，我们就对这些概念逐一进行考察。

--------

① 《马克思恩格斯全集》第 46 卷（上册），人民出版社 1979 年版，第 106 页。
② 《马克思恩格斯选集》第 2 卷，人民出版社 1995 年版，第 33 页。

第一个基本概念是"生产"（die Produktion）。

在马克思的著作中，经常出现"生产""劳动"或"生产劳动"这些不同的概念，而这些概念的内涵又随着马克思思想的发展而变化。在《手稿》中，马克思既使用了"劳动"和"异化劳动"的概念，也使用了"生产"的概念，但并没有阐明这两个概念之间的差别。在《1857—1858年经济学手稿》中，马克思写道：

> 劳动可能是必要的，但不是生产的。[1]

显然，在马克思看来，生产创造出新的价值，而劳动则具有两种不同的形式：一种是生产性的劳动，即创造新价值的劳动；另一种则是非生产性的劳动，比如一个仆人的劳动是必要的，但他并不创造新的价值。我们知道，在经济哲学的语境中，马克思关注的始终是生产性的劳动。因此，我们把"生产"作为马克思经济哲学的第一个核心概念，即使我们涉及其他概念，如"劳动""生产劳动"等，也只是在生产，即创造新价值的意义上阐释它们。必须指出，在马克思那里，生产概念有广义和狭义之分。

广义的生产概念主要包括以下四种生产形式，即物质生活资料的生产、人的生产、精神（或意识）生产和社会关系生产。在《手稿》中，马克思写道：

> 宗教、家庭、国家、法、道德、科学、艺术等等，都不过是生产的一些特殊的方式，并且受生产的普遍规律的支配。……正像社会本身生产作为人的人一样，人也生产社会。[2]

---

[1] 《马克思恩格斯全集》第46卷（下册），人民出版社1980年版，第26页。
[2] 《马克思恩格斯全集》第42卷，人民出版社1979年版，第121页。

显然，马克思这里所说的家庭的生产属于人的生产的范围，宗教、法、道德、科学和艺术的生产属于精神生产或意识生产的范围，而社会、国家的生产则属于社会关系生产的范围。当然，这些生产形式并不是截然可分的，而是相互关联甚至相互渗透的。

　　狭义的生产概念则指物质生活资料的生产，它的目的是满足人的基本的生存活动(吃、喝、住、穿)的需要。马克思在驳斥费尔巴哈的直观唯物主义观点时指出：

> 　　这种活动、这种连续不断的感性劳动和创造、这种生产，是整个现存感性世界的非常深刻的基础，只要它哪怕只停顿一年，费尔巴哈就会看到，不仅自然界将发生巨大的变化，而且整个人类世界以及他(费尔巴哈)的直观能力，甚至他本身的存在也就没有了。[①]

　　在马克思看来，狭义的生产，即物质生活资料的生产是广义的生产的基础和出发点。在作为经济哲学的马克思哲学的语境中，我们对生产概念的理解和阐释主要限于物质生活资料的生产。[②] 事实上，也只有透彻地领悟这种基本的生产形式，才能准确地揭开作为经济哲学的马克思哲学的面纱。

　　首先，马克思是从本体论出发去阐释生产概念在其经济哲学中的基础性地位和作用的，而这种理解和阐释又蕴含着两个不同的维度。其一，时间在先的维度。在《形态》中，马克思这样写道：

> 　　我们首先应当确定一切人类生存的第一个前提也就是一切历史的第一个前提，这个前提就是：人们为了能够"创造历史"，必须能够生活。但是为了生活，首先就需要衣、食、住以及其他东西。因

---

① 《马克思恩格斯全集》第 3 卷，人民出版社 1960 年版，第 50 页。
② 参见俞吾金：《作为全面生产理论的马克思哲学》，《哲学研究》2003 年第 8 期。

此第一个历史活动就是生产满足这些需要的资料，即生产物质生活本身。①

在这段重要的论述中，马克思把生产理解为人类的"第一个历史活动"，从而肯定，在时间在先的意义上，生产活动无疑具有自己的优先性。其二，逻辑在先的维度。在《评阿·瓦格纳的"政治经济学教科书"》（1879—1880）中，马克思指出：

> 人们决不是首先"处在这种对外界的理论关系中"。正如任何动物一样，他们首先是要吃、喝等等，也就是说，并不"处在"某一种关系中，而是积极地活动，通过活动来取得一定的外界物，从而满足自己的需要。（因而，他们是从生产开始的。）②

在瓦格纳看来，人与外部世界打交道时，逻辑上在先的是静观式的理论态度，马克思批评了这种唯心主义观念，针锋相对地指出，逻辑上在先的应该是实践态度，即"生产"。实际上，人是在生产劳动的过程中才逐步确立对外部世界的理论态度的。

更值得注意的是，马克思还把本体论分析的触角伸展到生产概念的更深的层面上。如前所述，生产蕴含着两个侧面：一个是人与自然界的关系，是比较表层的；另一个是人与人的关系，即生产关系，是看不见摸不着的，因而是隐藏在生产活动的深处的。事实上，假如人与人之间不先结成某种生产关系，任何生产都是无法进行的。也正是在这个意义上，马克思对生产关系的本体论意义作出了充分的肯定：

> 在一切社会形式中都有一种一定的生产决定其他一切生产的地

---

① 《马克思恩格斯全集》第3卷，人民出版社1960年版，第31页。
② 《马克思恩格斯全集》第19卷，人民出版社1963年版，第405页。

位和影响，因而它的关系也决定其他一切关系的地位和影响。这是一种普照的光，它掩盖了一切其他色彩，改变着它们的特点。这是一种特殊的以太，它决定着它里面显露出来的一切定在（Dasein）的比重。①

在《雇佣劳动与资本》（1847）中，马克思以更通俗易懂的语言揭示出生产关系在本体论上的始源性意义：

> 黑人就是黑人，只有在一定的关系下，他才成为奴隶。纺纱机是纺棉花的机器。只有在一定的关系下，它才成为资本。脱离了这种关系，它也就不是资本了，就像黄金本身并不是货币，砂糖并不是砂糖的价格一样。②

毋庸置疑，所有这些论述都表明，尽管马克思没有使用本体论概念，但他却对生产概念的本体论意义作出了透彻的分析。当然，解读生产关系，诚如马克思所言，既不能用显微镜，也不能用化学试剂，而只能诉诸哲学思维。

其次，马克思通过对工业生产历史的反思，展示出人的本质力量、人对自然的人化和世界历史的形成。马克思指出：

> 我们看到，工业的历史和工业的已经产生的对象化的存在，是一本打开了的关于人的本质力量的书，是感性地摆在我们面前的人的心理学。③

---

① 《马克思恩格斯全集》第 46 卷（上册），人民出版社 1979 年版，第 44 页。K. Marx, F. Engels, *Aurgewaehlte Werke Band 2*, Berlin: Dietz Verlag, 1989, S. 492.
② 《马克思恩格斯选集》第 1 卷，人民出版社 1995 年版，第 344 页。
③ 《马克思恩格斯全集》第 42 卷，人民出版社 1979 年版，第 127 页。

然而，迄今为止，人们对这种心理学还没有从人的本质力量外化和对象化的角度去加以理解。其实，工业生产正是人的本质力量的确证，但这种确证却采取了异化的形式。马克思还指出，自然科学通过工业生产，日益从实践上进入人的生活，并改变人的生活，为人的解放准备了相应的物质条件。在这个意义上，工业是自然界与人，因而也是自然科学与人之间的现实的历史关系。

> 因此，通过工业——尽管以异化的形式——形成的自然界，是真正的、人类学的自然界。①

由此可见，在马克思经济哲学的语境中，工业乃是介于人与自然界、人与自然科学之间的重要哲学概念。这个概念之所以从未进入正统的阐释者们所撰写的马克思主义哲学的教科书中，正是因为它们从来没有从经济哲学的进路出发去理解并阐释马克思哲学。

最后，马克思通过对"异化劳动"这一历史形式的批判性考察，把西方人道主义的思想传统提升到一个新的高度上。一方面，马克思认为，"异化劳动是私有财产的直接原因"②，也就是说，正是异化劳动导致了私有制的产生；另一方面，马克思也敏锐地发现，私有制的发展，尤其是资本主义私有制的形成，又进一步把异化劳动推向极端：

> 生产不仅把人当作商品、当作商品人、当作具有商品的规定的人生产出来；它依照这个规定把人当作精神上和肉体上非人化的存在物生产出来。③

在马克思看来，异化劳动具有四种主要的表现形式，即劳动过程的异

---

① 《马克思恩格斯全集》第 42 卷，人民出版社 1979 年版，第 128 页。
② 同上书，第 101 页。
③ 同上书，第 105 页。

化、劳动产品的异化、人的类本质的异化、人与人之间关系的异化；而要扬弃异化，就要诉诸共产主义：

> 共产主义是私有财产即人的自我异化的积极的扬弃，因而是通过人并且为了人而对人的本质的真正占有；因此，它是人向自身、向社会的（即人的）人的复归，这种复归是完全的、自觉的而且保存了以往发展的全部财富的。①

在马克思的视野中，无神论是"理论的人道主义"，共产主义则是"实践的人道主义"，是"以扬弃私有财产作为自己的中介的人道主义"②，而这种扬弃必定要诉诸实践。既然异化得以实现的手段是实践的，扬弃异化自然也必须诉诸实践。由此可见，马克思后来提出的"实践唯物主义"理论正源于这种"实践的人道主义"概念。事实上，共产主义就是马克思对西方人道主义传统的发展和提升。

第二个基本概念是"商品"（die Ware）。

生产的发生和发展必定蕴含着分工的出现，而分工的出现又使交换得以发生。正如马克思所指出的：

> 如果没有分工，不论这种分工是自然发生的或者本身已经是历史的结果，也就没有交换。③

一旦交换得以发生，生产的结果就从产品转化为商品。显而易见，商品不是为生产者本人生产的，而是为他人生产的。在马克思重点考察的现代资本主义社会中，商品乃是社会的细胞，也是马克思经济哲学语境中的一个基础性概念。其实，把我们周围的物品理解为商品乃是作为经济

---

① 《马克思恩格斯全集》第 42 卷，人民出版社 1979 年版，第 120 页。
② 同上书，第 174 页。
③ 《马克思恩格斯全集》第 46 卷（上册），人民出版社 1979 年版，第 36 页。

哲学的马克思哲学与传统哲学在探索思路上的根本差别。遗憾的是，正统的阐释者们（包括目前流行的马克思主义哲学教科书的作者们）囿于传统哲学家们的思路，完全看不到马克思经济哲学关心的真正主题。下面，我们简要地考察马克思对商品概念的论述：

首先，马克思批判了"抽象物质"观。如前所述，只要人们不用经济哲学的眼光去看待商品，商品就隐藏在产品中，产品就隐藏在（事）物中，（事）物就隐藏在物质中。所谓"抽象物质"，就是人们撇开人的实践活动，尤其是生产劳动的媒介，空泛地谈论"物质"概念。传统哲学家，不论是唯物主义者，还是唯心主义者，都热衷于谈论抽象物质。英国哲学家贝克莱最早揭示出抽象物质的秘密：

> 物质就是虚无。①

这句名言遭到了许多人的驳斥，但恩格斯却表达了与贝克莱类似的见解：

> 物质本身是纯粹的思想创造物和纯粹的抽象。当我们把各种有形地存在着的事物概括在物质这一概念下的时候，我们是把它们的质的差异撇开了。因此，物质本身和各种特定的、实存的物质不同，它不是感性地存在着的东西。②

在恩格斯看来，物质是看不见摸不着的，它不过是"纯粹的思想创造物和纯粹的抽象"，所以必须结合"各种有形地存在着的事物"来考察物质。但从"抽象物质"下降到"具体事物"是否能够克服物质的抽象性呢？对这个问题，贝克莱和恩格斯都没有深入地思索下去。所以，当流

---

① George Berkeley, *Principles*, *Dialogues*, *and Philosophical Correspondence*, ed. C. M. Turbayne, New York: The Library of Liberal Arts, 1965, p. 61.
② 恩格斯：《自然辩证法》，人民出版社 1971 年版，第 233 页。

行的马克思主义哲学教科书一开头就谈"世界的物质性"或"世界统一于物质"时，它们甚至退回到前贝克莱的思想水准上去了。

我们发现，只有马克思才对抽象物质观进行了透彻的反思和深入的批判。在《手稿》中，马克思表示，自然科学正通过工业，日益从实践上进入并改变人们的生活，因此"自然科学将失去它的抽象物质的或者不如说是唯心主义的方向，并且将成为人的科学的基础"①。在《资本论》第1卷中，马克思以更明确的口吻指出：

> 那种排除历史过程的、抽象的自然科学的唯物主义的缺点，每当它的代表越出自己的专业范围时，就在它们抽象的和唯心主义的观念中立刻显露出来。②

在马克思看来，只要人们抽去人的实践活动或排除历史过程来谈论物质，这种物质就始终是抽象的、无意义的。

那么，就像恩格斯所设想的，假如人们从抽象物质下降到物质的具体样态——(事)物上，是否就能够摆脱抽象物质呢？显然，马克思的回答是否定的。在《手稿》中，马克思提示我们：

> 非对象性的存在物是非存在物[Unwesen]。③

意思是说，物只有进入人的实践活动，成为这种活动的对象，它对人来说才是现实的存在物。或者换一种说法：

> 只有当物按人的方式同人发生关系时，我才能在实践上按人的

---

① 《马克思恩格斯全集》第 42 卷，人民出版社 1979 年版，第 128 页。
② 马克思：《资本论》第 1 卷，人民出版社 1975 年版，第 410 页注 89。
③ 《马克思恩格斯全集》第 42 卷，人民出版社 1979 年版，第 168 页。

方式同物发生关系。①

这就深刻地启示我们，哪怕人们的注意力已从物质转向物，但只要他们撇开人的实践活动去谈论物，就像物质一样，物仍然处于抽象的状态下。

这种"抽象物"，按马克思的说法，仍然不过是"非存在物"。在马克思看来，只有进入人的实践活动，尤其是生产劳动过程中的物，对人来说，才是现实的存在物。这些现实的存在物的具体表现形式是：生产原料、生产工具、生产设备（包括厂房）、产品、生产的排泄物等等。显而易见，在环绕生产劳动过程展开的物的世界中，产品是最重要的存在物，因为生产的目的就是创造相应的产品。就某一生产过程，如制鞋过程来说，它的产品是确定的，即鞋子。但我们立即就会发现，制鞋用的原料、工具、设备等等，也是其他生产过程的产品。甚至某一生产过程的排泄物完全可能成为另一生产过程的原料。这就表明，参与任何生产过程的物实际上都是产品。而在人类历史发展的一定阶段上，当产品完全被用于交换时，就成了商品。由此可见，只有以人的实践活动，尤其是生产劳动为媒介，告别传统哲学关于"抽象物质"和"抽象物"的观念，才有可能进入马克思经济哲学的基本主题——商品和商品世界。

其次，马克思揭示了商品的基础性地位和"商品拜物教"的真正秘密。如前所述，物不一定是商品，只有在现代资本主义社会中，物才普遍地以商品的形式出现。在这个意义上，商品是现代社会的细胞。人的全部社会活动都是在与商品打交道的过程中展开的。在这个意义上，商品构成现代社会生活的基础。正如马克思所指出的：

> 商品首先是一个外界的对象，一个靠自己的属性来满足人的某

---

① 《马克思恩格斯全集》第 42 卷，人民出版社 1979 年版，第 124 页。

种需要的物。①

物作为商品具有两重性：一方面，商品的有用性使它具有使用价值，使用价值是商品的自然属性；另一方面，商品必然进入交换之中，因而它具有交换价值，交换价值是商品的社会属性。马克思写道：

> 最初一看，商品好像是一种很简单平凡的东西。对商品的分析表明，它却是一种很古怪的东西，充满形而上学的微妙和神学的怪诞。……例如，用木头做桌子，木头的形状就改变了。可是桌子还是木头，还是一个普通的可以感觉的物。但是桌子一旦作为商品出现，就变成一个可感觉而又超感觉的物了。它不仅用它的脚站在地上，而且在对其他一切商品的关系上用头倒立着，从它的木脑袋里生出比它自动跳舞还奇怪得多的狂想。②

为什么劳动产品一经采取商品的形式，就会产生谜一样的结果呢？马克思认为，这种商品拜物教"来源于生产商品的劳动所特有的社会性质"③，它使人与人之间的真实关系通过物与物之间的虚幻关系表现出来。在商品拜物教中，物主体化，人客体化，物成了支配人的巨大力量。批判商品拜物教，就是要穿破物与物之间的虚幻关系，看到隐藏在其后面的人与人之间的真实关系。

最后，马克思探讨了财富的意义。什么是"财富"？马克思告诉我们：

> 不论财富的社会形式如何，使用价值总是构成财富的物质

---

① 马克思：《资本论》第 1 卷，人民出版社 1975 年版，第 47 页。
② 同上书，第 87—88 页。
③ 同上书，第 89 页。

内容。①

当财富以商品的形式出现时，使用价值又是交换价值的物质承担者：

> 资本主义生产方式占统治地位的社会的财富，表现为"庞大的商品堆积"，单个的商品表现为这种财富的元素形式。②

由此可见，在商品经济的社会中，商品的秘密就在于它是财富的元素，因而对财富的考察，同时也是对商品考察的延伸。

在商品经济的背景中，财富的第一个漂亮的转身体现在"货币"上。货币的诞生不失为财富发展史上的一个重大的飞跃。如果说，作为财富元素的商品各自具有单一的使用价值，那么，货币则间接地拥有一切使用价值，因为人们可以用货币去购买他们所需要的任何商品。正如马克思所说的：

> 货币作为纯抽象财富——在这种财富形式上，任何特殊的使用价值都消失了，因而所有者和商品之间的任何个人关系也消失了——同样成为作为抽象人格的个人的权力，同他的个性发生完全异己的和外在的关系。但是货币同时赋予他作为他的私人权力的普遍权力。③

在马克思看来，货币自身只是"纯抽象财富"，但货币持有者可以用它换来他所需要的任何具体的财富。在这个意义上，任何人拥有货币，也就等于拥有了"普遍权力"。所以，马克思说：资产者"像鹿渴求清水一样，

---

① 马克思：《资本论》第 1 卷，人民出版社 1975 年版，第 48 页。
② 同上书，第 47 页。
③ 《马克思恩格斯全集》第 46 卷（下册），人民出版社 1980 年版，第 453—454 页。

他们的灵魂渴求货币这唯一的财富"①。

在商品经济的背景下，财富的第二个漂亮的转身是转化为"资本"。正如马克思所说的：

> 资本作为财富一般形式——货币——的代表，是力图超越自己界限的一种无止境的和无限制的欲望。②

马克思认为，与以前的社会形态比较起来，财富转化为资本有其积极的意义，因为"只有资本才掌握历史的进步来为财富服务"③。然而，资本主义的发展正在走向自己的反面。马克思写道：

> 在资本—利润（或者，更好的形式是资本—利息），土地—地租，劳动—工资中，在这个表示价值和一般财富的各个组成部分同财富的各种源泉的联系的经济三位一体中，资本主义生产方式的神秘化，社会关系的物化，物质生产关系和它的历史社会规定性直接融合在一起的现象已经完成：这是一个着了魔的、颠倒的、倒立着的世界。在这个世界里，资本先生和土地太太，作为社会的人物，同时又直接作为单纯的物，在兴妖作怪。④

在马克思看来，社会化大生产与少数人拥有巨大的财富乃是资本主义生产方式固有的、无法克服的矛盾。因此，只有剥夺剥夺者，把这个着了魔的世界重新颠倒过来，才能使人类自己创造的财富真正为人类服务。

在马克思看来，财富的意义在于，它不啻是社会发展的重要推动

---

① 马克思：《资本论》第 1 卷，人民出版社 1975 年版，第 159 页。有趣的是，威廉·配第把货币理解为"国家躯体的脂肪"，脂肪过多会妨碍躯体的灵活性，而过少则会使躯体生病。参阅马克思：《资本论》第 1 卷，人民出版社 1975 年版，第 166 页注 114。

② 《马克思恩格斯全集》第 46 卷（上册），人民出版社 1979 年版，第 299 页。

③ 《马克思恩格斯全集》第 46 卷（下册），人民出版社 1980 年版，第 88 页。

④ 马克思：《资本论》第 3 卷，人民出版社 1975 年版，第 938 页。

力，也是人类进入未来理想社会的必要前提。在《哥达纲领批判》中，马克思从财富的生产和分配的角度阐述了他对作为自由人联合体的未来共产主义社会的理解和期待：

> 在共产主义高级阶段，在迫使个人奴隶般地服从分工的情形已经消失，从而脑力劳动和体力劳动的对立也随之消失之后；在劳动已经不仅仅是手段，并且本身成了生活的第一需要之后；在随着个人的全面发展，他们的生产力也增长起来，而集体财富的一切源泉都充分涌流之后，——只有在那个时候，才能完全超出资产阶级权利的狭隘眼界，社会才能在自己的旗帜上写上：各尽所能，按需分配！①

马克思在这里提到的"集体财富的一切源泉都充分涌流"的目的是形成未来共产主义社会对财富的新的分配方式，即"各尽所能，按需分配"。也就是说，每个人都将自觉地尽自己的能力工作，而社会将根据每个人的需要分配集体的财富。

第三个基本概念是价值（der Wert）。

如前所述，商品具有两方面的价值：一是作为自然属性的使用价值，二是作为社会属性的交换价值。马克思指出：

> 作为使用价值，商品首先有质的差别；作为交换价值，商品只能有量的差别，因而不包含任何一个使用价值的原子。②

如果把商品的使用价值撇开，生产不同商品（物）的劳动的特殊性也就被撇开了，余下来的就只是无差别的人类劳动的单纯凝结。

---

① 《马克思恩格斯选集》第 3 卷，人民出版社 1995 年版，第 305—306 页。
② 马克思：《资本论》第 1 卷，人民出版社 1975 年版，第 50 页。

> 这些物现在只是表示，在它们的生产上耗费了人类劳动力，积累了人类劳动。这些物，作为它们共有的这个社会实体的结晶，就是价值——商品价值。①

在马克思看来，某个商品的价值作为无差别的人类劳动的凝结，是确定的，而商品的交换价值作为其价值的表现形式，却可能随市场的供求关系而发生变动。马克思进而指出，商品的价值取决于社会必要劳动时间。正是在这个意义上，他指出：

> 作为价值，一切商品都只是一定量的凝固的劳动时间。②

由于正统的阐释者们忽略了马克思哲学作为经济哲学的这一特异性，因而价值概念从未进入他们的眼帘。只要浏览一下苏联、东欧和中国曾经流行过的马克思主义哲学教科书，就不会对这一点产生任何怀疑。近年来，尽管价值问题在马克思哲学中的重要性已经引起不少研究者的注意，然而，我们发现，马克思的价值概念仍然处于普遍地被误解的状态中。在这种情况下，阐明马克思的价值概念及其他在马克思哲学中的地位和作用，就显得十分必要了。

首先，马克思揭示了价值概念的起源和意义。在《1857—1858年经济学手稿》中，马克思指出：

> 价值这个经济学概念在古代人那里没有出现过。价值只是在揭露欺诈行为等等时才在法律上区别于价格。价值概念完全属于现代经济学，因为它是资本本身的和以资本为基础的生产的最抽象的表

---

① 马克思：《资本论》第1卷，人民出版社1975年版，第51页。
② 同上书，第53页。

现。价值概念泄露了资本的秘密。①

在马克思看来，价值概念之所以在现代经济学中才引起研究者们的普遍重视，因为这个概念是与现代经济学的核心概念——资本紧密关联在一起的。马克思在分析创造新价值的生产劳动时，把劳动者的时间分为两个部分：一部分是必要劳动时间，在这部分时间内劳动者创造必要价值，而这一价值又以工资的形式返回到劳动者那里，以维系他自身的生存；另一部分是剩余劳动时间，在这部分时间内劳动者创造剩余价值，而这一价值却落入了资本家的腰包。实际上，资本家之所以愿意投入资本，从事生产或其他活动，其全部目的就是使自己的资本通过对劳动者所创造的剩余价值的攫取而增殖：

> 价值只是物化劳动，而剩余价值(资本的价值增殖)只是超过再生产劳动能力所必需的那部分物化劳动而形成的余额。②

由于资本的本能就是不断地吸附活劳动所创造的剩余价值，所以马克思才说"价值概念泄露了资本的秘密"。这就启示我们，正统的阐释者们一旦撇开了价值概念，就根本不可能真正理解马克思的资本理论。

其次，马克思表明自己的价值理论是"劳动力价值理论"，而不是"劳动价值理论"。迄今为止，正统的阐释者们仍然喋喋不休地谈论"马克思的劳动价值理论"，这充分表明，他们完全没有看到马克思与英国古典经济学家在价值理论上的差别。实际上，"劳动价值理论"是英国古典经济学家提出的价值理论。尽管这一理论肯定劳动创造了价值，因而

---

① 《马克思恩格斯全集》第 46 卷(下册)，人民出版社 1980 年版，第 299 页。在《1857—1858 年经济学手稿》的另一处，马克思指出："在理论上，价值概念先于资本概念，而另一方面，价值概念的纯粹发展又要以建立在资本上的生产方式为前提，同样，在实践上也是这种情况。"参阅《马克思恩格斯全集》第 46 卷(上册)，人民出版社 1979 年版，第 205 页。

② 《马克思恩格斯全集》第 46 卷(上册)，人民出版社 1979 年版，第 379 页。

在历史上具有进步意义，但它同时又掩盖了剩余价值的秘密，因为笼统地谈论劳动，容易造成这样的假象：劳动者付出了自己的劳动，资本家支付给劳动者工资，双方似乎是完全平等的。其实，劳动者通过工资得到的只是自己付出的一部分劳动的报酬，另一部分劳动的报酬却作为剩余价值被资本家所获取。在马克思看来，要揭露剩余价值的秘密，就必须超越英国古典经济学家提出的"劳动价值理论"，因而马克思把自己的价值理论理解为"劳动力价值理论"。由于劳动力本身就是商品，可以在市场上出售，这样就建立了资本家与劳动者之间的雇佣关系。然后，马克思通过对劳动力使用过程中必要劳动时间与剩余劳动时间的区分，揭示出劳动者在剩余劳动时间里无偿地为资本家创造的剩余价值。尽管"劳动力价值理论"与"劳动价值理论"只有一字之差，却体现出马克思与英国古典经济学家在价值理论上的根本差别。

最后，马克思反复强调，不能从使用价值的意义上去理解价值。在《评阿·瓦格纳的"政治经济学教科书"》中，马克思以下面的文字概括了瓦格纳对价值概念的理解：

> "价值"这个普遍的概念是从人们对待满足他们需要的外界物的关系中产生的。①

遗憾的是，大多数阐释者竟然把马克思概括瓦格纳价值观的这段话理解为马克思本人的价值观。明眼人一看就知道，瓦格纳上述价值观的根本错误是把价值概念与使用价值概念混淆起来了，因为只有使用价值涉及外界物与人的需要之间的关系。比如，一只杯子可以满足我盛水和喝水的需要。而在马克思看来，假如从使用价值出发去理解价值，就完全错失了价值的本质：

---

① 《马克思恩格斯全集》第19卷，人民出版社1963年版，第406页。

> 我不是把价值分为使用价值和交换价值，把它们当作"价值"这个抽象分裂成的两个对立物，而是把劳动产品的具体社会形式分为这两者；商品，一方面是使用价值，另一方面是"价值"——不是交换价值，因为单是表现形式不构成其本身的内容。①

这段话最清楚不过地表明，价值既不源于使用价值，也不包含使用价值。马克思只是指出，商品既包含使用价值，又包含交换价值，而交换价值只是其价值（无差别的人类劳动的凝结）的表现形式，因而在这里重要的是价值。如果说，使用价值只是商品的自然属性，那么，价值及其表现形式——交换价值则是商品的社会属性。正如马克思所说的：

> 价值是商品的社会关系，是商品的经济上的质。……作为价值，商品是等价物；商品作为等价物，它的一切自然属性都消失了。②

显而易见，在马克思看来，当人们探索价值概念时，不但不应该把它同使用价值概念混淆起来，反而应该完全撇开使用价值这一自然属性。总之，使用价值涉及人与物之间的关系，而价值涉及人与人之间的关系。也就是说，只有把价值与使用价值的概念严格地区分开来，研究者们才可能对马克思的价值概念作出准确的理解与阐释。

第四个基本概念是"时间"（die Zeit）。

如前所述，商品的价值是由生产该商品的"社会必要劳动时间"（Gesellschaftlich notwendige Arbeitszeit）决定的。也就是说，一个商品的价值量的高低取决于投入生产这个商品的社会必要劳动时间的多少。那么，究竟什么是"社会必要劳动时间"呢？马克思解答道：

---

① 《马克思恩格斯全集》第 19 卷，人民出版社 1963 年版，第 412 页。
② 《马克思恩格斯全集》第 46 卷（上册），人民出版社 1979 年版，第 84—85 页。

社会必要劳动时间是在现有的社会正常的生产条件下，在社会平均的劳动熟练程度和劳动强度下制造某种使用价值所需要的劳动时间。①

显然，马克思把"社会必要劳动时间"理解为客观时间，而商品价值的客观性正是通过"社会必要劳动时间"的客观性而得到保证的。这样一来，马克思自然而然地把自己的研究触角从价值概念转向时间概念。

首先，马克思的时间概念是以生产劳动作为基础和出发点的。马克思指出：

劳动是活的、塑造形象的火；是物的易逝性，物的暂时性，这种易逝性和暂时性表现为这些物通过活的时间而被赋予形式。②

假定未被加工过的原料是没有确定的形式的，那么正是劳动赋予产品以确定的形式，犹如劳动者把一块质朴的大理石雕刻成一尊亚里士多德的头像。所以古尔德在研究马克思的《1857—1858 年经济学手稿》时指出：

对于马克思来说，劳动是时间的起源——既是人类时间意识的起源，又是对时间进行客观的测量的起源。③

由此可见，马克思对哲学上讨论的时间概念的理解是从"劳动时间"（Arbeitszeit）出发的。然而，遗憾的是，正统的阐释者们却颠倒了马克思本人的阐释过程，试图用传统哲学家们的时间观来阐释马克思的时间观。众所周知，传统哲学家们是从（与人的实践活动相分离的）抽象的自然界或抽象的物质出发去阐释时间概念的，因而他们根本无法理解马克思时

① 马克思：《资本论》第 1 卷，人民出版社 1975 年版，第 52 页。
② 《马克思恩格斯全集》第 46 卷（上册），人民出版社 1979 年版，第 331 页。
③ C. C. Gould, *Marx's Social Ontology*, Cambridge：MIT Press, 1978, p. 41.

间概念的真谛。因此，受到误导的马克思主义哲学教科书的作者们热衷于谈论下面的主题，即世界统一于物质，物质是运动的，时间与空间是运动着的物质的存在方式等。其实，这种退回到传统哲学那里去的言说方式根本就不符合马克思探讨时间概念的思路。如前所述，马克思是从人的实践活动，尤其是生产劳动出发去探讨时间概念的。

其次，马克思通过时间概念揭示了现代资本主义社会的秘密。马克思指出：

> 社会的自由时间是以通过强制劳动吸收工人的劳动为基础的，这样，工人就丧失了精神发展所必须的空间，因为时间就是这种空间。①

在现代资本主义社会的普遍的雇佣关系中，被雇佣者为了维持自己的生计，被迫出让自己的时间。如前所述，被雇佣者，即劳动者正是在剩余时间中创造剩余价值的，而剩余价值则完全为雇佣者无偿地占有。正是在这个意义上，马克思一针见血地指出：

> 现今财富的基础是盗窃他人的劳动时间。②

由此可见，马克思的时间观完全与传统哲学家的时间观不同，它不是大学课堂里的高头讲章，而是"使现存世界革命化"的观念武器。

最后，马克思强调时间是空间的本质。马克思反复告诫我们：

> 时间实际上是人的积极存在，它不仅是人的生命的尺度，而且是人的发展的空间。③

---

① 《马克思恩格斯全集》第 47 卷，人民出版社 1979 年版，第 344 页。
② 《马克思恩格斯全集》第 46 卷(下册)，人民出版社 1980 年版，第 218 页。
③ 《马克思恩格斯全集》第 47 卷，人民出版社 1979 年版，第 532 页。

马克思启示我们，不但生命在时间的地平线上展开，而且人用以发展自己的空间也是以时间地平线为基础的。正是在这个意义上，马克思强调：

> 一切节约归根到底都是时间的节约。①

第五个基本概念是"自由"（die Freiheit）

在马克思经济哲学的语境中，为什么紧随时间概念出现的是自由概念？因为人的自由活动也是在时间的地平线上展开的。如同马克思的价值概念的遭遇一样，马克思的自由概念也被正统的阐释者们所误解，而且至今这种误解仍然占据着主导性的位置。因而，阐明马克思自由概念的本来含义就具有特别重要的意义。

首先，马克思认为，自由概念源于现代经济领域中的平等交换。马克思这样写道：

> 如果说经济形式，交换，确立了主体之间的全面平等，那么内容，即促使人们去进行交换的个人材料和物质材料，则确立了自由。可见，平等和自由不仅在以交换价值为基础的交换中受到尊重，而且交换价值的交换是一切平等和自由的生产的、现实的基础。作为纯粹观念，平等和自由仅仅是交换价值的交换的一种理想化的表现；作为在政治的、法律的、社会的关系上发展了的东西，平等和自由不过是另一次方的这种基础而已。②

这段重要的论述启发我们，只有从经济哲学的视角出发理解马克思的自

---

① 《马克思恩格斯全集》第 46 卷（上册），人民出版社 1979 年版，第 120 页。
② 同上书，第 197 页。

由概念，才能准确地把握其本真含义。在马克思看来，与上面提到的现代自由不同，古代自由非但不以交换价值为基础，反而由于交换价值的发展而陷于毁灭，因为在古代社会中还未出现以平等和自由的交换活动为基础的经济关系。这就表明，现代自由本身就是资本主义生产关系的产物。

其次，马克思的自由概念是本体论意义上的自由概念，而不是认识论意义上的自由概念。正如正统的阐释者们把马克思的实践概念囚禁在认识论中一样，他们也把马克思的自由概念囚禁在认识论中。在《反杜林论》中，恩格斯写道：

> 黑格尔第一个正确地叙述了自由和必然之间的关系。在他看来，自由是对必然的认识。"必然只是在它没有被了解的时候才是盲目的。"自由不在于幻想中摆脱自然规律而独立，从而能够有计划地使自然规律为一定的目的服务。……因此，意志自由只是借助于对事物的认识来作出决定的能力。因此，人对一定问题的判断越是自由，这个判断的内容所具有的必然性就越大；而犹豫不决是以不知为基础的……因此，自由就在于根据对自然界的必然性的认识来支配我们自己和外部自然。①

从这段常被研究者们引证的论述可以看出，恩格斯完全把自由概念禁锢在认识论的范围内，即把自由视为人们对自然必然性或自然规律的认识。如果他们处于犹豫不决的状态下，这就表明他们还没有真正把握自然必然性。其实，康德早就告诉我们，认识论涉及的自然必然性属于现象领域，而这个领域根本与自由无涉，真正涉及自由的是本体论领域。如果说，认识论涉及人与自然界的关系，那么，本体论则涉及人与人的关系。事实上，只有关涉生命、情感、爱情、忠诚、反叛、罪恶、信

---

① 《马克思恩格斯选集》第 3 卷，人民出版社 1995 年版，第 455—456 页。

念、信仰这类人与人之间的关系问题时，本真意义上的自由才会显现出来。马克思批判地加以继承的正是康德从本体论意义上阐释的自由概念，但他进一步把这个概念置于经济哲学的视域中。马克思告诉我们：

> 这个领域内的自由只能是：社会化的人，联合起来的生产者，将合理地调节他们和自然之间的物质变换，把它置于他们的共同控制之下，而不让它作为盲目的力量来统治自己，靠消耗最小的力量，在最无愧于和最适合于他们的人类本性的条件下来进行这种物质变换。①

马克思这里说的"最无愧于和最适合于他们的人类本性的条件"表明，马克思的自由概念始终落脚在人与人的关系上，而不是像恩格斯那样落脚在人与自然的关系上。

最后，马克思主张，缩短劳动时间是追求自由的根本条件。作为实践的、革命的哲学，马克思哲学的首要任务是使无产阶级争得自己的自由。因而马克思指出：

> 事实上，自由王国只是在由必需和外在目的规定要做的劳动终止的地方才开始；因而按照事物的本性来说，它存在于真正物质生产领域的彼岸。……但是，这个自由王国只有建立在必然王国的基础上，才能繁荣起来。工作日的缩短就是必要条件。②

马克思这里说的"工作日的缩短"也就是工人劳动时间的缩短。在他看来，这正是工人走向自由的"根本条件"。正如马克思在《1857—1858年经济学手稿》中所说的：

---

① 马克思：《资本论》第3卷，人民出版社1975年版，第926—927页。
② 同上。

节约劳动时间等于增加自由时间，即增加使个人得到充分发展的时间……①

由此可见，在马克思哲学中，自由与时间是不可分离地联系在一起的。

上面，我们简要地论述了作为经济哲学的马克思哲学的五个基本概念。在我们看来，只有在这些基本概念的基础上重建马克思哲学体系，才能真正超越正统的和非正统的阐释者们的视域，准确地塑造出马克思的理论形象。

# 四、反思历史和展望未来

任何一种伟大的学说在其发展的进程中都面临着被误解的危险，马克思哲学也不例外。如前所述，马克思在世时已经敏锐地预感到这一点。事实上，马克思在世时，这种误解就已经开始了；马克思逝世后，这种误解进一步加剧，以至于马克思哲学的实质和特征都被严严实实地遮蔽起来了，而建基于种种误解之上的虚假的"马克思哲学"却到处泛滥。作为理论工作者，我们有责任清除附加在马克思哲学上的各种误解，恢复马克思哲学的本来面目和本真精神。我们对马克思哲学的历史命运和未来发展的反思主要围绕以下四个问题展开：

其一，马克思主义，还是实证主义？

从《手稿》中对"异化劳动"的扬弃到"实践的人道主义"口号的提出，从《提纲》中倡导的"改变世界"到《形态》中的"实践唯物主义"学说的降生，从《共产党宣言》(1848)中提出的"用暴力推翻全部现存的制度"②到《资本论》第1卷中发出的呼喊"剥夺者就要被剥夺了"③，无不证明，马

---

① 《马克思恩格斯全集》第46卷(下册)，人民出版社1979年版，第225页。
② 《马克思恩格斯选集》第1卷，人民出版社1995年版，第307页。
③ 马克思：《资本论》第1卷，人民出版社1975年版，第832页。

克思哲学是实践的哲学、革命的哲学。然而，在正统的阐释者们那里，实证主义的思想倾向却不断地侵蚀着马克思哲学的实践性和革命性，以至于马克思哲学陷入了严重的危机。我们这样说不是危言耸听。

恩格斯的思想深受以法国哲学家孔德作为肇始人的实证主义思潮的影响。在《反杜林论》的"引论"中，恩格斯告诉我们：

> 现代唯物主义（der moderne Materialismus）把历史看作人类的发展过程，而它的任务就在于发现这个过程的运动规律。…… 现代唯物主义概括了自然科学新近的进步……在这两种情况下，现代唯物主义本质上都是辩证的，而且不再需要任何凌驾于其他科学之上的哲学了。一旦对每一门科学都提出要求，要它们弄清它们自己在事物以及关于事物的知识的总联系中的地位，关于总联系的任何特殊科学就是多余的了。于是，在以往的全部哲学中仍然独立存在的，就只有关于思维及其规律的学说——形式逻辑和辩证法。其他一切都归到关于自然和历史的实证科学（die positive Wissenschaft）中去了。①

显然，恩格斯这里说的"现代唯物主义"（包括唯物主义自然观和唯物主义历史观）是指他和马克思的思想。但当恩格斯说，除了"形式逻辑和辩证法"，"其他一切都归到关于自然和历史的实证科学中去了"，也就等于告诉我们，"现代唯物主义"并不是哲学理论，它属于"关于自然和历史的实证科学"的范围，至多不过是其基础理论部分罢了。毋庸置疑，按照这样的阐释思路，作为"现代唯物主义"的马克思哲学竟然成了实证科学的一个组成部分。"实证科学"和"实证主义"（der Positivismus）都以德语形容词 positiv 作为词根。positiv 可以被译为"实证的""肯定的"或"积极的"。事实上，这三个含义是相通的，意思是对外部世界采取肯定

---

① 《马克思恩格斯选集》第 3 卷，人民出版社 1995 年版，第 364 页。

的态度。而既然"实证科学"和"实证主义"都对外部世界采取肯定的态度，因此其研究方式也只能是对外部世界作出肯定的或积极的描述，而根本不可能以批判的、革命的方式去对待外部世界。由此可见，一旦马克思哲学被归属到实证科学的范畴内，它的实践的、革命的特征必定处于被遮蔽的状态下。

也许有人会辩解说，恩格斯的上述见解是偶然的。然而，只要阅读过恩格斯主要著作的人都会发现，把马克思哲学实证科学化乃是恩格斯一贯的主张。在《自然辩证法》中，恩格斯也以同样的口吻写道：

> 自然科学家满足于旧形而上学的残渣，使哲学还得以苟延残喘。只有当自然科学和历史科学接受了辩证法的时候，一切哲学垃圾——除了关于思维的纯粹理论——才会成为多余的东西，在实证科学中消失掉。①

在这里，恩格斯以更明确的口气表达了相同的见解，即除了"思维的纯粹理论"，哲学将"在实证科学中消失掉"。人所共知，这里所说的"自然科学"和"历史科学"都属于实证科学的范围，事实上，即使它们"接受了辩证法"，它们仍然是实证科学！

在《出路》的结尾处，当恩格斯提到马克思的历史观时写道：

> 这种历史观结束了历史领域内的哲学，正如辩证的自然观使一切自然哲学都成为不必要的和不可能的一样，现在无论在哪个领域，都不再要从头脑中想出联系，而要从事实中发现联系了。这样，对于已经从自然界和历史中被驱逐出去的哲学来说，要是还留下什么的话，那就只留下一个纯粹思想的领域：关于思维过程本身

---

① 恩格斯：《自然辩证法》，人民出版社 1971 年版，第 187—188 页。

的规律的学说，即逻辑和辩证法。①

如前所述，恩格斯把自己视为"辩证的自然观"的创始人，把马克思视为"辩证的历史观"的创始人，并主张这两种"自然观"和"历史观"已经结束了自然领域和历史领域内的哲学，也就等于说，"辩证的自然观"和"辩证的历史观"都不属于哲学的范围。而他关于哲学只留下"一个纯粹思想的领域"的见解也进一步印证了我们前面提出的结论，即马克思的历史观根本不属于哲学的范围，那它究竟属于什么呢？在恩格斯看来，自然是属于实证科学的范围了。

当恩格斯反复使用"关于思维的纯粹理论""一个纯粹思想的领域""逻辑和辩证法"这些字眼时，我们自然而然地联想起对恩格斯影响极大的一位哲学家——黑格尔。有趣的是，恩格斯在杜林的著作中发现了黑格尔的影子，同样，我们也在恩格斯的著作中发现了黑格尔的影子。难道黑格尔的《逻辑学》不正是"关于思维的纯粹理论"，不正是"一个纯粹思想的领域"（黑格尔自称为"概念阴影的王国"）吗？原来，恩格斯主张，未来哲学的发展应该退回到黑格尔《逻辑学》所展示的"纯粹思想的领域"中去。我们发现，恩格斯终其一生都是一个隐蔽的黑格尔主义者。正如马克思在批判以"德国的批判"自诩的青年黑格尔主义者时指出：

> 德国的批判，直到它的最后的挣扎，都没有离开过哲学的基地。这个批判虽然没有研究过它的一般哲学前提，但是它谈到的全部问题终究是在一定的哲学体系，即黑格尔体系的基地上产生的。②

假如未来哲学只留下了"一个纯粹思想的领域"，而哲学的其他部分

---

① 《马克思恩格斯选集》第 4 卷，人民出版社 1995 年版，第 257 页。
② 《马克思恩格斯全集》第 3 卷，人民出版社 1960 年版，第 21 页。

则只能"在实证科学中消失掉",那么,被恩格斯称为"唯物主义历史观"的马克思学说当然就不再是哲学了,它只有一个命运,即消失在实证科学中。这样一来,马克思关于异化劳动和人道主义、阶级斗争和社会革命、人类解放和个人的全面发展、必然王国和自由王国等学说又安顿到哪里去呢?显然,"一个纯粹思想的领域"是容不下这些理论的。于是,它们只能像"漂泊的荷兰人",永远游荡在实证科学的丛林中。与此相应的是,以实践性和革命性为根本特征的马克思哲学也在错误的阐释中被变形为对外部世界采取肯定态度的实证主义学说。事实上,在恩格斯的影响下,第二国际的领袖们就是以这样的思路来理解并阐释马克思和马克思主义的。所以才会有以卢卡奇、葛兰西等人为代表的西方马克思主义者对第二国际思想路线的批判和反拨,对实践性和革命性的呼求才会重新出现在西方马克思主义者的论著中。

其二,社会生产关系本体论,还是物质本体论?

康德的"自在之物"概念被叔本华阐释为"意志"。叔本华这样写道:

> 自在之物是什么呢?就是——意志。①

毋庸置疑,叔本华对这个概念的阐释是富有创造性的,但与此同时,他对意志的理解又是不准确的。他告诉我们:

> 意志本身根本就是自由的,完全是自决的;对于它是没有什么法度的。②

也就是说,意志完全不受束缚,是一种自由自决的东西。叔本华对意志理解的失误表明,他对意志的探讨缺乏经济哲学的维度,而正是马克

---

① [德]叔本华:《作为意志和表象的世界》,石冲白译,商务印书馆 1982 年版,第 177 页。

② 同上书,第 391 页。

思，从经济哲学的视角出发，对意志作出了深刻的阐释。马克思指出，人生存在世，首先要满足吃、喝、住、穿这些基本的需要，因此，人的第一个历史活动就是生产满足这些需要的物质生活资料。也就是说，人的意志在相当程度上是不自由的，它不得不把人一生中最好的时光都消耗在谋生的生产劳动中，而生产劳动要变得可能，人与人之间就不得不先行结成一定的关系，即生产关系。正如马克思所说的：

> 只有在这些社会联系和社会关系的范围内，才会有他们对自然界的影响，才会有生产。[1]

显然，马克思已经意识到，意志只能在一定的社会生产关系的基础上发挥作用，正是在这个意义上，马克思把意志称作"由物质生产关系所决定的意志"。这样一来，马克思已经以自己独特的经济哲学的思路解开了康德神秘的"自在之物"的秘密。马克思认为，"自在之物"并不是叔本华所说的"意志"，而是决定意志如何活动的"物质生产关系"或"社会生产关系"。从更大的范围来看，社会生产关系从属于社会关系，然而，前者却构成后者的基础性的、始源性的层面。正如列宁在《什么是"人民之友"以及他们如何攻击社会民主党人？》(1894)中谈到马克思的社会分析方法时所指出的，他"从社会生活的各个领域中划分出经济领域，从一切社会关系中划分出生产关系，即决定其余一切关系的基本的原始的关系"[2]。

其实，社会生产关系的概念之所以在马克思哲学中拥有根本性的地位，因为它不仅涉及人类最基本的实践活动——生产劳动的一个侧面，也涉及马克思最重视的实践活动——社会革命的对象。在《形态》中，马克思告诉我们：

---

① 《马克思恩格斯选集》第 1 卷，人民出版社 1995 年版，第 344 页。
② 列宁：《列宁选集》第 1 卷，人民出版社 1995 年版，第 6 页。

······只有实际地推翻这一切唯心主义谬论所由产生的现实的社会关系，才能把它们消灭；历史的动力以及宗教、哲学和任何其他理论的动力是革命，而不是批判。①

而马克思这里所说的"现实的社会关系"的基础部分正是社会生产关系。此外，马克思也正是从社会生产关系的视角出发考察资本这个现代社会的灵魂的。马克思反复告诫我们：

资本也是一种社会生产关系。这是资产阶级的生产关系，是资产阶级社会的生产关系。②

总之，马克思认为，社会生产关系是"一种特殊的以太，它决定着它里面显露出来的一切存在的比重"③。在马克思看来，社会生产关系是看不见摸不着的，它居于超感觉世界的本体论领域中，只有靠人的理性才能加以把握。正是在这个意义上，我们把马克思哲学称作"社会关系本体论"④。

然而，遗憾的是，正统的阐释者们从一开始就撇开了马克思在《提纲》中赋予"实践"概念的基础性的、核心的地位，而热衷于谈论与人的实践活动相分离的抽象的物质(或自然)，并在亚里士多德、笛卡儿等传统哲学家的影响下，直接把马克思哲学阐释为"物质本体论"。流行的马克思主义哲学教科书则满足于重复以下的话：世界统一于物质，物质是运动的，运动着的物质是有规律的，时间和空间是运动着的物质的存在形式等。其实，这些书斋里的高头讲章与马克思哲学有什么相干。

如前所述，马克思哲学作为实践的、革命的哲学，一开始就激烈地

① 《马克思恩格斯全集》第 3 卷，人民出版社 1960 年版，第 43 页。
② 《马克思恩格斯选集》第 1 卷，人民出版社 1995 年版，第 345 页。
③ 《马克思恩格斯全集》第 46 卷(上册)，人民出版社 1979 年版，第 44 页。
④ 参见俞吾金：《马克思哲学是社会生产关系本体论》，《学术研究》2001 年第 10 期。

批判了传统哲学的抽象物质观，马克思从抽象物质下降到物，再从物下降到资本主义经济关系中的"社会的物"——商品，并力图通过对商品拜物教、货币拜物教和资本拜物教的批判，从物与物的虚幻关系下揭示出人与人之间的真实关系。假如马克思也有"物质观"的话，他的物质观的核心就是批判商品拜物教，使无产阶级认清自己在资本主义社会中的真实处境，从而起来参与颠覆资本主义制度的社会革命。无数事实表明，只有告别这种传统哲学所崇尚的、抽象的物质本体论，把马克思哲学阐释为社会生产关系本体论，马克思划时代的哲学革命的意义才会得到充分的显现。

其三，实践诠释学，还是抽象认识论？

马克思从来没有以传统哲学的方式来谈论过认识论。实际上，他以他自己创立的"实践诠释学"取代了传统的、抽象的认识论。在马克思的著作中，尽管 Hermeneutik 这个词只出现过一次①，但这并不意味着他没有诠释学的理论。恰恰相反，马克思先于海德格尔而完成了诠释学发展史上的本体论转折。如前所述，马克思首先是从本体论意义上来阐发实践概念在自己哲学中的地位和作用的。《提纲》第八条告诉我们：

> 全部社会生活在本质上是实践的。凡是把理论引向神秘主义的神秘东西，都能在人的实践中以及对这个实践的理解中得到合理的解决。②

---

① 马克思在 1858 年 1 月 28 日致恩格斯的信中，曾经写下了这么一段话："Bei Auslegung und Vergleichung von Stellen mag ihm die juristische Gewohnheit der Hermeneutik behülflich gewesen sein."K. Marx，F. Engels，*Werke Band* 29，Berlin：Dietz Verlag，1963，S. 267.《马克思恩格斯全集》第 29 卷（人民出版社 1972 年版，第 257 页。）把上面这段话译为："在对某些字句进行解释和比较时，看来解释法律的习惯帮助了他。"显然这段译文没有把我们这里探讨的 Hermeneutik 这个德语名词的确切含义翻译出来。我们尝试作出以下的新的翻译："在对各种字句进行解释和比较时，法学诠释学的惯例帮助了他（指拉萨尔——译者注）。"

② 《马克思恩格斯选集》第 1 卷，人民出版社 1995 年版，第 56 页。

《提纲》第二条又告诫我们：

> 人的思维是否具有客观的[gegenständliche]真理性，这不是一个理论问题，而是一个实践问题。①

我们不妨把这两段话理解为马克思实践诠释学的座右铭。

如前所述，在马克思那里，实践的最基本、最普遍的表现形式是生产劳动，而在生产劳动中占支配地位的阶级，也必定在精神生产或思想生产中占据支配性的地位：

> 统治阶级的思想在每一时代都是占统治地位的思想。这就是说，一个阶级是社会上占统治地位的物质力量，同时也是社会上占统治地位的精神力量。支配着物质生产资料的阶级，同时也支配着精神生产的资料。因此，那些没有精神生产资料的人的思想，一般地是受统治阶级支配的。占统治地位的思想不过是占统治地位的物质关系在观念上的表现，不过是表现为思想的占统治地位的物质关系；因而，这就是那些使某一个阶级成为统治阶级的各种关系的表现，因而这也就是这个阶级的统治的思想。②

在马克思看来，普通人的认识、理解和阐释活动正是在统治阶级的占支配地位的思想前提下展开的。只要人们对先入之见，即对统治阶级的占支配地位的思想观念还没有获得批判意识，那么这种认识、理解和阐释活动至少是肤浅的，严重时会误入歧途。这样一来，对认识的起源、过程和本质(反映论，还是先验论)的讨论突然变得微不足道了，甚至整个认识论也变得微不足道了，它接下来的命运就是被超越。换言之，认识

---

① 《马克思恩格斯选集》第 1 卷，人民出版社 1995 年版，第 55 页。
② 《马克思恩格斯全集》第 3 卷，人民出版社 1995 年版，第 52 页。

论必定会转化为诠释学，而诠释学的核心问题则是：人们可能会把什么样的先入之见带入到自己的认识、理解和阐释活动中？如何通过反思和批判来清除自己先入之见中的错误的东西？而马克思的实践诠释学为我们展示了一条崭新的道路——意识形态批判的道路。因为前面提到的统治阶级的占支配地位的思想观念实际上就是意识形态。马克思的实践诠释学启示我们，在人们开展自己的认识、理解和阐释活动之前，最重要的是通过对意识形态的批判，先行地澄清他们的先入之见。在这个意义上，马克思的实践诠释学也可称作"批判诠释学"。

然而，正如我们在前面指出过的，正统的阐释者们试图把马克思的实践诠释学拉回到传统认识论的思维框架中。目前仍然流行的马克思主义哲学教科书把认识论安放在"辩证唯物主义"领域中，而作为认识主体的人和认识背景的社会则被放到"（狭义的）历史唯物主义"领域中去加以叙述。显然，这种脱离社会历史、脱离实践活动的、抽象的认识主体，只能演绎出抽象的认识论，即满足于以抽象的方式谈论认识的起源、过程和本质。作为抽象认识论的极端表现形式——反映论，实际上还停留在洛克的"白板说"的水平上，它既没有意识到，认识者总是带着自己的先入之见进入认识活动的；也没有意识到，认识者不是在静态的反映中，而是在动态的社会实践活动中开始自己的认识活动的。关于这一点，我们在前面已经做了充分的论述，在这里就不再展开论述了。

其四，社会历史辩证法，还是自然辩证法？

在马克思那里，辩证法一开始就是以人的实践活动，尤其是生产劳动作为载体的。在《手稿》中，马克思指出：

> 黑格尔的《现象学》及其最后成果——作为推动原则和创造原则的辩证法——的伟大之处首先在于，黑格尔把人的自我产生看作一个过程，把对象化看作失去对象，看作外化和这种外化的扬弃；因而，他抓住了劳动的本质，把对象性的人、现实的因而是真正的人

理解为他自己劳动的结果。①

由此可见，对社会历史运动辩证法的探讨首先就是对人的实践活动，尤其是对生产劳动中的辩证法的探讨。在这个意义上，马克思社会历史辩证法的基础性层面乃是"实践辩证法"，而实践辩证法的最基本、最普遍的表现形式则是"劳动辩证法"。

如前所述，实践活动，尤其是生产劳动，是在人与自然界之间展开的，而自然科学又通过工业，以实践的方式进入人们的生活并改变他们的生活。马克思在批评费尔巴哈的抽象自然观时指出：

> 这种先于人类历史而存在的自然界，不是费尔巴哈在其中生活的那个自然界，也不是那个除去在澳洲新出现的一些珊瑚岛以外今天在任何地方都不再存在的、因而对于费尔巴哈说来也是不存在的自然界。②

在马克思看来，与人的实践活动相分离的自然界根本就不存在，只有经过人的实践活动媒介的自然界，即"人化的自然界"或"人类学的自然界"才是现实的自然界。这种"人化自然辩证法"构成了马克思社会历史辩证法的第二个层面。

在对以人的实践活动为基础的人类历史的考察中，马克思的社会历史辩证法又形成了第三个层面，即社会形态辩证法。在《手稿》中，马克思实际上把人类社会的发展划分为三个不同的阶段：第一个是异化劳动产生前的阶段，第二个是异化劳动和私有制的阶段，第三个是扬弃异化劳动和私有制后的阶段。在《1857—1858年经济学手稿》中，马克思又从人与物、人与人的关系出发，把人类历史的发展划分为以下三个不同的

---

① 《马克思恩格斯全集》第42卷，人民出版社1979年版，第163页。
② 《马克思恩格斯全集》第3卷，人民出版社1960年版，第50页。

社会形态：一是以"人的依赖关系"为基础的社会形态，二是以"以物的独立性为基础的人的独立性"为特征的社会形态，三是以"建立在个人全面发展和他们共同的社会生产能力成为他们的社会财富这一基础上的自由个性"为特征的社会形态。

显然，马克思的社会历史辩证法为我们准确地理解并阐释人类社会的结构和历史发展提供了重要的思想方法。然而，正统的阐释者们却把与人的实践活动和社会历史相分离的、抽象的自然界作为辩证法的载体，满足于谈论自然界自身运动的辩证法。这样一来，辩证法就蜕变为一种中性的、与人的社会活动无关的描述性的方法，辩证法的批判性和革命性完全被遮蔽起来了。毋庸置疑，要恢复马克思社会历史辩证法的活力，就要牢记马克思在《资本论》第 1 卷第二版跋（1873）中留下的名言：

> 辩证法不崇拜任何东西，按其本质来说，它是批判的和革命的。①

综上所述，马克思哲学是实践唯物主义，即"广义的历史唯物主义"；在马克思那里，实践的最基本、最普遍的表现形式是生产劳动，而生产劳动属于经济领域，因而只有借助于经济哲学的进路，才有可能准确地把握马克思哲学的原初面貌和基本概念——生产、商品、价值、时间和自由；马克思哲学面临的严重危机是被实证科学化，即其实践性和革命性的衰退，必须恢复马克思哲学的本真精神，创造性地重塑马克思的理论形象。

---

① 马克思：《资本论》第 1 卷，人民出版社 1975 年版，第 24 页。

# 2012年

# 被遮蔽的马克思①

在通常的情况下，当"遮蔽"（hide）这个动词被使用时，至少暗含着实施遮蔽行动的主体和被遮蔽的对象的存在。显然，当我们使用"被遮蔽的马克思"这个短语时，马克思无疑成了被遮蔽的对象，那么，实施遮蔽行动的主体又是谁呢？马克思学说从其诞生之日起就遭遇到两个不同的群体：一个是反对者的群体，另一个是追随者的群体。如果说，前一个群体在批判或指责马克思学说时会自觉地遮蔽其学说中某些有价值的东西，那么，后一个群体则在弘扬并阐释马克思学说时也会不自觉地遮蔽其学说中另一些有价值的东西。哲学家斯宾诺莎曾经说过：一切规定都是否定。当人们小心翼翼地把灯光集中在舞台中心时，中心之外的舞台便处于被遮蔽状态中。在这个意义上，确定研究的焦点，也就等于使焦点周围的其他所有的点都处于被遮蔽状态中。

有趣的是，使马克思学说中有价值的东西处于被遮蔽状态的，主要不是马克思的反对者们，因为反对者们蓄意在马克思学说中遮蔽什么东西，是很容易被识别出来的；不容易识别的倒是

① 原载《学术月刊》2012 年第 5 期，第 33—46 页。收录于俞吾金：《被遮蔽的马克思》，人民出版社 2012 年版，导论第 1—32 页。——编者注

马克思的追随者们，而读者们也极容易被追随者们的谦恭和诚意所催眠，从而在思想上失去了应有的警惕性。至少马克思本人对这一点看得非常明白。恩格斯在 1890 年 8 月 27 日致保·拉法格的信中曾经提到当时马克思的许多追随者涌入德国党内：

> 所有这些先生们都在搞马克思主义，然而他们属于 10 年前你在法国就很熟悉的那一种马克思主义者，关于这种马克思主义者，马克思曾经说过："我只知道我自己不是马克思主义者。"马克思大概会把海涅对自己的模仿者说的话转送给这些先生们："我播下的是龙种，而收获的却是跳蚤。"①

有趣的是，当恩格斯以调侃的口吻写下这段话时，他绝对不会意识到，作为马克思学说的最早的、最重要的追随者和阐释者，他自己在阐释马克思学说的同时，也自觉或不自觉地遮蔽了马克思学说中某些有价值的东西。

马克思于 1883 年逝世后，在他的追随者和阐释者中，逐步形成了以恩格斯、普列汉诺夫、列宁和斯大林为代表的正统的阐释路线。这条正统的阐释路线主要是在以下理论著作——恩格斯的《反杜林论》(1876—1878)、《自然辩证法》(1873—1886)、《路德维希·费尔巴哈和德国古典哲学的出路》②(1888，以下简称《出路》)；普列汉诺夫的《论一元论历史观的发展》(1895)、《唯物主义史论丛》(1896)、《论个人在历史上的作用》(1898)、《马克思主义的基本问题》(1908)；列宁的《什么是"人民之友"?》(1894)、《怎么办?》(1901—1902)、《唯物主义和经验批判主义》(1908，以下简称《唯批》)、《哲学笔记》(1895—1911)、《马克思主义的三个来源和三个组成部分》(1913)、《帝国主义是资本主义的最高阶

---

① 《马克思恩格斯选集》第 4 卷，人民出版社 1995 年版，第 695 页。
② 这个书名中的 der Ausgang 不应译为"终结"，而应译为"出路"，凡本书中提到恩格斯这本书的书名，均简称为《出路》。

段》(1916)、《国家与革命》(1917)；斯大林的《论辩证唯物主义和历史唯物主义》(载《联共(布)党史简明教程第四章第二节》，1938)、《马克思主义和语言学问题》(1950)等的基础上形成并发展起来的。

在这条正统的阐释路线中，恩格斯起着奠基人的作用。他不但从自己理解的前结构出发，对黑格尔和费尔巴哈的哲学思想作出了片面的、过高的评价，并用他们的学说遮蔽了马克思的学说，包括他的哲学思想，而且也利用从黑格尔和费尔巴哈那里借贷过来的哲学资源——辩证法和唯物主义，构建了自己的哲学思想"唯物主义辩证法"，而这一思想主要经过普列汉诺夫和列宁的媒介，被改称为"辩证唯物主义"，并在斯大林的《论辩证唯物主义和历史唯物主义》(《联共(布)党史简明教程》第四章第二节)中最终成了关于马克思哲学的唯一的权威性的阐释模式，直到今天仍然决定性地影响着中国的理论界。毋庸置疑，一旦马克思学说中的基础部分——马克思哲学的初始见解和本真精神处于被遮蔽的状态下，马克思学说中其他有价值的东西也就随之而被遮蔽起来了。由此可见，要使马克思学说脱离被遮蔽状态，我们就先得阐明，马克思学说的基础部分——其哲学上的初始见解和本真精神是如何在追随者们的阐释活动中被遮蔽起来的。


# 一、马克思的黑格尔化


在黑格尔哲学中，存在着两个最易被正统的阐释者们捕获的端点：一个是思维与存在关系的理论；另一个是方法论，尤其是辩证法理论。这两个端点都被正统的阐释者们以扭曲的方式导入到马克思哲学之中，从而在相当程度上把马克思哲学黑格尔化了，而这里所说的"黑格尔化"中的"黑格尔"也在相当的程度上是被误读的，由此而形成了对马克思的双重遮蔽：第一重遮蔽是对黑格尔原初思想的遮蔽，第二重遮蔽是用被遮蔽的黑格尔思想进一步遮蔽了马克思的本真思想。下面，我们对这两个理论端点逐一作出分析。

先来看黑格尔关于思维与存在关系的理论。黑格尔在《哲学史讲演录》中谈到近代西方哲学时反复重申了如下的观点：

> 这种最高的分裂，就是思维与存在的对立；要掌握的就是思维与存在的和解。从这时起，一切哲学都对这个统一发生了兴趣。①

那么，在黑格尔的语境中，"思维"（Denken）与"存在"（Sein）分别具有什么样的含义呢？黑格尔告诉我们：

> 就存在作为直接的存在而论，它便被看成一个具有无限多的特性的存在，一个无所不包的世界。这个世界还可进一步认为是一个无限多的偶然事实的聚集体（这是宇宙论的证明的看法），或者可以认为是无限多的目的及无限多的有目的的相互关系的聚集体（这是自然神学的证明的看法）。如果把这个无所不包的存在叫做思维，那就必须排除其个别性和偶然性，而把它认作一普遍的、本身必然的、按照普遍的目的而自身规定的、能动的存在。②

在这里，黑格尔区分了两种不同的存在：一种是"直接的存在"（das Sein, als das Unmittelbare），即无限多的偶然事实的聚集体，也就是人们通常谈论的一切存在者的聚集体；另一种是"能动的存在"（tätiges Sein），这种存在就是"思维"。作为柏拉图哲学的继承者，黑格尔充分肯定的是后一种存在，这种存在排除了一切特殊目的和偶然性，它本身就是思维，因为概念思维关涉普遍的目的和必然性。由此可见，在黑格尔那里，存在就是被思维化的存在，而思维则是普遍的、能动的存在。简

---

① ［德］黑格尔：《哲学史讲演录》第 4 卷，贺麟、王太庆译，商务印书馆 1981 年版，第 6 页。

② ［德］黑格尔：《小逻辑》，贺麟译，商务印书馆 1980 年版，第 135 页。

言之，存在就是思维，思维就是存在，它们具有"同质性"（homogeneity）。有鉴于此，费尔巴哈曾经一针见血地批判了黑格尔：

> 一种与思维没有分别的存在，一种只作为理性或属性的存在，只不过是一种被思想的抽象的存在，实际上并不是存在。因此思维与存在同一，只是表示思维与自身同一。①

由此可见，黑格尔谈论的思维与存在的同一性（identity），不过是"以思维与存在的同质性为基础的思维与存在的同一性"而已。要言之，这种同一性本质上乃是思维与其自身的同一，即思维的自恋。

然而，意想不到的是，恩格斯却在《出路》中把黑格尔提出的思维与存在关系问题提升为全部哲学的基本问题，而这一提升又是以对黑格尔"存在"概念的误读作为基础的。恩格斯指出：

> 全部哲学，特别是近代哲学的重大的基本问题，是思维和存在的关系问题。②

同时，他又把"思维对存在的关系"等同于"精神对自然界的关系"。这就暗示我们，黑格尔所说的"存在"就是指"自然界"。众所周知，自然界乃是一切存在者的聚集体，而这正是黑格尔欲加以舍弃的"直接的存在"。如前所述，黑格尔在论述思维与存在的关系时，他心目中唯一认可的存在就是"能动的存在"，即思维自身。总之，黑格尔讨论思维与存在关系，是以两者的同质性为基础的。要摈弃黑格尔在这个问题上的唯心主义立场，就必须先行地批判黑格尔关于思维与存在同质性的谬论，站到与此相对立的思维与存在"异质性"（heterogeneity）的立场上去。遗憾的

---

① 北京大学哲学系外国哲学史教研室：《十八世纪末—十九世纪初德国哲学》，商务印书馆1975年版，第619页。

② 《马克思恩格斯选集》第4卷，人民出版社1995年版，第223页。

是，恩格斯在没有进行这方面批判的前提下就把黑格尔关于思维与存在关系的理论简单地搬用过来了，这必定会导致对这一理论的误读。事实上，正是在这一误读的基础上，恩格斯又补充道：

> 思维和存在的关系问题还有另一个方面：我们关于我们周围世界的思想对这个世界本身的关系是怎样的？我们的思维能不能认识现实世界？我们能不能在我们关于现实世界的表象和概念中正确地反映现实？用哲学的语言来说，这个问题叫作思维和存在的同一性问题，绝大多数哲学家对这个问题都作了肯定的回答。①

这样一来，黑格尔关于思维自恋的虚幻理论完全被恩格斯误读为黑格尔关于思维与"我们周围世界"或"现实世界"关系的真实理论。

恩格斯还顺着思维与存在是否具有同一性的思路，把作为可知论代表的黑格尔与作为不可知论代表的休谟和康德尖锐地对立起来。殊不知，正是休谟和康德深入地探索了思维与存在的异质性问题。比如，康德把认识的对象区分为"现象"和"自在之物"，思维只能认识现象，即感觉经验范围内的对象。如果思维试图去认识自在之物，即超感觉经验的对象，就会陷入误谬推论、二律背反或理想。也就是说，思维只与现象之间有同一性，但与自在之物之间却没有这种同一性。实际上，康德的自在之物概念正是对思维与存在异质性关系的确证。这种异质性启示我们，现实生活或存在者的聚集体中始终包含着思维无法完全把握和认知的东西；此外，在思维或观念上拥有什么，并不等于在现实生活中也拥有什么。总之，康德与后来的黑格尔不同，他不是把思维与存在的关系建立在两者同质性的基础上，而是建立在两者异质性的基础上。

康德在驳斥上帝存在的本体论证明时，强调的正是思维与存在的异质性，他这方面的思想得到了费尔巴哈的充分肯定：

---

① 《马克思恩格斯选集》第 4 卷，人民出版社 1995 年版，第 225 页。

康德在批判本体论的证明时选了一个例子来标明思维与存在的区别，认为意象中的一百元与实际上的一百元是有区别的。这个例子受到黑格尔的讥嘲，但是基本上是正确的。因为前一百元只在我的头脑中，而后一百元则在我的手中，前一百元只是对我存在，而后一百元则同时对其他的人存在——是可摸得着、看得见的。只有同时对我又对其他的人存在的，只有在其中我与其他的人一致的，才是真正存在的，这不仅仅是我的——这是普遍的。①

与费尔巴哈不同，马克思对康德关于思维与存在异质性的思想是有一个认识过程的。如果说，在《博士论文》中，马克思还附和黑格尔而批评康德对上帝存在的本体论证明的驳斥，那么，在《1844 年经济学哲学手稿》（以下简称《手稿》）中，马克思则以明确的口吻肯定了思维与存在的异质性：

以货币为基础的有效的需求和以我的需要、我的激情、我的愿望等等为基础的无效的需求之间的差别，是存在和思维之间的差别（der Unterschied zwischen Sein und Denken），是只在我心中存在的观念和那作为现实对象在我之外对我存在的观念之间的差别。②

马克思还进一步提出并区分了"想象的存在"（das vorgestellten Sein）与"现实的存在"（das wirkliche Sein）这两个新概念。他把前者理解为"思维"的别名，把后者理解为真正意义上的"存在"的别名。

他甚至举例说：当我想要食物或因身体不佳而想乘邮车时，正

---

① 北京大学哲学系外国哲学史教研室：《十八世纪末—十九世纪初德国哲学》，商务印书馆 1975 年版，第 620 页。
② 《马克思恩格斯全集》第 42 卷，人民出版社 1979 年版，第 154 页。

是我所拥有的货币使我获得食物和邮车：这就是说，它把我的愿望
从观念的东西，从它们的想象的、表象的、期望的存在，转化成它
们的感性的、现实的存在，从观念转化为生活，从想象的存在转化
为现实的存在。作为这样的媒介，货币是真正的创造力。①

马克思暗示我们，如果我们着眼于从现实生活出发去探索思维与存在的
关系，就会发现，单纯的思维不过是一种"想象的存在"，唯有通过货币
这一媒介物，"想象的存在"才会转化为"现实的存在"。

在《关于费尔巴哈的提纲》（以下简称《提纲》）中，马克思通过"实践"
概念的引入，进一步强调了思维与存在的异质性：

人的思维是否具有客观的（gegenständliche）真理性，这并不是
一个理论的问题，而是一个实践的问题。人应该在实践中证明自己
思维的真理性，即自己思维的现实性和力量，亦即自己思维的此岸
性。关于思维——离开实践的思维——是否现实的争论，是一个纯粹经
院哲学的问题。②

在《德意志意识形态》（以下简称《形态》）中，马克思全面而深入地批判了
青年黑格尔主义者关于思维与存在同质性的错误观念：

所有的德国哲学批判家们都断言：观念、想法、概念迄今一直
统治和决定着人们的现实世界，现实的世界是观念世界的产物。这
种情况一直保持到今日，但今后不应继续存在。③

马克思在表述自己的历史观时，明确指出：

--------

① 《马克思恩格斯全集》第 42 卷，人民出版社 1979 年版，第 154 页。
② 《马克思恩格斯全集》第 3 卷，人民出版社 1960 年版，第 7 页。
③ 同上书，第 16 页注 1。

不是意识决定生活，而是生活决定意识。①

由上可知，青年时期的马克思深受黑格尔哲学，尤其是他关于思维与存在同质性理论的影响。然而，一方面通过对现实斗争的参与及对与现实关系最密切的国民经济学的研究；另一方面通过对康德关于思维与存在异质性观念的返回和沉思，马克思确立了以现实生活和现实的人为出发点的历史唯物主义理论，从而形成了"以思维与存在的异质性为基础的思维与存在的同一性"的新观念。

可是，恩格斯却始终未能摆脱黑格尔关于"以思维与存在的同质性为基础的思维与存在的同一性"的错误观念，《出路》中的这段话就是明证：

> 例如在黑格尔那里，对这个问题的肯定回答是不言而喻的，因为我们在现实世界中所认识的，正是这个世界的思想内容，也就是那种使世界成为绝对观念的逐步实现的东西，这个绝对观念是从来就存在的，是不依赖于世界并且先于世界而在某处存在的，但是思维能够认识那一开始就已经是思想内容的内容，这是十分明显的。……但是，这决不妨碍黑格尔从他的思维和存在的同一性的论证中作出进一步的结论：他的哲学因为对他的思维来说是正确的，所以也就是唯一正确的；而思维和存在的同一性要得到证实，人类就要马上把他的哲学从理论转移到实践中去，并按照黑格尔的原则来改造整个世界。这是他和几乎所有的哲学家所共有的幻想。②

在这段重要的论述中，恩格斯完全按照黑格尔的思路，把现实世界理解

---

① 《马克思恩格斯全集》第3卷，人民出版社1960年版，第30页。
② 《马克思恩格斯选集》第4卷，人民出版社1995年版，第225页。

为"思想内容的内容",即思维化的存在,并把思维与存在的同一性奠基于思维与存在的同质性的基础上。尽管恩格斯嘲弄黑格尔的观念"是他和几乎所有的哲学家所共有的幻想",但他在这里并没有对黑格尔的这一观念作出实质性的批判。总之,恩格斯按照自己所理解的黑格尔的观念去阐释马克思,因而在双重意义上遮蔽了马克思。

之后,普列汉诺夫、列宁、斯大林和苏联、东欧、中国的哲学教科书都是按照恩格斯所认同的黑格尔关于"思维与存在的同质性基础上的思维与存在的同一性"的观念来阐释马克思,从而把马克思关于"以思维与存在的异质性为基础的思维与存在的同一性"的新观念完全遮蔽起来了。在某种意义上,马克思消失在黑格尔的阴影中。

再来看黑格尔关于方法论,尤其是辩证法的理论。黑格尔在许多著作中谈到他的方法论,而最具经典性的段落则在《小逻辑》中。他在该书中明确地告诉我们:

> 逻辑思想就形式而论有三个方面:(a)抽象的或知性[理智]的方面(die abstrakte oder Verständige);(b)辩证的或否定的理性的方面(die dialektische oder negativ—vernünftige);(c)思辨的或肯定理性的方面(die speculative oder positive—vernünflige)。①

尽管黑格尔在这里谈论的是逻辑思想的形式,但就其实质而言,却是对自己方法论的全面阐述。按照这段重要的论述,黑格尔的整个方法论包含以下三个环节。一是抽象的知性(正题,简称"知性");二是辩证的或否定的理性(反题,简称"辩证法");三是思辨的或肯定的理性(合题,简称"思辨")。

有趣的是,正统的阐释者们在探讨黑格尔方法论时,总是习惯于把

---

① [德]黑格尔:《小逻辑》,贺麟译,商务印书馆 1980 年版,第 172 页。G. W. F. Hegel,*Werke* 8,Frankfurt A. M.,Berlin:Suhrkamp Verlag,1986,S. 168.

黑格尔的方法论与黑格尔的辩证法等同起来。按照恩格斯在《出路》中的看法，在黑格尔哲学中，存在着"体系"和"方法"之间的冲突：

> 特别重视黑格尔的体系（System）的人，在两个领域（指宗教和政治——引者）中都可能是相当保守的；认为辩证方法（der dialektischen Methode）是主要的东西的人，在政治上和宗教上都可能属于最极端的反对派。①

显然，当恩格斯使用"辩证方法"这个术语时，他把"黑格尔方法论"与"黑格尔辩证法"这两个不同的概念混淆起来了。事实上，辩证法不过是黑格尔方法论中的第二个环节。为什么会出现这两个概念的混淆？因为在黑格尔方法论的三个环节——知性、辩证法、思辨中，辩证法是唯一具有革命性、批判性和否定性的环节，所以，无论是马克思，还是马克思学说的正统阐释者们，都喜欢从黑格尔方法论中抉出辩证法这个环节，然而，我们在后面将阐明，马克思和黑格尔辩证法的关系与正统的阐释者们对这一关系的阐释存在着很大的差别。这里同样存在着对马克思本真思想的双重遮蔽，即既遮蔽了黑格尔方法论（包括辩证法）的真相，又用被遮蔽的黑格尔辩证法进一步遮蔽了马克思本人对辩证法的理解。

下面，我们先来考察第一重遮蔽，即正统的阐释者们对黑格尔方法论，包括辩证法的遮蔽。它包括以下三个不同的层面：

第一个层面是，把黑格尔方法论窄化为其第二个环节——辩证法，从而失去了对他的方法论的整体性把握。关于这个层面，我们在前面已经论述过了，这里不再重复。

第二个层面是，由于忽略了对黑格尔方法论的第一个环节——知性的探讨，使黑格尔的辩证法成了无源之水、无本之木。因为在黑格尔方

---

① 《马克思恩格斯选集》第 4 卷，人民出版社 1995 年版，第 220 页。

法论中，作为第二个环节的辩证法是以第一个环节知性作为基础的。撇开这个基础性环节，辩证法便变得不可理解了。我们知道，在黑格尔哲学的语境中，知性追求的是事物的规定性和知识的确定性。在《小逻辑》中，黑格尔以异乎寻常的口吻肯定了知性的必要性和重要性：

> ……无论如何，我们必须首先承认理智思维的权利和优点，大概讲来，无论在理论的或实践的范围内，没有理智，便不会有坚定性和规定性。①

这段话表明，知性的意义不光体现在理论思维中，也体现在"实践的范围内"。黑格尔认为，一个人欲有所成就，"他必须专注于一事，而不可分散他的精力于多方面。同样，无论于哪一项职业，主要的是用理智去从事"②。在黑格尔看来，知性也是教养中的主要成分。一个有教养的人决不会满足于混沌模糊的印象，只有缺乏教养的人才会停留在游移不停的思维态度和实践态度中。即使在距知性最远的艺术、宗教和哲学的范围内，知性也是不可或缺的。尤其是"在哲学里，最紧要的，就是对每一思想都必须充分地准确地把握住，而决不容许有空泛和不确定之处"③。在这个意义上可以说，没有知性的规定性和确定性作为基础，辩证法就会流于诡辩。当然，知性在坚持事物的规定性和知识的确定性时，也极易滑向另一个极端，即对事物性质的固定化和知识上的教条化，因而需要引入第二个环节——辩证法来摒弃知性暗含的僵化和教条化的趋向。在这个意义上，知性乃是辩证法的基础，而辩证法则是对知性的固定化和教条化倾向的摒弃。

第三个层面是，由于缺乏对黑格尔方法论的第三个环节——思辨的

---

① ［德］黑格尔：《小逻辑》，贺麟译，商务印书馆 1980 年版，第 173 页。

② 同上书，第 174 页。也可参阅［德］黑格尔：《法哲学原理》，范扬、张企泰译，商务印书馆 1979 年版，第 24—25 页。

③ 同上书，第 175 页。

批判性考察，所以即使把辩证法从黑格尔的整个方法论中抽取出来，它也是无用的。在这里，"抽取出来"只是一个假象，因为正如马克思在《神圣家族》(1844)中所说的，黑格尔的辩证法乃是"思辨的辩证法"①，只有透彻地批判黑格尔的思辨，置换掉辩证法的载体，才可能成功地把辩证法从黑格尔的整个方法论中抽取出来。遗憾的是，对思辨这个黑格尔方法论中的最高环节，恩格斯却缺乏实质性的反思和批判，而这方面的工作主要是由马克思担当的。

下面，我们再来考察第二重遮蔽，由于正统的阐释者们运用被误读的黑格尔的辩证法来阐释马克思的辩证法，从而导致了对马克思辩证法的进一步遮蔽，主要表现在以下三个方面：

其一，忽视了马克思对黑格尔方法论的整体性批判，而这一批判正是通过马克思对黑格尔方法论的第三个环节，也是其拱顶石——"思辨"的批判而展开的。在马克思看来，黑格尔的辩证法是在思辨的笼罩下得以展开的，拯救辩证法的首要任务是对其思辨的原罪进行彻底的清算。事实上，在青年马克思撰写的一系列论著中，一个重要的主题就是批判黑格尔的思辨。比如，在《神圣家族》中，马克思专门辟出一节的内容来考察"思辨结构的秘密"。马克思这样写道：

> 如果我从现实的苹果、梨、草莓、扁桃中得出"果实"这个一般的观念，如果再进一步想象我从现实的果实中得到的"果实"[《die Frucht》]，这个抽象观念就是存在于我身外的一种本质，而且是梨、苹果等等的真正的本质，那么我就宣布(用思辨的话说)"果实"是梨、苹果、扁桃等等的"实体"……于是我宣布：苹果、梨、扁桃等等是"果实"的简单的存在形式，是它的样态。②

---

① 《马克思恩格斯全集》第 2 卷，人民出版社 1957 年版，第 67 页。
② 同上书，第 71—72 页。

在黑格尔的思辨中，一切都颠倒过来了。相反，在现实生活中，先行存在着的无疑是苹果、梨、扁桃这些果实，然后，人们从中概括出"果实"这个抽象观念。但黑格尔却告诉我们，"果实"这个观念作为"实体"是先行存在的，而现实生活中的苹果、梨、扁桃等反倒只是它的具体的表现样态。

然而，在马克思看来，尽管思辨哲学家从现实的苹果、梨、扁桃中得出"果实"这个抽象的观念是十分容易的，但要从这个抽象的观念出发去得出苹果、梨、扁桃等，却是困难重重的。如何解决这个难题呢？

> 思辨哲学家答道：这是因为"一般果实"并不是僵死的、无差别的、静止的本质，而是活生生的、自相区别的、能动的本质。①

而这种本质同时也是一个活生生的统一体，"这统一体把单个的果实都消溶于自身中，又从自身生出各种果实，正如人体的各部分不断消溶于血液，又不断从血液中生出一样"②。马克思认为，思辨哲学家最感兴趣的是把现实的、普通的果实的存在制造出来，然后故弄玄虚地说，苹果、梨、扁桃等存在着。

> 但是我们在思辨的世界里重新得到的这些苹果、梨、扁桃和葡萄却最多不过是虚幻的苹果、梨、扁桃和葡萄，因为它们是"一般果实"的生命的各个环节，是理智所创造的抽象本质的生命的各个环节，因而本身就是理智的抽象产物。③

总之，在黑格尔构筑的思辨世界里，作为抽象观念的"果实"成了神秘的绝对主体的化身，而这个主体通过自我运动，创造出现实生活中的苹

---

① 《马克思恩格斯全集》第 2 卷，人民出版社 1957 年版，第 73 页。
② 同上书，第 73—74 页。
③ 同上书，第 74 页。

果、梨、扁桃等。马克思由此而总结道:

> 这种办法,用思辨的话来说,就是把实体了解为主体,了解为内部的过程,了解为绝对的人格。这种了解方式就是黑格尔方法的基本特征。①

马克思敏锐地发现,黑格尔的辩证法被包裹在厚重的思辨外套中,因而它完全失去了批判、改造现实生活的功能,蜕变为神秘的、绝对主体内部的自我运动。早在《手稿》中批判黑格尔的"绝对精神"时,马克思已经尖锐地指出:

> 这就是神秘的主体—客体,或笼罩在客体上的主体性,作为过程的绝对主体,作为使自己外化并且从这种外化返回到自身的、但同时又使外化回到自身的主体,以及作为这一过程的主体;这就是在自身内部的纯粹的、不停息的旋转。②

毋庸置疑,在这个神秘的思辨世界中,辩证法的不停息地旋转和不间断地否定不过是自娱自乐而已,根本不可能触及、影响现实生活。换言之,在黑格尔的思辨世界中,辩证法被窒息了,它至多不过是在外观上给人以批判和否定的印象罢了,犹如马克思所指出的:

> 在《现象学》中,尽管已有一个完全否定的和批判的外表,尽管实际上已包含着那种往往早在后来发展之前就有的批判,黑格尔晚期著作的那种非批判的实证主义和同样非批判的唯心主义——现有经验在哲学上的分解和恢复——已经以一种潜在的方式,作为萌

---

① 《马克思恩格斯全集》第2卷,人民出版社1957年版,第75页。
② 《马克思恩格斯全集》第42卷,人民出版社1979年版,第176页。

芽、潜能和秘密存在着了。①

由此可见，只要不对黑格尔的思辨进行透彻的反思和批判，根本就不可能从他的方法论中拯救出辩证法。

其二，忽视了马克思对黑格尔辩证法载体的置换。如前所述，在黑格尔那里，辩证法的载体就是绝对精神，而绝对精神同时也是绝对的主体、能动的本质和活生生的统一体。在《出路》中恩格斯曾经说过：

> 归根到底，黑格尔的体系只是一种就方法和内容来说唯心主义地倒置过来的唯物主义。②

显然，按照恩格斯的这一思路，黑格尔的绝对精神只能被倒转为"自然"。于是，自然就成了辩证法的载体，黑格尔的绝对精神辩证法被置换为恩格斯的自然辩证法。必须指出，在恩格斯那里，作为辩证法载体的自然并不是马克思意义上的"人化自然"，即经过人的实践活动和工业媒介的自然，而是撇开人的实践活动参与的自然自身的运动。正如恩格斯自己所说的：

> 唯物主义的自然观不过是对自然界本来面目的朴素的了解，不附加任何外来的成分，所以它在希腊哲学家中间从一开始就是不言而喻的东西。③

与恩格斯不同，马克思并没有把抽象的、与人的实践活动相分离的自然或物质作为自己新的辩证法的载体，恰恰相反，他始终坚持，新的辩证法的载体应该是现实的人。由此，在《神圣家族》中，他对黑格尔辩

---

① 《马克思恩格斯全集》第 42 卷，人民出版社 1979 年版，第 161—162 页。
② 《马克思恩格斯选集》第 4 卷，人民出版社 1995 年版，第 226 页。
③ 恩格斯：《自然辩证法》，人民出版社 1971 年版，第 177 页。

证法的载体——绝对精神的本质作出了全新的解读：

> 在黑格尔的体系中有三个因素：斯宾诺莎的实体，费希特的自我意识以及前两个因素在黑格尔那里的必然的矛盾的统一，即绝对精神。第一个因素是形而上学地改了装的、脱离人的自然。第二个因素是形而上学地改了装的、脱离自然的精神。第三个因素是形而上学地改了装的以上两个因素的统一，即现实的人和现实的人类。[①]

在马克思看来，黑格尔的绝对精神根本不应该被颠倒并置换为抽象的自然，否则黑格尔就退回到斯宾诺莎哲学的水平上去了，它应该被颠倒并置换为"现实的人和现实的人类"。然而，马克思并没有掠人之美。他告诉我们，以这种方式解读和置换黑格尔绝对精神的，并不是自己，而是费尔巴哈：

> 只有费尔巴哈才是从黑格尔的观点出发而结束和批判了黑格尔的哲学。费尔巴哈把形而上学的绝对精神归结为"以自然为基础的现实的人"，从而完成了对宗教的批判。同时也巧妙地拟定了对黑格尔的思辨以及一切形而上学的批判的要点。[②]

尽管马克思后来又转而批判费尔巴哈的人本学思想，但他始终肯定，把黑格尔的绝对精神辩证法置换为"现实的人的辩证法"的乃是费尔巴哈。

必须指出，与费尔巴哈不同，马克思深入地钻研了国民经济学，因而早在《手稿》中，他已对费尔巴哈所倡导的"现实的人的辩证法"做了更深入的阐发。他告诉我们：

---

[①] 《马克思恩格斯全集》第 2 卷，人民出版社 1957 年版，第 177 页。
[②] 同上。

黑格尔的《现象学》及其最后成果——作为推动原则和创造原则的否定性辩证法——的伟大之处首先在于，黑格尔把人的自我产生看作一个过程，把对象化看作失去对象，看作外化和这种外化的扬弃；因而他抓住了劳动的本质，把对象性的人、现实的因而是真正的人理解为他自己的劳动的结果。①

　　这段话表明，马克思并没有停留在费尔巴哈的水平上，他进一步把"现实的人的辩证法"解读为"劳动辩证法"。事实上，马克思关于"异化劳动"及对"异化劳动的扬弃"的全部讨论都是围绕着劳动辩证法而展开的。在马克思看来，新的辩证法的载体应该是现实的人的实践活动，尤其是生产劳动。然而，马克思的劳动辩证法完全被恩格斯的自然辩证法遮蔽起来了。

　　其三，忽视了马克思对黑格尔辩证法的全面的论述，即马克思不仅看到了黑格尔辩证法强调的否定的方面，也看到了其肯定的方面。当然，马克思与黑格尔在对这两个方面的内涵的理解上存在着根本性的差别。黑格尔辩证法中的"否定"实际上是完全不触及现实生活的虚假的否定，而马克思辩证法中的否定则是对现实生活中存在的不合理因素的真正的否定。同样，黑格尔的辩证法不包含肯定，肯定体现在他方法论的知性和思辨这两个环节中。在这个意义上，肯定方面外在于黑格尔的辩证法，所以马克思把黑格尔的辩证法称为"否定性的辩证法"，而马克思则使肯定方面与否定方面共处于自己的辩证法中，从而防止了辩证法向虚无主义方向滑动。在《资本论》第 1 卷第二版跋（1873）中，马克思这样写道：

　　　　辩证法，在其神秘形式上，成了德国的时髦东西，因为它似乎使现存的事物显得光彩。辩证法，在其合理形态上，引起资产阶级

---

　　① 《马克思恩格斯全集》第 42 卷，人民出版社 1979 年版，第 163 页。

及其夸夸其谈的代言人的恼怒和恐怖，因为辩证法在对现存事物的肯定的理解中同时包含对现存事物的否定的理解，即对现存事物的必然灭亡的理解；辩证法对每一种既成的形式都是从不断的运动中，因而也是从它的暂时性方面去理解；辩证法不崇拜任何东西，按其本质来说，它是批判的和革命的。①

显然，马克思把黑格尔的辩证法理解为"神秘形式上"的辩证法，而把自己的辩证法理解为"合理形态上"的辩证法，因为马克思使肯定和否定共处于自己的辩证法中，从而既强调了辩证法的批判性和革命性，又使它与虚无主义划清了界限。

总之，在正统的阐释者们对马克思与黑格尔关系的阐释中，马克思的基本思想，包括他的辩证法，受到了双重的遮蔽。在《哲学笔记》中，列宁毫不犹豫地告诉我们：

> 要义：不钻研和不理解黑格尔的全部逻辑学，就不能完全理解马克思的《资本论》，特别是它的第 1 章。因此，半个世纪以来，没有一个马克思主义者是理解马克思的!!②

列宁甚至这样写道：

> 辩证法也就是(黑格尔)和马克思主义的认识论。③

于是，马克思完全被黑格尔化了。

---

① 马克思：《资本论》第 1 卷，人民出版社 1975 年版，第 24 页。
② 列宁：《哲学笔记》，人民出版社 1974 年版，第 191 页。
③ 同上书，第 410 页。

# 二、马克思的费尔巴哈化

费尔巴哈比马克思大 14 岁，他青年时期听过黑格尔的课，深受黑格尔思想的影响。后来，他又起来批判黑格尔的思辨哲学，尤其是他的代表作《基督教的本质》(1841)的出版，使他成了当时德国最有影响的哲学家之一，马克思和恩格斯都曾受到过他的影响。于是，下面两个问题就发生了：一是如何理解并阐释费尔巴哈哲学？二是如何理解并阐释马克思与费尔巴哈的理论关系？我们的研究表明，正统的阐释者们对上述两个问题的解答都存在着误读和偏差，而正是由于这样的误读和偏差，他们不仅遮蔽了费尔巴哈的真实思想，也通过被遮蔽的费尔巴哈的思想，进一步遮蔽了马克思的思想。

我们先来看正统的阐释者们对费尔巴哈哲学的阐释和定位。在《出路》中，恩格斯明确地指出：

> 费尔巴哈的发展进程是一个黑格尔主义者（诚然，他从来不是完全正统的黑格尔主义者）走向唯物主义的发展进程，这一发展使他在一定阶段上同自己的这位先驱者的唯心主义体系完全决裂了。他势所必然地终于认识到，黑格尔的"绝对观念"之先于世界的存在，在世界之前就有的"逻辑范畴的预先存在"，不外是对世界之外的造物主的信仰的虚幻残余；我们自己所属的物质的、可以感知的世界，是唯一现实的；而我们的意识和思维，不论它看起来是多么超感觉的，总是物质的、肉体的器官即人脑的产物。物质不是精神的产物，而精神本身只是物质的最高产物。这自然是纯粹的唯物主义。①

---

① 《马克思恩格斯选集》第 4 卷，人民出版社 1995 年版，第 227 页。

毋庸置疑，在恩格斯看来，费尔巴哈哲学就是唯物主义哲学。也就是说，在后黑格尔主义哲学的发展中，费尔巴哈的历史功绩就是重新恢复了唯物主义哲学的权威地位。

当然，恩格斯也敏锐地观察到了，由于费尔巴哈把"唯物主义"这个概念与18世纪以毕希纳、福格特和摩莱肖特的庸俗唯物主义混淆起来，因而他对"唯物主义"这个用语始终是有保留的。然而，恩格斯似乎没有注意到，费尔巴哈不仅对18世纪的唯物主义，而且对整个唯物主义都保持着自己的警惕心。在《论哲学的"开端"》(1841)中，费尔巴哈以轻蔑的口吻写道：

> 要知道，如果一切都被归结为客体的印象，像冷酷的唯物主义和经验主义所假定的那样，那么畜类也可以成为物理学家，甚至必须成为物理学家了。①

费尔巴哈认为，唯物主义关注的只是物的东西，它不仅把世界理解为物的堆积，而且也把每一个富有感性的、有血有肉的人理解为物的表现形态。有鉴于此，费尔巴哈以十分明确的口吻指出：

> 唯物主义、唯心主义、生理学、心理学都不是真理；只有人本学是真理，只有感性、直观的观点是真理，因为只有这个观点给予我们整体性和个别性。②

必须指出，马克思并没有像恩格斯那样，把费尔巴哈哲学简单地定位为唯物主义。在《神圣家族》中，马克思区分了两种不同的唯物主义：一种

---

① ［德］费尔巴哈：《费尔巴哈著作选集》上卷，荣震华等译，商务印书馆1984年版，第89页。

② 同上书，第205页。

是以霍布斯为代表的机械唯物主义，它把人的一切感性情欲都理解并阐释为机械运动。马克思在谈到这种唯物主义时不无遗憾地指出：

> 唯物主义变得敌视人了。①

另一种是具有人道主义倾向的唯物主义：

> 费尔巴哈在理论上体现了和人道主义相吻合的唯物主义，而法国和英国的社会主义和共产主义则在实践方面体现了这种唯物主义。②

从马克思的上述论述可以看出，他明确地把费尔巴哈哲学定位为"和人道主义相吻合的唯物主义"。

更值得注意的是，马克思对费尔巴哈哲学的这一定位是富有深意的。对马克思来说，费尔巴哈哲学的主要历史功绩并不是他的唯物主义，而是他的人本学。事实上，我们在前面部分的论述中已经指出，也正是在《神圣家族》的另一处，马克思肯定，费尔巴哈的杰出贡献是把黑格尔的绝对精神解读为"以自然为基础的现实的人"。也就是说，人本学才是费尔巴哈在后黑格尔语境中对哲学作出的实质性的贡献。正如我们在前面已经指出过的，这完全切合费尔巴哈对自己哲学的定位。其实，早在 1825 年 3 月 22 日致父亲的信中，费尔巴哈已经满怀激情地表示：

> 我要把人，把整个的人，深深地铭记在心中，它不是医生病床和解剖刀下的人，不是律师在法庭上和审讯室里的人，不是面包匠，也不是酿酒师样的人。这是个贯穿一切、穷根究底的思想。有

---

① 《马克思恩格斯全集》第 2 卷，人民出版社 1957 年版，第 164 页。
② 同上书，第 160 页。

了它我就有了一切，并能自己延伸到世界的尽头。①

在费尔巴哈看来，他关注的并不是在社会生活中担任某个角色或处于某种特殊状态下的某个具体的人，而是"整个的人"。在《关于哲学改造的临时纲要》(1842)中，费尔巴哈写道：

> 一切关于法律、关于意志、关于自由、关于没有人的、在人以外甚至在人之上的人格的思辨，都是一种没有统一性、没有必然性、没有实体、没有根据、没有实在性的思辨。人是自由的存在，人格的存在，法律的存在。只有人才是费希特的"自我"的根据和基础，才是莱布尼茨的"单子"的根据和基础，才是"绝对"的根据和基础。②

由此可见，在费尔巴哈哲学中，"人"不是一个边缘性的、偶尔出现的概念，而是其全部哲学思想的基础和核心。费尔巴哈之所以反复重申他更愿意把自己的哲学称为"人本学"，其原因也在这里。当然，费尔巴哈没有把人本学这个概念的外延局限在单纯的哲学思考的范围内，他把神学也纳入人本学的范围内：

> 新哲学完全地、绝对地，无矛盾地将神学溶化为人本学，因为新哲学不仅像旧哲学那样将神学溶化于理性中，而且将它溶化于心情之中，简言之，溶化于完整的，现实的，人的本质之中。③

尽管费尔巴哈由于诉诸感性直观而撇开了人的实践活动，因而他所说的

---

① 苗力田译编：《黑格尔通信百封》，上海人民出版社 1981 年版，第 272 页。
② ［德］费尔巴哈：《费尔巴哈著作选集》上卷，荣震华等译，商务印书馆 1984 年版，第 118 页。
③ 同上书，第 182 页。

"现实的人"归根到底是抽象的，后来遭到了马克思的深入批判，但他的主要贡献在人本学方面，这一点是不应该被遮蔽的。退一万步说，即使从唯物主义角度去定位费尔巴哈哲学，也不应该忽略他的唯物主义是"和人道主义相吻合的唯物主义"。事实上，正统的阐释者们一旦对费尔巴哈哲学作出简单的、片面的定位，势必会影响到他们对马克思与费尔巴哈关系的正确理解和定位。

下面，我们再来考察，正统的阐释者们是如何对马克思与费尔巴哈的理论关系进行阐释和定位的。我们的研究表明，这一定位主要是围绕以下两个方面来展开的：

其一，他们试图把费尔巴哈理解为黑格尔与马克思之间的中间环节。换言之，在马克思思想的发展中，存在着一个费尔巴哈阶段。在《出路》的序言中，恩格斯这样写道：

> 关于我们和黑格尔的关系，我们曾经在一些地方作了说明，但是无论哪个地方都不是全面系统的。至于费尔巴哈，虽然他在好些方面是黑格尔哲学和我们的观点之间的中间环节，我们却从来没有回顾过他。①

在这里，恩格斯明确地提出了"中间环节"说。他还表示：

> 在这种情况下，我感到越来越有必要把我们同黑格尔哲学的关系，我们怎样从这一哲学出发又怎样同它脱离，作一个简要而又系统的阐述。同样，我也感到我们还要还一笔信誉债，就是要完全承认，在我们的狂飙时代期，费尔巴哈给我们的影响比黑格尔以后任何其他哲学家都大。②

---

① 《马克思恩格斯选集》第 4 卷，人民出版社 1995 年版，第 211—212 页。
② 同上书，第 212 页。

在这段论述中，恩格斯暗示我们，他和马克思过去是从黑格尔哲学出发的，后来又同它脱离了，而这一脱离的关键是由于他们受到了费尔巴哈唯物主义的影响，而既然他们长期以来都没有提到过自己曾受惠于费尔巴哈，因而"还要还一笔信誉债"。事实上，恩格斯在这段话中表达的意思，也可以从《出路》正文中的下面一句话——"同黑格尔哲学的分离在这里也是由于返回到唯物主义观点而发生的"①——得到印证。显然，这里说的"返回到唯物主义观点"也就是返回到费尔巴哈的唯物主义哲学。

如果说，恩格斯在这段论述中所说的"返回到唯物主义观点"还没有直接点出费尔巴哈的名字，那么，《出路》正文中的下面这段话就是最明确不过的了。在叙述黑格尔学派的解体时，恩格斯写道：

> 这时，费尔巴哈的《基督教的本质》出版了，它直截了当地使唯物主义重新登上王座，这就一下子消除了这个矛盾。自然界是不依赖任何哲学而存在的；它是我们人类(本身就是自然界的产物)赖以生长的基础；在自然界和人以外不存在任何东西，我们的宗教幻想所创造出来的那些最高存在物只是我们自己的本质的虚幻反映。魔法被破除了；"体系"被炸开并被抛在一旁了，矛盾既然仅仅是存在于想象之中，也就解决了。——这部书的解放作用，只有亲身体验过的人才能想象得到。那时大家都很兴奋：我们一时都成为费尔巴哈派了。马克思曾经怎样热烈地欢迎这种新观点，而这种新观点又是如何强烈地影响了他(尽管还有种种批判性的保留意见)，这可以从《神圣家族》中看出来。②

从恩格斯的这段重要的论述中至少可以引申出以下两点结论：第一，既

---

① 《马克思恩格斯选集》第4卷，人民出版社1995年版，第242页。
② 同上书，第222页。

然费尔巴哈的《基督教的本质》"直截了当地使唯物主义重新登上王座"，而"费尔巴哈给我们的影响比黑格尔以后的任何其他哲学家都大"，可见，马克思必定是在费尔巴哈唯物主义的影响下脱离黑格尔哲学的。第二，既然"我们一时都成为费尔巴哈派了"，这就表明，在马克思思想演化史上必定存在着一个费尔巴哈阶段。那么，这个阶段究竟是否存在呢？在我们看来，这个阶段并不存在。

首先，即使是在短暂的时间里，马克思也不可能成为"费尔巴哈派"。诚然，马克思的思想受到过费尔巴哈的影响，这种影响不仅从马克思和恩格斯合著的《神圣家族》中显露出来，也从恩格斯未见到过的马克思的《黑格尔法哲学批判》(1843)、《手稿》等论著中显露出来。比如，在《神圣家族》中，马克思就曾高度评价过费尔巴哈在黑格尔哲学解体过程中的作用：

> 到底是谁揭露了"体系"的秘密呢？是费尔巴哈。是谁摧毁了概念辩证法即仅仅为哲学家们所熟悉的诸神的战争呢？是费尔巴哈。是谁不是用"人的意义"(好像人除了是人以外还有其他的意义似的！)而是用"人"本身来代替包括"无限的自我意识"在内的破烂货呢？是费尔巴哈，而且仅仅是费尔巴哈。①

然而，数月之后，即在 1845 年春，马克思就撰写了全面分析、批判费尔巴哈哲学的十一条提纲。这充分表明，尽管马克思赞同费尔巴哈的某些观点，但他并没有像恩格斯所说的那样成为"费尔巴哈派"。因为与费尔巴哈比较起来，马克思有着完全不同的知识背景和生活兴趣。在 1860 年 10 月 20 日致威廉·博林的信中，费尔巴哈在比较自己与黑格尔之间在命运上的巨大差异时写道：

---

① 《马克思恩格斯全集》第 2 卷，人民出版社 1957 年版，第 118 页。

命运没使我登上绝对哲学的讲坛，相反地，把我放逐到连一座教堂都没有的、可怕的、多事的小村子里达二十四年之久，地位卑下孤独寂寞、默默无声……我在柏林做了两年大学生，却在乡村做了二十四年的编外讲师。①

不用说，费尔巴哈的生活是孤独的、封闭的，他的知识结构也是单一的，主要涉及宗教领域。相反，马克思在十七岁时写下的《青年在职业选择时的考虑》就已充满对现实生活和人类幸福的关切。在柏林大学求学期间，马克思主要攻读法学和哲学，但他的阅读面非常宽，遍及历史、艺术、宗教、文学、科学等方面。他不但积极参与博士俱乐部的讨论活动，也努力投身于现实斗争。1842 至 1843 年，马克思担任《莱茵报》的编辑，由于必须对有关物质利益的事情发表意见，他从 1844 年开始研读国民经济学。马克思对生活和知识的广泛兴趣使他从青年时期起就完全不同于费尔巴哈。即使在他的思想受费尔巴哈影响时，他仍然保持着自己独立的见解。比如，《黑格尔法哲学批判》中对市民社会、国家和权利的探索，《手稿》中关于实践、私有制、异化劳动和共产主义的论述，《神圣家族》中对阶级异化、历史目的论和唯物主义史的批判性论述等，都远远超出了费尔巴哈的理论视域。有趣的是，恩格斯只是在括号里附带地提到了马克思对费尔巴哈"还有种种批判性的保留意见"，并没有加以展开。然而，实际情形是，从一开始马克思与费尔巴哈之间就存在着重大的思想差异。马克思根本不可能返回到费尔巴哈的直观唯物主义立场上去，从而使自己从黑格尔哲学的阴影中摆脱出来。

事实上，马克思后来在《〈政治经济学〉序言》(1859)中回顾自己从青年时期以来走过的思想历程时，没有一个字提到费尔巴哈。马克思是这样说的：

---

① 苗力田译编：《黑格尔通信百封》，上海人民出版社 1981 年版，第 298 页。

为了解决使我苦恼的疑问，我写的第一部著作是对黑格尔法哲学的批判性的分析。……我的研究得出这样一个结果：法的关系正像国家的形式一样，既不能从它们本身来理解，也不能从所谓人类精神的一般发展来理解，相反，它们根源于物质的生活关系，这种物质的生活关系的总和，黑格尔按照 18 世纪的英国人和法国人的先例，概括为"市民社会"，而对市民社会的解剖应该到政治经济学中去寻求。①

在这段回顾中，马克思提到了黑格尔的法哲学思想和市民社会理论，但完全没有提到费尔巴哈。如果真如恩格斯所说的，在马克思思想的演化中存在着一个费尔巴哈阶段，像马克思这样具有严格科学态度的思想家是不可能一字不提的。这也从相反的角度启示我们，费尔巴哈哲学，包括他的唯物主义立场并没有对马克思思想历程产生过实质性的影响。

其次，马克思的唯物主义是历史唯物主义，这种唯物主义根本不可能源于费尔巴哈的一般唯物主义，而只能源于马克思对现实斗争的参与、对国民经济学的探讨和对黑格尔的历史唯心主义的批判。费尔巴哈的一般唯物主义与马克思的历史唯物主义的根本区别在于：前者是从与人的活动相分离的自然出发的。在《黑格尔哲学批判》(1839)中，费尔巴哈指出：

哲学是关于真实的、整个的现实界的科学，而现实的总和就是自然(普遍意义的自然)。最深奥的秘密就在最简单的自然物里面，这些自然物，渴望彼岸的幻想的思辨者是踏在脚底的。只有回到自然，才是幸福的源泉。②

---

① 《马克思恩格斯选集》第 2 卷，人民出版社 1995 年版，第 32 页。
② ［德］费尔巴哈：《费尔巴哈哲学著作选集》上卷，荣震华等译，商务印书馆 1984 年版，第 84 页。

显然，费尔巴哈所谈论的自然乃是与人的实践活动分离的、被直观的自然。这种抽象的自然正是一般唯物主义的基础和出发点，但对马克思的历史唯物主义来说，这样的自然根本就是虚幻的、不存在的。正如马克思在《手稿》中所说的：

> 被抽象地孤立地理解的、被固定为与人分离的自然界，对人说来也是无。①

那么，在历史唯物主义的视域中，究竟怎样的自然界才有可能存在呢？在《手稿》的另一处，马克思写道：

> 在人类历史中即在人类社会的产生过程中形成的自然界是人的现实的自然界；因此，通过工业——尽管以异化的形式——形成的自然界，是真正的人类学的自然界。②

这就表明，马克思的唯物主义根本不可能来自费尔巴哈的唯物主义。事实上，细心的读者一定会发现，早在《形态》中，马克思已经指出：

> 当费尔巴哈是一个唯物主义者的时候，历史在他的视野之外；当他去探讨历史的时候，他决不是一个唯物主义者。在他那里，唯物主义和历史是彼此完全脱离的。③

这就启示我们，马克思的历史唯物主义根本不可能来自费尔巴哈的一般唯物主义。

最后，从内涵上看，马克思的唯物主义也与费尔巴哈的唯物主义存

---

① 《马克思恩格斯全集》第 42 卷，人民出版社 1979 年版，第 178 页。
② 同上书，第 128 页。
③ 《马克思恩格斯全集》第 3 卷，人民出版社 1960 年版，第 51 页。

在着根本性的区别。《提纲》第一条就明确地表示：

> 从前的一切唯物主义（包括费尔巴哈的唯物主义）的主要缺点是：对对象、现实、感性，只是从客体的或者直观的形式去理解，而不是把它们当作感性的人的活动，当作实践去理解，不是从主体方面去理解。①

简言之，费尔巴哈的唯物主义是以直观为基本特征的，而马克思的唯物主义则是以实践为基本特征的，而后一种唯物主义根本不可能奠基于前一种唯物主义之上，因为它们在内涵上是对立的、不可调和的。也就是说，只有抛弃费尔巴哈的唯物主义，才有可能真正进入马克思的唯物主义的视域。

遗憾的是，在正统的阐释路线的主导下，我们上面提出的三点异议根本不可能发生作用。事实上，到列宁那里，恩格斯对马克思与费尔巴哈理论关系的阐释已经成了不言而喻的真理。比如，恩格斯的"中间环节"说，在列宁那里成了哲学发展史上的一个圆圈：

> 黑格尔——费尔巴哈——马克思。②

同样，恩格斯关于马克思是通过对费尔巴哈唯物主义立场的返回才脱离黑格尔的见解，也在列宁那里得到了新的肯定。列宁写道：

> 马克思和恩格斯的学说是从费尔巴哈那里产生出来的，是在与庸才们的斗争中发展起来的，自然他们所特别注意的是修盖好唯物主义哲学的上层，他们所特别注意的不是唯物主义的认识论，而是

---

① 《马克思恩格斯选集》第1卷，人民出版社1995年版，第54页。
② 列宁：《哲学笔记》，人民出版社1974年版，第411页。

唯物主义的历史观。①

值得注意的是，列宁竟然说"马克思和恩格斯的学说是从费尔巴哈那里产生出来的"，如果这个说法能够成立的话，费尔巴哈岂不成了马克思理论的奠基人！更有甚者，列宁还把马克思的历史唯物主义与费尔巴哈的一般唯物主义简单地等同起来，他告诉我们：

> 物质的存在不依赖于感觉。物质是第一性的。感觉、思想、意识是按特殊方式组成的物质的高级产物。这就是一般唯物主义的观点，特别是马克思和恩格斯的观点。②

尽管列宁在这里没有直接提到费尔巴哈的名字，但他在哲学立场上却把马克思与费尔巴哈完全无差别地等同起来了。事实上，在列宁那里，马克思不仅被黑格尔化了，同时也被费尔巴哈化了。

在列宁之后，斯大林在《论辩证唯物主义和历史唯物主义》中明确指出，马克思和恩格斯既从黑格尔哲学中采取了"合理内核"（辩证法），又从费尔巴哈哲学中采取了"基本内核"（唯物主义），从而形成了自己的哲学（辩证唯物主义）。从此以后，这一主导性的阐释见解就成了马克思主义哲学教科书中的定见。比如，肖前教授等主编的《辩证唯物主义原理》就是这样叙述的：

> 马克思和恩格斯在总结工人运动的丰富经验和自然科学最新成果的基础上，剥掉了黑格尔哲学的唯心主义外壳，批判地吸收了它辩证法思想的合理内核，排除了费尔巴哈哲学中的宗教的、伦理的唯心主义杂质，批判地吸取了它唯物主义的基本内核，并溶入自己

---

① 列宁：《列宁选集》第 2 卷，人民出版社 1995 年版，第 225 页。
② 同上书，第 51 页。

的新发现，从而创立了马克思主义哲学……①

如果说，马克思哲学在方法论上被黑格尔化、在基本立场上被费尔巴哈化了，那么，马克思的划时代的哲学革命又表现在哪里呢？至此，我们发现，马克思原初的哲学思想已经被严严实实地遮蔽起来了。然而，正统的阐释者们还远没有结束自己的遮蔽活动。

# 三、马克思的斯大林化

正统的阐释者们的一系列阐释活动的结晶物是斯大林的《论辩证唯物主义和历史唯物主义》。在该文中，斯大林开宗明义地指出：

> 辩证唯物主义是马克思列宁主义党的世界观。它所以叫作辩证唯物主义，是因为它对自然界现象的看法，它研究自然界现象的方法、它认识这些现象的方法是辩证的，而它对自然界现象的解释、它对自然界现象的了解，它的理论是唯物主义的。历史唯物主义就是把辩证唯物主义的原理推广去研究社会生活，把辩证唯物主义的原理应用于社会生活现象，应用于研究社会，应用于研究社会历史。②

从这段权威性的、影响极其深远的论述中可以引申出以下三点结论：第一，马克思哲学就是辩证唯物主义；第二，历史唯物主义是把辩证唯物主义的原理"推广""应用"到社会历史领域的结果（这就是马克思哲学阐释史上出现的著名的"推广论"）。也就是说，历史唯物主义只是一门应

---

① 肖前等主编：《辩证唯物主义原理》，人民出版社 1981 年版，第 30 页，

② 《联共(布)党史简明教程》，人民出版社 1975 年版，第 115—116 页。

用性的、实证性的学科；第三，辩证唯物主义的研究对象是自然，历史唯物主义的研究对象是社会历史。辩证唯物主义可以从对自然的研究扩展到对社会历史的研究，而历史唯物主义却只能局限在社会历史的范围内，不能对自然进行研究。

这三点结论体现出来的并不是斯大林在思想上的独创性，恰恰相反，它们不过是他对正统的阐释者们留下的阐释成果的综合而已。事实上，在《反杜林论》的"三版序言"中，恩格斯已经表明：

> 马克思和我，可以说是把自觉的辩证法从德国唯心主义哲学中拯救出来并用于唯物主义的自然观和历史观的唯一的人。可是要确立辩证的同时又是唯物主义的自然观，需要具备数学和自然科学的知识。……因此，当我退出商界并移居伦敦，从而获得了研究时间的时候，我尽可能地使自己在数学和自然科学方面来一次彻底的——像李比希所说的——"脱毛"。①

这段话之所以特别重要，是因为恩格斯提到了他和马克思对辩证法的拯救，而这一拯救活动是有分工的。如果说，恩格斯把辩证法用于唯物主义的自然观，那么，马克思则把辩证法用于唯物主义的历史观。恩格斯在这段话中表达出来的意思也可以从《反杜林论》正文中的另一段话"这两个伟大的发现——唯物主义历史观和通过剩余价值揭开资本主义生产的秘密，都应当归功于马克思"②得到印证。其实，当恩格斯把唯物主义历史观视为马克思的伟大发现时，同时也等于说，"唯物主义自然观＋辩证法"属于自己的专利。不过恩格斯并没有把这层意思说出来而已。那么，在恩格斯那里，"唯物主义自然观＋辩证法"究竟是什么呢？

在《出路》中，当恩格斯谈到用唯物主义的观点改造黑格尔的辩证法

---

① 《马克思恩格斯选集》第 3 卷，人民出版社 1995 年版，第 349 页。
② 同上书，第 366 页。

时，曾经指出：

> 这样，概念的辩证法本身就变成只是现实世界的辩证运动的自
> 觉的反映，从而黑格尔的辩证法就被倒转过来了，或者宁可说，不
> 是用头立地而是重新用脚立地了。而且值得注意的是，不仅我们发
> 现了这个多年来成为我们最好的工具和最锐利的武器的唯物主义辩
> 证法，而且德国工人约瑟夫·狄慈根不依靠我们，甚至不依靠黑格
> 尔也发现了它。①

尽管恩格斯把发现"唯物主义辩证法"归功于"我们"，即他和马克思，甚
至也把实际上缺乏哲学素养的约瑟夫·狄慈根一起拉了进来，但实际
上，恩格斯始终认为自己才是"唯物主义辩证法"的真正的发现者，因为
按照分工，他主要研究自然科学，马克思主要研究社会历史，"唯物主
义辩证法"自然就是恩格斯的专利了。

　　总之，在恩格斯的潜意识里，下面这个结论是十分确定的，他发现
了"唯物主义辩证法"，解决了自然观问题，而马克思则发现了"唯物主
义历史观"，从而解决了历史观问题。现在的关键转移到一个新的问题
上，即自然观与历史观比较起来，究竟哪个居于基础性的位置上？恩格
斯的解答是十分明确的，即自然观是历史观的基础。这不光表现在恩格
斯在提到自然观和历史观时，始终把自然观置于历史观之前②，而且从
《反杜林论》和《出路》的叙事结构和次序也可以看出，他始终把关于自然
问题的讨论置于关于社会历史问题的讨论之前。事实上，恩格斯不仅在
潜意识里把自然置于社会历史之前，在意识的范围内他也是这么做的。
在《出路》中，他这样写道：

---

①　《马克思恩格斯选集》第 4 卷，人民出版社 1995 年版，第 243 页。
②　恩格斯不但在我们前面引证过的《反杜林论》"三版序言"中的那段话中把自然观置
于历史观之前，在《出路》中也有"自然界和历史"这样的提法。参见《马克思恩格斯选集》第
4 卷，人民出版社 1995 年版，第 242 页。

我们不仅生活在自然界中，而且生活在人类社会中，人类社会同自然界一样也有自己的发展史和自己的科学。因此，问题在于使关于社会的科学，即所谓历史科学和哲学科学的总和，同唯物主义的基础协调起来，并在这个基础上加以改造。①

这段话表明，在恩格斯的阐释策略中，自然观始终居于基础性的、核心的位置上，而社会历史观则必须同自然观协调起来，并在自然观的基础上加以改造。

由此可见，不管恩格斯在谈到他和马克思的关系时如何谦虚，如何把主要理论贡献归于马克思，但在哲学上，他客观上想表达的意思却是：恩格斯发现了"唯物主义辩证法"，从而为马克思哲学奠定了基础，而马克思不过是把唯物主义辩证法应用到社会历史领域，从而发现了"唯物主义历史观"或"历史唯物主义"。尽管恩格斯有不少批评黑格尔和费尔巴哈的言论，但实际上，在哲学基本立场上，他始终是一个隐蔽的费尔巴哈主义者；而在方法论上，他又始终是一个隐蔽的黑格尔主义者。

如果说，恩格斯把费尔巴哈式的一般唯物主义与黑格尔的辩证法的结合的产物称为"唯物主义辩证法"，那么，普列汉诺夫则称之为"辩证唯物主义"。其实，这是同一个概念的两种不同的表述方式。在《恩格斯〈费尔巴哈和德国古典哲学的出路〉一书俄译本第二版的译者序言》(1905)中，普列汉诺夫明确地指出：

马克思和恩格斯的哲学不仅是唯物主义的哲学，而且是辩证的唯物主义。②

---

① 《马克思恩格斯选集》第4卷，人民出版社1995年版，第230页。
② ［苏］普列汉诺夫：《普列汉诺夫哲学著作选集》第3卷，生活·读书·新知三联书店1962年版，第79页。

在《卡尔·马克思和列夫·托尔斯泰》一文（1911）中，普列汉诺夫说得更为明白：

> 马克思的世界观是辩证唯物主义。①

在普列汉诺夫的影响下，列宁干脆在《唯批》中写道：

> 马克思主义哲学是辩证唯物主义。②

并以挑战性的口吻批评自己的论敌：

> 所有这些人都不会不知道，马克思和恩格斯几十次地把自己的哲学观点叫做辩证唯物主义。③

这就明确地告诉我们，马克思哲学的实质是辩证唯物主义。显然，列宁这里的说法具有某种论战性的、夸张的味道，但凡认真研读过马克思、恩格斯著作的人都知道，马克思和恩格斯都从未使用过"辩证唯物主义"这一概念。正如我们已经指出过的，恩格斯只是创制了"唯物主义辩证法"这一概念，而"辩证唯物主义"的概念则是从普列汉诺夫开始使用的。然而，不知情的人们仍然把恩格斯看作是"辩证唯物主义"概念的创制者。比如，哲学史家波亨斯基在《当代欧洲哲学》一书中就曾这样写道：

> 马克思本人主要是一个政治经济学家、社会学家和社会哲学

---

① ［苏］普列汉诺夫：《普列汉诺夫哲学著作选集》第5卷，生活·读书·新知三联书店1984年版，第737页。
② 列宁：《列宁选集》第2卷，人民出版社1995年版，第10页。
③ 同上书，第12页。

家。他是历史唯物主义的奠基人，而历史唯物主义的一般哲学基础则是辩证唯物主义体系，它本质上是恩格斯研究的结果。①

正如我们在前面已经指出的，恩格斯晚期著作中的一系列论述，客观上已经造成了这样的印象，即"唯物主义辩证法"或后来改称的"辩证唯物主义"是恩格斯研究的结果，而马克思的"历史唯物主义"则是在恩格斯研究成果的基础上提出来的。一言以蔽之，不是马克思，而是恩格斯，才是马克思哲学的真正的奠基者。显然，列宁对这一点是完全认同的，因为他明确地告诉我们：

> 马克思加深和发展了哲学唯物主义，而且把它贯彻到底，把它对自然界的认识推广到人类社会的认识，马克思的历史唯物主义是科学思想中的最大成果。②

按照列宁的这一见解，马克思在哲学上根本就没有什么独创性可言，他不过是"加深和发展了"哲学唯物主义，并把恩格斯的研究成果"推广"到社会历史领域而已。列宁没有说出来的话是：恩格斯才是马克思哲学的真正的奠基人。

由此可见，斯大林关于历史唯物主义不过是把辩证唯物主义"推广"和"应用"到社会历史领域的结论，早已蕴含在以恩格斯为肇始的正统的阐释者们的论著中了，斯大林不过是把它们发掘出来，加以系统化、明确化而已。自从《联共（布）党史简明教程》问世以来，由于苏联、东欧和中国理论界的马克思哲学教科书都是以斯大林的《论辩证唯物主义和历史唯物主义》作为权威样板的，因而马克思被斯大林化的影响是无法估量的，而我们的研究表明，斯大林化乃是对马克思的本真哲学精神的最

---

① I. M. Bochenski, *Contemporary European Philosophy*, Oakland：University of California Press，1957，p. 62.

② 列宁：《列宁选集》第 2 卷，人民出版社 1995 年版，第 311 页。

系统、最严重的遮蔽。这一遮蔽造成的结果如下：

其一，马克思哲学被二元化为辩证唯物主义和历史唯物主义。辩证唯物主义只研究自然，历史唯物主义只研究社会历史。这样一来，自然与社会历史也被二元化了。

其二，把辩证唯物主义（对应于自然）视为马克思哲学的基础和核心，把历史唯物主义（对应于社会历史）置于实证科学或应用科学的位置上，也就等于说，在辩证唯物主义范围内讨论的任何哲学问题，包括本体论、认识论和方法论，都完全与社会历史无涉，而这些完全与社会历史无涉的哲学问题根本上就是抽象的、虚幻的，没有任何现实意义的。反之，在历史唯物主义范围内讨论的哲学问题，包括生产力、生产关系、市民社会、国家等，也完全与自然无涉，从而同样是虚假的、荒谬的。

其三，把历史唯物主义作为被"推广"或被"应用"的领域而加以实证化，缩小乃至彻底抹杀了马克思所发动的划时代的哲学革命的重大意义。

我们认为，马克思策动的划时代的哲学革命的实质是创立历史唯物主义。历史唯物主义就是成熟时期马克思的全部哲学思想，它根本无须辩证唯物主义为之提供思想基础，它的思想基础完全蕴含在自身之内。历史唯物主义理解的社会历史是以人的实践活动为基础的，正是通过实践活动，自然作为人化自然成了社会历史的有机的组成部分。事实上，马克思早已告诉我们：

> 社会是人同自然界的完成了的本质的统一。①

世界上既不存在与社会历史相分离的自然，也不存在与自然相分离的社会历史。让"辩证唯物主义"这个被正统的阐释者们发明出来的赘词退回

---

① 《马克思恩格斯全集》第 42 卷，人民出版社 1979 年版，第 122 页。

到历史的阴影中去，马克思思想长期以来所处的这种被遮蔽状态再也不能继续下去了。我们认为：

一方面，必须认真地清理马克思思想的阐释史（包括传播史）。不但要清除掉正统的阐释者们对马克思思想的种种误解，也要清除掉他们附加给它的种种错误的观念（包括由不当的翻译而形成的错误观念）。只要这种清理工作做得不彻底，甚至继续受到忽视，人们面对的就始终只能是一个被遮蔽的马克思。我们希望面对的是本真的，即未受污染、未受遮蔽的马克思。

另一方面，必须认真地研读马克思本人留下的遗著、手稿、笔记、信件和其他材料。随着研究的深入，人们越来越清楚地认识到，确立文献学意识的必要性和重要性，而 MRGA2 版的编辑和出版为这方面的研究奠定了良好的基础，也使人们可能与一个更具逼真度的马克思进行对话和交流。尽管马克思原初的思想轨迹无法完全加以复原，但无论如何，文献学研究拉近了我们和他之间的思想距离，也使他的理论形象有可能更完整、更明晰地向我们显现出来。

每一个不存偏见的读者都将发现，本书对马克思思想的探索正是按照以上两个方面展开的。这一探索具体分为三篇，即"作为批评家的马克思""作为理论家的马克思"和"作为思想家的马克思"加以展开。当然，这样区分并不意味着作为批评家、理论家和思想家的马克思是相互隔绝的，只是表明各篇的侧重点有所不同而已。我们真诚地希望，通过我们的努力，揭去遮蔽在马克思思想上的神秘面纱，从而重塑马克思的理论形象。

# 再论历史唯物主义传统叙述方式的改变<sup>①</sup>
## ——兼答文兴吾先生

　　《中国社会科学》2004 年第 1 期发表了拙文
《从科学技术的双重功能看历史唯物主义叙述方
式的改变》。拙文提出的核心观点是：马克思创
立的历史唯物主义的基本理论必须加以坚持，但
历史唯物主义的传统叙述方式必须随时代的变化
而加以改变。"换言之，历史唯物主义理论应该
获得与当今时代条件相匹配的、新的叙述
方式。"<sup>②</sup>

　　在 1883 年马克思逝世后的一百多年中，科
学技术取得了长足的发展，但人类面对的生态环
境也受到了严重的破坏。毋庸置疑，西方生态学
家、未来学家和哲学家们的思索启发我们，在当
代语境中，历史唯物主义的传统叙述方式，尤其
是它蕴含的三个理论前设已面临严峻的挑战。为
了维护历史唯物主义理论的真理性，必须对它的
当代叙述方式进行改变。这里，拙文所倡导的
"改变"主要涉及两个方面。一方面，"历史唯物
主义的整个当代叙述方式必须认可并指涉生态学

---

　　① 载《中国社会科学》2012 年第 10 期，第 26—29 页。——编者注
　　② 俞吾金：《从科学技术的双重功能看历史唯物主义叙述方式的改变》，《中国社会
科学》2004 年第 1 期，第 139 页。

的语境。"也就是说，必须在当代生态学所昭示的资源、生产、增长和发展的有限性和生态危机的现实性基础上来叙述生产力与生产关系、经济基础与上层建筑等关系。另一方面，"历史唯物主义的叙述方式必须对生产力，包括作为'第一生产力'的现代科学技术的本质和历史作用作出合理的叙述。"所谓"合理的叙述"就是既要看到现代科学技术（在其实践形态上）已成为第一生产力，又要看到现代科学技术（在其理论的形态上）已成为意识形态，从而应该对当代意识形态的性质、结构、功能及其在整个历史唯物主义理论中的地位和作用作出新的阐释。

拙文发表 8 年来，理论界的研究状况进一步证明了拙文探讨的主题是有意义的，引申出来的结论是合理的。一方面，当代生态学已经成了理论研究中最活跃的领域，而且对生态社会主义，尤其是对以詹姆斯·奥康纳、本·阿格尔、戴维·佩珀和约翰·贝拉米·福斯特等为代表的生态学马克思主义的探讨，引起了越来越多的研究者的重视。另一方面，在科技哲学乃至整个哲学研究领域，关于现代科学技术的本质和社会功能的探讨已经成了经久不衰的热点问题，尤其是海德格尔关于现代技术的否定性作用的论述、哈贝马斯关于现代科学技术的双重功能（其实践形态作为第一生产力，其理论形态作为意识形态）的学说，成了各种形式的理论讨论会的主题。

然而，遗憾的是，国内理论界依然存在着完全无视马克思逝世一百多年来人文社会科学研究的新成果、新发展和新挑战，以抱残守缺的心态维护历史唯物主义的传统叙述方式的理论倾向，文兴吾先生的商榷文章《对"传统的历史唯物主义叙述体系"批判的批判》（以下简称"兴文"）堪称这方面的代表作，文中充满了理论错误和逻辑混乱。下面就"兴文"批评拙文时提出的主要观点进行回应。

# 一

拙文主张，历史唯物主义的传统叙述方式缺乏一个生态学的语境。"兴文"并不同意这一观点，指责拙文"囿于对生态学研究过分狭隘的理解"，强调历史唯物主义理论中已经蕴含着一个生态学的语境，甚至根据理论界个别人的观点，认定马克思是"第一个生态哲学家"或"第一个社会生态学家"。

首先，"兴文"告诉我们："'生态学'一词是德国生物学家海克尔1866年首先提出的，定义是：研究动物与其有机及无机环境之间相互关系的科学。目前，生态学被定义为'研究生物与环境及生物与生物之间相互关系的科学'。"其实，以如此宽泛方式谈论生态学的概念，并不切合拙文中指涉的生态学概念或生态学语境。

其次，"兴文"的这段文字不知不觉间陷入了如下逻辑矛盾：既然"生态学"一词不是马克思率先提出，在马克思的全部文本中也从未出现过这个词，那么马克思怎么可能像"兴文"所认定的，会"主张在解决社会问题的前提下去解决生态问题"呢？马克思怎么可能成为"第一个生态哲学家"或"第一个社会生态学家"呢？

最后，"兴文"的上述文字完全混淆了生态学研究的出发点与人类生态环境实际上所处的状态这两个截然不同的问题。在马克思和海克尔生活的时期，人类实际生活中资源和生产的有限性及生态危机问题均未出现。但从20世纪六七十年代以降，资源和生产的限度及生态危机问题却出现在人类的实际生活中，而且被当代生态学家们意识到了。然而，对于上述两个不同的历史时期来说，生态学研究的出发点始终是生物与环境及生物与生物的相互关系。也就是说，在不同的历史时期中，生态学研究的出发点是不可能改变的，可变的是实际上的生态环境以及生态学家们对环境的意识。如果像"兴文"那样，只按照生态学的不变的出发点去理解生态学，那就把生态学概念的外延无限地扩大了。按照这样的理解方式，不但马克思的著作，而且达尔文的《物种起源》(1859)和《人类的由来》(1871)、马尔萨斯的《人口原理》(1789)，甚至亚里士多德的《动物学》也早已在思考生物与环境及生物与生物之间的相互关系了，岂不都成了生态学发展史上的经典作品？

由此可见，"兴文"通过泛化生态学概念的外延，试图阐明历史唯物主义的传统叙述方式中已蕴含着完整的生态学语境的做法，并不符合历史的真实状况。本·阿格尔客观地指出："我们的中心论点是，历史的变化已使原本马克思主义关于只属于工业资本主义生产领域的危机理论失去效用。今天，危机的趋势已转移到消费领域，即生态危机取代了经济危机。"①事实上，在马克思生活的时代，生态危机、资源和生产的界限问题等都还没有上升为全社会关注的核心问题，马克思和恩格斯关注的主要是在资本主义生产方式的背景下由生产过剩而引发的周期性的经济危机。

毋庸置疑，我们对生态学语境的界定是从当代生态环境的实际状况——生态危机的存在和地球上资源与生产的限度——这一客观事实出发的。尽管马克思、恩格斯在某些论述中关注了劳动者与环境、劳动者之间的相互关系，但由于受时代条件的制约，他们在叙述历史唯物主义理论时，并未把资源和生产的限度、生态危机的紧迫性置于自己论述的核心，这也是不争的事实。假如像"兴文"所设想的那样，历史唯物主义已超前地拥有了当代生态意识，又怎么可能形成"生态学马克思主义"这一颇有影响力的当代社会思潮呢？

---

① ［加］本·阿格尔：《西方马克思主义概论》，慎之等译，中国人民大学出版社1991年版，第486页。

# 二

拙文主张，历史唯物主义的传统叙述方式只看到科学技术在推动生产力和人类历史发展方面的积极作用，却忽略了现代科学技术尤其是现代技术的负面作用。"兴文"就拙文的上述观点提出了种种驳难，但没有一点是站得住脚的。

首先，"兴文"指责拙文"对科学、技术不作区分，简单地把'科学技术'等同于'科学'"，这是毫无道理的。如果拙文把这两个概念等同起来，那就只要用"科学"就行了，为什么还要用"科学技术"呢？拙文之所以运用"科学技术"这一术语，是因为拙文认定，技术是实践形态的科学，而科学则是理论形态的技术，在现代生活的语境中，科学与技术总是不可分离地关联在一起的。此外，运用这个术语也是为了更清晰地揭示现代科学技术的双重功能（即作为实践形态的"第一生产力"和作为理论形态的"意识形态"）。有趣的是，"兴文"在指责我混淆概念时，却未能对科学和技术这两个概念的含义和关系作出明确的界定。

其次，"兴文"强调，"早在 1988 年，邓小平就作出了'科学技术是第一生产力'的著名论断"，试图给读者造成一个印象，即这个论断是邓小平率先提出的。其实，哈贝马斯在此前的 20 年，即 1968 年出版的《作为"意识形态"的技术与科学》一书中，已经提出了"技术和科学成了第一生产力"①的著名论断。显而易见，邓小平的论断是在哈贝马斯之后作出的。"兴文"故意撇开哈贝马斯在这个问题上的首要贡献，表明他完全以拒斥的态度对待国外学者的新思想、新理论。正是在这一点上，我们可以找到他固守历史唯物主义的传统叙述方式的理由。

---

① J. Habermas，*Technik und Wissenschaft als "Ideologie"*，Frankfurt A. M. ：Suhrkamp Verlag，1970，S. 79.

最后，"兴文"指责拙文否定了马克思和恩格斯关于"科学是一种在历史上起推动作用的、革命的力量"的观点，同样是站不住脚的。一方面，马克思和恩格斯从未作出"科学是始终在历史上起推动作用的、革命的力量"的论断，他们只是表明，通过对以往历史的考察，发现科学在历史上起着推动性的、革命性的作用，但并没有向我们担保，科学在未来社会中也会一如既往地发挥同样的作用。事实上，1936 年胡塞尔在《欧洲科学的危机和先验现象学》中早已告诫我们："19 世纪的下半叶，现代人的整个世界观都受到实证科学的规定，并使自己受到实证科学所造就的'繁荣'的迷惑。"[1]在现代科学的统治下，人们丧失了对自己的命运和生活意义的关注，因而胡塞尔主张哲学应该深入研究前科学的"生活世界"（die Lebenswelt）。海德格尔也指出，现代社会的发展表明，科学正在蜕变为控制论，它只关注以下两方面的内容：一是人类如何控制自然界，二是人类中的一部分人如何控制另一部分人。与此相应的是，自改革开放以降，国内理论界提出的"两个文明一起抓""弘扬人文精神，遏制科学主义的蔓延"等口号也表明，越来越多的有识之士意识到了现代科学所蕴含的负面价值。对此，"兴文"故意采取"鸵鸟政策"，对 20 世纪六七十年代以来科学的高度发展及国内外有识之士对科学的批评性反思视而不见，固守历史唯物主义的传统叙述方式，名义上是维护马克思主义理论的纯洁性，实际上却把它的观点教条化，变成与时代格格不入的东西。

三

拙文主张，历史唯物主义的传统叙述体系讨论到"意识形态"概念

---

[1]　E. Husserl, *Die Krisis der europäischen Wissenschaften und die transzendentale Phänomenologie*, Hamburg: Felix Meiner Verlag, 1982, S. 4.

时，通常只包括哲学、宗教、道德、艺术等意识形式，而从未把科学或科学技术视为意识形式。因为在马克思主义经典作家看来，意识形态是以扭曲的、颠倒的方式反映外部世界，相反，科学则以正确的方式反映外部世界，因而他们不但不把科学理解为意识形式，反而把科学与意识形态尖锐地对立起来。"兴文"不同意拙文的观点，竭力为历史唯物主义的传统叙述体系的权威性进行辩护。

首先，"兴文"主张"'科学技术并不具有意识形态的功能'，这不是'传统的历史唯物主义叙述体系'的观点，更不是其理论前设。如果否认科学技术具有意识形态的功能，又何以理解'科学技术是精神文明建设的重要基石'论断呢?"在这里，"兴文"认为，历史唯物主义的传统叙述体系已经承认科学技术具有意识形态功能，这显然是闭门造车的结论。如前所述，既然马克思主义的经典作家从不认为科学是意识形式，怎么可能谈论科学技术的意识形态功能呢? 此外，即使历史唯物主义传统叙述体系的书写者们普遍认可科学知识在精神文明建设中有重要意义，并影响到一切社会实践领域，也不可能由此而证明他们已把科学知识视为意识形式。举例来说，在精神文明的建设中，语言学知识、逻辑学知识都有重要意义，但谁会说这两门科学也是意识形式呢?

其次，"兴文"申辩道："在'传统的历史唯物主义叙述体系'中，科学技术履行意识形态的职能，为政治统治的合法性辩护，这并不能归咎于科学技术本身；只有社会关系的性质对科学技术的政治效应才有决定性的影响。"显然，"兴文"的观点是错误的：一方面，历史和实践早已证明，不管是在资本主义还是社会主义的社会关系下，科学技术蜕变为意识形态的可能性都是存在的。另一方面，不应该遮蔽现代科学技术，尤其是现代技术的本质。海德格尔指出："现代技术的本质在我们称之为'座架'(enframing)的东西中显现出来。"[①]这里，"座架"的含义就是统

---

① M. Heidegger，"The Question Concerning Technology"，in *The Question Concern-ing Technology and other Essays*，trans. W. Lovitt，New York：Harper Colophon Books，1977，p. 23.

治、支配和控制。海氏甚至认为，正是现代技术本身把人连根拔起，使人的生存面临深渊，因而必须对现代技术本身进行批判性的反思。

最后，"兴文"故作姿态地强调："现代民主政治的发展进步和精神文明的建设，没有科学技术的高度发达，是难以进行的。"事实上，拙文从未否定现代科学技术的发展对当代中国现代化建设的必要性和重要性，但拙文同时强调，"认同这一点，并不等于我们可以对蕴含在现代科学技术中的某些负面的因素失去警惕性"①。

综上所述，拙文的核心观点——历史唯物主义的基本理论必须被坚持，但其叙述方式却应该随时代的发展而变化——并没有被"兴文"所驳倒，真正被驳倒的却是"兴文"为历史唯物主义的传统叙述方式所做的种种辩护。这种情形不禁使我们想起了恩格斯在批评杜林时说过的一句名言："无责任能力来自自大狂。"②

---

① 俞吾金：《从科学技术的双重功能看历史唯物主义叙述方式的改变》，《中国社会科学》2004 年第 1 期，第 142 页。
② 《马克思恩格斯文集》第 9 卷，人民出版社 2009 年版，第 343 页。

# 从思想世界降到现实世界①

## ——马克思对黑格尔及青年黑格主义者的
## 唯心主义历史观的批判

马克思对黑格尔及青年黑格尔主义者的唯心主义历史观的批判，不但在其确立唯物主义历史观的过程中起着关键性的作用，而且也为当代哲学中某些重大观念的形成奠定了思想基础。然而，研究者们常常忽略马克思在这方面所做的重要工作，这就使他们既看不到马克思的批判意识与当代哲学之间的内在联系，又很容易在当代形形色色的唯心主义历史观面前失去自己的判断能力。可见，我们有充分的理由重新关注这段历史，以便对马克思的批判精神获得更深刻、更全面的认识。

早在 1843 年 9 月致卢格的信中，马克思已经指出："新思潮的优点就恰恰在于我们不想教条式地预料未来，而只是希望在批判旧世界中发现新世界。"②与费尔巴哈所倡导的单纯的宗教批判不同，马克思对旧世界的批判主要是沿着政治观念和法的观念而展开的，而且他把批判的触须深入到这些观念的支援意识——黑格尔及青年黑

---

① 载《探索与争鸣》2012 年第 11 期，第 3—6 页。——编者注
② 《马克思恩格斯全集》第 1 卷，人民出版社 1956 年版，第 416 页。

格尔者的唯心主义历史观中去了，并明确地提出，"从思想世界降到现实世界"（aus der Welt der Gedanken in der wirkliche Welt herab-zusteigen）①是这一批判的根本任务。马克思对黑格尔及青年黑格尔主义者的唯心主义历史观的批判，主要是围绕以下三个观念来展开的。

## 一、思想统治着世界

人是有思想、有观念的存在物，而人的行动总是在自己的思想、观念的支配下展开的，尤其在生产劳动中，人是先有预定的目的，甚至有具体的草图，再去从事实际活动的。正是这类处处可以见到的表面现象使哲学家陷入幻觉，以为思想和观念统治着世界。正如马克思在《德意志意识形态》手稿的一段被删去的文字中所表达的："德国唯心主义和其他一切民族的意识形态没有任何特殊的区别。后者也同样认为思想统治着世界，把思想和概念看作是决定性的原则，把一定的思想看作只有哲学家们才能揭示的物质世界的秘密。"②按照马克思的看法，在肯定思想统治着世界这一点上，不同民族的唯心主义者之间并不存在重大的分歧。当然，比较起来，德国的唯心主义哲学家，尤其是黑格尔，在肯定并论证思想统治着世界这一点上做得比其他哲学家更引人注目，因为"按照黑格尔的体系，观念、思想、概念产生、规定和支配人们的现实生活、他们的物质世界、他们的现实关系"③。而当时的德国哲学家，尤其是青年黑格尔主义者则在黑格尔的思想世界中迷失了方向。老年黑格尔主义者认为，任何东西，只要被归入黑格尔的逻辑范畴，就变得明白易懂了；而青年黑格尔主义者则以"批判"或"批判的批判"自居，或者用宗教的观念取代一切，或者宣布一切都是神学上的东西。"青年黑格

---

① 《马克思恩格斯全集》第 3 卷，人民出版社 1960 年版，第 525 页。
② 同上书，第 16 页注 1。
③ 同上。

尔派同意老年黑格尔派的这样一个观念，即认为宗教、观念、普遍的东西统治着现存世界。不过一派认为这种统治是篡夺而加以反对，而另一派则认为它是合法的而加以赞扬。"①

我们发现，黑格尔和青年黑格尔主义者的逻辑推论如下：既然思想统治着世界，那么改造旧世界的活动就必定会转化为批判旧思想、旧观念的活动。也就是说，一旦人们头脑中的旧思想、旧观念被摒弃了，旧世界也就被改造得焕然一新了。总之，一切活动都是在大脑中进行的，马克思辛辣地嘲讽了这种唯心主义历史观："有一个好汉一天忽然想到，人们之所以溺死，是因为他们被关于重力的思想迷住了。如果他们从头脑中抛掉这个观念，比如说，称它是宗教迷信的观念，那么他们就会避免任何溺死的危险。他一生都在同重力的幻想作斗争，统计学给他提供愈来愈多的有关这种幻想的有害后果的证明。这位好汉就是现代德国革命哲学家们的标本。"②在马克思看来，观念的变化并不等于现实的变化，因为思想和观念不但不可能统治世界，恰恰相反，倒是世界的实际情况决定着思想、观念的形成、变化和发展。

基于上述考虑，马克思明确地指出："不是意识决定生活，而是生活决定意识。"③从逻辑在先的角度看，意识、思想和观念都不是原初性的实事，而真正的原初性的实事是：人要在世界上生存下去，就得解决吃、喝、住、穿的问题，而要解决这些问题，就得从事物质生活资料的生产。"因此第一个历史活动就是生产满足这些需要的资料，即生产物质生活本身。"④而已经得到满足的第一个需要本身、满足需要的活动和已经获得的为满足需要而使用的工具又会引起新的需要，这种新的需要又会不断地得到扩展和延伸，这是第二个方面。与此同时，人类种族要繁衍下去，人的生产就是必不可少的，这是第三个方面。而人的生产又

① 《马克思恩格斯全集》第 3 卷，人民出版社 1960 年版，第 22 页。
② 同上书，第 16 页。
③ 同上书，第 30 页。
④ 同上书，第 31 页。

使人与人之间的社会关系也不断地被复制出来，这是第四个方面。马克思认为，"只有现在，当我们已经考察了最初的历史的关系的四个因素、四个方面之后，我们才发现：人也具有意识"①。必须指出的是，马克思这里并不是说，前面四个方面的活动都可以脱离意识而进行。实际上，意识、思想和观念是与人们从事的物质生活资料的生产活动、交往活动及语言交流活动不可分割地交织在一起的，它们的内涵及其变化正是由这些基础性的活动，即生活的生产所决定的。当生活的生产发展到一定阶段时，就会出现精神劳动和物质劳动的分工。于是，精神劳动，即自觉的意识活动开始被人们，尤其是哲学家们误认作完全可以与现实生活相分离的独立的存在物。马克思尖锐地批评了这种把意识独立化并夸大为统治世界的力量的错误观点，明确表示：意识只不过是物质生活过程的必然升华物，"因此，道德、宗教、形而上学和其他意识形态，以及与它们相适应的意识形式便失去独立性的外观。它们没有历史，没有发展，那些发展着自己的物质生产和物质交往的人们，在改变自己的这个现实的同时也改变着自己的思维和思维的产物"②。必须指出，马克思这里所说的意识和意识形态"没有历史，没有发展"是指它们没有独立的历史，独立的发展，因为它们不过是现实生活的"反射和回声"罢了。尽管马克思从未使用过"唯物主义历史观"这样的概念，但他在谈到自己的立场时明确指出："这种历史观与唯心主义历史观不同，它不是在每个时代中寻找某种范畴，而是始终站在现实历史的基础上，不是从观念出发来解释实践，而是从物质实践出发来解释观念的东西。"③

正是从这样的历史观，即唯物主义历史观出发，马克思告诫我们，意识、思想和观念的一切形式和产物都是不可能用单纯精神上的批判来加以消灭的，只有推翻它们所由产生的现实的社会关系，才能最终消灭它们。"历史的动力以及宗教、哲学和任何其他理论的动力是革命，而

---

① 《马克思恩格斯全集》第 3 卷，人民出版社 1960 年版，第 34 页。
② 同上书，第 30 页。
③ 同上书，第 43 页。

不是批判。"①通过上面的论述，马克思从根本上粉碎了黑格尔和青年黑格尔主义者制造的关于"思想统治世界"的唯心主义观点。

## 二、观念支配着历史

按照黑格尔的历史哲学理论，思想不仅统治着当下的现实生活，也支配着整个人类历史。正如马克思批评的："黑格尔的历史哲学是整个德国历史编纂学的最终的、达到自己'最纯粹的表现'的产物。在德国历史编纂学看来，问题完全不在于现实的利益，甚至不在于政治的利益，而在于纯粹的思想。"②弥漫在黑格尔历史哲学中的唯心主义历史观，主要表现在以下三个错误观念上：

其一，附带论。在马克思看来，每一代人作为现成的东西承受下来的生产力、资金和社会交往形式的总和构成历史的现实基础。然而，以黑格尔为代表的唯心主义历史观"不是完全忽视了历史的这一现实基础，就是把它仅仅看成与历史过程没有任何联系的附带因素"③。所谓"附带论"就是把这一现实基础挂在思想和思想史的"腰带"上，只是思想和思想史需要时，才把它作为例证或个案加以援引。毋庸置疑，正是这种附带论，把真实的历史关系完全颠倒过来了。在《资本论》中，马克思辛辣地嘲讽了这种错误的观念："很明白，中世纪不能靠天主教生活，古代世界不能靠政治生活。相反，这两个时代谋生的方式和方法表明，为什么在古代世界政治起着主要作用，而在中世纪天主教起着主要作用。此外，例如只要对罗马共和国的历史稍微有点了解，就会知道，地产的历史构成罗马共和国的秘史。而从另一方面说，唐·吉诃德误认为游侠生

---

① 《马克思恩格斯全集》第 3 卷，人民出版社 1960 年版，第 43 页。
② 同上书，第 45 页。
③ 同上书，第 44 页。

活可以同任何社会经济形式并存，结果遭到了惩罚。"①这段话充分表明，附带论是站不住脚的，它应该被颠倒为决定论，即历史正是由生产力、资金和社会交往形式的总和构成的现实基础所决定的。假如人们忽略这一现实基础，不但不可能对各种历史现象作出合理的解释，而且也会在行动上犯堂吉诃德式的错误。

其二，元首论。马克思认为，以黑格尔为代表的唯心主义历史观总是把元首，即国家的政治领袖理解为历史的创造者或推进者。这种错误观念在史学界拥有广泛而深远的影响。众所周知，当路易·波拿巴于1851年12月2日发动政变后，法国作家维克多·雨果和法国经济学家蒲鲁东分别出版了以这次政变为题材的著作。前者把政变描绘成突如其来的晴天霹雳，认为它完全是波拿巴个人的暴力行为。当他这样做时，他的动机是把波拿巴写成小人和罪人，但实际上却把他夸大为创造历史的巨人和伟人。后者试图把政变描绘成以往历史发展的必然结果，然而这种描绘却不知不觉地蜕变为对政变者行为的辩护。与雨果和蒲鲁东所持的"元首论"不同，马克思表示："相反，我则是证明，法国阶级斗争怎样造成了一种局势和条件，使得一个平庸而可笑的人物有可能扮演了英雄的角色。"②显然，马克思敏锐地觉察到了隐藏在政变深处的动因——经济关系与阶级利益，而雨果和蒲鲁东则始终停留在对元首的历史作用的惊叹上。

其三，目的论。马克思在批评青年黑格尔主义者布·鲍威尔的历史目的论时曾经写道："从前的目的论者认为，植物所以存在，是为了给动物充饥，动物之所以存在，是为了给人类充饥，同样，历史所以存在，是为了给理论的充饥（即证明）这种消费行为服务。人为了历史而存在，而历史则为了证明真理而存在。在这种批判的庸俗化的形式中重复了思辨的高见：人和历史所以存在，是为了使真理达到自我意识。"③其

---

① 马克思：《资本论》第1卷，人民出版社1975年版，第99页。
② 《马克思恩格斯选集》第1卷，人民出版社1995年版，第580页。
③ 《马克思恩格斯全集》第2卷，人民出版社1957年版，第100—101页。

实，在马克思看来，历史不过是各个世代的依次交替，每一代人都在前面的世代遗留下来的条件的基础上从事自己的活动，并在活动中努力改变以前的条件。然而，在黑格尔及青年黑格尔主义者的唯心主义历史观中，一切都被颠倒过来了，"好像后一个历史时期乃是前一个历史时期的目的，例如好像美洲的发现的根本目的就是要引起法国革命。因此，历史便具有其特殊的目的并成为某个与'其他人物并列的人物'（如像'自我意识'、'批判'、'唯一者'等等）。其实，以往历史的'使命'、'目的'、'萌芽'、'观念'等词所表明的东西，无非是从后来历史中得出的抽象，无非是从先前历史对后来历史发生的积极影响中得到的抽象"①。乍看起来，这种目的论试图对历史作出合理的解释，但一旦倒因为果，即把后续历史发展的结果作为目的引入对前面的历史活动的动因的解释中，历史就完全变质了，因为前面的历史活动本来在其发展中具有多种可能性，现在却被限定在作为其目的的后续历史结果的单一性中了。于是，活生生的历史消失了，历史哲学成了唯心主义的史学家们手中玩弄的魔方。

总之，黑格尔和青年黑格尔主义者所坚持的观念支配着历史的见解是完全错误的。在马克思看来，归根到底，这种见解是统治阶级的意识形态在历史哲学理论中的表现。事实上，马克思早已发现，"统治阶级的思想在每一个时代都是占统治地位的思想。这就是说，一个阶级是社会上占统治地位的物质力量，同时也是社会上占统治地位的精神力量"②。而在统治阶级内部出现的精神劳动和物质劳动的分工，必定会使一部分人作为该阶级的思想家而出现，他们把编造这个阶级关于自身的幻想当作谋生的手段，因而这部分人还作为"思维着的人，作为思想的生产者而进行统治，他们调节着自己时代的思想的生产和分配；而这就意味着他们的思想是一个时代的占统治地位的思想"③。如此，我们

---

① 《马克思恩格斯全集》第 3 卷，人民出版社 1960 年版，第 51 页。
② 同上书，第 52 页。
③ 同上。

就明白了，黑格尔和青年黑格尔主义者关于思想统治着现实、观念支配着历史的见解之所以在当时的德国成了主导性的理论，因为这些理论作为意识形态的组成部分，本来就是为统治阶级的利益服务的。

# 三、语言主宰着生活

马克思认为，对于哲学家们说来，从思想世界降到现实世界是最困难的任务之一。为什么？因为"语言是思想的直接现实。正像哲学家们把思维变成一种独立的力量那样，他们也一定要把语言变成某种独立的特殊的王国。这就是哲学语言的秘密，在哲学语言里，思想通过词的形式具有自己本身的内容。从思想世界降到现实世界的问题，变成了从语言降到生活中的问题"①。

毋庸置疑，与实证科学比较起来，哲学使用的语言是远为抽象的。在某种意义上，哲学就是运用抽象的概念，包括最普遍、最抽象的逻辑范畴（如存在、虚无、变化、本质、实存等）认识世界、规范世界的一门学科。由于哲学语言的高度抽象性，它与日常生活相联系的环节变得越来越模糊，以至于哲学家们很容易产生这样的幻觉，即哲学语言完全拥有自己的独立性。事实上，只要哲学家们停留在这样的幻觉中，他们的研究活动就会远离日常生活，他们的研究成果也会失去意义，因为它们包含的只可能是诡辩和幻想。正如英国哲学家休谟曾经指出过的那样："我们如果在手里拿起一本书来，例如神学书或经院哲学书，那么我们就可以问，其中包含着数和量方面的任何抽象推论吗？没有。其中包含着关于实在事实和存在的任何经验的推论吗？没有。那么我们就可以把它投在烈火里，因为它所包含的没有别的，只有诡辩和幻想。"②显然，

---

① 《马克思恩格斯全集》第 3 卷，人民出版社 1960 年版，第 525 页。
② ［英］休谟：《人类理解研究》，关文运译，商务印书馆 1981 年版，第 145 页。

马克思也拥有与休谟类似的见解，在《关于费尔巴哈的提纲》中他告诉我们："关于思维——离开实践的思维——的现实性或非现实性的争论，是一个纯粹经院哲学的问题。"①也就是说，马克思早已认为，脱离现实生活的经院哲学是荒谬的。所以，当马克思强调，对于哲学家们来说，从思想世界降到现实世界是最困难的任务之一时，也就等于批评他们的哲学研究在多大的程度上已经丧失了自己的意义。那么，对于哲学家们来说，究竟有没有可能从抽象的、独立的语言世界降到日常生活世界中呢？在马克思看来，这种可能性是存在的，即"哲学家们只要把自己的语言还原为它从中抽象出来的普通语言，就可以认清他们的语言是被歪曲了的现实世界的语言，就可以懂得，无论思想或语言都不可能组成特殊的王国，它们只是现实生活的表现"②。然而，这种"还原"究竟以何种方式得以实行呢？马克思认为，这需要我们对日常语言的起源做一个深入的考察。

在《评阿·瓦格纳的"政治经济学教科书"》中，马克思尖锐地批评了瓦格纳试图单纯从理论活动出发去解释人对自然关系的做法，强调这一关系首先是实践的而不是理论的，即人是在从事物质生活资料生产的过程中创造出日常语言的，而这种语言起初表现为人对生产过程中接触到的各种取用物的命名。"这必然会发生：因为他们在生产过程中，经常相互之间和同这些物之间保持着劳动的联系，并且也很快必须为了这些物而同其他的人进行斗争。但是这种语言上的名称，只是作为概念反映出那种经过不断重复的活动变成经验的东西，也就是反映出，一定的外界物是为了满足已经生活在一定的社会联系中的人（这是从存在语言这一点必然得出的假设）的需要服务的。人们只是给予这些物以专门的（种类的）名称，因为他们已经知道，这些物能用来满足自己的需要。"③也就是说，人们最初只是出于生存的目的来命名这些对自己有用的物，随

---

① 《马克思恩格斯选集》第 1 卷，商务印书馆 1995 年版，第 55 页。
② 《马克思恩格斯全集》第 3 卷，人民出版社 1960 年版，第 525 页。
③ 《马克思恩格斯全集》第 19 卷，人民出版社 1963 年版，第 405 页。

着精神劳动与物质劳动的分工的发生，随着各门学科的兴起、分离与独立，日常语言不断地向各个专门的学科领域中渗透，语词的含义变得越来越丰富，也越来越复杂，从而与它们原初的含义之间的联系也变得越来越模糊。如前所述，在哲学研究中，哲学家们为了探索普遍的、抽象的真理，他们赋予语词以更远离日常生活的含义。于是，无论是哲学家们，还是哲学或形而上学，都在这种自以为独立的、远离日常生活的语言的引导下步入了思维的误区，正如德国哲学家康德所说的："形而上学就是如此，它像泡沫一样飘浮在表面上，一掬取出来就破灭了。但是在表面上立刻又出来一个新的泡沫。有些人一直热心掬取泡沫，而另一些人不去在深处寻找现象的原因，却自作聪明，嘲笑前一些人白费力气。"①只要哲学或形而上学的语言仍然是脱离日常生活的，那么，它们就会把这些"泡沫"不断地生产出来。

在马克思看来，只有从哲学语言的用法退回到日常语言的用法，哲学才能获得新生。马克思的这一深刻的见解在 20 世纪最伟大的思想家之一——维特根斯坦的著作中得到了回应。在《哲学研究》中，维特根斯坦表示："当哲学家使用一个词——'知识'、'存在'、'对象'、'我'、'命题'、'名称'——并且试图把握事物的本质时，我们必须经常这样问问自己：这些词在作为它们的发源地的语言中是否真的这样使用——我们要把词从它们的形而上学用法带回到它们的日常用法上来。"②维氏之所以主张"要把词从它们的形而上学用法带回到它们的日常用法上来"，因为人们在形而上学或哲学研究中对语言的使用与他们在日常生活中对语言的使用存在着巨大的差异，而正是这种差异导致形而上学或哲学研究中各种虚假的问题的产生。事实上，正是在哲学语言的误导下，哲学家们就像飞进捕蝇瓶的苍蝇，再也找不到飞出来的路径了。所以，维氏不无幽默地写道："你的哲学目标是什么？——给苍蝇指出一条飞出捕

---

① ［德］康德：《任何一种能够作为科学出现的未来形而上学导论》，庞景仁译，商务印书馆 1982 年版，第 29 页。

② 《维特根斯坦全集》第 8 卷，涂纪亮译，河北教育出版社 2003 年版，第 68 页。

蝇瓶的途径。"①有趣的是,尽管维氏没有读过马克思的著作,但他的许多见解与马克思存在着惊人的相似之处。当然,马克思对哲学语言秘密的揭露更多地指向以黑格尔和青年黑格尔主义者为代表的唯心主义历史观,而维氏则在更普遍的意义上反思了哲学语言中存在的问题。

综上所述,马克思对黑格尔及青年黑格尔主义者的唯心主义历史观的批判具有重要的理论意义和现实意义。一方面,它启示我们,意识、思想、观念从来就不是独立的力量,归根到底,它们源于现实生活。正如马克思所说的:"意识在任何时候都只能是被意识到了的存在,而人们的存在就是他们的实际生活过程。"②认识到这一点,也就等于获得了解开任何意识、思想和观念秘密的钥匙。另一方面,它启示我们,由于语言是思想的直接现实,所以必须认真地反思和检查哲学语言,特别要关注语词在哲学研究和日常生活中用法及含义上的差异,从而退回到现实生活中,使哲学思维在现实生活的基础上重新获得新的生机。要言之,只有深入到思想、历史和语言的层次上,唯心主义历史观才能得到彻底的清除,而唯物主义历史观才能获得坚实的基础。

---

① 《维特根斯坦全集》第 8 卷,涂纪亮译,河北教育出版社 2003 年版,第 143 页。
② 《马克思恩格斯全集》第 3 卷,人民出版社 1960 年版,第 29 页。

# 理解、批判与构成[①]

    在由《哲学分析》杂志和复旦大学哲学学院、复旦大学当代国外马克思主义研究中心联合主办的"第四届《哲学分析》论坛：俞吾金学术思想全国研讨会上"，韩水法教授、徐长福教授和王凤才教授分别对拙著《问题域的转换》《实践与自由》和《重新理解马克思》作出了理论上的评论，使我受益良多。他们也就拙著中涉及的某些问题提出了疑问、批评或不同的意见。本文将就这些问题做一个简要的回应，以求正于三位教授及学界同仁。考虑到问题性质上的差异和叙述上的递进关系，本文将按以下三个部分展开。

一

    王凤才教授在其《重新理解马克思——俞吾金视阈中的马克思哲学》一文的结尾处这样写道，最后，我向俞吾金教授请教两个问题：一是如何具体描述他本人提出的"物、价值、时间和自由"的经济哲学路径？二是如何阐发他本人关于马克思哲学各种不同诠释之间的关系？

---

[①]    载《哲学分析》2012 年第 6 期，第 58—68 页。——编者注

先回答第一个问题。众所周知，恩格斯是马克思学说的第一个，也是最有影响的阐释者。在《反杜林论》中，恩格斯把马克思的学说分为三个部分——哲学、政治经济学和社会主义加以叙述，从此，这个三分结构就成了几乎所有的马克思主义教科书遵循的分类法则，人们从未对这个三分结构产生过怀疑。然而，在我看来，恰恰是这个三分结构永远阻塞了人们准确地理解马克思学说的道路。

为什么？因为马克思学说是一个有机的整体，不能把它划分为上述三个部分，然后分门别类地加以研究。事实上，马克思无论是在哲学领域里，还是在经济学领域里，都发动了划时代的革命，他批判地继承了黑格尔的研究思路，开创了经济哲学研究的新路径。我们这里说的"经济哲学"不是按照传统哲学的概念和方法，对经济现象作出案例式的分析，而是把经济学与哲学融合为一门学科：一方面，切入经济学的思路，对传统哲学的研究方式和叙述方式进行革命性的改造；另一方面，切入哲学的思路，对传统经济学的研究方式和叙述方式进行革命性的改造。[①] 尽管马克思本人没有使用过"经济哲学"这个术语，但在《〈政治经济学批判〉序言》(以下简称《序言》)中对自己的研究思路做了极好的说明。马克思本来学的专业是法律，但他把它排在哲学和历史后面加以研究。在 1842—1843 年他担任《莱茵报》编辑期间，他的研究涉及物质利益、自由贸易和保护关税等经济问题，为了解除这方面的疑问，马克思研究了黑格尔的法哲学，结果发现："法的关系正像国家的形式一样，既不能从它们本身来理解，也不能从所谓人类一般发展来理解，相反，它们根源于物质的生活关系，这种物质的生活关系的总和，黑格尔按照18 世纪的英国人和法国人的先例，概括为'市民社会'，而对市民社会的解剖应该到政治经济学中去寻求。"[②]这段话说得非常清楚，即马克思从哲学，尤其是法哲学的研究开始，走向对经济学的研究。在他那里，

---

[①] 参见俞吾金：《经济哲学的三个概念》，《中国社会科学》1999 年第 2 期。
[②] 《马克思恩格斯选集》第 2 卷，人民出版社 1995 年版，第 32 页。

传统的学科界限已经被超越，哲学和经济学已经融为一体。比如，《巴黎手稿》之所以被称为《1844 年经济学哲学手稿》，因为其核心概念"异化劳动"既是哲学概念，又是经济学概念，一言以蔽之，是经济哲学的概念。事实上，无论是《哲学的贫困》(1847)，还是《1857—1858 年经济学手稿》或《资本论》，都是经济哲学研究的代表作。马克思自己也反复表示自己经济学研究的哲学性质。在《资本论》第 1 卷第二版"跋"(1873)中，当他提到当时德国理论界把黑格尔看作"一条死狗"时，明确表示："我要公开承认我是这位大思想家的学生，并且在关于价值理论的一章中，有些地方我甚至卖弄起黑格尔特有的表达方式。"①

从上面的论述可以引申出如下的结论，即如果人们分门别类地去研究马克思哲学和马克思经济学，那么他们从一开始就失去了准确理解马克思学说的可能性，因为马克思学说的内在整体性从开端处就被破坏了。要言之，唯有把已被打成两截的哲学和经济学综合成经济哲学的思路，准确理解马克思才成为可能。在《序言》中，紧接着我们上面引证的段落，马克思表示，正是从经济哲学的研究中，他得出了"用于指导我的研究工作的总的结果"②，也就是马克思关于历史唯物主义理论的简要论述③，而正是历史唯物主义理论的创立使社会主义理论从空想走向科学。由此可见，正是经济哲学(进路)、历史唯物主义(结论)、科学社会主义(推论)这三个不可分割的部分构成了马克思学说的有机整体。

澄清了上面的大前提，我们就能讨论马克思经济哲学中的基础性概念——物、价值、时间和自由了。传统哲学热衷于谈论抽象物质，马克思的经济哲学主张从对抽象物质的考察下降到对它的具体样态——物

---

① 马克思：《资本论》第 1 卷，人民出版社 1975 年版，第 24 页。
② 《马克思恩格斯选集》第 2 卷，人民出版社 1995 年版，第 32 页。
③ 恩格斯提出了"历史唯物主义"和"唯物史观"这两个术语，用以指称马克思哲学，如果我们也追随恩格斯，用这两个术语来指称马克思哲学的话，那么必须弄清楚这两个术语在马克思语境与恩格斯语境中的重大差异。要言之，马克思理解的"历史"涵盖作为"人化自然"的自然，而恩格斯把"历史"理解为自然之外的另一个领域。参见俞吾金：《论两种不同的历史唯物主义概念》，《中国社会科学》1995 年第 6 期。

(或事物)的考察上来。如果人们从经济哲学出发，把生产劳动理解为人类最基本的实践活动，马上就会发现，环绕在他们周围的物显现为生产劳动的要素，它们要么是原料、工具、厂房设备，要么是产品、生产的排泄物。作为物，最引人注目的无疑是产品，因为产品是全部生产劳动的目的。在一定的经济关系中，产品转化为商品。正如马克思所说的："商品首先是外界的一个对象，一个靠自己的属性来满足人的某种需要的物。"①商品具有双重属性，即作为自然属性的使用价值和作为社会属性的交换价值。马克思关注的是物作为商品的交换价值，而交换价值的基础则是价值。价值是人类抽象劳动的凝结，商品的价值是由生产该商品的社会必要劳动时间决定的，而人类争取自由的第一个行动就是缩短工作时间、扩大闲暇时间，所以，自由是在时间的地平线上展示出来的。② 传统的马克思哲学教科书由于没有把马克思哲学理解为经济哲学，因而必定存在以下缺失：其一，满足于对抽象物质的论述，既不触及商品这个主题，也不可能把马克思物质观的根本宗旨理解为对"商品拜物教"的批判，以便从物与物的关系中发现人与人之间的真实关系；其二，缺乏讨论价值问题的相应章节，因为价值问题源于经济领域；其三，对时空的理解停留在其自然意义上，缺乏对其社会历史内涵的把握，而这种把握的起始点则是把商品的价值理解为社会必要劳动时间；其四，没有辟出专门的篇幅讨论自由问题，而自由首先意味着工作时间的缩短。

下面再回答第二个问题。我在以往的研究论著中确实曾从不同的视角出发，对马克思哲学的性质做过不同的评价，如"历史唯物主义""实践唯物主义""生存论本体论""社会生产关系本体论""实践诠释学""批判

---

① 马克思：《资本论》第 1 卷，人民出版社 1975 年版，第 47 页。

② 对物、价值、时间和自由关系的详尽论述参见俞吾金：《物、价值、时间和自由》，《哲学研究》2004 年第 11 期，也可参见俞吾金：《作为经济哲学的马克思哲学——兼论马克思哲学革命的实质和命运》，中国社会科学院哲学研究所编：《中国哲学年鉴 2011》，哲学研究杂志社 2011 年版。

的权力诠释学""资本诠释学"等等。乍看起来,这些术语迥然各异,但就其实质而言,它们是一致的,差异只是视角上的。历史唯物主义也就是实践唯物主义,因为马克思说"全部社会生活本质上是实践的"①,而最基本的实践活动则是人类为了维持自己的生存而从事的物质生活资料的生产,正是这种生产构成了全部社会历史的基础。在这个意义上,马克思哲学也可称作生存论的本体论。深入的考察表明,这种生存实践活动有两个侧面:一是人与自然的关系,二是人与人结成的一定的社会生产关系。在马克思看来,后一关系是决定性的,因而又可以把马克思哲学称作社会生产关系本体论。② 当我们从诠释学角度出发去看待马克思哲学时,立即就会发现,他关于理解和解释的理论始终是以实践为基础和出发点的,因而也可以称它为实践诠释学。在此基础上,马克思又指出:"统治阶级的思想在每一时代都是占统治地位的思想。"③既然所有的理解和解释活动都是在统治阶级意识的权力背景中展开的,因而马克思的诠释学也可以称作批判的权力诠释学。在现代社会中,由于资本的运作本质上体现了权力的意向,因此,也可以把马克思的诠释学阐释为资本诠释学。总之,不应该纠缠在上面提到的这些术语的表面差异上,它们在内涵上是一致的。

二

徐长福教授在其《爱智慧与爱自由:实践哲学的根本旨趣——试评俞吾金教授的实践哲学研究》一文中对我提出了以下两个问题:一是理念在实践理性中究竟起范导性作用还是起构成性作用;二是是否应该把马克思当成实践哲学的真理性的最后担保。下面我逐一加以回应。

---

① 《马克思恩格斯选集》第 1 卷,人民出版社 1995 年版,第 56 页。
② 参见俞吾金:《马克思哲学是社会生产关系本体论》,《学术研究》2001 年第 10 期。
③ 《马克思恩格斯全集》第 3 卷,人民出版社 1960 年版,第 52 页。

先回答第一个问题。为了不至于曲解徐长福教授的意思，我只好把他的质疑尽量完整地引述如下：

> 在发表于 2005 年的《马克思对康德哲学革命的扬弃》一文中，俞老师提到了康德的自在之物的作用。他说：文德尔班（Wilhelm Windelband）认为，康德把全部知识都限制在现象的范围内，强调"自在之物"只有在实践理性中才能起到积极的范导性作用。这段话的核心意思是："自在之物"在实践理性中起范导性作用。这个意思俞老师在其他地方还表达过多次。在这里，俞老师说这是文德尔班的说法，不过，我在文德尔班的《哲学史教程》中没有找到类似的说法，相反，我所读到的文德尔班的确切说法是：理念是认识对象的调节性（范导性）原则。也就是说，其一，发生作用者是"理念"而非"自在之物"，尽管它们密切相关；其二，理念起范导性作用的领域是理论（思辨）理性而非实践理性。实际上，理念在实践理性中所起的作用恰恰不是范导性的，而是构成性的。对于理念在理论（思辨）理性中起范导性作用而在实践理性中起构成性作用，康德无论在《纯粹理性批判》中还是在《实践理性批判》中都有充分的论述。比较起来，《实践理性批判》中的这段论述最为明确："在这里，这三个理念（指'自由'、'不朽'和'上帝'——引者注）就成了内在的和构成性的了，因为它们是使纯粹实践理性的那个必要客体（至善）成为现实的那种可能性的根据，除此之外它们就是超验的，是思辨理性的单纯调节性（即'范导性'——引者注）。原则，这些原则交给思辨理性的任务不是超出经验之外去假定某个新的客体，而只是使它在经验中的运用接近完备。"

首先，我得承认，我关于文德尔班、自在之物、范导性所说的那句话，既过于简洁，也由于把文氏和我的见解掺和在一起而极易引起误解。其实，这句话的前半段"康德把全部知识都限制在现象的范围内"是指文氏的见解，文氏在分析康德的思想必然导致的结果时指出："他（指康德——引者注）必然宣称：只有现象存在。"①这句话的后半段"强调'自在之物'只有在实践理性中才能起到积极的范导性作用"则是我的观点。徐长福教授已经指出，我在其他论著中脱开文氏，多次表达过同样的见解。确实，应该把这句话的前半段和后半段的意思分开来进行论述，但我并不认为，我对康德思想的理解有什么问题。

其次，徐长福教授认为，我不应该说自在之物起范导性作用，而应该像文氏那样，说理念起范导性作用。其实，自在之物与理念，在康德哲学中是含义相同、经常互换的术语。在徐长福教授引证的文氏见解的同一页上，文氏又写道："关于这些理念康德找到三种无条件者：关于内部感官所有现象的总体，关于外部感官所有资料的总体，关于所有一般有限者（有条件者）的总体；这些无条件者分别被认作灵魂，世界和上帝。"②文氏所说的"灵魂，世界和上帝"既可以被称作自在之物，也可以被称作"理念"。而徐长福教授在引证康德《实践理性批判》中的一段话时，对"理念"所做的引者注中提到的却是自由、（灵魂）不朽和上帝。这个引者注并没有错，康德关于理念确实有两种不同的表述，即灵魂、世界和上帝/不朽（灵魂）、自由和上帝，但这一现象似乎并没有引起徐长福教授的追问。按照拙见，由于"世界"这个理念的第三个二律背反涉及自由与自然规律的关系，因而也可以用"自由"代表之，而在实践理性中，自由是道德法则的存在理由，因而《纯粹理性批判》中的"灵魂、世界和上帝"在《实践理性批判》中就转换为"不朽（灵魂）、自由和上帝"。

最后，徐长福教授认定，"理念起范导性作用的领域是理论（思辨）理性而非实践理性"，其实，康德批判哲学中使用的两个形容词 konstitutiv（中译为"构成性的"或"组建性的"）、regulativ（中译为"范导性的"或"调节性的"）之间的关系是十分复杂的。这种复杂性由诸多原因引起：

① ［德］文德尔班：《哲学史教程》下卷，罗达仁译，商务印书馆 1996 年版，第 792 页。
② 同上书，第 753 页。

一是《纯粹理性批判》是康德沉思 12 年，但只用四五个月的时间撰写出来的著作，行文中存在着不少自洽性的问题。康蒲·施密斯就曾批评康德把 Verhaeltnis(关系)这个中性词当作阴性词加以使用。① 二是康德常常在不同的语境中作出不同的表述，但对语境之间的差异又没有作出充分的说明，因而极易引起片面性的理解。三是 konstitutiv 和 regulativ 这两个形容词不但包含多方面的含义，而且它们之间的关系也不是截然对立的：前者蕴含着后者，两者之间的关系也可以在不同的语境中发生转换。当徐长福教授引证《实践理性批判》中的那段话时，他肯定自由、不朽和上帝这三个理念都是构成性的。事实上，康德只是强调，在追求"至善"(德行＋幸福)这个客体的语境中，这三个理念是构成性的；而在通常的情况下，它们仍然是范导性的。所以，康德才会在同一部著作中提出"使自由成为理性的调节性(即范导性——引者注)原则"②的主张。由此可见，把理念的范导性作用限定在思辨理性的范围内是缺乏根据的。

为徐长福教授所引证的康德的那段论述还包含着另一层意思，即上述三个理念对于思辨理性来说只是调节性(即范导性)原则。其实，在康德那里，思辨理性有广义和狭义之分：广义的思辨理性包括感性、知性和理性，而狭义的思辨理性则只指称有别于感性和知性的理性。文氏或多或少地意识到了情况的复杂性，所以他才说："实际上，理念并不是像通过范畴而产生认识对象的组建性原则，而只是调节性的原则。此调节性原则迫使知性在经验的有限者的领域中不断探索越来越深入的内在关联。"③也就是说，并不像徐长福教授所认定的，构成性的作用只发生

---

① I. Kant, *Critique of pure reason*, New York: The Humanities Press, 1929, p. vii.
② 参见[德]康德：《实践理性批判》，邓晓芒译，人民出版社 2003 年版，第 64 页。陈嘉明教授认为："范导(regulativ)的方法，则是理性(包含理论的或实践的理性)与反思判断力所使用的方法。"参见陈嘉明：《建构与范导：康德哲学的方法论》，社会科学文献出版社 1992 年版，第 14 页。又说："范导方法运用的另一个、也是更重要的领域，是道德领域。"参见同上书，第 16 页。
③ [德]文德尔班：《哲学史教程》下卷，罗达仁译，商务印书馆 1996 年版，第 753 页。

在实践理性的范围内，它也发生在广义的思辨理性，尤其是知性的范围内。比如，在先验分析论中讨论知性的四条综合性原理——直观的公理、知觉的预测、经验的类比和一般经验性思维的公设时，康德把前两条原理称为数学性的原理，并指出："我可以将前面这两条原理称之为构成性的原理。"①他又把后两条原理称为力学性的原理，并断言："既然存有不可构造，那么这些原理只针对存有的关系，并且只能充当单纯调节性的原则。"②然而，在先验辩证论中，康德又指出："在先验分析论中，我们曾在各种知性的原理中把力学性的原理，即直观的仅仅是调节性的原则，与数学性的原理，即在直观上是构成性的原则区分开来了。尽管有这种区分，但所设想的力学性的法则就经验而言还是构成性的，因为这些法则使得任何经验的发生都缺少不了的那些概念成为先天可能的。"③也就是说，就知性的力学性的原理来说，在不可能构成存有的含义上，它们是调节性（即范导性的）；而在可以产生经验的含义上，它们又是构成性的。总之，在康德那里，konstitutiv 和 regulativ 这两个概念的含义及康德在不同语境中的运用情况十分复杂，有待于今后做深入的研究。

再回答第二个问题。徐长福教授在这里提出的疑问可以分解为两个层面：一是如何看待马克思学说的理论基础；二是如何看待马克思和恩格斯一起在《共产党宣言》中提出的十条具体的措施。就其第二个层面来说，与韩水法教授的质疑存在着某些共同之处。所以，我在这部分中主要回应第一个层面，把第二个层面合并到第三个层面中加以回应。徐长福教授指出：

> 俞老师尽管在对马克思的实践概念和自由概念的理解上跟艾思奇、李泽厚和高清海等前辈学者拉开了明显的距离，跟各种流俗理

---

① ［德］康德：《纯粹理性批判》，邓晓芒译，人民出版社 2017 年版，第 128 页。
② 同上书，第 128 页。
③ 同上书，第 396 页。

解的距离就更不用说了，但在理论正当性的最终诉求上却仍然跟他们分享着同一个落脚点，即马克思是实践哲学的真理性的最后担保，亦如马克思是哲学的其他方面的真理性的最后担保一样。于是，我们在中国马克思主义学界的几乎所有研究成果中所能看到的一个集体预设，在俞老师的相关成果中也能看到，这就是马克思在学术批评上的豁免权和终审权。不管具体论题是什么，论证过程怎样，反正结论已经预定：唯有马克思是正确的，或者马克思总是正确的。俞老师批评过许多哲学家，包括康德，唯独没有批评过马克思；在俞老师眼里，所有马克思主义者都可能有错，包括恩格斯，但马克思似乎不会有什么错。这种"马克思例外"的论说模式导致了阅读上的不良预期：只要看到作者和题目就能预知作品的结论。这种模式不仅伤害了读者的信任感，而且程式化地规避了更加重大的问题。

在我已经出版的论著中，尽管在某些具体的问题上批评过马克思，但确实还没有发表过系统地反思马克思哲学的理论预设的文字。然而，这并不表明我赞成这样的观念，即认为马克思有不受批评的豁免权。事实上，在一些专题讲座和会议发言中我已经屡次涉及这个问题，下面简要地加以叙述。众所周知，马克思曾自称为"实践唯物主义者"，这表明他自己真正认可的哲学理论乃是实践唯物主义，而实践唯物主义的基础性的、核心的概念则是"实践"。实践是由两个侧面构成的：一是人与自然（或作为财富的物）的关系；二是人与社会（或他人）的关系。马克思学说的理论预设是：一旦人与自然（或作为财富的物）的关系达到"按需分配"的水准，人与社会（或他人）的关系就会自然而然地进入和谐的"各尽所能"的共产主义状态。与这个理论预设一致的是一种辩证法，我把它称为"内/外辩证法"。遗憾的是，尽管人们关于马克思辩证法已经写下了许多论著，但他们从未触及马克思辩证法的这一核心思想。所谓内/外辩证法是指：外部世界会影响甚至改变人的内在属性；而人的内在属性也会影响甚至塑造外部世界。显然，人与自然（或作为财富的物）的关系是一种外在的关系，所谓"按需分配"是指人能够按照自己的需要获得充分的作为财富的物，然而，问题在于，在人与物的外在关系达到这个程度后，人的内在属性是否会发生相应的变化，从而建立以"各尽所能"为特征的、和谐的人与社会（或他人）的关系呢？在我看来，在马克思那里，恰恰是这一理论预设以及与这一预设相应的内/外辩证法是未经深入反思的。

就理论预设而言，马克思对人的内在属性的分析止于人的"需要"，却没有深入人性中。除了在《1844 年经济学哲学手稿》中谈到人性的异化和复归，在《资本论》的一个注中主张"首先要研究人的一般本性，然后要研究在每个时代历史地发生了变化的人的本性"①外，马克思并没有系统地探讨并论述过人性问题。所以，弗洛伊德早已在《文明及其缺憾》(1930)中对马克思学说的理论预设提出了如下的挑战："从心理学的观点来看，共产主义体系是建立在一种站不住脚的幻觉的基础上的。通过废除私有财产，我们就剥夺了作为其工具之一的人类的攻击性的爱，毫无疑问，这是一种强烈的爱，尽管这肯定不是最强烈的爱；但是，我们丝毫也不会改变个人在能力和影响上的差异，这些能力和影响是被攻击性所滥用的，它也决不会改变本能的性质。攻击性不是由财产创造的；它在原始时代几乎毫无限制地占统治地位，那时他占有的东西还是极其贫乏的。"②按照弗氏的看法，人性中的攻击性作为人的内在属性与他外在地占有多少财产是没有本质性的关系的。换言之，马克思所倡导的财产公有和按需分配并不能改变人性中的攻击性以及人作为生命体的本能。正是在这个意义上，弗氏把以和谐的人际关系为特征的未来共产主义社会理解为马克思的"幻觉"。

就内/外辩证法而言，马克思假定"由内塑外"和"由外铄内"都是没

---

① 马克思：《资本论》第 1 卷，人民出版社 1975 年版，第 669 页。
② 车文博主编：《弗洛伊德文集》第 5 卷，长春出版社 1998 年版，第 261 页。

有限制的。事实上，今天人们已经普遍地认识到，由内塑外是以人类的可持续发展为前提的，而由外铄内也是有限度的，即它不可能改变人性和人的本能。在《为什么有战争？》(1933)中，弗氏指出："使用暴力来解决人与人之间利益的冲突是一个普遍原则。这在整个动物界是千真万确的。人没有权利把自己从动物界排除出来。"①所有这一切都表明，马克思并没有意识到自己实际上倡导的内/外辩证法的局限性。以上的论述或许可以表明，在我的反思中并不存在禁区。

## 三

韩水法教授在其《批判的境域——从〈问题域的转换〉的域说起》一文中指出：

> 今天，当我们以现代社会的发展为背景从头来考察现代社会理论的这一流变时，我们不禁感叹批判之易与构成之难。马克思主义的当代难题就集中在这一点。人们固然可以将既有的社会主义历史与现实与马克思主义理论分离开来，以撇清马克思主义的责任。但这样的做法，无疑就是将马克思主义或其传统仅仅视为一种批判理论，一种为批判而批判的理论行为。

尽管韩水法教授没有就拙著《问题域的转换》直接提出质疑，但他文中的某些论述，尤其是上面这段话已经蕴含着对拙著的批评，即尽管拙著阐明了马克思如何通过对黑格尔的批判形成了自己的理论体系和问题域，但拙著的考察只停留在马克思理论体系的自洽性上，没有涉及对社会主义国家的现实生活的反思，即没有意识到"批判之易与构成之难"，

---

① 车文博主编：《弗洛伊德文集》第 5 卷，长春出版社 1998 年版，第 300 页。

即没有意识到马克思理论与贯彻这一理论的社会主义国家现实生活之间的巨大差异。确实，限于题旨，拙著没有就构成之维展开深入的讨论。

下面，我想对两位教授的疑问做一个综合性的回应。

首先，我们究竟应该如何理解批判与构成之间的关系。在我看来，批判与构成是不能被割裂开来并对立起来的。批判要击中肯綮，既要详尽地占有材料，又得受正确的构成方面设想的引导；反之，构成要不流于空想，又必须奠基于扎实的批判，正如马克思在 1843 年 9 月致卢格的信中所说的："新思潮的优点就恰恰在于我们不想教条式地预料未来，而只是希望在批判旧世界中发现新世界。"①事实上，韩水法教授所说的"构成之难"恐怕适合于所有的思想家。柏拉图的心目中的理想国和哲学王就一直为后人所诟病，培根的新大西岛、莫尔的乌托邦、康帕内拉的太阳城也有类似的命运。至于以卢梭为代表的资产阶级启蒙学者关于未来社会的构成性见解就更不用说了。恩格斯在《社会主义从空想到科学》中就曾指出："总之，同启蒙学者的华美诺言比起来，由'理性的批判'建立的社会制度和政治制度竟是一幅令人极度失望的讽刺画。"②由此可见，马克思在构成性上受到责难，是完全可以理解的。当人们责难马克思时，他们应该想一下，当代思想界又有谁预见了"9·11 恐怖袭击""2004 年印度洋海啸"。何况，马克思已经逝世 129 年，世界已经发生翻天覆地的变化。如果我们要求马克思生前就必须对他自己从未经历过的未来社会提出准确无误的构成性见解，岂不是对他的苛求吗？

其次，马克思是按照他所生活的时代事物发展的逻辑可能性来提出某些构成性见解的，但他自己对这种构成性的见解从不采取故步自封的态度，而是根据不断变化着的现实生活对这些见解作出相应的调整。比如，由于马克思不断参考新的资料，从而使《资本论》的写作和出版一再拖延下来。当《资本论》第 1 卷的德文版于 1867 年出版后，在出版俄译

---

① 《马克思恩格斯全集》第 1 卷，人民出版社 1956 年版，第 416 页。
② 《马克思恩格斯全集》第 3 卷，人民出版社 1995 年版，第 723 页。

本和法译本时，马克思又结合新材料对文本进行了修改；1871 年，巴黎公社起义失败后，马克思立即总结出下面的经验教训，即无产阶级不能掌握现存的国家机器，必须打碎它进行重组；当俄国民粹主义理论家米海洛夫斯基试图把马克思描述的西欧资本主义起源的历史解释为关于一般发展道路的历史哲学理论时，马克思立即加以驳斥："他这样做，会给我过多的荣誉，同时也会给我过多的侮辱。"①马克思还指出，极为相似的事情，在不同的历史环境中出现，会引起完全不同的结果，"如果把这些发展过程中的每一个都分别加以研究，然后再把它们加以比较，我们就会很容易找到理解这种现象的钥匙"②。所有这一切都表明，马克思从未以教条主义的方式对待任何理论、观念或构成性见解。遗憾的是，在马克思逝世以后，他的不少追随者却经常以教条主义的方式对待马克思的学说。显然，由此而造成的谬误是不应该算在马克思账上的。

最后，马克思的许多结论和预见是针对欧洲社会的，但在革命中成为社会主义国家的几乎都是东方国家。东方国家拥有自己完全不同的文化传统和历史条件，正是基于这方面的思考，马克思深入研究了非欧社会，尤其是东方社会，指出了欧洲社会和东方社会演化的不同路径。然而，长期以来，东方的社会主义国家却教条主义式地搬用欧洲社会形态的演化模式来比附甚至指导自己国家的发展，从而导致了灾难性的结果。比如，《共产党宣言》中提出的十条措施主要是针对当时的资本主义国家来说的，当它们不加更动地被搬用到文化背景和历史条件完全不同的中国社会中来时，失败几乎是不可避免的。我们必须对现实生活中出现的现象做具体的分析。事实上，直到改革开放开始，我们才开始重新认识自己的国情，从根本上调整了原先的发展路线，从而获得了巨大的成功。当然，新出现的问题也很多，需要我们从实际出发，不断地发展自己的理论，调整自己的措施加以应对。

---

① 《马克思恩格斯全集》第 19 卷，人民出版社 1963 年版，第 130 页。
② 同上书，第 131 页。

综上所述，构成性见解是一个思想家对他自己从未经历过的未来社会的看法，完全具有探索性和实验性的特征。这样的见解被提出后，即使有条件加以实施，也需要在实施的过程中不断地加以检验和调整；更不用说在不同的国家或历史条件下加以实施了，必须因时制宜和因地制宜地对这些见解作出调整。试问，在马克思的批评家中，又有哪个人在构成性见解的提出上比马克思做得更好呢？我们应该实事求是地评价社会主义国家中出现的各种现象。马克思应该负责的是他自己学说中存在的疏漏、缺陷和错误，而后人在运用马克思的正确理论时出现的谬误则应该由后人负责。

# 2013年

# 如何理解并阐释马克思的哲学观（上）①

除了博士论文《德谟克利特的自然哲学与伊壁鸠鲁的自然哲学的差别》外，马克思没有撰写过专门论述其哲学思想的理论著作，他关于哲学的思考或见诸札记和短论，如《黑格尔法哲学批判》《法的历史学派的哲学宣言》《〈黑格尔法哲学批判〉导言》等；或见诸手稿和论战性著作，如《1844 年经济学哲学手稿》（以下简称《手稿》）、《1857—1858 年经济学手稿》、《神圣家族》、《哲学的贫困》、《德意志意识形态》（以下简称《形态》）等；或见诸经济学论著，如《政治经济学批判》序言、《资本论》等；或见诸笔记、提纲和书信，如《民族学笔记》、《历史学笔记》、《关于费尔巴哈的提纲》（以下简称《提纲》）、《致查苏利奇的信》等等。

马克思的哲学思想散见于各种不同的文本中，诚如德国学者柯尔施在《马克思主义与哲学》一书中所指出的，马克思在世时，一般被看作经济学家、社会活动家，很少有人把他当作哲学家。与马克思不同，晚年恩格斯写下了一系列哲学论著和手稿，如《反杜林论》、《自然辩证法》、

---

① 载《江海学刊》2013 年第 4 期，第 17—26 页。——编者注。

《路德维希·费尔巴哈和德国古典哲学的出路》(以下简称《出路》)①、《家庭、私有制和国家的起源》,也在多封书信中阐述了马克思和他本人的哲学思想。因此,马克思逝世后,人们主要是通过恩格斯的哲学观去理解并阐释马克思的哲学观的。

今天,在马克思的大量遗著、手稿、笔记和通信被发现以后,在以卢卡奇为肇始的西方马克思主义者深入反思马克思和恩格斯思想差异的基础上,我们有条件按照马克思自己的哲学论述来重新认识他的哲学观了。

# 一、恩格斯的知识论和哲学观

在哲学研究上,如果说马克思从青年时期起就接受了系统的哲学训练,并从耶拿大学获得了哲学博上学位,那么,作为柏林大学哲学课堂上的旁听者,恩格斯是通过自学而进入哲学殿堂的。从恩格斯开始独立思考起,他的思想就深受德国哲学家黑格尔、费尔巴哈和倡导实证主义的法国哲学家孔德的影响。我们有足够的理由说,恩格斯终其一生都未摆脱这些影响,而这些影响又在他的哲学观上得到了充分的体现。为了表明这种影响不是偶然的、边缘性的,我们分别从恩格斯的三部主要著作中摘引出以下三段重要的论述。

第一段论述出现在《反杜林论》的"引论"中。在这里,恩格斯把马克思和他自己的思想称为"现代唯物主义",强调这种唯物主义与18世纪的机械唯物主义不同,它在考察人类历史和自然时,无例外地采取了辩证的方法:"现代唯物主义把历史看作人类的发展过程,而它的任务就在于发现这个过程的运动规律。……现代唯物主义概括了自然科学新近

---

① 恩格斯这部著作书名中的 Der Ausgang 应该译为"出路",而不是"终结",参阅拙文《论马克思对德国古典哲学遗产的解读》,《中国社会科学》2006 年第 2 期。

的进步，从这些进步看来，自然界同样也有自己的时间上的历史，天体和在适宜条件下生存在天体上的有机物种一样是有生有灭的……在这两种情况下，现代唯物主义本质上都是辩证的，而且不再需要任何凌驾于其他科学之上的哲学了。一旦对每一门科学都提出要求，要它们弄清它们自己在事物以及关于事物的知识的总联系中的地位，关于总联系的任何特殊科学就是多余的了。于是，在以往的全部哲学中仍然独立存在的，就只有关于思维及其规律的学说——形式逻辑和辩证法。其他一切都归到关于自然和历史的实证科学中去了。"①在这段论述中，恩格斯把人类的知识划分为以下三种类型。第一种知识是哲学，它原来是"凌驾于其他科学之上"的，现在它只包括如下的内容，即"关于思维及其规律的学说——形式逻辑和辩证法"。第二种知识是实证科学，说得具体一点，就是"关于自然和历史的实证科学"。第三种知识介于哲学和实证科学之间，这就是体现在现代唯物主义学说中的辩证的自然观和历史观。恩格斯既没有肯定这种知识是从属于哲学的，也没有肯定它是从属于实证科学的。然而，从一方面看，当他说以往的哲学现在"只有关于思维及其规律的学说"时，显然是以否定的方式排除了第三种知识从属于哲学的可能性；另一方面，当他把实证科学称作"关于自然和历史的实证科学"时，似乎又暗示我们，作为第三种知识的辩证的自然观和历史观与实证科学之间存在着更多的亲和性。

第二段论述出现在《自然辩证法》中的"［自然科学和哲学］"部分。当恩格斯谈到，不管自然科学家们对哲学采取什么态度，他们的思想实际上总是自觉地或不自觉地受到哲学的支配时指出："自然科学家满足于旧形而上学的残渣，使哲学还得以苟延残喘。只有当自然科学和历史科学接受了辩证法的时候，一切哲学垃圾——除了关于思维的纯粹理论——才会成为多余的东西，在实证科学中消失掉。"②毋庸置疑，在这

---

① 《马克思恩格斯选集》第 3 卷，人民出版社 1995 年版，第 364 页。
② 恩格斯：《自然辩证法》，人民出版社 1971 年版，第 187—188 页。

段论述中，恩格斯仍然坚持前面提到的三种知识论，差别只体现在表达的方式上：其一，在谈到第一种知识——哲学时，他把以往的哲学称作"旧形而上学的残渣"，而把现在的哲学称作"关于思维的纯粹理论"；其二，他认定，当第三种知识——辩证的自然观和历史观被确立起来，得到自然科学家们的广泛认可时，"一切哲学垃圾"都会"在实证科学中消失"。尽管恩格斯在这里仍然没有明确地阐明第三种知识的归属，但一方面，既然他照旧把哲学理解为"关于思维的纯粹理论"，而辩证的自然观和历史观又都与现实生活有关，当然是不可能从属于哲学这一"纯粹理论"的；另一方面，既然以往的哲学垃圾是在实证科学中消失的，那么新的辩证的自然观和历史观也就只能在实证科学中被确立起来。基于上述分析，我们认为，恩格斯实际上把第三种知识定位在实证科学的基础理论的层面上。要言之，第三种知识从属于实证科学，但处于实证科学的基础理论的层面上。

第三段论述出现在《出路》的第四部分中。恩格斯在谈到马克思的辩证的历史观时写道："这种历史观结束了历史领域内的哲学，正如辩证的自然观使一切自然哲学都成为不必要的和不可能的一样。现在无论在哪一个领域，都不再要从头脑中想出联系，而要从事实中发现联系了。这样，对于已经从自然界和历史中被驱逐出去的哲学来说，要是还留下什么的话，那就只留下一个纯粹思想的领域：关于思维过程本身的规律的学说，即逻辑和辩证法。"①显而易见，在这段论述中，恩格斯非但继续坚持自己的三种知识论，而且明确地告诉我们，作为第三种知识的辩证的自然观和历史观分别是从传统的自然哲学和历史哲学中脱胎出来的。最重要的是，恩格斯强调，作为第一种知识的哲学"已经从自然界和历史中被驱逐出去"，因而"只留下一个纯粹思想的领域"，这就从根本上杜绝了使辩证的自然观和历史观从属于哲学的任何可能性。恩格斯的上述见解也可以从他在《出路》中写下的另一句话中得到印证。当他强

---

① 《马克思恩格斯选集》第 4 卷，人民出版社 1995 年版，第 257 页。

调黑格尔的绝对真理是任何单个人都无法达到的目标时，曾经强调，应该"沿着实证科学和利用辩证思维对这些科学成果进行概括的途径去追求可以达到的相对真理"①。这里提到的"利用辩证思维对这些科学成果进行概括"也就是指第三种知识——辩证的自然观和历史观，而恩格斯把第三种知识与作为实证科学的第二种知识并列在一起，无非是暗示我们，辩证的自然观和历史观只能从属于实证科学的基础理论层面。

通过对恩格斯上面三段论述的分析，我们现在有条件对他的知识论和哲学观作出明确的概括了。显然，按照他的观点，第一种知识是哲学，它的前身是传统的形而上学，现在只留下一个纯粹思想的领域，即逻辑和辩证法；第二种知识是关于自然和历史的实证科学；第三种知识是由恩格斯和马克思确立的辩证的自然观和历史观，它们显然不从属于哲学，因为哲学已经从自然界和历史中被驱逐出去，也就是说，它们只可能从属于实证科学，成为实证科学中的基础理论层面。至于辩证的自然观和辩证的历史观是怎么确立的，恩格斯在《反杜林论》的"三版序言"中做过明确的说明："马克思和我，可以说是把自觉的辩证法从德国唯心主义哲学中拯救出来的并用于唯物主义的自然观和历史观的唯一的人。"②显然，按照恩格斯的意思，马克思创制的是辩证的历史观，而恩格斯创制的则是辩证的自然观。这个意思也可以从恩格斯提到的马克思的两个伟大发现（剩余价值学说和唯物主义历史观）中得到印证。关于恩格斯这样表述究竟有何意义，我们在后面还会进行论述。现在我们关心的是，恩格斯上面三段论述究竟在哲学上向我们透露出什么信息？

第一，恩格斯的知识论和哲学观充分体现出实证主义思想的痕迹。事实上，孔德早已指出："我们所有的思辨，无论是个人的或是集体的，都不可避免地先后经历三个不同的理论阶段，通常称之为神学阶段、形而上学阶段和实证阶段。……第一阶段，虽然从各方面来看都是不可缺

---

① 《马克思恩格斯选集》第 4 卷，人民出版社 1995 年版，第 220 页。
② 《马克思恩格斯选集》第 3 卷，人民出版社 1995 年版，第 349 页。

少的，但今后应始终将其视为纯然是临时性的和预备的阶段。第二阶段，实际上只是解体性的变化阶段，仅仅包含单纯的过渡目标，由此便逐步通向第三个阶段。最后这一阶段才是唯一完全正常的阶段，人类理性的定型体制的各个方面均寓于此阶段中。"①尽管恩格斯在其上面三段论述中并未提到孔德的名字，但他无疑是按照孔德在《实证哲学教程》中的基本思路来谈论传统哲学或形而上学的解体和实证科学的兴起的。更值得注意的是，他把实证科学视为自己确立新知识论和哲学观的根本参照系。他甚至认为，传统哲学只留下了一个纯粹思想的领域，而一切哲学垃圾都会消失在实证科学中。他对实证科学是如此崇拜，以至于宁可把他自己和马克思所确立的辩证的自然观、历史观归属到实证科学的基础理论的层面上，也不愿让它们归属于哲学。

第二，恩格斯的哲学观也充分体现出黑格尔哲学，尤其是其逻辑学思想的深刻影响。因为他把哲学理解并阐释为"一个纯粹思想的领域""关于思维及其规律的学说"或"逻辑和辩证法"，这就等于把哲学置换成黑格尔意义上的逻辑学。实际上，黑格尔早已告诉我们："逻辑学是研究思维、思维的规定和规律的科学"，正是逻辑学"能够回溯到纯粹思想，紧紧抓住纯粹思想，并活动于纯粹思想之中"②。显而易见，在恩格斯看来，作为第二种知识的实证科学是研究具体事物的，而作为第三种知识的辩证的自然观和历史观是研究具体事物之间的普遍联系的。只要有了这两种知识，全部现实问题就都可以得到解决了。也就是说，根本无须哲学再来承担研究现实问题的重任。于是，按照恩格斯的设想，哲学就理所当然地退回到纯粹思想的领域中，像黑格尔的逻辑学一样，满足于以思维规律作为自己的研究对象了。总之，在恩格斯那里，哲学

① ［法］奥古斯特·孔德：《论实证精神》，黄建华译，商务印书馆1996年版，第1—2页。

② ［德］黑格尔：《小逻辑》，贺麟译，商务印书馆1980年版，第63页。而恩格斯在《自然辩证法》中也明确表示："形式逻辑本身自亚里士多德以来直到现在仍是激烈争辩的领域。而辩证法直到今天也只有两位思想家曾作过较仔细的研究，这就是亚里士多德和黑格尔。"参见恩格斯《自然辩证法》，人民出版社1971年版，第27—28页。

与一切现实斗争失去了联系，它完全躲进了象牙塔，把思维规律和概念辩证法作为自娱自乐的对象。我们完全有理由追问：假如哲学真的像恩格斯所希望的那样，萎缩成一个纯粹思想的领域，那么马克思关于实践、异化、人道主义、历史规律、阶级斗争、国家和意识形态理论、政治革命和社会革命、人类的解放、必然王国和自由王国等学说，岂不统统都被逐出了哲学的范围？

第三，既然恩格斯认定，哲学已经从自然界和历史中被驱逐出去，他和马克思所确立的辩证的自然观、历史观也就只好到实证科学的基础理论层面上去寻找自己的容身之所了。然而，必须指出，由于马克思和恩格斯都没有在纯粹思想的领域中撰写过关于逻辑学或辩证法的专著，而按照恩格斯本人的说法，他们各自确立的辩证的历史观和自然观又都不从属于哲学，而从属于实证科学，也就等于说，马克思和恩格斯都没有哲学思想，而只有实证科学基础理论层面上的一些想法。其实，蕴含在上述三段论述中的结论与恩格斯自己在《反杜林论》《出路》等著作中谈论他和马克思的哲学思想的做法，在逻辑上是矛盾的。如果哲学已从自然界和历史中被驱逐出去，它只是一个关于逻辑规律的纯粹思想的领域，那么可以说，马克思和恩格斯都没有严格意义上的哲学著作；反之，如果恩格斯能够在自己的著作中谈论他和马克思的哲学思想，那么他就不得不放弃他在上面三段论述中所坚持的知识论和哲学观。

如前所述，恩格斯的知识论和哲学观主要是在黑格尔哲学和孔德的实证主义的影响下形成并发展起来的。在后面的论述中我们还会揭示出他的哲学观的另一个隐蔽的来源，即费尔巴哈的一般唯物主义的影响。总之，按照恩格斯的哲学观，既然他和马克思确立的辩证的自然观和历史观都不属于纯粹思想的领域，那就只能归属于实证科学的基础理论层面了。

# 二、恩格斯对马克思哲学观的定位

对马克思哲学观的定位主要涉及如下的问题：第一，谁给马克思哲学观定位？如果撇开马克思本人对自己的哲学观的定位，那我们就不得不承认，作为马克思主义的另一位创始人，恩格斯无疑是给马克思哲学观进行定位的最权威的人物。因此，只要涉及对马克思哲学观的定位问题，我们必须首先考察恩格斯的相关见解。第二，恩格斯对马克思哲学观的定位与他对自己的哲学观的定位是不可分割地联系在一起的。在某种意义上，恩格斯对马克思哲学贡献范围的划定，同时也是对他自己哲学贡献范围的阐明。因此，这两方面的定位应该关联起来加以考察。第三，恩格斯对马克思哲学观的定位不仅影响了以后马克思主义的正统阐释家们，而且也规定了苏联、东欧和中国等社会主义国家编纂的马克思主义哲学教科书的定位方式。

首先，让我们来看看，恩格斯是如何给马克思哲学观定位的。在《反杜林论》的"引论"中，当恩格斯批评杜林在学术上搞自我炒作时，曾明确地指出："这两个伟大的发现——唯物主义历史观和通过剩余价值揭开资本主义生产的秘密，都应当归功于马克思。"[①]如果撇开剩余价值这个经济学上的贡献不论，那么，不言而喻，马克思在哲学上的伟大贡献就是发现唯物主义历史观了。不用说，恩格斯在这里提到的唯物主义历史观，也就是他前面所说的辩证的历史观。在某些场合下，恩格斯也使用过"历史唯物主义"这一表达式。比如，在 1893 年 2 月 7 日致弗·雅·施穆伊洛夫的信中，恩格斯这样写道："关于历史唯物主义的起源，在我看来，您在我的《费尔巴哈》中就可以找到足够的东西——马克思的附录其实就是它的起源！其次，在《宣言》(1892 年柏林新版)的序言和

---

① 《马克思恩格斯选集》第 3 卷，人民出版社 1995 年版，第 366 页。

《揭露共产党人案件》的序言中也可以找到。"①

　　毋庸置疑,在恩格斯的语境中,辩证的历史观、唯物主义历史观和历史唯物主义是一而三、三而一的概念。然而,稍加分析就会发现,恩格斯关于"两个伟大的发现"的说法既是对马克思理论贡献的肯定,又是对其贡献范围的限定。它的潜台词无非是:辩证的自然观并不是马克思发现的,而是恩格斯本人发现的。事实上,在《反杜林论》的"三版序言"中,恩格斯已经把这层意思说得非常清楚了:"可是要确立辩证的同时又是唯物主义的自然观,需要具备数学和自然科学的知识。马克思是精通数学的,可是对于自然科学,我们只能作零星的、时停时续的、片断的研究。因此,当我退出商界并移居伦敦,从而获得了研究时间的时候,我尽可能地使自己在数学和自然科学方面来一次彻底的——像李比希所说的——'脱毛',八年当中,我把大部分时间用在这上面。"②尽管恩格斯在这里谈到了共同研究的主体——"我们",也肯定了马克思是精通数学的,但实际上暗示我们,数学和自然科学主要是他恩格斯在研究,所以辩证的自然观主要是由他确立起来的。

　　在《出路》中写下的一个著名的注中,恩格斯进一步阐明了他自己与马克思在理论上的关系:"我不能否认,我和马克思共同工作 40 年,在这以前和这个期间,我在一定程度上独立地参加了这一理论的创立,特别是对这一理论的阐发。但是,绝大部分基本指导思想(特别是在经济和历史领域内),尤其是对这些指导思想的最后的明确的表述,都是属于马克思的。我所提供的,马克思没有我也能做到,至多有几个专门的领域除外。至于马克思所做到的,我却做不到。马克思比我们大家都站得高些,看得远些,观察得多些和快些。马克思是天才,我们至多是能手。没有马克思,我们的理论远不会是现在这个样子。所以,这个理论用他的名字命名是理所当然的。"③乍看起来,恩格斯的这段话说得非常

　　①　《马克思恩格斯选集》第 4 卷,人民出版社 1995 年版,第 721—722 页。
　　②　《马克思恩格斯选集》第 3 卷,人民出版社 1995 年版,第 349 页。
　　③　《马克思恩格斯选集》第 4 卷,人民出版社 1995 年版,第 242 页。

谦虚，但如果我们运用阿尔都塞所倡导的"根据症候阅读法"，关注字里行间的某些空白、省略或语焉不详的地方，立即就会发现，这段话在肯定马克思是"天才"的同时，也严格地限定了马克思作出的理论贡献的范围。

其一，当恩格斯肯定，马克思主义理论中的绝大部分基本指导思想是由马克思提出来时，又以不经意的方式提到"特别是在经济和历史领域内"，从而暗示我们，马克思的理论贡献主要限于这两个领域。

其二，当恩格斯表示，"马克思没有我也能做到，至多有几个专门的领域除外"时，尽管他没有阐明是哪些专门的领域，但可以推测，至少数学和自然科学的领域是被包含在里面的。也就是说，至少在这些专门的领域内，作出理论贡献的是恩格斯，而不是马克思。

其三，当恩格斯强调自己"在一定程度上独立地参加了这一理论的创立，特别是对这一理论的阐发"时，这里涉及两层意思：第一层意思是不明晰的，即恩格斯究竟在何种程度上独立地参加了这一理论的创立？换言之，在马克思主义理论中，究竟哪些基本原理是由恩格斯创立的？他并没有明确地阐述这一点。第二层意思倒是明确的，即他的主要工作是阐发马克思主义的理论。然而，问题的关键恰恰在于，恩格斯是否准确地阐发了以马克思的名字命名的这种理论？这实际上仍然是一个有待探索的问题。

现在，让我们先回到正在讨论的主题上来。我们发现，在《出路》中，恩格斯在替马克思的哲学观进行定位时，也为自己的哲学观确定了相应的位置。他这样写道："值得注意的是，不仅我们发现了这个多年来已成为我们最好的工具和最锐利的武器的唯物主义辩证法（die materialistische Dialektik），而且德国工人约瑟夫·狄慈根不依靠我们，甚至不依靠黑格尔也发现了它。"①在这段论述中，恩格斯提出了一个新的术语"唯物主义辩证法"。其实，这个新术语无非是他前面提出的"辩证的

---

① 《马克思恩格斯选集》第4卷，人民出版社1995年版，第243页。

自然观"的又一种表达形式罢了。尽管恩格斯在这个句子中又使用了含混的主语"我们"，似乎是他和马克思一起发现了唯物主义辩证法，实际上他想表达的真正意思是：马克思发现的是辩证的历史观，即唯物主义历史观或历史唯物主义，而他发现的则是辩证的自然观，即唯物主义辩证法。

　　这就是恩格斯用含混的、羞答答的方式表达出来的，对马克思和他自己的哲学观的历史定位。然而，吊诡的是，按照恩格斯前面提出的哲学观，如果哲学已从自然界和历史中被驱逐出去，从而只留下了一个纯粹思想的领域，那么，无论是马克思所确立的辩证的历史观，还是恩格斯所确立的辩证的自然观，至多只是实证科学中的基础理论，而不可能是哲学思想。但令人费解的是，恩格斯有时又把它们当作哲学思想加以谈论。这表明他的哲学观始终处于自我矛盾的状态中。有趣的是，恩格斯之后的正统的阐释家们对恩格斯的哲学观似乎都患了"集体遗忘症"。在他们看来，辩证的自然观和历史观作为哲学思想，似乎是天经地义的，既无可置疑，也无须论证。

　　让我们再来看看，恩格斯之后的正统的阐释家们又是如何给马克思哲学观进行定位的。显然，在这些阐释家中间，如果撇开与这里的论题关系不大的拉法格、梅林和拉布里奥拉，首先应该提到的无疑是普列汉诺夫。普列汉诺夫曾多次拜访晚年的恩格斯，并得到后者的高度赏识。普列汉诺夫不仅翻译了恩格斯的《出路》，而且在俄译本第二版的译者序言中对马克思的哲学观作出了自己的定位："马克思和恩格斯的哲学不仅是唯物主义的哲学，而且是辩证的唯物主义。"[1]在《卡尔·马克思和列夫·托尔斯泰》一文中，普列汉诺夫以更明确的口吻写道："马克思的世界观是辩证唯物主义。"[2]从普列汉诺夫的上述论述可以看出：

　　第一，从他有时用"马克思和恩格斯"做主语，有时又用"马克思"做

---

[1]　［苏］普列汉诺夫：《普列汉诺夫哲学著作选集》第3卷，生活·读书·新知三联书店1962年版，第79页。

[2]　［苏］普列汉诺夫：《普列汉诺夫哲学著作选集》第5卷，生活·读书·新知三联书店1984年版，第737页。

主语这一点上可以看出，他从未自觉地意识到并反思过马克思和恩格斯在哲学观上存在的差异。

第二，正如恩格斯在自己的表述中用"历史唯物主义"取代了"唯物主义历史观"一样，他也在自己的表述中用"辩证唯物主义"取代了恩格斯提出的"唯物主义辩证法"。也就是说，自他以来，历史唯物主义和辩证唯物主义这两个具有亲和性和对称性的概念逐渐成了称谓马克思和恩格斯哲学观的专门用语。

第三，他把辩证唯物主义理解并阐释为马克思和恩格斯哲学思想的基础和核心。这已经蕴含着这样的思想萌芽，即历史唯物主义不过是把辩证唯物主义推广并应用到社会历史领域中去的结果。比较起来，辩证唯物主义是"世界观"，而历史唯物主义则不过是这一世界观在社会历史领域里的实证性的应用。

在深受普列汉诺夫思想影响的列宁那里，辩证唯物主义和历史唯物主义这两个用语作为权威性的理论用语而被确定下来了。在《唯物主义和经验批判主义》中，列宁开宗明义地指出："所有这些人都不会不知道，马克思和恩格斯几十次地把自己的哲学观点叫作辩证唯物主义。"①显然，列宁在这里的表述具有论战性的、夸张的味道，因为文献学的研究表明，无论是马克思，还是恩格斯，都从未使用过辩证唯物主义这个概念。如前所述，即使是恩格斯，也只使用过"唯物主义辩证法"的概念。当然，如果列宁说的是辩证唯物主义这个用语的精神实质，似乎也无大错。然而，这充其量只是列宁对马克思和恩格斯的哲学观的笼统的表述罢了。在《马克思主义的三个来源和三个组成部分》一文中，列宁的论述似乎变得更细致了，他告诉我们："马克思加深和发展了哲学唯物主义，而且把它贯彻到底，把它对自然界的认识推广到对人类社会的认识。马克思的历史唯物主义是科学思想中的最大成果。"②这段论述之所

---

① 列宁：《列宁选集》第 2 卷，人民出版社 1995 年版，第 12 页。
② 同上书，第 311 页。

以重要，因为它是后来兴起的所谓"推广论"的雏形。其实，迄今为止，研究推广论的学者都没有注意到，推广论具有两种不同的方式。

一种是综合性的方式，即肯定马克思和恩格斯先研究了自然界，确立了辩证唯物主义，再把辩证唯物主义推广到人类社会领域，从而确立了历史唯物主义。在这种综合性的推广论中，马克思和恩格斯都被提到了。也就是说，马克思和恩格斯在哲学思想上的差异还没有成为反思的对象。换言之，研究者们不自觉地预设了这样的前提，即马克思和恩格斯的哲学观是完全一致的。

另一种是分析性的方式，即肯定马克思和恩格斯在哲学研究上是有分工的，至少侧重点是不同的。主要是恩格斯，通过对自然界的研究确立了辩证唯物主义，而马克思则把作为恩格斯的研究成果的辩证唯物主义推广并应用到社会历史领域，从而确立了历史唯物主义。毋庸置疑，在这种分析性的推广论中，马克思和恩格斯的哲学贡献被区分开来了，各自被确定了相应的历史地位。尽管列宁后一段论述中的主语是"马克思"，乍看起来，他似乎想把马克思与恩格斯的不同的理论贡献区分开来，但只要深入阅读列宁的著作，就会发现，列宁从未对马克思和恩格斯之间的思想差异做过自觉的反思，因而这里出现的"马克思"实际上仍然是"马克思和恩格斯"的代名词。换言之，列宁的推广论本质上还是综合性的推广论。

如前所述，倒是恩格斯在《出路》中强调马克思的主要工作是"在经济和历史领域内"时，他竭力想表达出来的，正是这种类似于分析性的推广论所想表达的思想。每一个不存偏见的人都会发现，这种"先自然后人类社会"的推广论的叙事方式在恩格斯的著作中早见端倪。比如，在《反杜林论》的哲学篇中，恩格斯把讨论自然界的自然哲学置于讨论社会历史的道德和法之前。又如在《出路》中，恩格斯也是先讨论费尔巴哈的自然哲学，再讨论他的伦理和宗教哲学。而且，在讨论自然界与人类社会的关系时，恩格斯很明确地阐明了自己的看法："适用于自然界的，同样适用于社会历史的一切部门和研究人类的(和神的)事物的一切科学。"①在恩格斯看来，人类社会与自然界完全是同质性的，因而完全可以把自然研究中引申出来的规律性的东西不加分析地推广并应用到社会历史领域中去。这不正是推广论的雏形吗？

事实上，正是在恩格斯、普列汉诺夫和列宁的叙事方式的影响下，斯大林在《论辩证唯物主义和历史唯物主义》中对推广论作出了经典性的表述："辩证唯物主义是马克思列宁主义的世界观。它所以叫作辩证唯物主义，是因为它对自然界现象的看法、它研究自然界现象的方法、它认识这些现象的方法是辩证的，而它对自然界现象的解释、它对自然界现象的了解、它的理解是唯物主义的。历史唯物主义就是把辩证唯物主义的原理推广去研究社会生活，把辩证唯物主义的原理应用于社会生活现象，应用于研究社会，应用于研究社会历史。"②至此，我们发现，推广论在斯大林那里获得了至高无上的地位。然而，斯大林的推广论仍然属于综合性的推广论，因为他的思想和列宁一样，从未达到自觉地反思马克思和恩格斯思想差异的层面上。

当代学者波亨斯基在《当代欧洲哲学》一书中不自觉地道出了恩格斯想说而又没有说出来的意思："马克思本人主要是一个政治经济学家、社会学家和社会哲学家。他是历史唯物主义的奠基人，而历史唯物主义的一般哲学基础则是辩证唯物主义体系，它本质上是恩格斯研究的结果。"③正是在波亨斯基的论述中，恩格斯生前的隐蔽的愿望(这个愿望总是被无限谦虚的、意义含混的语言包装起来)终于被清清楚楚地陈述出来了。这个愿望就是：正是我恩格斯通过对自然界的研究，确立了辩证唯物主义，而马克思则把我确立起来的辩证唯物主义推广并应用到社会历史领域，从而确立了历史唯物主义。辩证唯物主义作为世界观是历

---

① 《马克思恩格斯选集》第 4 卷，人民出版社 1995 年版，246 页。

② 斯大林：《列宁主义问题》，人民出版社 1964 年版，第 629 页。

③ I. M. Bochenski, *Contemporary European Philosophy*, California：University of California Press，1957，p. 62.

史唯物主义的基础和出发点，而历史唯物主义只是应用性的、实证性的研究成果。要言之，不是马克思，而是恩格斯，才是以马克思的名字命名的哲学观的真正奠基人，而马克思的全部哲学贡献只是在经济和历史这些实证的领域中。

最后，让我们再来看看，苏联、东欧和中国的马克思主义哲学教科书又是如何给马克思哲学观定位的。我们上面提到的斯大林的《论辩证唯物主义和历史唯物主义》同时也是《联共（布）党简明教程》第四章第二节的内容，作为权威性的教科书，它对苏联、东欧和中国理论界的影响是无与伦比的。比如，我们很容易在苏联理论权威康斯坦丁诺夫主编的《历史唯物主义》一书中找到类似的段落："马克思和恩格斯把辩证唯物主义的原理推广去认识社会，应用这些原理研究社会生活，说明社会历史，从而创立了历史唯物主义。"①我们也很容易在中国理论界权威艾思奇主编的《辩证唯物主义历史唯物主义》一书中找到类似的表述："马克思和恩格斯把辩证唯物主义推广到对人类社会的认识，从而把唯心主义从社会历史观中驱逐出去，建立了完备的、彻底的唯物主义哲学。"②尽管前东德理论界权威弗朗克·菲德勒等著的教科书《辩证唯物主义与历史唯物主义》没有使用"推广"这个用语，但文中的意思并没有实质性的差异："'历史唯物主义'这个名称所涉及的是唯物史观即对社会及其历史的辩证唯物主义的哲学分析。就这个意义而言，辩证唯物主义和历史唯物主义的关系，有如一般与特殊的关系。其中辩证唯物主义本身同时就包含了历史唯物主义的基础。"③我们发现，无论是苏联、东欧抑或中国的理论界，它们认同的都是综合性的推广论，即既把马克思和恩格斯看作辩证唯物主义的确立者，又把他们看作历史唯物主义的确立者。这

① ［苏］康斯坦丁诺夫主编：《历史唯物主义》，刘丕坤等译，人民出版社1955年版，第18页。
② 艾思奇主编：《辩证唯物主义历史唯物主义》，人民出版社1962年版，第195页。
③ ［德］弗朗克·菲德勒等：《辩证唯物主义与历史唯物主义》，郑伊倩等译，求实出版社1985年版，第68页。

充分表明，苏联、东欧和中国理论界还始终没有上升到自觉地反思马克思和恩格斯哲学观差异的层面上。

由上可知，无论是综合性的推广论，还是分析性的推广论，都是对马克思和恩格斯哲学观的错误定位。比较起来，分析性的推广论走得更远，因为它把恩格斯确立的辩证唯物主义理解并阐释为整个马克思主义哲学理论的基础和出发点，而把马克思确立的历史唯物主义理解并阐释为辩证唯物主义在社会历史领域中的应用性的、实证性的研究成果。正是这种源自恩格斯和其他正统的阐释家们的主导性的阐释结果导致了恩格斯哲学观在整个马克思主义哲学理论中的基础化和核心化，同时也导致了马克思哲学观的边缘化和应用化。①

总之，恩格斯和其他正统的阐释家们对马克思哲学观所做的这种历史定位，既不符合历史事实，也从根本上遮蔽了马克思和恩格斯在哲学观上的重大差异，从而抹杀了马克思发动的划时代的哲学革命的伟大意义之所在。

## 三、回到马克思原初的哲学观

要了解恩格斯和其他正统的阐释者们对马克思哲学观的理解、阐释和定位到底错在哪里，只有一个办法，那就是返回到马克思原初的哲学观上去。通过比较和分析，阐明历史的真相。

首先，马克思从青年时期起就十分重视哲学这门学科。在《政治经济学批判》序言中，马克思明确地告诉我们："我学的专业本来是法律，

---

① 张奎良教授甚至认为："实际上，恩格斯不仅是马克思主义的缔造者和阐发者，而且马克思主义的重中之重——历史唯物主义就是在没有马克思参与的情况下，恩格斯独自确立起来的。"毋庸置疑，"唯物主义历史观"和"历史唯物主义"这两个概念都是恩格斯率先提出来的，但并不等于说，这两个概念所指称的那种理论是由恩格斯确立的。确立一种理论与命名一种理论是性质不同的两回事。参见张奎良：《恩格斯与历史唯物主义》，《哲学动态》2012 年第 11 期。

但我只是把它排在哲学和历史之次当作辅助学科来研究。"①为什么马克思那么重视哲学？他在1837年11月致父亲的信中阐明了这么做的原因：当时他打算撰写一部关于法的著作，但在构思时却遇到了困难，"这又一次使我明白了，没有哲学我就不能前进"②。显然，青年马克思已经认识到，哲学上的学养对创造性思维的重要性。所以，他甚至在患病期间，重又系统地阅读了黑格尔和他的大部分弟子的著作，并积极地参与了柏林的"博士俱乐部"的理论探讨活动。我们知道，正因为认识到了哲学的重要性，马克思不但自觉地接受了哲学方面的训练，并以原创性的论文《德谟克利特的自然哲学和伊壁鸠鲁的自然哲学的差别》从耶拿大学哲学系获得了哲学博士学位。

其次，马克思提出了哲学的人民性、时代性和世界性的问题。在《第179号"科伦日报"社论》中，马克思阐述了哲学和人民之间的亲缘关系及哲学家成长之不易："哲学家的成长并不像雨后的春笋，他们是自己的时代、自己的人民的产物，人民最精致、最珍贵和看不见的精髓都集中在哲学思想里。"③在马克思看来，真正的哲学既不是玄妙自我的思辨之深化，也不是世界之外的遐想，"因为任何真正的哲学都是自己时代精神的精华，所以必然会出现这样的时代：那时哲学不仅从内部即就其内容来说，而且从外部即就其表现来说，都要和自己时代的现实世界接触并相互作用。……各种外部表现证明哲学已获得了这样的意义：它是文明的活的灵魂，哲学已成为世界的哲学，而世界也成为哲学的世界，——这样的外部表现在所有的时代都是相同的"④。真正的哲学不仅包含着人民思想中最精致的部分，不仅显现为时代精神的精华，而且也汇聚着世界性的意识，搏动着文明的活的灵魂。在这里，马克思对哲学作出了多么高的评价。我们发现，马克思从未把哲学理解并阐释为哲

---

① 《马克思恩格斯选集》第2卷，人民出版社1995年版，第31页。
② 《马克思恩格斯全集》第40卷，人民出版社1982年版，第13页。
③ 《马克思恩格斯全集》第1卷，人民出版社1956年版，第120页。
④ 同上书，第121页。

学家们的专利，他总是使自己的哲学思想紧贴人民、时代、世界和文明，从而使它充满了生命的活力。

再次，马克思主张，哲学是人类(尤其是无产阶级)寻求解放的思想武器。在 1843 年 9 月致卢格的信中，马克思满怀激情地写道："到目前为止，一切谜语的答案都在哲学家们的写字台里，愚昧的凡俗世界只需张开嘴来接受科学的烤松鸡就得了。现在哲学已经变为世俗的东西了，最确实的证明就是哲学意识本身，不但表面上，而且骨子里都卷入了斗争的旋涡。"①在这里，马克思启示我们，哲学既不是象牙塔里的迷思，也不是哲学家们写字台中存放着的现成的答案，而是现实斗争中的思想武器。马克思激烈地抨击了麻木的理论中立主义的错误倾向，在《〈黑格尔法哲学批判〉导言》中公开宣布："哲学把无产阶级当做自己的物质武器，同样地，无产阶级也把哲学当做自己的精神武器。"②与此同时，马克思也宣布，德国人解放的头脑是哲学，心脏则是无产阶级。这就深刻地启示我们，马克思从来没有把哲学视作与现实世界(包括阶级斗争)相分离的、只涉及逻辑思维及其规律的学问，相反，他一直把它理解为革命阶级，尤其是无产阶级手中的重要思想武器。

最后，马克思强调，哲学的根本使命是改变世界。在《关于费尔巴哈的提纲》中，马克思写下了最能体现其哲学观特色的第十一条提纲："哲学家们只是用不同的方式解释世界，问题在于改变世界。"③众所周知，马克思逝世后，这句名言也被镌刻在他的墓碑上，它突出地表明了，马克思的哲学观始终把改变世界的实践活动视为自己的根本使命。也正是在这个意义上，马克思在《形态》的"费尔巴哈"章中写下了另一句名言：

[······]实际上，而且对实践唯物主义者(den praktischen Mate-

---

① 《马克思恩格斯全集》第 1 卷，人民出版社 1956 年版，第 416 页。
② 同上书，第 467 页。
③ 《马克思恩格斯选集》第 1 卷，人民出版社 1995 年版，第 57 页。

rialisten)即共产主义者来说，全部问题都在于使现存世界革命化，实际地反对和改变现存的事物。①

毋庸置疑，马克思在这里使用的"实践唯物主义者"的概念同时蕴含着他对"实践唯物主义"理论的认可。道理很简单，没有实践唯物主义，又何来实践唯物主义者？这就深刻地启示我们，马克思哲学观的根本使命就是通过实践的方式，使现存世界革命化。

通过对马克思哲学观的概要论述及与前面提到的恩格斯哲学观的粗略的比较，很容易发现，马克思的哲学观与恩格斯的哲学观至少在以下四个方面存在着不可忽视的差异。

第一，恩格斯的哲学观深受黑格尔、孔德和费尔巴哈的影响，他认为自己确立了新的哲学理论，并把这种理论称为"辩证的自然观""唯物主义辩证法"或"自然辩证法"，然而，由于他视为哲学的基础和出发点的"自然"或"物质"始终是与人的实践活动相分离的抽象的自然或物质，所以，实际上他仍然停留在旧哲学的怀抱中。我们在后面的论述中还会对这一点进行更详尽的论证。然而，与恩格斯不同，马克思的哲学观始终把实践视为哲学的基础和出发点，正是"实践"概念摒弃了物质与意识、自然界与精神之间的抽象对立，从而使马克思完全超越了旧哲学的狭隘眼界，确立起实践唯物主义这一新的哲学地平线。② 实践唯物主义才是马克思在哲学领域里实行的划时代革命的真正成果。

第二，恩格斯的哲学观，主张传统哲学或形而上学的大部分领地已经让渡给实证科学，因而哲学只留下了一个纯粹思想的领域。显然，在一个纯粹思想的领域里耕耘，就等于在象牙塔里沉思，根本就没有必要

---

① 《马克思恩格斯选集》第 1 卷，人民出版社 1995 年版，第 75 页。K. Marx, F. Engels, *Werke Band* 3, Berlin: Dietz Verlag, 1969, S. 42. 中央编译局的译者把原文 den praktischen Materialisten 译为"实践的唯物主义者"，其中的"的"字既为赘词，又会影响人们对整个短语的含义的理解，兹改译为"实践唯物主义者"。

② 在《关于费尔巴哈的提纲》的第一条提纲中，马克思对自己的哲学与旧唯物主义的哲学之间的根本性差异做了经典性的论述。

把哲学与现实斗争，尤其是无产阶级争取解放的斗争联系起来。然而，与恩格斯不同，马克思的哲学观始终强调哲学与现实世界的密切联系，马克思还自觉地把哲学理解并阐释为无产阶级的精神武器。

第三，按照恩格斯的哲学观，既然哲学已从自然和社会历史中被驱逐出去，那么他和马克思各自确立的辩证的自然观和历史观就只能归属到实证科学的基础理论的层面上去了。然而，在马克思看来，哲学始终是现实世界的一个有机的组成部分，哲学非但没有从自然和社会历史中被驱逐出去，反而通过自己的实践品格，始终处于改造社会（包括自然）的旋涡之中。

第四，恩格斯哲学观的核心关切是逻辑思维及其规律，而马克思哲学观的核心关切则是对现存世界的革命性改造。

当然，对马克思和恩格斯在哲学观上的差异仅仅诉诸观念上的笼统的、对列式的比较是不够的，我们还需更深入地来探讨他们在一些具体的哲学问题上存在的差异。

# 如何理解并阐释马克思的哲学观（下）①

## 一、马克思、恩格斯哲学观差异的具体例证

只要一提到马克思哲学观与恩格斯哲学观的关系，正统的阐释家们立即就会告诉我们，马克思和恩格斯在哲学观上是完全一致的，他们的主要理由如下：第一，马克思和恩格斯共同撰写了《神圣家族》《形态》《共产党宣言》等著作；第二，马克思在《政治经济学批判》序言中坦承，他与恩格斯之间"不断通信交换意见"②，因而他们的见解是完全一致的；第三，恩格斯在《反杜林论》的"三版序言"中曾经表示："顺便指出：本书所阐述的世界观，绝大部分是由马克思确立和阐发的，而只有极小的部分是属于我的，所以，我的这部著作不可能在他不了解的情况下完成，这在我们相互之间是不言而喻的。在付印之前，我曾把全部原稿念给他听，而且经济学那一编的第十章（《〈批判史〉论述》）就是由马克思写的，只是由

---

① 载《江海学刊》2013 年第 5 期，第 21—30 页。——编者注
② 《马克思恩格斯选集》第 2 卷，人民出版社 1995 年版，第 33 页。

于外部的原因，我才不得不很遗憾地把它稍加缩短。在各种专业上互相帮助，这早就成了我们的习惯。"①其实，略加分析就会发现，这三条理由都是站不住脚的。

就第一条理由来说，马克思和恩格斯确实合著过一些著作，但合著之所以需要，恰恰是因为他们的知识结构存在着差异，因而需要通过合作的方式加以互补，正如恩格斯所说的："在各种专业上相互帮助，这早就成了我们的习惯。"所以，合著只能证明他们对合作撰写的著作的主题的看法是一致的，超出这一点，我们看到的就都是差异了。事实上，合著的真正动力在于知识结构上的互补，即"相互帮助"。就第二条理由来说，当马克思表示自己与恩格斯之间"不断通信交换意见"时，恰恰表明，他们在很多问题上存在着不同的看法，不然，何须"交换意见"呢？就第三条理由来说，恩格斯曾把《反杜林论》的全部原稿念给马克思听，但匪夷所思的是，他完全没有谈到马克思对他书稿的反应。难道马克思没有就书中的任何一个问题提出自己的疑问或不同见解？事实上，在恩格斯行文的省略处，恰恰隐藏着他与马克思在哲学观上存在的差异。常识也启示我们，不要说两个人的思想不可能完全一致，就是一个人的思想也很难保持其前后完全一致。下面，我们不妨通过一些具体的例证来探索马克思和恩格斯在哲学观上存在的差异。

首先，我们来考察马克思和恩格斯在对待黑格尔哲学遗产上的不同态度。这里涉及两个重要问题：一是如何判定黑格尔哲学的性质？二是如何改造黑格尔的辩证法？我们先来探讨前面一个问题。恩格斯在《出路》中写道："凡是断定精神对自然界说来是本原的，从而归根到底承认某种创世说的人（而创世说在哲学家那里，例如在黑格尔那里，往往比在基督教那里还要繁杂和荒唐得多），组成唯心主义阵营。凡是认为自然界是本原的，则属于唯物主义的各种学派。"②这里暂且不论恩格斯用

---

① 《马克思恩格斯选集》第 3 卷，人民出版社 1995 年版，第 347 页。
② 《马克思恩格斯选集》第 4 卷，人民出版社 1995 年版，第 224 页。

精神与自然界的关系来判定一种哲学理论究竟是唯物主义还是唯心主义是否合理，我们只要先记住下面这一点就行了，即恩格斯把黑格尔哲学的性质判定为一般唯心主义，他在《出路》的另一处明确告诉我们："归根到底，黑格尔的体系只是一种就方法和内容来说唯心主义地倒置过来的唯物主义。"①有鉴于此，恩格斯主张以唯物主义的方式解读黑格尔的唯心主义著作。具体地说，就是把黑格尔哲学中的"(绝对)精神"颠倒为"自然"或"物质"，而这种以抽象的(即与人的实践活动相分离的)自然或物质作为基础和出发点的唯物主义也就是一般唯物主义。简言之，把黑格尔的一般唯心主义颠倒过来，只能是一般唯物主义。事实上，恩格斯自己也承认，"同黑格尔哲学的分离在这里也是由于返回到唯物主义观点而发生的"②。在恩格斯的影响下，列宁曾对这种一般唯物主义的观点做过经典性的分析："物质是第一性的。感觉、思想、意识是按特殊方式组成的物质的高级产物。这就是一般唯物主义的观点，特别是马克思和恩格斯的观点。"③尽管列宁把马克思的哲学观理解为一般唯物主义是错误的，但他却正确地说出了恩格斯哲学观的本质特征，即恩格斯哲学观的基础和出发点始终是一般唯物主义。

与恩格斯不同，马克思把黑格尔哲学的性质判定为历史唯心主义，这种哲学观试图用思想、观念、意识或伟大人物的意志来解释人类社会的发展史。在《形态》的"费尔巴哈"章中，马克思阐明了自己的哲学观与以黑格尔为代表的哲学观之间的根本差异："这种历史观和唯心主义历史观不同，它不是在每个时代中寻找某种范畴，而是始终站在现实历史的基础上，不是从观念出发来解释实践，而是从物质实践出发来解释观念的东西。"④显然，在马克思看来，把黑格尔的历史唯心主义颠倒过来，绝不是恩格斯所说的一般唯物主义，而应该是历史唯物主义。具体

---

① 《马克思恩格斯选集》第 4 卷，人民出版社 1995 年版，第 226 页。
② 同上书，第 242 页。
③ 列宁：《列宁选集》第 2 卷，人民出版社 1995 年版，第 51 页。
④ 《马克思恩格斯全集》第 3 卷，人民出版社 1960 年版，第 43 页。

地说，把黑格尔的(绝对)精神颠倒过来，绝不是恩格斯所说的抽象的自然或物质，而是马克思所说的具体的人的社会实践活动。

为什么马克思和恩格斯会对黑格尔哲学的性质作出不同的判定？因为他们的哲学观、关切点和阅读兴趣都存在着重大的差别。马克思从青年时期起关注的重点就落在社会历史上。他在阅读黑格尔著作时，最注重的是《精神现象学》和《法哲学原理》；反之，尽管青年恩格斯撰写了《政治经济学批判大纲》和《英国状况》这样的作品，但由于受实证主义思潮的影响，他的思维方式始终是自然科学型的。比如，在谈到经济上的供求规律时，他指出，"很明显，这个规律是纯自然的规律，而不是精神的规律"；在谈到资本主义经济危机时，他又表示，"这是一个以当事人的盲目活动为基础的自然规律"①。与这种关切相应的是，他更喜欢黑格尔的《逻辑学》和《自然哲学》。事实上，在恩格斯的《自然辩证法》中，来自黑格尔的《自然哲学》的引文俯拾皆是。

在如何改造黑格尔辩证法的问题上，马克思与恩格斯之间也存在着明显的分歧。黑格尔的辩证法是概念辩证法，也就是说，概念是黑格尔辩证法的载体。因此，在如何改造黑格尔辩证法的问题上，关键在于，究竟用什么载体去置换黑格尔的"概念"？显然，对这个问题的解答与对黑格尔哲学性质的判定是密切相关的。既然恩格斯把黑格尔哲学的性质判定为一般唯心主义，因而把(绝对)精神颠倒过来就是一般唯物主义所主张的抽象的自然或物质，因而恩格斯也就顺理成章地把抽象的自然或物质作为辩证法的新载体。事实上，恩格斯之所以把自己的哲学思想称作"辩证的自然观""自然辩证法"或"唯物主义辩证法"，就是为了肯定辩证法的新载体是自然或物质。那么，马克思在改造黑格尔辩证法时提供的新载体又是什么呢？如前所述，既然马克思判定黑格尔哲学的性质是历史唯心主义，因而把(绝对)精神颠倒过来，就是人的社会实践活动，因而马克思倡导的新辩证法的载体乃是实践，由于实践的基本形式是劳

---

① 《马克思恩格斯全集》第 1 卷，人民出版社 1956 年版，第 614 页。

动，因而劳动也成了这种新辩证法载体的基本形式。在《手稿》中，马克思早已告诉我们："黑格尔的《现象学》及其最后成果——作为推动原则和创造原则的否定的辩证法——的伟大之处首先在于，黑格尔把人的自我产生看做一个过程，把对象化看做失去对象，看做外化和这种外化的扬弃；因而，他抓住了劳动的本质，把对象性的人、现实的因而是真正的人理解为他自己的劳动的结果。"①也就是说，马克思把历史视为人在劳动中产生的历史。有鉴于此，马克思特别注重异化劳动问题，并把扬弃私有财产、实现共产主义作为扬弃异化劳动的前提。由上可知，恩格斯倡导的以抽象的自然或物质为载体的辩证法，至多只能做到对自然或物质世界的直观性的描述，因为他把辩证法嫁接到旧唯物主义的基础上去了。反之，马克思倡导的以具体的实践或劳动为载体的辩证法，才蕴含着对周边世界和人类社会的革命性改造的潜能，因为他把辩证法嫁接到新唯物主义——实践唯物主义的基础上去了。

其次，我们来考察马克思和恩格斯对待费尔巴哈哲学遗产的不同态度。这里涉及三个主要问题：一是如何看待费尔巴哈的历史地位和作用？二是如何看待费尔巴哈的唯物主义？三是如何看待费尔巴哈的人本学思想？

在对费尔巴哈历史地位和作用的评价上，马克思和恩格斯存在着很大的差异。在《出路》1888 年单行本序言中，恩格斯在谈到费尔巴哈时不无遗憾地写道："虽然他在好些方面是黑格尔哲学和我们的观点之间的中间环节，我们却从来没有回顾过他。"②并表示，应该归还欠费尔巴哈的一笔信誉债，因为"在我们的狂飙时期，费尔巴哈给我们的影响比黑格尔以后任何其他哲学家都大"③。在《出路》正文中谈到费尔巴哈《基督教的本质》的出版时，恩格斯满怀激情地说："——这部书的解放作用，只有亲身体验过的人才能想象得到。那时大家都很兴奋：我们一时都成

---

① 《马克思恩格斯全集》第 42 卷，人民出版社 1979 年版，第 163 页。
② 《马克思恩格斯选集》第 4 卷，人民出版社 1995 年版，第 211—212 页。
③ 同上书，第 212 页。

为费尔巴哈派了。"①从这些论述可以看出，恩格斯对费尔巴哈的历史地位及其作用的评价是相当高的，尽管他对费尔巴哈的哲学思想也有某些保留和批评，但从总体上看，他对其是赞赏有加的。然而，从总体上看，马克思对费尔巴哈的评价却远没有那么高。在1859年出版的《政治经济学批判序言》中，马克思曾回顾了自己的治学道路和思想历程，其中谈到了黑格尔，却没有一个字提到费尔巴哈，因而根本不可能像恩格斯那样，把费尔巴哈理解为"黑格尔哲学和我们的观点之间的中间环节"。也就是说，在其思想发展的历程上，马克思既没有经历过所谓费尔巴哈阶段，也从未成为恩格斯所说的"费尔巴哈派"。事实上，早在写于1845年的《提纲》中，马克思就以敏锐的批判眼光，把自己的哲学观与费尔巴哈的哲学观严格地区分开来了。

在对费尔巴哈唯物主义的态度上，恩格斯从总体上持肯定的态度。比如，他在《出路》中指出，费尔巴哈的《基督教的本质》的出版"直截了当地使唯物主义重新登上王座"②。在叙述费尔巴哈哲学思想发展历程的基础上，恩格斯对他的唯物主义作出了如下的概括："我们自己所属的物质的、可以感知的世界，是唯一现实的；而我们的意识和思维，不论它看起来是多么超感觉的，总是物质的、肉体的器官即人脑的产物。物质不是精神的产物，而精神本身只是物质的最高产物。这自然是纯粹的唯物主义。但是费尔巴哈到这里就突然停止不前了。他不能克服通常的哲学偏见，即不反对事情本身而反对唯物主义这个名称的偏见。"③显而易见，在恩格斯看来，费尔巴哈的唯物主义是"纯粹的唯物主义"，也就是说，它完全符合恩格斯在《出路》中对唯物主义这个用语所下的定义，而费尔巴哈的不足似乎仅仅在于，他把唯物主义这种一般世界观与唯物主义的某种特定的表现形式——18世纪的唯物主义及以毕希纳、福格特和摩莱肖特为代表的庸俗唯物主义混淆起来了，因而在某些场合

---

① 《马克思恩格斯选集》第4卷，人民出版社1995年版，第222页。
② 同上书，第222页。
③ 《马克思恩格斯文集》第4卷，人民出版社2009年版，第281页。

下他拒绝承认自己是唯物主义者。① 然而，明眼人一看就知道，恩格斯所描绘的费尔巴哈的唯物主义完全是以感性直观，而不是以实践活动作为基础和出发点的。此外，费尔巴哈的唯物主义仍然坚执于精神与物质（自然）之间的抽象对立，即肯定物质（自然）是第一性的，而精神则是第二性的，但实践本身作为目的性（精神）与因果性（物质）的统一，却是对这种抽象对立的扬弃和超越。我们发现，当恩格斯称赞费尔巴哈的唯物主义是"纯粹的唯物主义"时，他正站在旧唯物主义的立场上。事实上，恩格斯在哲学探索上的总体思路是把黑格尔的"合理内核"（辩证法）嫁接到费尔巴哈的"基本内核"（唯物主义）上，其结果就是所谓"唯物主义辩证法"。如前所述，恩格斯把黑格尔哲学的性质判定为一般唯心主义，而把一般唯心主义颠倒过来，就是一般唯物主义，其实，这种一般唯物主义正是费尔巴哈式的唯物主义，即肯定与人的实践活动相分离的自然或物质在存在上的优先性。在这一点上，列宁看得非常清楚，因为他这样写道："马克思和恩格斯的学说是从费尔巴哈那里产生出来的，是在与庸才们的斗争中发展起来的。"②显然，如果用这句话来评价恩格斯的哲学观，是完全正确的。事实上，作为一个隐蔽的费尔巴哈主义者，恩格斯哲学观的基础和出发点正是费尔巴哈的唯物主义。

然而，列宁在这句话中把马克思扯进来就完全错了，因为马克思从一开始就明确地阐明了自己的唯物主义与费尔巴哈的唯物主义之间的根本差异："从前的一切唯物主义（包括费尔巴哈的唯物主义）的主要缺点是：对对象、现实、感性，只是从客体的或者直观的形式去理解，而不是把它们当做感性的人的活动，当做实践去理解，不是从主体方面去理解。"③又说："费尔巴哈不满意抽象的思维而喜欢直观，但是他把感性

---

① 在另一处，恩格斯又补充道："费尔巴哈拒绝为这种唯物主义承担责任，这样做是完全对的；只是他不应该把这些巡回传教士的学说同一般唯物主义混淆起来。"参见恩格斯《自然辩证法》，人民出版社 1971 年版，第 175 页。

② 列宁：《列宁选集》第 2 卷，人民出版社 1995 年版，第 225 页。

③ 《马克思恩格斯选集》第 1 卷，人民出版社 1995 年版，第 54 页。

不是看做实践的、人的感性的活动。"①毋庸置疑，在马克思看来，费尔巴哈的唯物主义仍然从属于旧唯物主义，因为它诉诸感性直观，因而其基础和出发点始终是抽象的自然或物质。一旦人们用它来观察人类社会，就会陷入唯心主义历史观的迷误之中，正如马克思所批评的："直观的唯物主义，即不是把感性理解为实践活动的唯物主义，至多也只能达到对单个人和市民社会的直观。"②也就是说，费尔巴哈的直观唯物主义是根本不可能洞见人类社会发展的客观规律的。

与恩格斯不同，马克思从来就没有完全认同过费尔巴哈的唯物主义。在《形态》的"费尔巴哈"章中，马克思写道："……我们首先应当确定一切人类生存的第一个前提也就是一切历史的第一个前提，这个前提就是：人们为了能够'创造历史'，必须能够生活。但是为了生活，首先就需要衣、食、住以及其他东西。因此第一个历史活动就是生产满足这些需要的资料，即生产物质生活本身。"③如前所述，人们的物质生产活动乃是实践活动的最基本的形式。而这种实践形式哪怕只停顿一年，"费尔巴哈就会看到，不仅在自然界将发生巨大的变化，而且整个人类世界以及他（费尔巴哈）的直观能力，甚至他本身的存在也就没有了"④。从上面的论述不难看出，在如何对待费尔巴哈唯物主义的问题上，马克思与恩格斯之间存在着明显的思想分歧。最不可思议的是，恩格斯在1888年出版《出路》时，竟然把马克思写于1845年的《提纲》附在书后，但他居然完全没有意识到，《提纲》的第一条就表明，马克思所倡导的新唯物主义是主张从实践、从主体出发看问题的，而恩格斯在40年之后还站在费尔巴哈的旧唯物主义的立场上，把抽象的自然或物质视为自己哲学的基础和出发点。事实上，恩格斯对所谓"哲学基本问题"的论述最集中地体现出他所坚持的这种旧唯物主义的立场。

---

① 《马克思恩格斯选集》第1卷，人民出版社1995年版，第56页。
② 同上书，第56—57页。
③ 《马克思恩格斯全集》第3卷，人民出版社1960年版，第31页。
④ 同上书，第50页。

在如何看待费尔巴哈人本学思想的问题上，马克思与恩格斯之间也存在着分歧。《出路》表明，恩格斯主要肯定的是费尔巴哈的直观唯物主义，而对他的人本学思想则取单纯批判的态度，强调"对抽象的人的崇拜"①构成了费尔巴哈宗教观的核心。然而，与恩格斯相反，马克思批判的矛头主要指向费尔巴哈的直观唯物主义，尽管对他的人本学思想也有所保留，却认定它是费尔巴哈留下的最宝贵的哲学遗产。费尔巴哈的人本学思想本来就是他深入批判黑格尔哲学和宗教思想的产物。在《神圣家族》中，马克思指出，在黑格尔的哲学体系中包含着三个因素，即斯宾诺莎的实体（自然）、费希特的自我意识（精神）和由黑格尔提出的、作为上述两个要素统一的绝对精神（现实的人和现实的人类），而黑格尔绝对精神的人类学秘密正是由费尔巴哈披露出来的，"只有费尔巴哈才立足于黑格尔的观点之上而结束和批判了黑格尔的体系，因为费尔巴哈消解了形而上学的绝对精神，使之变为'以自然为基础的现实的人'"②。在马克思看来，费尔巴哈的另一个批判对象是宗教，尤其是基督教。费尔巴哈在研究中发现，上帝实际上是人的本质力量异化的产物。人们把自己身上的全部智慧和能力都集中起来，赋予一个对象，这个对象就成了全知全能的上帝。因而人们对上帝的崇拜实际上就是对自己的本质力量的崇拜。这样一来，神学就消失了，它溶解在人类学中。也就是说，费尔巴哈宗教批判的产物与他对黑格尔哲学批判的产物是同样的，也是"人"。尽管费尔巴哈谈论的人是与其实践活动相分离的，因而是抽象的人，但他毕竟为马克思的实践唯物主义提供了重要的思想资源。要言之，费尔巴哈所做的工作是把神秘的宗教世界和哲学世界归结为它的世俗基础，而马克思所做的工作则是：先阐明世俗基础本身是如何通过自我分裂产生出神秘的宗教世界和哲学世界的，然后再通过实践使这个世俗基础发生革命性的改变。在《形态》的"费尔巴哈"章中，马克思明确指

---

① 《马克思恩格斯文集》第 4 卷，人民出版社 2009 年版，第 295 页。
② 《马克思恩格斯文集》第 1 卷，人民出版社 2009 年版，第 342 页。

出："我们的出发点是从事实际活动的人，而且从他们的现实生活过程中我们还可以揭示出这一生活过程在意识形态上的反射和回声的发展。"①显而易见，马克思在这里谈论的"从事实际活动的人"，即从事实践活动的人。马克思把这样的现实的人作为自己哲学的出发点，其中正蕴含着他对费尔巴哈人本学思想的批判性借鉴。然而，遗憾的是，恩格斯在其哲学论著中从未以积极的态度评价过费尔巴哈的人本学思想，而他竭尽全力抓住的费尔巴哈的直观唯物主义，正是马克思一开始就加以摈弃的东西。②

最后，我们来考察马克思和恩格斯在对"自然"与"（社会）历史"这对基本概念的理解上存在的重大差异。如前所述，费尔巴哈的直观唯物主义始终把自然置于优先的位置上，恩格斯完全认同了这种唯物主义，因而主张，唯物主义就是承认自然是第一性的。这样一来，无论是费尔巴哈，还是恩格斯，都把自然与社会历史分离开来了。就像马克思批评费尔巴哈时所指出的："当费尔巴哈是一个唯物主义者的时候，历史在他的视野之外；当他去探讨历史的时候，他绝不是一个唯物主义者。在他那里，唯物主义和历史是彼此完全脱离的。"③显而易见，马克思这里所批评的"唯物主义和历史是彼此完全脱离的"也就是自然与社会历史是彼此完全脱离的，因为唯物主义这个概念的根本含义就是承认自然在存在上的优先性，即承认自然是第一性的。与费尔巴哈一样，恩格斯也始终是戴着这副自然与社会历史相分离的眼镜去考察其他一切哲学问题的。有鉴于此，恩格斯才会认为，自己通过对自然的研究，确立了辩证的自然观或唯物主义辩证法，而马克思则通过对社会历史的研究确立了辩证的历史观或唯物主义历史观。也就是说，在把自然与社会历史分离的基

---

① 《马克思恩格斯全集》第 3 卷，人民出版社 1960 年版，第 30 页。

② 其实，费尔巴哈本人对自己的哲学思想的价值作出了正确的评价："唯物主义、唯心主义、生理学、心理学都不是真理；只有人本学是真理，只有感性、直观的观点是真理，因为只有这个观点给予我整体性和个别性。"参见《费尔巴哈著作选集》上卷，荣震华等译，商务印书馆 1984 年版，第 205 页。

③ 《马克思恩格斯全集》第 3 卷，人民出版社 1960 年版，第 51 页。

础上，恩格斯进一步把马克思主义哲学的自然观和历史观也分离开了。前面提到的推广论的模式——辩证唯物主义和历史唯物主义——正是在恩格斯和其他正统的阐释家们割裂自然和历史的基础上形成并发展起来的。用辩证唯物主义研究自然、用历史唯物主义研究社会历史，岂不是把马克思主义哲学二元化了。此外，把辩证唯物主义置于历史唯物主义之前，岂不等于说，人们完全可以撇开社会历史来研究自然。按照这样的阐释思路，不仅马克思发动的划时代的哲学革命的伟大意义被完完全全地遮蔽起来了，而且马克思的哲学被还原为恩格斯的哲学，而恩格斯的哲学又进一步被还原为费尔巴哈的哲学。

与恩格斯不同，马克思认为，既不存在社会历史之外的自然，也不存在自然之外的社会历史。在《手稿》中，马克思早已告诉我们，自然界的人的本质只有对社会的人来说才是存在的，因为只有在社会中，自然界才是人的现实生活的要素，才是人真正存在的基础。"因此，社会是人同自然界的完成了的本质的统一。"①在《形态》的"费尔巴哈"章中，马克思尖锐地批评了试图把自然与历史割裂开来的错误观念："例如，关于人对自然的关系这一重要问题[或者如布鲁诺所说的(第 110 页)，关于'自然和历史的对立'问题，好像这是两种互不相干的'东西'，好像人们面前始终不会有历史的自然和自然的历史]就是这样。"②在马克思看来，不但没有无历史的自然，也没有无自然的历史，自然作为"历史的自然"(eine geschitliche Natur)永远不可能在社会历史之外，而只可能是社会的一个有机的组成部分。

那么，为什么恩格斯会把自然与社会历史割裂开来呢？因为他完全没有领悟马克思的新哲学——实践唯物主义。事实上，在马克思那里，自然正是通过自然科学，以实践的方式进入社会生活并成为社会历史的有机的组成部分的。可是，恩格斯却退回到费尔巴哈的直观唯物主义的

---

① 《马克思恩格斯全集》第 42 卷，人民出版社 1979 年版，第 122 页。

② 《马克思恩格斯全集》第 3 卷，人民出版社 1960 年版，第 49 页。K. Marx，F. Engels，*Werke Band* 3，Berlin：Dietz Verlag，1969，S. 43.

立场上，主张完全撇开人的活动去考察自然本身。在《出路》中，他告诉我们："社会发展史却有一点是和自然发展史根本不相同的。在自然界中（如果我们把人对自然界的反作用撇开不谈）全是没有意识的、盲目的动力，这些动力彼此发生作用，而一般规律就表现在这些动力的相互作用中。在所发生的任何事情中，无论在外表上看得出的无数表面的偶然性中，或者在可以证实这些偶然性内部的规律性的最终结果中，都没有任何事情是作为预期的自觉的目的发生的。相反，在社会历史领域内进行活动的，是具有意识的、经过思虑或凭激情行动的、追求某种目的的人；任何事情的发生都不是没有自觉的意图，没有预期的目的的。"①

有趣的是，在这段论述中，恩格斯竟然把自己提出的最重要的见解"如果我们把人对自然界的反作用撇开不谈"放入括号之中。我们姑且先来分析一下，这句话中的"人对自然界的反作用"究竟是什么意思？在《自然辩证法》中，当恩格斯谈到从猿到人的历史演化时曾经指出："手的专业化意味着工具的出现，而工具意味着人所特有的活动，意味着人对自然界进行改造的反作用，意味着生产。"②这就明确地告诉我们，恩格斯上面所说的"人对自然界的反作用"是指人的生产劳动，广义地说，乃是人在自然界中的一切实践活动。也就是说，按照恩格斯上面的观点，人们应该撇开自己改造自然的实践活动，只从自然本身出发考察自然。事实上，这一观点也可以从恩格斯在《自然辩证法》的相关论述中得到印证："唯物主义自然观只是按照自然界的本来面目质朴地理解自然界，不添加任何外来的东西，所以这种自然观在希腊哲学家中间原本是不言而喻的。"③总之，恩格斯主张完全撇开人改造自然的实践活动，"只是按照自然界的本来面目质朴地理解自然界，不添加任何外来的东西"，这不是完完全全地退回到费尔巴哈式的直观唯物主义的立场上去了吗？

---

① 《马克思恩格斯选集》第 4 卷，人民出版社 1995 年版，247 页。
② 恩格斯：《自然辩证法》，人民出版社 1971 年版，第 18—19 页。
③ 同上书，第 177 页。

在马克思看来，人们在考察自然时，不但不应该像恩格斯那样，"把人对自然界的反作用撇开不谈"，恰恰相反，应该抓住人改造自然的实践活动这条主线来考察自然，因为自然作为社会历史的有机组成部分，也处处显露出人的预期目的的痕迹。事实上，马克思早已告诉我们，只要人们撇开自己的实践活动去考察自然，这个自然就是抽象的、虚假的，甚至是子虚乌有的。在《手稿》中，马克思写道："被抽象地孤立地理解的、被固定为与人分离的自然界，对人说来也是无。"①在批判费尔巴哈所坚持的抽象的自然观时，马克思也指出："这种先于人类历史而存在的自然界，不是费尔巴哈在其中生活的那个自然界，也不是那个除去在澳洲新出现的一些珊瑚岛以外今天在任何地方都不再存在的、因而对于费尔巴哈说来也是不存在的自然界。"②显然，在马克思看来，那个与人的实践活动相分离的自然既不存在，也没有意义。那么，对于马克思来说，究竟什么样的自然才是现实的自然呢？在《手稿》的另一处，马克思为我们揭开了谜底："在人类历史中即在人类社会的产生过程中形成的自然界是人的现实的自然界；因此，通过工业——尽管以异化的形式——形成的自然界，是真正的、人类学的自然界。"③这段极为重要的论述启示我们，当恩格斯试图撇开人对自然界的反作用而去考察自然界自身的活动时，这个自然完全是虚假的；反之，只有当人们像马克思那样，把自然理解为历史的自然（或人化的自然），即"在人类社会的形成过程中生成的自然界"，这个自然才真正是现实的。④

总之，从上面考察的三个哲学问题上不难发现，马克思和恩格斯在哲学观上确实存在着重要的差异。一言以蔽之，马克思已经站在他自己确立的新的哲学地平线——实践唯物主义——上，他继承了康德哲学的伟大传统，始终主张从实践出发、从主体出发去看待其他所有的哲学问

① 《马克思恩格斯全集》第 42 卷，人民出版社 1979 年版，第 178 页。
② 《马克思恩格斯全集》第 3 卷，人民出版社 1960 年版，第 50 页。
③ 《马克思恩格斯全集》第 42 卷，人民出版社 1979 年版，128 页。
④ 参见俞吾金：《论两种不同的历史唯物主义概念》，《中国社会科学》1995 年第 6 期。

题(参阅《提纲》第一条)。然而，遗憾的是，恩格斯始终处于自己已完全领悟马克思哲学思想的幻觉中。事实上，他在哲学上既缺乏系统的训练，也从来没有认真地领悟过马克思的哲学思想，即使与马克思合作撰写著作时也是如此。与此相埒的是，恩格斯陷入的另一个幻觉是，他已以批判的方式彻底地清算了黑格尔、费尔巴哈的哲学思想和孔德的实证主义，实际上，他从这些哲学前辈那里借用的东西远远地超出了他自己的想象。从本体论上看，恩格斯始终是一个隐蔽的费尔巴哈主义者；从方法论上看，他始终是一个隐蔽的黑格尔主义者；从科学观上看，他始终是一个隐蔽的孔德主义者。在这个意义上可以说，恩格斯始终停留在费尔巴哈式的一般唯物主义的立场上。他离马克思是那么近，但同时又是那么远，因为他从未真正进入过马克思所确立的新哲学观的境域中，犹如卡夫卡笔下的那个土地测量员，始终只是围着城堡绕圈而已。

## 二、马克思哲学观的称谓及其实质

在这个部分中，我们将探讨以下三个问题：一是如何看待马克思与实证主义思潮的关系？二是如何称谓马克思的哲学观？三是如何理解马克思哲学观的实质？下面我们将逐一加以论述。

先来看马克思与实证主义思潮的关系。毋庸置疑，与青年恩格斯一样，青年马克思也经受过以孔德为肇始的实证主义的影响。只要深入阅读《手稿》，就很容易找到这种影响的痕迹。比如，马克思在谈到国民经济学批判时，曾经指出："整个实证的批判，从而德国人对国民经济学的实证的批判，全靠费尔巴哈的发现给它打下真正的基础。"[①]同时，当马克思批判黑格尔的思辨哲学时，也曾指责他是"虚假的实证主义"[②]。

---

① 《马克思恩格斯全集》第 42 卷，人民出版社 1979 年版，第 46 页。
② 同上书，第 171 页。

很容易发现，马克思只是借用了当时理论界流行的"实证的""实证主义"这样的用语，把它们作为源于实证科学的某种务实的倾向，而与黑格尔的抽象思辨对立起来。众所周知，成熟时期的马克思对以孔德为代表的实证主义思潮完全采取批判与摒弃的态度。在 1866 年 7 月 7 日致恩格斯的信中，马克思提到："我现在顺便地研究孔德，因为英国人和法国人都对这个家伙大肆渲染。使他们受迷惑的是他的著作简直像百科全书，包罗万象。但是这和黑格尔比起来却非常可怜(虽然孔德作为专业的数学家和物理学家要比黑格尔强，就是说在细节上比他强，但是整个说来，黑格尔甚至在这方面也比他不知道伟大多少倍)。而且这种实证主义破烂货是出版于 1832 年!"①在 1870 年 3 月 19 日致恩格斯的信中，当马克思谈到所谓"实证主义无产者"申请加入国际工人协会的事情时，曾表示："由于他们是工人，可以接纳为一个一般的支部，但不能是'实证主义者的支部'，因为孔德主义的原则是同我们的章程直接抵触的。"②从这些通信可以看出，马克思从总体上对以孔德为代表的实证主义思潮采取拒斥的态度。

容易引起争论的是，在马克思思想的转变期，尤其是在 1845 年至 1846 年，马克思又如何看待他自己的哲学观与实证主义的关系？马克思在《形态》的"费尔巴哈"章中谈到德国思辨哲学时写道："在思辨终止的地方，在现实生活面前，正是描述人们实践活动和实际发展过程的真正的实证科学开始的地方。关于意识的空话将终止，它们一定会被真正的知识所代替。对现实的描述会使独立的哲学失去生存环境，能够取而代之的充其量不过是从对人类历史发展的考察中抽象出来的最一般的结果的概括。这些抽象本身离开了现实的历史就没有任何价值。它们只能对整理历史资料提供某些方便，指出历史资料的各个层次的顺序。但是这些抽象与哲学不同，它们绝不提供可以适用于各个历史时代的药方或

---

① 《马克思恩格斯选集》第 4 卷，人民出版社 1995 年版，第 574—575 页。
② 《马克思恩格斯全集》第 32 卷，人民出版社 1975 年版，第 449 页。

公式。"①

    为了理解上的方便，我们姑且把马克思写下的这段话的德文原文称作"文本 A"，把中央编译局译出的上述文字称作"文本 B"。显然，如果按照文本 B，人们必定会引申出如下的结论：第一，"思辨"或"意识的空话"将被"真正的实证科学"或"真正的知识"所取代。要言之，在德国的思辨终止的地方，取而代之的将是各门实证科学的知识。第二，"独立的哲学"将被"从对历史发展的考察中抽象出来的最一般的结果的概括"（以下简称"这些抽象"）所取代。从上下文可以看出，这里所说的这些抽象是指马克思运用自己的新哲学观考察历史发展时引申出来的若干结论。第三，这些抽象"离开现实的历史就没有任何价值"。第四，这些抽象"与哲学不同"。特别是最后一点，值得引起我们的高度重视，因为如果这些抽象与哲学不同，那么它们就不可能隶属于哲学的范围内，换言之，正如我们在前面分析恩格斯的哲学观时所指出的，它们就只可能属于实证科学，至多是实证科学中的基础理论层面。显然，如果按照文本 B，蕴含在马克思这段论述中的哲学观就与恩格斯没有什么差异了。

    在特殊的情况下，细节确实有可能决定一切。如果人们把文本 A 与文本 B 逐句加以对照，立即就会发现，正是由于文本 B 没有把若干重要名词前的定冠词的含义翻译出来，导致了对文本 A 的根本性误读和误译。为了把这段译文，即文本 B 中的根本性问题彰显出来，我在文本 C（即下面这段新译文）中保留了文本 A 中的两个德语短语。这两个短语前都有德语定冠词 die，与之对应的是，在译文中应该加进"这种"："在思辨终止的地方，在现实生活面前，正是描述人们实践活动和实际发展过程的真正的实证科学开始的地方。关于意识的空话将终止，它们一定会被真正的知识所代替。对现实的描述会使这种独立的哲学（Die selbstaendige Philosophie）失去生存环境，能够取而代之的充其量不过是从对人类历史发展的考察中抽象出来的最一般的结果的综合。这些抽象本

---

① 《马克思恩格斯选集》第 1 卷，人民出版社 1995 年版，第 73—74 页。

身离开了现实的历史就没有任何价值。它们只能对整理历史资料提供某些方便，指出历史资料的各个层次的顺序。但是这些抽象与这种哲学（die Philosophie）不同，它们绝不提供可以适用于各个历史时代的药方或公式。"①

这样一来，我们立即就明白了，马克思并没有试图以"这些抽象"去取代一切"独立的哲学"，它们取代的只是"这种独立的哲学"，从上下文可以看出，它就是以黑格尔为代表的德国思辨哲学。此外，并不像文本B所表达的，这些抽象"与哲学不同"。如果它们与哲学不同，它们本身当然就不可能是哲学了。反之，如果按照文本C，这些抽象只是"与这种哲学不同"，那么它们完全可能属于另一种哲学。显然，在文本C中保留的第二个定冠词尤其重要，因为它表明，体现马克思哲学观的这些抽象，并不像恩格斯所认为的，是属于实证科学的基础理论层面的，相反，它们属于哲学，属于由马克思本人确立起来的新的哲学观，它与以黑格尔为代表的思辨哲学是迥然不同的。这样一来，马克思上面那段话的疑点也就冰释了。②

再来看马克思哲学观的称谓问题。如前所述，恩格斯曾把马克思哲学称作"辩证的历史观""唯物主义历史观"或"历史唯物主义"。由于在他那里，"历史"与"自然"是彼此完全脱离的；因此，当他这样称谓马克思的哲学观时，他已经把马克思的哲学观恩格斯化了。在马克思的语境中，自然作为历史的自然或人化的自然，始终只是历史的一个有机的组成部分。既然在理论基础上存在着重大的差异和分歧，因此，恩格斯用来称谓马克思哲学观的术语是无法加以使用的，我们必须返回到马克思对自己的哲学观的历史定位上去，换言之，用马克思自己的术语来称谓他的哲学观。稍加留意就会发现，马克思称谓自己的哲学观的三段重要

---

① K. Marx, F. Engels, *Werke Band 3*, Berlin: Dietz Verlag, 1969, S. 27.

② 正是这段译文使某些学者，如段忠桥教授引申出错误的结论，即认为马克思关于历史唯物主义的"这些抽象"不是哲学，而是"真正的实证科学"。参见段忠桥：《历史唯物主义："哲学"还是"真正的实证科学"——答俞吾金教授》，《学术月刊》2010年第2期。

的论述都出现在他和恩格斯合著的《形态》的"费尔巴哈"章内。有趣的是，在这三段论述中，马克思都不是以直接的，而是以间接的方式来表达自己的哲学观的。尽管这三段话前面都引证过，但考虑到这个部分的题旨，我们还是不得不再度加以引证。

第一段论述：［……］实际上，而且对实践唯物主义者即共产主义者来说，全部问题都在于使现存世界革命化，实际地反对并改变现存的事物。①在这里，马克思以"实践唯物主义者即共产主义者"自况。正如"共产主义者"这个术语必定间接地蕴含着对共产主义学说的认可，"实践唯物主义者"这个术语也必定间接地蕴含着对实践唯物主义理论的认可。在这个意义上，马克思的哲学观完全可以用"实践唯物主义"这个用语加以称谓。如果说，旧唯物主义（包括费尔巴哈和恩格斯）拘执于精神与自然界的抽象对立，热衷于谈论自然界的第一性地位，那么，马克思的实践唯物主义早已通过实践这种主观见诸客观的活动，扬弃了自然界与精神的抽象对立，把唯物主义推进到一个全新的高度上。

第二段论述：马克思在谈到自己的历史观时指出："这种历史观和唯心主义历史观不同，它不是在每个时代中寻找某种范畴，而是始终站在现实历史的基础上，不是从观念出发来解释实践，而是从物质实践出发来解释观念的东西。"②尽管马克思没有直截了当地把自己的历史观称作"唯物主义历史观"，但他既然把与自己的观念相对立的另一种观念称作"唯心主义历史观"，也就暗含着这样的意思，即他自己的历史观必定是"唯物主义历史观"。这一点完全可以从逻辑上反推出来。

第三段论述：马克思在批判费尔巴哈时说："当费尔巴哈是一个唯物主义者的时候，历史在他的视野之外；当他去探讨历史的时候，他不

---

① 《马克思恩格斯选集》第1卷，人民出版社1995年版，第75页。K. Marx, F. Engels, *Werke Band* 3, Berlin: Dietz Verlag, 1969, S. 42. 中央编译局的译者把原文 den praktischen Materialisten 译为"实践的唯物主义者"，其中的"的"字既为赘词，又会影响人们对整个短语的含义的理解，兹改译为"实践唯物主义者"。

② 《马克思恩格斯全集》第3卷，人民出版社1960年版，第43页。

是一个唯物主义者。在他那里，唯物主义和历史是彼此完全脱离的。"①
在这段话中，逻辑上的反推关系也是非常清楚的，既然马克思反对费尔巴哈使历史与唯物主义彼此完全脱离开来，那么他自己必定主张把历史与唯物主义结合起来。也就是说，这段话本身就蕴含着马克思对"历史唯物主义"的认可。

由上可知，马克思的上述论述已经蕴含着对"实践唯物主义""唯物主义历史观"和"历史唯物主义"的间接认可。但我们必须记住：其一，马克思并没有直接提出这三个术语；其二，这些术语中的"历史"概念是涵盖历史的自然或人化的自然于自身之内的。既然如此，我们就会明白，根本无须恩格斯去确立"辩证的自然观""唯物主义辩证法"或"自然辩证法"，因为马克思的哲学在研究历史时已经蕴含着对自然的研究。同时，我们也明白了，作为正统的观念支配理论界那么久的推广论（即辩证唯物主义和历史唯物主义）也完全是错误的，既然辩证唯物主义的研究对象——自然已经涵盖在历史中，辩证唯物主义也就取消了自己存在的权利。它完全是多余的，是一根盲肠。我们完全可以说，马克思的哲学观就是历史唯物主义，成熟时期的马克思没有提出过历史唯物主义之外的任何其他哲学理论。

那么，在马克思那里，"实践唯物主义"与"历史唯物主义"（或唯物主义历史观）的关系又如何呢？其实，当马克思在《提纲》中告诉我们："全部社会生活在本质上是实践的"②时，他已经打通了这两者之间的关系，表明它们在含义上完全是一致的，因为历史唯物主义也就是从实践，尤其是从物质生活资料的生产出发去考察人类的全部历史。

最后，有待于询问的是，马克思哲学观的实质究竟是什么呢？我们认为，从逻辑在先的角度看问题，马克思发动的划时代的哲学革命首先不是在认识论或方法论领域，而是在本体论领域。在这个意义上，我们

---

① 《马克思恩格斯选集》第1卷，人民出版社1995年版，第78页。
② 同上书，第56页。

把马克思哲学观的实质理解并阐释为"社会生产关系本体论"。事实上，早在《雇佣劳动与资本》中，马克思就已经指出："黑人就是黑人。只有在一定的关系下他才成为奴隶。纺纱机是纺棉花的机器。只有在一定的关系下，它才成为资本。脱离了这种关系，它也就不是资本了，就像黄金本身并不是货币，砂糖并不是砂糖的价格一样。"①在《1857—1858 年经济学手稿》中，马克思对社会生产关系的本体论特征做了进一步的阐述："在一切社会形式中都有一种一定的生产决定其他一切生产的地位和影响，因而它的关系也决定其他一切关系的地位和影响。这是一种普照的光，它掩盖了一切其他色彩，改变着它们的特征。这是一种特殊的以太，它决定着它里面显露出来的一切存在的比重。"②社会生产关系本体论既构成马克思哲学观的基础，又构成这一哲学观的实质。我们必须从这一本体论出发去领悟马克思伟大的哲学革命的意义之所在。

正如马克思所指出的，真理是由争论确立的，历史的事实是在矛盾的清理中被陈述的。只有把马克思与恩格斯之间存在的思想差异作为一个重要的课题加以自觉地反思，中国的马克思主义研究才可能突破意识形态的襁褓，迈上一个新的台阶。

---

① 《马克思恩格斯选集》第 1 卷，人民出版社 1995 年版，第 344 页。
② 《马克思恩格斯全集》第 46 卷（上册），人民出版社 1979 年版，第 44 页。

# 社会批判的界限：
# 马克思批判理论的启迪①

　　自从康德把批判精神引入哲学以来，这种精神的影响是无与伦比的。马克思大部分著作的正标题或副标题都使用了"批判"这个术语，而以霍克海默、阿多诺为肇始的法兰克福学派则把自己的理论称作"社会批判理论"。数十年来，这种社会批判理论在哈贝马斯、霍耐特、阿尔都塞、普兰查斯、福柯、拉克劳、齐泽克等人的努力下，不断地扩展自己的领域，从而产生了重大的影响。然而，认同社会批判理论的学者们很少思考下面这个问题，即作为理论活动的社会批判的有效性界限究竟是什么？我们认为，恰恰是在这个问题上，马克思提供了极为重要的思想资源。

　　早在 1843 年 9 月致卢格的信中，马克思已经指出："新思潮的优点就恰恰在于我们不想教条式地预料未来，而只是希望在批判旧世界中发现新世界。"②与以"批判的批判"自居的青年黑格尔主义者不同，马克思在其批判理论中既阐明了社会批判的必要性和重要性，又阐明了它的界

---

①　载《当代国外马克思主义评论》第 11 期，人民出版社 2013 年版。——编者注。
②　《马克思恩格斯全集》第 1 卷，人民出版社 1956 年版，第 416 页。

限，拒绝任何把批判活动本身加以神化的意图。我们认为，马克思对作为理论活动的社会批判的界限的论述主要体现在以下三个方面。

# 一、社会批判与意识形态

马克思认为，人是社会存在物。在一个人可能成为社会批判家之前，他必定先已接受了社会对他的教化，而这种教化正是通过意识形态来进行的，而意识形态作为统治阶级的自我意识，始终占据着统治地位："统治阶级的思想在每一时代都是占统治地位的思想。这就是说，一个阶级是社会上占统治地位的物质力量，同时也是社会上占统治地位的精神力量。"①

既然个人的意识一开始起就被整合到意识形态的框架内，这样就产生了一个问题：当个人以社会批评家的身份出现时，他究竟是从认同这种意识形态的立场出发去批评这个社会，还是超越这种意识形态，从其他意识形态的立场出发去批评这个社会？换言之，他究竟是在这种意识形态之内去批评这个社会，还是在这种意识形态之外去批评这个社会？阿尔都塞的认为："人本质上是一个意识形态动物。"②在通常的情况下，个人很难完全摆脱这种意识形态的约束而对这个社会进行透彻的批判。从历史上看，只有少数批判家，如马克思，是例外。《德意志意识形态》表明，马克思是站在德意志意识形态之外来批判德国社会以及作为德国社会的自我意识的德意志意识形态的。

因此，我们发现，作为一种理论活动，社会批判的第一个界限是它与意识形态的关系。比如，就个人的政治批判意识来说，如果批判的主要对象是政体，这一批判便是这种意识形态之内的批判；反之，如果批

---

① 《马克思恩格斯全集》第 3 卷，人民出版社 1960 年版，第 52 页。
② L. Althusser，*Essays on ideology*，London：Verso，1984，p. 45.

判的主要对象是国体，这一批判便是这种意识形态之外的批判。显而易见，只有后一种批判才可能是彻底的。

# 二、社会批判与历史动力

如前所述，作为理论活动，社会批判始终是在意识领域里展开的。在马克思看来，意识和意识形态不过是物质生活过程的必然升华物，它们并不拥有完全的独立性，"因此，道德、宗教、形而上学和其他意识形态，以及与它们相适应的意识形式便失去独立性的外观。它们没有历史，没有发展，那些发展着自己的物质生产和物质交往的人们，在改变自己的这个现实的同时也改变着自己的思维和思维的产物。不是意识决定生活，而是生活决定意识"①。必须指出，马克思这里所说的"没有历史，没有发展"只是表示，意识和意识形态没有完全独立的历史和完全独立的发展，它们始终受制于社会现实生活。尽管意识和意识形态拥有自己的能动性，但这种能动性的大小归根到底仍然受制于社会现实生活。社会批判家们经常陷入的幻觉是，以为只要摒弃了他们头脑中关于社会生活的某些观念，也就等于摒弃了社会现实生活本身。其实，意识非但不能支配，甚至取代社会现实生活，相反，它完全是由社会现实生活决定的。马克思在批判青年黑格尔主义者的上述幻觉时，就曾写道："有一个好汉一天忽然想到，人们之所以溺死，是因为他们被关于重力的思想迷住了。如果他们从头脑中抛掉这个观念，比如说，宣称它是宗教迷信的观念，那末他们就会避免任何溺死的危险。"②

马克思认为，仅仅通过意识领域里的批判活动，不但不能摒弃社会生活中的不合理现象，也不能摒弃意识领域里的旧观念。正是在这个意

① 《马克思恩格斯全集》第 3 卷，人民出版社 1960 年版，第 30 页。
② 同上书，第 16 页。

义上，马克思指出："意识的一切形式和产物不是可以用精神的批判来消灭的，也不是可以通过把它们消融在'自我意识'中或化为'幽灵'、'怪影'、'怪想'等等来消灭的，而只有实际地推翻这一切唯心主义的谬论所由产生的现实的社会关系，才能把它们消灭；历史的动力以及宗教、哲学和任何其他理论的动力是革命，而不是批判。"①众所周知，革命作为实践活动超越了单纯意识的范围。也就是说，只有拥有实践力量的革命活动才能成为历史发展和观念变更的真正动力。

这就深刻地启示我们，历史动力构成社会批判的第二个界限。不管社会批判家们赋予社会批判以多大的独立性和能动性，社会批判既不能成为历史发展的动力，也不能成为观念发展的动力。也正是基于这样的考虑，马克思对社会批判作出了如下的结论："哲学家们只是用不同的方式解释世界，而问题在于改变世界。"②

## 三、社会批判与哲学语言

社会批判家们并不生活在真空中，他们的理论总是或多或少地受到某种或某些哲学思潮的影响。马克思在批判青年黑格尔主义者时曾经指出："德国的批判，直到它的最后的挣扎，都没有离开过哲学的基地。这个批判虽然没有研究过它的一般哲学前提，但是它谈到的全部问题终究是在一定的哲学体系，即黑格尔哲学的基地上产生的。"③假如把黑格尔哲学视为"一只看不见的手"，那么青年黑格尔主义者的社会批判理论就像这只看不见的手放出去的一只只风筝。如果这些风筝具有自我意识，它们会认为自己是完全自由的，但实际上，它们始终是受这只看不见的手的操纵的。

---

① 《马克思恩格斯全集》第 3 卷，人民出版社 1960 年版，第 43 页。
② 同上书，第 6 页。
③ 同上书，第 21 页。

只要认真加以研究的话，就会发现，当代社会批判家们也受到各种哲学思潮的影响。如黑格尔对卢卡奇、克罗奇对葛兰西、康德对霍克海默、实证主义思潮对德拉-沃尔佩、结构主义思潮对阿尔都塞、葛兰西对拉克劳、拉康对齐泽克等等。显然，假如某个社会批判家的批判理论是以某种或某些哲学思潮为出发点的，那么这种或这些哲学思潮就会构成这一批判理论的盲区，即构成它的第三个界限，因为任何社会批判理论都不可能反身批判作为自己理论出发点的这种或这些哲学思潮。即使表面上有所批判，但其主导性思想始终是奠基于这种或这些哲学思潮的基础之上的。

　　在马克思看来，作为社会批判的出发点的某种或某些哲学思潮之所以成为社会批判的第三个界限，还有更深刻的含义。长期以来，社会批判家们都有这样的幻觉，即真理唯有通过哲学语言才能得到准确的表达，而含义模糊的普通语言是无法成为哲学或社会批判理论的载体的。在马克思看来，社会批判家们不但深受某种或某些哲学思潮的影响，而且还深受作为这些思潮的载体的哲学语言的影响："对哲学家们说来，从思想世界降到现实世界是最困难的任务之一。语言是思想的直接现实。正像哲学家们把思维变成一种独立的力量那样，他们也一定要把语言变成某种独立的特殊的王国。这就是哲学语言的秘密，在哲学语言里，思想通过词的形式具有自己本身的内容。从思想世界降到现实世界的问题，变成了从语言降到生活中的问题。"①马克思颠倒了社会批判家们通常持有的观点，指出把自身视为独立王国的哲学语言是不可靠的，而真正可靠的是普通语言。他主张："哲学家们只要把自己的语言还原为它从中抽象出来的普通语言，就可以认清他们的语言是被歪曲了的现实世界的语言，就可以懂得，无论思想或语言都不能独自组成特殊的王国，它们只是现实生活的表现。"②这就启示我们，如果社会批判家们仍

---

① 《马克思恩格斯全集》第3卷，人民出版社1960年版，第525页。
② 同上书，第525页。

然按照传统的哲学语言来表达他们的理论，那么这些理论归根到底不能对社会作出有效的批判。

马克思的上述见解在维特根斯坦的著作中得到了回应。在《哲学研究》(1953)中，维氏表示："当哲学家使用一个词——'知识'、'存在'、'对象'、'我'、'命题'、'名称'——并且试图把握事物的本质时，我们必须经常这样问问自己：这些词在作为它们的发源地的语言中是否真的这样使用——我们要把词从它们的形而上学用法带回到它们的日常用法上来。"①

维氏之所以主张"要把词从它们的形而上学用法带回到它们的日常用法上来"，因为人们在形而上学或哲学研究中对语言的使用与他们在日常生活中对语言的使用存在着巨大的差异，正是这种差异导致了形而上学或哲学研究中各种虚假问题的产生。事实上，正是在哲学语言的误导下，社会批判家们就像飞进捕蝇瓶的苍蝇，再也找不到飞出来的路径了。所以，维氏写道："你的哲学目标是什么？——给苍蝇指出一条飞出捕蝇瓶的途径。"②有趣的是，尽管维氏没有读过马克思的著作，但他的许多见解与马克思存在着惊人的相似之处。

综上所述，在探讨各种社会批判理论时，我们必须清晰地意识到它们的界限之所在，而决不盲目地夸大它们的作用。

---

① 《维特根斯坦全集》第8卷，涂纪亮译，河北教育出版社2003年版，第68页。
② 同上书，第143页。

# 2016年

# 从"革命哲学"到"建设哲学"①

究竟如何看待马克思主义哲学在当今社会的地位和作用？我们的总体思路是：只有解放思想，才能正确地认识马克思主义哲学的本质；只有从当今时代的实际情况出发，才能巩固和加强马克思主义哲学的指导地位。

## 一、从斯大林模式中解放出来

迄今为止，我们还是按照斯大林的模式"论辩证唯物主义和历史唯物主义"来谈论马克思主义哲学的。其实，这一理解模式包含着斯大林等人对马克思哲学的误解，因为它把历史唯物主义看作在一般唯物主义的基础上"推广"出来的。事实上，马克思在哲学上的划时代的变革就在于创立了历史唯物主义，而历史唯物主义也就是他的全部哲学。要正确认识马克思主义哲学的本质，就要认真清理苏联模式的马克思哲学教科书对我们的影响，返回到马克思哲学的本真精神上去。

① 载俞吾金：《哲学随感录》，北京师范大学出版社 2016 年版，第 43—46 页。——编者注

## 二、坚持和发展之间的辩证关系

过去讨论坚持与发展的关系，得出的普遍结论是：马克思主义哲学的个别的、具体的结论可能会过时，但基本原理是必须坚持的。我们不能说这个结论是错误的，但它却以抽象化的态度对待"基本原理"这一概念。实际上，"基本原理"是相对的，是因时代和地域的条件而变化的。比如当今中国正在从事现代化的建设，我们就必须放弃"以阶级斗争为纲"的提法，但这个提法在中国的新民主主义时期却是"基本原理"。所以，不应该抽象地说"坚持马克思主义哲学的基本原理"，而应该说"坚持那些与我们当今的时代和地域条件相适应的、马克思主义哲学的基本原理"。一旦达到这样的认识，我们就不会再在这个问题上纠缠不清了。总之，重要的是坚持马克思主义的历史唯物主义的基本立场，坚持从实际出发，具体问题具体分析，而不是以教条主义的方式来对待马克思主义的哲学。

## 三、从"革命哲学"转向"建设哲学"

英国历史学家汤因比告诉我们"二次创造"之艰难。在"第一次创造"（如新民主主义革命）中，我们把马克思主义哲学理解为以阶级斗争为核心的"革命哲学"体系，而在"第二次创造"（如社会主义建设）中，情况已经发生根本性的变化，但我们仍然会沿用"第一次创造"中的思想模式，经过挫折，邓小平才提出了"建设哲学"的核心命题"以经济建设为中心"。所以，今天，我们必须超越"大众哲学"的理解模式，把马克思主义哲学理解为"建设哲学"，并围绕历史唯物主义和社会主义经济建设这一中心，重新撰写出符合这个时代特征的马克思主义哲学教科书。

# 四、把人文关怀放在首位

过去，由于我们没有从"第一次创造"的思想模式中走出来，我们总是片面地强调马克思主义哲学的科学性、党性（即阶级斗争性），而完全忽视了它的人文性。实际上，马克思主义哲学是西方人文主义传统的伟大的继承者和批判者，其宗旨是解放全人类，达到以每个人的自由为基础的共产主义社会。但在过去，只要一谈"人性""人道主义""人本主义""人文关怀"，我们就认为是资产阶级的东西，横加批判。在社会主义建设时期，只有肯定并弘扬马克思主义哲学的人文关怀的功能，才能克服真正的"信仰危机"和"意识形态的危机"。如果从马克思主义哲学中抽掉了这个根本性的维度，要巩固和加强它的指导地位是完全不可能的。众所周知，在马克思那里，阶级斗争只是手段，全人类的解放才是最终的目的。我们决不能把目的变成手段，而把手段变成目的。总之，要把马克思主义哲学的科学精神与人文精神统一起来，决不能用前者否定后者。

# 五、"集体主义"和"个人主义"

通常我们认为，按照马克思主义哲学，集体主义总是好的，个人主义总是坏的。其实这个认识也是有问题的。我们应该从"马克思主义＝集体主义"的神话中走出来。集体主义并不一定就是好的。应该区分好的集体主义和坏的集体主义。同时，也应该把个人主义和极端个人主义这两个不同的概念严格地区分开。对极端个人主义应当加以批判，但对个人主义我们却应该采取肯定的态度。随着市场经济的发展，随着个体经济的合法化，肯定和维护个人权利和义务的个人主义也会发展起来。

我们应该看到，在市场经济的背景下，这种个人主义是合理的。肯定其合理性，也有利于巩固和加强马克思主义哲学的指导地位。

# 六、重视实践哲学的维度

政治、法律、道德、宗教所制定的规则是制约人们的行为方式的，在社会转型、百废待兴的情况下，这些规则尤其重要。所以深入地研究并发掘马克思主义经典作家著作中关于实践哲学，即政治哲学、法哲学、道德哲学和宗教哲学的重要论述，用以指导人们的行为，就具有特别重要的意义。

总而言之，只有把马克思主义哲学从教条主义的研究方式中解放出来，使之关注并回答当今时代我们面临的一系列重大的现实问题和理论问题，才能真正地巩固和加强马克思主义哲学的指导地位。

# 重视对马克思的价值理论的研究①

长期以来，在正统阐释者所撰写的关于马克思主义哲学的论著中，几乎找不到马克思的价值理论。近年来，马克思的价值理论开始引起研究者们的关注，但这一关注又是以他们对这一理论的普遍误解为基础的。在这样的情况下，重视对马克思价值理论的探索，恢复其本真面目，就成了理论界必须面对的一项迫切任务。

## 一、被遮蔽的价值理论

假如说，在正统的阐释者那里，马克思关于人道主义与异化的学说在相当程度上被边缘化了，那么，比较起来，马克思价值理论的处境是更为糟糕的。这一理论似乎完全逸出了正统的阐释者的视野。举例来说，无论是苏联的费多谢也夫等人撰写的《唯物主义辩证法理论概要》，还是康士坦丁诺夫主编的《历史唯物主义》；无论是东德的学者弗朗克·菲德勒等人编写的《辩证唯物主义与历史唯物主义》，还是中国学者艾思奇主

---

① 载俞吾金：《哲学随想录》，北京师范大学出版社 2016 年版，第 240—242 页。——编者注

编的《辩证唯物主义》和《历史唯物主义》或肖前等人主编的《辩证唯物主义原理》和《历史唯物主义原理》，都没有专门的章节来讨论价值问题。这些著作至多只是在涉及经济理论时偶尔提及"价值"概念，而在哲学的语境中几乎从来不涉及这一主题。

正统的阐释者之所以忽略马克思的价值理论，根本的原因在于，他们从来也没有认真地思考过马克思从事哲学研究的特殊进路。事实上，以恩格斯、普列汉诺夫和列宁为代表的正统的阐释者都倾向于把马克思的思想分解为以下三个部分，即哲学、政治经济学和科学社会主义。事实上，在马克思的思想中，这三个部分的内容是不可分割地交织在一起的。在这个意义上，正是这种"分解"方式，使正统的阐释者根本不可能重视马克思的价值理论。为什么会发生这样的情形呢？因为就哲学研究的进路来说，马克思完全不同于传统哲学家。如果说，传统哲学家主要是在单纯哲学的范围内思考问题、提出问题的话，那么，马克思则始终是把哲学和经济学贯通起来进行思考的。换言之，马克思哲学思考的进路乃是经济哲学的思路。马克思的《巴黎手稿》为什么也被称为"经济学哲学手稿"呢？因为在马克思那里，经济学的探索和哲学的反思是不可分离地交织在一起的。虽然马克思的《资本论》是在政治经济学批判的框架内展开的，但其中处处闪烁着马克思的哲学思想。举例来说，马克思在谈到商品之间的关系时写道："在某种意义上，人很像商品。因为人来到世间，既没有带镜子，也不像费希特派的哲学家那样，说什么我就是我，所以人最初是以别人来反映自己的。名叫彼得的人把自己当作人，只是因为他把名叫保罗的人看作是和自己相同的。因此，对彼得说来，这整个保罗以他保罗的肉体成为人这个物种的表现形式。"①从马克思的整个研究思路也可以看出，他始终是从经济哲学的视野出发来谈论哲学问题的。

比如，传统哲学家们热衷于谈论抽象的物质，而马克思则从经济哲

---

① 马克思：《资本论》第1卷，人民出版社1975年版，第67页注18。

学的视野出发，把注意力转移到物质的具体样态——（事）物上，而（事）物在现代资本主义的经济方式中则表现为商品、货币和资本。正是从这样的思路出发，马克思还探讨了"商品拜物教"的起源和本质，其目的是揭示出现代资本主义经济方式中物与物关系背后的人与人之间的真实关系。又如，传统哲学家们满足于泛泛地谈论"实践"概念，而马克思则从经济哲学的视角出发，一开始关注的就是作为实践的基本形式的生产劳动。再如，传统哲学家们热衷于以抽象的方式谈论"关系"概念，马克思则从经济哲学的视野出发，深入地探索了"关系"概念中最基本的层面——"社会生产关系"。从上面的分析可以看出，马克思的哲学始终是沿着经济哲学的进路向前展开的。事实上，也只有充分地了解并把握这一点，最早源自经济学研究的"价值"概念才可能进入阐释者的视野。其实，马克思本人也告诉我们："价值这个经济学概念在古代人那里没有出现过。价值只是在揭露欺诈行为等等时才在法律上区别于价格。价值概念完全属于现代经济学，因为它是资本本身的和以资本为基础的生产的最抽象的表现。价值概念泄露了资本的秘密。"①

马克思的上述论述深刻地启示我们，只有在现代经济学中才出现价值概念，而价值概念是十分重要的，因为资本的秘密正隐藏于价值概念中。正统的阐释者完全是在传统哲学的框架内理解马克思主义哲学的，因而他们根本意识不到价值理论在马克思主义哲学中的核心地位。这就启示我们，只有充分认识马克思主义哲学的特殊性，即它不是传统意义上的纯粹哲学，而是经济哲学，才会引起对马克思的价值理论的高度重视。

---

① 《马克思恩格斯全集》第 46 卷（下册），人民出版社 1980 年版，第 299 页。

# 二、被误解的价值理论

当苏联、东欧，尤其是中国的理论界意识到价值问题在马克思主义哲学中的核心地位和作用时，20 世纪差不多已经过去了。然而，遗憾的是，即使当今的阐释者已经意识到这个问题的重要性，但是，当他们开始研究这个问题的时候，他们对这个问题的误解也就开始了。试以李连科先生的《价值哲学引论》为例。该书认为：

> 正是在成熟时期的马克思，从哲学的意义上谈到了价值问题，并且为价值做了哲学上的界说。《资本论》主要是从政治经济学的角度谈价值问题。但就是在这里，也不乏从哲学意义对价值的阐释。这里曾把劳动过程称为制造使用价值的活动，是为了人类的需要而占有自然物。这里马克思把价值当作了自然物与人的需要在实践基础上的统一。马克思是怎样给价值做了哲学界说呢？马克思说："'价值'这个普遍的概念是从人们对待满足他们需要的外界物的关系中产生的"；"是人们所利用的并表现了对人的需要的关系的物的属性"；"表示物的对人有用或使人愉快等等的属性"；"实际上是表示物为人而存在。"[①]

显然，这段话包含着对马克思价值理论的根本性误读和误解。

首先，马克思并不像李连科说的那样，是从其思想成熟时期才从经济学和哲学的双重含义上来谈价值问题的。事实上，马克思从青年时期起开始研究经济学时，已经关注价值问题，并从经济学和哲学的双重含义上(简言之，也就是从经济哲学上)论述了价值问题。在写于 1844 年

---

① 李连科：《价值哲学引论》，商务印书馆 1999 年版，第 63 页。

上半年的《詹姆斯·穆勒〈政治经济学原理〉一书摘要》中，马克思就已经谈到了价值概念形成的必然性："其实，进行交换活动的人的中介运动，不是社会的、人的运动，不是人的关系，它是私有财产对私有财产的关系，而这种抽象的关系是价值。货币才是作为价值的现实存在。"①众所周知，货币乃是一般的等价物，货币的产生是以商品交换活动的发展为前提的。这就表明，价值始终是与以交换为目的的经济活动联系在一起的。马克思在谈到商品的价值时还告诉我们："物的真实的价值仍然是它的交换价值；后者归根到底存在于货币之中，而货币又存在于贵金属之中；可见，货币是物的真正的价值，所以货币是最希望获得的物。"②其实，这段话是对上面那段话的进一步的补充和发挥，它充分肯定了价值概念与商品交换活动之间的内在联系。尽管当时的马克思关于价值问题的见解远没有他在写作《资本论》的时候那么明晰，但其基本意向已经表达出来了，即商品的价值关系到商品的交换，即关系到商品的社会属性，而不是商品的自然属性。

其次，李连科在谈到马克思的《资本论》时说："这里曾把劳动过程称为制造使用价值的活动，是为了人类的需要而占有自然物。这里马克思把价值当作了自然物与人的需要在实践基础上的统一。"这段话之所以可笑，因为它完全曲解了马克思写作《资本论》的初衷。众所周知，资本主义雇佣劳动的根本动机不可能是"制造使用价值"，而是生产交换价值，是让资本通过对雇佣工人的活劳动的吸附而不断增殖。事实上，马克思早已批判过与李连科类似的错误观点："人们忘记了，交换价值作为整个生产制度的客观基础这一前提，从一开始就已经包含着对个人的强制，个人的直接产品不是为个人的产品，只有在社会过程中它才成为这样的产品，因而必须采取这种一般的并且诚然是表面的形式；个人只有作为交换价值的生产者才能存在，而这种情况就已经包含着对个人的

---

① 《马克思恩格斯全集》第 42 卷，人民出版社 1979 年版，第 20 页。
② 同上。

自然存在的完全否定，因而个人完全是由社会决定的。"①显然，在马克思所说的"个人只有作为交换价值的生产者才能存在"的现代资本主义社会中，李连科竟沿着"制造使用价值"的思路去理解马克思的价值概念，岂不是南辕北辙？

实际上，马克思在《资本论》中对"使用价值""交换价值"和"价值"这样的概念都做过明确的规定：物作为商品具有以下两个基本属性：一方面，"物的有用性使物成为使用价值（Gebrauchswert）"②。也就是说，物作为商品必须满足人们的某种需要，而其使用价值正是在人们消费或使用它的过程中得以实现的。人们通常说的"财富"（Reichtums）实际上也就是作为商品的物的堆积。也正是在这个意义上，马克思认为，不论财富的社会形式如何，使用价值总是构成财富的物质内容；另一方面，"交换价值（Tauschwert）首先表现为一种使用价值同另一种使用价值相交换的量的关系或比例，这个比例随着时间和地点的不同而不断改变。"③显然，在马克思看来，使用价值是交换价值的物质承担者。但如果我们从商品中抽掉其使用价值，那么剩下来的只是人类劳动的无差别的凝结："这些物现在只是表示，在它们的生产上耗费了人类劳动力，积累了人类劳动。这些物，作为它们共有的这个社会实体的结晶，就是价值——商品价值。"④不用说，商品的价值作为其交换价值的基础，乃是"它们共有的社会实体的结晶"，它体现的是人与人之间的关系，而不是物对人的关系。在马克思看来，使用价值和价值之间存在着以下两个根本性的区别：第一，使用价值是商品的自然属性或自然存在，而价值则是商品的社会属性或社会存在；第二，作为使用价值，不同的商品之间具有质的差别，而作为价值，不同的商品之间只有量的差别。

最后，李连科完全没有弄清楚他所引证的马克思关于价值问题的论

---

① 《马克思恩格斯全集》第 46 卷（上册），人民出版社 1980 年版，第 200 页。
② 马克思：《资本论》第 1 卷，人民出版社 1975 年版，第 48 页。
③ 同上书，第 49 页。
④ 同上书，第 51 页。

述的实质性含义是什么。他完全误读并误解了马克思在写于 1879 年下半年到 1880 年 11 月的《评阿·瓦格纳的"政治经济学教科书"》一文中关于价值问题的论述，以至于竟然把马克思所批判的瓦格纳关于价值问题的错误理论理解为马克思本人的价值理论。由于李连科先生的这一误读和误解牵涉马克思价值理论的实质，所以我们将在下面集中地加以澄清。

## 三、真正的价值理论在批判中显现出来

正如马克思所说的，真理是由争论确立的，历史的事实是在矛盾的清理中被陈述出来的。马克思的价值理论也是在批判形形色色关于价值问题的错误见解中阐发出来的，而马克思价值理论的实质正是在批判阿·瓦格纳的错误的价值观的基础上阐发出来的。

在我们上面所引证的、李连科的《价值哲学引论》中的那段话中，他援引的马克思的第一句话——"'价值'这个普遍的概念是从人们对待满足他们需要的外界物的关系中产生的"——恰恰不是马克思本人的观点，而是马克思所批评的瓦格纳的错误观点。李连科完全搞混了。

事实上，只要认真阅读马克思的这篇论文，就会发现，马克思十分尖锐地批评了瓦格纳的价值观，指责他热衷于谈论一般价值理论，并总是在"价值"这个词上卖弄聪明："这就使他同样有可能像德国教授们那样传统地把'使用价值'和'价值'混淆在一起，因为它们两者都有'价值'这一共同的词。"[1]在马克思看来，"使用价值不起其对立物'价值'的作用，除了'价值'一词在'使用价值'这一名称里出现以外，价值同使用价值毫无共同之点。"[2]在这里，马克思以十分明确的口吻告诉我们，不能

---

① 《马克思恩格斯全集》第 19 卷，人民出版社 1963 年版，第 400 页。
② 同上书，第 413 页。

因为在"使用价值"这个名称中包含着"价值"这个词，就断言"使用价值"就是"价值"。"使用价值"的概念和马克思视之为"交换价值"的基础的"价值"概念之间存在着根本性的差异。

其实，当瓦格纳试图从人们的需要与外界物之间的关系中去理解并谈论马克思的价值理论时，他就已经把这两个概念混淆在一起了。马克思毫不留情地揭露了瓦格纳玩弄的语言游戏："他采取的办法是，把政治经济学中俗语叫做'使用价值'的东西，'按照德语的用法'改称为'价值'。而一经用这种办法找到'价值'后，又利用它从'价值一般'中得出'使用价值'。做到这一点，只要在'价值'这个词的前面重新加上原先被省略的'使用'这个词就行了。"①为了彻底揭露瓦格纳的《政治经济学教科书》可能造成的思想混乱，尤其是在价值问题上的思想混乱，马克思不厌其烦地指出："这个德国人的全部蠢话的唯一的明显根据是，价值（Wert）或值（Wuerde）这两个词最初用于有用物本身，这种有用物在它们成为商品以前早就存在，甚至作为'劳动产品'而存在。但是这同商品'价值'的科学定义毫无共同之点。"②

至于李连科援引的马克思的其他论述，即价值"是人们所利用的并表现了对人的需要的关系的物的属性"；"表示物的对人有用或使人愉快等等的属性"，"实际上是表示物为人而存在"，等等，也完全是沿着同一个方向，即以"使用价值"取代"价值"的方向，来曲解马克思的价值理论的。其实，马克思一直努力地与这种理论上的误解展开不懈的斗争。比如，在《剩余价值学说史》的第3卷中，马克思对这种把"价值"概念与"使用价值"概念混淆起来的倾向进行了严厉的批评："'名词观察者'，培利等人认为'value'、'valeur'，表示物品所有的属性。事实上，这些名词原来不过表示物品对于人的使用价值，表示物品的对人有用或使人快适等等的性质。按照事物的性质来说，'value''valeur''Wert'从语源

---

① 《马克思恩格斯全集》第19卷，人民出版社1963年版，第407页。
② 同上书，第416页。

学方面考察，也不能有任何别的起源。使用价值表示物和人之间的自然关系，实际就是物和人相对来说的存在。交换价值是一个在那种把它创造出来的社会发展中后来才加到与使用价值同义的价值这个词中去的意义。它是物的社会性质的存在。"①在这段重要的论述中，马克思明确地告诉我们，从词源上看，"价值"这个词最先源于物品对人的有用性，但人们却不应该根据词源而作出推断，即把物对人的有用性——"使用价值"理解为"价值"。在马克思看来，"使用价值"涉及人和物之间的自然关系，而作为交换价值基础的"价值"涉及"物的社会性质的存在"，即人与人之间的社会关系。马克思前面提到的"价值概念泄露了资本的秘密"，这个所谓的"秘密"也就是人与人之间的社会关系。

事实上，马克思早已告诉我们："资本也是一种社会生产关系。这是资产阶级的生产关系，是资产阶级社会的生产关系。"②在马克思看来，价值体现的不是人与物的自然关系，这种自然关系在资本主义社会以前的生产方式中早已存在了，自给自足的原始生产方式也涉及人对物的有用性的关系，但在商品交换活动尚未展开的地方，还谈不上价值。马克思在前面提到"价值这个经济学概念在古代人那里没有出现过"，这就已经表明，价值涉及的根本不是物对人的有用性，即根本不是商品的"使用价值"，而是交换价值，即人与人之间的社会关系。

显然，李连科完全没有注意到，马克思关于价值问题还做过许多明确的论述。比如，马克思在驳斥森牟尔·培利竭力把"价值"曲解为"使用价值"时，曾经指出："所以，单个商品本身，当作价值，当作这个统一体的存在，是和那种当作使用价值，当作物品的它不同的——且不说它的价值在其他商品上面取得的表现了。当作劳动时间的存在，它是价值一般，当作一个数量已定的劳动时间的存在，它是一定的价值量。"③在这段论述中，马克思以十分明确的口吻告诉我们，"价值"完全不同于

---

① 马克思：《剩余价值学说史》第 3 卷，郭大力译，人民出版社 1978 年版，第 329 页。
② 《马克思恩格斯选集》第 1 卷，人民出版社 1995 年版，第 345 页。
③ 马克思：《剩余价值学说史》第 3 卷，郭大力译，人民出版社 1978 年版，第 139 页。

"使用价值"。前者是从抽象劳动和量的差异上去考察的，后者则是从具体劳动和质的差异上去考察的。如果着眼于制造"使用价值"的具体的、特殊的劳动形式，又如何来谈论"价值一般"和"价值量"呢？显然，这样的曲解是不可思议的。

在另一处，马克思说得更为直白："当作价值，商品是社会的量，所以是一种和它们当作'物品'所有的'属性'绝对不同的东西。当作价值，它们不过代表人在他们的生产活动中的关系。价值确实'包含着交换'，但这个交换，是人与人之间的物的交换，而与物本身绝对无关。"①马克思的观点是那样明确，我想，我无须再做更多的引证了。李连科的《价值哲学引论》奠基于他对马克思的价值观的根本性误读和误解之上。更令人不安的是，只要我们认真地审读一下近年来出版的、有关探讨马克思价值理论的论著，就会发现，这种误读和误解并不是偶尔出现的，而是普遍性的。

综上所述，正是在对瓦格纳等人的错误价值观的批判中，马克思阐述了其价值观中最根本的含义，即价值不是使用价值，不是物的自然属性对人的需求的满足，作为交换价值的基础，价值关涉人与人之间的社会关系。正是基于对经济学中的价值概念的如此这般的理解，人文社会科学领域中的其他价值观念，如平等、自由、民主、公正等才可能进入我们的视野。事实上，当我们意识到这一点的时候，马克思价值理论的丰富内涵就开始向我们显现出来。②

---

① 马克思：《剩余价值学说史》第 3 卷，郭大力译，人民出版社 1978 年版，第 141 页。

② 参见俞吾金：《物、价值、时间和自由：马克思哲学体系核心概念探析》，《哲学研究》2004 年第 11 期。

# 2017年

# 马克思哲学与黑格尔哲学、费尔巴哈哲学[①]

自从马克思主义哲学诞生以来，马克思哲学与黑格尔哲学、费尔巴哈哲学的关系一直是国际哲学界关注的热点问题，几乎每一个研究马克思主义哲学的人都会涉及这个问题。今天，之所以重提马克思哲学与黑格尔哲学、费尔巴哈哲学的关系，并把它作为一个重大的理论问题进行探讨，不仅是因为随着马克思大量遗著、手稿和笔记的面世，探讨这一问题的历史条件已经成熟，而且是因为对这一问题的理解直接规约着对马克思主义哲学的实质及其问题域的理解。在这个意义上，重新认识马克思哲学与黑格尔哲学、费尔巴哈哲学的关系也就是重新认识马克思主义哲学。

## 一、马克思哲学与黑格尔哲学的关系：普列汉诺夫和列宁的解释路线

谈到马克思哲学与黑格尔哲学的关系，不能不首先关注普列汉诺夫和列宁在这个问题上的见

---

① 载杨耕等著：《马克思主义哲学基础理论研究》，北京师范大学出版社 2017 年版，第二章"马克思哲学与黑格尔哲学、费尔巴哈哲学"，第 82—116 页。—— 编者注

解，因为这种见解至今仍然影响着对马克思哲学与黑格尔哲学关系的理解。

普列汉诺夫曾到伦敦拜访过恩格斯，并就一些理论问题与恩格斯展开过热烈的讨论。恩格斯高度赞扬普列汉诺夫，肯定他理解并掌握了马克思主义。① 普列汉诺夫不仅翻译了马克思和恩格斯合著的《共产党宣言》并为之作序，还翻译了恩格斯的《路德维希·费尔巴哈和德国古典哲学的终结》并为之作序和作注。在《黑格尔逝世六十周年》《论一元论历史观之发展》等一系列论著中，普列汉诺夫论述了马克思哲学与黑格尔哲学的关系，并在这个过程中论述了对马克思主义哲学实质的理解。

首先，普列汉诺夫认为，"谈了现代社会主义起源问题的人们，常常对我们说：马克思的哲学是黑格尔哲学的合乎逻辑的和必然的结果。这是正确的，但这是不完全的，很不完全的。马克思的承继黑格尔，正像丘比特的承继萨茨尔奴斯一样，是贬黜了后者的王位的。马克思的唯物主义哲学的出现，是人类思想史上绝无仅有的一次真正的革命，是最伟大的革命。"②这表明，普列汉诺夫坚信，马克思是通过唯物主义立场的确立而扬弃黑格尔唯心主义哲学的。

其次，普列汉诺夫认为，马克思是在一般唯物主义的基础上批判改造黑格尔辩证法，从而创立自己的哲学的。在谈到《哲学的贫困》第二部分时，普列汉诺夫指出："在那个时候，马克思已经把辩证法（它在黑格尔那里有着纯粹唯心主义的性质，在蒲鲁东那里也保存了这样的性质）放在唯物主义的基础上面了。"③正是基于这一思想，普列汉诺夫提出，"马克思和恩格斯的哲学不仅是唯物主义的哲学，而且是辩证的唯物主义"④。这里，普列汉诺夫借助于"辩证的唯物主义"这一术语，强调马

---

① 参见［苏］约夫楚克等：《普列汉诺夫传》，宋洪训译，生活·读书·新知三联书店1980年版，第156页。

② ［苏］普列汉诺夫：《普列汉诺夫哲学著作选集》第2卷，生活·读书·新知三联书店1961年版，第507页。

③ ［苏］普列汉诺夫：《普列汉诺夫哲学著作选集》第3卷，生活·读书·新知三联书店1962年版，第159页。

④ 同上。

克思唯物主义的辩证性，其基本思路是：马克思的哲学是由唯物主义（以费尔巴哈为媒介）和辩证法（以黑格尔为媒介）的结合而产生的。

最后，当普列汉诺夫把马克思哲学称为"辩证唯物主义"时，拉布里奥拉则把马克思哲学称为"历史唯物主义"，这两个不同术语的使用引起了米海洛夫斯基的困惑。普列汉诺夫为此而答复道："因为辩证唯物主义涉及历史，所以恩格斯有时将它叫做历史的。这个形容语不是说明唯物主义的特征，而只表明应用它去解释的那些领域之一。"①这表明，普列汉诺夫实质上把历史唯物主义理解为辩证唯物主义在历史领域中的应用。这一思想后来在列宁和斯大林那里得到了明确的表述。

可以看出，普列汉诺夫关注的焦点始终集中在思维与存在的关系问题所引发的唯物主义与唯心主义两军对阵，以及对唯心主义辩证法的改造中。普列汉诺夫涉猎过黑格尔的许多著作，如《逻辑学》《历史哲学》《法哲学原理》《精神现象学》《美学》等，但他探讨的重心始终落在《逻辑学》上。

列宁也非常重视马克思哲学与黑格尔哲学的关系。在对约翰·普连厄博士的《马克思和黑格尔》一书的摘要和评论中，列宁指出："我总是竭力用唯物主义观点来读黑格尔的著作：黑格尔学说是倒置过来的唯物主义（恩格斯的说法）——就是说，我大抵抛弃神、绝对、纯粹观念等等。"②在《唯物主义和经验批判主义》中，列宁对"一般唯物主义"的内涵及其与马克思唯物主义的关系作了具体说明："物质是第一性的。感觉、思想、意识是按特殊方式组成的物质的高级产物。这就是一般唯物主义的观点，特别是马克思和恩格斯的观点。"③这就是说，马克思的唯物主义与一般唯物主义没有本质区别，马克思和恩格斯都是从一般唯物主义的立场出发来阅读并批判黑格尔的。这是其一。

其二，列宁认为，黑格尔《逻辑学》的最高成就是辩证法，马克思批

---

① ［苏］普列汉诺夫：《普列汉诺夫哲学著作选集》第 2 卷，生活·读书·新知三联书店1961 年版，第 311 页。

② 列宁：《哲学笔记》，人民出版社 1974 年版，第 104 页。

③ 列宁：《列宁选集》第 2 卷，人民出版社 1995 年版，第 51 页。

判利用的正是这一最高成就，所以，"要继承黑格尔和马克思的事业，就应当辩证地研究人类思想、科学和技术的历史"①。正是基于这样的思考，列宁反复强调马克思主义哲学就是辩证唯物主义，甚至建议成立"黑格尔辩证法唯物主义之友协会"。

其三，列宁认为，历史唯物主义是唯物主义在社会领域中的推广与运用："马克思加深和发展了哲学唯物主义，而且把它贯彻到底，把它对自然界的认识推广到对人类社会的认识。""发现唯物主义历史观，或者更确切地说，把唯物主义贯彻和推广运用于社会现象领域，消除了以往的历史理论的两个主要缺点。"②后来，斯大林在《论辩证唯物主义和历史唯物主义》中对列宁的这一观点作了进一步发挥，明确提出历史唯物主义是辩证唯物主义在社会生活和社会历史领域中的推广与运用。这更为明确的表述后来成为马克思主义哲学教科书的经典性的表述。

列宁读过黑格尔的《逻辑学》《历史哲学》《哲学史讲演录》，也留意过《精神现象学》，但他读得最认真、思考得最深入的则是《逻辑学》，并认为"不钻研和不理解黑格尔的全部逻辑学，就不能完全理解马克思的《资本论》，特别是它的第 1 章。因此，半个世纪以来，没有一个马克思主义者是理解马克思的!!"③这就是说，马克思哲学与黑格尔哲学的关系本质上是马克思哲学与黑格尔逻辑学的关系。

按照普列汉诺夫和列宁的解释路线，黑格尔哲学对马克思哲学的影响主要是通过《逻辑学》；由于费尔巴哈哲学的媒介，马克思回到了一般唯物主义的立场；在此基础上，马克思批判改造了黑格尔的辩证法，从而创立了辩证唯物主义，并把辩证唯物主义推广到历史领域，形成了历史唯物主义。因此，马克思主义哲学的基础和核心是一般唯物主义和辩证唯物主义。

这样一来，对马克思主义哲学基础进行研究的问题域就被制定出来

---

① 列宁：《哲学笔记》，人民出版社 1974 年版，第 154 页。
② 列宁：《列宁选集》第 2 卷，人民出版社 1995 年版，第 311、425 页。
③ 列宁：《哲学笔记》，人民出版社 1974 年版，第 191 页。

了。这一问题域主要由以下问题构成：(1)思维(意识)与存在、精神与物质(自然)之间的关系，即"哲学基本问题"；(2)自然辩证法；(3)认识的起源、本质和辩证发展过程；(4)辩证法的基本规律和范畴；(5)逻辑、认识论和辩证法的同一；(6)真理的客观性，绝对真理和相对真理的辩证关系；(7)哲学史上的唯物主义与唯心主义、辩证法与形而上学的斗争。这一问题域长期以来支配着、规约着哲学家的思考方向和思考领域。

## 二、西方马克思主义者对马克思哲学与黑格尔哲学关系的理解

西方马克思主义对马克思哲学与黑格尔哲学关系的研究及其观点，同 20 世纪二三十年代以来马克思的手稿、遗著和笔记陆续面世密切相关。在新发表的马克思文稿中，同理解马克思哲学与黑格尔哲学的关系最为密切的有四个文本。

一是马克思写于 1843 年，1927 年第一次由苏共中央马克思列宁主义研究院用德文出版的《黑格尔法哲学批判》。这部手稿对黑格尔《法哲学原理》第 261—313 节作了全面的分析和批判。普列汉诺夫和列宁通过《德法年鉴》读过《〈黑格尔法哲学批判〉导言》，但没有读过《黑格尔法哲学批判》。德拉·沃尔佩认为，这部手稿是马克思哲学的最重要的文本之一。

二是马克思写于 1844 年，1932 年第一次全文发表在《马克思恩格斯合集》国际版第一部分第三卷的《1844 年经济学哲学手稿》。在这部手稿中，马克思着重分析了作为黑格尔哲学真正诞生地和秘密的《精神现象学》。恩格斯在《卡尔·马克思》一文中没有提到这部手稿，普列汉诺夫和列宁也不可能读过这部手稿。如同《黑格尔法哲学批判》显示出马克思哲学与黑格尔《法哲学原理》之间的联系一样，《1844 年经济学哲学手稿》

显示出马克思哲学与黑格尔《精神现象学》之间的重要联系。《1844 年经济学哲学手稿》发表后立即在国际学术界掀起了轩然大波。马尔库塞于同年发表了题为《论历史唯物主义的基础》的长篇论文，认为"马克思在 1844 年写的《1844 年经济学哲学手稿》的发表必将成为马克思主义研究史上的一个划时代的事件，这些手稿使关于历史唯物主义的起源、初始含义及整个'科学社会主义'理论的讨论置于新的基础之上，这些手稿也使人们能用一种更加富有成效的方法提出关于马克思和黑格尔之间的实际关系这个问题"①。在马尔库塞看来，《1844 年经济学哲学手稿》表明，在黑格尔的著作中，马克思特别感兴趣的是《精神现象学》。

三是马克思和恩格斯写于 1845 年至 1846 年，1932 年第一次由苏共中央马克思列宁主义研究院以德文出版的《德意志意识形态》。这部手稿除了第二卷第四章曾发表于《威斯特伐里亚汽船》杂志 1847 年 8 月号和 9 月号外，其余部分特别是对理解马克思哲学与黑格尔哲学、费尔巴哈哲学关系最为重要的第一卷第一章，普列汉诺夫和列宁都没有看到。《德意志意识形态》的主要目的是批判费尔巴哈、布·鲍威尔、施蒂纳的历史哲学理论，但其中频繁地提及或引证了黑格尔的《精神现象学》《历史哲学》《法哲学原理》《宗教哲学》《哲学史讲演录》等著作，因而对重新理解马克思哲学与黑格尔哲学的关系有着极为重要的意义。

四是马克思的《1857—1858 年经济学手稿》，这部手稿于 1939 年、1941 年用德文在莫斯科出版，当时编者加的标题是《政治经济学批判大纲(草稿)》。显而易见，普列汉诺夫和列宁没有也不可能接触过这部手稿。《1857—1858 年经济学手稿》出版后引起国际学术界的广泛重视。阿尔弗莱特·施密特认为，这部手稿"对于理解黑格尔和马克思之间的关系来说是最为重要的，然而迄今未被人们利用过"②。在施密特看来，马克思的自然观不是抽象的、与人相分离的自然观，而是以社会实践为

---

① H. Marcuse，*Studies in Critical Philosophy*，Boston，1972，p. 3.

② A. Schmidt，*The Concept of Nature in Marx*，London，1971，p. 17.

中介的自然观，因而在马克思哲学与黑格尔哲学的关系中，黑格尔的《精神现象学》和《法哲学原理》起着十分重要的作用。

这些新材料的发现促使西方马克思主义者对马克思哲学与黑格尔哲学的关系作出新的思考。其中，卢卡奇的创造性探索成果尤其值得关注。

在《历史与阶级意识》中，卢卡奇提出，马克思主义是一种社会理论，历史唯物主义是资本主义社会的自我认识，其基本任务之是批判"物化意识"（reified consciousness），确立无产阶级作为革命主体的自觉的阶级意识。

在《青年黑格尔》中，卢卡奇认为，黑格尔"是试图认真地把握英国工业革命的唯一的德国思想家，也是在古典经济学的问题和哲学及辩证法之间建立联系的唯一的人"[①]。因此，卢卡奇深入分析了青年黑格尔在《伦理体系》《耶拿实在哲学》和《精神现象学》中对劳动、异化问题的论述，强调"劳动的辩证法使黑格尔认识到，人类只能通过劳动走上发展的道路，实现人的人性化和自然的社会化"[②]。这表明，一方面，青年黑格尔的思想，尤其是《精神现象学》对马克思的影响是巨大的；另一方面，在黑格尔和马克思那里，辩证法的根本含义不是体现在抽象的、与人相分离的自然中，而是体现在人改造自然的社会活动生产劳动上。

在《社会存在本体论》中，卢卡奇虽然肯定自然存在是社会存在的一般前提，重新肯定了恩格斯所倡导的自然辩证法，但他研究的重心仍然在社会存在问题上。在这部著作中，卢卡奇列出的最重要的问题是：劳动、再生产、意识形态、异化等。显然，卢卡奇规定的马克思主义哲学的问题域与普列汉诺夫、列宁以及斯大林规定的马克思主义哲学的问题域存在着重大的差异。

从卢卡奇的思路出发，施密特对马克思哲学与黑格尔哲学的关系作

---

① G. Lukacs, *Young Hegel*, Boston: The MIT Press, 1976, p. xxvi.

② Ibid., p. 327.

出了进一步的探索。施密特认为，"如果马克思的唯物主义像今天仍在苏联和东欧盛行的那样，只是作为一种抽象的意识形态的表白的话，那么它就与那种低劣的唯心主义没有什么区别了。不是物质的抽象本性，而是社会实践的具体本性才是唯物主义理论的真正主题和基础"①。这里强调的是，马克思唯物主义与一般唯物主义之间的根本差异，表明的是，马克思并不是通过对一般唯物主义的回归而与黑格尔唯心主义相对立的。同时，施密特又指出："从实践上把客观主义与主观主义结合起来，构成黑格尔与马克思的劳动辩证法的特征，反映了现代知识论的基本立场。"②这就是说，应当从劳动辩证法，即从人与自然关系的视角来重新理解马克思哲学与黑格尔哲学的关系，理解自然辩证法。

西方马克思主义者对马克思哲学与黑格尔哲学关系的新思考，凸显了黑格尔的《精神现象学》和《法哲学原理》对马克思哲学的巨大影响，从而加深了这样的认识，即马克思关注的始终是社会历史及其现实问题，因此，历史唯物主义构成了马克思主义哲学的基础和出发点。但是，西方马克思主义者对马克思哲学与黑格尔哲学关系的认识也有诸多不足之处：

第一，争论的焦点常常集中在马克思与黑格尔的思想是基本一致的，还是完全对立的这样的问题上。黑格尔主义的马克思主义、存在主义的马克思主义和弗洛伊德主义的马克思主义关注的是马克思哲学与黑格尔哲学之间的联系，而新实证主义的马克思主义、结构主义的马克思主义强调的则是马克思哲学与黑格尔哲学之间的对立。阿尔都塞甚至认为："今天我们比任何时候都更应该看到，黑格尔的影子是一个幻影。为了把这个幻影赶回到黑夜中去，我们必须进一步澄清马克思的思想。"③由于争论的情绪化和表面化，对马克思哲学与黑格尔哲学关系的探讨总是深入不下去。

---

① A. Schmidt, *The Concept of Nature in Marx*, London, 1971, pp. 39-40.
② Ibid., p. 115.
③ L. Althusser, *For Marx*, London, 1977, p. 116.

第二，没有结合马克思本人思想的演变来探讨马克思哲学与黑格尔哲学的关系，没有阐明普列汉诺夫和列宁为什么把黑格尔对马克思的影响理解为主要是《逻辑学》的影响，并主张从一般唯物主义立场出发解读《逻辑学》，从而使整个讨论趋于简单化。

第三，对自然辩证法、辩证唯物主义、历史唯物主义等概念的界定和论述缺乏明晰性，反映出西方马克思主义者对马克思主义哲学的实质缺乏总体的把握。

## 三、马克思哲学与费尔巴哈哲学的关系：恩格斯和列宁的解释路线

对马克思哲学与费尔巴哈哲学之间关系的传统解释是：马克思哲学是在批判继承了黑格尔哲学的"合理内核"（辩证法）和费尔巴哈哲学的"基本内核"（唯物主义）的基础上形成的。这种解释蕴含着这样一层意思，即费尔巴哈的唯物主义是马克思哲学的理论前提。这种传统观点主要是通过恩格斯和列宁的有关论述来理解马克思哲学与费尔巴哈哲学之间关系的。

在《路德维希·费尔巴哈和德国古典哲学的终结》中，恩格斯对马克思哲学与费尔巴哈哲学之间的关系进行了全面论述，其基本见解可以表述如下：

其一，在黑格尔之后，对马克思哲学产生最大影响的是费尔巴哈："他在好些方面是黑格尔哲学和我们的观点之间的中间环节"①，费尔巴哈哲学的最大功绩是"直截了当地使唯物主义重新登上王座"。在提到费尔巴哈的《基督教的本质》在当时的影响时，恩格斯明确指出："这部书

---

① 《马克思恩格斯选集》第 4 卷，人民出版社 1995 年版，第 211—212 页。

的解放作用，只有亲身体验过的人才能想象得到。那时大家都很兴奋：我们一时都成为费尔巴哈派了。马克思曾经怎样热烈地欢迎这种新观点，而这种新观点又是如何强烈地影响了他（尽管还有种种批评性的保留意见），这可以从《神圣家族》中看出来。"①虽然这段论述说明，马克思对费尔巴哈的观点有所保留，但重心都在"我们一时都成为费尔巴哈派了"。换言之，马克思一度接受了费尔巴哈的唯物主义，在马克思哲学思想的发展过程中有一个费尔巴哈阶段。

其二，正因为马克思接受了费尔巴哈的唯物主义，所以，才最终摆脱了黑格尔哲学的影响。恩格斯指出："同黑格尔哲学的分离在这里也是由于返回到唯物主义观点而发生的。"②需要注意的是，"返回"这个词蕴含着这样一种见解，即马克思先是"返回"到费尔巴哈唯物主义的立场，然后再把这种唯物主义运用到一切知识领域，尤其是经济和历史领域。在回顾从笛卡儿到黑格尔和从霍布斯到费尔巴哈这时期的哲学发展时，恩格斯指出，唯心主义哲学体系也越来越多地加进唯物主义的内容，"因此，归根到底，黑格尔的体系只是一种就方法和内容来说唯心主义地倒置过来的唯物主义"③。在恩格斯看来，马克思是通过费尔巴哈的唯物主义解读黑格尔著作的。

恩格斯的这些论述对列宁产生了重大影响。在《唯物主义和经验批判主义》一书中，列宁指出："费尔巴哈是个唯物主义者，并且大家也知道，马克思和恩格斯是通过他而从黑格尔的唯心主义达到自己的唯物主义哲学的。"④在《卡尔·马克思》中，列宁断言："从1844—1845年马克思的观点形成时起，他就是一个唯物主义者，首先是路·费尔巴哈的信奉者，就是到后来他还认为，费尔巴哈的弱点仅仅在于他的唯物主义不

---

① 《马克思恩格斯选集》第4卷，人民出版社1995年版，第222页。
② 同上书，第242页。
③ 同上书，第226页。
④ 列宁：《列宁全集》第18卷，人民出版社1988年版，第80页。

够彻底和全面。"①在《哲学笔记》中，列宁在论述哲学发展史上的"圆圈"时，指出这样一条发展路线，即"黑格尔—费尔巴哈—马克思"；在评论黑格尔的逻辑观念向自然界转化时，列宁认为，"唯物主义近在咫尺。恩格斯说得对，黑格尔的体系是颠倒过来的唯物主义"②。从这些论述可以看出列宁对马克思哲学与费尔巴哈哲学之间关系的认识：费尔巴哈哲学是黑格尔哲学与马克思哲学之间唯一的中间环节。

马克思是通过费尔巴哈哲学而确立自己的唯物主义的立场的，并从费尔巴哈式的唯物主义立场出发去解读黑格尔著作的。

在恩格斯和列宁对马克思哲学与黑格尔哲学关系的解释中蕴含着如下结论：一是费尔巴哈在哲学史上最重要的功绩是恢复了唯物主义的权威，正是这一点对马克思产生了决定性的影响；二是费尔巴哈哲学是介于黑格尔哲学与马克思哲学之间唯一的至少是最重要的媒介，马克思是通过返回到费尔巴哈唯物主义的立场而与黑格尔唯心主义彻底决裂的；三是马克思哲学的基础是一般唯物主义，马克思在其他知识领域里的一切见解都不过是把这种唯物主义加以运用和推广的结果。

但是，当深入探讨马克思哲学思想的发展时，这种理解方式却遇到了困难。

首先，马克思关注的并不是费尔巴哈的唯物主义，而是费尔巴哈对唯物主义(实在论)与唯心主义(唯灵论)抽象对立的扬弃和超越。费尔巴哈既不把自己的学说称为唯物主义，也不把自己的学说称为唯心主义，而是称作人本主义或人本学。这一点对青年马克思思想的发展产生了一定的影响。所以，在《黑格尔法哲学批判》《1844年经济学哲学手稿》《神圣家族》等著作中，马克思反复强调要扬弃唯心主义(唯灵论)与唯物主义之间的抽象的对立，并肯定"唯灵论和唯物主义过去在各方面的对立已经在斗争中消除，并为费尔巴哈永远克服"③。

---

① 列宁：《列宁选集》第2卷，人民出版社1995年版，第418页。
② 列宁：《列宁全集》第55卷，人民出版社1990年版，第202页。
③ 《马克思恩格斯全集》第2卷，人民出版社1957年版，第120页。

其次，马克思不愿认同的恰恰是费尔巴哈的唯物主义，所以，马克思在《关于费尔巴哈的提纲》中开宗明义地指出："从前的一切唯物主义——包括费尔巴哈的唯物主义——的主要缺点是：对事物、现实、感性，只是从客体的或者直观的形式去理解，而不是把它们当作人的感性活动，当作实践去理解，不是从主观方面去理解。"①这表明，马克思没有也不愿返回到费尔巴哈的唯物主义立场上去。

马克思这里的表述与列宁的相关表述存在着重大差异，按照列宁的观点，"物质是第一性的。感觉、思想、意识是按特殊方式组成的物质的高级产物。这就是一般唯物主义的观点，特别是马克思和恩格斯的观点"②。如果说马克思关注的是自己的唯物主义立场与一般唯物主义（包括费尔巴哈的唯物主义）的立场之间的差异，那么，列宁关注的则是马克思唯物主义的立场与一般唯物主义（包括费尔巴哈的唯物主义）的立场之间的共同点。列宁的理解会导致这样一种结果，即把一般唯物主义理解为马克思主义哲学的基础，并把马克思主义哲学的宗旨理解为对一般唯物主义思想路线的推进。

最后，马克思在叙述自己的思想发展时并没有提到费尔巴哈。在《〈政治经济学批判〉序言》中，马克思指出，为了解决在《莱茵报》时期的"苦恼的疑问"，他写的第一部著作是对黑格尔法哲学的批判性的分析，并从中得出结论："法的关系正像国家的形式一样，既不能从它们本身来理解，也不能从所谓人类精神的一般发展来理解，相反，它们根源于物质的生活关系，这种物质的生活关系的总和，黑格尔按照18世纪的英国人和法国人的先例，概括为'市民社会'，而对市民社会的解剖应该到政治经济学中去寻求。"③这一"寻求"的结果，就是发现唯物主义历史观。这里，马克思勾勒出自己思想发展的主要线索：黑格尔法哲学批判—市民社会解剖（通过政治经济学批判）—唯物主义历史观。

---

① 《马克思恩格斯全集》第3卷，人民出版社1960年版，第3页。
② 列宁：《列宁选集》第2卷，人民出版社1995年版，第51页。
③ 《马克思恩格斯选集》第2卷，人民出版社1995年版，第32页。

显然，对于马克思思想发展的主线索来说，费尔巴哈并不重要，因为费尔巴哈的唯物主义是以抽象的自然为基础的唯物主义，在历史观上，费尔巴哈恰恰是一个唯心主义者。"当费尔巴哈是一个唯物主义者的时候，历史在他的视野之外：当他去探讨历史的时候，他决不是个唯物主义者。在他那里，唯物主义和历史是彼此完全脱离的。"①由此可见，尽管费尔巴哈对马克思有一定的影响，但断定在马克思哲学思想的发展中存在着一个费尔巴哈的唯物主义阶段是缺乏依据的，把一般唯物主义看作马克思主义哲学的基础和出发点也是不符合马克思思想发展实际进程的。

要真正理解马克思哲学的基础与费尔巴哈哲学的基础之间的本质差别，就要重新解读马克思这一重要的论述："从前的一切唯物主义——包括费尔巴哈的唯物主义——的主要缺点是：对事物、现实、感性，只是从客体的或者直观的形式去理解，而不是把它们当作人的感性活动，当作实践去理解，不是从主观方面去理解。"②可见，马克思主义哲学不是在费尔巴哈唯物主义的基本立场上引申出来的。如果说费尔巴哈的唯物主义是以感性直观为本质特征的话，那么，马克思的唯物主义则是以实践活动为本质特征的，而实践活动乃是对感性直观的扬弃。明白这点，就会抛弃"费尔巴哈哲学的'基本内核'＋黑格尔哲学的'合理内核'＝马克思主义哲学"的神话，走向马克思创立的马克思主义哲学。


# 四、西方马克思主义者对马克思哲学与<br>费尔巴哈哲学关系的理解

对马克思哲学与费尔巴哈哲学关系的另一种误解来自西方马克思主

---

① 《马克思恩格斯全集》第 3 卷，人民出版社 1960 年版，第 51 页。
② 同上书，第 3 页。

义者。这种误解的实质就是以费尔巴哈的人本主义哲学取代马克思主义哲学，主要表现为两种倾向：

第一种倾向是把全部马克思哲学"费尔巴哈（人本主义）化"。弗洛姆在《马克思关于人的概念》一书中这样写道："马克思的哲学在《1844 年经济学哲学手稿》中获得了最清楚的表述，它的核心问题就是现实的个人的存在问题，人就是他实际上呈现出的那个样子，人的本性展现在历史之中。"①《1844 年经济学哲学手稿》是马克思在青年时期写的，当时马克思的思想在某些方面的确受到费尔巴哈的影响，某些观点处于不成熟状态。如果认为马克思哲学在《1844 年经济学哲学手稿》中已"获得最清楚的表述"，那就等于把《1844 年经济学哲学手稿》看作是马克思的成熟的哲学著作，从而否认了马克思的哲学思想有一个发展过程；同时，也就否认了马克思哲学与费尔巴哈哲学之间存在着根本差异。换言之，把马克思哲学"费尔巴哈（人本主义）化"了。

第二种倾向是把青年马克思的哲学思想与费尔巴哈的哲学思想完全等同起来。阿尔都塞在《保卫马克思》一书中对把马克思主义哲学"费尔巴哈（人本主义）化"的倾向作过深刻批判。但是，阿尔都塞的批判又走向另一个极端，即认为在《1844 年经济学哲学手稿》时期，马克思的思想完全处在费尔巴哈人本主义哲学问题框架的影响下，因而是一种"意识形态"，还没有上升为科学。阿尔都塞的初衷是反对把成熟时期的马克思的哲学思想"费尔巴哈（人本主义）化"，但结果却把青年时期的马克思的哲学思想完全"费尔巴哈（人本主义）化"了，即在青年马克思的哲学思想与费尔巴哈的哲学思想之间画了等号。

为了正确地理解马克思哲学与费尔巴哈哲学之间的关系，既要避免那种对青年时期的马克思与成熟时期的马克思不作区分的错误倾向，又要避免那种把这两个不同时期截然对立起来的、非此即彼的错误倾向。

---

① 复旦大学哲学系现代西方哲学研究室编译：《西方学者论〈1844 年经济学—哲学手稿〉》，复旦大学出版社 1983 年版，第 15 页。

在《1844 年经济学哲学手稿》中，费尔巴哈的人本主义哲学对马克思有一定的影响，但这只是问题的一个方面。问题的另一个方面是，通过对现实实践的关注和对政治经济学的批判，马克思此时关于人的学说已经包含着超越费尔巴哈人本主义哲学的重要因素：一是费尔巴哈只是通过对宗教的批判来说明人的本质的异化，关于异化的论述还停留在纯粹精神的领域中，而马克思则通过对政治经济学的批判提出了劳动的异化，从而把对异化的批判引向现实生活的领域；二是作为具有无神论倾向的人本主义，费尔巴哈的人本主义仅仅是理论性的，而马克思当时信奉的人本主义已具有实践的倾向："正像无神论作为神的扬弃就是理论的人道主义的生成，而共产主义作为私有财产的扬弃就是对真正人的生活这种人的不可剥夺的财产的要求，就是实践的人道主义的生成一样。"①

由此可见，从表面上看，阿尔都塞与弗洛姆的见解是相互对立的，实际上，他们都未厘清马克思哲学与费尔巴哈哲学之间的真实关系。不同的只是，前者把青年马克思的哲学思想等同于费尔巴哈的人本主义，后者则把马克思的全部哲学思想都等同于费尔巴哈的人本主义。

为了正确理解马克思哲学与费尔巴哈哲学之间的关系，必须结合马克思主义哲学史，从唯物主义学说和人的学说这两个方面搞清楚马克思哲学与费尔巴哈哲学之间的根本差异。

就唯物主义学说而言，费尔巴哈哲学确实对马克思产生过一定的影响，但马克思在接受费尔巴哈哲学的影响时是"有种种批判性的保留意见"②的。换句话说，马克思受到费尔巴哈哲学的影响并不等于说马克思无保留地接受了费尔巴哈哲学的"基本内核"，更不能武断地肯定在马克思思想的发展过程中存在一个费尔巴哈阶段。认为马克思的唯物主义是在费尔巴哈的唯物主义的基础上引申和发展起来的，从根本上误解了

---

① 《马克思恩格斯全集》第 42 卷，人民出版社 1979 年版，第 174 页。
② 《马克思恩格斯选集》第 4 卷，人民出版社 1995 年版，第 222 页。

马克思主义哲学的基础。

就人的学说而言，费尔巴哈哲学对马克思的影响同样是存在的，但由于马克思在其思想背景中切入了政治经济学批判，所以，马克思的人的学说在起点上就与费尔巴哈的人本主义学说存在着差距。

在《詹姆斯·穆勒〈政治经济学原理〉一书摘要》中，马克思通过对政治经济学的研究认识到："人的本质是人的真正的社会联系。"[1]

在《1844年经济学哲学手稿》中，虽然马克思还使用"类意识""类存在"这样的费尔巴哈式的术语，但他关于人的论述在许多方面都已经超越了费尔巴哈，如"个人是社会存在物"，"工业的历史和工业的已经产生的对象性的存在，是一本打开了的关于人的本质力量的书，是感性地摆在我们面前的人的心理学"[2]。显然，这些从政治经济学批判中抽绎出来的观点在费尔巴哈的人本主义学说中是找不到的。

在《神圣家族》中，马克思一方面认为，"费尔巴哈把形而上学的绝对精神归结为'以自然为基础的现实的人'，从而完成了对宗教的批判。同时也巧妙地拟定了对黑格尔的思辨以及一切形而上学的批判的基本要点"[3]；另一方面又指出："黑格尔的'现象学'尽管有其思辨的原罪，但还是在许多方面提供了真实地评述人类关系的因素。"[4]这表明，尽管马克思不赞同黑格尔的思辨唯心主义，但仍从其著作中吸取了有价值的东西。反之，费尔巴哈的人本主义虽然揭示出德国古典哲学的秘密——"以自然为基础的现实的人"，但他并没有展现出人的丰富的社会历史内涵。

在《关于费尔巴哈的提纲》中，马克思用十分明确的语言表达了在人的本质问题上，马克思的人的学说与费尔巴哈的人本主义之间的根本差异："费尔巴哈把宗教的本质归结于人的本质。但是，人的本质不是单

---

[1] 《马克思恩格斯全集》第42卷，人民出版社1979年版，第24页。
[2] 同上书，第122、127页。
[3] 《马克思恩格斯全集》第2卷，人民出版社1957年版，第177页。
[4] 同上书，第246页。

个人所固有的抽象物，在其现实性上，它是一切社会关系的总和。"①在《德意志意识形态》中，马克思揭示了费尔巴哈人本主义的秘密："费尔巴哈谈到的是'人自身'，而不是'现实的历史的人'。"②

西方马克思主义者把马克思的唯物主义与费尔巴哈的唯物主义混淆起来，或者把马克思的人的学说与费尔巴哈的人本主义混淆起来，或者把青年时期的马克思的哲学思想与成熟时期的马克思的哲学思想对立并与费尔巴哈哲学混淆起来，都是错误的。

## 五、马克思哲学与黑格尔哲学的真实关系

从总体上看，马克思本人对马克思哲学与黑格尔哲学关系的论述，可以分为三个阶段。

第一个阶段是 1842 年之前。在这个阶段，马克思的思想在总体上处于黑格尔的影响之下。在 1837 年 11 月 10—11 日写给父亲的信中，马克思写道："在患病期间，我从头到尾读了黑格尔的著作，也读了他大部分弟子的著作。"③

第二个阶段是从 1843 年到 1848 年。在这个阶段，马克思通过费尔巴哈和国民经济学研究的媒介，从总体上对黑格尔哲学采取了批判的态度。在《德意志意识形态》中，马克思批评了费尔巴哈、布·鲍威尔等人仍然在黑格尔哲学体系的基地上活动，并认为"对黑格尔的这种依赖关系正好说明了为什么在这些新出现的批判家中甚至没有一个人想对黑格尔体系进行全面的批判，尽管他们每一个人都断言自己已超出了黑格尔哲学"④。从《黑格尔法哲学批判》到《哲学的贫困》蕴含着马克思对黑格

---

① 《马克思恩格斯选集》第 1 卷，人民出版社 1995 年版，第 56 页。
② 《马克思恩格斯全集》第 3 卷，人民出版社 1960 年版，第 48 页。
③ 《马克思恩格斯全集》第 40 卷，人民出版社 1982 年版，第 16 页。
④ 《马克思恩格斯全集》第 3 卷，人民出版社 1960 年版，第 21 页。

尔哲学体系全面而深刻的批判。

第三个阶段是从 19 世纪 50 年代到 60 年代。在这个阶段，马克思在撰写《资本论》之前重新阅读了黑格尔的著作，并在《资本论》第二版跋中指出："我公开承认我是这位大思想家的学生，并且在关于价值理论的一章中，有些地方我甚至卖弄起黑格尔特有的表达方式。"①

从上面这些代表性的表述中，可以引申出两点结论：一是马克思系统地研究过黑格尔的著作；二是马克思哲学与黑格尔哲学的关系是批判继承的关系。无论是黑格尔主义的马克思主义者（如卢卡奇）致力于把马克思哲学黑格尔化，还是结构主义的马克思主义者（如阿尔都塞）力图割断马克思哲学与黑格尔哲学之间的联系，都是片面的、错误的。

从《逻辑学》和《自然哲学》的视角来理解黑格尔哲学对马克思哲学的影响有其一定的根据。

在《黑格尔法哲学批判》中，马克思在分析黑格尔的泛逻辑神秘主义时指出："整个法哲学只不过是对逻辑学的补充。"②尤其值得注意的是，在 1858 年 1 月 14 日致恩格斯的信中，马克思提到关于《资本论》的准备性研究时指出："完全由于偶然的机会——弗莱里格拉特发现了几卷原为巴枯宁所有的黑格尔著作，并把它们当作礼物送给了我，——我又把黑格尔的《逻辑学》浏览了一遍，这在材料加工的方法上帮了我很大的忙。如果以后再有功夫做这类工作的话，我很愿意用两三个印张把黑格尔所发现、但同时又加以神秘化了的方法中所存在的合理的东西阐述一番，使一般人都能够理解。"③显然，《逻辑学》对马克思的影响是存在的。德拉·沃尔佩在解读《黑格尔法哲学批判》时认为，马克思这部著作的根本之点，是通过对法哲学的基础逻辑学的批判而确立了新的方法。

但是，对马克思来说，《逻辑学》并不是黑格尔的最重要的著作。这是因为，《逻辑学》关注的是与一切现实相分离的绝对的、纯粹的知识，

① 《马克思恩格斯选集》第 2 卷，人民出版社 1995 年版，第 112 页。
② 《马克思恩格斯全集》第 1 卷，人民出版社 1956 年版，第 264 页。
③ 《马克思恩格斯全集》第 29 卷，人民出版社 1972 年版，第 250 页。

它既是逻辑理念自身的辩证运动，又是对这一运动的自我认识，而马克思关注的则是人类社会的现实问题。所以，对马克思来说，《精神现象学》比《逻辑学》更为重要。"黑格尔的《现象学》尽管有其思辨的原罪，但还是在许多方面提供了真实地评述人类关系的因素。"①因此，在剖析黑格尔哲学体系时，"必须从黑格尔的《现象学》即从黑格尔哲学的真正诞生地和秘密开始"②。

《自然哲学》对马克思也有一定的影响。通过马克思的博士论文《德谟克利特的自然哲学和伊壁鸠鲁的自然哲学的差别》，以及为撰写论文做准备的七份笔记和阅读黑格尔《自然哲学》时写下的"自然哲学提纲"的三个方案，都能看到这种影响。但是，不能由此作出结论，即《自然哲学》对马克思有决定性的影响，马克思的哲学就是向承认自然第一性的一般唯物主义的回归。

实际上，马克思是为了研究伊壁鸠鲁的自然哲学而去解读黑格尔的《自然哲学》的。更重要的是，马克思之所以研究伊壁鸠鲁，并不是出于对其自然哲学学术上的兴趣，而是因为伊壁鸠鲁是古代启蒙思想家、自我意识哲学家，对伊壁鸠鲁的研究是有利于理解德国当时的启蒙运动的。所以，当马克思在政治上面临更为迫切的任务时，他就把博士论文的修订和出版工作放到一边去了。③ 更何况，在解读黑格尔的《自然哲学》时，马克思并未留下真正有实质意义的札记。

在马克思读过的黑格尔著作中，他留下札记最多、作过系统研究和深刻评论的不是《逻辑学》和《自然哲学》，而是《法哲学原理》和《精神现象学》。然而，马克思在这方面的两部重要手稿——《黑格尔法哲学批判》和《1844年经济学哲学手稿》，普列汉诺夫和列宁都未读过。因此，他们就很容易从《逻辑学》和《自然哲学》的视角出发去理解马克思哲学与黑格尔哲学的关系。

---

① 《马克思恩格斯全集》第2卷，人民出版社1957年版，第246页。
② 《马克思恩格斯全集》第42卷，人民出版社1979年版，第159页。
③ 《马克思恩格斯全集》第40卷，人民出版社1982年版，第286页。

1859 年，马克思在《〈政治经济学批判〉序言》中回顾自己在《莱茵报》期间的困惑时指出："为了解决使我苦恼的疑问，我写的第一部著作是对黑格尔法哲学的批判性的分析，这部著作的导言曾发表在 1844 年巴黎出版的《德法年鉴》上。我的研究得出这样一个结果：法的关系正像国家的形式一样，既不能从它们本身来理解，也不能从所谓人类精神的一般发展来理解，相反，它们根源于物质的生活关系，这种物质的生活关系的总和，黑格尔按照 18 世纪的英国人和法国人的先例，概括为'市民社会'，而对市民社会的解剖应该到政治经济学中去寻求。"①这段重要的论述表明，正是通过对黑格尔法哲学的批判，马克思确立了两个重要思想：一是法的关系根源于物质的生活关系，这一思想构成马克思全部法哲学理论的基础；二是对市民社会的解剖应当诉诸政治经济学，这样一来，对黑格尔《法哲学原理》中"市民社会"的批判性思考就成了马克思转向政治经济学研究，促进自己思想转变的关键。

通过对黑格尔法哲学的批判，马克思认识到，"市民社会是全部历史的真正发源地和舞台"②，认识到"人并不是抽象的栖息在世界以外的东西。人就是人的世界，就是国家，社会"③。黑格尔是在家庭、市民社会和国家中来论述人的权利、义务和本质的，正是基于这方面的思考，马克思后来把人的本质规定为一切社会关系的总和。同时，通过黑格尔法哲学批判，还启发马克思制定了政治经济学研究的根本方法。如果说《逻辑学》主要是"在材料加工的方法上"为马克思提供了启示，那么，《法哲学原理》则主要在政治经济学研究的根本方法——"从抽象上升到具体的方法"上为马克思提供了启示。马克思在论述这种研究方法时指出："黑格尔论法哲学，是从主体的最简单的法的关系即占有开始的，这是对的。"④《资本论》是这种研究方法的光辉典范。《资本论》关于

---

① 《马克思恩格斯选集》第 2 卷，人民出版社 1995 年版，第 32 页。
② 《马克思恩格斯全集》第 3 卷，人民出版社 1960 年版，第 41 页。
③ 《马克思恩格斯全集》第 1 卷，人民出版社 1956 年版，第 452 页。
④ 《马克思恩格斯全集》第 46 卷（上册），人民出版社 1979 年版，第 39 页。

占有、分工、契约、价值、人格、自由王国等的许多论述，或直接以批判的方式引证了《法哲学原理》，或间接地体现了《法哲学原理》的影响。在这个意义上说，不理解黑格尔的法哲学，就不可能真正理解马克思的《资本论》。

除《法哲学原理》外，《精神现象学》对马克思哲学的形成和发展也产生了重要影响。

其一，在马克思看来，《精神现象学》的中心任务在于它抓住了"人的异化"这一核心问题，从而展开对整个社会、国家、宗教领域的批判。[①] 尽管这一批判被神秘化了，但它对马克思的启示是重大的。正是《精神现象学》中的"异化"和"劳动"概念启发了马克思，使他在研究政治经济学时提出了"异化劳动"这一概念。马克思后来对商品拜物教的批判就是在异化劳动批判的基础上提出来的。

其二，马克思发现，"黑格尔的《现象学》及其最后成果——作为推动原则和创造原则的否定性的辩证法——的伟大之处首先在于，黑格尔把人的自我产生看作一个过程，把对象化看作失去对象，看作外化和这种外化的扬弃；因而，他抓住了劳动的本质，把对象性的人、现实的因而是真正的人理解为他自己的劳动的结果"[②]。这一发现之所以重要，就在于马克思看到了《精神现象学》中的辩证法和《逻辑学》中的辩证法的差异。

在《逻辑学》中，辩证法的承担者乃是逻辑理念，而在《精神现象学》中，辩证法的承担者乃是劳动，因而可以把这种辩证法表达为劳动辩证法。尽管黑格尔关注的是劳动的积极方面，而未充分注意其消极的方面；尽管从根本上说黑格尔承认的劳动仅仅是抽象的精神劳动，然而，《精神现象学》毕竟显示出人是在劳动中生成的。这正是《精神现象学》的伟大之处。马克思后来在谈到黑格尔的辩证法时指出："在他那里，辩

---

① 《马克思恩格斯全集》第42卷，人民出版社1979年版，第162页。
② 同上书，第163页。

证法是倒立着的。必须把它倒过来，以便发现神秘外壳中的合理内核。"①这里说的"合理内核"并不是没有任何载体的、空洞的辩证法，而是以劳动为载体的现实的辩证法。当然，在马克思那里，劳动不再是抽象的精神劳动，而是现实的物质生产活动。

可以看出，较之《逻辑学》和《自然哲学》，《法哲学原理》和《精神现象学》对马克思哲学的形成和发展产生了更为重要的影响。在马克思哲学思想转变的过程中，除了他的实践活动和费尔巴哈的影响这两个因素外，还有两个理论因素不容忽视：一是通过对《法哲学原理》的批判性解读，发现市民社会是全部历史的真正发源地和舞台；二是通过对《精神现象学》以及政治经济学著作的批判性解读，提出了"异化劳动"的新概念，并创立了以现实的人的活动为载体或承担者的新的辩证法。正是这些因素的综合作用使马克思不是返回到一般唯物主义，而是直接创立了历史唯物主义这一新世界观。如果说逻辑学的"倒转"是一般唯物主义的话，那么，精神现象学和法哲学的倒转则是历史(辩证)唯物主义。

# 六、马克思哲学与费尔巴哈哲学的真实关系

费尔巴哈的唯物主义对马克思并没有产生重大影响，但费尔巴哈的某些哲学见解又的确为马克思思想的发展提供了重要启示。

首先，费尔巴哈揭示了宗教和思辨哲学的本质，即宗教是人的本质自我异化的产物，"证明了哲学不过是变成思想的并且经过思考加以阐述的宗教，不过是人的本质的异化的另一种形式和存在方式；从而，哲学同样应当受到谴责"②。马克思认为，这是费尔巴哈的伟大功绩，即为整个实证的批判奠定了基础。

---

① 《马克思恩格斯全集》第23卷，人民出版社1972年版，第24页。
② 《马克思恩格斯全集》第42卷，人民出版社1979年版，第158页。

其次，费尔巴哈揭示了黑格尔的"绝对精神"的秘密，即"以自然为基础的现实的人"。按照马克思的观点，黑格尔哲学包含着三个因素：一是斯宾诺莎的实体，即形而上学地改了装的、脱离人的自然；二是费希特的自我意识，即形而上学地改了装的、脱离自然的精神；三是前两个因素在黑格尔那里的统一，即绝对精神，而绝对精神的秘密正是由费尔巴哈揭示出来的："费尔巴哈把形而上学的绝对精神归结为'以自然为基础的现实的人'，从而完成了对宗教的批判。同时也巧妙地拟定了对黑格尔的思辨以及一切形而上学的批判的基本要点。"①马克思认为，正是费尔巴哈的人本主义哲学为整个德国哲学的发展指明了出路。

最后，费尔巴哈提出了感性的原则，明确指出："新哲学是光明正大的感性哲学。"②虽然费尔巴哈的"感性"具有直观的性质，但它启发了马克思，并进一步把感性理解为人的实践活动，从而创立了与旧唯物主义、直观的唯物主义有本质区别的新唯物主义、实践的唯物主义。

一言以蔽之，马克思哲学与费尔巴哈哲学联系的根本点，是马克思以批判的方式继承了费尔巴哈关于异化和人本主义的学说，并把费尔巴哈的停留在感性直观上的抽象的人改变为从事实际活动的、现实的人，从而为唯物主义历史观的确立奠定了理论前提。

在某种意义上说，上面对马克思哲学与费尔巴哈哲学之间关系的考察还是抽象的，因为这种考察仅仅停留在费尔巴哈哲学本身，还有一些超出哲学之外的重要因素需要先行地加以澄清。

第一，探讨马克思哲学思想的演变不能撇开他的法哲学研究的背景。马克思早期的学术兴趣主要集中在法和法哲学上。马克思在 1837年 11 月给父亲的信中，提到自己正在编撰一个适合于一切法的领域的法哲学体系："我在前面叙述了若干形而上学的原理作为导言，并且把

---

① 《马克思恩格斯全集》第 2 卷，人民出版社 1957 年版，第 177 页。
② [德]费尔巴哈：《费尔巴哈哲学著作选集》（上），荣震华等译，商务印书馆 1984年版，第 189 页。

这部倒霉的作品写到了公法部分，约有三百印张。"①通过对法哲学，尤其是黑格尔法哲学的深入研究，马克思的注意力转向市民社会，并得出结论："家庭和市民社会是国家的前提，它们才是真正的活动者。"②正是通过法哲学研究，使马克思站在与费尔巴哈完全不同的哲学起跑线上。费尔巴哈几乎很少谈论人类社会，"而是每次都求救于外部自然界，而且是那个尚未置于人的统治之下的自然界"③。费尔巴哈的人本主义始终是以抽象的自然和抽象的人为基础的。与此不同，马克思是从法哲学的视野中来探索人的问题的，而法哲学的核心问题就是人与物（占有物）的关系和人与人的关系。所以，马克思在法哲学研究中得出结论："人并不是抽象的栖息在世界以外的东西。人就是人的世界，就是国家社会。"④也正是通过法哲学研究，使马克思十分重视黑格尔的《精神现象学》，因为这部著作"包含着对宗教、国家、市民生活等整个整个领域的批判的要素，但还是通过异化的形式"⑤。

第二，在考察马克思哲学思想的演变时，不能停留在单纯的观念分析的层面上，必须考察马克思对现实生活的关注。事实上，马克思已对此作了提示："1842—1843 年间，我作为《莱茵报》的编辑，第一次遇到要对所谓物质利益发表意见的难事。莱茵省议会关于林木盗窃和地产析分的讨论，当时的莱茵省总督冯·沙培尔先生就摩塞尔农民状况同《莱茵报》展开的官方论战，最后，关于自由贸易和保护关税的辩论，是促使我去研究经济问题的最初动因。"⑥马克思在《莱茵报》的实践乃是他思想演变中的一个决定性环节。忽视这一环节，必然会对马克思哲学思想的发展作出错误的解释。

第三，必须注意马克思对国民经济学的研究。在《1844 年经济学哲

---

① 《马克思恩格斯全集》第 40 卷，人民出版社 1982 年版，第 10 页。
② 《马克思恩格斯全集》第 1 卷，人民出版社 1956 年版，第 250—251 页。
③ 《马克思恩格斯全集》第 42 卷，人民出版社 1979 年版，第 369 页。
④ 《马克思恩格斯全集》第 1 卷，人民出版社 1956 年版，第 452 页。
⑤ 《马克思恩格斯全集》第 42 卷，人民出版社 1979 年版，第 162 页。
⑥ 《马克思恩格斯选集》第 2 卷，人民出版社 1995 年版，第 31 页。

学手稿》中，马克思写道："我用不着向熟悉国民经济学的读者保证，我的结论是通过完全经验的以对国民经济学进行认真的批判研究为基础的分析得出的。"①费尔巴哈对国民经济学没有什么研究，所以，其哲学批判不可能像马克思那样以国民经济学研究为基础。如果说费尔巴哈仅仅在宗教的范围内讨论异化问题，那么，马克思则通过经济学研究，把注意力集中到异化劳动的问题上，从而把自己的哲学研究引向对整个资本主义的批判。

可以看出，仅仅停留在纯粹哲学的范围内，并不能正确地说明马克思哲学思想的演变。换言之，不能简单地说费尔巴哈哲学是黑格尔哲学与马克思哲学之间的中间环节，必须注意到马克思的法哲学研究的背景、对现实的物质利益问题的关注、对国民经济学的研究这些重要的环节。撇开这些重要的环节，就会夸大费尔巴哈哲学在黑格尔哲学与马克思哲学之间的中介作用，从而掩蔽马克思哲学思想演变的真实轨迹。

马克思曾对黑格尔从逻辑学向自然哲学过渡的观点进行过深刻的批判。按照马克思的观点，这种从抽象向具体的过渡不仅是牵强附会的，而且从逻辑学中引申出来的自然界必然是抽象的自然界。"被抽象地孤立地理解的、被固定为与人分离的自然界，对人说来也是无。不言而喻，这位决心进入直观的抽象思维者是抽象地直观自然界的。"②这就是说，不仅唯心主义者从逻辑学出发推演不出现实的自然界，即使唯物主义者把逻辑学颠倒过来，从世界统一于物质的一般唯物主义观点出发去探讨的自然界仍然是抽象的自然界，而不是现实的自然界。道理很简单，因为这个自然界是与人的活动相分离的。所以，在马克思看来，唯有"在人类历史中即在人类社会的产生过程中形成的自然界是人的现实的自然界"③。在费尔巴哈那里，自然界是直观的对象，因而仍然是抽象的自然界。这表明，费尔巴哈虽然从一般唯物主义的立场出发批判了

① 《马克思恩格斯全集》第 42 卷，人民出版社 1979 年版，第 45 页。
② 同上书，第 178—179 页。
③ 同上书，第 128 页。

黑格尔的唯心主义，但他并没有真正超越黑格尔哲学。马克思在摆脱黑格尔影响的过程中受到费尔巴哈唯物主义的启迪，但不能由此断言，马克思是通过返回到一般唯物主义的立场而摆脱黑格尔影响，并创立历史辩证唯物主义的。

在马克思哲学思想的演变过程中，并不存在一个以一般唯物主义立场为特征的所谓费尔巴哈阶段。马克思从来没有返回到费尔巴哈的以抽象的自然为前提的唯物主义立场上去。凭借法哲学研究的背景，马克思关注的重点落在市民社会上。这就是说，费尔巴哈之所以引起马克思的兴趣，不是因为他的抽象的唯物主义立场，不是因为他高谈自然界在存在上的优先性，而是他关于异化和人本主义的思想。对费尔巴哈人本主义的批判和政治经济学的批判相结合，才使马克思有可能提出一种新的哲学世界观。

马克思没有也不可能对黑格尔唯心主义作一般唯物主义的倒转，即把黑格尔的绝对精神倒转为抽象物质。事实上，对黑格尔唯心主义哲学作出倒转的是费尔巴哈。虽然费尔巴哈哲学是以抽象的自然和抽象的人作为出发点的，但其中所蕴含的人本主义倾向却使费尔巴哈对黑格尔哲学作出了富有创新意义的倒转，这尤其表现在他把黑格尔的绝对精神解读为"以自然为基础的现实的人"的见解上。恰恰是这一点启发了马克思。但是，这种启发对马克思哲学思想的影响不是决定性的。

如前所述，费尔巴哈哲学在某些方面对马克思哲学思想的演变产生过重要影响，但这并不表明，在马克思哲学的形成过程中有一个费尔巴哈阶段。在费尔巴哈那里，唯物主义是以抽象的、与现实的人及其活动相分离的自然为出发点的；在马克思这里，由于其研究活动有一个法哲学和政治经济学的背景，唯物主义的重心落在市民社会上，从未退回到费尔巴哈式的、抽象的自然的基础上。即使在马克思未完全摆脱费尔巴哈影响的《1844年经济学哲学手稿》中，马克思已经阐明了这样的见解，即"被抽象地孤立地理解的、被固定为与人分离的自然界，对人说来也是无"①，更不用说马克思在《德意志意识形态》中对费尔巴哈的抽象的自然和抽象的人的批判了。一言以蔽之，在马克思哲学思想的发展过程中，费尔巴哈哲学的影响的确存在，而且比较重要，但马克思的确没有返回到费尔巴哈的唯物主义的立场上去，更不存在一个所谓的费尔巴哈阶段。

既然在马克思哲学思想的发展过程中并不存在一个费尔巴哈或一般唯物主义阶段，那么，马克思主义哲学的基础就不可能是一般唯物主义，历史唯物主义也不是把一般唯物主义"推广运用"到历史领域的结果。按照这种理解，马克思主义哲学必然被分裂为两部分：一部分是由旧唯物主义者，尤其是费尔巴哈奠定基础的一般唯物主义学说，另一部分则是马克思本人创立的历史唯物主义学说，而历史唯物主义只是一般唯物主义在历史领域中的应用性成果。这样一来，新唯物主义与旧唯物主义之间的本质差异被磨平了，马克思哲学的划时代的贡献就被掩蔽起来了。按照这种观点，马克思先确立了一般唯物主义的立场，然后又批判地改造了黑格尔辩证法，从而形成了以自然界为研究对象的"辩证唯物主义"，然后再把"辩证唯物主义"推广到历史领域，形成了历史唯物主义。这就是说，马克思主义哲学的基础是一般唯物主义或"辩证唯物主义"，历史唯物主义不过是从一般唯物主义或"辩证唯物主义"引申出来的。这样一来，马克思主义哲学研究的重心就必然落在与历史领域相分离的一般唯物主义或"辩证唯物主义"领域内，即落在抽象的物质或抽象的自然上，马克思哲学与传统哲学之间的界限就被取消了。

从哲学史上看，亚里士多德在《物理学》、霍尔巴林在《自然体系》中正是以这种抽象的方式来谈论自然、物质、运动、时间和空间的。在对黑格尔《逻辑学》进行一般唯物主义倒转的基础上理解马克思哲学不符合马克思哲学的实质。按照马克思的观点："那种排除历史过程的、抽象的自然科学的唯物主义的缺点，每当它的代表越出自己的专业范围时，

---

① 《马克思恩格斯全集》第 42 卷，人民出版社 1979 年版，第 178 页。

就在它们的抽象的和唯心主义的观念中立刻显露出来。"①"推广应用论"的要害就在于,历史唯物主义只是作为"推广应用"的结果而出现的,而作为"推广应用"之基础的一般唯物主义或"辩证唯物主义"是"排除历史过程的"。

实际上,在马克思那里,历史唯物主义并不是"推广应用"的结果,而是他全部学说的基础和出发点。从历史唯物主义出发去解释自然,自然就不是与人相分离的"抽象的自然",而是"人化的自然""历史的自然";从历史唯物主义出发去解释物质,就不会停留在"世界统一于物质"这类旧唯物主义的说教中,而会致力于对现代社会条件下物质的普遍形态——商品、货币和资本的分析和批判;从历史唯物主义出发去解释认识论,认识论就不再是脱离历史条件、满足于谈论主体—客体关系的抽象认识论,而是社会认识论或历史认识论;从历史唯物主义出发去解释辩证法,辩证法的承担者就不再是抽象的物质或抽象的自然,而是劳动或人化自然,换言之,马克思主义辩证法的基础乃是劳动辩证法。

一言以蔽之,按照历史唯物主义的要求,人们在考察一切问题之前,应该先行地澄清历史性。正是在这个意义上,马克思认为:"我们仅仅知道一门唯一的科学,即历史科学。历史可以从两方面来考察,可以把它划分为自然史和人类史。但这两方面是密切相联的;只要有人存在,自然史和人类史就彼此相互制约。"②历史唯物主义是马克思探究一切问题的前提和出发点。在马克思主义哲学体系中并不存在一个以抽象物质或抽象自然为研究对象的"辩证唯物主义"。实际上,"辩证唯物主义"是历史唯物主义的代名词,其功能是凸显历史唯物主义所蕴含的辩证法维度及其批判性和革命性。

从历史唯物主义出发,也就是从从事实际活动的、现实的人出发。这样,哲学基本问题就显现为人与自然的关系和人与人的关系这两个方

---

① 马克思:《资本论》第 1 卷,人民出版社 1975 年版,第 410 页注。
② 《马克思恩格斯全集》第 3 卷,人民出版社 1960 年版,第 20 页。

面的辩证统一，对马克思主义哲学研究的问题域也将发生重大转变，这一问题域的基本问题是：（1）人与实践；（2）社会结构：生产力（包括科学技术）与生产关系、市民社会与政治社会；（3）劳动辩证法：劳动的异化与异化之扬弃；（4）交往关系（人与人之间的关系）；（5）人化自然（人与自然之间的关系）；（6）意识形态与社会认识论；（7）人的科学与自然科学、真理与价值、必然王国与自由王国的关系等。

这样，借助于对马克思哲学与黑格尔哲学、费尔巴哈哲学之间关系的重新理解，我们也获得了对马克思主义哲学的问题域新的认识。

# 附　录

## 2009年

# 关于诠释学视阈中的
# 马克思哲学的学术对话[①]

（以下俞吾金教授简称俞；王凤才教授简称王）

**王**：俞老师，近年来，您在"重新理解马克思"的口号下，从不同的视角出发，立场鲜明地提出：马克思哲学本质上是生存论哲学、人本主义哲学、"实践—社会生产关系本体论"；马克思哲学就是全面生产关系理论、经济哲学；马克思哲学是一种"实践诠释学""权力诠释学""资本诠释学"；马克思哲学本质上是解放全人类的学说等等颇具震撼力的观点。您对马克思哲学一个最根本的观点可以概括为："马克思哲学就是历史唯物主义或实践唯物主义，成熟时期的马克思并没有提出历史唯物主义以外的任何其他哲学理论"。那么您是沿着什么样的路径来重新诠释马克思哲学的？

**俞**：确实，"重新理解马克思"是我近年来一直在思索和写作的一个主题。我在这方面的研究成果，主要体现在《从康德到马克思》《重新理解马克思》《问题域的转换》《传统重估与思想移位》

---

① 原载《晋阳学刊》2009年第5期，第55—65页，作者署名为"俞吾金、王凤才"。——编者注

等著作中。在这些著作中，我试图超越马克思哲学的传统阐释路线，沿着"物、价值、时间和自由"的经济哲学的路径，重新诠释马克思哲学，对马克思哲学体系提出新的构想。

王：您的这些提法，让人感到耳目一新。如果我没理解错的话，您所说的"传统阐释路线"，就是指苏联东欧、中国的传统教科书体系对马克思哲学的阐释路线。这条"传统阐释路线"，滥觞于恩格斯、经过普列汉诺夫和列宁，最终在斯大林那里得到了明确的表达。它对几十年来的苏联东欧和中国的马克思主义哲学教科书体系起了决定性作用。那么，您能否进一步说明，您对马克思哲学的阐释与"传统阐释路线"有什么不同？在您的视野里，马克思哲学到底是什么？

俞：我所说的"重新理解马克思"，就是要站在当今时代的高度上，结合对马克思本人的重要文本及新发现的马克思手稿、笔记和遗著的研究，对传统的阐释路线作出批评性的反思。事实上，如果我们不能超越这一传统的阐释路线，重新理解马克思是根本不可能的。当然，对这条传统的阐释路线的反省涉及许多问题，比如：马克思哲学与马克思主义哲学的关系；马克思哲学与西方哲学，尤其是与黑格尔哲学的关系；马克思与恩格斯哲学思想的关系；成熟时期马克思哲学与青年时期马克思哲学的关系；等等。

王：在谈论马克思哲学与马克思主义哲学的关系之前，我们先讨论这样一个问题，这就是马克思主义的理论来源问题。我们知道，流传甚广的"三个来源"说来自列宁。1913 年，他在《启蒙》杂志上发表《马克思主义的三个来源与三个组成部分》。他这样说道："马克思的学说是人类在 19 世纪所创造的优秀成果——德国的哲学、英国的政治经济学和法国的社会主义的当然的继承者。"① 因而，马克思主义的三个来源就是：德国古典哲学、英国古典政治经济学、法英空想社会主义；与此相应，马克思主义的三个组成部分就是：马克思主义哲学、马克思主义政治经

---

① 《列宁选集》第 2 卷，人民出版社 1972 年版，第 441—442 页。

济学、科学社会主义。以后，列宁的这个说法就成为经典论述，并深深影响着迄今为止的传统马克思主义研究者。而您把英、美、德、俄的人类学视为马克思哲学的第四个来源。您为什么如此重视马克思晚年的"人类学笔记"？

**俞：**关于马克思主义的理论来源问题，是一个有很多讨论、但并没有真正解决的问题。正如通常所说的那样，"三个来源"说来自列宁；但这个说法是有问题的。因为如果只讲"三个来源"，马克思就被解释成欧洲中心主义者，事实上，马克思是一个世界主义者。尽管马克思研究的人类学家也大部分是欧美人，但他们著作的研究对象却大多是非欧社会，如印度村社、俄国农村公社、斯拉夫公社、亚细亚生产方式等。遗憾的是，列宁生前并未见到马克思的人类学笔记。把马克思的人类学研究视作其理论的"第四个来源"，是要说明他具有世界主义的眼光，尤其是他关于东方社会的研究成果对东方国家发展具有重大指导意义。

**王：**近年来，我在给博士生开设《马克思哲学基础理论及当代意义》课程时，也注意到了这个问题。关于马克思的理论来源问题，西方马克思学家的研究很值得我们重视。譬如，他们不仅承认黑格尔与青年黑格尔派在马克思思想形成过程中的重要作用，而且关注康德伦理学对马克思早期伦理思想的影响，苏格兰启蒙思想家对马克思历史唯物主义的影响，蒲鲁东经济学思想对马克思思想的影响；还有人强调革命共产主义、劳动政治经济学、激进人本主义哲学对马克思思想形成的决定性作用。当然，您的"四个来源"说也是很重要的，况且当时在学术界还引起过不小的反响呢！

**俞：**记得歌德做过如下比喻：正确的思想就像一条船，谬误就像水。船在前进时把水分开了，但水在船尾上又重新合拢了。虽然关于"四个来源"的见解发表于 1993 年，但今天的哲学教科书在谈到马克思主义的理论来源时，仍然沿用"三个来源"的说法。当然，我的意思并不是说，我的看法一定是正确的，但我认为，"四个来源"的说法不但是有理论依据的，也是有重要意义的。

王：这就更加凸显"重新理解马克思"的重要性。

俞：没错！这些年来，我之所以花了相当一部分时间重新解读马克思的著作、手稿、笔记和书信，目的就是想超越传统哲学教科书的观点，对马克思主义，尤其是马克思本人的思想作出全面的、准确的、完整的理解。

王：我知道，您在学术研究中十分注重概念的明晰性。例如，主张将"马克思哲学"与"马克思主义哲学"区分开来。我了解到，在西方马克思主义者、西方马克思学家当中，有许多人持这种看法。譬如，法国马克思主义批评学派的拉比卡、巴里巴尔等人，后者甚至宣称"只有马克思哲学没有马克思主义哲学"。

俞：西方马克思主义者、西方马克思学家，对马克思哲学和马克思主义哲学的关系进行了很多有价值的研究，但我并不认同他们的某些观点，如"只有马克思哲学没有马克思主义哲学"。当然，将"马克思哲学"与"马克思主义哲学"区分开来是非常必要的。因为这不仅是概念明晰性问题，而且涉及马克思哲学的唯一性与人们对之诠释的多样性之间的关系问题。我一直主张，应该把马克思本人的哲学思想与人们对他的思想的诠释区分开来。遗憾的是，人们常常把"对对象的理解"与"被理解的对象"混淆起来。比如，某个学者出版了一本书，书名叫《马克思哲学》，这里就存在着我们上面提到的那种混淆。其实，这本书名应改为《我对马克思哲学的理解》，因为这本书只不过是他个人对马克思哲学这一被理解对象的理解，至于他的理解是否符合马克思哲学本身，需要诉诸学术批评和学术讨论。因而可以说，他根本没有资格将自己撰写的著作命名为《马克思哲学》。

王：对于您的这种区分，有些学者不理解甚至产生了误解。但是，我非常赞同您的看法：所谓"马克思哲学"，就是指蕴含在马克思的著作、手稿、书信、谈话等"第一手资料"中的马克思本人的哲学思想。这些思想体现在马克思的理论文本中：一是马克思为出版而撰写的已发表或未发表的论著，如专业文献、政论性文章；二是马克思未完成的或放弃的手稿、书信；三是读书笔记、研究提纲、记事笔记等。而"马克思主义哲学"概念则比较复杂，它既可以指马克思本人的哲学思想，也可以指马克思同时代的和后来的传播者、研究者在对马克思哲学理解与阐释过程中形成的各种文本，如苏联东欧的马克思主义哲学；西方马克思主义哲学；当代中国的马克思主义哲学；等等。

**俞：**其实，马克思生前已经阐明了他本人的思想与那些解释他思想的追随者的思想之间的重大差别。他曾经说过："我只知道我自己不是马克思主义者。"①

**王：**关于马克思哲学与马克思主义哲学的关系问题，我们告一段落。下面，我们讨论马克思哲学与西方哲学，首先是与黑格尔哲学的关系问题。我记得，您曾经说过：对马克思哲学实质的理解，在某种意义上取决于对德国古典哲学遗产，尤其是与黑格尔哲学关系的理解。对此，您能否做进一步的阐释？

**俞：**这个问题很复杂！围绕着马克思哲学与黑格尔哲学的关系，人们在一些重大理论问题上发生了分歧，并引发了一系列争论。这主要体现在以下几个方面：第一，黑格尔哲学的本质和秘密是什么？黑格尔留下的真正遗产是什么？黑格尔对当代哲学研究究竟造成了哪些灾难性的影响？为什么在 20 世纪初会出现黑格尔研究的复兴？第二，如何理解马克思哲学的实质？为什么青年马克思对市民社会和国家、劳动和异化表现出如此大的兴趣？马克思批判黑格尔哲学的切入点是什么？马克思是如何创立历史唯物主义的？第三，马克思是西方哲学传统的批判的继承者？还是全盘的反传统主义者？马克思从德国古典哲学中汲取了哪些有价值的思想资源？在思想范式上，马克思究竟从属于近代西方哲学，还是从属于当代西方哲学？第四，西方马克思主义两大思潮——人本主义的马克思主义与科学主义的马克思主义的根本分歧是什么？为什么辩证法问题会成为西方马克思主义思考的焦点问题之一？

---

① 《马克思恩格斯选集》第 4 卷，人民出版社 1995 年版，第 691 页。

王：问题确实是够复杂的。我们是否可以把问题简化，在这里先讨论以下两个层面的问题：一是如何理解德国古典哲学（尤其是黑格尔哲学）的遗产问题？二是如何理解马克思哲学与黑格尔哲学的关系问题？

俞：当然可以！首先，关于德国古典哲学（尤其是黑格尔哲学）的遗产问题，我的观点与正统阐释者的看法是不同的：正统阐释者将"德国古典哲学遗产"简单地归结为黑格尔的辩证法和费尔巴哈的唯物主义，但这并不符合马克思原意。那么，马克思是如何理解德国古典哲学遗产的？换言之，在马克思视野里，德国古典哲学遗产究竟是什么？我认为，在马克思的视野中，"德国古典哲学遗产"的内容是十分丰富的，它包括德国古典哲学家关于"人""市民社会""实践""物自体""历史意识""自由"等一系列理论问题上的重要见解。在我看来，在马克思创立历史唯物主义的过程中，费尔巴哈的唯物主义并没有起到决定性作用，真正对马克思产生影响的是其人本主义理论。比如，在《论犹太人问题》中，马克思写道，从市民社会角度看，人是一个"利己主义的人"；从政治国家角度看，人是一个"拥有人权的政治人"。在这里，他将"人的解放"分为政治解放和社会解放两个阶段。到《〈黑格尔法哲学批判〉导言》中，马克思说，人就是人的世界，就是国家、社会；人的根本就是人本身。显然，这些说法带有费尔巴哈的印记。在《神圣家族》中，马克思将唯物主义分为两种：一是与人道主义相吻合的唯物主义，如费尔巴哈的唯物主义，以及英法空想社会主义；二是敌视人道主义的唯物主义，如霍布斯、拉美特里的唯物主义。在这里，马克思基本接受了费尔巴哈的人本主义观点，而非其唯物主义思想。《关于费尔巴哈的提纲》是马克思哲学思想转折的起点。从这时起，马克思开始转而批判费尔巴哈的人本主义理论。《德意志意识形态》批评费尔巴哈的"人"只是"抽象的一般人"，而非"现实的、历史的人"。在此基础上，马克思试图从"现实的、历史的人"出发创建历史唯物主义新哲学。应该说，马克思关于"个人全面发展"的理论极大地丰富了人本主义的内涵。因而，在某种意义上说，马克思哲学是一种解放全人类的学说。阶级斗争、无产阶级专政始终是手段，个性自由与个人全面发展才是其最终目的。

**王：** 据考证，"市民社会"最早是用来翻译亚里士多德"公共政治"的，但在不同的政治理论家那里，它具有不同含义。18 世纪苏格兰启蒙思想家弗格森最早研究了现代市民社会。黑格尔在《法哲学原理》中、马克思在《"政治经济学批判"序言》中，都对市民社会有过论述。20 世纪 80 年代以前，马克思主义传统对市民社会没有太大兴趣。不过，正如德裔英国社会学家达伦道夫所说，在 20 世纪行将结束时，"市民社会"在世界范围内又一次成为时髦，犹如它在两百年前曾经流行过的那样。

**俞：** 的确是这样。自 18 世纪以来，"市民社会"一直是一个热门话题。比如，康德在《世界公民观点下的普遍历史观念》有过一些论述。在《法哲学原理》中，黑格尔用这个概念来指称这样一些社会的、经济的、法律的关系，即个体的生活、福利以及他的权利的定在，都是同他人的生活、福利、权利交织在一起的体系。在《〈政治经济学批判〉序言》中，马克思将它理解为物质生活关系的总和。尽管马克思与黑格尔对市民社会的理解是不同的，但马克思却是在对黑格尔"市民社会"的批判中阐发自己观点的。

**王：** "实践"是马克思哲学的基础与核心。但我认为，这个概念并没有被真正弄清楚。您如何理解"实践"也是"德国古典哲学遗产"之一？

**俞：** 康德区分了理论理性与实践理性。在实践理性中，他又区分了"遵循自然概念的实践"与"遵循自由概念的实践"：前者是认识论意义上的实践，后者是本体论意义上的实践。我认为，这个区分是哲学史上的重大理论事件之一。但是，这个问题却经常被忽视。青年黑格尔在早期著作，如《伦理体系》《耶拿实在哲学》《精神现象学》中考察了劳动异化问题。所有这些，都对马克思有一定的影响。比如，马克思不仅通过对异化劳动的分析，提出了克服异化劳动、"使现存世界革命化"的任务；而且从生存论本体论出发来说明全部实践活动，强调社会生活本质上是实践的。

**王：** 作为康德哲学重要概念的"物自体"，在正统阐释者那里，基本上是一个否定性概念。您为什么将它当作"德国古典哲学遗产"之一？

**俞：**在《纯粹理性批判》中，康德将"对象"区分为"现象"和"物自体"（"自在之物"），这个新见解的提出具有重要意义。正统阐释者将"物自体"视为否定性概念，原因在于他们片面地理解了"物自体"的含义，仅仅将它视为不可知的对象。实际上，在康德那里，"物自体"有三层含义：感性刺激的来源；知性认识的界限；道德实践的范导性假设。在实践基础上，马克思解开了"物自体"之谜，认为其实质就是人们在生产劳动中结成的"社会物质关系"。

**王：**"历史意识"作为德国古典哲学的重要遗产之一，似乎没有什么异议。这里就不用详细讨论了。

**俞：**不过，需要强调以下几点：马克思从德国古典哲学那里继承下来的不是自然辩证法（自然哲学），而是历史辩证法（历史哲学）。马克思的历史辩证法包括以下要点：从现实历史基础出发来解释观念；社会经济形态发展是一个自然历史过程；只有理解现在，才能正确地解释过去；历史结构优先于历史次序；等等。

**王：**一谈到自由，人们立即就会想起传统哲学教科书中的那句话："自由是对必然的认识"。这表明，正统阐释者所说的"自由"往往是认识论领域的自由。您认为，自由首先是本体论意义上的概念。关于自由问题，我更喜欢将它置于政治哲学领域中进行讨论。在政治哲学领域，人们往往关注英美的自由主义传统，对欧洲大陆的自由主义传统，尤其是德国古典哲学中的自由思想关注不够。您能否谈一下作为"德国古典哲学遗产"之一的"自由"，与马克思的"自由"之间的关系吗？

**俞：**在哲学研究中，人们常常忽略的是，存在着两种不同的必然性：一是自然必然性，二是历史必然性；相应地，也存在着两种不同的自由：一是认识论意义上的自由，它解决人与自然的关系，二是本体论意义上的自由，它解决人与人的关系。人所共知，康德最早对自然必然性与自由的关系进行了系统考察。在他看来，自然必然性属于理论理性范围，是认识论问题；人的自由则属于实践理性范围，是本体论问题。

如果说知性为自然立法，那么理性就为自由立法。当康德谈到自由与必然对立时，那里的"必然"是指自然必然性。他认为，在理论理性的范围内，是无法讨论自由问题的。自由只能在实践理性中才能加以讨论。在黑格尔那里，自由与必然的对立有四种形式：个人与上帝的对立；人的自由与自然必然性的对立；人的灵魂与肉体的对立；人的自由与社会历史必然性的对立。由此可见，黑格尔既谈到了认识论意义上的自由，又谈到了本体论意义上的自由。但是，马克思所说的"自由"，是本体论意义上的自由。他强调，每个人的自由发展是所有人自由发展的前提条件。在《资本论》中，他运用经济分析法进一步揭示了自由的起源和本质。他认为，一切自由都依赖于商品交换的自由；并且探讨了自由与时间的关系，提出"自由时间"概念；阐发了"必然王国"与"自由王国"之间的关系，认为自由首先是人对历史必然性的认识。马克思所倡导的社会革命正是以对历史必然性的认识为前提的。

王：看来，您对"德国古典哲学遗产"的理解，与正统阐释者的理解确实不同。我认为，您的这种理解更加符合马克思的原意。对这个问题的理解，又涉及对马克思哲学与黑格尔哲学关系问题的理解。意大利哲学家、新实证主义的马克思主义者科莱蒂说过，马克思哲学与黑格尔哲学的关系问题是一个重大的理论问题。下面我们来讨论这个问题。您如何看待马克思哲学与黑格尔哲学的关系？

俞：这个问题的确非常重要！因为无论是研究马克思哲学，还是研究黑格尔哲学；无论是探讨马克思哲学与德国古典哲学的关系，还是探讨德国哲学演化史，这个问题都是无法回避的。就我目前掌握的文献而言，在这个问题的理解上，存在着三种不同的观点：(1)依附论或一致论，即强调马克思哲学对黑格尔哲学的依赖性。杜林、卢卡奇等人甚至认为，在一些重大理论问题上，马克思与黑格尔完全一致。这种观点使马克思成为一个黑格尔主义者，仿佛马克思的哲学思考从未超越黑格尔。(2)扬弃论或批判继承论，即把马克思哲学与黑格尔哲学的关系阐释为批判继承关系：一方面，马克思抛弃了黑格尔思辨唯心主义哲学体系；另一方面，又继承并保留了黑格尔的辩证法。恩格斯、普列汉诺夫、列宁、梅林等人的这种观点，支配了苏联、东欧、中国的教科书体系。(3)否定论或断裂论，即强调在马克思哲学与黑格尔哲学之间存在一条不可逾越的鸿沟。德拉·沃尔佩、科莱蒂、阿尔都塞等人认为，尽管青年马克思曾经是一个黑格尔主义者，但在1845年前后马克思思想发生了根本性断裂。从此以后，马克思与黑格尔分道扬镳。

**王**：那么，您对这三种观点持什么态度？或者说，您属于哪一种观点呢？

**俞**：在我看来，第一种观点是站不住脚的。尽管马克思非常重视对黑格尔哲学的研究，在早期也确实受到了黑格尔哲学的影响，但与青年黑格尔派不同，马克思对黑格尔哲学采取了批判态度。这不仅表现在他针对《精神现象学》《法哲学原理》等著作撰写的批判性论著，也表现在他已经意识到，只有自觉地脱离黑格尔哲学体系，全面地批判黑格尔历史唯心主义体系，才可能形成新的、富有原创性的哲学理论。同样，第三种观点也是错误的。诚然，马克思哲学与黑格尔哲学之间确实存在着根本性差异，但马克思受到了黑格尔哲学的影响，这是不争的事实。成熟时期马克思仍然承认，他与黑格尔哲学，尤其是黑格尔辩证法思想存在着不可抹杀的传承关系，并给予黑格尔辩证法以高度评价。马克思进而强调，自觉地、批判地继承黑格尔辩证法，乃是一个马克思主义者义不容辞的责任。

**王**：这样说来，第二种观点就是理解马克思哲学与黑格尔哲学关系的正确观点了，就是说，您赞同扬弃论或批判继承论？

**俞**：也不是。实际上，我的观点不属于其中的任何一种。扬弃论或批判继承论坚持用辩证的眼光看待马克思哲学与黑格尔哲学的关系，无疑是正确的。但是，人们在运用这种观点的时候，完全有可能出现实际结果与理论出发点之间的错位。就是说，在具体的阐释活动中，人们未必能够准确地区分马克思所批判的或抛弃的黑格尔哲学的糟粕与马克思所保留的或继承的黑格尔哲学的精华。简单地说，即使人们选择了扬弃论或批判继承论这条合理的路径，也未必能够正确地理解马克思哲学与黑格尔哲学的关系。

王：我明白了，您是说恩格斯等人坚持扬弃论或批判继承论本身是正确的，但他们对马克思哲学与黑格尔哲学关系的理解仍然有可商榷之处。因为恩格斯断定，费尔巴哈是马克思哲学与黑格尔哲学之间的"中间环节"，即费尔巴哈的唯物主义在马克思哲学发展过程中起过决定性的作用。这一见解蕴含着下列阐释方向，即只有从费尔巴哈的唯物主义立场出发，重新解读黑格尔著作，解读马克思评论黑格尔的各种文本和片段性陈述，才能对它们加以真正的把握。这样，在恩格斯看来，马克思哲学与黑格尔哲学关系的全部实质，就是唯物主义与唯心主义之间的颠倒与对立关系。可以这么说吗？

俞：可以这么说。恩格斯对传统阐释路线的定位主要体现在以下几个方面：(1)他接纳了黑格尔哲学的问题域，尤其是关于思维与存在关系问题的论述，并将它提升为所有哲学的基本问题。(2)他断定黑格尔哲学存在"体系、方法之争"，即保守的思辨唯心主义哲学体系与革命的辩证法之间存在根本矛盾。"体系、方法之争"与"外壳、内核之喻"有着内在联系。恩格斯有一个著名的观点：就其方法和内容来说，黑格尔体系归根到底是一种唯心主义地倒置过来的唯物主义。(3)他认定马克思从青年黑格尔主义转化为马克思主义，是由于返回到费尔巴哈的一般唯物主义立场而发生的，当然，他也指出了马克思的唯物主义与费尔巴哈的唯物主义有两点差别：一是费尔巴哈抛弃了黑格尔思辨唯心主义哲学体系，同时也抛弃了黑格尔的辩证法；而马克思则抛弃了黑格尔思辨唯心主义哲学体系，但拯救了黑格尔的辩证法，从而创立了"唯物主义辩证法"；二是费尔巴哈的唯物主义只停留在对自然界的说明中，并没有推广应用到社会历史领域；但是，马克思将唯物主义运用到一切知识领域中。(4)他试图将黑格尔的自然哲学改造成唯物主义自然观。无疑，恩格斯的"自然辩证法"与黑格尔的"自然哲学"存在密切的关系！从《自然辩证法》《反杜林论》对黑格尔的《自然哲学》《逻辑学》的大量引证也可以看出来。(5)他赞同黑格尔关于"历史与逻辑一致"的观念。这个观念是在《小逻辑》中提出来的，目的是批判历史虚无主义哲学史观，寻找哲学史发展规律。然而，在关于"历史与逻辑一致"的论述中，黑格尔强调的是逻辑对历史的主导性、支配性作用。这就又一次显示出黑格尔哲学的理性主义倾向和历史唯心主义立场。恩格斯试图以唯物主义方式重新解读黑格尔的这个观念，但没有注意到要对黑格尔的"泛理性主义"倾向进行批判性考察。这一点，恩格斯与马克思是不同的：如果说，恩格斯赞同黑格尔关于"历史与逻辑一致"的观念，那么，马克思对这个问题从来都不感兴趣，而是注重历史与逻辑的异质性和差异性。(6)他强调黑格尔哲学的大部分研究对象都可以让渡给实证科学，从而断言哲学只剩下一个纯粹思想的领域：关于思维过程本身的规律的学说，即逻辑和辩证法。这样一来，马克思创立的历史唯物主义就被非哲学化和实证科学化。(7)他认同黑格尔关于必然与自由关系问题的论述，将自由问题从本体论领域还原为单纯的认识论领域。这一阐释方法造成的影响如此之深，以至于迄今为止的马克思哲学研究仍然未从相应的阐释结论中摆脱出来。

王：如此说来，恩格斯就为马克思哲学与黑格尔哲学关系，以及马克思哲学实质的阐释定下了一个基调。正是在恩格斯的影响下，传统阐释路线才得以形成。那么，普列汉诺夫、列宁、斯大林在这条阐释路线形成过程中起什么作用？您说过，普列汉诺夫构成了从恩格斯到列宁理论发展的中间环节。这应该如何理解？

俞：我们知道，恩格斯对普列汉诺夫赞赏有加。他说，只有两个人理解和掌握了马克思主义，这就是：梅林和普列汉诺夫；同时，普列汉诺夫对恩格斯也十分敬仰。他说，自己的毕生任务就是宣传恩格斯和马克思的思想。事实上，普列汉诺夫也正是沿着恩格斯的阐释路线来解读马克思哲学与黑格尔哲学关系以及马克思哲学的实质的。具体地说，普列汉诺夫接受了恩格斯关于思维与存在关系的论述，将它视为贯串黑格尔、费尔巴哈、马克思思想中的基础性问题；接受了恩格斯关于黑格尔哲学存在"体系、方法矛盾"的见解；接受了恩格斯关于马克思返回到费尔巴哈的一般唯物主义的观点，并提出"马克思的世界观是辩证唯物主义"的结论；接受了恩格斯的唯物主义自然观，并视为辩证法的基础。列宁也给予普列汉诺夫高度评价。他说，不研究普列汉诺夫的全部哲学著作，就不能成为一个自觉的、真正的共产主义者，因为这些著作是整个国际马克思主义文献中的优秀作品。他还说，普列汉诺夫的《论一元历史观之发展》培养了一整代俄国马克思主义者。实际上，列宁是沿着普列汉诺夫的阐释路线来接受马克思、恩格斯学说，以及关于马克思哲学与黑格尔哲学关系结论的。第一，列宁反复引证恩格斯关于哲学基本问题的论述，在恩格斯所说的"两大阵营"的基础上，进一步提出了"两条基本路线"的概念，将它上升到哲学党性原则的高度，并使之贯穿整个人类思想史。第二，尽管列宁没有像恩格斯那样，专门讨论黑格尔哲学"体系、方法矛盾"，但他认同恩格斯的这个见解。列宁继承了恩格斯和普列汉诺夫的阐释路线，坚信马克思对黑格尔的批判是以返回到费尔巴哈的一般唯物主义为前提的，并强调"马克思主义哲学就是辩证唯物主义"。第三，列宁赞同恩格斯的这个观点：随着实证科学发展，哲学只留下了"一个纯粹思想的领域"，即关于思维规律的学说，并提出了"辩证逻辑"概念。可见，虽然列宁在革命实践上有巨大的贡献，但他的阐释路线不仅缩小了马克思创立的历史唯物主义的伟大意义，而且也在一定程度上模糊了马克思的实践唯物主义与费尔巴哈的直观唯物主义、马克思的历史唯物主义与黑格尔的历史唯心主义之间的本质差别。这些见解，经过斯大林的《论辩证唯物主义与历史唯物主义》加以明确化，并被写入《联共(布)党史简明教程》。从此以后，辩证唯物主义与历史唯物主义体系就广为流传。

王：您说过，正统阐释者对马克思哲学与黑格尔哲学关系的理解，以及对马克思哲学的实质的判定，与事实是有出入的，也不符合马克思原意。您的这个看法我是赞同的。正统阐释者的"权威结论"在于：马克思哲学首先是辩证唯物主义；辩证唯物主义是在费尔巴哈的唯物主义

（"基本内核"）和黑格尔的辩证法（"合理内核"）的基础上形成的；将辩证唯物主义推广和运用到社会历史领域，就形成了历史唯物主义。您能否具体地说明一下，这条阐释路线对马克思哲学的阐释有什么不妥吗？

俞：顺着这种阐释路线走下去，必定会遇到许多理论难题：第一，既然辩证唯物主义是研究与社会历史相分离的自然的，而历史唯物主义又只研究社会历史。这样，马克思的整个哲学体系就被二元化了，仿佛自然和历史是两个不相关的领域。实际上，自从有人类以来，就不存在自然以外的社会，也不存在社会以外的自然。实际上，自然作为人化自然而成为社会的一部分。第二，"推广论"体系得以成立的理论预设是，社会现象与自然现象是同质的。然而，以自然必然性为特征的自然现象与以人的自由意志为基础的社会现象之间存在着根本的差异。因而，从关于自然现象的理论中不可能推广出关于社会现象的理论来。实际上，马克思对费尔巴哈"自然观上的唯物主义，社会历史观上的唯心主义"的批评，已经证伪了"推广论"。第三，既然历史唯物主义只是辩证唯物主义在社会历史领域的推广和应用，而辩证唯物主义又以费尔巴哈的一般唯物主义为前提，那么，一般唯物主义也就成为马克思哲学的基础和核心，从而马克思哲学与旧哲学唯物主义的本质差异就被磨平了。由此，历史唯物主义学说的巨大原创性被掩盖起来了，它被贬低为仅适应于社会历史领域的、实证性的科学。

王：我记得，您说过，在马克思哲学与黑格尔哲学关系的理解上，正统阐释者有将马克思哲学黑格尔化的倾向，即哲学理论思辨化；思维与存在同质化；历史与逻辑一致化。在这里，您能否再谈一下这个问题？

俞：如果说，恩格斯启动了马克思哲学的黑格尔化的进程，那么，列宁就推进了这一进程。列宁曾经说过，不钻研和不理解黑格尔的全部逻辑学，就不能完全理解马克思的《资本论》，特别是第一章。而卢卡奇、柯尔施、葛兰西最终使马克思哲学的黑格尔化进程得以完成。我认为，将马克思哲学黑格尔化并不符合马克思的原意。因为：首先，在马克思看来,黑格尔哲学将现实生活问题神秘化,具有浓厚的目的论倾向,本质上是一种唯心主义哲学;作为概念辩证法,它注重纯粹概念的逻辑推演,忽视感性经验的重要性,具有蔑视人的倾向;它具有调和主义、非批判性质。其次,尽管恩格斯批判了黑格尔的思辨唯心主义,但仍然继承了黑格尔"思维与存在的(同质性)同一"的基本思路,这影响了普列汉诺夫、列宁、日丹诺夫。相反,马克思在清理旧的思想基地的过程中,逐步确立起"思维与存在的(异质性)同一"的观点,并由此出发创立了历史唯物主义。因此,我们必须区分两种不同的"同一性":同质性基础上的同一和异质性基础上的同一。最后,正统阐释者几乎完全接受了黑格尔的"历史与逻辑一致"观点,但马克思从来没有对这个观点产生过实质性兴趣;相反,马克思批判黑格尔从逻辑出发探讨观念史,认为应该从现实的历史出发来说明经济范畴的运动。

**王:** 我有些不明白,像恩格斯、列宁这样伟大的马克思主义理论家,他们对马克思哲学的阐释为什么会与马克思原意不相符合?是不是他们的知识背景、知识结构、学术兴趣、实践经历的不同,都会使他们的思想出现差异,这就会影响到恩格斯、列宁等人对马克思思想的阐释?

**俞:** 应当承认,马克思很重视对黑格尔哲学的研究,但他始终意识到自己与黑格尔的差别,并对黑格尔哲学进行了透彻的批判。正统阐释者夸大了黑格尔哲学对马克思哲学的影响,从而使马克思哲学黑格尔化。除上述主观原因之外,还有客观原因。这就是:第一,马克思生前发表的论著大多是关于经济学、社会学、政治学的,关于哲学的只有《〈黑格尔法哲学批判〉导言》《神圣家族》《哲学的贫困》;第二,正统阐释者忙于政治斗争,没有太多时间阅读哲学理论著作。

**王:** 根据您的理解,无论对传统阐释路线的定位,还是马克思哲学的黑格尔化,都是从恩格斯开始的。近几十年来,关于马克思思想与恩格斯思想的关系问题,一直是学术界讨论的热点问题。我们知道,马克思逝世以后至 20 世纪 60 年代以前,主导性看法是"共同冒险的伙伴关系"；20 世纪 60 年代以后，学者们强调马克思与恩格斯哲学思想之间的巨大差异。对此，您有什么看法？或者说，您认为马克思思想与恩格斯思想有哪些差异？

**俞**：我认为，马克思与恩格斯哲学思想的差异，主要体现在四个方面：一是对哲学研究出发点理解上的差异：从实践出发，还是从对自然的直观出发？马克思指出，实践唯物主义与一切旧唯物主义的本质差别就在于，一切旧唯物主义"从客体或直观形式"出发理解整个外部世界；实践唯物主义则"从主体方面""从实践"出发理解这一切。恩格斯指出，唯物主义自然观不过是对自然界本来面目的朴素的了解，不附加任何外来的成分。即使谈论实践，恩格斯与马克思也是不同的：马克思从生存论本体论维度肯定实践活动的重要性，批判直观唯物主义；恩格斯主要从认识论维度谈论实践：只把实践视为认识论的一个环节，当他谈到"实践，即实验和工业"时，忽视了"革命的实践"。二是对哲学发展趋势理解上的差异：是从人的问题着眼，还是从纯粹思想和逻辑着眼？马克思断定，人的思维是否具有客观真理性并不是一个理论问题，而是一个实践问题；离开实践讨论思维的现实性与非现实性是一个经院哲学问题。恩格斯断言，历史唯物主义结束了历史领域内的哲学，最后就只留下了一个纯粹思维领域：即逻辑与辩证法。三是对自然理解上的差异：马克思始终把"自然"理解为一个社会范畴，他强调的是"人化自然"；恩格斯考察的是自然本身的运动。四是对自由问题理解上的差异：前面已经说过，马克思从本体论视角，即从人与人关系出发探讨自由问题。恩格斯是从认识论视角，即从人与自然的认知关系出发探讨自由问题。

**王**：实际上，不仅马克思与恩格斯哲学思想的差异，而且青年马克思与成熟马克思思想的关系问题，也是一个重要的学术问题。这是一个关系到马克思思想发展逻辑的问题，对此，西方马克思主义者、西方马克思学家争论得非常激烈。譬如：有"一个马克思"与"两个马克思"、"批判的马克思"与"科学的马克思"之争。对此，您有什么看法？

**俞**：关于青年时期马克思与成熟时期马克思的关系问题，确实有很多争论，这个大家都很熟悉，我就不多说了。在这里，我只表明自己的看法：青年时期马克思与成熟时期马克思的思想之间存在着实质性的、重大的差异，就主要点而言，青年时期马克思的思想倾向是以自我意识为基点的历史唯心主义，成熟时期马克思的思想则体现为以实践活动为基点的历史唯物主义。但并不存在阿尔都塞所说的"断裂"关系。在这个问题上，我们必须既要看到两个时期之间的重大差异，又要看到其内在联系。比如，早期使用的"异化"概念到后期仍然使用，不过理解的视角发生了变化：从"道德评价优先"转向了"历史评价优先"。

王：围绕着马克思哲学与黑格尔哲学的关系问题，我们已经讨论了许多。事实上，为了更好地理解马克思哲学，我们还必须深入讨论马克思哲学与西方哲学的关系，它包括两个方面：一是它与近代西方哲学的关系，二是它与当代西方哲学的关系。您说过，在马克思哲学与近代西方哲学关系问题上，正统阐释者至少有两点不妥：一是他们继承了笛卡儿为代表的近代西方哲学的主导思想倾向，即把思考的焦点集中在认识论、方法论上，从而遗忘了对本体论这一哲学基础理论的探索。二是他们将物质、存在、自然界视为可以互换的三个概念。因而，他们的"本体论"是抽象的物质本体论。对此，您能否再做些阐释？

俞：我发现，在马克思哲学与西方哲学的关系问题上，存在着五种不同的误解：（1）片面强调马克思是经济学家和社会学家，不是哲学家，或至少认为他在西方哲学史上没有重要地位。这种理解方式直到20世纪20年代还很典型，卢卡奇等人开创的西方马克思主义纠正了这种看法。（2）片面强调马克思哲学的科学性和逻辑性，从而在一定程度上忽视了它与西方人文主义哲学传统的关系。（3）片面强调马克思哲学对德国古典哲学遗产的继承，而忽视它与其他哲学，如卢梭哲学之间的关系。（4）片面强调马克思哲学的独创性与伟大性，以至于把它与西方哲学之间的关系，仅仅理解为批判者与批判对象的对立关系。（5）认定马克思哲学从属于近代西方哲学，与当代西方哲学则处于对立关系之中。上述错误见解导致了三个后果：一是将马克思哲学理论来源窄化，即把德国古典哲学，特别是黑格尔的辩证法视为马克思哲学的根本来源；二是将马克思哲学立场简单化，认为马克思哲学与当代西方哲学是对立的、批判的关系，完全忽略了它们之间的继承、融合方面；三是将马克思哲学思想内容片面化，即主要强调马克思学说的科学性追求，忽视了它与西方人文主义传统的批判继承关系。但在我看来，马克思哲学既继承了整个西方哲学的优秀遗产，又超越了西方中心主义，尤其是欧洲中心主义视野；从根本上说来，它属于当代西方哲学，但又吸收了近代西方哲学的许多合理因素；它体现了人文精神与科学精神的统一。

**王**：按照通常的理解，马克思是一个近代哲学家，他的许多思想观点带有近代哲学的印记，所以，马克思哲学属于近代西方哲学；但是，您却提出了不同的看法，认为马克思哲学属于当代西方哲学。这个看法很新颖。那么，在您看来，马克思哲学与近代西方哲学有什么不同？

**俞**：我认为，黑格尔是近代哲学的终结者，而马克思则是当代哲学的奠基人和肇始者之一。马克思哲学与近代西方哲学的不同就在于：后者侧重于认识论、方法论，以"认识论、方法论、逻辑学一致"的方式来建构自己的问题域，贯穿这一问题域的基本问题则是思维与存在的关系问题；前者注重哲学基础理论，尤其是本体论研究，以"实践本体论、社会生产关系本体论、社会革命论一致"的方式来建构自己的问题域，贯穿这个问题域的基本问题不是思维与存在的关系，而是人与自然的关系和人与人的关系。这两方面的关系统一于人的实践活动，尤其是生产劳动中。因而说，马克思哲学超越了以笛卡儿为代表的近代西方哲学的问题域，主要表现在：马克思的注意力转向了作为认识论和方法论基础的本体论，并通过实践唯物主义（即历史唯物主义）的确立，扬弃了传统哲学，包括近代西方哲学所隐含的物质本体论，从而阐明了自己与整个传统哲学，尤其是与近代西方哲学之间的差别。因此，马克思哲学与知识论哲学不同，它本质上是一种生存论哲学。这样，马克思哲学的基本问题就不是思维与存在的关系问题，而是以实践为基础与核心的人与自然的关系、人与人的关系问题。因为思维与存在的关系问题，只是知识论哲学传统的基本问题，而非生存论哲学传统的基本问题。

**王：**经您这么一说，我对马克思哲学与近代西方哲学的关系有了更深的理解。那么，您如何理解马克思哲学与当代西方哲学的关系？您说过：马克思哲学不仅属于当代西方哲学，而且马克思还是当代西方哲学的奠基人之一。您在什么意义上说，马克思哲学属于当代西方哲学？马克思是当代西方哲学的奠基人之一？

**俞：**当代西方哲学的起点一般可以追溯到孔德和叔本华，而马克思正是他们的同时代人。当然，马克思比他们都年轻，成名也更晚，但他全部思想正是在当代西方哲学的视阈中展开的。我说"马克思是当代西方哲学的奠基人之一"，是因为马克思哲学与当代西方哲学问题域的共同性，还因为马克思创立的历史唯物主义深刻地影响了当代西方哲学发展方向。与近代西方哲学侧重于认识论、方法论研究不同，当代西方哲学侧重于本体论研究，但这种本体论不同于物质本体论或理性本体论，而是一种"生存论本体论"，即以人的生存活动和生存结构为基础来和解心与身、思维与存在之间的分裂；与近代西方哲学注重对单个事物和单个人的直观不同，当代西方哲学注重对人与人、人与物之间各种关系的探索。这样，就形成了指向近代西方哲学的批判性的、解构性的思想倾向。

**王：**在您谈到马克思哲学与西方哲学关系时，看到了它们在本体论问题上的不同。我们知道，"本体论"（Ontology）概念出现于 17 世纪。但是，马克思却没有使用过"本体论"（Ontologie）概念，而且西方马克思主义者，如阿多尔诺、A. 施密特等人也极力否定马克思哲学本体论的存在。近年来，您非常注重本体论问题研究，而且强调本体论在马克思哲学中的基础与核心地位。对此，您能谈一下自己的看法吗？

**俞：**尽管马克思没有使用过"本体论"概念，但却使用过"本体论的"（Ontologisch）概念。与正统阐释者突出马克思哲学的认识论、方法论维度不同，我认为马克思哲学更加注重本体论维度，这个维度作为马克思哲学的基础和核心，贯穿马克思思想发展的整个过程中。当然，马克思本体论学说经历了五个不同的阶段，即自我意识本体论、情欲本体论、实践本体论、生产劳动本体论、社会存在本体论。

**王**：您能不能对这五个阶段做一些简要说明？

**俞**："自我意识本体论""情欲本体论"是马克思早期的思想，是不成熟的，后来被马克思抛弃了。前者主要出现在"博士论文"中，当时马克思还属于黑格尔和青年黑格尔派，尤其是布·鲍威尔思想的影响之下；后者主要出现在《1844年经济学哲学手稿》中，当时马克思主要处于费尔巴哈人本主义哲学思想的影响之下。当然，由于知识背景的差异，马克思当时的不少想法已经超出了费尔巴哈的人本主义，也超越了情欲本体论。至于"实践本体论""生产劳动本体论"和"社会存在本体论"则体现了思想成熟时期马克思本体论学说的不断发展和深化。"实践本体论"集中体现在《关于费尔巴哈提纲》一文中。在这里，马克思在批判费尔巴哈人本主义思想的基础上，形成了实践本体论思想。他不仅把实践理解为属人世界的基础，而且把它作为自己哲学思想的根本标志。在实践本体论形成之后，马克思的全部哲学思想都没有离开过这一基本的本体论立场。"生产劳动本体论"是对实践本体论理解上的深化。它滥觞于《1844年经济学哲学手稿》，《德意志意识形态》对之进行了更加明确的表述。马克思强调，生产劳动是自然界和人类世界变化发展的本体论前提。马克思关于"精神生产""艺术生产"等提法，都是在生产劳动本体论的基础上形成发展起来的。在这个意义上，可以将马克思哲学思想称为"全面生产理论"。"社会存在本体论"在《1844年经济学哲学手稿》中初见端倪，在《1857—1858年手稿》《资本论》中得到了充分展开。可以看出，马克思关于"社会存在"的论述，是以分析商品的价值两重性为出发点的。在马克思那里，"社会存在"是相对于"自然存在"而言的。"自然存在"从狭义上说，是指商品的自然属性，即商品的使用价值；从广义上说，也包括人的自然属性和作为自然科学研究对象的整个自然界。"社会存在"从狭义上说，是指商品的交换价值、货币、资本等；从广义上说，是指人和物（商品）所处的一切社会关系。

**王**：我知道，在本体论研究方面，您不仅对马克思本体论学说有过精深的研究，而且还探讨了当代本体论研究的复兴。但是，作为当代西方哲学两大思潮之一的实证主义传统，包括分析哲学、科学哲学在内，一直将"拒斥形而上学"当作自己的旗帜；德国哲学家阿多尔诺也极力否定任何意义上的本体论，您却在谈论当代本体论研究的复兴。那么，在您看来，当代本体论研究有哪些表现形式？

**俞：** 当代本体论理论的发展呈现出多元化趋向，具体可以划分为五种表现形式：即胡塞尔、海德格尔、萨特为代表的现象学本体论；哈特曼为代表的自然本体论；维特根斯坦、卡尔纳普、蒯因等分析哲学家对本体论的新探索；以卢卡奇、戈尔德曼为代表的社会存在本体论；中国哲学家金岳霖、熊十力等人的道论或元学。尽管具体看法不同，他们的共同点是对人的生存问题的关注和对人文精神的呼唤。在这一点上，他们与马克思是相同的。

**王：** 在国外马克思主义研究领域，人们往往注重青年卢卡奇的思想，尤其是《历史与阶级意识》；对于晚年卢卡奇的思想，尤其是《关于社会存在本体论》不甚关注，或者给予较低评价。您却给予卢卡奇的"社会存在本体论"较为重要的地位，并给予《关于社会存在本体论》以较高的评价。您能简单说明《关于社会存在本体论》在国外马克思主义发展史上的地位吗？

**俞：** 国外马克思主义研究正在成为一门"显学"，这是不争的事实。在国外马克思主义思潮中，西方马克思主义思潮是最富有理论原创性的部分。作为西方马克思主义奠基人之一，卢卡奇在马克思主义发展史上具有重要地位。不过，确实如你所说，人们往往注重《历史与阶级意识》，对《关于社会存在本体论》给予了较低评价。比如，英国学者帕金森说，该书"未跳出经典马克思主义的框架"；卢卡奇的弟子、著名学者赫勒也说，该书是一部"失败之作"。但在我看来，本书具有重要的理论价值。譬如：尽管晚年卢卡奇将存在分为自然存在和社会存在并无新意，但他区分自然存在本体论和社会存在本体论，并强调必须从日常生活出发来探索存在问题，却很有意义；尽管晚年卢卡奇重新肯定"自然辩证法"是理论退步，但他将社会存在与社会意识的关系视为社会存在本体论的基本问题，并强调社会存在的目的性、历史性、总体性，则是正确的；尽管晚年卢卡奇强调社会存在本体论的派生性是有问题的，但他强调社会存在本体论的实践性、价值性、批判性，无疑是深刻的。总之，《关于社会存在本体论》开拓出了本体论研究的新方向；打开了马克思主义哲学研究的新领域，揭示了马克思哲学革命实质所在。当然，该书也有不少弱点，如将自然本体论当作社会存在本体论基础；对存在与存在物不加区分；将历史性与历史主义混为一谈等。

王：在我看来，尽管您在把诠释学理论引入"重新理解马克思"的过程中，对马克思哲学作出了不同的诠释。但是，您对马克思哲学有一个最根本的观点，这就是："马克思哲学就是历史唯物主义或实践唯物主义，成熟时期的马克思并没有提出历史唯物主义以外的任何理论"。是这样吗？

俞：完全正确！这就是我"重新理解马克思"得出的最基本的结论。不过，在这里，我需要再强调以下三点：第一，在对马克思哲学的理解上，有三个不同的"历史唯物主义"概念：一是正统阐释者所倡导的"辩证唯物主义与历史唯物主义"中的历史唯物主义；二是当代阐释者提出的相反方案——"历史唯物主义与辩证唯物主义"中的历史唯物主义；三是我提出的"（成熟时期的）马克思哲学＝历史唯物主义"意义上的历史唯物主义。第二，历史唯物主义与实践唯物主义是两个完全一致、可以互换的概念。如果说，它们有什么区别的话，那就是，"历史唯物主义"偏重从历史意识上界定和叙述马克思哲学；"实践唯物主义"则强调马克思哲学与一切旧唯物主义的差别在于，实践在马克思哲学中的基础、核心地位。第三，关于马克思哲学本质的唯一性与解读这一本质的多视角之间的关系：简言之，马克思哲学就是历史唯物主义，但可以从不同视角作不同诠释。譬如，从本体论视角看，它就是"实践-社会生产关系本体论"；从诠释学角度看，它就是"实践诠释学"；从人本学角度看，它就是人本主义哲学。

# 编者说明

(一)本卷收录了俞吾金先生 2004 年至 2013 年发表的马克思主义哲学研究相关论文 46 篇,以及在俞先生去世后面世的 3 篇论文,共计 49篇,按首次发表时间排序。本卷另收入 1 篇访谈作为附录。

(二)各篇文章的版本选择,以完整性和修改时间为标准。即:如不同版本差别较大,则收录内容最完整的版本;如各版本主体内容大致一致,不过有小的差别,则收录时间上靠后的修订版本;如各版本基本相同,则收录最初发表的版本。

(三)各篇文章的格式按照《俞吾金全集》的统一体例进行了相应调整。

(四)各篇文章的版本信息以及注释等方面的调整,都以编者注的形式予以标注。编者对原文文字进行了校订。

(五)本卷由方珏、吴猛、孔慧编校。

《俞吾金全集》编委会
2022 年 2 月

**图书在版编目（CIP）数据**

马克思主义哲学研究文集：上、下/俞吾金著 . —北京：北京师范
大学出版社，2024.9
（俞吾金全集）
ISBN 978-7-303-28638-6

Ⅰ.①马…　Ⅱ.①俞…　Ⅲ.①马克思主义哲学－研究
Ⅳ.①B0-0

中国国家版本馆 CIP 数据核字（2023）第 015977 号

营　销　中　心　电　话　010-58805385
北 京 师 范 大 学 出 版 社
主题出版与重大项目策划部

MAKESIZHUYI ZHEXUE YANJIU WENJI
出版发行：北京师范大学出版社　www.bnupg.com
　　　　　北京市西城区新街口外大街 12-3 号
　　　　　邮政编码：100088
印　　刷：北京盛通印刷股份有限公司
经　　销：全国新华书店
开　　本：730 mm×980 mm　1/16
印　　张：106.25
字　　数：1480 千字
版　　次：2024 年 9 月第 1 版
印　　次：2024 年 9 月第 1 次印刷
定　　价：428.00 元（全二册）

策划编辑：祁传华　　　　　责任编辑：林山水
美术编辑：王齐云　　　　　装帧设计：王齐云
责任校对：段立超　陶　涛　责任印制：马　洁　赵　龙